KB039572

제9판

민법총칙

〔민법강의 Ⅰ〕

곽윤직 · 김재형

박영사

제 9 판 머리말

2013년 7월 1일 민법을 일부 개정하는 법률들이 시행되었다. 그것도 한 번의 개정이 아니라 2011년 3월 7일 제18차 개정부터 2013년 4월 5일 제21차 개정까지 2년 동안 네 차례나 개정된 내용이 일제히 시행된 것이다.

위 네 번의 개정은 주로 친족편에 관한 것이지만, 제18차 개정에서는 민법총칙에 있는 행위능력 부분이 대폭 바뀌었다. 이 개정에서 성년 연령을 만 20세에서 19세로 낮추었고, 종전의 금치산·한정치산제도를 폐지하는 대신 성년후견제도를 새로이 도입하였다. 또한 무능력자라는 용어가 부정적인 어감이 있어서 제한능력자라는 용어로 대체하였다. 이는 2009년 출범한 법무부 민법개정위원회에서 마련한 개정안이 수정을 거쳐 통과된 것으로, 민법 제정 이후 처음으로 총칙편에 있는 행위능력 규정들이 크게 개정되었다는 점에서 매우 획기적인 입법이라고 할 수 있다. 그리하여 이와 같은 개정법의 내용을 반영하여 이 책의 수정판을 내지 않을 수 없었다.

지난해에 이 책의 전면개정판인 제8판을 펴낸 이후 새로 인쇄를 할 때 표현을 다소 수정한 부분들이 있었다. 이번에 펴내는 제9판에서는 개정법의 내용을 충실하게 반영하였고, 중요하다고 생각되는 부분에 관해서는 내용을 보충하였으며, 좀 더 명료하고 간결한 표현을 쓰려고 노력하였다.

오랜 세월 독자들의 꾸준한 사랑을 받아온 이 책과 함께 민법에 관한 기초를 탄탄히 다지고 법적 사고를 좀 더 명료하게 가다듬을 수 있기를 기대한다.

2013년 8월 22일

김 재 형

제 8 판(전면개정) 머리말

이 책이 처음 출판된 지 50년이라는 세월이 흘렀다. 이 책을 포함하여 곽윤직 선생님의 『민법강의』 시리즈는 줄곧 우리나라의 대표적인 민법교과서로서 법학도 들이 반드시 읽어야 할 필독서로 확고한 지위를 차지하였다. 법학교육뿐만 아니라 법학계와 실무계에도 가늠하기 어려울 정도로 심대한 영향을 미쳤다.

대부분의 학생들이 법학공부를 시작할 때 이 책을 읽기 시작하였다. 법학전공 서적 중에서 처음으로 접하는 책이 이 책인 셈이다. 실무가나 법학자가 되어서도 꼭 찾아보는 책이다. 그러기에 선생님께서 민법교과서를 고쳐 쓰는 일을 맡아달라 고 하셨을 때에, 학문적 권위와 명성을 가지고 있는 이 책을 이어서 쓴다는 점에서 한편으로는 기쁘기도 하고 다른 한편으로는 걱정스러운 마음도 들었다. 이제 민법 강의 시리즈를 개정하는 첫 번째 작업으로 이 『민법총칙』 교과서 제 8 판을 낸다.

이번 개정판에서 중점을 둔 사항은 그 사이에 나온 제·개정 법령, 학설과 판 례를 반영하여 내용을 수정하는 것이었다. 2002년에 제 7 판이 발간된 이후 학설과 판례 모두 커다란 발전이 있었고 이 책에서 언급하고 있는 법률도 상당수가 바뀌었 다. 대법원 판례가 양적으로 꾸준히 증가하고 있을 뿐만 아니라 질적으로도 매우 중요한 의미가 있는 판결들이 나오고 있다. 또한 2009년 법학전문대학원의 출범과 함께 새로운 법학교육방법을 모색하고 있는 가운데 새로운 형태의 교과서가 등장 하고 있다. 이번 개정판은 기본적으로 기존의 틀을 유지하되, 최근에 나온 학설과 판례 등을 보완한 것이다.

이번 개정판에서 교과서에 있는 한자를 모두 한글로 바꾸었다. 다만 한글로 표 기했을 때 그 뜻을 파악하기 어려운 경우에는 괄호 안에 한자를 병기하기도 하였 다. 이와 같이 한글화 작업을 한 이유는 한자에 익숙하지 않은 독자들이 많아져 한 자로 말미암아 책을 읽기 어렵다고 호소하는 경우가 적지 않았기 때문이다. 우리 민법전이 한자를 많이 사용하고 있어 한자를 모르고서는 민법을 제대로 이해하기가 어렵지만, 독자들이 민법에 조금이라도 친숙하게 접근하도록 하기 위하여 한자를 한글로 고치기로 한 것이다. 나아가 표현과 어법을 간결하게 하고 내용도 쉽게 쓰려고 노력하였다.

　이번 개정판이 선생님의 뜻에 어긋나는 부분이 있지 않은가라는 생각이 든 때도 있었지만, 모든 것을 혼자 알아서 결정하라는 말씀을 되새기며 이 책을 개정해 나가는 일은 내가 감당해야 할 책임이라고 생각하기로 하였다. 기대와 격려에 감사 드리면서 기대에 부응할 수 있도록 앞으로 이 책을 더욱 좋은 책으로 발전시켜 나갈 것을 다짐한다.

2012년 2월

김　재　형

제 7 판 머리말

이 책의 첫 版을 낸 것은 1963년의 가을이었다. 그로부터 40년의 세월이 흘러 갔다. 그 동안 고쳐 적기를 거듭하여, 1973년의 全訂版·1979년의 全訂增補版· 1985년의 再全訂版·1989년의 新訂版·1998년의 新訂修正版 등 모두 다섯 번 版을 다시 짰다. 그러므로 이번에 새로 짠 版은 일곱 번째가 된다. 이 책을 「第七版」이 라고 한 것은 이러한 이유에서이다.

第七版은, 그 전의 新訂修正版에 비하여, 내용이 압축되어 크게 줄었다. 설명 을 되도록 간결하게 하고, 많은 것을 덜어 없앴기 때문이다. 舊版까지 간단하게 써 넣었던 여러 制度의 沿革이나 法制史的 기술·比較法的 기술 내지 立法例·외국의 學說 등은, 거의 모두를 뺐다. 또한 全訂版부터 소개하기 시작한 判例도, 判決理由 는 거의 빼고 判決을 단순히 引用하는 데 그쳤다. 學說도, 전에는 그것이 갖는 의 의나 중요성과는 관계없이 거의 모두를 소개·검토하였으나, 이번에는 중요하다고 생각되는 것만을 들어 음미하는 데 그치기로 하였다. 이러한 작업을 통해서, 책의 부피를 적게 할 수 있었다.

위와 같이 많은 것을 덜고 깎아 없앤 것은, 단순히 작은 책을 내기 위하여서가 아니라, 나 나름대로의 생각이 있었기 때문이다. 우리 나라의 法律學의 역사는 매 우 짧고, 그 연구에 참여하는 사람의 수도 적다. 지난 世紀의 후반까지만 해도 간행 된 法書의 대부분은 敎科書였다. 그런데, 시간이 흘러가면서 좀더 자세한 것을 요 구하는 소리가 높아지고, 敎科書에는 많은 것을 적어 넣게 되어 점점 커져만 갔다. 본래 敎科書는 學生들이 現行法의 기초를 이해하는 데 필요한 내용이 담긴 것이면 되는 것이나, 그러한 수준을 넘고 만 것이다. 다행스럽게도, 이러한 그간의 사정에 변화가 일기 시작했다. 무엇보다도 注釋書가 나오기 시작했다. 한편, 컴퓨터의 보급 으로, 이제는 누구나 손쉽게 원하는 판결을 접할 수 있게 되었다. 그러므로, 法制史 的·比較法的 기술이나 자세한 判例·學說의 소개·검토는 앞으로는 注釋書에 맡기는 것이 옳으며, 敎科書는 본래의 모습으로 되돌아가야 한다. 물론 현재 나와 있는 注釋書는 그 내용에 있어서 아직은 만족할 만한 것이 아니다. 그러나 이 世紀가 지나는 동안 개정에 노력하면, 우리도 좋은 注釋書를 갖게 될 것으로 나는 확신하고 있다. 이상과 같은 생각에서 과감하게 내용을 줄여서 낸 것이 이번 版이다.

참고로 외국의 예를 잠시 적어 본다. 法律學이 크게 발달하고 있는 나라에서는, 여러 가지의 法書를 내고 있다. 「독일」의 예를 본다면, 크게 세 가지가 있다. Kommentar(注釋書)·Lehrbuch(體系的 敎科書)·Grundriß(要論) 또는 Kurz-Lehrbuch(概說書)가 그것이다. 이들 중 體系的 敎科書는, 학생들을 위한 것이 아니라, 일반 연구자를 위한 것이다. 학생들을 위한 것은 要論이나 槪說書이다. 그런데 우리 나라는, 경제적·문화적으로 아직 갈 길이 멀다. 法律에 관계되는 일에 종사하는 사람이나 法律工夫를 하는 학생의 수가 얼마 되지 않는 작은 나라에서, 「독일」에서와 같이 위 세 가지를 모두 갖춘다는 것은 일종의 「사치」이다. 우리는 注釋書 이외에는 要論이나 槪說書만 있으면 충분하다. 「스위스」는 先進國이지만, 좋은 注釋書와 학생들을 위한 간단한 槪說書가 있을 뿐이며, Lehrbuch 즉 體系的 敎科書는 찾아볼 수 없다. 이 「스위스」의 예를 따르는 것이 우리에게는 우선은 적절한 길이라는 것이 나의 생각이다.

위와 같은 외국의 예를 참작하여, 학생들을 위한 교과서로서 내게 된 것이 이 책이다. 나의 「民法講義」는, 이 책과 같은 수준의 내용을 가지고 계속 나오게 될 것이다.

책이 나오는 과정에서, 서울大學校 法科大學의 南孝淳 副敎授의 도움을 받았다. 이 곳에 적어 감사의 뜻을 표시한다.

2002년 7월 15일

郭 潤 直

차   례

제1편 서   론

제1장 민법의 의의

제2장 민법의 법원(法源)

제3장 민법전의 연혁과 그 구성

제4장 민법의 기본원리

제 5 장　민법의 해석

제 6 장　민법의 효력

제 2 편　권　　리

제 1 장　법률관계와 권리·의무

제 2 장　권리의 종류

제 3 장　권리의 경합

제 4 장　권리의 행사와 의무의 이행

제 5 장 권리의 보호

제 3 편 권리의 주체

제 1 장 총   설

제 2 장 자 연 인

제 1 절 권리능력

제 2 절 행위능력

제 1 관 총   설

제 2 관 미성년자

제 3 관 피성년후견인

제 4 관 피한정후견인

제 5 관 피특정후견인

제 6 관 제한능력자의 상대방의 보호

제 3 절 주   소

제 4 절 부재와 실종

제 1 관 서   설

제 2 관 부재자의 재산관리

제 3 관 실종선고

제 3 장 법   인

제 1 절 서   설

제 2 절 법인의 설립

제 3 절 법인의 능력

제 4 절 법인의 기관

제 5 절 법인의 주소

제 6 절 정관의 변경

제 7 절 법인의 소멸

제 8 절 법인의 등기

제 9 절 법인의 감독

제10절 외국법인

제 4 편 권리의 객체

제 1 장 총   설

제 2 장 물   건

제 3 장 동산과 부동산

제 4 장 주물과 종물

제 5 장 원물과 과실

제 5 편 권리의 변농

제 1 장 총   설

제 2 장 법률행위

제 1 절 서 설

제 2 절 법률행위의 종류

제 3 절 법률행위의 내용

제 4 절 법률행위의 해석

제 5 절 의사표시

제 1 관 서 설

제 2 관 의사와 표시의 불일치

제 3 관 사기·강박에 의한 의사표시

제 4 관 의사표시의 효력발생

제 6 절 법률행위의 대리

제 1 관 서 설

제 2 관 대리권(본인·대리인 사이의 관계)

제 2 절 소멸시효의 요건

제 3 절 소멸시효의 중단

제 4 절 소멸시효의 정지

제 5 절 소멸시효의 효력

법령약어

* 법령의 명칭 없이 인용하는 조문은 민법의 조문이다. 아래 법률의 조문을 괄호안에 인용하는 경우에는 다음과 같이 약어를 사용한다.

가담	가등기담보 등에 관한 법률
가소	가사소송법
가소규	가사소송규칙
가족등록	가족관계의 등록 등에 관한 법률
공저	공장 및 광업재단 저당법
공증	공증인법
광업	광업법
근기	근로기준법
민소	민사소송법
민소규	민사소송규칙
민집	민사집행법
부등	부동산등기법
부등규	부동산등기규칙
상	상법
수산업	수산업법
수표	수표법
이음	이음법
이자	이자제한법
하천	하천법
회생파산	채무자 회생 및 파산에 관한 법률
형	형법

주요 참고문헌

* 아래 단행본은 저자 또는 서명으로 인용한다.

고상룡, 민법총칙, 제 3 판, 법문사, 2003.

곽윤직 편집대표, 민법주해, 박영사, 1992∼2008.

김기선, 한국민법총칙, 제 3 개정증보판, 법문사, 1985.

김상용, 민법총칙, 전정판, 화산미디어, 2009.

김용한, 민법총칙론, 재전정판, 박영사, 1993.

김증한, 민법총칙, 진일사, 1972.

김증한·김학동, 민법총칙, 제 9 판, 박영사, 1995.

김증한·안이준 편저, 신민법총칙, 한일문화사, 1959.

방순원, 신민법총칙, 한일문화사, 1959.

백태승, 민법총칙, 제 5 판, 집현재, 2011.

송덕수, 민법총칙, 박영사, 2011.

양창수·김재형, 계약법, 박영사, 2011.

이영섭, 신민법총칙강의, 박영사, 1959.

이영준, 민법총칙, 개정증보판, 박영사, 2007.

이은영, 민법총칙, 제 5 판, 박영사, 2009.

장경학, 민법총칙, 제 3 판, 법문사, 1998.

현승종, 채권총론, 일신사, 1979.

제1편 서　론

제1장　민법의 의의

[1]　Ⅰ. 법질서의 일부로서의 민법

　　사람은 사회생활을 하고 있다. 공동생활을 하는 사람의 집단을 가리켜 사회라고 일컫는 까닭에, 사회생활은 곧 단체적 공동생활이다. 단체적 공동생활은 단체의 구성원이 일정한 규칙 또는 준칙(準則)에 따라서 행동하는 때에 비로소 가능하며, 각자가 제멋대로 행동한다면 공동생활을 할 수 없다. 사람의 공동생활에는 서로의 이해의 충돌과 그로 말미암은 다툼이 필수적으로 따르기 때문이다. 따라서 사람이 사회생활을 하려면, 사람들 사이에 충돌하는 이해를 조절하고 다툼을 피하기 위한 일정한 행위의 규준(사회생활의 준칙)이 빈드시 있어야 한다. "사회가 있으면 법이 있다(Ubi societas ibi ius)"라는 격언은 이러한 사실을 나타내고 있는 말이다.

　　위와 같은 사회생활의 준칙은 인과의 자연법칙, 즉 「존재의 법칙」(Seingesetz)이 아니라, 사람이 자율성에 기하여 스스로를 합목적적으로 규율하는 「당위의 법칙」(Sollgesetz)이다. 당위의 법칙은 이를 「규범」(Norm)이라고도 일컫는다. 사람의 사회 공동생활에서 지켜야 하는 당위의 법칙 또는 사회규범에는 법을 비롯하여 도덕·관습·종교 등이 있다. 아주 옛날에는 이들 사회생활의 규범이 한 몸을 이루어 갈라져 있지 않았다(모세가 시나이 산에서 신으로부터 받았다는 십계(十誡)는 법인 동시에 노녁이기도 하고 또한 종교이기도 하였다). 그러나 사회문화의 진보와 더불어 이들 규범이 각각 질적으로 다른 것으로 나누어지게 되었다. 이들 사회규범 사이의 본질적 차이와 구별 표준에 관해서는 여전히 논란이 있다. 특히 법과 도덕은 학자들의 오랜 노력에도 불구하고, 완전한 구별이 곤란하다. 법의 개념에 관하여 논란이 계속되고 있지만, 법은 그것을 지킬 것이 조직적인 사회력(구체적으로는 국가권력)에 의하여 강제되는 점에서, 다른 사회규범과는 다른 특질이 있다고 설명하는 것이 일반적이다(도덕·관

습 등의 경우에는 이를 지지하고 사회규범으로서의 기능을 다하게 하는 사회력의 결집이 비조직
적이다. 이에 반하여 「법규범」은 조직적인 국가권력의 지지를 받는다).

어떻든, 법은 사람의 사회공동생활에서 지켜야 할 당위의 법칙, 즉 사회규범의
일종이며, 필요한 경우에는 국가권력에 의하여 강제되는 특성을 가지고 있다. 법은
통일성을 가지고 있는 다수의 규범으로 구성되어 있다. 바꾸어 말하면, 일정한 시
기에 일정한 사회에서 통용되는 법규범들은, 그 의미와 내용에서 서로 관련을 가지
고 있으며, 어느 정도의 체계적 통일성을 갖춘 전체를 이루고 있다. 이를 「법체계」
또는 단순히 「법」이라고 부른다. 또한, 규범의 체계를 「질서」라고 말하므로, 「법질
서」라고도 일컫는다.

민법(民法)은 법질서의 일부이다. 법질서의 일부를 구성하는 민법은 일반법으
로서의 성격을 가지고 있다. 또한 민법은 사법(私法)에 속한다. 따라서 「민법은 사법
의 일반법이다」라고 설명한다.

법체계에서 민법이 차지하는 지위를 밝히려면, 자연히 각종의 법의 분류가 문제된
다. 일반적으로 법은 그 구별 표준을 어디에 두느냐에 따라 다음과 같이 나누어진다.
(i) 공법·사법, (ii) 일반법·특별법, (iii) 실체법·절차법, (iv) 조직법·행위법, (v)
강행법·임의법, (vi) 성문법·불문법 등.

[2] Ⅱ. 민법은 사법이다

법을 크게 공법(公法)과 사법(私法)의 두 가지로 구별하는 것은, 로마법 이래 전
통적인 태도이다. 법질서를 이와 같이 나누는 경우에, 민법은 사법에 속한다. 여기
서 민법의 의의를 확정하려면, 사법이란 무엇인가, 그것은 어떠한 사회관계를 대상
으로 하는가를 밝히는 것이 필요하다. 둘 중 앞의 것은 공법과 사법의 구별 표준에
관한 문제이고, 뒤의 것은 사법의 실질적 내용에 관한 문제이다. 차례로 살피기로
한다.

1. 공법과 사법의 구별

(1) 학설의 개관   실정법(사회에서 실제로 행해진 법 또는 행해지고 있는 법) 가
운데서, 민법·상법 등은 사법에 속하고, 헌법·행정법·형법 등은 공법에 속한다(공·
사법을 구별하여 나누는 것은 실체법에 관해서만 의미가 있으며, 절차법은 특별한 법영역으로 보

아야 한다). 그러나 공법·사법의 두 개념을 구별하는 이론적 표준에 관한 정설은 아직 없다. 공·사법의 구별기준으로서 종래 가장 많이 드는 주요한 학설을 보고, 그의 장·단점을 검토하기로 한다.

㈎ **이익설**(목적설)　　　공익(公益)의 보호를 목적으로 하는 법이 공법이고, 사익(私益), 즉 개인의 이익을 보호하는 법은 사법이라는 견해로서, 공·사법의 구별에 관한 가장 오래된 학설이다. 이 견해도 하나의 표준을 보여 주는 것이기는 하지만, 같은 법이 공익과 사익의 두 가지 모두에 관한 것이라고 생각되는 경우에는 이 표준에 의한 구별은 곤란하게 된다(예컨대, 타인의 재산을 훔치는 사람을 처벌하는 것은 사회의 질서유지라는 공익을 보호하는 것이며, 따라서 이러한 범죄와 처벌에 관하여 정하는 형법은 공법이라고 하지만, 그것은 동시에 사인의 재산(사익)의 보호도 목적으로 한다).

㈏ **성질설**(종속설)　　　법이 규율하는 법률관계가 평등관계이냐 아니냐를 그 표준으로 하여, 불평등관계 즉 권력·복종의 관계(수직관계)를 규율하는 법을 공법이라고 하고, 평등·대등의 관계(수평관계)를 규율하는 법을 사법이라고 하는 견해이다. 이 견해도 공법·사법을 구별하는 하나의 표준이 될 수 있지만, 역시 비난은 있다. 즉, 국제법은 공법에 속한다는 것이 전통적인 견해인데, 성질설에 의하면, 국가는 서로 평등한 까닭에, 그것은 사법에 속한다고 하여야 하는 결과가 되어, 이 표준만으로는 설명이 불가능하다. 또한 민법에서 부모와 자녀의 관계는 불평등관계이므로, 그것을 규율하는 법은 공법이라고 하여야 하는 부당한 결과가 된다.

㈐ **주 체 설**　　　이 견해는 규율하는 생활관계의 주체에서 구별의 표준을 찾는다. 국가 기타 공공단체 상호간의 관계 또는 이들과 개인의 관계를 규율하는 법이 공법이고, 개인 상호간의 관계를 규율하는 법은 사법이라고 설명한다. 이 견해에 의하면, 국가 사이의 관계를 규율하는 국제법은 공법이라는 것이 된다. 한편, 국가 또는 공공단체가 사인과 매매·운송 등의 계약을 체결하는 경우를 공법에 속한다고 하여야 하는 부당한 결과가 된다. 이러한 부당한 결과를 피하기 위하여 국가나 공공단체가 사인과 같은 자격으로 개인과 관계를 맺는 경우에, 이를 규율하는 법은 사법이라는 예외를 인정한다. 이 점에서 이 견해는 구별의 표준이 이원적이라는 비난이 있다. 그러나 가장 알기 쉽고 또한 실질적으로 공법·사법을 올바르게 구별하고 있는 학설이라고 말할 수 있다.

(2) 사   견   위와 같이 학설의 혼란을 가져온 근본적 이유는 어디에 있는가? 공법·사법의 구별은 원래 법의 개념이나 이념으로부터 선험적으로 이끌어낼 수 있는 법개념이 아니라, 역사적·연혁적인 것이고 또한 상대적인 것이다. 그런데도 그 구별에 관하여 보편타당성 있는 표준을 찾으려고 하였기 때문에 위와 같은 혼란이 발생하였다고 생각된다.

(ㄱ) **민법이라는 용어의 유래**   민법을 독일어로는 Bürgerliches Recht 또는 Zivilrecht라고 하고, 프랑스어로는 droit civil이라고 한다. 이들은 모두가 로마법의 ius civile를 그대로 번역한 것이다. 원래 ius civile(시민법)는 로마의 시민권을 가진 자에게만 적용되는 법체계였으며, 그 내용은 개인과 그의 가족에 관한 법, 즉 로마의 법학자들이 ius privatum(사법)이라고 일컬었던 것에 제한되어 있었다. 근세 초에 유럽대륙의 여러 나라에 로마법이 계수되면서, ius civile는 사법을 가리키는 법률술어로 되었다. 특히 프랑스혁명 이후에 제정된 여러 사법전은 ius civile를 번역한 용어로 불리게 되었다. 이 용어가 퍼져 가는 데 가장 큰 역할을 한 것은 대표적 근대민법인 프랑스민법전(Code Civil)과 독일민법전(Bürgerliches Gesetzbuch)이다. 이들은 모두가, 신분이 없는 사회의 시민(citoyen; Bürger)에게 적용되는 법, 즉 시민의(civil; bürgerlich) 법 또는 시민법임을 나타내고 있다. 우리가 쓰고 있는 「민법」이라는 말은 일본인이 ius civile의 네덜란드어 Burgerlyk Regt를 번역한 것이라고 한다. 그러므로 민법이라고 할 때의 「민」은 시민을 뜻하는 것이라고 말할 수 있다. 우리나라에서 공적으로 민법이라는 말이 최초로 사용된 것은 1894년(고종 31년)에 제정된 「홍범14조(洪範十四條)」에서이다.

(ㄴ) 공법과 사법은 모든 법질서 가운데에 반드시 함께 존재하는 것은 아니다. 사회주의 국가에서 사법은 대부분 공법 속에 들어가 녹아서 하나가 되어 버릴 것이고, 반대로 무정부주의 사회에서는 순전히 사법적인 법질서만이 있게 될 것이다. 공법과 사법의 개념은 상대적인 것이다.

이와 같이 사법·공법의 구별은 그 대부분이 연혁적·상대적으로 정하여져 있는 것이며, 앞에서 소개한 여러 학설은 이러한 사실을 바탕으로 구별의 표준을 밝히려는 것이기 때문에, 어느 학설이나 완전할 수 없다. 공법·사법 사이의 경계를 명확한 줄로 그어 놓는다는 것은 결코 쉬운 일이 아니다.

그런데 이른바 「사회법」의 출현으로 이와 같이 어려운 구별을 더욱더 곤란하게 하고 있다. 근대국가에서 자본주의 경제의 발전으로 한편으로는 경제적 약자와 강자의 대립 또는 노사 사이의 대립이 초래되었고, 다른 한편으로는 자본주의 경제의 여러 폐단이 생겼다. 여기서 경제적 약자를 보호하고 강자를 제한하며, 노사 사이의 대립을 완화하기 위하여, 또는 자본주의 경제의 폐단을 바로잡기 위하여, 사권 특히 소유권과 계약의 자유에 새로운 공법적 제한을 더하는 국가의 사회정책·노동정책 및 경제정책적 입법이 점점 많아지고, 이들이 쌓여서 공법·사법의 어느 것에도 속하지 않는 독자의 법영역을 이루게 되었다. 노동법(노사관계 또는 근로관계 및 그와 관련된 사항들을 규율대상으로 하는 법의 총체), 경제법(국민경제 전체를 유지·발전시키기 위한 각종 입법의 총체. 독점금지·경제통제·소비자보호에 관한 입법이 특히 중요하다), 사회보장법(자력으로 생활을 유지할 수 없는 국민에 대하여 공적 부조·보험 등의 방법으로 일정수준의 생활을 보장하고, 나아가 모든 국민에게 문화적 사회의 성원으로서의 최저한도의 생활을 보장하려는 법의 총체) 등이 그것이다. 이들은 독자의 사회적인 법질서, 즉「사회법(社會法)」을 형성하고 있다.

　　여기서 주목할 사실은 종래에는 전적으로 사법의 지배에 맡겨져 있었던 사적 당사자 사이의 경제적 관계에 대하여 국가가 끼어들고 참견하게 되었다는 점이다. 바꾸어 말하면, 사법적 법률관계에 공법적 요소가 파고 들어오고 있는 것이다. 이러한 현상을 학자들은「사법의 공법화」니,「공법과 사법의 혼합」또는「공법에 의한 사법의 지배」라고 부르고 있다. 사회법은 이제는 전과 같은 공법·사법의 구별을 가지고는 분간할 수 없는, 말하자면 그것은 중간적 법영역이다. 특히 최근에는 기본적 인권의 보장과 공공복리의 원리에 의거하여, 사회법이 확대·강화되는 경향이 더욱 현저하다. 뿐만 아니라, 장차 공법과 사법이 서로 접근할 수 있는 길이 다른 방면에서도 마련되어 있다. 헌법은 기본적 인권을 최대한으로 보장하고 있을 뿐만 아니라, 그 밖에도 모든 국민에게 근로권(헌법 32조), 근로3권(헌법 33조), 생활보호(인간다운 생활을 할 권리)와 사회보장을 받을 권리(헌법 34조), 환경권(헌법 35조), 혼인과 보건을 보호받을 권리(헌법 36조) 등을 인정하고, 경제의 민주화를 위하여 국가는 경제에 관한 규제와 조정을 할 수 있는 것으로 하고 있으며(헌법 119조 2항), 또한 여러 곳에서 공공복리의 원칙을 내세우고 있다(헌법 23조·37조 등 참조). 이러한 헌법의 정신에 입각한 입법으로 말미암아 각종의 사법적 법률관계에 공법적 요소가 끼어들 것이다. 나아가 기본권의 대사인적(對私人的) 효력이 인정되는 경우가 있는데, 헌법상의 기본권 규정이 사인들 사이에서 직접 또는 간접적으로 적용될 수 있다. 결국 공법과 사법은 앞으로 더 접근해 갈 것이다. 이에 따라 그만큼 공·사법의 구별이 더욱 어렵게 될 것이다.

위와 같은 여러 사정에 비추어 볼 때에, 공법·사법의 구별을 부정하는 학자나 학파(예컨대, Kelsen과 그의 학파=Wien 학파)가 있다고 하더라도 놀라운 일은 아니다. 공·사법의 구별은 단념하여야 하는가? 비록 그 구별이 곤란하다고 하더라도, 구별에 어떤 의의가 있다면, 그것은 무엇일까? 하나하나의 법률에 관하여 공·사법의 구별이나 공법관계·사법관계의 구별을 뚜렷하게 정하고 있지는 않으나, 그들 사이에는 각각 다른 법원리가 지배하고 있다. 즉, 사법원리와 공법원리는 여러 가지 점에서 다르다. 특히 사법에서는 개인이 자유로이 법률관계를 형성할 수 있는 것이 넓은 범위에서 인정되며(사적 자치의 원칙), 이 점에서 공법과 다르다. 이와 같이 사법원리와 공법원리는 서로 다르기 때문에, 공법·사법을 구별할 실익이 있다. 그리고 구체적인 법률관계를 규율할 규정이 분명하지 않은 때에는, 이에 적용할 법규와 법원칙을 결정하기 위해서도 공·사법의 구별이 필요하다. 법률상의 쟁송에 관하여 행정사건과 민사사건의 구별의 표준을 세우기 위해서도, 공법과 사법을 구별할 필요가 있다(행정소송은 피고의 소재지를 관할하는 행정법원의 전속관할이다. 행정소송법 3조·9조·38조·40조·46조 참조). 결국 실정법이 그 구별을 인정하고 있고, 또한 실정법상 공·사법의 구별이 가지는 위와 같은 의의에 비추어, 적어도 실정법상 공법·사법의 구별은 여전히 유지되어야 한다.

그렇다면, 그 구별의 표준을 어디에 두어야 할 것인가? 앞에서 소개한 여러 학설 중의 어느 것에 따르든지, 민법이 사법이라는 것은 부정할 수 없다. 한편, 이미 검토한 바와 같이, 어느 견해에 의하든 그것으로 절대적인 구별의 표준을 삼는다는 것도 적당하지 않다. 그렇지만 어느 견해든지 부분적으로는 옳은 것을 포함하고 있으며, 공·사법의 성격과 본질을 이해·인식하는 데 도움이 되고 있다. 여기서 기본적으로는 「주체설」을 취하지만 다른 학설도 모아서, 다음과 같이 그 구별의 표준을 찾는 것이 좋을 줄로 생각한다. 즉, 공법은 국가 기타의 공공단체와 개인의 관계 및 공공단체 상호간의 관계를 규율하는 법이며, 그것은 원칙적으로 「수직관계 또는 상하관계」를 정하는 법이다. 이에 반하여, 사법은 사인 상호간의 관계를 규율하는 법이며, 그것은 원칙적으로 「수평관계 또는 평등관계」를 정하는 법이다. 그러나 이 기준에 따라 어떤 규정이 공법인지 또는 사법인지를 정하는 것이 여전히 의심스러운 경우에는, 보호하려는 이익을 따져서, 사회 전체의 이익이 결정적이면 공법적 규정이라고 보아야 할 것이고, 반대로 1차적으로 개인의 이익을 보호하려는 것이면 그것은 사법적 규정이라고 하여야 할 것이다.

2. 사법의 내용　　앞에서 본 바와 같이, 사법은 사인 상호간의 사회생활관계를 규율하는 법이다. 사인 상호간의 사회생활관계란 구체적으로 어떠한 생활관계를 의미하는 것일까?

(1) 재산관계와 가족관계　　개인 상호간의 생활관계는 이를 「자기보존」을 위한 관계와 「종족보존」을 위한 관계라는 서로 성질을 달리하는 두 가지로 나누어서 관찰할 수 있다. 사람이 물질적인 것이든 정신적인 것이든 생활을 하려면 각종 재화의 지배를 필요로 하는 경우가 많다. 따라서 자기보존을 위한 사회관계는 결국 재화를 획득하고 지배하는 것에 관한 관계라고 할 수 있으며, 이를 「경제관계」 또는 「재산관계」라고 부른다(보통 일반적으로는 이들 두 용어 중 「재산관계」라는 말이 관용되고 있다). 한편 사람은 남녀의 성적 결합에 의하여 자손을 늘리고, 집단을 이루어 외적을 막고 자연의 위협과 싸우면서, 그의 존속·발전을 꾀하는 종족보존의 본능도 가지고 있다. 이러한 종족보존에 관한 사회관계를 「가족관계」라고 일컫는다.

종래의 통설에 의하면, 가족관계는 다시 「친족관계」와 「상속관계」로 잘게 나누어진다고 한다. 친족관계는 특정의 남녀의 결합에 의한 일정범위의 혈연적 집단, 즉 친족집단에서의 생활관계를 의미하며, 상속관계는 친족집단의 생존의 기초가 되는 재산의 승계(재산상속)에 관한 생활관계라고 설명하는 것이 일반이다. 그러나 이러한 통설은 과거의 민법 친족·상속편에 대해서는 타당한 주장이었다고 할 수 있어도, 지금의 우리 민법에서는 합당하지 않다. 즉, 1990년 말의 민법개정으로 종래 상속편에서 규율하고 있었던 호주상속을 호주승계로 변경하여 친족편으로 옮김으로써(그 후 호주제는 2005년 민법개정으로 아예 폐지되었다), 현행 상속법은 사람의 사망에 의한 재산의 승계만을 규율하는 근대적인 순수한 재산상속법의 모습을 갖추게 되었다. 그러므로 현행 상속법은 재산관계만을 규율하는 것이라고 하여야 한다. 본래 상속제도는 사람이 사망한 경우에 그의 유산이 무주의 재산으로 되는 것을 막기 위하여 마련된 것이며, 따라서 상속법은 그 본질이 재산에 관한 법이다. 상속법이 배우자와 일정범위의 혈족을 상속인으로 하고 있는 것은 그것이 우리의 윤리관에 부합하는 것이기 때문이며, 일정한 가족 구성원에게 유산이 승계된다고 해서 상속관계를 구태여 재산관계가 아닌 가족관계라고 할 것은 아니다. 요컨대, 현행법에서 상속관계는 순수한 재산관계라고 하여야 한다.

물론 재산관계와 가족관계는, 서로 전혀 다른, 그리고 서로 아무런 관계도 없는, 두 개의 세계는 아니다. 사람이 재화를 얻고 지배하는 것은 종족보존의 본능과도 관련이 있고, 또한 종족보존의 관계도 자기보존의 본능에 의하여 크게 영향을 받는다. 그러나 두 개의 사회관계가 질적으로 크게 다르다는 것을 부인할 수 없다. 이와 같은 두 관계는 어떠한 특질을 가지고 있을까? 재산관계는 각자가 자기의 이해를 고려하여 타산적으로 이기심을 가지고 결합한 것이다. 따라서 그것은 「만들어진」·「선택된」·「계산된」 관계라고 할 수 있다. 이에 반하여, 가족관계는 종족보존의 본능을 바탕으로 경제적 이해의 타산을 넘어서, 애정을 가지고 각자가 인격적으로 맺어지는 「주어진」·「숙명적인」 관계이다.

위와 같은 재산관계와 가족관계가 바로 사법이 규율하는 사회생활관계, 즉 「사법관계」이다.

(2) **재산법과 가족법**   위에서 본 바와 같은 재산관계를 규율하는 사법을 「재산법(財産法)」이라고 하고, 가족관계를 규율하는 사법을 「가족법(家族法)」이라고 일컫는다. 요컨대, 사법, 따라서 민법은, 재산법과 가족법으로 구성되어 있다.

일본에서는 가족관계·가족법이라는 말에 갈음하여 「신분관계」·「신분법」이라는 용어가 관용적으로 사용되고 있다. 우리나라에서도 학자들은 신분관계·신분법이라는 용어를 쓰고, 가족관계·가족법이라는 말은 쓰지 않는 경향이 많았다. 그러나 「신분」이라고 할 때에는 근대 이전의 봉건적 사회에서의 「신분」을 연상케 하여 좋은 용어라고 할 수 없다. 이러한 생각에서, 신분관계·신분법이라는 용어보다 가족관계·가족법이라는 말을 쓰는 것이 더 좋다고 생각한다. 외국에서도 모두 가족법(family law; Familienrecht)이라고 부르고 있다.

재산법과 가족법을 비교하여 볼 때, 재산법은 합리성을 기본으로 하는 데 반하여, 가족법은 습속성·보수성을 강하게 띠고 있다. 이미 밝힌 바와 같이, 본래 재산관계는 타산적 생활관계인 데 대하여, 가족관계는 그러한 경제적 타산을 초월한 관계라는 데서 유래하는 당연한 결과이다. 재산법은 이와 같이 합리주의를 기본으로 삼고 있기 때문에, 거기에서는 개인재산의 보호가 중요하고, 또한 재산거래의 안전과 신속이 가장 큰 이상으로 되어 있다.

[3] Ⅲ. 민법은 일반사법이다

1. 일반법과 특별법　　　사람·장소·사항 등에 특별한 한정 없이 일반적으로 적용되는 법을 「일반법」 또는 「보통법」이라 하고, 한정된 사람·장소 또는 사항에 관해서만 적용되는 법을 「특별법」이라고 한다. 그러나 이 구별은 상대적인 것임을 주의해야 한다(상법은 민법의 특별법이다. 그러나 각종의 상사특별법은 상법의 특별법이다). 일반법·특별법을 구별하는 실익은 특별법이 일반법에 우선하여 적용되는 데 있다(특별법 우선의 원칙). 즉, "특별법은 일반법을 깨뜨린다." 바꾸어 말하면, 어떤 사항에 관하여 특별법이 있으면, 그 특별법이 일반법에 우선해서 먼저 적용되고, 그러한 특별법이 없는 경우에 일반법이 적용된다.

2. 일반사법으로서의 민법　　　사법을 위와 같이 일반법과 특별법으로 나눈다면, 민법은 사법의 일반법, 즉 일반사법이다. 그것은 사람·장소·사항 등을 한정하지 않고 개인의 일상·보통의 사적 생활관계에 적용되는 원칙법이다. 민법은 사법의 핵심을 이루는 매우 중요한 법이다. 말하자면, 민법을 기초로 하여, 그 위에 각종의 특수·구체적인 사법관계를 직접 규율하는 많은 특별법들이 쌓아 올려지고, 전체로서 「피라밋」을 이루고 있는 것이다. 이 전체가 사법의 법체계, 즉 사법질서를 이루고 있음은 물론이다.

3. 특별사법　　　일반사법인 민법에 대하여, 많은 특별사법이 있다. 그런데 가족관계에 관해서는 민법 이외의 특별법이 몇 개 되지 않으며, 특별사법의 대부분은 재산관계에 관한 것이다. 특별사법 가운데 가장 중요한 것은 상사를 규율하는 「상법」(1962년 법 1000호)이다. 그러므로 상법이 무엇이며, 민법과 어떠한 관계에 있는지를 이해하는 것이 매우 중요하다. 간단히 살펴보기로 한다.

(1) 형식적 의의의 상법은 「상법」이라는 이름으로 제정된 성문법전을 말한다. 실질적 의의의 상법이 무엇인지에 관해서는 학자들 사이에서 논의가 많다. 이는 상

법의 대상이 되는 「상(商)」 또는 「상사(商事)」가 법학상 무엇을 의미하는지와 관련된 문제이다. 최근의 학설은 「기업」을 중심개념으로 하여 「상」 또는 「상사」의 본질을 파악하려고 한다. 그리하여 실질적 의의의 상법은 상기업에 관한 특별사법이라고 정의한다. 그리고 기업은 「영리를 목적으로 하여 계속적으로 경영활동을 하는 경제적 생활체」를 의미한다고 설명하는 것이 보통이다.

　　(2)　특별사법으로서의 상법은, 일반사법인 민법과 비교할 때, 어떠한 특질을 가지는 것일까? 원래 기업의 주체, 즉 「상인」은 일반사인과는 다르다. 개인주의적인 사법, 특히 재산법은 날카롭게 이익을 인식하고 항상 이를 뒤쫓는 이기적인 사람을 전제로 하고 있는데, 그 전형적인 사람이 바로 상인이다. 그는 이윤의 추구와 타산으로 밤낮을 보내며, 아주 합리적으로 행동한다. 그리하여 상인의 업무인 기업활동 즉 「상행위」는 영리성을 가지고 있고, 상인은 이를 기술적·합리적으로 추구하기 때문에, 반복성과 집단성, 또는 그 결과로서 개성의 상실과 정형화라는 성질을 가지고 있다. 기업을 중심으로 하는 생활관계에는 이와 같은 특성이 나타나는데, 그에 적합한 특수한 제도들(회사·어음·운송·보험 등)이 형성되고, 상법이 민법의 특별법으로서 발달하게 되었다. 그 결과 상법은 가족관계나 일반의 재산관계를 규율하는 법처럼 각 경우의 당사자의 처지를 고려하여 구체적인 타당성을 실현하려는 것보다는, 오히려 일반적인 견지에서 합리적인 의사를 존중하고, 획일적으로 일을 처리하는 것을 그 지도원리로 삼게 되었다.

　　(3)　위와 같이 민법은 사인의 일반생활을, 그리고 상법은 기업활동을 각각 규율의 대상으로 한다는 차이는 있으나, 두 가지 모두 경제생활을 규율한다는 점에서는 같다. 이러한 사정은 자연히 민법과 상법의 구별을 유동적인 것으로 한다. 즉, 민법과 상법이 각각 독립한 법체계를 이루고 있는 곳에서도, 사회경제의 진전에 따라 둘 사이에 그 원리가 뒤섞이게 되고, 마침내는 서로 녹아서 하나로 합치는 현상을 꾸준히 볼 수 있다. 「민법의 상화(商化)」라는 현상이 그것이다. 이에 따라 민·상법의 구별이 유동적인 것으로 되었다. 민법의 상화는 상거래 및 상법에서 형성·승인된 원리나 법규가 나중에 민법에 채용되는 것을 말한다(예, 391조·467조 1항·529조 등). 이 민법의 상화는 민법과 상법이 모두 자본주의 경제조직에서 개인의 사적인 경제생활을 규율하는 사법이라는 데서 일어나는 것임은 물론이다. 위와 같은 민·

상법의 구별의 유동성은, 그의 당연한 결과로서, 상법의 원리가 민법에 대해서도 끊임없이 그 영향을 미치게 되며, 민법을 연구하는 데 항상 이 점을 유의해야 한다. 한편, 상법은 민법을 기초로 하고 있기 때문에, 상법을 해석·적용하는 데 민법 규정과 법리에서 출발해야 하는 경우가 많다.

[4] Ⅳ. 민법은 실체법이다

1. 실체법과 절차법　　　권리·의무의 실질적 사항(종류·변동·효과·귀속주체)을 규정하는 법이 「실체법(實體法)」이고, 실체법상의 권리를 실행하거나 또는 의무를 실현시키기 위한 절차를 정하는 법이 「절차법(節次法)」이다.

2. 실체법으로서의 민법　　　실정법을 실체법과 절차법으로 나누는 경우에, 민법은 실체법에 속한다. 법치국가를 원칙으로 하는 근대국가에서 법의 위반이 있거나 법률관계에 다툼이 생기는 경우에 최종적으로는 재판을 통해서 국가권력의 발동을 요구하여야 한다. 실체법이 정하는 내용을 법원 기타의 공적 기관에 의하여 실현하는 절차를 정하는 법이 절차법이므로, 민법도 궁극에 가서는 절차법을 통하여 그 실효를 거둘 수 있다. 여기서 우리는 실체법과 절차법, 민법과 민사절차법의 밀접한 관계를 이해할 수 있다.

　　　민법의 강제실현 또는 분쟁해결에 관한 절차법이 많이 있다. 그 주요한 것을 들어보면, 법원조직법(1987년 법(全改) 3992호)·민사소송법(2002년 법(全改) 6626호)·민사집행법(2002년 법 6627호)·소송촉진 등에 관한 특례법(1981년 법 3361호)·소액사건심판법(1973년 법 2547호)·가사소송법(1990년 법 4300호)·비송사건절차법(1991년 법(全改) 4423호)·채무자 회생 및 파산에 관한 법률(2005년 법 7428호)·부동산등기법(2011년 법(全改) 10580호)·공탁법(2007년 법(全改) 8319호)·가족관계의 등록 등에 관한 법률(2007년 법 8435호)·민사조정법(1990년 법 4202호)·중재법(1999년 법(全改) 6083호) 등이 있다. 한편, 하나의 법률에 실체법 규정과 절차법 규정이 있는 경우도 있는데, 동산·채권 등의 담보에 관한 법률(2010년 법 10366호)을 들 수 있다.

3. 행위규범·재판규범　　　실체법과 절차법이 서로 밀접한 관계를 갖고 있는데, 실체법인 민법은 행위규범(생활규범)인지 재판규범인지 다투어지고 있다. 즉, 민법은 국가가 사인에 대하여 사회생활에서 지켜야 할 규범을 정한 것으로서 각 개

인에 대한 국가의 요구라고 보느냐(행위규범설), 또는 민법은 사인 사이의 권리의 존부에 관한 다툼을 해결하기 위한 기준으로서 소송법과 마찬가지로 주로 법원이 따르도록 하기 위한 것인지(재판규범설)가 논의되고 있다. 행위규범설은 민법을 1차적으로 개개인에게 향해진 것이라고 보는 견해이며, 재판규범설은 1차적으로도 법관에게 향해진 것이라고 보는 견해이다. 민법은 사인의 일상생활의 준칙이며, 불특정의 일반인에게 향해져 있다. 즉, 그것은 일상생활에서 개인이 지켜야 할 규범이다(행위규범). 그러나 이러한 규범을 지키지 않아서 개인 사이에 다툼이 생긴 경우에는, 법원에 소를 제기해서 판결을 청구할 수 있다. 이때에는 민법은 법원이 판결을 내리기 위한 기준이 되며, 따라서 법관에게 향해진 규범이라고 할 수 있다(재판규범). 이와 같이 민법은 행위규범·재판규범으로서의 두 성격을 모두 가지고 있다고 보는 것이 옳다고 생각한다. 민법이 재판규범임을 부정하는 것은 잘못이지만, 그렇다고 해서 재판규범이라는 측면만을 강조하는 것도 옳지 않다.

〈조직법(규)〉

이미 밝힌 바와 같이, 법은 사회생활에서 행위의 준칙이며, 그것은 사회규범의 일종이다. 그런데 법과 사회의 관계를 잘 관찰해 보면, 법 가운데에는 위와 같은 행위규범 또는 행위법 이외에, 사회의 조직을 정하는 것도 있다. 사법권을 행사하는 법원의 조직을 정하는 법원조직법의 대부분의 규정은 그 좋은 예이다. 이러한 법, 즉 사회의 조직에 관한 것을 가리켜 「조직법」이라고 한다. 민법에도 이러한 조직법규가 많이 있다. 즉, 민법의 규정들이 모두 행위법은 아니며, 그 속에는 상당수의 조직법적 규정이 포함되어 있다. 예컨대, 민법 제3조·제4조·제18조 등이 이에 속한다. 이러한 조직법도 넓은 의미에서 사회규범이라고 할 수 있음은 물론이다.

한편, 조직법은 이를 직접 재판규범을 정한 것이라고는 할 수 없다. 그러나 법률상의 조직이 적법한지 여부에 관하여 법원의 판단을 받을 수 있고, 또한 부적법한 조직을 한 행위도 판단을 받게 된다. 이러한 의미에서는 조직법도 재판규범이다.

[5] V. 실질적 민법과 형식적 민법

민법의 의의를 실질적으로 이해한다면, 그것은 이미 밝힌 바와 같이 사법의 일부로서 사법관계를 규율하는 원칙적인 법(일반법·보통법)을 가리킨다. 즉, 사법 가운데에서 상법 그 밖의 특별사법을 제외한 일반사법만을 「실질적 의미의 민법」 또는

「실질적 민법」이라고 한다. 그러나 민법을 형식적으로 이해한다면, 「민법」이라는 이름을 가진 성문의 법전, 즉 1958년 2월 22일 공포되어 1960년 1월 1일 시행된 법률 제471호를 말한다. 이를 「형식적 의미의 민법」 또는 「형식적 민법」이라 하여 실질적 민법과 구별한다. 둘 사이의 관계를 본다면, 형식적 민법과 실질적 민법은 반드시 일치하지 않는다. 형식적 민법(민법전)은 실질적 의미의 민법법규를 모아서 체계화한 것이기는 하지만, 실질적 민법에 관한 규정을 전부 포함하고 있지는 않으며, 민법전에는 공법적 규정이라고 할 수 있는 것도 있다(예, 법인의 이사·감사·청산인에 대한 벌칙규정. 97조 참조). 한편, 실질적 민법은 민법전뿐만 아니라, 민법부속법령·민사특별법령·공법의 규정 가운데에도 많이 흩어져 있다.

제 2 장 민법의 법원(法源)

[6] Ⅰ. 법원의 의의

1. 「법의 연원(淵源)」(Rechtsquellen)을 짧게 줄여서, 「법원(法源)」이라고 한다(이 장에서 다루는 法源은 재판을 담당하는 法院과 혼동해서는 안 된다). 이 용어는 여러 가지의 뜻으로 사용되고 있어서, 반드시 명백한 용어는 아니지만(법을 형성하는 원동력, 법을 형성하는 기관, 법을 형성하는 형식 등의 의미로 사용된다), 보통은 법의 존재형식 또는 현상형태(現象形態)라는 의미로 쓰이고 있다. 원래 법은 사회생활의 준칙으로서 의식의 세계에 존재하는 것이며, 공간적·외형적으로 존재하는 것이 아니다. 그러나 실천적 사회규범으로서 그 내용은 어떤 소재를 통하여 인식될 수 있어야 한다. 따라서 법은 일정한 형식으로 나타나고 존재해야 한다. 그와 같은 법을 인식할 수 있는 법이 드러나 있는 모습을 가리켜 법의 연원 또는 법원이라고 한다. 따라서 「민법의 법원」은 실질적 의미의 민법의 존재형식을 말한다.

2. 성문법(成文法)·**불문법**(不文法)　　　법원에는 성문법과 불문법이 있다. 성문법은 문자로 표시되고 일정한 형식 및 절차에 따라서 제정되는 법이며, 「제정법」이라고도 한다. 성문법(제정법)이 아닌 법을 불문법이라고 한다. 불문법으로서 보통 드는 것으로는 관습법·판례법·조리 등이 있으나, 판례법과 조리의 법원성에 관해서는 나중에 살피는 바와 같이 학설이 나누어져 있다.

한 나라의 법이 대부분 성문법으로 이루어져 있는 경우에, 그 나라는 「성문법주의」를 취한다고 하고, 그렇지 않은 경우에는 「불문법주의」의 나라라고 한다. 바꾸어 말하면, 제정법을 제 1 차의 법원으로서 인정하는 주의가 성문법주의이고, 판례법·관습법 등을 제 1 차 법원으로서 인정하는 주의가 불문법주의이다. 어느 주의를 채택할지는 주로 전통과 정책에 의하여 정해진다. 사법에 관하여 본다면, 영국은 불문법주의이며, 부부재산관계·동산의 매매·건물임대차 등의 특별한 사항에 관해서는 제정법이 있지만, 민법 전체를 포함하는 제정법은 없다. 미국의 많은 주(State)도 이에 가깝다. 이에 반하여, 독일·프랑스·스위스를 비롯하여 유럽대륙의 여러 나라들은 모두 성문법주의를 취하여 민법전·상법전 등의 대법전을 가지고 있다. 우리나라도 성문법주의를 취하고 있다(제1조는 우리나라가 바로 성문법주의를 취하고 있다는 전제에서 두고 있는 규정이다).

　　두 주의의 특색을 들어 본다면, 성문법주의에서는 불문법 특히 관습법에 대하여 그 법원성을 인정하지 않거나, 또는 인정하더라도 제정법에 대한 관계에서 보충적 효력만을 인정하는 경향이 있다. 반대로, 불문법주의를 취하는 나라에서는 본래 불문법이 모든 생활관계를 규율할 수 있을 정도로 고루 갖추어져 있지 못한 것이 보통이고 또한 시대에 맞지 않는 경우가 있기 때문에, 불문법의 이러한 부족한 점 또는 흠을 보충하거나 수정하기 위하여 꾸준히 성문법을 제정하는 경향이 있다.

　　3. 민법의 법원과 그 순위　　앞에서 밝힌 바와 같이, 우리나라는 성문법주의를 취하고 있다. 민법에서도 성문법주의가 지배함은 물론이다. 성문법주의를 취하는 경우에, 불문법에 대하여 어떠한 효력을 인정할지는 매우 중요한 문제이다. 이 점에 관하여, 제1조는 "민사(民事)에 관하여 법률에 규정이 없으면 관습법(慣習法)에 의하고 관습법이 없으면 조리(條理)에 의한다."라고 규정하고 있다. 이 규정은 법률 이외에 관습법과 조리를 법원으로 정함으로써 이른바 법률실증주의(法律實證主義)를 배척하는 한편, 법률, 관습법, 조리의 순으로 법원의 순위를 정하고 있다는 점에서 중요한 의미가 있다(민법주해(Ⅰ) 37면).

　　이 규정의 의미를 설명하면, 다음과 같다.

　　(1) 민사의 의미　　민사라는 말은 널리 사용되고 있는 용어이다(예컨대 민사책임·민사사건·민사법원·민사소송·민사판례·민사법·민사령·민사특별법 등). 다양하게 사용되고 있으나, 각각의 경우에 민사의 의미가 반드시 같은 것은 아니며, 일정하지 않다. 가장 기본적으로는 민사는 「민법(실질적 의의)에 의하여 규율되는 사항」을 뜻하는 낱말이라고 말할 수 있다. 그것은 보통 일반적으로는 형사(刑事. 실질적 의미의 형법의 규율대상)에 대응하여 사용되고 있으나, 때로는 상사(상법의 규율대상)에 대응해서 민사라는 말을 사용하기도 한다(그 밖에 공법이나 행정법에 의하여 규율되는 사항을 생각할 수 있다). 민사가 형사에 대응해서 사용되는 경우에는 민법·상법 등의 실체사법의 규율대상인 평등한 사인 상호간의 생활관계를 뜻하며, 이른바 상사까지를 포함하는 것이다. 바꾸어 말해서, 이때의 민사는 민법·상법 그 밖의 특별사법에 의하여 규율되는 생활관계, 즉 널리 사법관계를 통틀어서 일컫는 것이다. 한편, 민사가 상

사에 대응해서 사용되는 경우에는 상사를 제외한 그 밖의 사법관계를 가리키는 것이다.

제 1 조에서 민사는 이들 중 어느 것을 가리키는 것으로 새겨야 하는가? 상사에 적용할 법원에 관해서는 상법 제 1 조의 특별규정이 있기는 하나, 어느 쪽으로 새겨도 결과적으로 차이가 생기지 않는다. 그러나 위에서 적은 바와 같이, 민사라는 용어는 형사에 대응해서 사용되는 것이 보통이고, 또한 민법은 사법의 일반법임을 생각할 때, 이 규정에서 말하는 민사도 상사를 포함하는 것으로 해석하는 것이 옳다고 생각한다. 결국 민법 제 1 조가 정한 「민사에 관하여」는 「사법관계에 관하여」라는 뜻으로 넓게 이해하여야 한다.

민사에 관련되는 용어 몇 가지를 설명하면, 다음과 같다.

우선 형사법(국가의 형벌권의 행사에 관한 형법 그 밖의 실체법·절차법과 행형법(行刑法)을 총칭하는 용어이다)에 대응하여 「민사법」이라는 말이 사용된다. 이때의 민사법은 사법의 실체와 그 운영에 관한 법을 통틀어서 일컫는 것이며, 민법과 상법 등의 특별사법과 민사소송법 등의 절차법을 통틀어서 일컫는 말이다(나중에 설명하는 「조선민사령」에서 민사령도 이러한 민사법의 의미를 가진 것이다). 그러므로 이때의 민사법은 사법에 부합하는 개념이 아니다. 또한 「민사특별법」이라는 말도 흔히 쓰이고 있다. 이는 상사특별법에 대한 개념이며, 상사에 관한 법령을 제외하는 의미로 사용하는 것이 보통이다.

그 밖에 민사사건과 민사책임이라는 말도 자주 사용된다. 민사사건은 민사에 관한 소송사건을 가리키며, 형사사건 또는 행정사건에 대응하는 용어이다. 민사사건·형사사건은 지방법원의 관할에 속하고(법원조직법 32조·34조 참조), 행정사건은 행정법원의 관할에 속한다(법원조직법 40조의 4 참조). 한편, 형사책임(형사상의 형벌을 받는 것을 뜻한다)에 대응해서 사용되는 민사책임은 위법하게 타인에게 손해를 입힌 자가 피해자에게 부담하는 손해배상책임을 일컫는 것이며, 좁은 의미로는 불법행위에 의한 손해배상책임을 가리키는 데 사용되나, 넓은 의미로는 채무불이행의 경우도 포함시켜서 사법상의 손해배상책임을 통틀어 일컫는 말로 사용된다.

(2) **법률의 의미**　　　제 1 조는 "…… 법률에 규정이 없으면 관습법에 의하고 ……"라고 규정하고 있다. 현행 각종의 법전이나 단행법률에서 규정하고 있는 「법률」은 헌법이 정하는 절차에 따라서 제정·공포되는 「형식적 의미의 법률」을 가

리키는 것으로 해석하는 것이 원칙이다. 그런데 이러한 원칙에 따라서 제 1 조에서의 법률을 새기는 데는 문제가 있다. 즉, 형식적 의미의 법률은 성문법의 가장 원칙적인 것이긴 하나, 그러한 법률 이외에도 성문법 또는 제정법이 있다. 나중에 설명하는 각종의 명령·대법원규칙·조약·자치법규 등도 모두 현행법상의 성문법이다. 그런데도 제 1 조에서의 법률은 각종의 제정법 또는 성문법 중 오직 형식적 의미의 법률만을 가리키는 것으로 새긴다면, 민사에 관하여 「법률·관습법·법률 이외의 제정법」의 순서로 적용하여야 한다는 결과가 된다. 즉, 불문법인 관습법이 법률 이외의 성문법에 우선해서 적용되게 되나, 이러한 해석이 타당한가라는 의문이 생긴다. 여기서 제 1 조에서의 법률은 무엇을 의미하는지 문제된다.

　　성문법을 법률과 기타의 성문법으로 나누고, 불문법인 관습법이 법률 이외의 성문법에 우선한다고 해석한다면, 이는 우리나라가 취하는 성문법주의에 반한다. 성문법주의에서는 모든 성문법이 불문법에 우선한다고 하여야 한다. 그러므로 제 1 조에서의 「법률」은 널리 「성문법」 또는 「제정법」을 뜻하는 것이라고 새겨야만 성문법주의에 부합한다. 이러한 견지에 선다면, 제 1 조는 성문법을 그의 가장 원칙적인 모습인 법률을 가지고 표현하고 있는 것이라고 하여야 한다. 판례도 제 1 조에서의 법률은 제정법을 가리키는 것으로 해석하고 있다(대판 1983. 6. 14, 80다3231 참조).

　　(3) **법원(法源)의 순위**　　이상과 같은 설명을 바탕으로 하여 민법 제 1 조를 새긴다면, 사법관계에 관해서는 1차로 제정법 또는 성문법을 적용하고, 그러한 성문법이 없는 경우에 비로소 불문법인 관습법을 적용하며, 관습법도 없을 때에는 조리에 따라 재판하여야 한다는 것이 된다.

　　민법의 각종의 법원과 그 효력에 관해서는, 다음 항에서 검토하기로 한다.

[7]　Ⅱ.　성문민법

　　성문법주의를 취하는 우리나라에서는 성문법(제정법)이 당연히 1차적인 법원을 이룬다. 성문법에는 법률·명령·대법원규칙·조약·자치법의 다섯 가지가 있다.

　　1. 법　　률　　형식적 의미의 법률을 말하며, 그것은 헌법이 정하는 절차에 따라서 제정·공포되는 것이다(헌법 53조 참조). 민법의 법원에 해당하는 법률이

많지만, 그 근본이 되는 것은 흔히 민법전이라고 일컬어지는 법률이다.

(1) **민 법 전**   민법의 법원 가운데에서 가장 중요한 것이며, 민법법규의 대부분을 포함하고 있다. 그러나 그 전부가 실질적 민법의 규정은 아니며, 법인의 이사의 벌칙(97조)과 같은 형벌법규나, 또는 채권의 강제집행의 방법(389조)과 같은 절차법규정도 포함하고 있다. 민법전에 관해서는 나중에 따로 자세히 적는다([9] 이하 참조).

우리가 「민법전」이라고 할 때에, 그것은 1958년 2월 22일에 「민법」이라는 이름으로 공포된 법률 제471호를 가리키는 것이다. 그러나 「민법전」이라는 말은 어디까지나 통속적인 일컬음에 지나지 않으며, 법률상의 용어가 아니다.

(2) **민법전 이외의 법률**   위에서 적은 바와 같이, 민법전은 민법법규의 대부분을 포함하고 있지만, 그 전부를 빠짐없이 갖추고 있는 것은 아니다. 여기서 특수·구체적인 사항을 규율하기 위한 법률로 된 특별 민법법규라든가, 또는 민법전의 제정 후의 사회정세의 변천에 대처하기 위하여 특별한 사항에 관하여 제정된 민사에 관한 특별법률이 많다. 공익법인의 설립·운영에 관한 법률(1975년 법 2814호)·주택임대차보호법(1981년 법 3379호)·상가건물 임대차보호법(2001년 법 6542호)·집합건물의 소유 및 관리에 관한 법률(1984년 법 3725호)·부동산등기 특별조치법(1990년 법 4244호)·부동산 실권리자명의 등기에 관한 법률(1995년 법 4944호)·입목에 관한 법률(1973년 법 2484호)·가등기담보 등에 관한 법률(1983년 법 3681호)·공장 및 광업재단 저당법(2009년 법(全改) 9520호)·자동차 등 특정동산 저당법(2009년 법 9525호)·동산·채권 등의 담보에 관한 법률(2010년 법 10366호)·신탁법(2011년 법(全改) 10924호)·외국인토지법(1998년 법(全改) 5544호)·약관의 규제에 관한 법률(1986년 법 3922호)·신원보증법(2002년 법(全改) 6592호)·국가배상법(1967년 법 1899호)·제조물 책임법(2000년 법 6109호)·자동차손해배상 보장법(2008년 법(全改) 9065호)·원자력손해배상법(1969년 법 2094호)·실화책임에 관한 법률(2009년 법(全改) 9648호)·특허법(1990년 법(全改) 4207호)·저작권법(2006년 법(全改) 8101호) 등이 그 예이다. 뿐만 아니라, 공법에 속하는 법률 속에도 민법법규가 많이 포함되어 있다. 농지법(2007년 법(全改) 8352호)·광업법(2007년 법(全改) 8355호)·수산업법(2009년 법(全改) 9626호)·도로법(2008년 법(全改) 8976호)·하천

법(2007년 법(全改) 8338호)·공익사업을 위한 토지 등의 취득 및 보상에 관한 법률 (2002년 법 6656호)·국토의 계획 및 이용에 관한 법률(2002년 법 6655호) 등은 그 예이다. 그리고 민법전에 규정되어 있는 실체적인 민법법규를 구체화하기 위한 절차를 규정한 여러 가지의 민법부속법률이 있다. 부동산등기법·가족관계의 등록 등에 관한 법률·후견등기에 관한 법률(2013년 법 11732호)·공탁법(2007년 법(全改) 8319호)·유실물법(1961년 법 717호) 등은 그 주요한 것이다.

(3) **헌법재판소 결정**　　헌법재판소가 법률 또는 법률조항에 대하여 위헌결정을 하면 그 법률 또는 법률조항은 그 결정이 있은 날부터 효력을 상실하고(헌재 47조 2항 본문), 이는 법원과 그 밖의 국가기관 및 지방자치단체를 기속한다(헌재 47조 1항). 따라서 헌법재판소 결정의 내용이 실질적으로 민사에 관한 것인 때에는 민법의 법원이 된다고 한다(민법주해(Ⅰ) 41면). 위헌결정의 대상인 법률이 민법의 법원에서 제외되는 결과를 가져오는데 지나지 않는다고 설명하는 견해도 있다(송덕수 30면). 위헌결정은 법률 또는 법률조항을 법원에서 제외한다는 의미에서 법원이라고 할 수 있다. 나아가 헌법불합치결정도 법원으로서 중요한 의미를 갖는 경우가 많다. 또한 한정위헌결정은 헌법재판소의 선례로서 실질적으로 재판규범으로서의 의미를 갖는 경우가 있다.

2. 명　　령　　입법기관인 국회의 의결을 거치지 않고서, 다른 국가기관에 의하여 제정된 법규를 「명령」이라고 한다. 이에는 위임명령과 집행명령이 있다. 위임명령은 법률에 의하여 위임된 사항을 정하는 명령이고(「민법 제312조의 2 단서의 시행에 관한 규정」(1984년 대통령령 11493호)은 그 예), 집행명령은 법률의 규정을 집행하기 위하여 필요한 세칙을 정하는 명령이며(위에서 든 각종의 법률의 시행령은 그 예), 그 제정권자는 대통령(대통령령)(헌법 75조)·국무총리(총리령)(헌법 95조) 및 각부 장관(부령)(헌법 95조)이다. 이들 각종의 명령도 그것이 민사에 관하여 규정하고 있으면, 역시 민법의 법원이 된다. 주의할 것은 명령에 의하여 형식적인 법률을 고칠 수 없는 것이 원칙이다.

위와 같은 위임명령·집행명령 이외에, 대통령의 국가긴급권의 발동으로 내려지는 명령을 생각할 수 있다. 즉, 헌법 제76조는 일정한 요건을 충족할 경우에 긴급명령(동조 2항)과 긴급재정명령·긴급경제명령(동조 1항)을 발할 수 있는 권한을 대

통령에게 주고 있다. 이들 명령이 민사에 관한 것이라면, 역시 민법의 법원이 됨은
물론이다. 뿐만 아니라, 이들 명령은 법률과 마찬가지의 효력이 있는 것이어서(헌법
76조 1항·2항 참조), 민사법규를 개폐(改廢)할 수도 있다. 다만, 대통령이 이들 명령을
발한 때에는 지체없이 국회에 보고하여 그 승인을 얻어야 하며(동조 3항), 만일 국회
의 승인을 받지 못한 때에는 그 명령은 그때부터(소급효가 없음을 주의) 효력을 잃는
다(동조 4항 전단). 그리고 그 명령에 의하여 일단 개폐되었던 법률은, 자동적으로 그
효력을 회복한다(동조 4항 후단).

  3. 대법원규칙   대법원은 법률에 저촉되지 않는 범위 안에서 소송에 관
한 절차·법원의 내부규율과 사무처리에 관한 규칙을 제정할 수 있다(헌법 108조).
민사에 관한 대법원규칙도 민법의 법원이 된다. 그러한 대법원규칙으로서 주요한
것을 들어 보면, 민사소송규칙(2002년 규(全改) 1761호)·부동산등기규칙(2011년 규(全改)
2356호)·동산·채권의 담보등기 등에 관한 규칙(2011년 규 2368호)·공탁금의 이자에
관한 규칙(1970년 규(全改) 425호)·공탁규칙(2007년 규(全改) 2147호)·가사소송규칙(1990
년 규 1139호) 등이 있다.

  4. 조   약   문서에 의한 국가 사이의 합의가 조약이며, 그 내용은 국제
법을 이룬다. 특히 「조약」이라는 이름을 가지는 것뿐만 아니라, 협정·협약·의정
서·헌장 등으로 불리는 것도 포함된다. 헌법에 의하여 체결·공포된 조약과 일반
적으로 승인된 국제법규는 국내법과 같은 효력을 가지므로(헌법 6조 1항), 비준·공
포된 조약으로서 민사에 관한 것은 법률과 동일한 효력을 가지는 민법의 법원이
된다. 우리나라는 국제물품매매계약에 관한 국제연합 협약(CISG)에 가입하였으며,
이 협약은 2005년 3월 1일 우리나라에서 발효되었다.

  5. 자 치 법   지방자치단체가 법령의 범위 내에서 그의 사무에 관하여
제정하는 「조례」나 「규칙」(지방자치법 22-28조 참조) 속에 민사법규가 포함되어 있는
경우에는(이러한 경우는 드물 것이다), 민법의 법원으로 인정된다. 그러나 이러한 자치
법규는 법률에 대한 우선적 효력이 없으므로, 법률로 된 민사법규에 대하여 보충적
효력을 가질 뿐이다(헌법 117조 1항 참조).

[8] Ⅲ. 불문민법

불문민법에 관해서는 다음 세 가지를 살펴볼 필요가 있다. 첫째, 민법 제 1 조는 불문법인 관습법이 성문법에 대하여 보충적 효력을 갖는다고 규정하고 있다. 따라서 관습법에 관하여 자세히 살필 필요가 있다. 둘째, 성문법주의를 취하는 우리나라에서는 법률상 판례가 법원이 되지는 못하나, 적어도 사실상으로는 구속력을 갖고 있는 점을 무시할 수 없다. 따라서 우리나라에서 판례가 어떤 의미를 갖는지를 음미할 필요가 있다. 셋째, 민법 제 1 조는 관습법도 없을 때에는 마지막에 조리에 따라서 재판할 것을 규정하고 있다. 여기서 조리도 법원인가라는 문제가 제기된다. 차례로 보기로 한다.

1. 관 습 법

(1) 의   의   사회에서 스스로 발생하는 관행(관습)이 단순한 예의적 또는 도덕적인 규범으로서 지켜질 뿐만 아니라, 사회의 법적 확신 내지 법적 인식을 갖춤으로써, 많은 사람에 의하여 지켜질 정도로 된 것이 「관습법」이다. 이러한 관습법은 사회에서 가장 직접적이고 또한 근원적인 법의 발현형식이다. 불문법주의의 사회에서는 물론이거니와, 성문법주의를 취하는 곳에서도, 아무리 성문법을 완전하게 갖추더라도, 관습법이 생겨나는 것을 막지 못한다. 이는 사회생활의 유동성에서 오는 필수적 결과이다. 즉, 사회생활은 부단히 흘러 움직이기 때문에, 새로운 사회규범이 생기고 거기서 관습법이 분화·성립하는 현상은 성문법의 제정으로 막지 못한다. 따라서 우리나라와 같이 대민법전이 있고 또한 끊임없이 특별 민사법규를 포함하는 단행법이 제정되고 있는 사회에서도 관습민법은 주요한 민법의 법원이 된다. 제 1 조는 관습법이 민법의 법원이 됨을 인정하고 있다.

(2) 요   건   관습법이 성립하려면, 첫째 관행이 존재하고 있어야 한다. 관행은 어떤 사항에 관하여 상당히 긴 기간 동안 동일한 행위가 반복되고, 그 사항에 관하여는 일반적으로 같은 행위가 행하여진다고 인정되는 상태이다. 말하자면, 그것은 일종의 사회규범이다. 둘째, 관행이 법규범이라고 일반에 의하여 의식될 정도에 이르러야 한다. 즉, 법적 확신 또는 법적 인식을 가지게 되어야 한다. 이 점에서 「관습」과 「관습법」은 구별된다.

판례는 사회의 거듭된 관행으로 생성한 어떤 사회생활규범이 법적 규범으로 승인되기에 이르렀다고 하려면 헌법을 최상위 규범으로 하는 전체 법질서에 반하지 않는 것으로서 정당성과 합리성이 있다고 인정될 수 있어야 한다고 하였다(대판(전) 2003. 7. 24, 2001다48781). 또한, 사회의 거듭된 관행으로 생성된 사회생활규범이 관습법으로 승인된 경우에도 사회 구성원들이 그러한 관행의 법적 구속력에 대하여 확신을 갖지 않게 되었다거나, 사회를 지배하는 기본적 이념이나 사회질서의 변화로 인하여 그러한 관습법을 적용하여야 할 시점에서 전체 법질서에 부합하지 않게 되었다면 그러한 관습법은 법적 규범으로서의 효력이 부정된다고 하였다(대판(전) 2005. 7. 21, 2002다1178).

(3) **성립시기**   앞에서 본 바와 같이, 관습법이 성립하려면, 관행의 존재 그리고 법적 확신의 취득이라는 두 요건이 갖추어져야 한다. 그러나 어느 시기에 이들 요건이 갖추어졌다고 볼 수 있는지 문제된다. 이것이 관습법의 성립시기 문제이다.

국가권력이 아직 확립되지 못하였던 때에는 규범으로서의 관습이 행해짐으로써 법이 성립하였다고 인정되었을 것이다. 그러나 근대국가에서는 국가가 명시적 또는 묵시적으로 관습규범의 법으로서의 효력을 인정하지 않는 한 법이 될 수 없다. 오늘날에는 법을 정하고 집행하는 것은 국가뿐이기 때문이다. 그러므로 관습법의 성립시기는 관습이 국가가 인정하는 규범으로서 성립한 때이다. 구체적으로는 법원의 판결에서 관습법의 존재가 인정되는 때에, 그 관습이 법적 확신을 얻어서 사회에서 행해지게 된 때에 소급해서, 즉 거슬러 올라가서, 관습법으로서 존재하고 있었던 것이 된다. 결국, 관습법의 성립시기는 매우 애매한 것이나, 이 애매한 데에 관습법의 특색이 있다.

사회의 거듭된 관행으로 생성된 사회생활규범이 관습법으로 승인되었다고 하더라도 사회 구성원들이 그러한 관행의 법적 구속력에 대하여 확신을 갖지 않게 되었다거나, 사회를 지배하는 기본적 이념이나 사회질서의 변화로 인하여 그러한 관습법을 적용하여야 할 시점에 전체 법질서에 부합하지 않게 되었다면 그러한 관습법은 법적 규범으로서의 효력이 부정될 수밖에 없다. 2005년에 선고된 대법원 판결에서는 종중 구성원의 자격을 성년 남자만으로 제한하는 종래의 관습법은 이제 더 이상 법적 효력을 가질 수 없게 되었다고 한다. 그 이유로 공동선조의 후손 중 성

년 남자만을 종중의 구성원으로 하고 여성은 종중의 구성원이 될 수 없다는 종래의
관습은 공동선조의 분묘수호와 봉제사 등 종중의 활동에 참여할 기회를 출생에서
비롯되는 성별만에 의하여 생래적으로 부여하거나 원천적으로 박탈하는 것으로서,
위와 같이 변화된 우리의 전체 법질서에 부합하지 아니하여 정당성과 합리성이 있
다고 할 수 없다는 점을 든다(대판(전) 2005. 7. 21, 2002다1178).

〈관습법의 적용상의 문제〉

　　위에서 본 바와 같이, 관습법은 구체적으로는 법원의 판결을 통해서 비로소 그 존
재를 확인할 수 있는 것이나, 한편 제 1 조에서 관습법의 법원성을 명백히 인정하고 있
다. 관습법이 법규정에 의하여 법원으로 인정받고 있다는 것은, 관습법이 있는 경우에
는 법원은 다른 법원과의 우열의 순위에 따라서 당연히 이를 적용하여야 할 의무가 있
다는 것을 의미한다. 따라서 소송당사자는 관습법을 주장하거나 또는 그 존재를 증명
할 필요가 없다. 그러나 실제에서는 법원이 관습법의 존재 및 그 내용을 알지 못하는
경우가 많으며, 그러한 때에는 소송당사자가 이를 원용(즉 인용·주장)하여야 할 사실
상의 필요가 있다.

　　(4) 효　　력　　　관습법을 법원으로서 인정한다고 하더라도, 이에 대하여 이
미 존재하는 성문법을 개폐하는 효력(변경적 효력)을 인정할 것인지, 또는 단순히 성
문법이 없는 부분에 관하여 이를 보충하는 효력(보충적 효력)을 인정하는 데 그칠 것
인지는 중요한 문제로 다투어지고 있다.

　　고대법에서는 법이 도덕·종교 등으로부터 아직 뚜렷하게 갈라져 있지 않았는
데 관습법은 당연히 중요한 법원이었다. 중세에서도 관습법의 비중이 매우 컸다.
그런데 근대국가는 중앙집권을 확립하기 위하여 모든 입법을 그의 손안에 넣으려
고 하였고, 또한 당시의 지배적인 법사상이었던 자연법론이 때와 곳을 초월하는 영
원한 법의 존재를 주장하고 있었기 때문에, 관습법은 실제적으로 또한 이론적으로
압박을 받았다. 그 결과 18세기 말부터 19세기 초에 걸쳐 제정된 민법전(1786년의 오
스트리아의 Josef법전·1794년의 프로이센 일반란트법(ALR)·1804년의 프랑스민법전 등)은 이러
한 경향에 따라 관습법의 효력을 부인하는 태도를 취하였다. 그러나 19세기에 법의
민족적·역사적 성격을 주장하는 역사법학이 나타나 자연법론을 뒤흔들었고 성문법
만능의 사상을 부정하였다. 이 영향을 받아 19세기 말 독일민법전을 제정할 당시에

는 논쟁 끝에 관습법의 효력에 관하여 법전에 명백히 규정하는 것을 피하고, 이를 학설에 맡기기로 하였다(그러나 나중에 민법시행법(EG zum BGB)을 제정하면서, "민법과 본 시행법에서 법률(Gesetz)이라 함은 모든 법규범(Rechtsnorm)을 말한다."라는 제 2 조의 규정을 두 었으며, 이 규정에 의하여 관습법은 법률과 동등한 효력을 갖는 것으로 해석되고 있다). 이어서 20세기 초에 제정된 스위스민법전에서는 관습법의 보충적 효력을 인정하고 있다(동 법 1조 2항).

위와 같은 사실은 관습법에 대하여 어떠한 효력을 인정하느냐가 그때 그때의 시대의 법사상에 의하여 영향을 받는다는 것임을 보여 준다. 관습법의 지위를 중시 하여 보충적 효력에서 한 걸음 더 나아가 성문법과 대등한 효력을 인정하려는 견해 도 있다. 이와 같이 대등적 효력 또는 변경적 효력을 인정한다는 것은 성문법과 관 습법 사이에 우열의 차를 두지 않고서, (i) 성문법에 의한 관습법의 개폐를 인정 하는 동시에(기존의 관습법을 변경하기 위하여 성문법이 제정되는 경우), (ii) 관습법에 의 한 성문법의 폐지를 부정하지 않는 것(기존의 성문법과 다른 관습법이 성립하는 경우)을 의미한다(「신법은 구법에 우선한다」는 원칙은 이 경우에도 적용될 것이다).

우리나라에서는, 이미 밝힌 바와 같이, 관습법의 법원성을 인정하지만, 그 효 력에 관해서는 성문법에 대한 보충적 효력을 인정하는 것이 원칙이다. 즉, 민사에 관하여 법률 또는 성문법에 규정이 없는 경우에만, 관습법이 보충적으로 적용된다 (1조. [6] 3 (2) 참조). 따라서 민사에 관하여 성문법에 규정이 있는 사항에 관하여 특별 히 관습법에 의한다는 뜻의 규정이 따로 없는 경우에는, 그 성문법과 다른 관습법 이 있다고 하더라도, 그것은 법으로서 효력이 인정되지 않는다(동지: 김상용 23면, 이 은영 44면 이하, 민법주해(I) 51면).

그런데 위와 같은 제 1 조의 규정에도 불구하고, 관습법에 성문법 개폐의 효력 을 인정하려는 견해가 있다(고상룡 376면, 김용한 21면, 김증한·김학동 14면, 장경학 53면). 그 근거로 수목의 집단 및 미분리의 과실의 소유권이전에 관한 명인방법([106] 3 (2)· (3) 참조)·동산의 양도담보(물권법강의에서 설명한다) 등의 경우에 현실적으로 성문법이 관습법에 의하여 개폐되고 있다는 것을 든다. 그러나 변경적 효력설에 따른다면 민 법 제 1 조는 그 자체가 무효이거나 또는 적어도 그 효력을 잃고 있다는 결과가 되 겠는데, 이는 인정할 수 없는 결과이다. 또한, 현실적으로 관습법이 성문법을 개폐하고 있다고 하지만, 그러한 경우들은 다음에서 설명하는 판례법 또는 법관에 의한 법형성으로서 이해할 수 있다. 관습법의 변경적 효력 또는 대등적 효력을 인정하려는 견해는 현행법의 해석론으로서는 인정할 수 없는 무리한 주장이다. 대법원도 관습법이 법령에 저촉되지 않는 한 법칙으로서의 효력이 있다고 하여 관습법이 제정법에 대하여 열후적·보충적 성격을 갖는다고 보고 있다(대판 1983. 6. 14, 80다3231).

2. 판례의 법원성

(1) 판례법은 법원의 재판(판결·결정)을 통해서 형성된다고 생각되는 법이다. 법원은 구체적인 사건에 관하여 판단을 주는 것이며, 재판은 그 재판에서 밝혀진 구체적 사실에 대한 판단으로서만 구속력을 가진다. 그런데 실제로 사회에서 일어나는 사건은 천차만별이어서, 엄밀하게 따진다면 완전히 똑같은 사실이 반복되지는 않는다고 말할 수 있다. 그러나 재판은 구체적인 사실에 관한 판단이라고 하더라도 그 사실에 관한 법률적 판단을 하는 것이므로, 그것에 의하여 다소간의 추상적인 이론 또는 법칙이 표시된다. 그리고 비슷한 사건에 관한 재판이 쌓이게 되면, 점차로 일반적인 법칙이 밝혀지고, 추상적인 규범이 성립한다. 이것이 「판례법」이다. 특히 최고법원의 판결과 결정을 통하여 판례법이 형성된다.

　　　판결·판례·판례법이라는 말들은 반드시 엄격하게 구별해서 쓰지 않는 경우가 많다. 그러나 하나하나의 재판을 판결이라고 하고, 그것에 의하여 밝혀진 이론·법칙 또는 규범을 판례라고 부르며, 판례를 법원으로 보는 때에 판례법이라고 하는 것이 옳을 것이다.

(2) 판례는 법원(法源)인가? 이 문제도 법철학에서 기본문제의 하나이며, 학자들의 견해는 일치하지 않고 크게 다투어지고 있다. 판례를 법원으로 하고 있는 가장 대표적인 나라는 영국이다. 영국법의 여러 원칙은, 법원에 의하여 확립된 선결례(precedent) 가운데서 발견된다. 선결례는 뒷날 동일하거나 비슷한 사건의 판결을 내리는 데 선례로서 구속성을 가지는 판결례를 말한다. 영국에는 이른바 상급법원으로 고등법원(High Court of Justice)·항소법원(Court of Appeal)·대법원[Supreme Court of the United Kingdom. 2009년 이전에는 귀족원(House of Lords)]·추밀원사법위원회(Judicial Committee of the Privy Council)가 있는데, 대법원 판결은 대법원 자신을 포함

해서 모든 법원을 구속하고, 항소법원과 고등법원의 각 부의 판결은 그보다 하급의 여러 법원을 구속한다. 이에 반하여, 하급법원의 판결에는 구속력이 없다고 한다. 이러한 선결례의 구속력을 binding force of the precedent라 하고, 또한 이러한 원칙을 「선례 구속성의 원칙」(doctrine of stare decisis)이라고 한다. 오늘날 영미법계의 여러 나라들[영국(스코틀랜드는 제외)·미국(루이지아나주는 제외)·호주·캐나다(퀘벡주는 제외) 등. 그 밖에 대영제국의 식민지였다가 2차대전 후에 독립한 나라들]은 위와 같은 선례 구속력의 원칙을 대체로 인정하고 있다(영국의 귀족원은 1966년에 경우에 따라서는 선례를 변경할 수 있다는 원칙을 선언함으로써, 과거와 같은 엄격한 선례 구속력의 원칙을 포기하였다. 그러나 영미에서는 판례가 여전히 중요한 법원을 이루고 있는 점에는 변함이 없다). 그러므로 영미법계 여러 나라의 법체계의 중요부분을 이루고 있는 것은 판례법(case law)이며, 판례가 주요한 법원으로 되어 있다.

그런데 위와 같은 영미법계의 여러 나라들과는 달리, 성문법주의를 취하는 대륙법계의 여러 나라에서는 상급법원의 판례가 하급법원을 법률상 구속한다는 원칙이 인정되지 않으며, 법관은 다만 헌법과 법률에 의하여 재판할 의무가 있을 뿐이다(헌법 103조 참조). 따라서 대륙법계 국가에서는 판례의 법원성은 부정되고 있다. 우리나라에서도 사정은 같다. 법원조직법에 "상급법원의 재판에 있어서의 판단은 당해 사건에 관하여 하급심을 기속한다."고 규정하고 있지만(동법 8조), 이는 상급법원이 재판에서 판단을 한 내용이 하급심을 구속하는 것은 오직 「당해 사건」에 한하며, 일반적으로 하급심을 구속하는 효력은 없다는 것을 의미한다. 따라서 장래의 재판에서 판례가 반드시 법으로서 인용·주장되어야 하는 것은 아니며, 그러한 주장을 하지 않더라도 그 재판은 위법이 아니다. 결국 판례의 법원성은 부정되고 있다고 말할 수 있다.

이와 같이 판례의 법률적 구속력은 인정되지 않는다고 하더라도, 상급법원 특히 최고법원의 판례가 「사실상의 구속력」을 가진다는 점은 부인할 수 없으며, 이 사실상의 힘을 통해서 대륙법계 여러 나라에서도 사실상 많은 판례법이 생기는 것이다. 법률상의 구속력이 인정되지 않는데도, 판례가 사실상 구속력을 가지는 이유는 무엇일까? 여러 이유가 있으나, 무엇보다도 「법의 안정」이라는 목적을 들 수 있다. 아무리 성문법을 완전히 갖추더라도, 흘러 움직이는 사회생활은 그것만으로 규율해 나갈 수는 없으며, 또한 성문법에서는 이를 해석하는 문제가 있다. 그런데 어떤 사안에 관하여 그때그때 판결이 다르고 해석이 달라진다면, 법률생활의 안정을 기대할 수 없다. 여기서 최고법원은 판례의 일관성을 유지하고 안정된 법을 이루기 위하여 자신의 판결에 구속되고 종래의 판례를 변경하는 데 신중한 태도를 취하고 있다(법원조직법 7조 1항 3호 참조).

한편 하급법원은 상급법원의 판결에 구속당하지 않는다고 하지만, 그것은 법률상 그럴 뿐이고 사실상은 그렇지 않다. 왜냐하면, 비록 하급심에서 상급법원의 판결과 다른 판결을 내리더라도, 그것은 불필요하게 소송비용을 늘어나게 하는 결과를 가져올 뿐이지 상급법원에 가서 결국은 깨뜨려지기 때문이다. 그리하여 하급법원은 자연스럽게 상급법원의 판례에 따르고, 판례는 사실상의 구속력을 갖는다. 어떤 사건에 대한 법원의 판결이 반복되면 거기에 추상적인 법칙이 발생하고 다른 비슷한 사건에 대해서도 그 법칙을 적용할 개연성을 가지므로, 여기에 판결에 의한 일반적인 법규범이 성립한다. 우리나라도 성문법주의를 취하고 있고, 판례의 구속력은 위와 같은 사실상의 것에 지나지 않는 재판제도를 가지고 있을 뿐이나, 사실상의 구속력을 토대로 많은 판례민법이 생겨 성문민법과 함께 중요한 지위를 차지하고 있다.

〈판례의 인용방법〉

판례의 인용에 관하여 현재 확정된 방법이 있는 것은 아니다. 그 결과 사람에 따라서 각자 제멋대로 인용하고 있는 것이 실정이다. 통일된 판례의 인용방법이 하루속히 확정되어야 함은 말할 나위도 없다. 그리고 그러한 통일된 인용방법은 가급적 짧게 줄이는 것이 바람직하다. 어떻게 인용하는 것이 가장 적절한 방법일까? 우선 종래 법원이 판결 속에서 대법원 판결 또는 결정을 인용하는 방법을 보면 다음과 같다.

대법원 1976. 11. 23. 선고, 76다342 판결

대법원 1979. 3. 8. 자, 79마5 결정

먼저 법원을 표시하고, 이어서 선고일자·사건번호를 적으며, 끝으로 재판의 종류를 적는다. 이러한 인용이 현재의 공식적인 인용방법이라고 할 수 있다. 그러나 위의 인용은 좀 길다. 짧게 줄이려면, 대법원 판결 또는 대법원 결정을 각각 「대판」 또는 「대결」이라고 하고, 이어서 선고일자와 사건번호를 적으면 될 것이다. 여기에서는 다음과 같이 인용하고자 한다.

대판 1976. 11. 23, 76다342

대결 1979. 3. 8, 79마5

그리고 대법원의 전원합의체의 재판인 때에는, 이를 다음과 같이 괄호 안에 '전'이라는 표시를 하고자 한다.

대판(전) 1976. 11. 6, 76다148

대결(전) 1964. 5. 20, 63마152

정당한 인용방법이 되려면, 반드시 출처를 밝혀야 한다. 판례집을 제대로 공간하고 있는 나라에서는 출처만으로 판례를 인용하는 것이 보통이다. 그런데 우리나라는 대법원판례집이 간행되고 있으나, 여러 가지로 불완전하여 다른 sources(대법원판결요지집·법원공보·판례공보·법률신문·판례월보 등)에서 인용하는 일이 적지 않았다. 최근에는 대법원 종합법률정보에서 판례를 쉽게 검색할 수 있다. 이러한 사정이 있기 때문에, 학술논문이 아니라 교과서인 이 민법강의에서는 번거로움을 피하기 위하여 인용된 판례의 출처를 생략하기로 한다.

3. 조리의 법원성

(1) 사물의 본질적 법칙 또는 사물의 도리가 「조리」이며, 사람의 이성에 의하여 생각되는 규범이다. 바꾸어 말하면, 일반사회인이 보통 인정한다고 생각되는 객관적인 원리 또는 법칙이다. 이른바 「경험칙」이라는 것도 여기에 포함된다. 경우에 따라서는 사회통념·사회적 타당성·신의성실·사회질서·형평·정의·이성·법의 체계적 조화·법의 일반원칙 등의 이름으로 표현되기도 한다. 극히 추상적인 말이어서, 일정한 내용을 가진 것이 아니라 법질서 전체 또는 그 속에 흐르는 정신에 비추어 가장 적절하다고 생각될 경우에 끌어 쓰는 말이며, 말하자면 그것은 일종의 자연법적 존재라고 할 수 있다. 무릇 우리의 이상은 우리의 사회생활관계를 조리에 맞는 것으로 하는 데에 있다고 할 수 있다. 법을 정하여 사회생활을 규율하는 것도 결국 위와 같은 이상을 실현하자는 데에 있다. 그러므로 성문법 또는 제정법은 조리를 구체화한 것으로서, 무엇이 조리이냐에 관한 하나의 형식적 기준이라고도 할 수 있다. 그 밖에도 조리가 법과 관련을 가지는 것은, 첫째 실정법과 계약의 해석에서 표준이 된다는 점이고, 둘째 재판의 기준이 될 만한 법원이 전혀 없을 때에 재판의 기준이 된다는 점이다. 이들 둘 중 뒤의 것은, 특히 조리의 법원성이라는 법철학적 문제로 이어진다. 이에 관하여 논하면, 다음과 같다.

(2) 「조리」를 법원으로 인정할 것인지가 문제되는 것은 어떤 사건에 관하여 그 재판의 기준이 될 제정법이나 관습법이 모두 존재하지 않는 경우이다. 근대 법치국가에서는 법이 없다는 이유로 법관이 재판을 거부하지 못한다. 이러한 경우에 법관은 자기가 「조리」라고 믿는 바에 따라서 재판하는 수밖에 없다.

여기서 우리 민법 제1조도 법률 또는 관습법이 모두 없는 경우에는 「…… 조리에 의한다」고 규정함으로써, 법이 없는 때에는 조리에 따라 재판하여야 한다는 오늘날 일반적으로 인정되어 있는 원칙을 분명하게 규정하였다. 대법원은 공동선조의 성년 남성만이 종중의 구성원이라는 종래 관습이 더 이상 법적 효력을 가질 수 없다고 보고, 조리에 의하여 종중 구성원의 자격을 보충하여 성년 여성도 종중의 구성원이 된다고 판결한 바 있다. 즉, 공동선조와 성과 본을 같이 하는 후손은 성별의 구별 없이 성년이 되면 당연히 그 구성원이 된다고 보는 것이 조리에 합당하다고 한다(대판(전) 2005. 7. 21, 2002다1178).

그렇다면 조리는 법원이 되는가? 현재 대부분의 민법학자들은 "법관은 헌법과 법률에 의하여 그 양심에 따라 독립하여 심판한다."라는 헌법의 규정(헌법 103조)과 민법 제1조를 근거로, 조리의 법원성을 인정하고 있다(김기선 26면, 김용한 28면, 김증한 56면, 김현태 25면, 이영섭 73면, 이은영 52면, 장경학 60면). 그러나 이는 피상적인 견해이다. 왜냐하면, 헌법의 규정은 법관의 물적 독립성을 선언한 것에 지나지 않으며, 실정법질서가 부족한 점이나 흠이 없는 완전한 것이라는 것을 전제로 하고 있다고 할 수 없고, 또한 민법 제1조도 민법질서가 완전하지 못함을 인정한 데 유래하는 것이기 때문이다. 조리를 재판의 준칙으로 인정하는 것은 그것이 법이기 때문이 아니라, 어디까지나 성문법국가에서 법이 마련되어 있지 않은 경우가 생기는 것이 불가피한 데다가, 법관은 재판을 거부할 수 없다는 사실에 기인하는 것이다. 조리는 법이 아니지만, 법원에 의하여 적용되는 것이라고 보는 것이 타당하다(고상룡 12면, 김증한·김학동 21면, 이영준 30면).

제3장 민법전의 연혁과 그 구성

[9] I. 총 설

성문법주의를 취하는 우리나라에는, 이미 본 바와 같이, 민법의 법원으로서 가장 중요한 「민법」이라는 대법전이 있다. 민법강의는 바로 이 민법전의 해석론을 그 중심으로 한다. 민법전은 어떻게 제정되었는가? 먼저 민법이 제정되기 이전의 우리나라의 사법(私法)의 역사를 간단히 보기로 한다.

우리나라의 법의 역사를 돌이켜 볼 때에, 사법에 관한 한, 예로부터 불문법의 나라였다. 그 옛날에 중국법의 계수가 있었음은 주지의 사실이다. 그러나 원래 중국법은 공법이 중심이었고, 서양에서와 같이 체계적으로 사법이 발달하지 못하였다. 그 결과 중국의 여러 공법전을 모방한 법전들이 편찬된 일은 있지만 사법전의 편찬은 없었고, 다만 각종의 법전 속에 사법적 규정(그것도 주로 친족법·상속법에 관한 것)이 단편적으로(바꾸어 말해서, 한데 모아지지 않은 여러 조각으로) 흩어져 있을 뿐이었다. 그리하여 민사에 관한 분쟁은 원칙적으로 각 지방의 관습과 법관을 겸한 지방 행정관의 재량으로 해결하였다고 한다.

그런데 현행 사법에서 우리의 고유법이나 중국법의 영향을 두드러지게 찾아볼 수 없다. 지금의 우리 사법은 오랫동안 영향을 끼친 중국법과의 인연을 끊고, 20세기 초에 일본을 통해서 유럽대륙의 사법과 사법학을 받아들인 데서 시작한다. 36년 동안의 일본의 정치적 지배는 필수적으로 일본 법률의 지배를 가져왔다. 1910년에 한국을 식민지화한 일본은 곧 그의 법률을 한반도에서 시행케 하였다. 즉, 일본정부는 1910년 8월 29일의 「조선에 시행할 법령에 관한 건」이라는 긴급칙령(이 칙령은 1911년 3월 25일 법률 제30호로 대체되었다)을 발포하였는데, 한반도에 적용할 법률을 조선총독부령(이른바 '제령(制令)')의 형식으로 제정할 수 있다는 것과 일본의 법률 중에서 한반도에 시행할 것은 칙령(勅令)으로 지정한다는 것을 선포하였다. 그로부터 2년 후인 1912년 3월에, 제령 제7호로 「조선민사령(朝鮮民事令)」을 제정하여 시행하였는데, 이 조선민사령이 일제시대에 민사에 관한 기본법이며, 이것에 의하여 일본의 민법전과 각종의 특별법 및 부속법이 한반도에서 「의용(依用)」되었다. 즉, 1912

년에 한국민은 역사상 처음으로 「근대민법전」에 접하게 되었다. 그러나 일본민법
전이 전적으로 의용되지는 않았으며, 친족관계·상속관계에 관해서는 처음에는 우
리의 관습에 의하기로 하였다. 그러나 그 후 여러 번 민사령을 개정함으로써, 일정
말기에는 친족법·상속법도 대부분 의용하였다.

 1945년의 8·15해방으로 일본의 지배를 벗어나게 되고 미군정이 수립되었다.
그러나 3년의 군정기간 동안 법체계의 근본적 변경은 없었다. 일본법령의 폐지에
대한 국민적 요망은 날로 증가해 갔으나, 이 요망에 따르기 위해서는 대한민국의
수립을 기다려야만 하였다. 1958년에 공포된 현행 민법전은 우리 역사상 우리의 손
으로 만들어진 최초의 근대적 민법전이다. 그러나 한국민법전은 종래 「구민법」이
라고 일반적으로 부르고 있는 일본민법전을 기초로 하는 것이다(「현행 민법이 시행되
기 전에 효력을 가지고 있었던 1945년 8월 15일 당시의 일본민법」을 민법전이 제정된 후에 흔히
「구민법」이라고 부르거나 인용하고 있다. 그러나 「구민법」이라는 표현은 그릇된 것이며, 정확하
지 않다. 그것은 어디까지나 편의상 부르는 표현에 지나지 않는다). 그런데 일본민법전이라는
것은 1804년의 프랑스민법전과 1888년에 공표된 독일민법 제 1 초안을 모방하고,
용어를 번역하고 다소 수정하여 제정한 것이다. 그러므로 우리 민법전의 계보를 따
진다면 위의 근대민법전에 거슬러 올라가나, 여기서는 한국민법전의 성립과 그 후
의 발전, 민법전의 구성과 편별에 관하여 적는 데 그치기로 한다.

 어떤 민족이나 국가에서 발달한 법이 다른 민족이나 국가에 의하여 수입·채용되
는 현상을 「법의 계수」라고 일컫는다. 계수된 법을 「계수법(繼受法)」이라고 하며, 「고
유법」과 대립하는 개념이다. 고유법은 어떤 사회에서 다른 사회의 법의 영향을 받지
않고서 발달한 법이다.

 법의 계수는 문화교류의 특수한 모습이다. 따라서 계수하는 측에서 계수자로서의
국가나 민족이 주체성을 가지고 있어야 한다. 정복국이 피정복국에 대하여 자국의 법
을 강제하는 것은, 그 민족이나 국가의 주체성이 부인되는 한, 여기서 말하는 법의 계
수는 아니다. 이러한 의미에서 우리의 경우, 일제에 의한 일본법의 강제를 법의 계수라
고 할 수 없으며, 대한민국의 수립 후에 독일·프랑스·일본의 법률을 「계수」하였다고
하는 것이 정확하다.

[10] Ⅱ. 민법전의 성립과 그 후의 발전

  1. 민법전의 편찬　　　민법전의 제정경과와 기본특징을 간단히 적어 보면, 다음과 같다.

  (1) 1948년 7월 17일에 대한민국헌법이 제정·공포되고, 이어서 정부가 수립되자, 정부는 곧 법전편찬사업을 착수하기 위하여, 우선 같은 해 9월 15일 대통령령 제 4 호로서 법전편찬위원회 직제를 공포하고 재조와 재야의 법조인과 소수의 법학교수를 위원에 위촉하였다. 실무자를 중심으로 발족한 법전편찬위원회가 민법전의 기초에 착수한 것은 1948년 12월 15일이라고 한다. 그러나 바로 초안 작성에 들어가지 않고, 먼저 그 기초로서 「민법전편찬요강」과 「민법친족상속편편찬요강」을 작성하였으며, 이것을 토대로 하여 구체적으로 초안 작성을 시작하였다. 그러나 뜻하지 않은 6·25전쟁이 일어나 이 사업이 일시적으로 중단되었지만, 전쟁 중의 어수선한 피난생활 속에서도 사업을 계속하여, 마침내 1953년 7월에 초안의 기초를 끝냈다. 이에 소요된 기간은 4년 7개월이다. 이 법전편찬위원회의 민법전초안은 1954년 10월 26일에 정부제출법률안으로 국회에 제출되었다. 국회에서는 이 초안을 법제사법위원회에 넘겼는데, 동위원회는 다시 민법안심의소위원회를 구성하여 초안에 대한 예비심사를 맡겼다. 소위원회는 각 위원이 분담해서 1957년 9월에 예비심사를 마쳤다(상·하 2권으로 된 「민법안심의록」이 있다). 소위원회의 수정안은 법제사법위원회를 거쳐 국회본회의에 회부되었다. 국회본회의에서 다시 초안을 상당부분 수정한 다음 통과시켰는데, 1958년 2월 22일에 법률 제471호로 민법이 공포되었다. 민법전은 부칙 제28조에 의하여 1960년 1월 1일부터 시행되었으며, 이것이 현행 민법전이다. 민법전은 제정 당시 총 1139개조로 되어 있었으며, 그중 본문은 1111개조이고, 나머지 28개조는 부칙으로 구성되어 있었다.

  (2) 초안 작성과 심의과정에서 독일민법전을 비롯하여 많은 외국의 민법전을 참고로 하였다고 하지만, 그 내용을 살펴볼 때에, 근본적으로는 일본민법을 기초로 하고 있음은 숨길 수 없는 사실이다. 즉, 재산법에 관해서는 물권법의 일부를 제외하고는 일본의 민법학에 의하여 밝혀진 일본민법의 결함이나 단점을 그들의 이론에 비교적 충실하게 수정한 것이라고 말할 수 있다. 이 과정에서 일본민법에 있는 프랑스민법에서 유래하는 제도를 많이 없애고, 그것을 갈음하여 독일민법 또는 같

은 계열에 속하는 스위스 민법과 채무법에서 많은 제도와 규정을 따오고 있다. 그 결과 프랑스민법과 독일민법 제 1 초안을 모범으로 삼았던 일본민법에 비하여, 우리 민법은 훨씬 독일민법에 접근하고 있다. 이는 일본민법이 주로 19세기의 개인주의적인 법사상과 사회사상을 담고 있는 데 반하여, 우리 민법은 20세기의 새로운 이론과 사상을 받아들이고 있음을 의미한다. 요컨대, 한국민법의 성격은 재산법에서는 일본민법과 독일민법을 계수한 것이라고 말할 수 있다.

한편 가족법과 상속법의 영역에서는 일본민법이나 다른 근대민법의 영향이 매우 적다. 이는 제정 당시 현대의 민주적인 가족법과 상속법의 원리를 받아들이는 길을 택하지 않고, 우리나라의 전통적 관습과 민주주의이념을 어떻게 조화시키느냐에 주로 노력하였기 때문이다. 그러나 실제에서는 두 가지, 즉 전해 내려온 관습과 민주주의이념을 적당히 타협하는 데 그친 감이 있으며, 많은 문제를 품고 있었다. 바꾸어 말하면, 가족법과 상속법의 분야에서는 새로운 시대사조를 흡수하는 데 매우 소극적이어서 후진성을 벗어나지 못하고 있었다.

(3) 이상과 같은 경과를 거쳐서 성립한 민법전을 어떻게 평가할 수 있을까? 일본민법이 상당히 잘 갖추어진 법전으로 평가되고 있는 만큼, 그것을 모범으로 하여 그의 미비점을 보완하여 제정된 우리 민법도, 일본민법에 비하여, 별로 손색이 없는 것이라고 일응 평가할 수 있을 것이다. 근대사회의 일원이 되고자 하던 문턱에서 외침을 받아 식민지로 전락하는 불행을 겪었으나, 침략국의 패망으로 새로 탄생한 나라, 따라서 근대사법에 관하여 내놓을 만한 학문적 유산을 갖고 있지 않은 나라에서 이와 같은 사업을 한 것은 높이 평가할 만하다. 그러나 곰곰이 생각해 볼 때, 하루 속히 기본법전들을 제정함으로써 독립국가로서의 면목을 갖추고자 서두른 나머지, 거쳤어야 할 과정이나 필요한 여러 준비 없이 법전편찬작업을 하였기 때문에, 좀 더 신중히 추진했더라면 좀 더 좋은 민법을 만들 수도 있었지 않았나 하는 아쉬움도 있다. 민법과 같은 기본법전을 편찬하려면, 여러 가지 준비가 필요하다. 사법학(私法學)의 발달 또는 성숙은 물론이고, 그 밖에도 대표적 외국입법례에 관한 철저한 비교연구, 관습과 고유법에 대한 면밀한 조사와 연구, 자국어에 의한 법률술어의 충분한 준비 등은 기본적인 것이다. 그러나 이러한 준비가 되어 있지 않은 상태에서 일에 착수했기 때문에, 일본민법의 테두리를 벗어나지 못한 채 일본학자

들의 주장에 따라 초안을 작성하고 또한 민법전에서 일본의 법률용어를 거의 그대로 사용하고 있어 우리의 민법으로서의 특색이 별로 없는 민법전을 만들고 만 것이다. 이러한 사실에 유의하여 앞으로 적절한 개정을 통하여 훌륭한 민법으로 키워나가야 할 것이다.

   2. 민법전의 개정   민법은 그 발효 후 2015년 1월까지 모두 24차례의 개정을 하였다. 그중 네 차례(제 2 차 내지 제 4 차, 제14차)는 부칙규정의 개정이었고, 다섯 차례(제 8 차, 제 9 차, 제13차, 제15차, 제23차)는 다른 법의 개정에 따른 개정이나 자구 수정이었다. 아홉 차례(제 1 차, 제 5 차, 제 7 차, 제11차, 제12차, 제17차, 제19차, 제20차, 제22차)는 가족법의 개정이었고, 두 차례(제16차, 제18차)는 재산법과 가족법의 동시개정이었으며, 재산법의 개정은 네 차례(제 6 차, 제10차, 제21차, 제24차) 있었다. 그중 가장 중요한 개정은 친족편과 상속편을 크게 고친 1990년의 제 7 차 개정(종래의 호주상속을 호주승계라 하여 상속편에서 친족편으로 옮김), 2005년의 제12차 개정(호주제도 폐지), 2011년의 제18차 개정(성년후견제도의 도입), 2015년 1월의 제24차 개정(여행계약의 도입과 보증제도의 개선)이다. 호주상속제도와 이를 대체한 호주승계제도가 폐지됨으로써 상속법은 근대적인 재산상속법의 모습을 갖추게 되었다. 또한 친족편도 큰 폭으로 바뀌어 현대적 가족법에 가까워지게 되었다.

[11] Ⅲ. 민법전의 구성(편별)

   1. 근대 민법전의 편별 또는 구성에는 「인스티투찌오네스」식과 「판덱텐」식이 있다. 앞의 것은 로마식, 뒤의 것은 독일식이라고 부르기도 한다.

   (1) 로마식 편별법   동로마의 「유스티니아누스」황제는 법전편찬사업을 전개하여 맨 먼저 「법학제요」(Institutiones)라는 오늘날의 법학개론과 같은 교과서인 법전을 만들었다. 그런데 이것은 로마의 법학자 「가이우스」(Gaius)(A.D. 180년 이후에 사망)의 같은 이름의 저서를 모범으로 한 것으로서, 체계도 그에 따라 「사람에 관한 법」·「물건에 관한 법」·「소권에 관한 법」의 셋으로 나누었다. 이와 같이 법전을 인사편·재산편·소송편으로 크게 나누는 편별법을 로마식 또는 「인스티투찌오네스」식이라고 한다. 프랑스민법은 이러한 로마식에 따른 것이라고 말할 수 있다. 즉, 소송편을 따로이 독립한 법전으로 하고, 민법전을 제 1 편 인사편·제 2 편 소유권 및

그의 변형·제 3 편 소유권취득의 방법으로 나누고 있다.

　　(2)　**독일식 편별법**　　　1863년의 「작센」(Sachsen) 민법이 처음으로 채용한 것이며, 민법을 총칙·물권·채권·친족·상속의 5편으로 나누는 것이다. 「작센」 민법의 뒤를 이어 일본민법이 이에 따랐으며, 우리 민법전도 이 편별에 따르고 있다. 독일민법은 제 2 편 채권·제 3 편 물권으로 하고 있어서, 편별의 순서에 약간의 차이가 있으나, 역시 이에 속함은 물론이다. 독일식 또는 판덱텐식 편별법(독일식 편별법은 주로 판덱텐(독일보통법)법학자들에 의하여 창안·이용되었기 때문에, 「판덱텐편별법」이라는 명칭을 갖게 되었다)은 그 체계가 정연하다는 점, 특히 총칙편을 두고 있다는 데에 특징이 있다. 그러나 너무나 논리적이며, 규정의 대상인 「사건의 내용」과는 아무런 교섭이 없는 추상적 체계를 이루고 있을 뿐만 아니라, 총칙편은 사실상 재산법총칙이고, 친족법은 별개의 계통을 이루어 총칙편의 규정이 적용되지 않는 경우가 많다. 또한 물권법·채권법·상속법은 각각 따로 독립한 총칙을 가지고 있다. 여기서 이 편별방법에 관하여 학자들 사이에 적지 않은 논의가 있다.

　　2.　우리 민법전은, 앞에서 밝힌 바와 같이, 「판덱텐」식 편별법에 따라, 제 1 편 총칙·제 2 편 물권·제 3 편 채권·제 4 편 친족·제 5 편 상속으로 되어 있으며, 그 밖에 부칙을 가지고 있다. 제 2 편·제 3 편·제 5 편은 재산관계를 규율하는 순전한 재산법이고, 제 4 편이 가족관계를 규율하는 가족법이다. 그리고 제 1 편 총칙은 「형식적」으로는 전편에 통하는, 즉 민법 전체에 걸치는 원칙적 규정들을 두고 있다. 본서의 내용은 바로 이 총칙편에 관한 것이다. 여기서 총칙편의 「실질적」 성격과 내용을 검토해 보면, 다음과 같다.

　　(1)　**민법총칙의 구성**　　　총칙편은 통칙·인·법인·물건·법률행위·기간·소멸시효의 7장을 두고 있다. 제 1 장 통칙에서는 이미 설명한 민법의 법원에 관하여 규정하고, 또한 나중에 자세히 적는 민법의 기본원칙을 선언하고 있다([12] 이하 참조). 제 2 장 이하의 장별을 이론적으로 재편성한다면, 권리의 주체(제 2 장 인(人)과 제 3 장 법인)·권리의 객체(제 4 장 물건)·권리의 득실변경 또는 권리의 변동에 중요한 관계가 있는 일반적 사유(제 5 장 법률행위, 제 6 장 기간, 제 7 장 소멸시효)로 나눌 수 있다. 이 책의 본론은 이러한 총칙편의 구성에 따라서 제 1 장 권리·제 2 장 권리의 주체·제 3 장 권리의 객체·제 4 장 권리의 변동의 차례로 적어 나간다.

(2) **총칙편의 실질적 성격**   총칙편은 형식적으로는 민법 전체, 나아가서는 사법 전체의 통칙이며, 또한 사실상 그러한 규정들도 있다. 예컨대, 제1장「통칙」의 두 조문은 민법 전체에 통하는 원칙적 규정이다. 또한, 주소(18조-21조)·부재와 실종(22-30조)·물건(98-102조)·기간(155-161조) 등에 관한 규정들도 민법 전체에 걸치는 통칙으로서의 성질을 가진다. 그러나 그 밖의 총칙편의 대부분은 반드시 민법 전체에 대한 총칙, 즉 원칙적 규정으로서의 실질을 가지는 것은 아니다. 즉, 재산법(물권·채권·상속의 3편)과 가족법(친족편)은 이론이나 실제에서 동일한 원칙으로 지배할 수 없는 경우가 많으며, 총칙편의 규정 가운데에는 재산법만을 염두에 두고 만든 것들이 많다. 그러므로 총칙편의 대부분은 실제로는 재산법에 대한 총칙이며, 가족법에 대한 총칙으로서의 성격은 매우 희박하다. 예컨대, 행위능력에 관한 총칙편의 규정은 가족법상 혼인·이혼·양자 등에 관하여 특별규정이 있기 때문에(801조·802조·807조·808조·835조·866조·869조·870조·871조·873조·902조 등), 그러한 특별규정이 없는 경우에 보충적으로 적용된다. 또한 허위표시·사기·착오·대리 등의 법률행위에 관한 여러 규정도 가족법상의 행위에는 특칙이 있거나 또는 성질상 적용할 수 없는 경우가 적지 않다(815조·816조·838조·854조·861조·883조·884조·904조 등 참조). 시효의 규정도 마찬가지이다. 그러므로 총칙편의 규정은 친족편의 규정에 의하여 명시적으로 그 적용이 배제되어 있지 않은 경우라고 하더라도 신분행위에 적용되지 않는 경우가 있으며, 개개의 규정마다 그대로 신분행위에 적용할 것인가 또는 수정해서 적용할 것인가를 그때그때 검토하여 판단하여야 한다.

제 4 장   민법의 기본원리

[12] I. 총   설

　민법을 올바르게 이해하고 타당한 해석을 하려면, 그 기본원리를 파악한다는 것이 필요하다. 그런데 우리 민법은, 제 3 장에서 밝힌 바와 같이, 19세기에 성립한 근대민법을 모범으로 삼아 그것을 상당히 수정한 것이다. 그러므로 민법의 기본원리를 새기는 데는 근대민법의 기본원리가 어떠한 것이었으며, 20세기에 들어와 어떻게 수정되었는지를 이해하는 것이 앞서야만 한다. 이런 의미에서, 먼저 개인주의적 법원리가 지배한 19세기의 근대민법의 기본원리를 살펴보고, 20세기에 들어와서 그 법원리가 어떻게 수정되었는지를 본 후에, 민법의 기본원리를 밝히기로 한다.

[13] II. 근대민법의 기본원리

　1. 근대민법은 봉건제도를 무너뜨리고 성립한 근대사회의 기초법으로서, 개인주의와 자유주의라는 당시의 사상을 배경으로 하고 있다. 그 지도원리는 개인을 봉건적인 여러 구속으로부터 해방하고 모든 사람을 평등하게 대우하며 자유로운 활동을 보장하는 것이었다. 따라서 근대민법에서는 무엇보다도 개인의 자유와 평등을 강조하고 있다. 그러므로 근대사법은 「인격절대주의」를 배경으로 하는 「개인주의적 법원리」에 의하여 그 체계가 세워져 있다고 말할 수 있다.

　구체적으로 적는다면, 근대민법은 우선 「인격절대주의」 또는 「자유 인격의 원칙」을 전제로 하고 있으며 이를 최고의 원칙으로 삼는다. 즉, 모든 개인을 세상에 태어날 때부터 봉건적·신분적 제한으로부터 완전히 자유이고 서로 평등하며, 한편으로는 이상적이면서 나른 한편으로는 이기적인 「추상적 개인」 즉 「인격자」(Person)로 보고, 이러한 개인을 출발점으로 하고 있다. 그리고 자유 인격의 원칙을 실현하기 위하여, 근대민법은 다시 다음과 같은 세 개의 구체적인 원칙을 인정한다. 「사유재산권 존중의 원칙」·「사적 자치의 원칙」·「과실책임의 원칙」이 그것이다. 이를 보통 일반적으로 「근대민법의 3대원칙」이라고 일컫는다.

3대원칙이라고 하지만, 그중 「과실책임의 원칙」은 사람의 자유로운 활동의 한계를 그어 주는 것이며, 사적 자치의 원칙을 뒤집어서 표현한 것이라고 할 수 있으므로, 다른 두 원칙과 어깨를 같이하는 원칙이라고 할 수 없다. 그러나 이 원칙이 가지는 의미가 오늘날 매우 중요하기 때문에, 이 곳에서는 전통적 설명에 따라, 그것도 기본원칙의 하나로 들기로 한다.

(1) **사유재산권 존중의 원칙**   근대사회에서 개인은 봉건사회에서와 같은 신분적 종속관계로부터 해방된 대신에, 타인의 보호를 받아서 생활하지는 못한다. 개인은 자기의 책임으로 생활을 하여야 하기 때문에, 그가 최후에 의지할 수 있는 것은 오직 그가 가지는 재화이다. 따라서 모든 재화에 대한 완전한 지배를 인정하고, 서로 이를 침해하지 않도록 하는 것이 요구된다. 각 개인의 사유재산권에 대한 절대적 지배를 인정하고, 국가나 다른 사인은 이에 간섭하거나 제한을 하지 못한다는 것이 「사유재산권 존중의 원칙」이다. 그런데 사유재산권 가운데서 가장 전형적인 것은 소유권이기 때문에, 이 원칙을 보통 「소유권 절대의 원칙」이라고도 일컫는다. 이 원칙이 인정될 때에 비로소 사람은 자기의 재화를 마음놓고 지배할 수 있게 된다.

(2) **사적 자치**(私的 自治)**의 원칙**   근대사회는 개인의 자유를 최대한으로 보장하고 개인에 대한 국가적 후견을 배제한다는 자유의 관념을 그 출발점으로 하고 있으며, 이를 실현하기 위해서는 법률관계 형성의 중심적 수단은 개인의 의사라는 인식에서 개인의 의사의 실현에 노력하여야 한다고 생각하였다. 여기서 개인이 자기의 법률관계를 그의 자유보운 의사에 의하여 형성할 수 있는 것을 인정하는 「사적 자치의 원칙」을 기본원칙으로 삼게 되었다. 이 「사적 자치의 원칙」은 「개인의사자치의 원칙」이라고도 일컫는다. 한편, 개인은 사회적 공동생활을 하고 있으므로 개인의 의사는 개인과 개인의 자유로운 의사의 합치인 계약에서 가장 많이 나타나기 때문에 「계약자유의 원칙」이라고도 부른다. 또한, 계약은 법률행위 가운데서 가장 중요한 것이므로, 「법률행위 자유의 원칙」이라고 불러도 좋다. 이 사적 자치의 원칙은 경제에서는 자유경쟁주의 또는 자유방임주의로 나타난다. 바꾸어 말해서, 사적 자치의 원칙은 사람은 누구든지 합리적인 판단력을 가지고 있다는 것을 전제로 하고 있으며, 개인의 활동을 국가가 간섭하지 않고 각자의 자유에 맡겨 두면, 사

회는 조화롭게 된다는 생각이 그 바탕으로 되어 있다. 이 원칙이 인정됨으로써, 사람은 그의 경제활동에서 창의를 충분히 발휘하고 자유로이 활동할 수 있게 되었다.

계약자유의 원칙에 관하여 채권법강의에서 자세히 설명하겠지만, 계약자유라고 할 때 자유의 내용으로서 보통 다음의 네 가지를 든다. (i) 계약을 체결하느냐 않느냐의 자유(체결의 자유), (ii) 계약체결의 상대방을 선택하는 자유(상대방 선택의 자유), (iii) 계약의 내용을 결정하는 자유(내용 결정의 자유), (iv) 계약에는 원칙적으로 방식을 필요로 하지 않는다는 방식의 자유.

(3) 과실책임의 원칙　　　이것은 개인이 타인에게 준 손해에 대하여 그 행위가 위법할 뿐만 아니라 동시에 고의 또는 과실에 의한 경우에만 책임을 지고, 그러한 고의나 과실이 없는 행위에 대해서는 책임을 지지 않는다는 원칙이다. 개인은 자기의 고의 또는 과실에 의한 행위에 대해서만 책임을 지고, 타인의 행위에 대해서는 책임을 지지 않는다는 의미에서, 「자기책임의 원칙」이라고도 부른다. 법률관계의 변동은 모두 개인의 자유의사에 의거하여야 한다면, 책임을 개인에게 부담시키는 경우에도 책임의 원인이 되는 사실이 그의 의사활동에 의한 것이어야 함은 당연하다. 이 「과실책임의 원칙」을 인정할 경우 개인은 자기의 행위에 대해서만 충분한 주의를 하고 있으면 책임을 지게 될 염려가 없어 안심하고 활동할 수 있다. 따라서 과실책임의 원칙은 개인의 행동의 자유를 보장하는 결과가 된다.

〈고의와 과실〉

「고의(故意)」는 자기의 행위로부터 일정한 결과가 생길 것을 인식하면서 감히 그 행위를 하는 것을 가리키며, 이에 대하여 「과실(過失)」은 일정한 결과의 발생을 인식하였어야 하는데도 부주의로 말미암아 이를 인식하지 못하는 것을 의미한다. 바꾸어 말하면, 고의는 인식하거나 예견한 결과를 감히 만들어 낸다는 심리적 의식의 상태이고, 과실은 상당한 주의의 부족이다.

고의와 과실은 이론상 위와 같이 구별되지만, 사법상의 책임요건으로서는 이늘을 구별하지 않고, 또한 책임의 경중의 차도 인정하지 않는 것이 원칙이다. 즉, 고의든지 과실이든지 책임이 성립하기 위한 요건의 하나로서 같게 평가된다(형법에서는 원칙적으로 고의의 경우에만 형사책임이 발생하므로, 이것은 형법과 크게 다른 점이다). 그리고 민법 규정에서는 단순히 과실만을 드는 것이 보통이고, 고의가 있으면 당연히 책임이 인정되는 것으로 새기는 것이 원칙이다.

과실에는 여러 가지가 있다.

우선 과실은 부주의의 정도의 가벼움과 무거움에 따라 「경과실」과 「중과실」로 구별된다. 경과실은 다소라도 주의가 부족한 경우이고, 중과실은 현저하게 주의가 부족한 경우이다. 민사책임의 성립요건으로서는 과실이 있기만 하면 충분하므로, 일반적으로 과실이라고 할 때에는 경과실을 의미한다. 중과실을 필요로 하는 경우에는 민법은 「중대한 과실」이라고 한다(109조 1항 단서·735조 등 참조).

한편 과실은 주의의무의 종류에 따라서 「추상적 과실」과 「구체적 과실」로 나누어진다. 추상적 과실에서 주의는 그 사람이 속하는 사회적 지위·종사하는 직업 등에 따라서 보통 일반적으로 요구되는 정도의 주의이다. 바꾸어 말하면, 구체적인 사람에 의한 개인차가 인정되지 않고, 일반적으로 평균인에게 요구되는 주의가 기준으로서 요구된다. 이 경우 주의는 「선량한 관리자의 주의」 또는 「선관주의」라고도 한다(374조 참조). 이에 반하여 구체적 과실에서 주의는 구체적인 사람에 의한 개인차가 인정된다(695조·922조·1022조 등 참조).

민법의 대상이 되는 사람은 합리적·추상적인 인간이므로, 민법상의 주의는 선관주의가 원칙이고, 따라서 과실이라고 하면 추상적 과실을 의미한다. 그 가운데에서도 경과실, 즉 추상적 경과실을 의미한다. 구체적 과실도 다시 경과실과 중과실로 나누는 것이 이론상으로는 가능하나, 민법에는 구체적 중과실을 요건으로 하는 규정이 없다. 따라서 구체적 과실이라고 하면, 언제나 경과실 즉 구체적 경과실을 가리킨다.

요컨대 근대사법은 모든 개인을 자유로운 인격자 즉 「권리의 주체」로 보고 계약의 자유를 보장하며 계약의 결과 취득하는 재산권의 절대성을 확인함으로써, 근대사회가 지향하는 이상인 자유와 평등의 조화는 이루어진다고 생각하였으며, 위에서 적은 여러 원칙을 바탕으로 하여 그 체계가 세워졌다. 바꾸어 말하면, 개인을 자유로운 인격자로서 다룬다면, 그것은 적어도 법률적·형식적으로는 개인을 「평등」하게 대우하는 것이다. 그리고 이 「자유로운 인격자」에게 주어진 계약체결의 「가능성」과 재산 소유의 「가능성」의 「평등」이 근대 초기의 사법원리였으며, 이로써 「평균적 정의」를 만족시키고, 그 결과로서 일어나는 사실상의 차이(즉, 현실의 「인격자」가 위의 「가능성」을 어떻게 이용하느냐에 따라서 구체적으로 일어나는 차이)는 이를 「배분적 정의」로써 만족하려고 하였다. 이러한 의미에서 근대사법은 초기에는 「평등」보다도 「자유」를 더 강조하고, 그것을 중심으로 한다고 말할 수 있다. 즉, 자유가 주이고, 평등은 종적인 것이었다.

사람은 모두 평등하여야 한다고 하지만, 사람들 사이에는 인격의 높낮이, 재능의 크고 작음, 경험의 유무, 부지런과 게으름 등에서는 거의 무한한 차등이 있다는 것은 누구도 부인할 수 없다. 만일 실제의 사회제도가 이들 사실상의 차등을 무시하고 모든 개인을 완전히 똑같이 대우한다면, 그것은 결코 공정한 인간관계의 질서라고 할 수 없다. 그것은 오히려 매우 불합리한 「악평등(惡平等)」이며, 옳은 의미의 평등은 아니다. 그러므로 「아리스토텔레스」는 사람 사이의 개인차를 인정하지 않는 「평균적 정의」와 각 개인의 값어치에 따라 정신상의 명예 및 물질적 이익을 나눌 필요가 있다고 하는 「배분적 정의」를 구분하였다.

2. 위에서 적은 3대원칙은 개인주의와 자유주의를 기초로 하고 있지만, 처음부터 아무런 제한이 없었던 것은 아니다. 소유권 절대와 계약자유는 근대사회의 초기에도 문자 그대로 아무런 제한이 없다는 의미에서 절대적인 자유가 인정되었던 것은 아니다. 법률행위 또는 계약이 강행법규나 선량한 풍속 기타의 사회질서에 위반하면 무효이고, 채무의 이행에는 신의성실이 요구되며(신의성실의 원칙은 채권법의 기본원칙이다), 또한 개인의 이익을 보호하는 제도도 사회적 신용을 유지하기 위하여 거래의 안전을 보장하고 선의자를 보호한다는 것을 고려해야 했다. 한편, 소유권의 행사는 법률의 제한에 따라야 하고, 타인을 해칠 목적으로 권리를 행사하는 것은 권리의 남용으로서 금지되었다. 그런데 이들 3대원칙을 제한하는 원리(거래안전·사회질서·신의성실·권리남용금지 등)들은 원래 3대원칙의 개별적 원칙 내에서 지나친 폐해를 막고 구제하기 위하여 서서히 발달한 것이었다. 즉, 3대원칙이 어디까지나 주였으며, 이를 제한하는 원리는 개별적·소극적·예외적으로 작용하는 것이었다. 그런 까닭에 근대법의 초기 즉 19세기 중엽까지는 이러한 제한의 원리보다도 3대원칙의 무제한성이 더 강조되었다.

3. 각국의 근대민법은 다소 차이는 있어도 대체로 위와 같은 개인주의·자유주의 법사상을 그 기본으로 하여 출발하였다. 개인주의적 법원리를 그 바탕으로 하고 있는 가장 대표적인 것은 19세기 초에 성립한 프랑스민법이었다. 19세기 후반에 나온 독일민법 제 1 초안이 또한 그러하였다. 따라서 프랑스민법과 독일민법 제 1 초안을 모범으로 하여 제정한 일본민법에서 개인주의적 법원리가 지배하였음은 분명하고, 특별한 설명을 필요로 하지 않는다. 그러나 독일민법전은 좀 다른 성격을

가지고 있다. 제 1 초안이 발표되었을 때 사회의 여러 방면에서 그것이 너무 로마법 적이고 개인주의적이라고 맹렬하게 비판하였다. 독일민법전은 상당한 수정을 거쳐 서 제정되었는데, 근본적으로는 역시 개인주의적·자유주의적 법사상을 토대로 하 고 있지만, 19세기 말 극단적인 개인주의에 대한 새로운 사회사상을 고려하여, 사 회적 법사상을 바탕으로 하는 제도와 이론을 상당히 흡수하고 있다.

[14] Ⅲ. 개인주의적 기본원리의 수정

   1. 앞에서 본 근대민법의 기본원리 또는 3대원칙은 개인을 봉건적인 여러 구 속으로부터 해방하고 개인의 사회적·경제적 활동의 자유를 보장하였다. 이로써 근 대사회가 확립되고 자본주의 경제조직이 급격하게 발전하였다. 인류사상 일찍이 보 지 못했던 근대 물질문명과 근대문화의 발달은, 이런 사법의 처지에서 본다면, 모 두 앞에서 적은 개인주의적 법원리 또는 3대원칙에 힘입은 바가 매우 컸다고 볼 수 있다. 그러나 19세기 말 이래 자본주의가 고도로 발달함으로써 근대민법의 기본원 리는 새로운 국면을 맞이하였다. 즉, 자본주의가 진전함에 따라 사람들 사이의 빈 부 격차는 점점 커져 갔고, 노동자(근로자)와 자본가의 대립은 격화되어 갔으며, 구 체적인 사람은 결코 자유롭고 평등한 인간이 아니라는 것이 명백해졌다. 즉, 「계약 의 자유」라는 이름으로 경제적 강자에 의한 계약의 강제가 있게 되어, 계약자유 그 것은 「가진 자」의 무기가 되고, 「가지지 않는 자」는 점점 계약의 자유를 잃어 갔다 (근로자의 사용자에 대한 관계나, 임차인의 임대인에 대한 관계 등을 생각하라). 또한, 소유권 절대의 원칙은 소유자의 이용권자에 대한 지배권이라는 성격을 갖게 되었다. 그리 하여 개인의 이익을 보호하는 데 봉사하는 권리본위의 사법제도가 확립되고, 봉건 사회에서 신분의 높낮이를 갈음하여 부에 의한 상하 계급이 생기고, 「평등」 사상은 자유의 이름으로 유린되는 현상을 가져왔다. 말하자면, 법률적으로 생각하여 그리 고 있었던 「자유로운 인격자」에게 평등하게 주어진 「가능성」은 실제로는 속이 텅 빈 것이 되어 버렸으며, 현실적으로 나타난 것은 법률적·형식적인 자유와 경제적· 실질적인 불평등이라는 상태였다. 여기서 국가가 현실적인 불평등을 바로 보고, 실 질적인 자유와 평등을 이루기 위하여 적극적으로 관여하게 되었음은 피할 수 없는 일이었다. 경제상의 자유방임주의는 이제는 과거의 것이 되었으며, 경제에 대한 국

가의 적극적인 간섭이나 계획은 각종의 경제정책적 또는 사회정책적 입법으로 나타나, 마침내 사회법, 노동법 또는 경제법이라는 독자의 법영역을 형성하였다. 그와 더불어 민법의 3대원칙에 대한 반성이 있게 되고, 그 수정을 꾀하게 되었다.

  2. 앞에서 본 바와 같은 3대원칙이 초래한 여러 폐해의 근본적 원인은 무엇일까? 그것은 이미 지적한 바와 같이, 사람을 구체적으로 사회생활의 현실에서 파악하면 결코 자유롭고 평등하지 않으며, 사회적·경제적으로 커다란 차이가 있는데도 근대민법이 「사람」(Mensch)을 어디까지나 추상적으로 자유롭고 평등한 「인격자」(Person)로 파악한 데 있었다. 근대민법이 그 초기에 눈을 가렸던 구체적인 사람들 사이의 차이는 자본주의 사회의 발달과 더불어 더욱 커 갔다. 이러한 상태에서 3대원칙을 그대로 강조하는 것은 사회적 불안을 가져오고 자본주의 사회 자체를 허물어져 무너지게 할 위험을 안는 것이 되었다. 여기서 사람을 「추상적 인격자」가 아니라, 「구체적인 사람」(Mensch)으로 바로 보고, 그러한 구체적인 사람에게 실질적인 자유와 평등을 보장하여 「사람다운 생존」을 실현하는 것이 새로운 기본원리로 요청되었다. 그리하여 단순히 개인의 행복이나 이익의 추구가 아니라, 공공이라는 사회적인 공동의 행복과 이익을 추구하는 「공공의 복리」가 현대사법의 이념으로 주목을 받았다. 그것은 종래의 개인주의적·자유주의적인 법사상을 경제적·사회적 민주주의 또는 단체주의적인 법사상으로 수정하려는 것이며, 소유권의 절대·계약의 자유·과실책임이라는 민법의 3대원칙은 이것에 의하여 제한을 받는다. 이미 밝힌 바와 같이, 이들 3대원칙도 처음부터 무제한은 아니었으며, 사회질서·신의성실·거래의 안전·권리남용 금지 등의 원리에 의한 제한을 받았으나, 어디까지나 주가 되었던 것은 3대원칙이고, 여러 제한적 원리는 그것에 종속하는 것에 지나지 않았다. 그러나 점차 거래안전·사회질서·신의성실·권리남용 금지 등이 민법에서 중요한 위치를 차지하였고, 3대원칙도 수정을 겪었다. 구체적으로 3대원칙이 오늘날 어떻게 달라지고 수정되어 있는가를 본다면, 다음과 같다.

  (1) 소유권의 행사는 이제는 절대 자유가 아니며, 사회적 또는 국가적 견지에서 필요한 각종의 제한과 구속이 따랐다. 이미 밝힌 바와 같이, 근대사회의 초기에도 소유권 절대에 대한 제한은 있었지만, 국가는 될 수 있는 대로 그러한 제한을 피하여야 한다고 하였기 때문에, 그러한 제한은 예외적이고 소극적인 것이었다. 그

러나 이제는 제한의 존재가 보통이고 일반적이라고 생각할 뿐만 아니라, 오히려 적극적으로 공공복리에 의한 제한은 환영하여야 한다는 경향도 나타났다. 그리하여 소유권을 제한하는 법률은 날로 늘어 가고 있으며, 법해석에서는 공공의 복리 또는 권리남용 금지의 법리가 크게 작용한다.

(2) 계약자유의 원칙도 마찬가지로 수정을 겪고 있다. 전에는 국가가 개인의 경제활동에 대하여 자유방임주의를 취하였기 때문에, 강행법규로써 계약자유를 제한하는 것은 될 수 있는 대로 피하여야 하였고, 한편 자유경쟁은 그 자체가 사회질서에 합치하는 것이기 때문에, 지나치게 이를 벗어나지 않는 한, 사회질서 위반이라고는 인정되지 않았다. 따라서 계약자유에 대한 제한은 예외적이고 국가의 태도도 소극적이었으나, 지금에 와서는 계약자유를 제한하는 강행법규가 상당히 많으며, 때로는 계약체결을 강제하고, 때로는 계약 내용을 고치거나 그의 효력을 부인하는 등 매우 적극적이다. 한편 법해석에서는 공공의 복리 · 사회질서 · 신의성실 등의 법리가 계약의 자유를 제한하는 데 작용한다.

(3) 대규모의 근대적 기업이나 시설은 그 경영 자체 속에 많은 위험을 안고 있다. 그런데도 기업이 그 경영에서 나오는 이익을 독점하면서 고의나 과실이 있는 경우에만 손해를 배상하면 된다는 것은 손해분담의 공평을 잃은 것이다. 그러므로 기업은 고의나 과실의 유무를 묻지 않고서 배상책임을 져야 한다는 「무과실 손해배상책임」의 이론이 주장되었다. 이와 동시에, 과실책임의 원칙이 적용되는 경우에도 증명책임을 전환하거나 또는 무과실책임을 인정하는 예외규정을 확장하여 적용함으로써 무과실책임을 될 수 있는 대로 넓게 인정하려고 한다.

(4) 한 가지 더 특기할 것은 「거래안전의 보호」에 관한 것이다. 근대민법의 초기에는 그의 개인주의적 성격으로 개인이익의 보호가 주된 것이었으나, 그 후의 자본주의 경제의 발달은 거래의 안전 · 신속 · 확실을 강하게 요구하게 되고, 「거래의 안전」은 오늘날의 사법에서 하나의 커다란 이상으로 되어 있다.

[15] Ⅳ. 우리 민법의 기본원리

우리 민법도 헌법의 정신에 비추어 보든 민법전 제정의 연혁으로 보든 근본적으로는 그 모범이 된 근대민법과 동일한 기본원리를 그 바탕으로 하고 있음은 의심

할 여지가 없다. 그러나 아래에서 보는 바와 같이 20세기에 들어와서 수정된 기본 원리를 수용하고 있다.

헌법은 한편으로는 정치적 민주주의를 채택하면서, 다른 한편으로는 경제적·사회적 민주주의를 선언하고, 다시 두 가지를 합리적으로 조정하고 조화할 것을 그 근본이념으로 하고 있다. 즉, 헌법은 기본적 인권을 최대한으로 보장하고(헌법 10조 이하 참조), "대한민국의 경제질서는 개인과 기업의 경제상의 자유와 창의를 존중함을 기본으로" 하되, "국가는 …… 경제주체간의 조화를 통한 경제의 민주화를 위하여 경제에 관한 규제와 조정을 할 수 있다."라고 규정한다(헌법 119조 1항·2항).

대판(전) 2007. 11. 22, 2002두8626에서 다수의견은 "사유재산제도와 경제활동에 관한 사적 자치의 원칙에 입각한 시장경제질서를 기본으로 하는 우리나라에서는 원칙적으로 사업자들에게 계약체결 여부의 결정, 거래상대방 선택, 거래내용의 결정 등을 포괄하는 계약의 자유가 인정되지만, 시장의 지배와 경제력의 남용이 우려되는 경우에는 그러한 계약의 자유가 제한될 수 있다"고 하면서 "이러한 제한 내지 규제는 계약자유의 원칙이라는 시민법 원리를 수정한 것이기는 하나 시민법 원리 그 자체를 부정하는 것은 아니며, 시민법 원리의 결함을 교정함으로써 그것이 가지고 있던 본래의 기능을 회복시키기 위한 것"이라고 한다. 그러나 반대의견에서는 "우리 헌법은 제119조 제 1 항에서 경제활동에 관한 자유와 창의를 존중함을 기본으로 하고 있음을 선언하면서도, 그 제 2 항에서는 경제에 관한 규제와 조정을 통하여 국민경제의 성장 및 안정과 적정한 소득의 분배를 유지하고 시장의 지배와 경제력의 남용을 방지하며 경제주체 간의 조화를 통한 경제의 민주화를 도모할 수 있다고 규정하고 있다. 이는 사유재산권을 보장하면서도 자유시장경제에 수반되는 모순을 제거하고 정의사회와 경제민주화를 실현하기 위하여 국가적 규제와 조정들을 광범위하게 인정하는 사회적 시장경제질서를 헌법적 이념으로 선언한 것이다. 이를 위하여 경제수체늘은 서로 기회를 균등히 부여하여 각자의 능력을 최고도로 발휘하게 하고 상호 협력하여 자율과 조화를 바탕으로 정의로운 사회를 구현해 나가야 할 것이다."라고 하였다.

한편, 헌법은 모든 국민이 "인간다운 생활을 할 권리"를 가지며, "생활능력이 없는 국민은 법률이 정하는 바에 의하여 국가의 보호를 받는다."라고 규정하고 있다(헌법 34조 1항·5항 참조). 그리고 이러한 자유민주주의와 경제민주주의의 조화를 위하여, 사유재산제도를 보장하되 "재산권의 행사는 공공복리에 적합하도록 하여야 한다."라고 하고(헌법 23조 2항), 또 "국민의 모든 자유와 권리는 국가안전보장·질서 유지 또는 공공복리를 위하여 필요한 경우에 한하여 법률로써 제한할 수 있으며, 제한하는 경우에도 자유와 권리의 본질적인 내용을 침해할 수 없다."라고 규정한다 (헌법 37조 2항). 요컨대, 자유를 공공복리의 원리로 조절하여「자유」는 물론이며 실질적·구체적「평등」도 아울러 달성하려는 것이 우리 헌법의 이념이다.

　　민법도 헌법과 마찬가지로 자유·평등을 그 이념으로서 강조하면서도 공공복리를 고려하여 이를 조절하려고 한다. 즉, 민법은 한편으로는 모든 사람에게 권리능력을 인정하고(3조 참조), 사유재산권을 보장하며(211조 참조), 사적 자치를 인정하고(103조·105조 참조), 과실책임을 원칙으로 한다(750조 참조). 다른 한편으로는, 민법은 3대원칙의 제한원리 또는 수정원리로서 작용한 신의성실의 원칙과 권리남용 금지의 원칙을 보편적 원칙으로서 민법전의 첫머리에 분명하게 선언하고 있다. 즉, 민법 제 2 조는 제 1 항에서 "권리의 행사와 의무의 이행은 신의에 좇아 성실히 하여야 한다."라고 하고, 제 2 항에서는 "권리는 남용하지 못한다."라고 규정하고 있다. 이것은 신의성실과 권리남용 금지의 원칙을 기본원리로 규정한 것이다. 바꾸어 말하면, 민법은 이른바 3대원칙을 신의성실의 원칙과 권리남용 금지의 원칙으로 제한하고 있다. 또한, 민법 제103조는 선량한 풍속 기타 사회질서에 반하는 법률행위를 무효라고 규정하고 있고, 거래의 안전을 보호하는 여러 규정을 두고 있다.

　　우리 민법에서 사적 자치의 원칙은 여전히 민법의 기본원리이지만, 신의성실의 원칙, 권리남용 금지의 원칙을 비롯하여 여러 규정이나 원칙에 의하여 제한되고 있다. 근대민법의 3대원칙은 우리 민법의 3대원칙이기도 하지만, 그것은 근대사회의 초기에 절대 자유를 자랑하던 3대원칙이 아니라, 근대사회와 근대민법의 발전과정에서 수정되고 달라진 3대원칙이라고 할 수 있다.

제5장 민법의 해석

[16] I. 민법 해석의 의의

1. 일반적으로 「법의 해석」은 법규가 가지는 의미나 내용을 명백히 확정하는 것을 말한다. 법의 해석은 법을 「적용」하기 위한 전제가 된다. 따라서 법의 해석을 정확히 이해하려면,「법의 적용」이 무엇인지를 안다는 것이 필요하다. 구체적인 생활관계를 법적으로 평가·판단하는 것이 「법의 적용」이다. 즉, 추상적인 법규범을 대전제로 하고, 구체적 생활관계를 소전제로 하여, 3단논법에 의한 추론 또는 단안(斷案)으로서 법적 가치판단을 하는 것이 법의 적용이다. 이러한 법의 적용은 누구나 수시로 의식적으로 또는 무의식적으로 하고 있다. 그러나 오늘날의 법치국가에서는 가장 명백하게 또한 의식적으로 실효성 있는 법의 적용을 하는 것은 법원(法院)의 재판에서이다. 그러므로 일반인이 하는 법적용도 대부분의 경우에는 재판에서의 적용을 의식해서 또는 그것을 예측해서 하기 때문에, 보통 법의 적용이라고 하면 이러한 의미로 사용된다. 위와 같은 법의 적용에서 그 소전제인 사실의 인정이 중요함은 물론이나, 일반적인 문제로서는 대전제가 되는 법규의 내용을 확정하는 것이 필요하다. 법의 적용에서 대전제가 되는 법의 내용을 확정하는 것이 바로 「법의 해석」이다. 법의 적용과 해석에 관한 위와 같은 관계는 당연히 민법에 관해서도 타당하다. 결국 「민법의 해석」은 민법전을 비롯하여 민법의 법원(法源)에 관하여 그 내용을 확정하는 것을 의미한다.

민법의 내용은 의문의 여지가 없을 정도로 충분히 명확하지 않은 경우가 있다. 이러한 경우에 민법의 해석이 필요하다. 불문법인 관습법이나 판례법도 마찬가지이다. 관습의 내용을 확인하고 법적 확신의 유무를 판단하는 것이 관습법의 해석이고, 개개의 판결 속에 포함되어 있는 합리성을 추상하여 일반적인 법규범을 구성하는 것은 판례법의 해석이다. 그러나 가장 중요하고도 어려운 것은 민법규정의 해석이다. 대체로 법규정은 추상적으로 표현되는 것이 보통이며, 구체적 사실에 부딪쳐서 그 뜻을 확정하려고 하면 의외로 불분명한 점이 많다. 때로는 모순된 법규도 있다. 해석을 거치지 않고서도 그 뜻이 명백한 성문법규란 하나도 없다고 하여도 지나친 말은 아니다. 그러므로 민법의 해석은 성문법규, 특히 민법전의 해석이 그 중심이다.

　　2.　널리 법의 해석이라고 할 때에는 「유권해석」(有權解釋. 공권적 해석)과 「학리해석」(學理解釋. 학설적 해석)을 포함하나, 우리가 문제삼는 해석은 학리해석이다. 유권해석은 법규에서 사용하는 용어의 뜻을 다른 법규로써 확정하는 것이며, 바꾸어 말하면 성문법규로써 성문법규를 해석하는 것이다(따라서 이를 「입법해석」이라고도 한다). 따라서 그것은 절대적인 구속력을 가진다. 예를 들면, "본법에서 물건이라 함은 유체물 및 전기 기타 관리할 수 있는 자연력을 말한다."라고 규정함으로써(98조 참조), 민법에서 「물건」의 의의를 정의하는 것이 유권해석이다. 그것은 해석이라기보다는 오히려 입법 그 자체이며, 그러한 규정을 「정의규정」이라고 부른다(한편, 유권해석을 법무부나 법제처 등 법령을 해석할 수 있는 권한이 있는 부처에서 유권적으로 해석하는 것을 의미하기도 한다). 그런데 이러한 규정도 그 자체가 하나의 법규로서 법원을 이루는 것이며, 그것에 관하여 다시 해석을 할 필요가 생긴다. 그러므로 보통 해석이라고 하면, 법원이 하는 해석 또는 재판을 예측해서, 또는 재판을 지도하려는 생각으로 행하는 해석, 즉 학리적 해석을 말한다.

[17]　Ⅱ.　해석의 방법·표준

　　1.　민법을 해석하는 방법 내지 기술에는 여러 가지가 있다. 「문리해석」(文理解釋)은 법규의 문장·용어를 기초로 하여, 그 문자가 가지는 보통의 의미에 따라서 하는 해석이다. 「논리해석」은 민법을 하나의 논리적 체계로 구성하여, 각 조문을 각각 적당한 지위에 두어 전 체계와 조화할 수 있도록 하는 해석이다. 그리고 서로 비슷한 甲·乙이라는 두 사실이 있는데, 甲이라는 사실에 관해서만 규정이 있는 경우에, 乙에 관해서는 甲의 경우와 반대의 결과를 인정하는 것은 「반대해석」이다. 이러한 경우에 乙에 관해서도 甲과 마찬가지의 결과를 인정하는 것은 「유추해석」(類推解釋)이다. 다시 법규의 내용에 포함되는 개념을, 문자 그 자체가 가지는 뜻보다 확장해서 생각하는 「확장해석」, 축소해서 생각하는 「축소해석」, 그 밖에 「변경해석」·「물론해석」 등이 있다.

문자의 뜻을 확정하는 것이 해석의 첫걸음으로서 가장 중요하다. 그러므로 법률을 통속적인 용어로써 규정하는 것이 가장 이상적이긴 하지만, 법학이 발달하면서 전문적 용어가 생기게 됨은 부득이하다. 특히 민법과 같이 계수된 요소가 많은 입법에서는 일반 국민이 잘 모르는 전문용어를 많이 쓴다. 그러한 용어들은 각각 관계되는 곳에서 설명하겠지만, 특히 주의할 것 몇 개를 다음에 들어 둔다.

(ㄱ) **준용**(準用)　　「유추」와 비슷한 말에 준용이라는 것이 있다. 이들은 섞어서 쓰는 일이 종종 있다. 유추는 법해석 또는 법적용의 한 방법이지만, 준용은 입법기술상의 한 방법이다. 비슷한 사항에 관하여 법규를 제정할 때에, 법률을 간결하게 할 목적으로, 다른 유사한 법규를 유추 적용할 것을 규정하는 것이 「준용」이다.

(ㄴ) **선의**(善意)·**악의**(惡意)　　「선의」는 어떤 사정을 알지 못하는 것이고, 「악의」는 이를 알고 있는 것이다. 이는 아주 많이 그리고 자주 쓰이는 용어이나, 위와 같이 통속적인 뜻(해치려는 의사의 유무)과 일치하지 않음을 주의하여야 한다.

(ㄷ) **추정**·**「본다」**　　「추정」은 반대의 증거가 제출되면 규정의 적용을 면할 수 있지만, 「본다」는 반대의 증거의 제출을 허용하지 않고서 법률이 정한 효력을 당연히 생기게 하는 것이다. 사람에 따라서는 「본다」를 「간주」라고 표현하기도 하나, 본래 「간주」는 순수한 일본어이다. 우리가 사용하는 것은 적절하지 않으며, 쓰지 않는 것이 좋다. 그리고 「본다」를 한자만으로 표현하려면, 「의제」라고 하면 될 것이다.

(ㄹ) **제3자**　　이는 원칙적으로 당사자(법률행위 또는 법률관계에 직접 관계되는 자, 소송에서의 원고와 피고) 이외의 모든 자를 가리키는 것이나, 때로는 그 범위가 제한된다.

(ㅁ) **대항하지 못한다**　　이는 법률행위의 당사자가 제3자에 대하여 법률행위의 효력을 주장할 수 없지만, 제3자가 그 효력을 인정하는 것은 무방하다는 것이다.

2.　해석에는 위와 같이 여러 방법이 있는데, 만일 그러한 방법들을 편한대로 함부로 써서 새긴다면, 해석은 제멋대로의 방자한 것이 되어 버리고, 객관성을 잃게 된다. 해석의 객관성을 보증하는 것은 무엇일까? 그것은 법의 목적(정신·취지)을 이해하고, 그 목적에 적합한 방법으로 해석하는 것이다, 이와 같이 법의 목적에 따라서 해석하는 것을 법의 「목적론적 해석」(目的論的 解釋)이라고 한다. 그것은 결국 법의 진정한 의미를 밝히는 것을 뜻한다.

〈입법자의사설과 법률의사설〉

해석의 목적은 입법자의 의사를 탐구하는 데 있는가, 또는 법의 의사를 탐구하는 데 있는가에 관하여, 학설상 다투어진 일이 있다. 입법자의사설은 법률을 제정할 당시 입법자가 가지고 있었던 의사를 다시 나타나게 하는 것이 해석의 목적이라고 하는 견해이며, 이유서·기초위원의 설명서 등을 해석의 중요한 자료로 삼는다. 그러나 입법자의 의사라는 것은 그것을 밝히기가 어려운 경우가 적지 않으며(국회에서 120 대 80의 의결로 법률이 성립한 경우에, 120명의 의사를 안다는 것은 불가능하다), 뿐만 아니라 법은 그것이 성립함으로써 입법자의 의사를 떠난 객관적인 것이 되고, 해석자는 입법자의 의사에 구속되지 않는다고 하는 것이 정당하다. 물론 이유서 그 밖의 입법자료는 해석의 중요한 자료로서 무시할 수 없으나, 그것은 어디까지나 단순히 해석의 하나의 자료에 지나지 않는다. 법률의사설은 법을 입법자의 의사로부터 해방하여 법률 자신의 의사를 탐구하는 것을 해석의 임무라고 하는 것이다. 이에 대해서는 법률에는 의사가 없다는 반대가 있다. 그러나 법률의사설을 법률 자신이 합리적 의사를 가지고 있는 것과 같이 해석하여야 한다는 뜻으로 새기고, 또한 입법자의사설을 입법자의 심리적 의사가 아니라 합리적 의사를 탐구하는 것이라는 뜻으로 생각한다면, 두 견해는 결국 유사한 것이 된다. 그것은 법의 목적·정신·취지에 따라서 해석하여야 한다는 것과도 일맥상통한다.

3. 법의 목적이나 정신에 따라서 법을 해석해야 한다면, 해석으로 생기는 실제상의 결과를 고려하지 않고서 해석할 수는 없다. 즉, 법의 해석은 구체적 사건에 대한 법의 적용을 위한 것이므로, 그 해석에 따라 법규를 구체적 사건에 적용해서 타당한 결과를 가져오는 것이 요구된다. 이 구체적 타당성에 대한 요구는 법이라는 것이 원래 사람과 사람 사이의 관계를 규율하는 것이라는 데서 유래하는 당연한 것이다.

위와 같이 모순없는 이론구성에 의한 「구체적 타당성」 있는 해석을 하여야 하는 것이 법의 해석의 사명이다. 그러나 한편, 구체적 타당성만을 생각하여, 해석이 사람에 따라서 또는 사건에 따라서 그때그때 결과가 달라져서는 안 된다. 그러한 결과는 「법적 안정성」을 해치는 것이 된다. 법적 안정성 또는 법의 일반적 확실성을 해치면, 그것은 법의 목적을 손상하는 결과가 된다. 그러므로 법의 해석에서는 구체적 타당성뿐만 아니라 법적 안정성도 이를 해치지 않는 해석을 하여야 하며, 법적 안정성은 법의 해석에서 또 하나의 사명인 것이다.

위와 같이 법의 해석에서는 구체적 타당성과 법적 안정성이 요구되는데, 이는 민법과 같은 일반적인 사회생활을 규율하는 법에서는 특히 중요하다. 그런데 이들 두 가지는 쉽게 조화하지 않는다. 한 쪽을 존중하면 다른 쪽이 희생되는 경향이 강하다. 따라서 민법 해석의 이상은 구체적 타당성과 법적 안정성을 조화시키는 데에 있다고 할 수 있다. 이들이 조화를 이룰 수 없는 경우에는 어느 쪽이 우선적으로 고려되어야 할까? 그것은 법적 안정성이다. 즉, 법은 그 성질상 획일적 성질을 가지는 것이며, 경우에 따라서는 구체적 타당성은 법적 안정성 앞에 희생되어야만 한다.

대판 2009. 4. 23, 2006다81035는 "법해석의 목표는 어디까지나 법적 안정성을 저해하지 않는 범위 내에서 구체적 타당성을 찾는 데에 두어야 할 것이다. 그리고 그 과정에서 가능한 한 법률에 사용된 문언의 통상적인 의미에 충실하게 해석하는 것을 원칙으로 하고, 나아가 법률의 입법 취지와 목적, 그 제·개정 연혁, 법질서 전체와의 조화, 다른 법령과의 관계 등을 고려하는 체계적·논리적 해석방법을 추가적으로 동원함으로써, 앞서 본 법해석의 요청에 부응하는 타당한 해석이 되도록 하여야 할 것이다."라고 하였다. 법해석에서 법적 안정성과 구체적 타당성이 충돌하는 경우가 있는데, 대법원은 법해석에서 법적 안정성을 깨뜨려서는 안 된다고 한다. 법해석의 방법은 문언해석이 원칙이고 추가적으로 입법취지나 목적 등 여러 요소를 고려하여야 한다. 다만 예외적으로 구체적 타당성을 위해서 법적 안정성을 깨뜨리는 법해석을 해야 하는 경우도 있을 것이다(김재형, 민법론 Ⅳ, 183면 참조).

제6장 민법의 효력

[18] Ⅰ. 때('時')에 관한 효력

    1. 법률은 그 효력이 생긴 때부터 그 이후에 발생한 사실에 관해서만 적용되는 것이 원칙이다. 이것을 「법률 불소급의 원칙」이라고 한다. 이 원칙은 법률의 효력을 소급시킴으로써 일어나는 사회생활상의 혼란을 피하여 법적 안정을 유지하고, 구법 아래에서 발생한 권리를 될 수 있는 대로 존중하여야 한다는 데에서 요구된다. 이것은 해석상의 원칙에 지나지 않으며, 입법을 구속하지는 않는다. 따라서 입법으로 소급효(遡及效)를 인정하는 것은 상관없다. 신법(新法)의 적용으로 관계인이 유리하게 되거나 또는 기득권의 침해가 없는 경우, 특히 긴급한 사회정책적 필요로 입법을 하는 경우에는 이 원칙을 따르지 않을 수 있다. 그러나 헌법상의 제약이 있다. 형벌법규에 소급효를 주는 입법은 헌법위반이다(헌법 13조 1항 참조). 사법(私法)관계에서는 소급입법에 의한 재산권의 박탈을 금지하는 헌법조항이 있을 뿐이나(헌법 13조 2항 참조), 입법정책으로서는 될 수 있는 대로 소급효를 인정하지 않는 것이 바람직하다. 사적 자치에 대한 제한이 될 뿐만 아니라, 법률관계를 혼란스럽게 하기 때문이다.

    2. 현행 민법은 1960년 1월 1일부터 시행되고 있다(부칙 28조). 위에서 설명한 불소급의 원칙에 따르면, 민법은 그의 시행날짜 이전에 생긴 사항에는 적용되지 않을 것이다. 그런데 민법 부칙 제2조는 "본법은 특별한 규정 있는 경우 외에는 본법시행일 전의 사항에 대하여도 이를 적용한다."라고 규정함으로써, 법률 불소급의 원칙을 입법으로 배제하고 있다. 즉, 현행 민법 제정시에 소급효를 인정하고 있다. 민법에 소급효를 준 이유는 그렇게 하더라도 법률관계에 큰 혼란을 가져오지 않는다는 데에 있다고 볼 수 있다. 현행 민법은 그 제정 · 시행 전에 효력을 가지고 있었던 일본민법을 개정한 정도의 것이어서, 그 내용이 크게 다르지 않기 때문에, 소급효를 인정한 것이다.

    현행 민법에서 이와 같이 소급효를 인정하면서도 기득권을 침해하지 않기 위한 배려를 하고 있다. 즉, 부칙 제2조 단서는 "그러나 이미 구법에 의하여 생긴 효력에 영향을 미치지 아니한다."라고 규정한다. 이 규정이 있기 때문에, 실질적으로는 불소급의 원칙을 채용한 것과 크게 다르지 않다. 민법이 소급효를 가지는 데서, 구법의 적용관계를 규정하는 법규가 필요하게 되는데, 민법 부칙의 규정은 대부분 이러한 경과규정이다.

[19]　Ⅱ.　사람에 관한 효력

1.　민법은 모든 대한민국 국민에게 적용된다. 국내에 있는 국민은 물론이며, 국외에 있는 한국인에게도 적용된다. 이를 속인주의(屬人主義) 또는 속인법주의라고 한다. 대한민국 국민은 대한민국의 국적을 가진 자이며, 국적의 취득·상실에 관해서는 국적법(1997년 법(全改) 5431호)이 규정하고 있다.

2.　한편, 민법은 대한민국의 영토 내에 있는 외국인에게도 적용되는 것을 원칙으로 한다. 이를 속지주의(屬地主義) 또는 속지법주의라고 하며, 영토주권의 결과이다. 이러한 속인·속지의 두 주의를 아울러서 쓰는 것은, 근대국가의 법률에서 채택하고 있는 원칙이다. 그러나 속지주의를 예외 없이 관철하면 민법의 규정이 외국의 법률과 충돌하고, 또한 필요를 넘어서 민법을 적용하는 경우가 생긴다. 왜냐하면, 국외에 있는 한국인은 우리 민법의 적용을 받을 뿐만 아니라, 그의 재류국(在留國)의 법규의 적용을 받으며, 한편 우리 국내에 있는 외국인은 우리 민법과 함께 자국법도 적용받는다. 그런데 우리 민법과 외국의 법규는 반드시 동일하지 않으므로 충돌이 발생하고, 특히 민법의 가족 내지 친족에 관한 규정을 그대로 외국인에게 적용하면, 부당한 결과를 가져온다. 여기서 「국제사법」(2001년 법(全改) 6465호)은 이들 폐해를 피하기 위한 조화규정을 두어, 민사 및 상사의 일정한 사항에 관하여 외국법을 적용할 것을 규정하고 있다. 이 분야를 연구하는 학문을 일반적으로 「국제사법학」이라고 한다.

3.　모든 국민은 법 앞에 평등하고, 성별·종교 또는 사회적 신분에 의하여 차별을 받지 않으므로(헌법 11조 1항), 일반사법인 민법은 제한 없이 모든 국민에게 적용된다.

[20] Ⅲ. 곳(장소)에 관한 효력

　법률은 특별규정을 두어서 그 적용범위를 일부지역에 한정하지 않는 한, 우리나라의 전 영토 내에서 적용된다. 민법은 우리나라의 전 영토 내에서 효력이 미친다.

제 2 편 권 리

제 1 장 법률관계와 권리·의무

[21] Ⅰ. 법률관계

1. 의   의   사람의 사회생활은 다양성을 가지고 있다. 그러한 사회생활을 규율하는 사회규범도 법에 한하지 않고 관습·도덕·종교 등 여러 가지가 있다. 그 결과 여러 방면에 펼쳐 있는 우리의 사회생활관계는 단순히 관습·도덕·종교 등의 사회규범에 의하여 규율되는 것도 있고, 법규범에 의하여 규율되는 것도 있다. 그중에서 법에 의하여 규율되는 생활관계가 「법률관계」이다. 법률관계는 생활관계에서 당사자가 꾀하는 효과가 법의 힘에 의하여 보장되고 실현된다는 점에서, 단순히 도덕 또는 종교의 힘으로만 보장되는 생활관계(즉 도덕관계 또는 종교관계)와 구별된다. 원시사회에서는 법의 규율을 받는 생활관계가 적었으나, 사회가 진보하고 법률제도가 완전하게 갖추어져 감에 따라서 법이 규율하는 생활관계의 범위는 점차로 늘어가고, 현대의 법치국가에서는 우리 생활관계의 대부분이 법의 규율을 받게 되었다. 바꾸어 말하면, 오늘날 사람의 생활관계는 대부분 법률관계이다.

2. 내   용   원래 법은 사회규범으로서 사람과 사람 사이의 사회생활을 규율하는 것이므로, 법률관계는 사람과 사람의 관계로 나타난다. 그러나 사람의 구체적 사회생활을 생활관계에 서는 개인을 중심으로 본다면, 사람과 사람의 관계(예를 들면, 채권관계·친족관계)뿐만 아니라, 사람과 물건 등 재화의 관계(물권관계·지식재산권관계 등), 또는 사람과 장소의 관계(주소 ·사무소·영업소 등) 등으로도 나타난다. 그런데 이를 자세히 검토해 본다면, 사람과 물건 등 재화의 관계도 사람은 타인의 물건이나 그 밖의 재화를 침해해서는 안 된다는 의무를 지는 것이므로, 결국은 사람과 사람의 관계라고 말할 수 있다. 사람과 장소의 관계에서도 마찬가지이다. 따라서 법률관계는 궁극적으로는 사람과 사람의 관계로서 나타난다고 말할 수 있다.

즉, 법률관계는 「법에 의하여 구속되는(의무를 지게 되는) 자」와 「법에 의하여 두둔되고 보호되는 자」의 관계로 나타난다. 구속되는 자의 지위를 「의무」라고 하고, 두둔되는 자의 지위를 「권리」라고 한다면, 결국 법률관계는, 이를 당사자의 처지에서 본다면, 권리·의무의 관계로 나타나는 것이 보통이다(그러나 모든 법률관계가 권리·의무관계로서 나타나는 것은 아니며, 법률관계에는 능력·주소 등과 같이 개개의 권리·의무로 환원할 수 없는 것도 있다). 이러한 권리·의무관계로서의 법률관계는 단지 하나의 관계일 수도 있고, 여러 개의 관계가 합쳐져 있을 수도 있다.

　　　　가장 간단한 법률관계의 모습으로는, 예컨대, 甲이 乙에 대하여 하나의 권리를 가지고 있고, 乙은 甲에 대하여 그의 권리에 대응하는 하나의 의무를 지고 있는 관계(단일 법률관계)를 생각할 수 있다. 그러나 대부분의 경우에는 여러 법률관계가 동시에 또는 시간적으로 전후하여 합쳐져 전체로서 하나의 법률관계(복합 법률관계)를 이루는 것이 보통이다. 예컨대 매매라는 법률관계에서 甲이 매수인으로서 목적물의 소유권의 이전청구권이라는 권리를 갖고, 매도인 乙은 그에 대응하는 의무를 진다는 법률관계와, 한편 乙은 대금청구권이라는 권리를 가지며, 甲은 그것에 대응하는 의무를 진다는 법률관계가 합쳐져 하나의 법률관계를 구성한다. 뿐만 아니라, 사람은 동시에 같은 사람과의 사이에서 여러 개의 법률관계를 가지는 경우도 있다. 예컨대, 부모와 자녀라는 법률관계에 있는 甲과 乙이, 동시에 乙은 甲의 피용자로서 고용이라는 법률관계에 있고, 또한 동시에 乙은 甲으로부터 건물을 빌려 쓰고 있어서 임대차의 법률관계에 있다는 것과 같다. 그러나 문제가 되는 것은 언제나 개개의 법률관계이다.

3. 권리 본위(本位)와 의무 본위　　　　법은 위와 같은 당사자 사이의 권리·의무관계인 법률관계로서 구체화되는 것인데, 역사적으로는 「의무 본위」에서 「권리 본위」로 발전해 오고 있다. 원래 법은 당위를 내용으로 하는 규범이므로, 그것은 본래는 명령·금지의 모습으로 밖으로 나타난다. 바꾸어 말하면, 법이 바깥에 드러나는 모습으로서는 의무가 시원적(始原的)·본래적인 것이다. 그리하여 법이 발전하기 시작하는 초기에는 그것은 개인을 구속하는 것이라고 의식되었고, 법률관계는 의무라는 측면에서 규율되었다. 당시의 법률은 명령법규의 모습을 취하였으며, 법률관계는 의무본위로 규율되었다. 그런데 근대에 이르러 모든 사람이 봉건적 구속으로부터 해방되고, 또한 개인의 자유로운 인격과 의사가 존중받으면서, 의무보다도 권리의 관념이 강하게 되고, 법률관계도 권리라는 측면에서 파악되었다. 따라서

법률은 허용법규의 모습을 띠고, 법률관계는 권리 본위로 규율되고 있다. 특히 개인주의를 기본으로 하는 민법은 권리 본위로 되어 있다. 그런데 20세기에 들어와서는 자유주의적 개인주의에 대한 반동으로서, 다시 의무를 강조하는 경향이 있다. 이에 관하여는 나중에 다시 다루기로 한다([31] 2 참조).

이해를 돕기 위하여, 법률관계에 관하여 좀 더 적기로 한다.

법률관계를 사법의 중심개념으로서 파악하게 된 것은 제 2 차 세계대전 후의 독일 사법학의 성과이다. 19세기 이래로 20세기의 중엽까지, 학자들은 모두가 사법의 중심개념은 바로「권리」라고 믿고 있었으며, 이에 대한 이견을 볼 수 없었다. 학자들은 이 중심개념의 본질을 밝히는 데 노력을 기울이게 되었고, 그 결과 권리에 관한 의사설·이익설·권리법력설 등의 여러 학설이 등장하였으며(이들 학설에 관해서는 다음 항에서 설명한다), 그러한 권리의 개념규정을 둘러싸고 논쟁을 하고 있었다. 위와 같이 매우 오랜 시기에 걸쳐서 권리가 사법의 중심개념으로서 흔들리지 않는 확고한 지위를 차지하고 있었기 때문에, 눈을 돌려서 권리 이외의 새로운 중심개념을 찾고 사법을 보다 발전시키려는 학자들의 노력은 그 동안 큰 진전이 없었다. 그러던 중, 권리를 지나치게 중요하게 보는 권리 중심의 태도에 대한 비판의 소리가 점차 높아지자, 권리를 갈음하는 사법의 중심직·핵심적 개념을 찾으려는 노력이 있었는데, 그 성과로 나타난 것이 법률관계론이다. 위와 같이 사법의 중심개념이 바뀌었다고 하지만, 그렇다고 해서 권리가 가지는 의미가 감소했다거나 불필요하게 되었다는 것은 결코 아니다. 권리는 여전히 사법에서 없어서는 안 되는 개념이며, 이 점은 전혀 변함이 없다. 다만, 법률관계가 사법의 중심개념이 됨으로써, 권리와 함께 의무도 고찰하게 된다. 나아가 법률관계에 있는 당사자의 권리·의무를 종합적으로 살필 수 있게 하며, 그 결과 전에는 당사자의 권리나 의무로서 인식되지 않았던 보호할 이익이나 제한·부담 등을 새로 찾게 되었다. 바꾸어 말해서, 종래에는 인정되지 않았던 권리·의무 등을 당사자에게 인정하여야 할 필요를 알게 되었다. 그리히어 법률제도 또는 법률관계의 내용은 종래에 생각했던 권리·의무 이상의 내용을 가진 것으로 파악되고, 새로운 권리나 의무 등이 인정됨으로써 그 제도 자체를 보다 확실하고 견고한 것으로 보장하게 된다. 요컨대, 과거에는 권리를 중심으로 연구되었던 사법을 이제는 법률관계를 중심으로 고찰함으로써, 사법은 새로운 국면에 들어섰다고 말할 수 있다.

[22] Ⅱ. 권   리

전항에서 본 바와 같이 권리는 법률관계에 없어서는 안 되는 개념이다. 따라서 권리는 법률관계와 더불어 사법의 중심개념이다. 그러나 권리의 본질이 무엇인가라는 문제는 일찍부터 학자들의 논의의 대상이 되었으나, 보편타당한 견해는 아직 없다고 말할 수 있다. 주요한 학설을 소개하면, 다음과 같다.

(1) **의 사 설**   권리는 법에 의하여 주어진 「의사의 힘」 또는 「의사의 지배」라고 하는 견해이며, 주로 역사법학파에 속하는 사비니(Savigny), 빈트샤이트(Windscheid) 등이 주장하였다. 말하자면, 권리자가 그의 의사를 자유롭게 펴놓을 수 있는 힘을 법이 인정한 것이 권리라고 한다.

(2) **이 익 설**   권리를 「법에 의하여 보호되는 이익」이라고 설명하는 견해이다. 의사설은 권리를 의사의 힘이라고 하나, 법이 그러한 힘을 권리자에게 주는 목적은 일정한 이익의 만족을 누릴 수 있게 하기 위한 것이라는 점에 착안하여, 예링(Jhering)이 처음으로 주창하였다.

(3) **권리법력설**   이 견해는 위의 의사설과 이익설을 합한 것으로서, 권리를 일정한 이익을 누릴 수 있게 하기 위하여 법이 인정하는 힘 또는 법적 힘이라고 보는 것이며, 오늘날 가장 유력한 견해이다. 에넥케루스(Enneccerus)가 주창하였다.

의사설에 대해서는 의사능력 없는 사람(유아·정신병자 등)도 권리를 가지는 이유를 설명하지 못한다는 비난이 있고, 이익설에 대하여는, 권리자에게 아무런 이익이 없는 권리(예컨대, 친권)도 있다는 비난이 있다. 권리법력설은 위와 같은 두 견해가 가지는 결함을 고려한 것으로서, 대체로 권리의 본질을 옳게 파악하고 있다고 말할 수 있다. 이 견해에 의하면, 의사능력이 없는 사람이나 권리의 존재를 알지 못하는 사람도 권리의 주체가 될 수 있다. 한편, 생활이익 그 자체는 권리가 아니며, 생활이익을 보호받거나 또는 누릴 수 있도록 법에 의하여 주어진 힘, 즉 법적 힘이라고 함으로써, 권리법력설은 이익설이 가지는 결함을 구제해 주고 있다.

〈권리와 구별되는 개념〉

(ㄱ) **권리와 권한**   타인을 위하여, 그 사람에 대하여 일정한 법률효과를 발생케 하는 행위를 할 수 있는 법률상의 자격이 「권한」이다. 대리인의 대리권, 법인의 이사의 대표권, 사단법인사원의 결의권, 선택채권의 선택권 등이 그 예이다. 그러나 권한을 가지는 자가 타인을 위하여 그러한 효과를 발생케 하는 데 이익을 가지는 때에는 이를 권리라고 하여도 상관없다.

(ㄴ) **권리와 권능**　　「권능」은 권리의 내용을 이루는 하나하나의 법률상의 힘을 말한다. 예컨대, 소유권은 권리이지만, 그 내용인 사용권·수익권·처분권 등은 권능이다. 따라서 권리의 내용이 하나의 권능으로 되어 있는 경우에는, 권리와 권능은 같다.

(ㄷ) **권리 반사 또는 반사적 효과**　　법률이 특정인 또는 일반인에게 일정한 행위를 명하는 경우에, 다른 특정인이나 일반인이 어떤 이익을 누리게 되는 경우가 있다. 이때 그 다른 특정인이나 일반인이 가지게 되는 이익적 지위를「권리 반사」또는「반사권」이라고 부른다. 법률규범의 반사적 효과로서 법률상의 인격자가 누리게 되는 이익이라는 데서, 단순히「반사작용」또는「반사적 효과」라고도 일컫는다. 예컨대, 각종의 교통법규에 의하여 사람들이 안전하게 왕래할 수 있는 것은 법률에 의한 반사적 이익에 지나지 않으며, 누구도 법률에 의하여 그러한 이익에 대한 힘이 주어지는 것은 아니다(사법상의 사례로서는 예컨대, 불법원인급여에 관한 대판(전) 1979. 11. 13, 79다483 참조). 따라서 그러한 이익을 누릴 수 있도록 법원에 청구할 수도 없다. 그것은 설사 반사권이라고 일컬어지는 일이 있다고 하더라도, 결코 권리는 아니다.

[23] Ⅲ. 의　　무

법률상의 구속, 즉 의무자의 의사와는 관계없이 반드시 따라야 하는 것으로 법에 의하여 강요되는 것이 의무이다. 그 내용에 따라 작위를 강요당하는 의무와 부작위의 구속을 받는 의무로 구분할 수 있다.

의무는 권리의 반면이며, 권리와 의무는 서로 대응하는 것이 보통이다. 그러나 권리에 대하여는 의무, 의무에 대하여는 권리가 언제나 반드시 따르는 것은 아니며, 또한 따라야 하는 것도 아니다. 예컨대, 제88조·제93조의 공고의무, 제50조 내지 제52조·제85조·제94조 등의 등기의무, 제755조의 감독의무의 경우에는 의무만 있고 권리는 없다. 이와 달리 권리만 있고 그에 대응하는 의무는 없는 경우도 있다. 예컨대, 취소권·추인권·해제권과 같은 형성권에서는 그에 대응하는 의무가 존재하지 않는다. 또한 공법관계에서 많이 볼 수 있는 것과 같이, 법률이 사회 전체의 이익을 보호하기 위하여 일반인 또는 특정인이 일정한 의무를 지는 것으로 하고 있는 경우에, 다른 특정인 또는 일반인이 이익을 얻는 경우가 있더라도, 그것은 이른바 반사적 이익에 지나지 않으며, 그 이익을 누릴 수 있는 어떤 권리가 일정한 자에게 인정되거나 존재하는 것은 아니다.

　　의무에 관하여 주의할 것이 있다. 예컨대, 제528조의 승낙연착의 통지의무나, 제559조·제612조가 정하는 증여자 또는 사용대차의 대주의 하자고지의무 등과 같은 것도, 보통 이를 의무라고 하지만, 이러한 것은 본래의 의무가 아니다. 이러한 경우에 그 법규에 따르는 것은 당사자 자신에게 이익이 되기는 하지만, 의무로서 반드시 그렇게 하도록 강제되어 있는 것은 아니다. 따라서 이들 법규에 위반하면 일정한 불이익을 받지만, 그렇다고 해서 의무위반의 경우와 같이 소 또는 강제집행으로 그것이 실현되거나 또는 손해배상의무가 발생하지는 않는다. 이것을 본래의 의무에 대하여「간접의무」라고 일컫는다.

제 2 장 권리의 종류

[24] I. 민법상의 권리: 사권

법이 공법과 사법으로 갈라지는 데 대응하여, 권리도 공법상의 권리, 즉 공권(公權)과 사법상의 권리, 즉 사권(私權)으로 구별할 수 있다. 권리를 이와 같이 공권·사권으로 나눈다면, 민법상의 권리는 사권이다. 사권은 다시 여러 기준에 의하여 이를 나눌 수 있는데, 그중에서 중요한 것만을 들어 설명하기로 한다.

[25] II. 내용에 의한 분류

사권은 그 내용이 되는 사회적 생활이익을 기준으로 할 때, 재산권·인격권·가족권(신분권)·사원권으로 나누어진다.

과거에는 사권을 그 내용을 기준으로 「재산권」과 「비재산권」으로 나누는 것이 보통이었다. 재산권은 경제적 가치 있는 이익을 누리는 것을 목적으로 하는, 따라서 금전으로 평가할 수 있는 권리를 통틀어서 일컫는 것으로서, 물권·채권·지식재산권 등이 이에 속하며, 비재산권은 경제적 이익이 아니라, 인격적 또는 가족적 이익을 누리는 것을 목적으로 하는 권리를 통틀어서 일컫는 것으로서, 인격권·가족권이 이에 속하는 것으로 설명하는 것이 일반적이었다. 그러나 이러한 견해는 타당하지 않다. 왜냐하면, 채권에는 금전으로 가격을 산정할 수 없는 것도 있는가 하면(373조 참조), 한편 친족 사이의 부양청구권(974조 이하 참조)과 같이 가족권에도 경제적 가치 있는 것이 있기 때문이다. 그러므로 권리자의 인격 또는 가족관계에서의 지위와 불가분적으로 결합하는 권리, 즉 인격권과 가족권을 비재산권으로 보고, 그 밖의 권리, 즉 권리자의 인격이나 가족관계를 떠나서 존재할 수 있는 권리는 모두 재산권이라고 하는 것이 선낭하다. 그리하여 이 곳에서는 재산권과 비재산권으로 나누고 비재산권을 다시 인격권과 가족권으로 나누어 설명하기로 한다. 그리고 재산권의 특수한 것으로서 사원권이라는 개념을 인정하는 것이 오늘날의 경향이므로, 재산권과는 따로이 보기로 한다. .

1. 재 산 권　무엇이 재산권인지는 위에서 보았다. 이 개념은 매우 중요하며, 민법의 많은 규정을 적용하는 데 문제가 될 뿐만 아니라(162조 2항·210조·248조·278조·345조·406조·563조·751조·752조 등 참조), 민사집행법의 규정을 적용하는 데에

62[25] 내용에 의한 분류

도 중요하다(민집 223조 내지 251조 참조). 재산권의 가장 주요한 것은 물권·채권 및 지식재산권의 세 가지이다.

(1) 물 권 물권은 권리자가 물건을 직접 지배해서 이익을 얻는 배타적 권리이다. 민법이 인정하는 물권에는 소유권과 점유권, 용익물권으로서의 지상권·지역권·전세권, 그리고 담보물권인 유치권·질권·저당권의 8종이 있다. 이들을 연구의 대상으로 하는 것이 물권법이다. 광업권(광업 3조·10조)·어업권(수산업 2조·16조)과 같이, 물건을 직접 지배하지는 않지만, 다른 자를 물리치고 독점적으로 물건을 취득할 수 있는 권리를 「준물권」이라 하여 물권과 같이 다룬다.

(2) 채 권 특정인(채권자)이 다른 특정인(채무자)에 대하여 일정한 행위(이를 「급부」 또는 「급여」라고 한다)를 요구하는 권리가 채권이다. 근대사법에서 가장 중요한 지위를 차지하는 권리이며, 채권법에서 주로 다룬다.

(3) 지식재산권 지식재산권은 저작·발명 등의 정신적·지능적 창조물을 독점적으로 이용하는 것을 내용으로 하는 권리이다. 무체재산권, 지적 소유권 또는 지적 재산권이라고도 일컫는다. 특허권·실용신안권·디자인권·상표권·저작권 등이 이에 속한다. 이들 권리에 관해서는 모두 특별법이 있다(특허법·실용신안법·디자인보호법·상표법·저작권법 등 참조). 지식재산권은 오늘날 국제적으로 보호되는 특색이 있다.

「무체재산권」이라는 용어는 독일에서 관용되고 있는 Immaterialgüterrecht를 번역한 것이다. 그러나 프랑스에서는 propriété intellectuelle(직역하면 정신적 소유권 또는 지적 소유권이 된다)라는 말이 법률용어로 되어 있다. 영국과 미국에서는 intellectual property(지적 재산권으로 번역할 수 있다)라는 용어를 사용한다. 독일법의 영향을 강하게 받은 우리나라에서는 초기에는 주로 「무체재산권」이라는 용어가 사용되었으나, 근래에 와서는 「지적 소유권」 또는 「지적 재산권」이라는 용어도 널리 쓰이고 있다. 그리고 「산업재산권」이라는 용어를 쓰는 것이 좋겠다는 주장도 있다. 「지적 재산권」이라고 부르는 것이 가장 적절하다고 생각하였으나, 2011년 지식재산기본법을 제정하면서 용어를 「지식재산권」으로 통일하였기 때문에 지식재산권이라는 용어를 사용하기로 한다.

2. 인 격 권 인격권은 권리의 주체와 분리할 수 없는 인격적 이익을 누리는 것을 내용으로 하는 권리이다. 좀 더 자세히 설명한다면, 근대법은 아래에서

보는 바와 같이, 모든 사람에게 권리주체가 될 수 있는 자격, 즉 권리능력을 인정한
다([36] 이하 참조). 이는 모든 사람에 대하여 인간으로서의 존엄과 가치를 인정한 것
이다. 모든 사람에게 개인으로서 가지고 있는 개성과 그의 자유로운 발전에 가치를
인정하기 때문에 모든 자연인에 대한 권리능력의 부여는 자연인이 사람으로서 주
체성을 갖고 사람의 가치를 유지하는 데 필요한 권리의 보장이 불가결의 전제이며,
그 기초를 이룬다. 이러한 권리를 통틀어서 인격권 또는 자유권이라고 일컫는다.
구체적으로는 생명·신체·정신의 자유에 대한 권리를 가리키며, 정신적 자유에 대한
권리는 명예·신용·정조·성명·초상·학문이나 예술에 의한 창작·사생활 등 프라이
버시(privacy) 등의 보호를 포함한다. 민법은 제751조에서 타인의 신체·자유·명예
를 침해하는 것은 불법행위를 구성한다고 함으로써, 소극적으로 그의 보호를 규정
하고 있다.

　　3. 가 족 권　　　친족권이라고도 일컫는다. 가족권은 가족관계 또는 친족관
계에서 일정한 지위에 따르는 이익을 누리는 것을 내용으로 하는 권리이며, 친권·
후견인이 가지는 권리·배우자가 가지는 권리·부양청구권 등이 그 예이다. 이 가
족권은 친족적 가족관계에 의하여 지게 된 임무를 실현하기 위하여 주어지는 것이
며, 의무적 빛깔이 강한 것이 그의 특색이다.

　　4. 사 원 권　　　단체의 구성원이 그 구성원이라는 지위에 의거하여, 단체
에 대하여 가지는 권리를 통틀어서 사원권(社員權)이라고 한다. 민법상 사단법인의
사원의 권리·주식회사의 주주의 권리 등이 그 예이다. 이에 관해서는 「법인」에서
설명하기로 한다([88] 참조).

[26] Ⅲ. 작용(효력)에 의한 분류

　　권리를 그의 작용인 법률상의 힘, 즉 효력의 차이를 기준으로 나눈다면, 지배
권·청구권·형성권·항변권 등이 있다(항변권은 잠시 후에 보는 바와 같이 형성권의 일종이
기 때문에 따로 다루지 않는 것이 보통이지만, 이해를 돕기 위하여 여기서는 따로 설명하기로 한
다). 이것은 매우 중요한 분류이다.

　　1. 지 배 권　　　일정한 객체에 대하여 직접 지배력을 발휘할 수 있는 권리
가 지배권이다. 지배권을 행사하는 데 타인의 행위에 기댈 필요가 없다. 물권은 가

장 전형적인 지배권이며, 지식재산권·인격권도 이에 속한다. 친권·후견권 등도 비록 사람을 대상으로 하지만, 상대방의 의사를 억누르고 권리내용을 직접 실현하는 점에서, 역시 지배권이라고 하는 것이 보통이다. 채권도 채무자의 행위에 대한 지배의 권리로서 지배권에 포함시키는 수가 있지만(김증한 66면 참조), 채권은 채무자에 대한 청구력을 주된 내용으로 하는 데서, 청구권으로 보는 것이 보통이다.

지배권의 효력은 대내적 효력과 대외적 효력으로 구분할 수 있다. 둘 중 앞의 것은 객체에 대한 직접적 지배력을 말하고, 뒤의 것은 제3자가 권리자의 지배를 침해해서는 안 된다는 배타적 효력, 즉 권리 불가침의 효력을 의미한다. 따라서 지배권에 대한 제3자의 위법한 침해는 당연히 불법행위를 성립시킨다. 또한 지배권에는 지배상태에 대한 방해를 제거할 수 있는 효력이 있다. 이들 여러 효력은 지배권이 지배권으로서의 성질상 필수적으로 가지는 효력임을 기억하여야 한다.

2. 청 구 권   특정인이 다른 특정인에 대하여 일정한 행위, 즉 작위 또는 부작위를 요구하는 권리가 청구권이다. 예컨대, 청구권이 일정금액의 금전의 지급을 내용으로 하는 경우에도 권리자는 의무자가 가지고 있는 금전 위에 직접 권리를 가지는 것은 아니며, 다만 의무자의 금전지급이라는 행위를 요구할 수 있는 권리를 가지는 데 지나지 않는다. 이 점에서 객체를 직접 지배하는 지배권과 근본적으로 다르다. 이 청구권에는 주의할 점이 있다. 청구권은 물권·채권·지식재산권·친족권 등과 같은, 실질적·기초적 권리와 같은 차원이나 수준의 권리는 아니다. 청구권은 이들 권리의 내용 또는 효력으로서, 이들 권리에 포함되어 있거나 또는 이들 권리로부터 생기는 것이다. 또한 물권은 지배권, 채권은 청구권이라고 하지만, 이는 물권의 주된 내용이나 효력이 지배권이고, 채권의 그것은 청구권이라는 것을 의미할 뿐이지, 「물권=지배권」 또는 「채권=청구권」을 의미하는 것이 아니다. 바꾸어 말하면, 청구권은 모두 어떤 권리를 기초로 하여 존재하는 것으로, 가령 채권뿐만 아니라 물권을 기초로 해서도 청구권이 나올 수 있다.

청구권과 그 기초가 되는 권리의 관계를 살펴보고자 한다. 채권에서는 청구권은 채권의 본질적 내용을 이루며, 채권이 발생하면 언제나 청구권이 존재한다. 여기서 채권과 청구권을 같은 것으로 보는 견해가 많다. 그러나 「채권=청구권」은 아니며, 채권은 그 밖에 급부(급여)를 받아서 이를 가지고 있을 수 있는 효력도 가지고 있다. 또한 이행기가 아직 오지 않은 채권에서는 채권은 존재하여도 청구권은 아직 발생하고 있지 않으며, 청구권은 채권의 이행기가 되어야 비로소 발생하는 것으로 이해된다. 그리하여 채권과 청구권은 같은 것이 아니며, 청구권은 채권의 본질적 요소를 이루는 것으로 이해되어 있다. 물권에서는 물권의 내용이 완전히 실현되고 있는 동안은 아무런 청구권도 생기지 않는다. 그러나 물권 내용의 실현이 제 3 자에 의하여 방해되고 있거나 방해될 염려가 있는 때에, 그 제 3 자에 대하여 방해의 제거나 예방을 청구하는 물권적 청구권이 생긴다. 친족법상의 청구권으로서는 친권·후견권과 같은 지배권이 방해되는 경우에 위와 같은 지배권에서 방해자에 대하여 지배의 회복·방해제거를 요구하는 청구권이 생긴다(유아의 인도청구권은 그 예이다). 그 밖에 가족관계에 기하여 생기는 청구권도 있다(부양청구권·부부의 동거청구권 등은 그 예이다). 그리고 상속법상의 청구권으로서는 상속권에 의거하여 상속회복을 요구하는 상속회복청구권이 있다(999조 참조). 이들 청구권은 그 기초가 되는 권리와 불가분적으로 결합하고 있으며, 따라서 기초가 되는 권리와 분리해서 청구권만을 양도하지는 못한다(청구권에 관하여는 채권법강의에서 보다 자세히 설명한다).

　　주의할 것은 청구권이라는 말로 불리지만, 그 실질은 청구권이 아니라, 형성권이라고 해석하는 것이 있다는 점이다. 지료증감청구권(286조 참조)·지상물매수청구권(285조 참조)·부속물매수청구권(316조 참조)·매매대금감액청구권(572조 참조) 등은 그 예이다.

　　위와 같이 일정한 경우에 청구권을 형성권으로 새기는 것이 인정되면, 권리자가 청구한 의무자의 특정행위가 아직 행하여져 있지 않더라도 마치 그것이 이미 행하여져 있는 것처럼 다루어지고, 곧 법률관계 또는 권리·의무가 변동되는 효력이 생긴다. 따라서 그러한 해석은 중대한 예외이며, 신중하여야 함은 물론이다. 바꾸어 말해서, 아무 때나 마음대로 또는 편리하다고 해서 그런 해석을 할 수 있는 깃은 아니며, 적어도 나음과 같은 두 요건이 충족되어야만 한다. 첫째, 청구권자를 특히 두텁게 보호하여야 할 필요가 있어야 한다. 둘째, 거래의 안전을 해치지 않아야 한다. 권리의 변동에 일정한 공시방법을 갖추어야 하는 경우에는 이 요건의 충족 여부가 특히 검토되어야 함을 잊어서는 안 된다.

3. 형 성 권　　　권리자의 일방적인 의사표시에 의하여 법률관계의 발생·변경·소멸을 일어나게 하는 권리가 형성권이다. 권리자가 일방적으로 법률관계를 변동시킬 수 있는 가능성을 가진다는 의미에서, 「가능권」이라고도 일컫는다. 이 형

성권에는 권리자의 의사표시만으로 효과가 발생하는 것과 법원의 판결에 의하여 비로소 효과가 발생하는 것이 있다. 법률행위의 동의권(5조·13조 참조)·취소권(140조 이하 참조)·추인권(143조 이하 참조)·계약의 해제권과 해지권(543조 참조)·상계권(492조 참조)·매매의 일방예약완결권(564조 참조)·약혼해제권(805조 참조)·상속포기권(1041조 참조) 등은 권리자의 의사표시만으로 효과가 생기는 형성권의 예이고, 채권자취소권(406조 참조)·친생부인권(846조 참조)·재판상 이혼권(840조 참조)·입양취소권(884조 참조)·재판상 파양권(905조 참조) 등은 법원의 판결에 의하여 효과가 생기는 형성권의 예이다. 이와 같이 법원의 재판에 의해서만 법률관계를 형성시키는 이유는 형성권의 행사로 발생하는 효과가 제3자에게도 영향을 미치기 때문이다.

　　4. 항 변 권　　청구권의 행사에 대하여 그 작용을 막아서 그치게 할 수 있는 효력을 가지는 권리를 항변권이라고 한다. 바꾸어 말하면, 일정한 사유에 의하여 급부(급여)를 거절할 수 있는 권리이다. 권리의 행사에 대한 방어라는 의미에서, 「반대권」이라고도 한다. 항변권은 그것에 대하여 주장되는 권리의 존재를 전제로 한다. 따라서 청구권의 성립을 방해하거나 또는 청구권을 소멸시키는 사실의 주장은 항변권이 아니다. 항변권의 성질에 관하여 학자들 사이에 다툼이 있으나, 그것은 상대방의 권리를 부인하거나 변경·소멸시키는 것이 아니라, 상대방의 권리를 승인하면서 그 권리의 작용에 일방적인 변경을 일으키는 점에서, 특수한 형성권이라고 하는 것이 보통이다(김증한·김학동 56면).

　　항변권에는 청구권의 행사를 일시적으로 막을 수 있는 「연기적 항변권」과 영구적으로 막을 수 있는 「영구적 항변권」이 있다. 민법이 인정하는 연기적 항변권으로서는 동시이행의 항변권(536조 참조)·보증인이 가지는 최고 및 검색의 항변권(437조 참조)이 있고, 영구적 항변권으로서는 상속인의 한정승인의 항변권(1028조 참조)을 들 수 있다.

[27] Ⅳ. 기타의 분류

　　1. 절대권·상대권　　이 구별은 권리에 대한 의무자의 범위를 표준으로 하는 것이다. 절대권은 특정의 상대방이라는 것이 없고, 일반인을 의무자로 하여 모든 사람에게 주장할 수 있는 권리이며, 「대세권(對世權)」이라고도 한다. 이에 대하

여 상대권은 특정인을 의무자로 하여 그에게만 주장할 수 있는 권리이며, 「대인권
(對人權)」이라고도 한다. 물권·지식재산권·친권·인격권 등의 지배권은 절대권에 속
하고, 채권 등의 청구권은 상대권에 속한다. 위와 같은 절대권·상대권의 구별은 당
연한 논리의 귀결로서, 절대권은 모든 사람에 의하여 침해될 수 있는 것이나, 상대
권은 특정의 의무자에 의해서만 침해될 수 있는 것으로서, 제 3 자에 의한 상대권의
침해는 이론상 생각할 수 없다는 것이 된다. 그런데 종래 우리나라의 학설·판례가
제 3 자의 채권침해에 의한 불법행위의 성립을 인정하고 있는 데서, 절대권·상대권
의 구별은 무의미하다고 하는 견해도 있었다. 그러나 제 3 자에 의한 채권침해는 물
권에 대한 침해와는 달리 예외적으로 인정되는 것으로서, 절대권·상대권의 구별은
여전히 의의가 있다(김상용 106면, 이영준 50면). 이에 관해서는 물권법과 채권법의 강
의에서 자세히 다룬다.

　2. 일신전속권·비전속권　　　이 나눔은 권리와 그 주체의 긴밀한 정도를 표
준으로 하는 것이다. 일신전속권은 권리의 성질상 타인에게 귀속할 수 없는 것, 즉
양도·상속 등으로 타인에게 이전할 수 없는 권리이고(이를 「귀속상의 일신전속권」이라
고 한다. 우리 민법에서는 그 밖에 권리자 이외의 타인이 행사할 수 없는 「행사상의 일신전속권」
이 문제되는 경우도 있다), 비전속권은 양도성과 상속성이 있는 권리이다. 이 구별은
비재산권·재산권의 구별과 원칙적으로 일치한다. 그리하여 가족권·인격권은 대부
분 일신전속권이고, 재산권은 비전속권이다. 그러나 예외가 많음을 주의하여야 한
다. 각각 관계되는 곳에서 설명한다.

　3. 주된 권리·종된 권리　　　다른 권리에 대하여 종속관계에 서는 권리를
「종된 권리」라고 한다. 즉, 그것은 주된 권리의 존재를 전제로 하여 발생하는 것이
다. 예컨대, 이자채권은 원본채권의 종된 권리이고, 질권·저당권은 그 피담보채권
의 종된 권리이며, 보증인에 대한 채권은 주채무자에 대한 채권의 종된 권리이다.
종된 권리의 주된 권리에 대한 종속성의 정도는 개개의 종된 권리의 성질에 따라
다르다. 문제되는 곳에서 설명하기로 한다.

　4. 기 대 권　　　권리의 성립요건이 모두 실현되어서 성립한 권리를 「기성
의 권리」라고 하는 데 대하여, 그러한 권리발생요건 중의 일부분만이 발생하고 있
을 뿐이어서 남은 요건이 실현되면 장차 권리를 취득할 수 있다는 현재의 기대상태

에 대하여 법이 주고 있는 보호를 「기대권」(또는 「희망권」)이라고 한다. 예컨대, 소유권 유보부 매매에서 매수인의 권리가 기대권에 속한다. 또한 기한부 권리나 조건부 권리를 기대권이라고 하기도 한다.

제 3 장   권리의 경합

[28] 권리의 경합

   1. 의   의   하나의 생활사실이 두서너 개의 법규가 정하는 요건을 충족하여 여러 개의 권리가 발생하는 수가 있다. 이때에 여러 개의 권리가 동일한 목적을 가지며, 그 행사로 역시 같은 결과를 가져오는 경우에, 이를 「권리의 경합」이라고 한다. 예컨대, 甲의 소유물을 乙이 임대차(618조)에 의하여 빌려 쓰고 있는데, 그 임대차가 종료한 후에(기간의 만료 등으로) 乙이 임차물을 반환하지 않는다면, 임대인 甲은 임대차에 기하여 반환청구권을 갖는다(654조·615조 참조). 한편, 임대차의 종료로 乙은 이제 아무런 법적 근거 없이 甲의 소유물을 점유하고 있는 것이 된다. 여기서 甲은 임대차에 기한 반환청구권과는 따로 소유권에 기한 반환청구권(213조 참조)을 갖는다. 그리하여 甲은 같은 목적을 가지는, 그리고 그중의 어느 것을 행사하더라도 같은 결과를 이룰 수 있는 두 개의 청구권을 갖고 있다. 이 경우에 청구권의 경합이 있다고 말한다. 이와 같은 권리의 경합이 있는 경우에, 그들 경합하는 여러 권리는 동일한 이익을 목적으로 하는 것이므로, 그중의 어느 하나를 행사함으로써 그 목적을 달성하면, 다른 권리도 그 존재의 목적을 잃고 소멸하여 버린다. 그러나 하나하나의 권리는 독립하여 존재하고, 서로 무관하게 이를 행사할 수 있으며, 또한 각 권리는 독자적으로 시효 그 밖의 사유로 소멸하는 경우가 있다.

   2. 경합의 모습   권리의 경합은 청구권(하나의 급부에 관하여 여러 개의 청구권이 함께 존재하는 경우) 또는 형성권(예컨대, 해제권과 취소권이 함께 존재하는 경우)에 관하여 생기는 것이 보통이지만, 동일한 청구권에 대한 여러 개의 항변권이나, 같은 채권을 담보하는 여러 개의 담보물권 사이에서도 볼 수 있다. 그러나 많이 논의되는 것은 청구권의 경합이며, 특히 채무불이행과 동시에 불법행위의 요건을 갖추는 경우(예컨대, 임차인이 임차물을 고의·과실로 멸실하거나 또는 훼손하는 경우)에, 채무불이행에 의한 손해배상청구권과 불법행위에 의한 손해배상청구권이 경합하는지에 관하여 학설은 대립하고 있다(그 상세한 것은 채권법강의에서 이를 설명하기로 한다).

   3. 법규경합   주의할 것에 「법규경합」(「법조경합」이라고도 한다)이라는 것

이 있다. 동일한 생활사실이 여러 개의 법규가 정하는 요건을 충족하지만, 그중의 한 법규가 다른 법규를 물리치는 것일 때에는 그 한 법규만이 적용된다. 따라서 이 때에는 그 법규에 의한 권리가 발생할 뿐이다. 이를 「법규경합」이라고 한다. 이러한 현상은 여러 개의 법규가 특별법과 일반법(보통법)의 관계에 있는 경우에 많이 볼 수 있다. 예컨대, 공무원이 그 직무를 행하면서 고의 또는 과실로 위법하게 타인에게 손해를 입힌 때에는, 국가 또는 지방자치단체의 책임에 관하여 민법 제756조와 국가배상법 제 2 조가 경합하지만, 국가배상법의 규정이 민법 제756조를 물리치고 우선적으로 적용되므로, 국가배상법에 의한 손해배상청구권만이 생긴다(국배 8조 참조).

  이러한 법규경합은 A라는 법규가 그것과 경합하는 B라는 법규에 비하여 법률효과를 제한하고 있는 경우에도 생긴다. 즉, 이때에도 A라는 법규를 적용한다. 예컨대, 무상임치에서 수치인(受置人)은 임치물을 「자기재산과 동일한 주의」(이른바 「구체적 경과실」)로써 보관하면 되고(695조 참조), 「선량한 관리자의 주의」(이른바 「추상적 경과실」. 이것이 위의 구체적 경과실보다 주의의 정도가 높다)를 기울이지 않았기 때문에 임치물을 멸실 또는 손상하더라도, 임치계약상의 채무불이행책임을 지지 않는다. 그러므로 과실로 타인의 소유권을 침해한 것으로서 불법행위에 의한 책임(750조 참조)을 지지도 않는다. 착오(109조 참조)와 물건의 하자담보책임(580조 참조)의 관계도 대체로 법규경합으로 보고 있으나, 논란이 있다.

제4장 권리의 행사와 의무의 이행

[29] I. 권리 행사의 의의와 방법

1. 의 의 이미 살핀 바와 같이, 권리는 일정한 생활이익을 누릴 수 있게 하는 「법적 힘」이다. 그렇다면, 그것은 일정한 이익을 누리기 위한 수단으로서 법에 의하여 인정되는 것이다. 따라서 어떤 주체가 권리를 가지고 있다는 것은 잠재적인 가능성으로서의 힘을 가지고 있다는 것을 의미할 뿐이므로, 그가 목적으로 하는 이익을 실제로 누리기 위해서는 그의 잠재적인 힘을 현실화하는 과정이 필요하다. 이 권리의 내용을 현실화하는 과정이 「권리의 행사」이다. 예컨대, 소유권을 가지고 있다는 것은 소유권의 객체, 즉 소유물을 자유로이 이용할 수 있는 가능성이 법에 의하여 인정되어 있다는 것이고, 소유권 자체는 잠재적인 힘에 지나지 않는다. 따라서 소유권자가 실제로 소유물로부터 이익을 누리기 위해서는 소유권을 행사해서, 소유물을 현실적으로 사용 또는 수익하거나 처분하는 것이 필요하다. 권리 자체는 관념적인 것이나, 권리의 행사는 그러한 관념적인 권리를 현실화하는 것이므로, 사람의 오관에 의하여 느껴 알 수 있는 사실로서 나타난다.

> 「권리의 행사」는 「권리의 주장」과는 다르다. 보통 권리의 주장이라고 하면, 그것은 권리의 존재에 관하여 다툼이 있거나 또는 권리의 행사가 방해되고 있을 때 또는 방해당할 염려가 있는 경우에, 특정인으로 하여금 그 권리의 존재를 인정하게 하려는 행위를 일컫는다. 이와 같이 권리의 주장은 권리의 내용을 곧 현실화하려는 것이 아니라, 권리 자체의 존재를 타인으로 하여금 승인하게 하려는 것이므로, 「권리의 행사」와는 본질적으로 구별된다. 그러나 청구권이 행사와 같이 특정인에 대하여 권리를 행사하는 경우에는 반드시 권리의 주장이 따르므로, 권리의 행사와 그 주장을 구별하는 것이 곤란한 경우도 있다.

2. 행사의 방법

(1) 권리 행사의 방법은 권리의 내용에 따라서 다르다. 권리의 내용인 힘이 나타나는 방향을 표준으로 하여, 지배권·청구권·형성권·항변권의 여러 권리의 행사의 모습을 본다면, 다음과 같다.

⑺ **지 배 권**   지배권은 권리의 객체를 직접 지배하는 것을 내용으로 하는 권리이므로, 객체를 지배해서 사실상 이익을 누리는 모습으로 행사되는 것이 보통이다. 예컨대, 물권에서는 물건을 사용·수익·처분하고, 지식재산권에서는 저작물이나 특허발명품을 복제하는 것과 같다.

⑴ **청 구 권**   청구권은 특정인에 대하여 일정한 행위(급부)를 청구하는 것을 내용으로 하는 권리이므로, 그 행사는 상대방에 대하여 행위(급부)를 요구하거나 (즉 이행의 청구), 상대방의 이행을 수령하는 것이다. 즉, 청구권의 행사는 능동적으로는 이행의 청구로서 나타나고, 수동적으로는 이행의 수령으로서 나타난다. 예컨대, 금전의 지급이나 물건의 인도를 청구하고, 지급·인도된 금전·물건을 수령하는 것과 같다.

⑶ **형 성 권**   형성권은 권리자의 일방적인 의사표시에 의하여 법률관계를 변동하게 하는 권리이므로, 권리자가 현실적으로 그러한 일방적 행위를 함으로써 행사된다. 예컨대, 법률행위를 취소하거나, 또는 계약을 해제하는 의사표시를 하는 것과 같다. 그러나 형성권에 따라서는 반드시 소를 제기하는 방법으로 행사하여야 하는 것이 있다는 점은 이미 밝혔다.

⑷ **항 변 권**   항변권은 청구권의 행사에 대하여 그 작용을 막아서 그치게 하는 권리이므로, 청구권자의 이행청구가 있을 때에 이를 거절하는 형식으로 행사된다.

(2) 권리의 행사는 권리자 자신이 하는 것이 원칙이다. 그러나 권리자가 스스로 행사하지 않으면 효험이 없게 되는 권리(이른바 「행사상의 일신전속권」)가 아니면, 타인으로 하여금 행사하게 할 수 있다. 그리고 법률행위에 의한 행사를 하는 경우에는 대리인에 의한 행사도 가능하다.

[30] Ⅱ. 권리의 충돌과 순위

동일한 객체에 관하여 여러 개의 권리가 존재하는 경우(예컨대, 동일물 위에 여러 개의 물권이 있거나, 또는 동일채무자에 대하여 여러 개의 채권이 존재하는 경우)에는 그 객체가 모든 권리를 만족시켜 주지 못하는 경우가 있다. 이것을 「권리의 충돌」이라고 한다.

동일한 물건 위에 여러 개의 물권이 성립하고 있을 때에는 원칙적으로 그들

물권 사이에는 「순위」가 있게 된다. 즉, 소유권과 제한물권 사이에는 제한물권의 성질상 그것이 언제나 소유권에 우선한다. 그러나 제한물권 상호간에서는 그것이 서로 종류를 달리하는 물권일 때에는 일정한 원칙이 없고, 법률의 규정에 의하여 순위가 정해진다. 그러나 같은 종류의 권리 상호간에는 「먼저 성립한 권리가 나중에 성립한 권리에 우선한다(First in time, first in right)」는 원칙이 지배한다(물권법강의에서 자세히 논한다). 그리고 채권에서는 원칙적으로 「선행주의」가 지배한다. 원래 채권법에서는 「채권자 평등의 원칙」이라는 것이 있어서, 같은 채무자에 대한 여러 개의 채권은 그의 발생원인·발생시기의 선후·채권액의 다소를 묻지 않고 평등하게 다루어지며, 특정 채권자만이 우선적으로 변제받을 수 없는 것이 원칙이다. 그리하여 궁극에 가서는 모든 채권은 채무자의 총재산으로부터 채권액에 비례하여 평등하게 만족을 얻는 것이 원칙이다. 그런데 이 원칙이 그대로 나타나는 것은 파산의 경우이며(그러나 이때에도 예외는 있으며, 이른바 「별제권」을 가지는 자는 우선변제를 받는다), 파산절차 밖에서는 채권 사이에 순위가 없기 때문에, 각 채권자는 임의로 그의 채권을 실행할 수 있다. 따라서 먼저 채권을 행사한 자가 이익을 얻는다는 결과가 된다. 이것이 「선행주의」이다.

[31]　Ⅲ. 권리 행사의 한계·제한

1. 권리 행사 자유의 원칙　　개인주의·자유주의를 기본으로 하고 또한 권리 본위로 구성되어 있는 근대사법에서는 권리의 행사는 권리자의 「자유」에 맡기는 것이 원칙이다. 권리를 행사할 의무가 권리 속에 포함되어 있지는 않다. 다만 친권(913조 참조)과 같이 타인의 이익을 위하여 인정되고, 따라서 그것을 행사할 의무가 따르게 되는 권리도 있으나, 그것은 어디까지나 예외적인 것이다. 원래 법질서가 어떤 권리를 준다는 것은 권리자의 이익을 위하여, 그것과 대립하는 반대이익이 침해된다는 것을 전제로 한 것이다. 따라서 권리의 행사로 타인에게 손해를 입히더라도 원칙적으로 손해를 배상할 필요는 없다.

2. 사권의 공공성·사회성　　앞에서 적은 바와 같은 근대적 권리의 자유는 봉건적 구속으로부터의 해방이 강조되었던 근대의 초기에 강하게 주장되었다. 그러나 권리는 그의 상호적 승인이 있기 때문에 권리인 것이다. 그러므로 권리 행

사의 자유는 어느 사회에서나 아무런 제한이 없는 절대 자유일 수는 없다. 권리의 자유는 다른 권리의 자유와 맞닿을 때에는 어떤 한계를 가져야만 한다. 이 한계는 권리의 「절대적 자유」에 대한 수정이라는 형식으로 의식되고, 또한 현실화되었다.

  권리 자유의 원칙에 대한 수정원칙으로서 처음으로 나타난 것은 「쉬카아네」 (Chicane, Schikane)의 금지이다. 타인을 해칠 목적만으로 권리를 행사하는 것이 「쉬카아네」이다. 이를 금지하는 데에 주관적 요건(타인을 해할 목적)이 강조된다. 그러므로 권리의 객관적인 범위는 본래 무제한이라는 근본원칙에는 변함이 없다. 독일민법이 「쉬카아네」 금지의 규정을 두고 있다(동법 226조). 그 후 19세기 말부터 20세기 초에 걸쳐서 권리 자유의 원칙에 대한 수정은 확대되었는데, 그것은 「권리의 근거는 사회적 승인이다. 따라서 권리는 본래 사회적으로 인정되는 범위에서만 존재하는 데 지나지 않는다」는 이론을 기초로 한다. 여기서 권리 자유는 원리적으로 부정되고, 권리 그 자체에 객관적인 한계가 있는 것으로 인식되었다. 1919년의 바이마르헌법 제153조 제 3 항의 "소유권은 의무를 진다. 소유권의 행사는 동시에 공공의 복리에 대한 봉사이어야 한다."라는 유명한 규정은 이러한 법사상에 입각한 것이다. 우리 헌법 제23조 제 2 항에서 "재산권의 행사는 공공복리에 적합하도록 하여야 한다."라고 정한 것도 같은 취지이다.

  권리 행사의 자유를 제한하거나 부정하는 사상이 나오게 된 역사적인 이유는 자본주의의 발달이 가져온 폐해, 특히 심한 부(富)의 불평등에 있었다. 자본주의의 여러 폐단이 발생하자 개인주의적 법원리에 대하여 반성하고, 자유와 권리를 보장하는 것뿐만 아니라 공공의 복리에 따라 개인의 사유와 권리를 제한할 수 있다는 점을 인식하게 되었다([14] 참조). 여기서 권리는 개인적 이익의 보호를 목적으로 하는 것이기는 하지만, 그것이 주어지는 것은 사회의 평화 또는 행복을 위한 것이므로, 권리의 개념 자체 속에 이를 공공의 복리를 위하여 행사해야 할 의무가 포함되어 있다고 하게 되고, 절대성을 자랑하던 권리는 한 걸음 뒤로 물러서서, 그 내용과 행사는 공공의 복리와 조화되어야 하며, 그 범위에서 효력이 인정된다고 하게 되었다. 오늘날 권리는 절대 자유 또는 신성불가침이 아니라, 사회성·공공성을 가지는 것으로 되었다.

  3. 민법 제 2 조   앞에서 본 바와 같이, 권리의 행사는 절대 자유이고 본

질적으로 무제한성을 가진다는 데서 출발하였으나, 오늘날에 와서는 사회적인 제한을 받는다고 하기에 이르렀다. 그렇다면 우리 민법에서는 권리의 행사를 어떻게 보고 있으며, 그것은 어떠한 제한을 받는 것일까? 민법 제 2 조가 이에 대한 해답을 주고 있다. 이 규정은 제 1 항에서 권리·의무는 신의성실에 따라 행사·이행하여야 한다는 「신의성실의 원칙」 또는 「신의칙」을 규정하고, 제 2 항에서는 한계를 넘는 권리 행사는 법의 보호를 받지 못한다는 「권리남용 금지의 원칙」을 규정하고 있다. 이들 조항은 직접적으로는 권리 행사 자유의 한계를 정하는 것이지만, 간접적으로는 권리의 공공성·사회성을 인정하는 것이다([15] 참조). 이들 원칙을 설명하면, 다음과 같다.

(1) **신의성실의 원칙**　　　권리의 행사는 신의에 좇아 성실히 하여야 한다(2조 1항). 신의성실(Treu und Glauben)은 상대방의 신뢰를 헛되이 하지 않도록 성의를 가지고 행동하는 것이다. 원래 신의나 성실은 사람의 행위나 태도에 대한 윤리적·도덕적 평가를 나타내는 말이다. 법원칙으로서 신의성실의 원칙은 그러한 윤리적·도덕적 평가를 법적 가치판단의 한 내용으로 끌어들인 것이다.

(가) **원칙의 연혁**　　　신의성실의 원칙은 그 기원을 로마법에 두고 있으나, 근대사법에서 이 원칙을 처음으로 규정한 것은 프랑스민법이다. 동법 제1134조 제 3 항은 "계약은 신의에 따라서 이행하여야 한다."라고 규정하고 있다. 독일민법은 한편으로는 "계약은 거래관행을 고려하여 신의성실이 요구하는 대로 해석하여야 한다."(동법 157조)라고 규정하는 동시에, 다른 한편으로는 채무의 이행에 관하여 "채무자는 거래관행을 고려하여 신의성실이 요구하는 대로 급부를 할 의무를 진다."(동법 242조)라고 규정하고 있다. 말하자면, 신의칙은 이때까지는 법률행위의 해석과 채무의 이행에 관한 원칙이었다. 그러나 독일의 학설·판례는 이것을 기초로 하여 신의칙을 채권법 전체에 통하는 최고원칙으로 삼았다. 그런데 스위스민법은 신의칙은 단지 채권관계에서만 타당한 것이 아니라, 널리 권리·의무 일반에 타당한 것이라는 데서, 이 원칙을 처음으로 민법 전체에 걸치는 최고원리로 삼았다. 즉, 동법 제 2 조 제 1 항은 "모든 사람은 권리의 행사와 의무의 이행에 있어서 신의성실에 따라 행동하여야 한다."라고 규정하고 있다. 민법은 스위스민법을 모범으로 하여 제 2 조 제 1 항을 둔 것이다.

(나) **원칙의 의의**   민법이 이 원칙을 권리의 행사 일반에 관한 원리로서 규정하고 있는 것은 권리의 공공성의 표현이라고 말할 수 있다. 이미 본 바와 같이, 근대 초기에는 권리의 자유가 인정되어 그 행사는 자유라고 하였으나, 19세기 말에서 20세기 초에 걸쳐 사회적으로 이러한 생각을 반성하는 흐름이 있었다. 비록 권리가 권리자의 이익을 보호하는 것이기는 하나, 권리는 법에 의하여 인정되는 것이므로, 일정한 사회적 목적을 가지는 것으로서 당연히 사회적인 제한을 받는다고 하였다. 권리자가 권리의 사회적 목적을 망각하고, 자기의 이기적인 견지에서 사회적인 제한을 무시한 행사를 하는 것은 허용되지 않는다고 하고, 신의칙은 사법 전체에 미치는 일반원칙으로서 확립되었다. 제 2 조 제 1 항이 권리의 행사는 신의에 좇아 성실히 하여야 한다고 하는 것은 이와 같은 사회적 제한을 무시한 이기적인 권리 행사를 허용하지 않는다는 취지이다. 어떠한 권리의 행사가 신의에 좇은 성실한 행사인가? 즉, 신의성실의 구체적 내용은 무엇인가? 그것은 전적으로 법관의 재량에 맡겨져 있다. 그러므로 권리 행사에 관한 일반원칙으로서 신의성실의 원칙을 규정하는 민법 제 2 조 제 1 항은 권리·의무를 그의 사회적 사명에서 관찰해야 한다는 오늘날의 사법이념의 일반적·추상적 내용을 내세운 이른바 「일반조항」(「제왕조항」 또는 「백지조항」이라고도 일컫는다)이다. 일반조항으로서의 이 원칙의 구체적 내용은 개개의 경우에 재판을 통하여 실현된다.

신의성실의 원칙은 특히 엄격한 법적용의 가혹함을 완화하는 데 중요한 역할을 수행한다. 법규칙을 그대로 적용하면 도저히 받아들일 수 없는 가혹한 결과가 발생하는 경우 법적용자인 법관의 법감성이나 윤리감각에 기하어 법규칙을 그대로 적용하는 것을 제한하거나 배제하게 하는 하나의 법적 장치로서 기능한다(대판 2010. 5. 27, 2009다44327).

(다) **원칙의 적용요건**   신의성실의 원칙은 법률관계의 당사자가 상대방의 이익을 배려하여 형평에 어긋나거나 신뢰를 저버리는 내용 또는 방법으로 권리를 행사하거나 의무를 이행해서는 안 된다는 추상적 규범을 말한다. 따라서 신의성실의 원칙에 위배된다는 이유로 그 권리의 행사를 부정하기 위해서는 상대방에게 신의를 주었다거나 객관적으로 보아 상대방이 그러한 신의를 가짐이 정당한 상태에 이르러야 하고, 이와 같은 상대방의 신의에 반하여 권리를 행사하는 것이 정의 관념

에 비추어 용인될 수 없는 정도의 상태에 이르러야 한다(대판 1991. 12. 10, 91다3802).

　　㈔ **원칙의 적용 범위와 효과**　　신의성실의 원칙은 민법 전체를 통한 일반 원칙이므로, 채권관계뿐만 아니라, 널리 물권관계나 가족관계에도 두루 인정되어야 함은 당연하다. 그러나 실제로는 채권법의 분야에서 그 실효성이 가장 크다. 그리고 민법 제 2 조 제 1 항이 규정하는 것과 같이 이 원칙이 적용되는 것은 권리의 행사와 의무의 이행이다. 그러나 권리·의무는 결국은 사법관계 그 자체라고 할 수 있으므로([21] 참조), 제 2 조 제 1 항을 비단 권리 행사와 의무 이행에 관해서만 규정하는 것으로 볼 것이 아니라, 법률과 계약의 해석으로 당사자 사이에 어떤 내용의 권리·의무가 생기는지를 결정하는 데도 이 원칙을 표준으로 삼아야 한다. 법률행위의 해석원리로서의 이 원칙의 작용에 관해서는 나중에 다루기로 한다([137] 참조).

　　권리 행사나 의무 이행이 신의성실에 반하는 경우에는 어떤 효과가 생기는가? 권리 행사가 신의성실에 반하는 경우에는 다음에서 설명하는 권리남용이 되는 것이 보통이다. 이런 의미에서 제 2 조 제 1 항과 제 2 항은 서로 안팎의 관계에 있다고 할 수 있다(김증한·김학동 81면, 송덕수 98면). 한편, 의무 이행이 신의성실에 반하는 경우에는 의무를 이행한 것이 되지 않고 의무 불이행의 책임을 진다.

　　신의성실의 원칙에 관한 판례 몇 개를 들어 보면, 다음과 같다.

　　㈀　甲이 그 소유의 토지에 관하여 乙로 하여금 건물을 신축하는 데 사용하도록 승낙하였고 乙이 이에 따라 건물을 신축하여 丙 등에게 분양하였다면 甲은 건물을 신축하게 한 원인을 제공하였다고 할 것이다. 丙 등은 이를 신뢰하고 136세대에 이르는 규모로 견고하게 신축한 건물 중 각 부분을 분양받았는데, 甲이 丙 등에게 위 토지에 대한 乙과의 매매계약이 해제되었음을 이유로 하여 그 철거를 요구하는 것은 비록 그것이 위 토지에 대한 소유권에 기한 것이라 하더라도 신의성실의 원칙에 비추어 용인될 수 없다(대판 1993. 7. 27, 93다20986·20993).

　　㈁　대금 140,000원의 부동산매매계약에서 피고가 대금으로 원고에게 금 137,000원을 지급하여 이행지체 중에 있는 대금액은 3,000원에 불과한 경미한 것이고 매매계약 당일에 원고는 소유권이전등기 서류를 피고에게 교부하였으며 원고가 피고에게 잔대금이 60,000원이라는 취지로 과대최고한 사정을 감안할 때 원고의 본건 계약해제의 의사표시는 채권관계를 지배하는 신의성실의 원칙에 비추어 무효이다(대판 1966. 5. 31, 66다626). 이와 비슷한 사례를 하나 더 소개한다. 원고 소유의 부동산을 2,000만원

에 피고에게 매각하였으나, 피고가 대금 중 10만 5,000원을 지급하지 않고 있었는데, 이 미지급액에 대하여는 월 5푼의 지연이자를 지급하기로 원·피고가 약속하였다. 그 후 원고는 위 미지급액이 있다는 이유로 매매계약을 해제하였다. 이 사례에서 근소한 액의 미지급액을 이유로 계약 전체를 해제하는 것은 신의칙에 위배되는 것이므로 계약해제는 효력이 없다(대판 1971. 3. 31, 71다352·353·354).

(ㄷ) 변호사와 사건당사자 사이의 보수약정이 변호사가 실제로 쏟은 노력과 비용의 정도에 비추어 부당히 과다한 경우에, 그 약정은 신의성실의 원칙에 반하는 계약으로서 무효이다(대판 1972. 2. 29, 71다2722).

(ㄹ) 여관의 객실 및 관련 시설·공간은 오로지 숙박업자의 지배 아래 놓여 있는 것이므로 숙박업자는 통상의 임대차와 같이 단순히 여관의 객실 및 관련시설을 제공하여 고객으로 하여금 이를 사용수익하게 할 의무를 부담하는 것에서 한 걸음 더 나아가 고객에게 위험이 없는 안전하고 편안한 객실 및 관련시설을 제공함으로써 고객의 안전을 배려하여야 할 보호의무를 부담하며, 이러한 의무는 숙박계약의 특수성을 고려하여 신의칙상 인정되는 부수적인 의무이다(대판 1994. 1. 28, 93다43590). 또한 병원이 입원환자에게 부담하는 보호의무를 인정한 판결로는 대판 2003. 4. 11, 2002다63275가 있다.

(ㅁ) 사용자는 근로계약에 수반되는 신의칙상의 부수적 의무로서 피용자가 노무를 제공하는 과정에서 생명, 신체, 건강을 해치는 일이 없도록 물적 환경을 정비하는 등 필요한 조치를 강구하여야 할 보호의무를 부담한다(대판 1999. 2. 23, 97다12082). 이를 안전배려의무라고 한다.

(ㅂ) 채무자의 소멸시효에 기한 항변권의 행사는 우리 민법의 대원칙인 신의성실의 원칙과 권리남용 금지의 원칙의 지배를 받는다(대판 1994. 12. 9, 93다27604). 이를 소멸시효의 남용이라고 한다(좀 더 상세한 것은 아래 [210] 4 참조).

(ㅅ) 건물에 관하여 전세금을 주고 채권적 전세를 얻어 입주하고 ㄱ 주민등록의 전입신고까지 마쳤으면서도 은행 직원에게 임대차계약을 체결하거나 그 보증금을 지급한 바가 없다고 하여 그와 같은 내용의 각서까지 작성해 주었다면 이는 원고은행으로 하여금 부동산에 대한 담보가치를 높게 평가하도록 하여 건물소유자에게 대출하도록 한 것이고, 은행 또한 위 건물에 대한 경매절차가 끝날 때까지도 건물소유자와 전세권자 사이의 채권적 전세관계를 알지 못하였다고 한다면 전세권자가 은행의 명도청구에 즈음하여 이를 번복하면서 위 전세금반환을 내세워 그 명도를 거부하는 것은 특단의 사정이 없는 한 금반언 내지 신의칙에 위반된다(대판 1987. 11. 24, 87다카1708).

(바) **파생적 원칙**   신의성실의 원칙으로부터 다음과 같은 중요한 원칙이 나온다.

① **사정 변경의 원칙**　　이는 법률행위가 성립하는 데 기초가 된 사정이 그 후에 당사자가 예견하지 못한 또는 예견할 수 없었던 중대한 변경을 받게 되어, 당초에 정해진 행위의 효과를 그대로 유지하거나 강제한다면 매우 부당한 결과가 생기는 경우에는, 당사자는 그러한 행위의 효과를 신의칙에 맞도록 적당히 변경할 것을 상대방에게 청구하거나, 또는 계약을 해제·해지할 수 있다는 원칙이다. 민법에는 이 원칙에 따른 규정이 여기 저기 흩어져 있으나(218조·286조·557조·627조·628조·661조·689조 등 참조), 이 원칙을 직접 규정하는 일반적 규정은 없다. 또한 판례는 초기에 이 원칙을 인정하지 않았고, 특히 사정 변경의 원칙에 의한 해제권의 발생에 관해서는 현행 민법의 해석상 인정되지 않는다고 하였다(대판 1963. 9. 12, 63다452 참조). 그러나 최근 판례는 사정 변경의 원칙에 기한 해지권·해제권이 인정된다고 하였다.

사정 변경의 원칙에 관한 판례는 다음과 같다.

(ㄱ) 계속적 보증계약에서 보증계약 성립 당시의 사정에 현저한 변경이 생긴 경우에는 보증인은 보증계약을 해지할 수 있다. 회사의 임원이나 직원의 지위에 있기 때문에 회사의 요구로 부득이 회사와 제 3 자 사이의 계속적 거래로 인한 회사의 채무에 대하여 보증인이 된 자가 그 후 회사로부터 퇴사하여 임원이나 직원의 지위를 떠난 때에는 보증계약 성립 당시의 사정에 현저한 변경이 생긴 경우에 해당하므로 사정 변경을 이유로 보증계약을 해지할 수 있다. 위 계속적 보증계약에서 보증기간을 정하였다고 하더라도 그것이 특히 퇴사 후에도 보증채무를 부담하기로 특약한 취지라고 인정되지 않는 한 위와 같은 해지권의 발생에 영향이 없다(대판 1990. 2. 27, 89다카1381).

(ㄴ) 이른바 사정 변경으로 인한 계약해제는, 계약성립 당시 당사자가 예견할 수 없었던 현저한 사정의 변경이 발생하였고 그러한 사정의 변경이 해제권을 취득하는 당사자에게 책임 없는 사유로 생긴 것으로서, 계약내용대로의 구속력을 인정한다면 신의칙에 현저히 반하는 결과가 생기는 경우에 계약준수 원칙의 예외로서 인정된다. 여기에서 말하는 사정이라 함은 계약의 기초가 되었던 객관적인 사정으로서, 일방당사자의 주관적 또는 개인적인 사정을 의미하는 것은 아니다. 또한, 계약의 성립에 기초가 되지 않은 사정이 그 후 변경되어 일방당사자가 계약 당시 의도한 계약목적을 달성할 수 없게 됨으로써 손해를 입게 되었다 하더라도 특별한 사정이 없는 한 그 계약내용의 효력을 그대로 유지하는 것이 신의칙에 반한다고 볼 수도 없다(대판 2007. 3. 29, 2004다31302). 이러한 법리는 계속적 계약관계에서 사정변경을 이유로 계약의 해지를 주장하는 경우에도 마찬가지로 적용된다(대판(전) 2013. 9. 26, 2012다13637).

계약은 지켜져야 한다(pacta sunt servanda). 이와 같은 계약준수 원칙의 예외로서 사정 변경의 원칙을 인정해야 한다. 계약을 체결한 후 계약의 기초가 된 사정이 예상할 수 없을 정도로 현저하게 변경된 경우에는 계약을 해지 또는 해제할 수 있다고 보아야 한다. 특히 계속적 계약은 신뢰관계를 전제로 하므로 신뢰관계가 파괴될 정도로 사정이 변경된 경우에는 쉽게 계약의 해지를 인정할 수 있다. 한편 사정변경을 이유로 계약을 수정할 수 있는지 문제되고 있는데, 입법을 통하여 이를 명확하게 규율할 필요가 있다.

② 실효의 원칙   권리자가 그의 권리를 오랫동안 행사하지 않았기 때문에, 상대방이 이제는 그 권리를 행사하지 않을 것으로 믿을 만한 정당한 사유가 있게 된 경우에, 새삼스럽게 그 권리를 행사하는 것이 신의칙에 반한다고 인정되는 때(바꾸어 말해서「불성실한 지연」이 있는 때)에는 그 행사는 권리남용으로서 허용되지 않으며, 상대방은 그 권리 행사에 대하여「실효의 항변」으로 대항할 수 있다는 것이「실효」의 이론이다. 말하자면 그것은 권리남용의 일종이다. 어떤 권리가 실효에 걸리는가? 청구권에 관하여 많이 문제가 되지만, 그것에 한하지 않으며, 모든 권리가 실효에 걸리는 것으로 해석하여야 한다.

이 실효의 이론은 제 1 차 세계대전 후의 독일의 판례에 나타나기 시작하여 지금은 신의칙을 바탕으로 하는 하나의 원칙으로서 승인되어 있다. 우리나라에서는 이 이론이 아직 생소한 형편이고, 법원도 처음에는 이를 고려하지 않았으나(고등학교가 타인의 토지를 운동장의 일부(약 1/3)로서 20여년 전부터 점유·사용하고 있었는데, 소유자가 그동안 방치하여 두고 있다가 소유권을 주장하여 그 반환을 청구한 사안에서, 그것은 권리의 남용이 아니라고 판결하였다. 대판 1968. 6. 25, 68다758 참조), 1990년대에 들어서면서 점차 인정하는 태도를 보여 주고 있다. 권리자가 실제로 권리를 행사할 수 있는 기회가 있어서 그 권리 행사의 기대가능성이 있었는데도 상당한 기간이 경과하도록 권리를 행사하지 아니하여 의무자인 상대방으로서도 이제는 권리자가 권리를 행사하지 아니할 것으로 신뢰할 만한 정당한 기대를 가지게 된 다음에 새삼스럽게 그 권리를 행사하는 것이 법질서 전체를 지배하는 신의성실의 원칙에 위반하는 것으로 인정되는 결과가 될 때에는 이른바 실효의 원칙에 따라 그 권리의 행사가 허용되지 않는다. 실효의 원칙이 적용되기 위하여 필요한 요건으로서 실효기간(권리를 행사하지 아니한 기간)의 길이와 의무자인 상대방이 권리가 행사되지 아니하리라고 신뢰할 만한 정당한 사유가 있었는지 여부는 일률적으로 판단할 수 있는 것이 아니라 구체적인 경우마다 권리를 행사하지 아니한 기간의 장단과 함께 권리자측과 상대방측 쌍방의 사정 및 객관적으로 존재한 사정 등을 모두 고려하여 사회통념에 따라 합리적으로 판단하여야 한다(대판 1992. 1. 21, 91다30118).

구체적 사례를 몇 개 든다. (ㄱ) 사용자로부터 고용된 근로자가 퇴직금 등을 수령하면서 아무런 이의의 유보나 조건을 제기하지 않았다면, 해고처분을 유효한 것으로 인정하였다고 할 것이므로, 해고의 효력을 다투는 소를 제기할 수 없다(대판 1991. 10. 25, 90다20428. 동지: 대판 1992. 3. 13, 91다39085, 대판 1993. 4. 13, 92다52085·52092, 대판 1996. 11. 26, 95다49004 등). (ㄴ) 매매계약의 해제권이 발생한 후 1년 4개월 동안이나 이를 행사하지 않고, 오히려 잔존채무의 이행을 최고하였기 때문에, 상대방은 이제는 해제권을 행사하지 않을 것으로 믿고 있었는데, 새삼스럽게 해제권을 행사하는 것은 신의칙상 허용되지 않는다(대판 1994. 11. 25, 94다12234). (ㄷ) 계쟁토지가 학교의 교사부지 등으로 사용되어 있음을 알면서 양수한 후 20년 가까이 인도청구를 하지 않았다면, 부당이득반환청구는 몰라도 토지 자체의 인도청구는 신의성실의 원칙상 허용되지 않는다(대판 1992. 11. 10, 92다20170).

(2) 권리남용 금지의 원칙

(가) **원칙의 연혁**　이미 적은 바와 같이 근대 초기에는 권리 행사의 자유가 인정되었으며, 권리남용이란 생각할 수 없었다. 이에 대한 반성이 19세기 중엽부터 먼저 프랑스에서 권리 행사의 자유에 대한 수정원칙으로서 권리남용 금지의 원칙이 서서히 판례를 통하여 형성되어 갔다. 독일민법은 "권리의 행사가 다른 사람에게 손해를 입힐 목적만 있는 경우에는 부적법하다."라고 규정함으로써(제226조), 이른바 「쉬카아네」를 금지하고 있다. 그러나 프랑스의 초기 판례가 인정한 권리남용 금지의 원칙이나 독일민법이 규정하는 「쉬카아네」의 금지는 권리 행사의 자유를 근본적으로 수정한 것은 아니었다. 권리 자유의 원칙을 수정하는 원칙으로서 진정한 권리남용 금지가 확립된 것은 권리의 공공성·사회성이 인정되면서부터이다. 왜냐하면, 권리의 공공성을 인정하는 때에, 비로소 「쉬카아네」 금지의 법리에서와 같은 권리자의 주관적 의사(즉 가해의 의사 또는 목적)를 표준으로 하지 않고, 권리 본래

의 사회적 목적을 벗어난 행사가 있는지 여부를 표준으로 권리남용을 인정할 수 있기 때문이다. 이러한 견지에서 처음으로 권리남용을 규정한 것은 스위스민법이다. 동법 제 2 조 제 2 항은 "권리의 명백한 남용은 법의 보호를 받지 못한다."라고 규정하고 있다. 여기서 권리자의 가해목적이라는 주관적 요소는 권리남용을 인정하기 위하여 요구되는 요건은 아니다. 민법은 위의 스위스민법을 본받아 "권리는 남용하지 못한다."라고 규정하고 있다(2조 2항).

    (나) **권리남용의 의의**　　　권리남용은 외형상으로는 권리의 행사인 것과 같이 보이나, 구체적인 경우에 실질적으로 검토할 때에는 권리의 공공성·사회성에 반하여 권리 본래의 사회적 목적을 벗어난 것이어서, 정당한 권리의 행사로서 인정할 수 없는 행위이다.

    (다) **권리남용의 요건**　　　제 2 조 제 2 항은 권리남용 금지의 법이념을 선언하고 있을 뿐이고, 그 요건이나 효과를 정하고 있지는 않다. 그러한 요건이나 효과는 각종 권리의 내용에 따라 다르며, 모든 권리에 공통하는 것을 들 수 없기 때문이다. 그러나 권리남용 금지의 법리와 제 2 조 제 2 항의 정신에 비추어 다음과 같은 것을 일반적 요건으로서 들 수 있다.

    ① 권리의 행사라고 볼 수 있는 행위가 있어야 한다. 이는 당연한 요건이다. 이 요건과 관련해서「권리의 불행사」에 관해서도 남용을 인정할 수 있는지 문제된다. 본래 권리는 사회생활관계를 합리적으로 규율하기 위하여 개인에게 인정되는 것이고, 권리자는 이를 성실하게(즉, 신의칙에 따라서) 행사하여야 한다. 그런데도 권리자가 불성실하게 권리를 행사하는 때에 이른바 남용이 되는 것이다. 그렇다면, 이와 같이 권리를 불성실하게 행사하는 경우와 마찬가지로, 불성실한「불행사」도 남용이 된다고 하여야 한다. 그러한 불성실한 불행사의 효과로서는 그 권리를 실효시키는 것을 생각할 수 있다. 이「실효의 원칙」에 관해서는 이미 설명하였다((1) (마) ② 참조). 한편 법적 지위나 법제도를 남용하는 경우도 있다. 예를 들면 법인격 남용이 이에 해당한다.

    ② 권리가 인정되는 사회적 이유에 반하는 행사이어야 한다. 바꾸어 말하면, 권리의 본래의 사회적 목적에 부합하지 않는 행사가 있어야 한다. 이에 해당하는 것으로는 신의칙 위반·사회질서 위반·정당한 이익의 흠결·권리의 경제적, 사회적

목적에 대한 위반·사회적 이익의 균형의 파괴 등을 들 수 있을 것이다. 그러나 이들은 어디까지나 추상적 기준에 지나지 않으며, 구체적인 사안에 따라 개별적으로 남용이 되는지 여부를 결정하는 수밖에 없다.

(ㄱ) 권리남용에 관한 사례 몇 개를 소개한다.

ⅰ) 원고 소유의 토지를 점유해서 그 지상에 주택(시가 17만 6천여원)을 지어 소유하고 있는 피고에게 그 건물의 철거와 대지의 인도를 청구한 사안에서, "······ 건물이 이미 세워져 있는 토지를 매수하여 시가 금 2만 4천원 상당의 토지소유권을 행사하기 위하여 그보다 7배 남짓한 건물의 철거를 요구하고 원고들이 매도한 인접 토지가격보다 2배 이상이 되는 가격에 피고에게 본건 토지를 매수할 것을 요구함은 소유권을 빙자하여 폭리를 도모하는 것이라 아니할 수 없고 폭리행위는 법이 허용하지 않는 바이므로 원고들의 본소 청구는 특별한 사정이 인정되지 않은 이상 권리의 남용으로서 인용할 수 없"다(대판 1969. 12. 1, 68다1526).

ⅱ) "본건 수로(水路)에 관계된 사정이 원판결 인정과 같이 약 40년 전 일제 때에 형성되기 시작하여 8·15 후경까지에 지금과 같이 확정된 수로이며 그 내용이 2개의 용수로에 연장거리 201미터, 3개의 배수로에 연장거리 636미터의 총평수가 1,604평이요, 수로의 시가가 도합 128,320원에 상당한 도지이며 이 수로의 몽리면적이 101.5정보에 달하는 시설이고 이 수로를 폐쇄하고 딴 데에 같은 구실을 할 새 수로를 만들려면 9,600,000원의 공사비가 들 뿐 아니라 그렇게 하려면 부근 지형으로 보아 많은 곤란과 시간이 들 형편에 놓여 있는 사정이라고 한다면 그 수로를 농토로 쓸 수 없음은 우리 상식이 인정하는 바 되고 원고가 특단의 사정으로 수로를 폐쇄하여야 할 주장이 없는 이 사건에 있어서 이미 수로로 되어진 사정 밑에 사들인 토지를 가지고 그 수로의 폐쇄를 뜻하는 방법으로 소유권의 행사를 함은 다른 특별한 사정이 없으면 원심인정의 위 사실만으로도 충분히 권리 행사에 갈음하는 공공복리에 적합지 않은 법의 보호를 받을 수 없는 재산권의 행사로서 부당한 권리남용이라고 단정 못할 비 없다"(대판 1972. 12. 26, 72다756. 동지: 대판 1991. 10. 25, 91다27273).

ⅲ) "이 사건 토지상의 10층 아파트 건물 중 12.9m² 부분을 철거한다면 해당 10세대의 사용이 불가능하여짐은 물론 아파트 건물 전체의 안전에 중대한 위험이 될 수 있고, 분뇨탱크 관리실 출입통로 등은 이 사건 아파트의 필수적인 부대시설이고, 이를 철거한다 하더라도 대부분의 아파트 건물이 그대로 남아 있는 이상 원고가 이 부분 토지를 다른 용도에 사용하기는 어려워 이 부분 건물 등의 철거나 토지의 인도로 인하여 피고들이 받는 손실은 대단히 큰 반면에 원고가 얻는 이익은 비교할 수 없을 만큼 적

다는 이유로" 원고의 이 사건 토지상의 아파트 건물부분 등의 철거와 그 대지의 인도청구는 권리남용에 해당되어 허용되지 않는다고 한 원심의 판단은 옳다(대판 1993. 5. 11, 93다3264).

iv) "송전선이 주송전선으로서 공익성이 강하고, 토지소유자가 토지 상공에 위 송전선이 설치되어 있는 사정을 알면서 위 토지를 취득하였으며, 위 송전선의 철거 및 이전비용이 막대하고 대체부지의 확보가 용이하지 않을 것이라는 등의 사정이 있음을 인정할 수 있으나, 한편 한국전력공사가 위 토지 상공에 당초에 위 송전선을 설치하면서 적법하게 그 상공의 공간 사용권을 취득하거나 그에 따른 손실을 보상하였다는 자료가 전혀 없어 한국전력공사의 위 토지의 상공에 대한 위 송전선의 설치는 그 설치 당시부터 불법 점유라고 볼 수 있는데다가 그 설치 후에도 피고가 적법한 사용권을 취득하려고 노력하였다거나 그 사용에 대한 손실을 보상한 사실이 전혀 없으며, 위 토지가 현재의 지목은 전이나 도시계획상 일반주거지역에 속하고 주변 토지들의 토지이용 상황이 아파트나 빌라 등이 들어서 있는 사실에 비추어 위 토지도 아파트, 빌라 등의 공동주택의 부지로 이용될 가능성이 농후한 점과 한국전력공사로서는 지금이라도 적법한 수용이나 사용 절차에 의하여 위 토지 상공의 사용권을 취득할 수 있다고 보이는 점 등에 비추어, 토지소유자의 위 송전선의 철거청구가 권리남용에 해당한다고는 할 수 없다"(대판 1996. 5. 14, 94다54283).

v) "한국전력공사가 정당한 권원에 의하여 토지를 수용하고 그 지상에 변전소를 건설하였으나 토지 소유자에게 그 수용에 따른 손실보상금을 공탁함에 있어서 착오로 부적법한 공탁이 되어 수용재결이 실효됨으로써 결과적으로 그 토지에 대한 점유권원을 상실하게 된 경우, 그 변전소가 철거되면 61,750 가구에 대하여 전력공급이 불가능하고, 더 이상 변전소 부지를 확보하기가 어려울 뿐만 아니라 설령 그 부지를 확보한다고 하더라도 변전소를 신축하는 데는 상당한 기간이 소요되며, 그 토지의 시가는 약 6억 원인데 비하여 위 변전소를 철거하고 같은 규모의 변전소를 신축하는 데에는 약 164억 원이 소요될 것으로 추산되며, 그 토지 소유자는 그 토지를 더 이상 개발·이용하기가 어려운데도 그 토지 또는 그 토지를 포함한 그들 소유의 임야 전부를 시가의 120%에 상당하는 금액으로 매수하겠다는 한국전력공사의 제의를 거절하고 그 변전소의 철거와 토지의 인도만을 요구하고 있는 점에 비추어, 토지소유자가 그 변전소의 철거와 토지의 인도를 청구하는 것은 권리남용에 해당한다"(대판 1999. 9. 7, 99다27613).

(ㄴ) 권리남용을 인정하는 구체적 표준으로서 판례가 드는 것을 솎아보면, 다음과 같은 것이 있다.

"권리의 행사가 사회생활상 도저히 인용될 수 없을 때"(대판 1964. 11. 24, 64다803;

대판 1969. 1. 21, 68다1526).

　　"권리의 행사가 사회적 한계를 초과하였다고 인정되는 때"(대판 1966. 3. 15, 65다2329).

　　"권리 행사의 형식만 가질 뿐이지 실질에는 부당한 이익을 얻기 위한 방편에 지나지 않을 때"(대판 1962. 10. 4, 62다533; 대판 1965. 12. 21, 65다1910).

　　"형식적으로는 권리 행사라 하여도 그 권리 행사로써 사회적 관념과 권리의 감정으로서 도저히 허용할 수 없는 정도의 막대한 손해를 상대방에게 입히게 한다거나 그 권리 행사로 사회질서와 신의에 어긋나는 결과를 사회에 초래케 한다거나 또는 권리자에게 아무 이익이 없음에도 불구하고 오로지 상대방에게 손해와 고통을 줄 목적만으로써 행사할 경우"(대판 1964. 7. 14, 64아4. 그 밖에 대판 1983. 10. 11, 83다카335; 대판 1980. 5. 27, 80다484; 대판 1998. 6. 26, 97다42823 등 참조).

　　"외형상은 권리의 행사로 보이나 실질적으로는 상대방의 이용을 방해하고 괴롭힐 목적으로 행한 것"일 때(대판 1973. 8. 31, 73다91).

　　③ 「쉬카아네」 금지의 법리에서와 같은 권리자의 주관적인 의사는 권리남용의 요건이 아니다. 물론 가해의 의사나 목적이 있는 경우에 권리남용이 인정된다(이를 분명하게 밝히고 있는 판례는 많다. 대판 1962. 3. 22, 4294민상1392; 대판 1963. 1. 3, 62다890 등 참조). 이런 의미에서 주관적 요건이 완전히 배척되는 것은 아니라고 할 수 있다.

　　「쉬카아네」 즉 가해의 의사나 목적이 권리남용의 성립요건인지 여부에 관한 판례의 태도는 다음과 같다.

　　대법원은 "권리남용이 성립하려면 주관적으로는 그 권리 행사의 목적이 오직 상대방에게 고통이나 손해를 주는 데 그칠 뿐이고 권리 행사자에게는 아무런 이익이 없을 경우라야 될 것이며, 아울러 객관적으로는 그 권리 행사가 사회질서에 위반된다고 볼 수 있는 경우라야 할 것"이라고 함으로써 「쉬카아네」의 요건에서 완전히 벗어나지 못하고 있다(대판 1962. 3. 8, 4294민상934; 대판 1962. 4. 18, 4294민상1512; 대판 1972. 11. 28, 72다699; 대판 1976. 5. 11, 75다2281; 대판 1988. 12. 27, 87다카2911; 대판 1990. 5. 22, 87다카1712; 대판 1991. 6. 14, 90다10346·10353 등 참조). 그리하여 예컨대, 원고가 그의 소유권을 근거로 하여 피고가 초등학교 부지로서 사용하고 있는 토지의 인도를 청구한 사안에서, "원고가 인도를 구하는 대지를 제외한 나머지 부분만으로도 초등학교를 유지 경영하는 데 큰 지장이 없고 …… 위 초등학교가 공공시설물이라 하더라도 원고의 청구가 공공복리에 위반함이 크다는 이유만으로써 권리남용에 해당한다고 볼 수 없다"라고 하였다(대판 1978. 11. 28, 78다254·255). 다만 대법원이 이와 같이 가해의 의사나 목적이 있는 경우에만 권리남용이 인정된다고 하고 있는 것은 모두 재산권, 특히 소유권의 행사에 관한 것이다. 바꾸어 말하면, 재산권이나 소유권의 행사로 권리남용이 되려면 언제나 위에서 본 바와 같은 주관적 요건이 요구된다는 것이 현재의 대법원의 태도라고 할 수 있다(이러한 대법원의 견해를 밝히고 있는 판결로는 대판 1987. 3. 10, 86다카2472; 대판 1987. 10. 26, 87다카1279; 대판 1994. 11. 22, 94다5458 참조).

위와 같은 대법원의 태도는 옳은 것일까? 이미 밝힌 바와 같이, 오늘날 권리남용 금지는 사권의 공공성·사회성을 전제로 하는 것이다. 그런데도 옛날과 같이 「쉬카아네」를 권리남용의 요건으로 하는 것은 오늘날의 법사상에 비추어 뒤떨어진 해석이라고 할 수 있다. 「가해 의사」라는 권리자의 주관적 의사는 권리남용 인정의 필요요건은 아니라고 새기는 것이 옳다. 대법원의 종래의 태도는 변경되어야 한다고 생각하며, 적어도 권리자 쪽의 남용에 관한 주관적 의사는 일반적으로 추정되는 것으로 보는 것이 타당할 것이다. 대법원 판결 중에는 이러한 주관적 요건은 권리자의 정당한 이익을 결여한 권리 행사로 보여지는 객관적인 사정에 의하여 추인할 수 있다고 한 사례가 있다(대판 1998. 6. 26, 97다42823). 또한 상계권의 행사가 상계 제도의 목적이나 기능을 일탈하고 법적으로 보호받을 만한 가치가 없는 경우에는 상계권의 행사는 신의칙에 반하거나 상계에 관한 권리를 남용하는 것으로서 허용되지 않고, 일반적인 권리남용의 경우에 요구되는 주관적 요건을 필요로 하는 것은 아니라고 한다(대판 2003. 4. 11, 2002다59481).

결국 권리자에게 가해의 의사나 목적이 없더라도 권리남용을 인정할 수 있고, 그와 같은 주관적 사정은 권리남용을 판단하는 고려요소로 보는 것으로 충분하다. 이것이 제 2 조 제 2 항의 문언에 합치하는 해석이다.

㈑ **권리남용의 효과**   권리 행사가 남용으로 인정되는 경우에 권리의 정상적인 행사에서 나오는 법률효과가 발생하지 않음은 물론이나, 구체적으로 발생하는 효과는 권리의 종류와 남용의 결과로서 일어나는 사태에 따라 다를 것이다. 권리남용의 경우 어떠한 효과가 발생할지는 판례·학설에 맡겨져 있다고 할 수 있으며, 앞으로 특히 판례를 통하여 구체적으로 밝혀질 것이다.

권리남용의 효과를 개략적으로 유형화한다면, (i) 그 권리가 청구권이면 법은 이를 도와주지 않는다. (ii) 형성권이면 본래 발생하여야 할 효과가 발생하지 않는다. (iii) 남용의 결과 타인에게 손해를 주면 위법한 행위로서 손해배상의 책임을 진다. 이 경우 행사의 정지·장래의 예방·손해배상의 담보의 청구도 가능할 것이다. (iv) 권리가 박탈될 수도 있다. 그러나 이는 법률에 규정이 있는 때에 한하여야 할 것이다(924조 참조). 왜냐하면, 원래 권리남용의 이론은 권리 그 자체의 제한이 아니라 권리 행사의 제한이기 때문이다.

[32]　Ⅳ.　의무의 이행

1.　의무자가 그가 부담하는 의무의 내용을 실현하는 행위를 하는 것이 「의무의 이행」이다. 예컨대, 금전을 꾼 채무자가 채권자에게 금전을 지급하는 것과 같다. 의무의 내용은 작위일 수도 있고 부작위일 수도 있기 때문에, 의무의 내용에 따라 이행의 방법도 달라질 것이다.

2.　의무의 이행은 신의에 좇아 성실하게 하여야 한다(2조 1항). 즉, 이미 설명한 신의성실의 원칙에 따라서 하여야만 한다. 신의칙에 위반하여 의무를 이행한 경우에는 의무의 이행과 같은 외형을 갖추고 있다고 하더라도, 그것은 의무의 이행이 아니다. 그리하여 마치 신의칙을 위반한 권리의 행사가 남용이 되거나 불법행위가 되는 것과 같이, 신의칙을 위반한 의무의 이행에도 이행의 효과가 인정되지 않으며, 의무 불이행으로서 채무불이행 그 밖의 위법행위를 구성하게 된다. 어떠한 의무 이행이 신의칙에 위반하는 것인지도 각종의 의무에 따라 일정하지 않으므로 구체적인 경우에 개별적으로 판단하여야 한다.

제 5 장 권리의 보호

[33] I. 총 설

권리자는 정당한 권리 행사를 통하여 권리의 내용을 실현할 수 있다. 그러나 권리가 침해되는 때에는 그에 대한 구제가 필요하다. 권리의 침해에 대한 구제가 곧 「권리의 보호」의 문제이다. 옛날에는 권리자가 자기의 힘으로 권리를 보호·구제하는 「사력구제(私力救濟)」가 인정되었다. 그러나 이 구제방법은 힘없는 권리자를 보호하지 못하고, 오히려 힘 있는 자의 옳지 못한 주장의 실현을 위하여 남용될 뿐만 아니라, 끝없이 다투게 되어 사회적 불안을 가져오며 또한 권리를 실현하는 경우가 있어도 이를 확정할 수 없는 약점·단점이 있다. 여기서 사회·문화의 발달에 따라 점차 사력구제를 갈음하여 공권력에 의한 구제가 머리를 들게 되었음은 당연한 일이었다. 그리하여 근대의 법치국가에서 권리의 보호·구제는 일반적으로 국가구제·공력(公力)구제에 의하고 있으며, 사력구제를 허용하지 않는 것이 원칙이고, 부득이한 경우에 한하여 예외적으로 인정할 뿐이다. 사권에 관한 이들 구제방법을 보기로 한다.

[34] II. 국가구제·공력구제

국민이 그의 권리를 침해당한 때에는, 국가에 대하여 그의 보호를 요구하는 청구권(권리보호청구권)을 가진다. 국가가 권리를 보호하는 제도로서는 재판제도와 조정제도가 있다.

1. 재판제도 권리가 침해된 경우에 권리자는 사력구제를 할 것이 아니라, 법률이 정하는 절차에 따라 국가기관, 즉 법원에 대하여 그 보호를 요구하거나 청구하여야 한다(헌법 27조·101조 참조). 법원은 권리자로부터 권리 보호의 청구를 받은 경우에 우선 구체적 사건의 내용을 확정하고(사실문제), 이어서 그 사건에 관한 법규의 내용을 명확히 한 다음에(법률문제), 추상적인 법규를 대전제로 하고 구체적 사실을 소전제로 하여 판단을 내린다. 이 법적 판단이 판결이다. 판결이 있는데도 의무자가 이에 따르지 않는 경우에는, 그 판결에 기하여 국가의 강제력으로써 권리

의 내용을 실현할 수 있다. 이를 강제집행 또는 민사집행이라고 한다. 다시 장래의 강제집행을 보전하거나 또는 권리관계의 현재의 위험을 방지해서 그의 현상을 유지하기 위하여 보전처분, 즉 가압류·가처분 제도가 있다.

2. 조정제도   조정은 국가기관인 조정위원회가 분쟁 당사자 사이를 주선해서 그들의 주장을 서로 양보하게 하고, 필요가 있으면 자기의 조정의견을 제안하여 당사자를 설득하고, 그 합의로써 다툼을 원만하게 해결하는 절차이다. 조정위원회는 특별한 지식과 경험이 있는 사람으로 구성되는 경우도 있고, 이들과 판사로 구성되는 경우도 있다. 따라서 조정은 다툼을 간이·신속하게 해결하여 복잡한 재판절차에 의한 시간과 비용을 절약하고 당사자 서로의 양보에 의한 해결을 꾀하는 결과, 재판에서와 같이 당사자 사이의 대립을 남기지 않기 때문에 영속적인 법률관계에서 분쟁해결에 적합하고 또한 법률의 엄격한 적용으로 생기는 불합리를 제거하여 구체적 타당성 있는 해결을 얻을 수 있는 장점이 있다. 그 반면에, 재판에서와 같은 확실성이 없는 단점도 있다. 또한 조정은 어디까지나 서로의 양보에 의한 해결을 본래의 취지로 하는 것이기 때문에, 끝내 당사자 사이에 합의를 보지 못하면, 국가기관의 노력에도 불구하고 다툼의 해결은 좌절되고 만다. 여기에 조정의 한계가 있다고 말할 수 있다.

조정에 관한 현행 법률로서는, 우선 민사에 관한 분쟁의 조정(그러나 가사소송법의 적용을 받는 가사조정은 제외된다)에 관하여 포괄적으로 규정하고 있는 「민사조정법」(1990년 법 4202호)이 있다. 동법에 의하면, 민사분쟁(가사사건을 제외한)의 당사자는 법원에 조정을 신청할 수 있고(동법 2조), 또한 수소법원(제 1 심 또는 제 2 심)도 필요하다고 인정하는 경우에는 소송계속 중의 사건을 「결정」으로 조정에 회부할 수 있다(동법 6조. 그 밖에 동법 7조·29조 등 참조). 그 밖에 가사소송법·「노동조합 및 노동관계조정법」·「전자문서 및 전자거래 기본법」·「언론중재 및 피해구제 등에 관한 법률」, 「의료사고 피해구제 및 의료분쟁 조정 등에 관한 법률(2011년 법 10566호)」 등이 있으며, 이들은 각각 일정한 가사사건·노동쟁의사건·전자거래분쟁사건, 언론분쟁사건, 의료분쟁사건의 조정에 관하여 규정하고 있다. 최근 조정에 관한 개별 법률이 계속 증가하고 있어 이를 일목요연하게 파악하기가 쉽지 않다. 조정의 효력에 관해서도 민법상 화해의 효력이 있는 경우도 있고 재판상 효력이 있는 경우도 있다. 장차 조정의 절차나 효력에 관하여 통일적인 규율이 필요하다.

3. 중재제도　　조정과 비슷하면서 좀 다른 「중재」라는 것이 있다. 중재는 당사자가 스스로 선임한 사인인 제3자에게 분쟁에 대한 판단을 하게 하여, 그 판단(중재판정)에 복종할 것을 약속함으로써 분쟁을 해결하는 수단이다. 당사자를 설득해서 중재인의 중재판정에 따르도록 하여야 할 필요가 없으며, 당사자의 반대가 있어도 그 반대를 무릅쓰고 강행적인 해결을 꾀할 수 있는 점에서, 조정과는 다르다. 그러나 이 방법에 의할 수 있는 것은 당사자의 합의(중재계약)가 있는 때에 한하기 때문에, 당사자에 의한 자치적인 분쟁의 해결방법에 속한다. 중재에 의한 해결도, 조정과 마찬가지로, 간이·신속하게 또한 싼 비용으로 구체적 타당성 있는 해결을 얻을 수 있다는 것이 장점이다. 중재에 관한 법률로서는 중재법·「노동조합 및 노동관계 조정법」·「언론중재 및 피해구제 등에 관한 법률」 등이 있다. 이 중재제도는 분쟁이 생긴 생활관계에 관하여 특별한 지식과 경험이 있는 자에 의하여 분쟁을 해결하는 제도이므로, 거래관계에서 생기는 분쟁, 그 가운데서도 상거래관계에서 생기는 분쟁의 해결에 적당하다. 특히 국제적인 거래관계에서 생기는 분쟁에 관하여 중재제도가 많이 활용되고 있다. 국제적 상사거래관계에 관한 지식과 경험을 국내 법원의 법관에게 기대하기 어려운 경우가 있기 때문이다.

[35] Ⅲ. 사력구제

이미 밝힌 바와 같이, 권리의 보호는 이를 국가에 요구하는 것이 원칙이고, 사인이 실력으로 권리내용을 실현하는 것은 원칙적으로 허용되지 않는다. 그러나 나중에 국가의 보호를 요청하는 것이 불가능하거나 또는 곤란하게 될 경우에는, 사력에 의한 구제를 예외적으로 허용하여 권리의 실현을 보호하는 것이 필요하다. 여기서 입법례에 따라서는 이에 관한 상세한 규정을 두고 있는 것도 있으나, 민법은 정당방위와 긴급피난이 불법행위를 구성하지 않는다는 규정을 두고 있을 뿐이고, 가장 문제가 되는 자력구제, 즉 자조(自助)에 관해서는 규정을 두고 있지 않다. 정당방위·긴급피난·자력구제로 나누어서 설명한다(자세한 것은 채권법에서 다루므로 간단한 설명에 그친다).

　　(1) **정당방위**　　타인의 불법행위에 대하여 자기 또는 제3자의 이익을 지

키기 위하여 부득이 가해행위를 하는 것이 정당방위이다. 민법 제761조 제 1 항은 이러한 정당방위에 의한 가해행위는 위법성이 없어 불법행위가 성립하지 않고, 따라서 가해자는 손해배상책임을 지지 않는다고 규정하고 있다. 즉, 민법에서도 일정한 요건 아래 정당방위는 인정된다.

(2) **긴급피난**   급박한 위난을 피하기 위하여 부득이 타인에게 가해행위를 하는 것이 긴급피난이다. 민법 제761조 제 2 항은 이때에도 위법성은 없어 불법행위가 성립하지 않는다고 규정하고 있다. 따라서 민법에서도 일정한 요건 아래 긴급피난이 인정된다.

(3) **자력구제**   청구권(물권적·채권적·가족권적 여러 청구권을 말한다)을 보전, 즉 안전하게 지키기 위하여 국가기관의 구제를 기다릴 여유가 없는 경우에, 권리자가 스스로 사력으로써 구제하는 행위가 자력구제이다. 「자조」(自助)라고도 한다(형법에서는 「자구행위」라고 하고 있다). 정당방위·긴급피난이 현재의 침해에 대한 방위행위인 데 대하여, 자력구제는 주로 과거의 침해에 대한 회복인 점에서 다르다. 민법은 이에 관한 일반규정을 두고 있지 않으며, 다만 점유의 침탈에 관해서만 규정을 두고 있다(209조 참조). 여기서 점유침탈 이외의 경우에 자력구제를 인정할 것인지가 문제된다. 형법 제23조가 청구권 일반에 관한 자구행위를 인정하여 위법성 조각사유의 하나로 하고 있는 점에 비추어, 일반적으로 자력구제를 인정하는 것이 좋을 것이다. 즉, 정당한 자력구제행위를 초법규적 위법성 조각사유로 보아, 불법행위의 성립을 부정하는 것이 타당하다. 다만 그 요건으로서 자력구제에 사용되는 수단이 선량한 풍속 기타 사회질서에 위반하지 않는 것이어야 하고, 또한 그 정도가 적절한 것이어서 권리남용에 이르지 않는 것이라야 한다.

제3편 권리의 주체

제1장 총 설

[36] Ⅰ. 권리의 주체와 권리능력

1. 권리의 주체 일정한 이익을 누릴 수 있게 하기 위하여 법이 인정하는 힘이 권리이므로([22] 참조), 권리라는 개념은 당연히 그러한 법적 힘을 갖게 되는 주체를 전제로 한다. 법질서에 의하여 그러한 법적 힘이 주어지는 자, 즉 권리의 귀속자가 「권리의 주체」이다. 마찬가지로 의무의 귀속자가 「의무의 주체」이다. 모든 권리·의무에는 그 주체가 있으며, 주체 없는 권리나 의무는 있을 수 없다. 민법학에서는 권리·의무의 귀속주체를 「법적 인격」 또는 「법인격(法人格)」이라고도 일컫는다.

2. 권리능력 권리의 주체가 될 수 있는 지위 또는 자격을 「권리능력(權利能力)」 또는 「인격」이라고 한다. 주의할 것은 권리능력과 권리는 구별하여야 한다는 점이다. 권리능력을 가지는 자만이 권리를 가질 수 있는 것이나, 권리능력 자체가 권리는 아니다. 권리능력은 어디까지나 권리의 주체(권리자)가 될 수 있는 추상적·잠재적인 법률상의 지위에 지나지 않는다.

3. 의무능력 앞에서 본 바와 같은 권리능력에 대응하여, 의무의 주체가 될 수 있는 지위를 「의무능력(義務能力)」이라고 한다. 현대의 법제에서는 권리를 가질 수 있는 자는 동시에 의무도 질 수 있으며, 과거의 노예·노비와 같이 의무만을 부담하고 권리를 질 수 없는 자는 없다. 오늘날 권리능력은 동시에 의무능력이다. 민법 제3조는 "사람은 생존한 동안 권리와 의무의 주체가 된다."라고 규정함으로써, 권리능력이 동시에 의무능력이라는 것을 명백히 하고 있다. 따라서 권리능력이라고 하는 것보다는 「권리의무능력」이라고 하는 것이 더 정확한 용어라고 할 수 있다. 그러나 근대사법은 권리 본위·권리 중심으로 구성되어 있으므로, 단순히 「권

리능력」이라고 하여도 무방하다. 우리 민법도 권리능력이라고 규정하고 있고 의무능력에 관한 규정은 없다. 그러므로 권리능력이라고 하면, 그것은 당연히 의무능력을 포함하는 것으로 이해해야 한다.

[37] Ⅱ. 권리능력자

1. 민법은 모든 살아있는 「사람」과 일정한 사람의 집단(사단) 및 일정한 목적을 가진 재산의 집단(재단)에 대하여 권리·의무의 주체가 될 수 있는 지위, 즉 권리능력을 인정하고 있다. 권리능력자는 「인격자」(권리능력을 인격 또는 법인격이라고 하는 데서 나오는 용어이다. 따라서 법률상의 「인격자」는 권리능력자라는 뜻이고, 덕망 높은 훌륭한 사람이라는 뜻이 아니다)라고도 한다. 권리능력자인 살아있는 사람을 「자연인」이라고 하고, 권리능력이 인정된 사단과 재단을 「법인」이라고 한다. 민법에서는 「인(人)」이라는 말로써 자연인과 법인의 둘 모두를 포괄적으로 표현하는 데 사용하는 수가 많다(또는 「자(者)」라는 말로써 둘을 포함시켜 사용하기도 한다). 예컨대, 본인(114조·115조·116조·119조·120조·121조·123조·124조·126조·130조·131조·134조·135조 등), 타인(125조·130조·131조·741조·745조·750조·753조·754조 등), 매도인·매수인(568조 이하), 보증인(428조·430조 이하), 임대인·임차인(623조 이하), 도급인·수급인(664조 이하), 위임인·수임인(680조 이하), 임치인·수치인(693조 이하) 등에서 「인」은 자연인과 법인을 모두 포함한다. 그러나 자연인만을 가리켜 「인」이라고 하는 수도 있다. 민법 제 1 편 제 2 장의 제목은 「인」으로 되어 있는데, 그것이 자연인만을 의미하고 법인을 포함하지 않음은 제 3 장의 제목이 법인으로 되어 있는 데서 명백하다. 따라서 「인」이라고 하고 있을 때에, 그것이 자연인과 법인의 둘을 포함하는 것인지 또는 자연인만을 가리키는 것인지를 그때그때 검토해야 한다.

(1) **자연인(自然人)**   모든 사람을 성별·연령·계급이 구별 없이 평등하게 권리능력자로 하는 것은 오늘날의 모든 문화국가에 공통되는 현상이다. 그러나 권리능력 평등의 원칙은 오랜 역사적인 과정을 거쳐 확립되었음을 잊어서는 안 된다. 즉, 고대의 대가족제도에서는 가장만이 완전한 권리능력을 가질 뿐이고, 처자(妻子)나 그 밖의 가족원은 가장의 권력에 복종하며, 권리능력이 크게 제한되었다. 그리고 노예제도가 존재하던 사회에서는 노예는 법적 인격이 전혀 인정되지 않았으며,

마치 물건과 같은 소유권의 객체일 뿐이었다. 또한 중세 봉건사회에서는 신분·직업·성 등에 따라 권리능력을 차별하였다. 모든 사람에게 평등하게 권리능력을 인정한 것은 근대사회가 확립되면서부터이다. 근대사회에서는 사람이면 누구나 권리능력자로 인정되고, 「성별·종교 또는 사회적 신분에 의하여」 차별받지 않는 것이 원칙이다(헌법 제11조 제1항은 이 원칙을 헌법의 평면에서 구체적으로 나타낸 것이다).

　　모든 자연인에게 권리능력을 인정하고, 또한 권리능력의 범위를 한정하지 않는 것이 근대법의 기본적 요청이지만, 모든 사람에게 권리능력이 인정되는 것은 어디까지나 법에 의하여 인정된 것이다. 바꾸어 말해서, 사람이 사람이기 때문에 당연히 권리능력을 가지게 되는 것은 아니다. 민법은 제3조에서 모든 사람은 권리능력을 가진다는 원칙을 분명하게 규정하고 있다.

　　(2) 법인(法人)　　　자연인이 아니면서 법에 의하여 권리능력이 주어져 있는 사단과 재단이 「법인」이다. 단체가 이를 구성하는 개인의 증감·변동과는 관계없이 일정한 범위 내에서 권리·의무의 주체가 되는 현상은 어느 정도까지는 거의 모든 시대와 민족에 공통되는 것이었다. 근대적 사회관계는 개인을 중심으로 하는 것이기는 하지만, 개인의 결합체 또는 재산의 집단을 중심으로 하여서도 성립한다. 특히 자본주의 경제발전의 필수적 결과로서, 사단이나 재단은 매우 중요한 작용을 하고 있다(회사, 특히 주식회사를 생각하라). 여기서 근대사법은 법인이라는 특수한 인격 개념을 구성하여 권리주체로 승인하고 있다. 우리 민법도 자연인 외에 법인을 권리주체가 될 수 있는 자로 인정하고 있다.

　　2.　모든 사람에게 권리능력을 인정하는 근대법의 권리능력제도는 어떠한 사회적 의의를 가지는 것일까? 이미 적은 바와 같이([12] 이하 참조), 근대법은 이성적 평균인·경제인을 가정적으로 생각하고 법률적·형식적으로 인격의 자유·평등·독립을 실현하려고 하였다. 그것은 봉건적인 신분에 의한 여러 구속과 차별로부터 사람을 해방하고 사회의 발전에 크게 공헌하였으나, 개개인의 구체적인 인간성을 망각하였다. 즉, 남녀노소를 막론하고, 자본가든 노동자든, 생활능력이 있는지 여부를 묻지 않고, 그 모두를 형식적으로 같은 출발점에 세워 놓고, 그 다음은 각자의 실력에 의한 자유경쟁에 맡긴다는 것이다. 여기서 초래된 결과는 심한 빈부의 차이였으며, 형식적·법률적으로 보장되었던 자유와 평등은 실제에서는 부자유·불평등한 것

으로 되어 여러 가지 사회문제를 발생시켰다. 이러한 사실에 직면한 현대법에서는 개인을 추상적인 인격으로 볼 것이 아니라 구체적인 사람으로 보고, 그에게 사람다운 생존능력을 보장하여야 한다고 생각하게 되었다. 그러나 이를 어떻게 실현할 것인가에 관하여 아직 해답을 얻지 못하고 있다. 권리능력 평등의 원칙은 현대법에서도 그대로 기본원칙으로 되어 있다. 다만, 실질적인 불평등을 해소하기 위한 방안을 모색하는 것은 또 다른 중요한 문제이다.

[38] Ⅲ. 권리능력·의사능력·행위능력

권리능력은 단순히 권리·의무의 주체가 될 수 있다는 일반적·추상적인 자격에 지나지 않으며, 권리능력자가 그의 행위를 통해서 구체적인 권리나 의무를 취득 또는 부담할 수 있는지는 별개의 문제이다. 자기의 권리·의무에 변동이 일어나게 하는 행위를 스스로 하기 위해서는 따로 의사능력이나 행위능력을 필요로 한다. 바꾸어 말해서, 민법은 누가 권리·의무의 귀속주체인가라는 것과 그 주체가 어떤 지능적 단계에 이르렀을 때에 실제로 혼자서 유효하게 권리를 취득·행사하거나 의무를 부담·이행할 수 있는가라는 현실적 행위의 능력을 분리해서 다루고 있다. 둘 중 앞의 것이 권리능력의 문제이고, 뒤의 것은 권리주체의 의사능력 또는 행위능력의 문제이다. 권리능력자가 모두 의사능력 또는 행위능력을 갖는 것은 아니다. 권리주체의 행위능력에 관해서는 나중에 자세히 설명하기로 하겠지만, 민법에서 단순히 「능력」이라고 하는 때에는 그것은 「행위능력」을 의미한다(5조 이하·112조·179조 등 참조).

[39] Ⅳ. 권리능력에 관한 규정은 강행규정이다

권리능력에 관한 규정은 강행규정([130] 2 (3) ㈏ 참조)이며, 개인의 의사로서 그 적용을 물리치는 것(권리능력의 제한이나 포기의 특약 등)은 인정되지 않는다(103조·105조 참조). 민법은 그러한 규정을 따로 두고 있지는 않으나, 권리능력에 관한 규정이 강행규정이라는 데에는 이견이 없다.

제 2 장 자 연 인

제 1 절 권리능력

[40] I. 권리능력의 시기

1. 민법 제 3 조는 "사람은 생존한 동안 권리와 의무의 주체가 된다."라고 규정하고 있다. 따라서 사람으로서 생존하기 시작하는 때, 즉 출생한 때로부터 모든 사람은 권리능력을 취득한다. 아직 출생하지 않은 태아는 권리능력이 없다. 그러므로 어느 시기에 출생이 끝났다고 볼 것인지는 태아가 사람이 되어서 권리능력을 취득하는 시기를 결정하는 데 중요할 뿐만 아니라, 사산(死産)인지 또는 살아서 출생한 후에 사망한 것인지를 결정하는 데도 매우 중요하다. 민법은 출생시기를 분명히 규정하고 있지 않으나, 학설은 출생의 완료, 즉 태아가 모체로부터 밖으로 전부 드러난 시기를 출생으로 보고 있다.

출생시기에 관하여 다음과 같은 여러 견해가 있다.

(ㄱ) **진 통 설**   산모가 분만에 앞서서 느끼는 주기적인 복통이 있을 때를 출생으로 보는 견해이다. 진통은 태아가 모체로부터 분리하려고 하는 것이라는 것을 그 이유로 한다(형법에서의 통설이다).

(ㄴ) **일부노출설**   태아의 일부가 모체로부터 밖으로 드러난 때에 출생의 시기라고 보는 견해이다(구형법에서의 통설).

(ㄷ) **전부노출설**   태아가 모체로부터 밖으로 전부 드러난 때에 출생의 시기라고 보는 견해이다(민법에서의 통설).

(ㄹ) **독립호흡설**   태아가 모체로부터 완전히 분리된 후, 자기의 폐로 독립하여 호흡하게 된 때(보통은 첫 울음이 있을 때)를 출생의 시기로 보는 견해이다(의용민법이 시행될 당시의 소수설).

이상 여러 견해를 검토해 보건대, (ㄱ)·(ㄴ)의 견해는 민법에서는 문제가 되지 않는다. 의학에서는 독립호흡 개시를 출생이라고 보고 있으나, 독립해서 호흡하게 되는 시기를 확인하기가 쉽지 않으므로 정확성이 없다. 전부노출설은 물리적으로 그 시기를 쉽게 확인할 수 있어서 훨씬 정확하게 시기를 정할 수 있다. 또한 출생시기의 결정은 의학상의 문제가 아니라, 법률학상의 문제이다. 그리고 뒤에 기술하는 바와 같이 태아를 보호하고 있으므로, 민법에서는 사소한 시기의 차이는 큰 영향이 없으며, 통설인 전부노출설이 타당하다. 그러나 형법에서는 분만 중인 영아(嬰兒)에 관한 규정(형 251조)을 두고 있기 때문에, 분만 중의 아이를 사람으로 보기 위하여 진통설이 통설로 되어 있다.

2. 살아서 출생하기만 하면(사산이면 처음부터 권리능력을 가진 적이 없었던 것이 되고, 다만 한 순간이라도 살아 있었으면 권리능력은 있었던 것이 된다. 뒤의 경우에는 상속 등에서 큰 영향을 가져온다), 성별, 출생 후의 생명력의 유무, 기형 또는 정형, 조산 또는 지산, 쌍생 또는 3생 등을 묻지 않고, 모두 권리능력을 가진다. 인공수정(모체로부터 꺼낸 난자를 모체 밖에서 인공적으로 수정하여, 그 수정란을 다시 모의 자궁에 부착시키는 의료기술)으로 출생한 자도 차별을 받지 않음은 물론이다(그러나 수정란을 모체 밖에서 보존하거나, 또는 동결보존한 난자와 정자를 이용해서 임신·출산한 때에는 현행법으로는 해결되지 않으며, 특별법의 제정이 필요하다. 한편 「생명윤리 및 안전에 관한 법률」은 배아에 관한 규정을 두고 있다). 그리고 2인 이상이 출생한 경우에는 모체에서 먼저 전부 나온 아이가 당연히 먼저 권리능력을 취득한다.

3. 출생의 신고는 부모 등 신고의무자가 출생지 등에서 출생 후 1개월 이내에 하여야 한다(가족등록 44조 1항·45조·46조 참조). 이를 게을리하면 과태료의 부과라는 제재를 받는다(동법 122조). 출생의 사실 또는 일정한 출생시기 등을 전제로 그 법률효과를 주장하려는 자는 그러한 사실을 증명하여야 하는데, 이때에 가족관계등록부의 기재는 유력한 것이기는 하지만, 움직일 수 없는 효력을 가지는 것은 아니다(동지: 대판 1987. 12. 22, 87다카1932; 대판 1994. 6. 10, 94다1883 등). 동거인·의사·조산사 등의 증명이나, 그 밖에 신뢰할 수 있는 증거에 의하여 진실한 출생시기 등을 확정할 수 있다. 가족관계등록부의 기재는 절차상의 것에 지나지 않으며, 그것으로 실체적 관계가 좌우되지는 않는다(예컨대, 타인의 자를 자기의 친생자로서 신고하여도, 이에 의하여 친생자관계는 물론이며, 입양의 실질적 요건을 갖추지 않는 한 양친자관계도 생기지 않는다. 대결(전) 2001. 5. 24, 2000므1493). 바꾸어 말하면, 권리능력은 출생이라는 사실에 기하여 취득되는 것이지, 가족관계등록부의 기록으로 취득되는 것은 아니다.

[41] Ⅱ. 태아의 권리능력

1. 태아(胎兒)는 모체 내에서 자라고 있고 장차 자연인으로 출생할 것을 기대

할 수 있는 것으로서, 그 발육의 정도는 이를 묻지 않는다. 모체로부터 일부 노출하였을 뿐이고 전부 노출하지 않은 것도 민법상으로는 태아에 속한다. 사람은 출생한 때부터 권리능력을 취득한다는 원칙을 관철한다면, 태아는 권리능력을 취득하지 못하여 태아에게 불리한 경우가 생긴다. 예컨대, 아버지가 사망한 지 몇 시간 후에 출생한 자는 상속권이 없고, 태아로 있는 동안에 아버지가 살해되었다고 하더라도 출생 후에 손해배상청구권이 없다는 결과가 된다(751조 참조). 본래 출생의 완료로써 권리능력을 인정한 이유는 그 증명이 용이하다는 데 있는 것이고, 태아는 출생의 완료까지는 보호할 가치가 없다는 데 있는 것은 아니다. 따라서 태아에 대해서도 일정한 경우에 권리능력을 인정할 필요가 있다.

　　여기서 각국의 민법은 태아가 출생한 경우를 생각하여 그의 이익을 보호하는 규정을 두고 있다. 이에는 일반적 보호주의와 개별적 보호주의가 있다. 일반주의는 태아의 이익을 위하여 모든 법률관계에서 일반적으로 태아를 이미 출생한 것으로 보는 것이다(스민 31조 2항. 로마법도 이 주의를 채택하고 있었다). 개별주의는 중요한 법률관계에 관해서만 개별적으로 출생한 것으로 보는 것이며(독민 1923조·1912조, 프민 725조·906조), 현행 민법이 취하는 것이다. 일반주의는 태아의 이익을 빠짐없이 모두 보호하는 점에서 좋으나, 구체적인 경우에 과연 어떤 범위에서 출생한 것으로 볼 것인가라는 어려운 해석문제를 남기는 결점이 있다. 이에 반하여 개별주의는 적용범위가 명확하여 의문의 여지가 없어서 좋으나, 태아의 이익을 빠짐없이 보호하지 못하는 단점이 있다.

　　2. 개별적 보호주의를 취하는 민법은 다음의 경우에는 태아를 이미 출생한 것으로 보아 그의 권리능력을 예외적으로 인정한다.

①　불법행위에 의한 손해배상의 청구(762조)

②　상속(1000조 3항)

③　대습상속(1001조)

④　유증(1064조)

⑤　사인증여(562조)

이들 사항에 관해서는 문제의 사건이 있을 때에 태아인데도 그 태아가 자연인과 동일한 권리능력이 있는 것으로 다루어진다.

다음의 점을 주의하여야 한다.

제762조에 의하여 불법행위에 의한 손해배상의 청구에 관해서는 태아의 권리능력이 의제되나, 아버지의 생명침해에 대한 재산적 손해에 관해서는, 일단 아버지에게 손해배상청구권이 발생하고, 그것이 상속인에게 상속되는 것으로 새기는 것이 판례·학설의 태도이다. 따라서 이 경우에는 제1000조 제 3 항에 의하여 처리된다. 그러므로 제762조에 의한 구제는 아버지(드물게는 어머니)의 생명침해에 대하여 직계비속인 자녀 자신이 손해배상을 청구하는 경우(752조)와 태아 자신이 받은 불법행위에 대하여 손해배상을 청구하는 경우(750조. 예컨대, 모체에 대한 물리적 공격 또는 약물투여가 자녀의 기형의 원인이 된 경우 등)에 한한다.

이미 밝힌 바와 같이 개별주의는 태아의 보호를 필요로 하는 경우를 망라하고 있지 못한 단점이 있다. 여기서 태아의 인지청구권(현행법상 아버지는 태아를 인지할 수 있으나(858조), 태아에게는 인지청구권이 없다(863조 참조). 따라서 태아가 적극적으로 태아의 성장에 필요한 비용을 아버지에게 청구하지는 못한다), 증여계약(554조)에서의 수증능력 등에 관하여 의용민법시대부터 많은 논의가 있다. 이러한 경우를 구제하기 위하여 위의 여러 규정을 원칙적인 규정으로 보고, 이를 기초로 하여 문제가 되는 그 밖의 경우에 유추 적용하는 것이 좋을 것이다(김재형, 민법론 Ⅳ, 62면). 이 주장에 대해서는 민법이 태아의 권리능력을 일정한 경우에 한하여 예외적·제한적으로만 인정하려는 것이라는 점을 들어 반대하는 것이 다수설이다(김용한 96면, 김증한·김학동 106면, 이영준 850면, 장경학 177면).

   3. 일정한 경우에 예외적으로 태아를 이미 출생한 것으로 본다고 할 때에, 그것은 무엇을 뜻하는가? 바꾸어 말해서, 태아의 법률상의 지위를 어떻게 이해하고 이론구성할 것인가에 관하여 견해가 나누어져 있다.

   (1) **정지조건설**   태아로 있는 동안에는 권리능력을 취득하지 못하나, 살아서 출생한 때에는 그의 권리능력 취득의 효과가 문제의 사건이 발생한 시기까지 거슬러 올라가서 생긴다고 보는 견해이다. 즉, 출생시기가 과거의 일정시기에 소급한다는 것이다. 이런 의미에서 인격소급설이라고 부를 수도 있다(이 견해를 취하는 것으로는 김기선 85면, 방순원 37면, 이영준 850면). 대법원도 이 견해를 채택한다고 판결하였다(대판 1976. 9. 14, 76다1365 참조).

   (2) **해제조건설**   이미 출생한 것으로 보게 되는 각 경우에, 태아는 그 개

별적 사항의 범위 안에서 제한된 권리능력을 가지며, 다만 사산(死産)인 때에는 그 권리능력 취득의 효과가 과거의 문제의 사건이 있었던 때에 소급하여 소멸한다는 견해이다. 즉, 죽어서 출생한 시기가 과거에 거슬러 올라간다는 것이다. 제한적 인 격설이라고 할 수 있다(이 견해를 취하는 것으로는 김증한·김학동 103면, 김현태 83면, 송덕 수 544면, 양창수·김재형 599면, 이영섭 91면, 장경학 180면).

두 견해의 차이는 논리적으로는 권리능력의 시기가 의제된다고 볼 것인지 또 는 출생의 사실이 의제된다고 볼 것인지에 있다. 그러나 구체적으로는 법정대리인 (또는 재산관리인)에 의한 태아의 권리의 관리·보존이 인정되는지 여부에 차이가 있 다. 구체적인 예를 들어 보면, 배우자와 태아 그리고 직계존속을 남기고 피상속인 이 사망한 경우에, 정지조건설에 의하면, 우선 배우자와 직계존속이 상속하고, 태아 가 살아서 출생하였을 때에 그 자녀에게 상속을 회복시키게 된다. 한편 해제조건설 에 의하면, 당연히 배우자와 태아만이 상속하고, 태아가 사산인 때에만 상속관계를 고치게 된다.

민법의 규정들은 "……에 관하여는 이미 출생한 것으로 본다"라고 규정하고 있을 뿐이기 때문에, 어느 견해에 의해서도 해석할 수 있다. 두 견해를 비교해 볼 때에, 각각 정반대의 장점과 단점을 가지고 있다. 정지조건설에 의하면, 태아에는 법정대리인을 인정할 수 없고(권리능력이 없으므로), 따라서 태아가 취득 또는 상속할 재산을 태아인 동안에 보존·관리할 수 없는 단점이 있으나, 한편 태아가 죽어서 출 산되더라도 타인에게 예측하지 않은 손해를 줄 염려가 없다. 해제조건설에 의하면, 태아로 있는 동안에도 법정대리인인 어머니에 의하여 재산의 관리 그 밖의 권리보 전방법을 취할 수 있게 되어 태아를 두텁게 보호할 수 있으나, 한편 태아가 죽어서 출생하면 법정대리인의 행위가 소급해서 무효가 되기 때문에, 그 상대방 또는 제 3 자에게 예측하지 못한 손해를 줄 수 있다는 단점이 있다. 그러므로 문제는 상대방 또는 제 3 자의 보호에 중점을 둘 것인지 또는 태아 자신의 보호를 중요하다고 볼 것인지에 있다.

일반적으로 출산율은 사산율에 비하여 압도적으로 높기 때문에, 해제조건설을 취함으로써 상대방이나 제 3 자에게 손해를 주게 되는 경우는 매우 적다고 말할 수 있다. 즉, 태아가 살아서 출생한다는 것은 거의 확실하므로, 상대방 또는 제 3 자보다는 태아 자신의 이익을 보호하는 해제조건설을 채택하더라도 큰 문제가 생기지 않는다. 따라서 태아의 법적 지위를 보호하기 위하여 태아로 있는 동안에도 출생한 것으로 보는 범위에서 권리능력이 있고, 따라서 법정대리인도 존재한다고 해석하는 것이 정당하다. 이 경우 출생한 자녀에 관한 법정대리의 규정이 태아에도 적용된다고 하여야 하며, 명백한 규정이 없다고 해서 법정대리를 부인할 것은 아니다. 다만 태아로 있는 동안에는 비록 그 확률은 적다고 하더라도 사산·쌍생 등의 가능성도 생각할 수 있으므로, 권리관계가 확정된 것은 아니다. 따라서 태아의 법정대리인의 권한은 현재의 권리관계를 보전하는 범위에 한정되고, 재산관리 등 권리보전행위만 할 수 있다고 해석해야 한다. 그러나 해석에는 한계가 있다. 법정대리인인 어머니와 태아의 재산적 이해가 일치하지 않는 경우가 생기면 어떻게 하는가? 이러한 문제까지 해결하려면, 새로운 입법이 필요하다. 그러한 입법론으로서는 태아를 위하여 재산관리인을 선임할 수 있게 하고, 그로 하여금 태아의 재산을 관리하게 하는 것이 좋을 것이다(독일민법은 필요한 경우에는 태아의 장래의 권리를 위하여 친권자 또는 관리인이 관리를 할 수 있는 것으로 규정하고 있다. 동법 1912조·1913조·1960조 참조).

[42] Ⅲ. 외국인의 권리능력

자연인의 권리능력은 평등한 것이 원칙이다. 성별·연령·직업·계급·국적 등을 묻지 않는다. 그러나 이 원칙에는 예외가 있다. 국가의 정책상 외국인은 일정한 권리를 가질 수 없는 것으로 하는 경우가 있다. 외국인의 권리능력에 관하여 설명하면, 다음과 같다.

1. 대한민국의 국적을 가지고 있지 않은 자가 외국인이며, 외국의 국적을 가지는 자와 무국적자를 포함한다.

대한민국의 국민에는 대한민국의 국적만을 가지는 사람과 그와 함께 외국의 국적도 가지는 사람(복수국적자)이 있다. 국적의 취득과 상실에 관해서는 국적법(1997년 법(全改) 5431호)이 이를 정한다.

2. 외국인의 권리의무능력을 인정하는 범위는 시대에 따라 변천하고 있다. 아주 옛날에는 권리능력을 전혀 인정하지 않는 것이 보통이었으나, 현대법에서는

내국인과 평등한 권리능력을 인정하는 것이 원칙이다(평등주의). 그러나 국가에 따라서는 상호주의를 취하는 나라도 있다. 외국인의 권리능력을 그의 본국이 자국민에게 인정하는 것과 같은 정도로 인정하는 것, 바꾸어 말해서 자국인이 당해 외국에서 인정되는 것과 같은 정도까지 자국 내에서의 그 외국국민의 권리능력을 인정하는 것이 상호주의이다.

　　위와 같이 평등주의가 오늘날 문명국의 태도라고 하지만, 각 나라마다 정치적·경제적 사정으로 어느 정도 외국인의 권리능력을 제한하는 것이 불가피하기 때문에, 내국인과의 평등대우를 원칙으로 하면서도 외국인의 평등대우에 일정한 제한을 두는 것이 일반적 경향이다.

　　3.　민법은 외국인의 권리능력에 관하여 아무런 규정도 두고 있지 않다. 헌법제6조 제2항은 "외국인은 국제법과 조약이 정하는 바에 의하여 그 지위가 보장된다."라고 정하고 있다. 따라서 외국인의 법적 지위에 관해서는 내외국인 평등주의가 우리나라의 기본태도라고 할 수 있다. 그러나 경제적·정치적 이유로 외국인의 권리능력을 제한하는 경우가 상당히 있다. 즉, 평등주의를 원칙으로 하되, 예외적으로 구체적인 권리에 관하여 개별적으로 외국인의 권리능력을 제한하는 경우가 있다. 그러한 제한규정은 민법에는 없고, 모두 특별법의 규정이다. 그 주요한 것은 다음과 같다.

　　(1)　일정한 경우에는 외국인의 권리능력이 부정된다. 그러한 권리로서 한국선박과 한국항공기의 소유권(선박법 2조, 항공법 6조) 등을 들 수 있다. 그 밖에 도선사(導船士)가 되는 권리(도선법 6조)도 외국인의 권리능력이 제한되는 경우이다.

　　(2)　상호주의에 의하여 제한되는 경우도 있다. 「외국인토지법」(1998년 법(全改) 5544호)에 의하면, 외국인이 우리나라에서 토지를 취득하는 계약(토지취득계약)을 체결한 경우에는, 계약체결일부터 60일 이내에 시장·군수·구청장에게 신고를 하여야 한다(동법 4조 1항·9조 참조). 다만, 군사시설 보호구역, 문화재 보호구역, 생태·경관보전지역, 야생생물 특별보호구역 등의 일부 지역에서는 토지취득계약을 체결하기 전에 시장·군수·구청장의 허가를 받아야 한다(동법 4조 2항·3항·4항, 7조, 8조 참조). 그리고 상속·경매 등의 계약 외의 원인으로 토지를 취득한 경우에는 6개월 이내에 시장·군수·구청장에게 신고하여야 한다(동법 5조·9조 참조). 위와 같이 외국인은 원칙적으로 신고만으로 토지를 취득할 수 있으나, 이 원칙에는 중요한 예외가

하나 있다. 즉, 대한민국 국민에 대하여 자국 안의 토지의 취득 또는 양도를 금지 또는 제한하고 있는 국가에 속하는 외국인에게는, 동일한 또는 비슷한 금지를 하거나 제한을 할 수 있는 것으로 하여(동법 3조), 상호주의에 의한 제한을 할 수 있음을 정하고 있다. 비슷한 제한을 각종의 지식재산권에 관해서도 볼 수 있다. 즉, 저작권법 제 3 조에 의하면, 외국인의 저작물에 관해서는 우리나라가 가입 또는 체결한 조약에 따라 보호하고(동조 1항), 또한 우리나라에 상시 거주하는 외국인의 일정한 저작물과 맨 처음 우리나라에서 공표된 외국인의 저작물은 조약의 유무에 불구하고 보호하는 것으로 하고 있으나(동조 2항), 어느 경우에나 상호주의에 의한 제한을 할 수 있음을 규정하고 있다(동조 3항). 특허법 제25조는 외국인에 대하여는 상호주의에 의함을 규정하고 있고, 이 규정은 실용신안법(3조)에 준용된다. 상표법(5조의 24)과 디자인보호법(4조의 24)도 상호주의를 규정하고 있다. 국가배상법도 국가 또는 지방자치단체의 손해배상책임에 관하여 역시 상호주의를 취하고 있다(동법 7조).

    4. 대한민국의 국적을 상실하면 외국인이 되므로, 위에서 적은 바와 같은 여러 권리를 가질 수 없게 될 수 있다. 그러나 종래 이러한 권리를 가지고 있었던 자가 국적상실과 동시에 이를 잃게 되는 것은 타당하지 않으므로, 국적법 제18조로 이를 보호하고 있다. 즉, 국적상실자는 원칙적으로 국적을 상실한 날부터 3년 이내에 그 권리를 대한민국의 국민에게 양도하여야 하며, 이를 위반한 때에는 그 권리를 잃는 것으로 하고 있다(그러나 외국인토지법은 토지를 가지고 있는 한국인이 외국인이 된 경우에, 그 토지를 계속 보유하려면, 외국인으로 된 날부터 6개월 이내에 시장·군수·구청장에게 신고하면 되는 것으로 하고 있다. 동법 6조 참조).

[43] Ⅳ. 권리능력의 종기

    1. 자연인의 권리능력은 「생존한 동안」만 법에 의하여 주어지는 것이므로(3조), 사망으로 권리능력을 잃는다. 오직 사망만이 권리능력의 소멸을 가져온다. 이 점은 사망으로 상속이 개시되고, 사망자(피상속인)의 권리·의무는 상속인에게 이전한다는 민법의 규정에 비추어 보아도 명백하다(997조·1005조 참조). 사망하였는지 여부나 사망시기는 여러 법률문제(상속이 특히 중요하나, 그 밖에도 유언의 효력발생·잔존배우자의 재혼·보험금청구권의 발생·연금 등)와 관련된다.

2. 사망이란 무엇인가? 사망시기를 결정하는 기준은 무엇인가? 이러한 문제에 관하여 민법에는 아무런 규정이 없다. 종래의 통설은 생활기능이 절대적·영구적으로 끝나는 것이 사망이며,「호흡과 혈액순환의 영구적 멈춤」(심장이 그 기능을 멈추고, 맥박이 멈추는 때가 혈액순환의 멈춤이다)이라는 생리적 낌새가 있을 때에 사망이 인정된다고 한다.

　　그런데 현대 의학은 눈부신 발달을 거듭하면서 사망을 보는 눈을 달리하고 있다. 즉, 과거와 같이 사망을 어떤 특정시점에 일어나는 사건으로 보지 않고, 하나의 과정 또는 절차로 파악한다. 그리하여 혈액순환과 호흡의 멈춤이 사망이라는 과정의 종점은 아니라고 보고 있으며, 그러한 종래의 기준을 갈음하여 뇌사(뇌기능의 종지(終止), 즉 뇌파가 멈춘 때를 사망시기로 보는 것)를 기준으로 하는 경향이 있다.

　　위와 같은 사망시기에 관한 문제 제기에서 결정적 역할을 한 것은 장기이식(예컨대, 심장이식)을 허용할 것인지에 관한 논의이다. 현대 의학이 사람의 생존에 필요한 기관의 하나인 뇌가 그 기능을 잃어버린 후에도 인체의 기능(호흡과 혈액순환)을 유지할 수 있는 수준에 이르게 되자, 장기이식을 위하여 뇌사를 사망으로 보아야 한다는 주장이 나왔다.

　　뇌사와 장기이식에 관해서는 「장기등 이식에 관한 법률」(2010년 법(全改) 10334호)이 있다. 이 법에서 규정하는 '장기등'은 사람의 내장이나 그 밖에 손상되거나 정지된 기능을 회복하기 위하여 이식이 필요한 조직으로서 신장·간장·췌장·심장·폐, 골수·안구, 그 밖에 사람의 내장 또는 조직 중 기능회복을 위하여 적출·이식할 수 있는 것으로서 대통령령으로 정하는 것을 말한다(동법 4조 1호). 장기등의 매매나 반대급부를 주고 장기를 주고받기로 하는 모든 행위는 금지되며(동법 7조 1항 1·2호), 또한 그러한 매매행위 등을 교사·알선·방조하는 것도 금지된다(동법 7조 1항 3호·2항. 이 두 항에서 중복하여 규정하고 있다). 살아있는 사람의 장기등은 원칙적으로 본인이 동의한 경우에만 적출할 수 있다(동법 22조 1항 본문). 한편 뇌사자와 사망한 자의 장기등은 본인이 뇌사 또는 사망하기 전에 장기등의 적출에 동의한 경우(다만, 그 가족 또는 유족이 장기등의 적출을 명시적으로 거부하는 경우는 제외한다) 또는 본인이 뇌사 또는 사망하기 전에 장기등의 적출에 동의하거나 반대한 사실이 확인되지 아니한 경우로서 그 가족 또는 유족이 장기등의 적출에 동의한 경우(다만, 본인이 16세 미만의 미성년자인 경우에는 그 부모가 장기등의 적출에 동의한 경우로 한정한다)에 한하여 적출할 수 있다(동법 22조 3항). 뇌사자의 장기를 이식하려면, 먼저 매우 엄격하게 정해져 있는 「뇌사의 판정절차」를 밟아야 한다(동법 16조 이하). 뇌사자가 이 법에 따른 장기

등의 적출로 사망한 경우에는 뇌사의 원인이 된 질병 또는 행위로 인하여 사망한 것으로 본다(동법 21조 1항). 즉, 사망원인이 의제된다. 또한 뇌사자의 사망시각은 뇌사판정위원회가 뇌사판정을 한 시각으로 한다(동법 21조 2항).

사람이 사망한 때에는 신고의무자가 사망의 사실을 안 날부터 1개월 이내에 신고하여야 한다(가족등록 84조 1항·85조 참조). 그러나 가족관계등록부의 기재는 사망의 유무나 사망시기에 관한 실체적인 사실을 좌우하지 못하며, 출생의 경우와 마찬가지로([40] 3 참조), 반증으로써 뒤집을 수 있고(대결 1995. 7. 5, 94스26 참조), 따라서 정정할 수 있다.

3. 「가족관계의 등록 등에 관한 법률」에 의하면, 사망신고에는 진단서 또는 검안서를 첨부하여야 하나, 부득이한 사정으로 인하여 이를 얻을 수 없는 때에는 사망의 사실을 증명할 만한 서면(사망을 눈으로 직접 본 사람의 진술서 등)으로 갈음할 수 있다(동법 84조). 그러나 사망을 증명할 수 없거나 매우 곤란한 경우도 적지 않다. 이에 대비하여 다음과 같은 여러 제도가 있다.

(1) **동시사망**(同時死亡)**의 추정**   2인 이상이 사망한 경우에 누가 먼저 사망하였는지를 확정하는 것은 상속에 중대한 관계가 있다. 그러나 그 증명은 거의 불가능한 경우가 많다. 만일 이에 관한 규제가 전혀 없다면, 사망자의 유산을 먼저 차지한 자가 유리하다는 불합리한 결과가 된다. 자기가 진정한 상속인임을 주장하여 상속을 회복하려는 사람은 사망자의 사망의 전후를 증명하여야 하나, 그러한 증명은 실제에서는 매우 곤란하여 패소하는 결과가 되기 때문이다. 이러한 불합리를 덜어 없애고 타당한 해결을 위한 입법례로서는 「생존의 추정」(연령·성별을 표준으로 하여 일정한 사람이 다른 사람보다 더 생존하였던 것으로 추정하는 것)을 하는 것(로마법과 프민(725-1조))과 「동시사망의 추정」(동시에 사망한 것으로 추정하는 것)을 하는 것(독일 실종법 11조, 스민 32조 2항 등)이 있다.

민법은 동시사망의 추정을 정한 입법례에 따라서 "2인 이상이 동일한 위난으로 사망한 경우에는 동시에 사망한 것으로 추정한다."라는 규정을 두었다(30조). 이 규정은 이른바 「본다」 규정이 아니라 법률상 추정규정이다. 이를 번복하려면 동일한 위난으로 사망하였다는 전제사실에 대하여 법원의 확신을 흔들리게 하는 반증을 제출하거나 또는 각자 다른 시각에 사망하였다는 점에 대하여 법원에 확신을 줄

수 있는 본증을 제출하여야 한다. 이 경우 사망의 선후에 의하여 관계인들의 법적
지위에 중대한 영향을 미치는 점을 감안할 때 충분하고도 명백한 증명이 없는 한
위 추정은 깨어지지 아니한다(대판 1998. 8. 21, 98다8974).

민법 제30조와 같은 규정이 있는지 여부에 따라 어떠한 차이가 있는지를 구체적인
예를 들어서 살펴보기로 한다.

(ㄱ) **규정이 없는 경우**   A는 미혼의 자녀 C와 같은 비행기로 여행하다가 추락
하여 모두 사망하였는데, A는 재산이 3억원 있고, C는 자산이 없었으며, A에게는 처 B
와 아버지 D가 있다고 하자. A가 C보다 먼저 죽었다면, B는 1억 8천만원을 상속하고,
C는 나머지 1억 2천만원을 일단 상속하고, 그 C의 상속분을 다시 B가 전부 상속하게
되어, 결국 B가 3억원 전부를 상속하며, D는 상속분이 없다(1000조·1003조·1009조
참조). 만일 C가 A보다 먼저 사망하였다면, C는 상속재산이 없으므로 A와 B가 C의 재
산을 상속하는 일이 없다. 그 후 A의 사망으로 그의 상속재산 3억원은 처 B가 1억 8천
만원, 부 D가 1억 2천만원을 상속한다(1009조 2항 참조). 그러므로 A가 C보다 먼저 사
망한 경우가 B에게 유리하다. 여기서 B가, 자기에게 유리하게 A가 C보다 먼저 죽은 것
으로 해석하여 A의 상속재산 전부를 먼저 사실상 취득해 버리면, D는 C가 A보다 먼저
죽었다고 주장하여 소를 제기하더라도 C가 A보다 먼저 사망한 사실을 증명할 수 없어
패소하게 된다. 즉, 사망의 전후를 추정하는 규정이 없기 때문에, 먼저 사실상 이익을
차지한 자가 제일이라는 결과가 된다.

(ㄴ) **규정이 있는 경우**   위 사례에서 A와 C는 동시에 사망한 것으로 추정되므
로, B와 D가 A의 상속재산을 상속한다. 따라서 각각 1억 8천만원과 1억 2천만원을 상
속하게 되며, 먼저 사실상 상속재산을 차지한 자가 있으면, 다른 사람은 자기의 상속분
을 청구하여 소를 제기할 수 있다. 즉, 이때에는 C가 일단 상속하고, 그것을 다시 B가
상속한다는 일은 거의 일어나지 않는다. 다만 제30조는 추정규정이기 때문에, A가 C보
다 먼저 죽었다는 사실을 B가 증명함으로써 추정을 깨뜨리는 경우에 한하여 B는 상속
재산 전부를 차지하게 된다.

민법 제30조는 「동일한 위난」으로 사망한 경우에 관하여 동시사망의 추정을
규정하고 있다. 만일 여러 사람이 각각 다른 위난으로 사망하고, 그들의 사망시기
를 확정할 수 없다면 어떻게 되는가? 예컨대, 甲은 산에서 위난을 맞아 사망하고,
乙은 바다에서 조난하여 사망하였으나, 어느 쪽이 먼저 사망하였는지를 증명할 수
없는 경우에, 甲·乙은 동시에 사망한 것으로 추정되는가? 「동일한 위난」이라고 명

시하고 있는 민법 제30조를 엄격하게 새긴다면, 동일한 위난에 의하지 않은 경우에는 동사(同死)로 추정되지 않는다. 그렇다면 그런 동시사망의 추정 규정이 없는 경우와 같은 결과를 인정하게 되어 부당하다. 그러므로 동일한 위난에 의한 사망의 경우가 아니더라도, 제30조를 유추 적용하여 역시 동시에 사망한 것으로 추정하는 것이 타당하다. 이렇게 유추해석한다면, 예컨대 甲의 사망시기는 확정되어 있으나 乙의 사망시기가 그 전인지 또는 후인지를 확정할 수 없을 때에도, 제30조를 유추 적용하여 甲·乙이 동시에 사망한 것으로 추정되어 타당하다.

　　(2)　**인정사망**(認定死亡)　　　수해, 화재나 그 밖의 재난으로 인하여 사망한 사람이 있는 경우에는 이를 조사한 관공서는 지체없이 사망지(외국에서 사망한 때에는, 그 사망자의 등록기준지)의 시·읍·면의 장에게 사망의 통보를 하여야 하며(가족등록 87조), 이 통보에 의거하여 가족관계등록부에 사망의 기록을 하게 된다(가족등록 16조). 즉, 그 사람은 관공서의 통보에 의하여 사망한 것으로 다루어진다. 이를 「인정사망」이라고 한다. 여기서 「재난」은 사망의 증명을 얻을 수 없으나, 사망의 확률이 대단히 높고 생존을 예측할 수 없는 사고를 말하며, 수해·화재·해난·전사·갱도폭발·사태 등은 그 예이다. 인정사망을 인정하는 이유는, 시체가 확인되지는 않았지만 매우 높은 사망확률이 있는데도 실종선고의 절차를 밟게 하는 것은 적당하지 않기 때문이다(민법에 이에 관한 규정을 두는 것이 바람직하다).

　　실종선고와 인정사망의 근본적 차이는, 앞의 것은 사망을 의제하는 것인 데 대하여, 뒤의 것은 가족관계등록부에 사망의 기록을 하기 위한 절차적 특례, 즉 강한 사망추정적 효과를 인정하는 것에 지나지 않다는 데에 있다. 따라서 실종선고가 사실에 반하는 경우에는 그 실종선고를 취소하는 특별절차를 밟아야만 실종선고의 효과를 뒤집을 수 있으나, 인정사망이 사실과 다른 경우, 즉 생존하고 있다는 확실한 증거가 있으면 그 인정사망은 당연히 효력을 잃게 된다.

　　(3)　**실종선고**　　　사망의 개연성이 상당히 큰 경우에 관하여, 민법은 실종선고라는 절차로 일정시기에 사망한 것으로 보아 버리는 제도를 두고 있다. 이에 관해서는 뒤에서 설명하기로 한다([69] 이하 참조).

제 2 절 행위능력

제 1 관 총 설

[44] Ⅰ. 의사능력·책임능력

1. 의사능력 모든 사람은 평등하게 권리능력을 가지고 있으나, 그렇다고 해서 모든 권리능력자가 자기의 행위에 의하여 권리를 취득하거나 의무를 부담할 수 있다는 것은 아니다. 권리능력자가 권리를 얻고 의무를 부담하기 위해서는 일정한 지능수준을 갖추고 있어야 한다는 것이 민법이 취하는 기본태도이다. 민법의 이러한 구성은 사적 자치의 원칙과 깊은 관련이 있다. 본래 민법은 개인에 대한 국가의 후견적 역할을 물리치고 개인의 자유를 최대한으로 보장하려고 하며, 개인의 자유의 존중을 그 출발점으로 하고 있다. 그리고 사인 사이의 법률관계 형성의 기본수단이 되는 것은 개인의 의사이므로, 개인의 자유를 최대한으로 보장하려면 그러한 개인의사의 실현에 법은 노력하여야 한다고 생각하였다. 그리하여 개인의 사법상의 권리·의무의 변동(발생·변경·소멸)은 당사자 자신의「의사」(욕구 또는 승인)에 의해서만 일어나는 것으로 하여야 한다는 사적 자치의 원칙이 민법의 기본원칙이 되었다. 그런데 여기서 말하는「의사」는 권리·의무의 변동을 목적으로 하는 의사이므로, 권리·의무의 변동이라는 결과(법률효과)를 이해 또는 판단할 수 있는 능력을 전제로 한다(그러한 능력을 갖추지 않은 유아나 광인과 같은 정신병자의 심리학적 의사를 가지고 법률상의「의사」가 있다고는 할 수 없다). 여기서 민법은 자기의 행위의 의미나 결과를 정상적인 인식력과 예기력으로써 합리적으로 판단할 수 있는 정신적 능력 또는 지능을「의사능력(意思能力)」이라고 한다. 합리적으로 판단한다고 하지만, 법률상 전지전능한 사람을 가정할 수는 없기 때문에, 결국 그것은「통상인이 가지는 정상적인 판단능력」을 뜻한다. 그리고 이 표준에 이르지 않는 정신상태를「의사무능력(意思無能力)」이라 하여, 법률행위의 효력을 결정하는 기준으로 삼고 있다.

위와 같은 의사능력을 가지고 있지 못한 사람, 즉 의사무능력자의 행위에 대해서는 법률적 효과가 인정되지 않는다. 바꾸어 말하면, 사람의 행위가 법률적인 효과를 생기게 하려면, 언제나 이 의사능력을 필요로 한다. 이 원리를 밝히는 규정을 두고 있는 입법례(독민 105조, 스민 18조 등)도 있으나, 그러한 규정을 두고 있지 않은 민법의 해석에서도 「의사무능력자」의 법률행위([119] 참조)는 법률상 효력이 없다(즉, 무효이다)는 데 학설은 완전히 일치하고 있다. 사람의 행위가 법률효과를 발생하는 것은 원칙적으로 모든 사람은 자기의 의사에 의해서만(즉, 스스로 원할 때에만) 권리를 얻고 의무를 진다는 근대법의 기본원리(개인의사의 자치 또는 사적 자치)([13] 참조)에 의거하는 것이다. 의사능력 없는 사람의 행위는 그의 의사에 의한 것이라고(즉, 그 법률효과를 원했다고) 할 수 없다.

　　2. 책임능력　　위와 같은 의사능력의 관념은 불법행위에서는 「책임능력」 또는 「불법행위능력」으로 나타난다. 불법행위법(750조 이하)은 과실책임주의를 취하고 있기 때문에, 불법행위책임이 생기려면 자기의 행위의 결과를 분별하여 알 수 있는 정신적 능력 또는 판단능력을 가지고 있을 것이 필요하며, 이것이 없는 사람은 불법행위책임, 즉 손해배상책임을 부담하지 않는다(753조·754조 참조). 이러한 의미에서 불법행위에 관한 판단능력을, 법률행위에서의 의사능력과 구별하여 책임능력이라고 부른다. 요컨대, 자기의 행위의 책임을 인식할 수 있는 능력이 책임능력이다. 그것은 자기의 행위에 의하여 일정한 결과가 발생하는 것을 인식하는 능력이 아니라, 그 결과가 위법한 것으로서 법률상 비난받는 것임을 인식하는 정신능력이다.

　　3. 판단방법　　위와 같은 의사능력 또는 책임능력이 있는지 여부는 구체적인 행위에 관하여 개별적으로 판단·결정하는 것이며, 그 판정에 관한 어떤 형식적·획일적인 기준이 민법에 정해져 있지는 않다. 이들 능력이 있는지는 언제나 하나하나의 구체적인 사안에서 개별적으로 판단하게 된다.

[45] Ⅱ. 행위능력

　　앞에서 적은 바와 같이 의사능력이 없는 사람이 한 행위는 법률상 아무런 효과도 발생하지 않는다는 것은 바로 그러한 의사무능력자를 보호하는 것이 된다. 그런데 의사능력이 있는지는 하나하나의 구체적인 경우에 그 유무를 판정하여야 한다. 의사능력은 외부에서는 확실하게 알기 어려운 내적인 심리적 정신능력일 뿐만 아니라, 표의자의 정신적 발달의 정도, 행위 당시의 정신상태, 대상이 되는 행위의 어려움과 쉬움 등에 따라서 의사능력의 유무가 상대적으로 다르다. 따라서 표의자가 행위 당시에 의사능력이 없었다는 것을 증명해서 보호를 받는다는 것은 매우 어려운 일이다. 한편 행위의 상대방 또는 제3자의 처지에서 본다면, 행위 당시에 표의자의 의사능력의 유무를 확실하게 안다는 것이 곤란하므로, 나중에 의사능력이 없었다는 이유로 그 행위를 무효로 한다면, 미리 헤아릴 수 없는 불측의 손해를 입게 된다. 여기서 민법은 재산적 법률행위가 빈번하게 반복해서 행해진다는 사실을 고려하고, 특히 행위의 상대방이나 제3자가 입게 될 예측할 수 없는 손해를 될 수 있는 대로 가볍게 하기 위하여 다음과 같은 대책을 강구하고 있다. 즉, 일정한 획일적 기준을 정하여 이 기준을 갖추는 때에는 표의자(의사표시자)가 단독으로 한 일정한 범위의 법률행위를 일률적으로 무조건 취소할 수 있는 것으로 하였다(이는 사실상 의사표시자를 의사능력이 없었던 것으로 다루는 것이 된다. 그리고 한편으로는 의사표시자가 행위 당시에 의사무능력자였음을 증명하는 곤란으로부터 구제하는 것이 된다). 구체적인 경우에 의사표시자의 정신상태나 행위의 어려움과 쉬움을 묻지 않는다. 바꾸어 말해서 의사표시자가 법률행위를 할 때에 의사능력을 가지고 있었는지 여부를 문제삼지 않는다. 그리고 이 획일적 기준에 관하여 외부에서 인식할 수 있는 일정한 표지(標識)를 갖추게 함으로써 이를 객관화하여 상대방이나 제3자가 미리 알아차리고 손해의 발생을 막을 수 있는 기회를 주고 있다. 이러한 객관적·획일적 기준(성년연령·법원의 결정 등)에 의하여 법률행위를 할 수 있는지를 정한 것이 바로 행위능력(行爲能力)제도 또는 제한능력(制限能力)제도(행위능력이 아예 없는 것이 아니라 행위능력이 제한되어 있는 것이다)이다. 반대로, 이러한 제한능력자에 해당하지 않을 만한 자격을 「행위능력」이라고 한다. 따라서 혼자서 완전·유효한 법률행위를 할 수 있는 지위 또는 자격이 행위능력이라고 말할 수 있다. 민법에서 단순히 「능력」 또는 「제한능력」이라고 할 때에, 그것은 「행위능력의 제한」 유무를 뜻하는 것임은 이미 밝혔다([38] 참조).

제한능력자제도는 법률행위에 한정된 것이다. 불법행위에서는 이러한 형식적·획일적인 제도가 없으며, 어디까지나 개별적·구체적으로 의사능력, 즉 책임능력이 있고 없고를 판단해서 책임이 있고 없고를 결정한다.

〈의사무능력과 제한능력의 경합〉
나중에 법률행위를 설명할 때에 보는 바와 같이([121] 3 참조), 의사능력과 행위능력은 모두 법률행위의 유효요건이다. 여기서 제한능력자가 동시에 의사무능력자인 경우에는 그 사람이 행한 법률행위에 관하여, 제한능력을 이유로 취소하거나 또는 의사무능력을 이유로 무효를 주장할 수 있다. 즉, 의사표시자는 어느 쪽이든 그 요건을 증명해서 이를 주장할 수 있다. 그러나 의사무능력자가 언제나 제한능력자는 아니기 때문에, 예컨대 성년후견이 개시되지 않은 정신병자나 술이 잔뜩 취한 사람의 행위는 의사무능력을 이유로 무효를 주장할 수 있을 뿐이다.

[46] Ⅲ. 민법의 제한능력자제도

1. 민법의 제한능력자   민법은 미성년자와 성년후견 등의 심판을 받은 사람을 제한능력자로 정하고 있다. 이 부분은 2011년 3월 7일 개정하여 2013년 7월 1일부터 시행되는 개정 민법에서 크게 바뀌었다. 먼저 성년연령이 종전에는 만 20세였으나, 개정법에서는 19세로 되었다. 따라서 만 19세가 되지 않은 사람이 미성년자이다. 다음으로 종전에는 한정치산과 금치산제도가 있었으나, 개정법에서는 성년후견제도를 도입하였는데, 이는 성년후견, 한정후견, 특정후견으로 구분된다. 첫째, 성년후견은 질병, 장애, 노령, 또는 그 밖의 사유로 인한 정신적 제약으로 사무를 처리할 능력이 지속적으로 결여된 사람에 대하여 성년후견 개시의 심판을 받은 경우이다. 둘째, 한정후견은 질병, 장애, 노령, 또는 그 밖의 사유로 인한 정신적 제약으로 사무를 처리할 능력이 부족한 사람에 대하여 한정후견 개시의 심판을 받은 경우이다. 셋째, 질병, 장애, 노령, 또는 그 밖의 사유로 인한 정신적 제약으로 일시적 후원 또는 특정한 사무에 관한 후원이 필요한 사람에 대하여 특정후견의 심판을 받은 경우이다. 성년후견 개시의 심판을 받은 사람을 피성년후견인이라고 하고, 한정후견 개시의 심판을 받은 사람을 피한정후견인이라고 하며, 특정후견의 심판을 받은 사람을 피특정후견인이라고 하는데, 이들도 제한능력자에 해당한다.

종전의 무능력자제도에는 많은 문제가 있었다. 원래 무능력자제도는 정신능력이 불완전한 사람이 그의 재산을 줄어들게 하거나 써서 없애는 것을 막아서, 무능력자 자신과 그의 가족을 보호하려는 제도이다. 그러나 이 제도는 거래의 안전이라는 법의 이상과 조화되어야만 한다. 민법은 무능력자에 관한 기준을 객관화하여 상대방이나 제 3 자가 무능력자를 구별할 수 있게 하고, 또한 일정한 요건 아래에 취소권을 배제하는 등의 여러 배려를 함으로써, 거래의 안전도 꾀하려고 하였다. 그러나 거래안전이 충분히 확보되지 못하는 데서, 종전의 무능력자제도는 거래의 안전보다는 무능력자 본인의 보호에 치우쳤다. 또한 무능력자제도는 판단능력이 불충분한 사람의 재산을 보전하는 데 중점이 있었다. 따라서 이 제도는 「가진 자」(有産者)를 보호하는 기능을 한다. 그러나 정신능력이 불완전한 무산자(無産者)가 스스로 생활에 필요한 물자를 얻기 위하여 법률행위를 하는 경우에는 전혀 실익이 없고, 오히려 폐해를 가져왔다. 특히 금치산선고와 한정치산선고는 불명예스러운 것으로 여겨져 거의 이용되지 못하였다.

위에서 살핀 바와 같은 여러 문제를 안고 있는 무능력자제도, 특히 금치산·한정치산제도를 개혁하여야 한다는 주장이 많았다. 독일은 우리의 금치산제도에 상당하는 「능력박탈」이라는 제도를 두고 있었으나, 1992년부터 이를 폐지하고 특별후견인제도를 도입하였다. 이러한 독일의 개혁에 자극받은 일본도 금치산선고·준금치산선고제도를 모두 폐지하고, 성년후견제도를 시행하고 있다. 우리나라에서는 위와 같이 민법을 개정하여 금치산·한정치산제도 대신에 성년후견제도를 도입한 것이다. 또한 무능력자라는 용어가 갖는 부정적인 어감을 완화하기 위하여 제한능력자라는 용어를 사용하고 있다. 성년후견제도는 종전의 금치산·한정치산제도에 비하여 월등하게 발전된 제도라고 할 수 있다. 그러나 성년후견 등의 요건이나 절차를 좀 더 유연하게 구성하여 이 제도를 손쉽게 이용할 수 있도록 개선해 나가야 할 것이다.

2. 규정의 강행성   제한능력자제도에 관한 규정은 강행규정이다. 제한능력자제도는 거래관계에 직접적인 영향을 미치는 것이기 때문이다.

3. 적용범위   가족법상의 행위에서는 행위자 본인의 의사를 존중하여야 하기 때문에, 능력을 획일화하는 것은 타당하지 않다. 따라서 민법총칙편의 행위능력에 관한 규정은 가족법상의 행위에는 그대로 적용되지 않는다. 친족편에는 가족법상의 각종의 법률행위의 능력에 관한 특별규정을 두고 있다([11] 2 (2) 참조).

제 2 관 미성년자

[47] Ⅰ. 성 년 기

1. 19세로 성년(심신이 정상적으로 발달하여 완전한 행위능력이 인정되는 연령)이 되며(4조), 성년에 이르지 않은 자가 미성년자이다. 연령의 계산은 제155조 이하의 규정에 따르는데, 출생일을 셈에 넣는다는 점을 주의하여야 한다(158조 참조). 개정민법에는 19세라고 하고 있는데, 이는 만 19세라는 의미이다. 성년인지 아닌지는 가족관계등록부의 기록이나 주민등록증으로 쉽게 알 수 있다(그러나 이들의 기재도 추정적 자료에 지나지 않음을 주의. [40] 3 참조).

2. 사람의 능력은 점진적으로 발달하고, 또한 그 발달에도 사람에 따라서 차이가 있으므로, 19세를 경계로 하여 획일적으로 성년·미성년을 구별하는 것이 타당하지 않은 경우가 있다. 그러나 이미 밝힌 바와 같이([45] 참조), 획일적인 표준에 의하여 능력이 있고 없고를 결정하려는 것이 제한능력자제도의 목적이므로, 이는 제도상 부득이하다. 그러나 거래를 할 필요가 있거나 그 밖의 특수한 사정이 있는 경우에는 미성년의 규정을 완화하는 제도가 필요하게 된다. 이를 위하여 민법은 미성년자에게 영업을 허가하고 또한 혼인에 의한 성년의제제도를 두고 있다.

[48] Ⅱ. 미성년자의 행위능력

1. 원 칙 미성년자가 법률행위를 하려면, 원칙적으로 법정대리인의 동의를 얻어야 한다(5조 1항 본문). 이를 위반한 경우에는 그 행위를 취소할 수 있다(5조 2항). 즉, 미성년자가 법정대리인의 동의 없이 미성년자 자신의 재산에 관하여 한 행위는 이를 취소할 수 있다. 취소는 미성년자 본인이나 법정대리인이 이를 할 수 있는데, 이에 관하여는 다음 항에서 설명한다. 법정대리인의 동의가 있었다는 증명책임은 그 동의가 있었음을 이유로 법률행위의 유효를 주장하는 자에게 있다(대판 1970. 2. 24, 69다1568).

미성년자가 한 행위인지 여부는 이를 「실질적」으로 고찰하여 결정하여야 한다. 예컨대 계약서 등이 미성년자의 명의로 작성되어 있다는 사실만으로 곧 취소할 수 있는 행위라고 볼 것은 아니다. 문서상 미성년자 명의로 행해진 법률행위이더라도, 실질적으로는 적법한 대리인이 그것을 하였다면 다른 사정이 없는 한, 취소하지 못하는 유효한 행위인 것이다. 한편, 미성년자 소유의 토지가 미성년자 명의의 매매계약서 등 등기에 필요한 문서에 의하여 다른 사람에게 이전등기가 된 경우에도 그 등기는 적법하게 마친 것으로 추정된다(대판 1969. 2. 4, 68다2147). 이는 등기의 추정력에 의하여 적법한 대리행위가 있었던 것으로 추정되기 때문이다(등기의 추정력에 관해서는 물권법강의에서 다룬다).

2. 예　외　　다음의 경우에는 법정대리인의 동의 없이 미성년자가 혼자서 유효한 행위를 할 수 있다. 이때에도 의사능력은 반드시 있어야 한다([44] 1 참조).

(1) 단순히 권리만을 얻거나 또는 의무만을 면하는 행위(5조 1항 단서)　　예컨대, 부담이 없는 증여를 받는 경우, 채무면제의 청약에 대한 승낙을 하는 경우(민법은 채무면제를 채권자의 단독행위로 규정하고 있으나(506조), 계약자유의 원칙에 따라 계약으로 할 수도 있다)를 들 수 있다. 이러한 법률행위는 미성년자에게 이익을 주고 불이익이 되지 않기 때문이다. 그러나 부담부 증여를 받는 행위, 경제적으로 유리한 매매를 체결하는 행위, 상속을 승인하는 행위 등과 같이 이익을 얻을 뿐만 아니라 의무도 부담하는 행위는 미성년자가 혼자서 할 수 없다. 채무의 변제를 수령하는 것도 이익을 얻는 것이지만, 한편으로는 채권을 잃게 되기 때문에, 혼자서 할 수 없다.

〈미성년자의 준법률행위의 효력〉

미성년자의 능력에 관하여 민법이 규정하는 것은 「법률행위」에 대한 것뿐이다. 법률행위 이외의 적법행위에 관해서는 능력규정이 없다. 여기서 미성년자가 준법률행위를 하는 경우에, 그것이 유효하기 위하여 법정대리인의 동의를 필요로 하는지 문제된다. 준법률행위 중 「의사의 통지」와 「관념의 통지」는 미성년자의 법률행위에 관한 제 5 조의 규정이 유추적용된다고 보아야 한다. 준법률행위와 그 종류에 관해서는 법률행위를 설명하면서 자세히 보기로 한다([117] 2 참조).

(2) 처분이 허락된 재산의 처분행위　　법정대리인이 범위를 정하여 처분을 허락한 재산은 미성년자가 임의로 처분할 수 있다(6조). 여기서 「범위를 정하여」라고 할 때 그 「범위」의 해석에 관하여 학설은 일치하지 않고 있다. 소수설은 처분의 범위를 정하는 방법을 두 가지로 구분하여 설명한다. 즉, 사용목적(등록금·여비 등)을 정하는 경우에는 그 사용목적의 범위 안에서만 처분할 수 있고, 사용목적을 정하지 않고 다만 처분할 재산의 범위만을 정하는 경우에는 임의로 자유로이 처분할 수 있

다고 한다(김상용 161면, 김증한·안이준 94면, 방순원 49면). 이에 대하여 다수설은 비록 처분을 허락한 재산의 사용목적이 정해져 있을지라도 그 목적과는 상관없이 임의로 처분할 수 있다고 한다(김용한 109면, 김증한·김학동 119면, 이영섭 107면·108면, 이영준 869면, 이은영 171면, 장경학 206면). 사용목적이라는 것은 주관적인 것이어서, 미성년자와 거래하는 외부의 제3자가 이를 알 수 없는 것이 보통이다. 외부에서 알 수 없는 사용목적에 처분하지 않았다고 해서 나중에 미성년자의 행위를 취소할 수 있다면, 거래의 안전에 큰 위협이 된다. 결국 소수설은 미성년자의 보호에 중점을 두는 견해이고, 다수설은 거래의 안전을 더 강조하는 것이다. 이 경우에는 거래의 안전이 미성년자 개인의 보호보다도 앞서야 한다는 견지에서 다수설이 타당하다고 생각한다. 즉, 제6조에서 말하는 「범위」는 「재산의 범위」라고 새겨야 한다.

　　그러나 여기에서 말하는 재산의 범위는 제한능력자제도의 목적에 반할 정도로 포괄적인 처분을 허락하는 것이어서는 안 된다(예컨대, 미성년자의 모든 재산의 처분을 허락한다는 것은 미성년자를 제한능력자로 하는 제도의 목적에 반한다. 동지 김상용 161면, 김증한·김학동 119면, 방순원 49면, 이영준 766면, 이은영 170면, 장경학 206면). 그리고 제6조는 재산의 「처분」이라고만 하고 있으나, 그것은 「사용·수익」도 포함하는 것이라고 해석하여야 한다(김상용 161면, 김증한·김학동 119면, 이영섭 108면, 이영준 870면, 장경학 207면).

　　(3) **영업을 허락받은 미성년자의 그 영업에 관한 행위**　　　미성년자가 법정대리인으로부터 특정한 영업을 허락받은 경우에는, 그 영업에 관해서는 성년자와 동일한 행위능력을 가진다(8조 1항).

　　㈎　여기서 말하는 영업은 상업(상 4조·46조 참조)에 한하지 않고, 널리 영리를 목적으로 하는 독립적(미성년자 자신이 이익추구의 주체가 되는 것)·계속적 사업을 뜻하는 것으로 이해되고 있다(통설). 따라서 공업이나 농업 그 밖의 실업은 물론이고, 자유업도 포함된다.

　　㈏　법정대리인이 영업을 허락하는 데는 반드시 영업의 종류를 특정하여야 한다. 종류를 특정하지 않은 허락(어떠한 영업을 하여도 좋다는 허락)은 미성년자를 보호하려는 제도의 목적에 반하기 때문이다. 제8조 제1항의 「특정한 영업」이라는 것은, 영업의 단위의 하나 또는 둘이라는 것과 같이, 그 종류가 특정되어 있는 영업을 의미하며, 하나의 단위가 되는 영업의 일부만을 허락하거나 또는 제한해서는 안

된다(예컨대, 학용품의 소매를 허락하면서, 물건의 가격이 1천원을 넘는 거래 또는 1만원 이상의 거래는 법정대리인의 동의가 있어야 한다는 것과 같다). 영업을 허락하는 방법에는 특별한 방식이 요구되지 않으나, 그 영업이 상업일 때에는 상업등기를 하여야 한다(상 6조·34조 이하 참조). 그러므로 이때에는 상업의 허락이 있었다는 것을 제 3 자가 알 수 있으나, 상업 이외의 영업이 허락된 경우에는 이를 일반 제 3 자에게 알리는 방법이 없으며, 제 3 자는 허락이 있었는지 없었는지를 조사할 수 없다. 거래의 안전을 위하여 고려해야 할 사항이다. 법정대리인의 허가가 있었다는 증명책임은 영업허가가 있었음을 이유로 법률행위의 유효를 주장하는 자에게 있다고 하여야 한다.

(대) 영업의 허락이 있으면, 그 영업에 관하여 성년자와 동일한 행위능력을 가지게 된다. 「영업에 관하여」라는 것은 허락을 받은 특정의 영업을 하는 데 직접·간접적으로 필요한 모든 행위를 뜻한다. 그리고 성년자와 동일한 능력을 가진다는 것은 법정대리인의 동의를 필요로 하지 않을 뿐만 아니라, 법정대리인의 대리권도 이 범위에서 소멸한다는 것을 뜻한다(영업 이외의 경우에는 법정대리인은 허락 또는 동의를 한 행위를 자기가 대리해서 할 수도 있다).

(4) **혼인을 한 미성년자의 행위** 미성년자가 혼인을 하면 성년자로 「본다」(826조의 2). 즉 성년으로 의제된다. 따라서 혼인을 한 미성년자는 성년자와 같은 행위능력을 가진다. 다음의 점을 주의하여야 한다. 첫째, 성년의제의 효력이 생기는 혼인은 법률혼(812조 1항 참조)만을 의미하고, 이른바 사실혼(실질적으로는 부부생활을 하고 있더라도, 법률이 정하는 신고, 즉 혼인신고를 하지 않고 있기 때문에, 법률적으로는 혼인관계로서 다루어지지 않는 「사실상의 부부관계」)은 제외된다. 만일 제826조의 2를 사실혼에도 적용한다면, 성년이 되는 시기가 매우 불명확해지고 법적 안정성을 해치기 때문이다. 둘째, 성년의제를 받은 사람이 아직 미성년으로 있는 동안 혼인의 취소나 이혼 등으로 혼인이 해소된 경우에, 그가 다시 미성년자로 되는지 문제된다. 그러나 이를 부정하는 것이 타당하다. 바꾸어 말하면, 혼인이 해소된 후에도 그 미성년자는 행위능력을 계속 갖는다고 새겨야 한다.

(5) **대리행위** 미성년자의 행위능력의 제한은 제한능력자인 미성년자 본인의 보호를 위한 것이므로, 타인의 대리인으로서 법률행위를 하는 데는 제한능력자로서 행위능력이 제한되지 않는다(117조 참조). 즉, 미성년자가 타인의 대리인으로서 하

는 대리행위는 언제나 단독으로 유효하게 할 수 있다([162] 참조).

(6) **유언행위**(1062조 참조)   민법 제 5 조는 유언에 관해서는 적용되지 않는다(1062조). 민법 제1061조에 따라 만 17세가 된 미성년자는 유효한 유언을 혼자서 할 수 있다.

(7) **법정대리인의 허락을 얻어 회사의 무한책임사원이 된 미성년자가 그 사원자격에 의하여 행하는 행위**(상 7조)

(8) **근로계약에 따른 임금의 청구**(근기 67조·68조. [49] 2 (2) 참조)

3. 동의와 허락의 취소 또는 제한

(1) 미성년자가 아직 법률행위를 하기 전에는 법정대리인은 그가 한 동의(5조)나 일정범위의 재산처분에 대한 허락(6조)을 취소할 수 있다(7조). 원래 동의나 허락은 미성년자의 보호를 목적으로 하는 것이다. 미성년자를 보호하기 위하여 법정대리인이 한번 준 동의나 허락을 취소할 필요가 있다고 생각하는 경우에는 그 취소를 인정하는 것이 타당하다. 제 7 조는 동의와 허락의 「취소」라고 하고 있으나, 그것은 미성년자가 법률행위를 하기 이전에 그 법률행위를 하지 못하게 하는 데 그치고, 처음부터 그러한 동의나 허락이 없었던 것으로 하려는 것이 아니므로, 소급효가 없다. 따라서 「취소」라기보다는 「철회」라고 하는 것이 적절하다. 즉, 제 7 조의 취소는 소급효가 없는 철회에 지나지 않는다. 이 철회의 의사표시는 동의나 허락을 받은 미성년자나 또는 그 상대방에게 하여야 한다. 이 철회를 미성년자에게 한 경우에, 이를 가지고 상대방 또는 제 3 자에게 대항할 수 있는가? 동의나 허락은 이를 공시하는 방법이 없으며, 따라서 그 취소(즉 철회)도 공시방법이 없다. 만일 선의의 제 3 자(그러한 철회가 있었다는 것을 알지 못하는 제 3 자)에게 대항할 수 있다면, 거래의 안전을 위협하게 된다. 그러므로 뒤에서 설명하는 영업의 허락의 취소에서와 마찬가지로, 제 3 자가 철회의 존재를 알지 못하는 때에는 철회를 가지고 그에게 대항하지 못한다고 해석하여야 한다. 그래야만 다음에서 설명하는 영업의 허락의 취소에 관한 제 8 조 제 2 항 단서와 균형이 맞는 해석이 된다(동지 김상용 163면, 김용한 108면, 김증한·김학동 122면, 이영준 871면, 이은영 175면, 장경학 210면).

(2) **영업허락의 취소와 제한**

⑺ 법정대리인은 그가 한 영업의 허락을 취소 또는 제한할 수 있다(8조 2항 본

문). 여기서 취소라는 것도 장래에 향하여 허락이 없었던 것으로 한다는 뜻(따라서 허락의 취소가 있기 전에 행해진 미성년자의 영업에 관한 행위는 그대로 유효하다)이므로, 앞에서 설명한 바와 같이 「철회」를 뜻한다. 영업의 제한은 두 개 이상의 단위의 영업을 특정해서 허락한 경우에, 그중의 어느 것을 금지하는 것이며, 장래에 향해서만 효력이 있음은 위에서 설명한 취소의 경우와 같다.

(ㄴ) 친권자인 부모가 법정대리인일 때에는(909조 참조), 영업의 허락을 취소 또는 제한하는 데 아무런 제한이 없으나, 친권을 행사하는 후견인이 법정대리인인 경우에는 일정한 제한이 있다. 즉, 친권자가 한 영업허락을 후견인이 취소 또는 제한하려면, 미성년후견감독인이 있으면 그의 동의를 받아서 하여야 한다(945조).

(ㄷ) 영업허락의 취소나 제한은, 선의의 제3자, 즉 미성년자와 거래한 선의의 상대방에게 대항하지 못한다(8조 2항 단서). 이미 적은 바와 같이 미성년자가 허락을 얻어 상업을 하는 때에는 등기하여야 하고, 상업허락을 취소 또는 제한하는 경우에는 지체 없이 등기를 말소하거나 변경등기를 하여야 한다. 그러나 말소등기나 변경등기가 있기 전에는 선의의 제3자는 보호된다(상 40조·37조 참조). 이와 같이 상업에 관해서는 허락을 취소 또는 제한해도 선의의 제3자에게 예측할 수 없는 손해를 주지 않으나, 상업 이외의 영업허락의 취소나 제한은 그 공시방법이 없으므로, 제3자에게 예측하지 않은 손해를 주고 거래의 안전을 해친다. 이러한 결과를 막기 위해서 두고 있는 것이 제8조 제2항 단서이다. 따라서 법정대리인이 영업허락을 취소 또는 제한하더라도 그 사실을 알지 못하는 제3자에게는 대항하지 못하며, 그 제3자와 미성년자의 거래행위는 그대로 유효하다.

(ㄹ) 법정대리인이 위와 같은 영업허락을 취소하거나 제한하는 경우에 그 권한을 남용해서는 안 된다. 친권자가 자녀에 대한 법률행위의 대리권 또는 재산관리권을 행사할 때에는 자기의 재산에 관한 행위와 동일한 주의를 하여야 하고(제922조), 후견인이 대리권 등을 행사할 때에는 수임인과 마찬가지로 선량한 관리자의 주의를 기울여야 한다(제956조, 681조).

[49] Ⅲ. 법정대리인

1. 법정대리인이 되는 사람　　미성년자의 보호기관은, 1차적으로는 친권

자이고(911조), 2차적으로는 후견인이며, 이들을 통틀어서 법정대리인이라고 한다.

(1) 미성년의 자녀를 보호·교양하기 위하여 그의 부모에게 인정되는 권리·의무를 통틀어서 「친권」이라고 한다(913조). 친권을 누가 어떻게 행사하는지는 다음과 같다.

미혼의 미성년인 자녀의 부모가 모두 살아있고 또한 혼인 중인 때(바꾸어 말해서, 정상적인 부부관계를 계속하고 있을 때)에는 그 부모(양자의 경우에는 양부모. 909조 1항 2문)가 공동으로 친권을 행사하여야 한다(909조 2항 본문). 이때에 부모의 의견이 일치하지 않는 경우에는 부모 중 어느 쪽이 친권을 행사할 것인지를 가정법원이 결정한다(909조 2항 단서). 그러나 부모의 한쪽이 친권을 행사할 수 없을 때(예컨대, 부모 중 한쪽의 사망·행방불명·장기의 출타·친권상실 등)에는 다른 한쪽이 단독으로 행사한다(909조 3항). 부모가 이혼한 경우에는 부모의 협의로 부모의 한쪽을 친권자로 정해야 하나, 협의할 수 없거나 협의가 이루어지지 않으면 가정법원이 부모의 한쪽을 친권자로 결정한다(909조 4항). 다만, 부모의 협의가 자녀의 복리에 반하는 경우에는 가정법원은 보정을 명하거나 직권으로 친권자를 정한다(909조 4항 단서). 그리고 혼인 외의 자녀에 관해서는 어머니가 단독으로 친권을 행사하나, 아버지가 인지(認知)한 후에는 위에서 적은 부모가 이혼한 경우와 같은 방법으로 친권자가 결정된다(909조 4항). 혼인의 취소, 재판상 이혼 또는 인지청구의 소의 경우에는 가정법원이 직권으로 친권자를 정한다(909조 5항). 가정법원은 자의 복리를 위하여 필요하다고 인정되는 경우에는 자녀의 4촌 이내의 친족의 청구에 의하여 정해진 친권자를 다른 일방으로 변경할 수 있다(909조 6항). 제909조의 2(2011년 5월 19일 개정)에서는 그 밖에 친권자의 지정 등에 관하여 상세하게 정하고 있다.

부모가 공동으로 친권을 행사하는 경우에는 이른바 공동대리가 된다([158] 3 (2) 참조). 그러므로 부모 중 한쪽이 단독으로 대리나 동의를 한다면, 법정대리인으로서의 부모의 대리 또는 동의의 효과는 생기지 않는다(대리는 무권대리가 되고, 동의는 취소할 수 있게 된다). 다만 민법은 선의의 제3자를 보호하기 위하여 부모의 한쪽이 공동명의로 자녀를 대리하거나 또는 자녀의 법률행위에 동의한 때에는, 그 공동행위가 부모 중 다른 쪽의 의사에 반하는 때에도 공동행사의 효과가 생기는 것으로 하고 있다(920조의 2). 부모가 공동으로 친권을 행사하는 경우에는 취소권도 공동으로 행사하여야 하는가? 본래 취소권은 동의권에 대한 효과에 지나지 않고, 부모는 각자 동의권이 있는 것이므로, 취소권의 행사는 단독으로 할 수 있다고 새기는 것이 타당하다.

(2) 미성년자에게 친권자가 없거나 친권자가 법률행위의 대리권과 재산관리권을 행사할 수 없는 경우에는 미성년후견인(928조)이 법정대리인이 된다. 미성년후견인의 수는 한 명이다(930조 1항). 유언에 의한 미성년후견인의 지정이나 미성년후견인의 선임에 관해서는 제931조, 제932조에 규정되어 있다.

2. 법정대리인의 권한   친권자 또는 후견인은 미성년자에 대하여 일반적으로 보호·감독할 권한을 가지나, 법률행위에 관해서는 법정대리인으로서 미성년자의 능력의 불완전을 보충하는 지위에 있다. 그리하여 다음과 같은 권한을 가진다.

(1) **동 의 권**   이미 본 바와 같이 미성년자는 법정대리인의 동의 또는 허락을 받아서 단독으로 유효한 법률행위를 할 수 있다. 따라서 법정대리인은 미성년자에게 동의를 할 권리, 즉 「동의권」이 있다. 일정범위의 재산의 처분과 영업에 관해서는 「허락」이라고 하지만, 그 성질은 「동의」와 같다.

동의를 하는 방법은 원칙적으로 방식을 필요로 하지 않는다. 그러나 후견인이 미성년자의 일정한 행위에 동의하려면, 후견감독인이 있으면 그 동의를 받아야 한다(950조 참조). 이 제한을 제외하고는 동의의 방법은 자유이며, 묵시적인 동의도 유효하다. 동의는 미성년자에게 할 수도 있고, 미성년자와 거래하는 상대방에게 할 수도 있다. 또한, 개개의 행위를 특정하여 하거나, 대체로 예견할 수 있는 행위의 범위 내에서 개괄적으로 해도 좋다는 것이 통설이다.

(2) **대 리 권**   법정대리인은 미성년자를 대리하여 재산상의 법률행위를 할 권한이 있다(920조·938조·949조 참조). 이 대리권은 일반적으로 동의권과 함께 성립할 수 있다. 따라서 법정대리인은 어떤 행위에 관하여 동의를 해서 미성년자로 하여금 스스로 그 행위를 하게 하여도 좋고, 그 행위를 법정대리인이 대리해도 좋다. 그러나 미성년자에게 의사능력이 없으면, 동의 또는 허락을 함으로써 미성년자로 하여금 직접 행위를 하게 할 수 없으므로, 그러한 경우에는 법정대리인이 대리권을 행사할 수 있을 뿐이다.

미성년자 본인의 행위를 목적으로 하는 의무를 부담할 경우(바꾸어 말해서, 미성년자가 노무제공의무를 부담하는 경우, 즉 고용계약을 맺는 경우)에는 미성년자 본인의 동의를 받지 않으면 대리하지 못한다(920조 단서, 949조 2항). 이와 같이 본인의 동의가 있으면 고용계약도 대리할 수 있는 것이 원칙이지만, 근로기준법은 특별규정을 두어 제한하고 있다. 즉, 친권자나 후견인은 미성년자의 근로계약을 대리하지 못하며(동법 67조 1항. 따라서 근로계약은 법정대리인의 동의를 받아서 미성년자가 스스로 체결하여야 한다. 그러나 이 근로계약은 일정한 경우에는 해지할 수 있다. 동조 2항 참조), 임금의 청구도 대리하지 못한다(동법 68조. 따라서 임금의 청구는 미성년자가 언제나 단독으로만 할 수 있다. 대판 1981. 8. 25, 80다3149 참조). 또한 법정대리인과 미성년자의 이해가 상반하는 행위(예컨대, 자녀의 재산을 친권자에게 양도하는 행위, 친권자의 채무에 관하여 자녀를 연대채무자 또는 보증인으로 하는 행위, 자녀의 부동산에 저당권을 설정하는 행위 등)에 관해서는 법정대리인의 대리권이 제한되고(921조 참조), 제3자가 미성년자에게 무상으로 준 재산에 관하여 그 제3자가 법정대리인의 관리를 배제하는 의사를 표시한 때에는 법정대리인의 대리권이 배제된다(918조·956조 참조). 후견인의 대리권에 관해서는 동의권에서와 동일한 제한이 있다(950조 참조). 그리고 영업을 허락한 경우에는, 그 범위에서 대리권이 소멸한다는 점은 이미 밝혔다([48] 2 (3) ㈐ 참조).

(3) **취 소 권**   법정대리인은 미성년자가 동의를 받지 않고서 한 법률행위를 취소할 수 있다(5조 2항·140조 이하 참조).

제 3 관   피성년후견인

[50] Ⅰ. 성년후견의 개시

질병, 장애, 노령, 또는 그 밖의 사유로 인한 정신적 제약으로 사무를 처리할 능력이 지속적으로 결여된 사람에 대하여, 가정법원(가소 2조 1항 2. 가. 1) 참조)은 일정한 절차에 따라 성년후견 개시의 심판을 하여야 한다(9조 1항). 이 성년후견이 개시된 사람이 「피성년후견인」이다.

1. 성년후견 개시의 요건

(1) 질병, 장애, 노령, 그 밖의 사유로 인한 정신적 제약으로 사무를 처리할 능력이 지속적으로 결여된 사람에 해당해야 한다. 종전에 금치산선고의 요건으로 심신상실의 상태에 있어야 한다고 하였는데, 성년후견이 개시되려면 정신적 제약이 있고 그로 인하여 사무처리 능력이 지속적으로 없어야 한다. 정신적 제약이 있어야

하기 때문에, 신체적 장애로 사무처리 능력이 없는 경우에는 성년후견 개시의 요건을 충족하지 못한다.

정신적 제약과 사무처리 능력의 지속적 결여는 법률적인 요건이며, 의학적인 개념이 아니다. 따라서 이 요건을 갖추고 있는지 여부는 성년후견제도의 목적에 비추어 이 제도에 의한 보호를 주는 것이 적절한지 아닌지를 고려하여 결정하여야 하며, 의학상 정신적 질환(정도가 높은 정신병)이 있는지 없는지에 따라서 결정할 것은 아니다. 가사소송법 제45조의 2에 의하면, 가정법원은 성년후견 개시의 심판을 할 경우에 피성년후견인이 될 사람의 정신상태에 관하여 의사에게 감정을 시켜야 한다. 다만, 피성년후견인이 될 사람이나 피한정후견인이 될 사람의 정신상태를 판단할 만한 다른 충분한 자료가 있는 경우에는 의사의 감정 없이 결정할 수 있다. 이 규정의 의미는 의사의 감정에 의하여 정신적 제약으로 사무를 처리할 능력이 지속적으로 결여되었는지 아닌지를 결정하라는 것이 아니라, 의학상으로 본 정신능력을 기초로 하여 성년후견 개시의 요건이 충족되었는지 여부를 결정하라는 것이다. 정신적 제약으로 사무를 처리할 능력이 지속적으로 결여되어야 하므로, 때때로 사무처리능력을 회복하더라도, 지속적으로 사무처리능력이 없다고 볼 수 있는 경우도 성년후견 개시의 요건을 충족한다.

(2) 일정한 사람의 청구가 있어야 한다. 성년후견 개시의 심판을 청구할 수 있는 사람은 본인, 배우자, 4촌 이내의 친족, 미성년후견인, 미성년후견감독인, 한정후견인, 한정후견감독인, 특정후견인, 특정후견감독인, 검사 또는 지방자치단체의 장이다(9조 1항). 본인을 포함시킨 것은 의사능력을 회복하고 있는 동안에 단독으로 청구할 수 있도록 하려는 것이다. 또한 미성년후견인, 미성년후견감독인, 한정후견인, 한정후견감독인, 특정후견인, 특정후견감독인도 청구권자로 규정되어 있다. 검사 또는 지방자치단체의 장을 든 것은 위에 든 청구권자가 청구하지 않거나 또는 청구할 사람이 없는 경우에, 본인의 보호와 거래의 안전을 위하여 공익의 대표자로서, 성년후견 개시의 심판을 청구하게 한 것이다. 피성년후견인의 능력은, 뒤에서 설명하는 바와 같이, 미성년자, 피한정후견인, 피특정후견인의 능력보다도 좁다. 그러므로 미성년자 등은 그들의 보호를 위하여 피성년후견인으로 할 필요가 있다(종전의 금치산선고와 한정치산선고에 관해서는 김상용 169면, 김용한 114면, 김증한·김학동 126면, 양창수·

김재형 586면, 이영준 875면, 이은영 165면, 장경학 218면 참조). 따라서 미성년자 등의 후견인이나 후견감독인도 모두 성년후견 개시의 청구권자로 할 필요가 있는 것이다.

(3) 가정법원은 성년후견 개시의 심판을 할 때 본인의 의사를 고려하여야 한다(9조 2항). 이는 피성년후견인의 자율적인 의사를 존중하여야 한다는 점을 명시한 점에서 의미가 있다.

2. 성년후견 개시 심판의 절차

(1) 성년후견의 개시는 법원이 결정한다. 성년후견 개시의 결정을 심판이라고 하고 있는데, 이는 결정의 일종이다. 심판 절차는 가사소송법과 가사소송규칙의 규정에 의한다.

(2) 위에서 설명한 요건이 갖추어져 있으면, 가정법원은 성년후견 개시의 심판을 하여야 한다. 제도의 취지에 비추어 보아 요건을 갖추고 있으면 반드시 성년후견 개시의 심판을 해야 하며, 임의적인 것이 아니다. 제 9 조도 "심판을 한다"라고 함으로써, 심판이 필수적임을 분명하게 밝히고 있다. 성년후견 개시는 가족관계등록부가 아니라 후견등기부에 공시된다(가소 9조, 가소규 5조의 2). 이를 위하여 2013년부터 「후견등기에 관한 법률」이 제정되어 시행되고 있다.

[51] Ⅱ. 피성년후견인의 행위능력

피성년후견인의 법률행위는 원칙적으로 취소할 수 있다(10조 1항). 그의 보호기관인 후견인의 동의 없이 한 행위는 물론이며, 동의를 받고 한 행위일지라도 취소할 수 있다.

그러나 종전의 금치산자와는 달리 피성년후견인은 법률행위를 유효하게 할 수 있는 예외를 두고 있다. 첫째, 가정법원은 취소할 수 없는 피성년후견인의 법률행위의 범위를 정할 수 있다(10조 2항). 가정법원은 본인, 배우자, 4촌 이내의 친족, 성년후견인, 성년후견감독인, 검사 또는 지방자치단체의 장의 청구에 의하여 위 범위를 변경할 수 있다(10조 3항). 피성년후견인의 경우에도 일정한 범위에서는 법률행위를 할 수 있도록 한 것이다. 둘째, 일용품의 구입 등 일상생활에 필요하고 그 대가가 과도하지 않은 법률행위는 취소할 수 없다(10조 4항). 피성년후견인이 이와 같은 법률행위를 할 수 있도록 하는 것이 피성년후견인의 이익에 합치될 것이다.

약혼, 혼인, 협의이혼, 입양 등 일정한 가족법상의 행위에는 그 특수성으로 말미암아 피성년후견인도 후견인의 동의를 받아 스스로 유효한 법률행위를 할 수 있는 경우가 있다(802조·808조 2항·835조·856조·873조 1항·902조 등). 또한 상속법도 유언에 관하여 특별규정을 두고 있다. 피성년후견인은 만 17세에 이르고 있으면, 의사능력이 회복된 때에 단독으로 유언을 할 수 있다(1062조·1063조 1항). 다만 의사능력을 회복하고 있다는 것을 반드시 의사가 증명하여야 한다. 이를 명백히 하기 위하여 유언서에는 피성년후견인이 심신회복의 상태임을 의사가 부기하고 서명날인을 하여야 한다(1063조 2항).

[52]　Ⅲ.　성년후견인

1.　성년후견인의 선임

피성년후견인에게는 성년후견인을 두어야 한다(929조). 성년후견인은 피성년후견인의 신상과 재산에 관한 모든 사정을 고려하여 여러 명을 둘 수 있다(930조 2항). 법인도 성년후견인이 될 수 있다(930조 3항). 성년후견인의 선임에 관해서는 친족편에서 자세하게 규정하고 있다(936조).

2.　성년후견인의 임무와 권한

(1)　성년후견인은 피성년후견인의 재산을 관리하고 그 재산에 관한 법률행위에 대하여 피후견인을 대리한다(949조). 즉, 성년후견인은 피성년후견인의 법정대리인이 된다(938조 1항). 가정법원은 성년후견인이 가지는 법정대리권의 범위를 정할 수 있다(938조 2항). 가정법원은 성년후견인이 피성년후견인의 신상에 관하여 결정할 수 있는 권한의 범위를 정할 수 있다(938조 3항). 만일 법정대리인의 권한의 범위가 적절하지 않게 된 경우에 가정법원은 본인, 배우자, 4촌 이내의 친족, 성년후견인, 성년후견감독인, 검사 또는 지방자치단체의 장의 청구에 의하여 그 범위를 변경할 수 있다(938조 4항).

(2)　성년후견인이 대리권을 행사하는 경우에도 미성년자의 후견인이 대리권을 행사하는 경우와 마찬가지의 제한이 있다(949조·950조. [49] 2·[52] 참조). 피성년후견인은 원칙적으로 후견인의 동의를 받더라도 유효한 행위를 할 수 없으므로, 성년후견인은 동의권이 없고 대리권만 가진다. 그러나 예외적으로 일정한 가족법상의

행위에 관해서는 피성년후견인도 후견인의 동의를 받아 유효한 행위를 할 수 있으며, 그 한도에서는 후견인의 동의권이 있다([51] 참조). 그리고 피성년후견인의 행위는 원칙적으로 취소할 수 있으므로, 후견인은 취소권을 가진다(10조 1항, 140조 참조).

(3) 성년후견인은 피성년후견인의 재산관리와 신상보호를 할 때 여러 사정을 고려하여 그의 복리에 부합하는 방법으로 사무를 처리하여야 한다. 이 경우 성년후견인은 피성년후견인의 복리에 반하지 아니하면 피성년후견인의 의사를 존중하여야 한다(947조).

[53] Ⅳ. 성년후견 종료의 심판

성년후견 개시의 원인이 소멸된 경우에는 일정한 사람의 청구에 의하여 가정법원은 성년후견 종료의 심판을 한다(11조).

(1) 요   건   첫째, 성년후견 개시의 원인이 소멸하여야 한다. 따라서 정신적 제약과 이로 인한 사무처리 능력이 지속적으로 결여되지 않아야 한다. 둘째, 본인, 배우자, 4촌 이내의 친족, 성년후견인, 성년후견감독인, 검사 또는 지방자치단체의 장이 성년후견 종료의 심판을 청구하여야 한다.

(2) 절   차   성년후견 종료의 심판을 하는 절차에 관해서도 가사소송법과 가사소송규칙의 규정에 따른다(가소 44조 이하). 가정법원이 피성년후견인에 대하여 한정후견 개시의 심판을 할 때에는 종전의 성년후견의 종료 심판을 한다(14조의 3).

(3) 효   과   성년후견 종료의 심판을 하면, 피성년후견인은 행위능력을 가진 사람으로 돌아간다. 성년후견 종료의 효력은 소급하지 않고, 장래에 향하여 효력이 있을 뿐이다. 성년후견이 종료되더라도 성년후견 개시의 원인이 또 있게 되면, 다시 성년후견 개시의 심판을 청구할 수 있고, 이 경우 가정법원은 성년후견을 개시하여야 함은 물론이다.

제 4 관   피한정후견인

[54] Ⅰ. 한정후견 개시의 심판

질병, 장애, 노령, 그 밖의 사유로 인한 정신적 제약으로 사무를 처리할 능력이 부족한 사람에 대하여, 가정법원(가소 2조 1항 참조)은 일정한 절차에 따라 한정후견 개시의 심판을 한다(12조 1항). 이 한정후견이 개시된 사람이 「피한정후견인」이다.

1. 한정후견 개시의 요건

(1) 질병, 장애, 노령, 그 밖의 사유로 인한 정신적 제약으로 사무를 처리할 능력이 부족한 사람이어야 한다. 정신적 제약이 있는 것은 위에서 설명한 성년후견 개시의 요건과 동일하다. 그러나 한정후견은 성년후견과는 달리 사무처리 능력이 지속적으로 결여된 경우가 아니라 사무처리 능력이 부족한 경우에 개시된다. 이것은 전혀 의사능력이 없는 정도의 정신장해가 있는 것은 아니지만, 판단력이 불완전하여 사무처리 능력이 부족한 것을 말한다(종전에 심신미약 또는 낭비자가 한정치산선고의 요건이었으나, 낭비자는 한정후견 개시의 요건이 아니다).

가사소송법 제45조의 2는 성년후견의 경우와 마찬가지로 의사의 감정에 관한 규정을 두고 있다. 가정법원은 한정후견 개시의 심판을 할 경우에 원칙적으로 피한정후견인이 될 사람의 정신상태에 관하여 의사에게 감정을 시켜야 한다(그 의미는 성년후견의 경우와 마찬가지이다. 위 [50] 1. (1) 참조). 사무처리 능력의 지속적 결여와 사무처리 능력의 부족은 결국 정도의 차이에 지나지 않으며, 둘 사이의 명확한 구별은 쉬운 일이 아니다. 그러므로 한정후견 개시의 요건인 정신적 제약으로 인한 사무처리 능력의 부족은 한정후견제도에 의한 보호를 하는 것이 필요할 정도로 정상적인 판단능력이 부족한 것이라고 하여야 한다.

성년후견 개시를 청구한 경우에 법원이 한정후견을 개시할 수 있는지, 또는 한정후견의 개시를 청구한 경우에 법원이 성년후견을 개시할 수 있는지 문제된다. 종전에 금치산선고 또는 한정치산선고를 청구한 경우에 법원이 둘 중의 어느 하나를 선택할 수 있다는 것이 통설이었다(김상용 168면, 김증한·김학동 125면, 이영섭 116면·121면, 이영준 874면, 이은영, 164면, 장경학 216면). 성년후견의 개시와 한정후견의 개시를 결성할 때 본인의 의사를 고려하여야 한다. 그런데 한정후견의 개시를 청구한 사건에서 의사의 감정결과에 비추어 성년후견 개시의 요건을 충족하고 본인도 성년후견의 개시를 희망한다면, 법원이 성년후견을 개시할 수 있다고 보아야 할 것이다. 또한 성년후견 개시를 청구하고 있을지라도 필요하다면 한정후견을 개시할 수 있다고 해석하여야 한다. 즉, 성년후견 개시 또는 한정후견 개시의 청구가 있을 때에,

가정법원은 본인의 의사, 성년후견제도와 한정후견제도의 목적을 고려하여 어느 쪽
의 보호를 주는 것이 적절한지를 결정하고, 그에 따라 필요하다고 판단하는 절차를
결정해야 한다. 법률의 규정형식을 보면 위와 같은 해석이 곤란한 것처럼 규정되어
있지만, 성년후견 개시나 한정후견 개시는 비송사건에 해당하여 소송절차와 달리
법원이 후견적 기능에 기하여 유연한 결정을 할 수 있다고 보아야 할 것이다. 입법
론으로서는 이에 관한 명시적 규정을 두거나 두 절차 사이에서 유연하게 전환할 수
있도록 하는 방식으로 규정하는 것이 바람직할 것이다.

　　(2) 일정한 사람의 청구가 있어야만 한정후견을 개시할 수 있다. 그러한 청구
를 할 수 있는 사람은 본인, 배우자, 4촌 이내의 친족, 미성년후견인, 미성년후견감
독인, 성년후견인, 성년후견감독인, 특정후견인, 특정후견감독인, 검사 또는 지방자
치단체의 장이다. 검사 또는 지방자치단체의 장을 특히 청구권자로 한 것은 다른
청구권자가 없거나 또는 있더라도 청구하지 않을 때에, 본인의 이익과 거래의 안전
을 위하여 공익의 대표자로서 청구하도록 하기 위한 것이다.

　　후견인 또는 후견감독인에 관해서는 주의할 점이 있다. 피성년후견인의 능력
은 피한정후견인의 능력보다도 그 범위가 좁기 때문에, 본인의 능력을 넓히기 위하
여 성년후견인이나 성년후견감독인은 성년후견의 종료의 심판과 함께 한정후견 개
시의 심판을 청구할 필요가 있다. 다만 미성년자의 후견인이나 후견감독인이 한정
후견 개시의 심판을 청구하도록 하는 것이 바람직한지는 논란이 있을 수 있다. 미
성년자에 대하여 한정후견을 개시함으로써 미성년자의 보호를 소홀히하는 결과가
되어서는 안 될 것이다. 그러나 성년을 바로 앞둔 미성년자에게 한정후견 개시의
원인이 있는 경우에는 미리 한정후견 개시의 심판을 받게 함으로써 보호되지 않는
빈 기간을 메울 필요가 있다. 따라서 미성년자의 후견인이나 후견감독인도 한정후
견 개시의 심판을 청구할 수 있다고 보아야 할 것이다.

　　(3) 가정법원은 한정후견 개시의 심판을 할 때 본인의 의사를 고려하여야 한
다(12조 2항, 9조 2항).

2. 한정후견 개시의 심판 절차

(1) 심판 절차는 가사소송법과 가사소송규칙의 규정에 따른다(가소 44조 이하)

(2) 위에서 밝힌 요건이 갖추어져 있으면, 가정법원은 한정후견 개시의 심판

을 하여야 한다. 제12조는 "······ 한정후견 개시의 심판을 한다"라고 정함으로써, 심판이 필수적임을 명백히 하고 있다. 한정후견 개시는 성년후견의 경우와 마찬가지로 가족관계등록부가 아니라 후견등기부에 공시된다(가소 9조, 가소규 5조의 2, 후견등기에 관한 법률).

[55] Ⅱ. 피한정후견인의 행위능력

1. 피한정후견인은 원칙적으로 유효하게 법률행위를 할 수 있다. 이 점에서 종전에 한정치산자의 행위능력을 대폭 제한하였던 것과는 다르다. 한정후견의 경우에는 가정법원이 예외적으로 피한정후견인의 행위능력을 제한할 수 있도록 하였다. 즉, 가정법원은 피한정후견인이 한정후견인의 동의를 받아야 하는 행위의 범위를 정할 수 있다(13조 1항). 피한정후견인의 행위능력이 일률적으로 제한되는 것이 아니라, 한정후견인의 동의를 받도록 가정법원이 정한 범위에서 피한정후견인의 행위능력이 제한된다. 가정법원은 본인, 배우자, 4촌 이내의 친족, 한정후견인, 한정후견감독인, 검사 또는 지방자치단체의 장의 청구에 의하여 한정후견인의 동의를 받아야만 할 수 있는 행위의 범위를 변경할 수 있다(13조 2항). 한정후견인의 동의를 필요로 하는 행위에 대하여 한정후견인이 피한정후견인의 이익이 침해될 염려가 있는데도 그 동의를 하지 않는 때에는 가정법원은 피한정후견인의 청구에 의하여 한정후견인의 동의를 갈음하는 허가를 할 수 있다(13조 3항). 한정후견인의 동의가 필요한 법률행위를 피한정후견인이 한정후견인의 동의 없이 하였을 때에는 그 법률행위를 취소할 수 있다. 다만, 일용품의 구입 등 일상생활에 필요하고 그 대가가 과도하지 않은 법률행위에 대하여는 그러하지 아니하다(13조 4항).

한정후견인이 피한정후견인의 근로계약을 대리하여 체결하고 임금을 청구할 수 있는지 문제된다([48] 2 (8) 참조). 우선 근로기준법 제67조·제68조는 미성년자를 보호하기 위한 규정으로, 피한정후견인에게는 적용되지 않는다고 보아야 할 것이다. 왜냐하면 가정법원이 피한정후견인의 행위능력을 제한하지 않는 경우에는 피한정후견인이 온전한 행위능력을 갖고 있기 때문이다. 따라서 피한정후견인은 원칙적으로 근로계약을 체결하고 임금을 청구할 수 있다. 다만 가정법원이 피한정후견인의 근로계약 체결을 제한한 경우에는 그 결정에 따라 근로계약을 체결해야 한다.

2. 민법이 총칙편에서는 피한정후견인의 능력을 제한할 수 있도록 하면서, 약혼행위(801조·802조)·혼인행위(807조·808조)·협의이혼행위(835조)·입양행위(871조·873조)·협의파양행위(902조) 등의 가족법상의 행위능력에 관해서는 미성년자와 피성년후견인에 관해서만 규정하고, 피한정후견인에 관해서는 규정을 두고 있지 않다. 피한정후견인에 관하여 언급이 없는 것은 결국 단독으로 유효하게 그러한 가족법상의 행위를 할 수 있다는 전제에 서 있다고 볼 수 있다(종전에 한정치산자에 관해서는 김용한 115면, 김증한 131면, 양창수·김재형 588면, 장경학 220면 참조). 피한정후견인은 의사능력이 전혀 없는 것은 아니므로 위와 같은 가족법상의 행위를 하는 것이 허용된다. 따라서 피한정후견인은 원칙적으로 위와 같은 행위를 자유롭게 할 수 있다고 보아야 한다.

[56] Ⅲ. 한정후견인

한정후견을 개시하는 경우에 그 개시 심판을 받은 사람의 한정후견인을 두어야 한다(959조의 2). 미성년자의 법정대리인에는 친권자, 후견인, 후견감독인이 있으나, 피한정후견인의 보호기관으로서는 후견인과 후견감독인이 있다.

한정후견 개시에 따른 한정후견인은 가정법원이 직권으로 선임한다(959조의 3 1항). 한정후견인에 관해서는 성년후견인에 관한 여러 규정이 준용된다(930조 2항·3항, 936조 2항부터 4항까지, 937조, 939조, 940조 및 949조의 3). 따라서 한정후견인은 여러 명을 둘 수 있고, 법인도 한정후견인이 될 수 있다.

가정법원은 한정후견인에게 대리권을 수여하는 심판을 할 수 있다(959조의 4 1항). 한정후견인의 대리권 등에 관하여는 성년후견인에 관한 938조 3항 및 4항을 준용한다(제959조의 4 2항). 따라서 가정법원은 한정후견인이 피한정후견인의 신상에 관하여 결정할 수 있는 권한의 범위를 정할 수 있다. 만일 법정대리인의 권한의 범위가 적절하지 않게 된 경우에 가정법원은 본인, 배우자, 4촌 이내의 친족, 한정후견인, 한정후견감독인, 검사 또는 지방자치단체의 장의 청구에 의하여 그 범위를 변경할 수 있다. 또한 한정후견인은 가정법원이 정한 범위에서 동의권(13조 1항·2항)과 취소권(13조 4항)이 있다.

한편 가정법원은 필요하다고 인정하면 직권으로 또는 피한정후견인, 친족, 한정후견인, 검사, 지방자치단체의 장의 청구에 의하여 한정후견감독인을 선임할 수 있다(959조의 5 1항).

[57] Ⅳ. 한정후견 종료의 심판

한정후견 개시의 원인이 소멸된 경우에는 가정법원은 일정한 사람의 청구에 의하여 한정후견 종료의 심판을 한다(14조).

1. 요 건 첫째, 한정후견 개시의 원인이 소멸하여야 한다. 따라서 질병, 장애, 노령, 그 밖의 사유로 인한 정신적 제약으로 사무를 처리할 능력이 부족한 상태를 벗어나야 한다. 둘째, 본인, 배우자, 4촌 이내의 친족, 한정후견인, 한정후견감독인, 검사 또는 지방자치단체의 장이 종료의 심판을 청구하여야 한다.

또한 가정법원이 피한정후견인에 대하여 성년후견 개시의 심판을 할 때에는 종전의 한정후견의 종료 심판을 한다(14조의 3).

2. 절 차 한정후견 종료의 심판절차에 관해서도 가사소송법과 가사소송규칙의 규정에 의한다.

3. 효 과 한정후견 종료의 심판이 있으면, 한정후견의 상태는 그치고 피한정후견인은 완전한 행위능력자로 돌아간다. 종료 심판의 효력은 소급하지 않고, 장래에 향하여 효력이 있을 뿐이다. 종료의 심판이 있더라도 한정후견의 원인이 또 발생하면, 다시 개시의 심판을 청구할 수 있고, 또한 개시의 심판을 하여야 함은 물론이다.

제 5 관 피특정후견인

[58] 특정후견

1. 의 의 질병, 장애, 노령, 그 밖의 사유로 인한 정신적 제약으로 일시적 후원 또는 특정한 사무에 관한 후원이 필요한 사람에 대하여, 가정법원은 일정한 절차에 따라 특정후견의 심판을 한다(14조의 2). 이 특정후견의 심판이 있는 사람이 「피특정후견인」이다.

2. 요   건

(1) 질병, 장애, 노령, 그 밖의 사유로 인한 정신적 제약으로 일시적 후원 또는 특정한 사무에 관한 후원이 필요한 사람에 해당해야 한다. 정신적 제약이 있는 것은 위에서 설명한 성년후견이나 한정후견의 경우와 동일하지만, 특정후견의 경우에는 사무처리 능력의 결여나 부족이 필요한 것이 아니다. 정신적 제약으로 일시적 후원 또는 특정한 사무에 관한 후원이 필요한 경우에 특정후견을 받을 수 있다.

(2) 특정후견의 심판을 청구할 수 있는 사람은 본인, 배우자, 4촌 이내의 친족, 미성년후견인, 미성년후견감독인, 검사 또는 지방자치단체의 장이다. 성년후견이나 한정후견이 개시된 경우에는 특정후견을 받을 필요가 없기 때문에, 성년후견인이나 한정후견은 청구권자에 포함되어 있지 않다. 그러나 미성년자에 대해서는 특정후견의 심판을 받을 수 있도록 하였다. 성년을 앞둔 미성년자의 경우에는 미리 특정후견의 심판을 받음으로써 후견의 공백이 생기는 것을 막을 필요가 있기 때문이다.

(3) 특정후견은 본인의 의사에 반하여 할 수 없다(14조의 2 2항).

3. 특정후견의 내용

특정후견의 심판을 하는 경우에는 특정후견의 기간 또는 사무의 범위를 정해야 한다(14조의 2 3항). 가정법원은 피특정후견인의 후원을 위하여 필요한 처분을 명할 수 있다(959조의 8). 이 경우 가정법원은 피특정후견인을 후원하거나 대리하기 위한 특정후견인을 선임할 수 있다(959조의 9 1항). 가정법원은 필요하다고 인정하면 직권으로 또는 피특정후견인, 친족, 특정후견인, 검사, 지방자치단체의 장의 청구에 의하여 특정후견감독인을 선임할 수 있다(959조의 10 1항).

피특정후견인의 후원을 위하여 필요하다고 인정하면 가정법원은 기간이나 범위를 정하여 특정후견인에게 대리권을 수여하는 심판을 할 수 있다(959조의 11 1항). 이 경우 가정법원은 특정후견인의 대리권 행사에 가정법원이나 특정후견감독인의 동의를 받도록 명할 수 있다(제959조의 11 2항).

4. 특정후견 종료의 심판

가정법원이 피특정후견인에 대하여 성년후견 개시 또는 한정후견 개시의 심판을 할 때에는 종전의 특정후견의 종료 심판을 한다(제14조의 3 1항·2항).

〈후견계약〉

질병, 장애, 노령, 또는 그 밖의 사유로 인한 정신적 제약으로 사무를 처리할 능력
이 부족한 상황에 있거나 부족하게 될 상황에 대비하여 자신의 재산관리 및 신상보호
에 관한 사무의 전부 또는 일부를 다른 자에게 위탁하고 그 위탁사무에 관하여 대리권
을 수여하는 것을 내용으로 하는 계약을 체결할 수 있다(959조의 14 1항). 이를 후견계
약이라고 한다. 성년후견제도를 도입하면서 민법 친족편에 후견계약에 관한 규정을 두
었다. 후견계약은 공정증서로 체결하여야 하고(959조의 14 2항), 후견계약은 가정법원
이 임의후견감독인을 선임한 때부터 효력이 발생한다(959조의 14 3항). 가정법원, 임의
후견인, 임의후견감독인 등은 후견계약을 이행·운영할 때 본인의 의사를 최대한 존중
하여야 한다(959조의 14 4항).

제 6 관　제한능력자의 상대방의 보호

[59]　Ⅰ. 상대방 보호의 필요성

1.　위에서 본 바와 같이 제한능력자의 법률행위는 일정한 경우에 취소할 수
있다. 취소할 수 있는 법률행위에서는 취소권자의 일방적인 취소권 행사 여부에 따
라 그 행위의 효력이 좌우된다. 즉, 취소권자가 취소하면 효력이 없게 되지만, 취소
하지 않고서 그대로 내버려 두면 그 행위는 유효하다. 바꾸어 말해서, 행위의 효력
을 취소권자가 좌우할 수 있는 것이 취소할 수 있는 행위이다. 제한능력자의 행위
를 취소할 수 있는 자는 제한능력자 자신과 그의 법정대리인이다(140조). 이와 같이
제한능력자의 행위는 취소할 수 있을 뿐만 아니라 제한능력자 쪽만이 취소권을 가
지고 있고 그 행사도 또한 자유이다. 따라서 제한능력자와 거래한 상대방은 스스로
거래행위의 구속으로부터 벗어나지 못하고, 전적으로 제한능력자 쪽의 의사에 의하
여 법률관계가 좌우되는 불확정한 상태에 놓여 있다. 결국 상대방은 제한능력자의
보호를 위하여 희생하는 것이 된다. 한편, 취소의 효과는 행위를 처음부터 무효이
었던 것으로 하는 소급효가 있기 때문에(141조 참조), 상대방 이외의 제 3 자도 불안
한 지위에 놓이게 된다. 즉, 거래의 안전을 위협한다. 따라서 취소할 수 있는 행위
의 불확정상태는 될 수 있는 대로 빨리 소멸시키는 것이 필요하다. 그러한 방법으
로 민법은 다음과 같은 제도를 두고 있다.

2. 첫째, 취소할 수 있는 행위 일반에 관하여 취소권의 단기소멸기간을 정하고, 법정추인 제도를 두고 있다. 취소권의 단기소멸기간 제도는 취소할 수 있는 행위를 추인(143조 이하)할 수 있는 날부터 3년 안에 또는 법률행위를 한 날부터 10년 안에 취소하지 않으면 취소할 수 없게 된다는 것이다(146조). 법정추인 제도는 일정한 사유가 있는 때에 추인(취소권의 포기)이 있는 것으로 봄으로써 취소할 수 있는 행위를 확정적으로 유효하게 하는 제도이다(145조). 그러나 위의 취소권의 소멸기간은 비교적 장기간이어서, 역시 제한능력자의 상대방은 상당히 오랫동안 불확정한 상태에 놓이게 되고, 법정추인사유로서 규정되어 있는 것은 예외적 현상이기 때문에 별로 실효성이 없다. 취소할 수 있는 행위의 상대방 중에서도 사기나 강박을 한 자(110조 참조)는 그러한 불이익한 지위에 놓이더라도, 그것은 자업자득이라고 할 수 있다. 하지만 제한능력자의 상대방은, 사기나 강박을 한 자와는 달리, 그에게 책임을 물을 만한 사정이 없다. 그런데도 사기나 강박을 한 자와 같은 처지에 서게 하는 것은 부당하다. 그는 제한능력자의 보호라는 목적을 위하여 희생되는 자이므로, 그 지위를 두텁게 보호할 필요가 있다. 여기서 민법은 제한능력으로 인한 취소할 수 있는 행위에 관하여 세 가지의 특례를 인정해서 상대방을 보호하기로 하였다. 상대방의 확답촉구권과 철회권·거절권, 그리고 일정한 경우에 제한능력자 쪽의 취소권을 상실케 하는 것이 그것이다.

이상에서 개략적으로 살펴본 바와 같은 제한능력자의 상대방의 보호를 위한 여러 제도 중에서, 취소권의 단기소멸과 법정추인에 관하여는 나중에 관계되는 곳에서 설명하기로 하고([180]·[181] 참조), 여기서는 나머지 세 제도에 관하여서만 차례로 보기로 한다.

[60]　Ⅱ. 상대방의 확답촉구권

1. 의　　의　　민법에는 최고권에 관한 규정을 두고 있었는데, 2011. 3. 7. 개정된 민법 제15조에서 "확답을 촉구할 권리"로 용어를 수정하였다(이를 줄여 확답촉구권이라고 한다. 그러나 민법의 여러 다른 규정에서는 여전히 최고권이라는 용어를 사용하고 있다). 일반적으로 「최고」는 「일정한 행위를 할 것을 요구하는 통지」를 가리킨다(채권자가 채무자에 대하여 이행을 독촉하는 것은 그 좋은 예이다). 이 규정에서는 이 표현을

확답의 촉구로 수정한 것이다.

법률에 규정이 없어도 필요하면 얼마든지 확답을 촉구할 수 있다. 그러나 이에 관하여 법률에 규정하고 있는 경우에는 법률규정에 의하여 직접 일정한 법률효과가 주어진다. 제한능력자의 상대방이 확답의 촉구를 하는 경우에도 이에 대하여 제한능력자 쪽에서 아무런 행위를 하지 않아도 일정한 효과가 발생하는 것으로 하고 있다. 그러므로 제한능력자의 상대방이 하는 확답촉구는 보통·일반의 확답촉구와는 다르며, 법률의 규정에 의하여 일정한 효과가 주어지는 데서, 그것은 하나의 권리라고 할 수 있다. 그런데 이 확답촉구에 의하여 생기는 일정한 법률효과는 확답을 촉구한 사람의 의사에 의하여 정해지는 것은 아니며, 그의 의사와는 관계없이 법률 자체에 의하여 정해지는 것이라는 데서 이를 준법률행위의 일종인 「의사통지」([117] 2 (1) ㉮ 참조)라고 한다.

제한능력자의 상대방이 가지는 확답촉구권은 권리자의 일방적 행위에 의하여 법률관계의 변동을 일으키는 권리이므로, 그것은 형성권의 일종이다. 이 권리는 제한능력자 쪽에 대하여 취소할 수 있는 행위를 취소 또는 추인하겠는지 여부에 관한 확실한 대답을 할 것을 재촉하고, 이에 대하여 아무런 대답이 없을 때에는, 경우에 따라서 취소 또는 추인의 효과를 발생시킨다(15조).

2. 확답촉구의 요건   제한능력자의 상대방이 확답을 촉구할 권리를 행사하려면, (i) 문제의 취소할 수 있는 행위를 지적하여 가리키고, (ii) 1개월 이상의 유예기간을 정하여, (iii) 추인하겠는지 여부의 확답을 요구한다(15조 1항).

3. 확답촉구의 상대방   확답촉구의 상대방은 확답촉구를 수령할 능력이 있고(112조 참조), 또한 취소 또는 추인을 할 수 있는 자에 한한다(140조·143조 참조). 즉, 제한능력자는 그가 능력자가 된 후에만 확답촉구의 상대방이 될 수 있고(15조 1항), 아직 능력자가 되지 못한 때에는 그의 법정대리인이 확답촉구의 상대방이다(15조 2항). 따라서 능력자가 되지 못한 제한능력자에 대하여 확답촉구를 하여도 확답촉구의 효과는 생기지 않는다.

4. 확답촉구의 효과   확답촉구를 받은 자가 유예기간 내에 추인 또는 취소의 확답을 하면, 각각 그에 따른 효과가 생긴다. 그러나 이것은 추인 또는 취소라는 의사표시의 효과이고, 확답촉구 자체의 효과는 아니다. 확답촉구 자체의 효과가

생기는 것은 유예기간 내에 확답이 없는 경우이다. 그 구체적 내용은 다음과 같다.

(1) 제한능력자가 능력자로 된 후에, 확답촉구를 받고 유예기간 내에 확답을 발송하지 않으면(기간 내에 회답을 발송하면 되고 도달하지 않아도 된다. 즉 민법의 도달주의(111조)의 예외), 그 행위를 추인한 것으로 본다(15조 1항). 따라서 유예기간이 지난 후에 취소의 회답을 발송하더라도 추인한 것이 된다.

(2) 법정대리인이 확답촉구를 받았으나(즉 제한능력자가 아직 능력자가 되지 않은 때) 기간 내에 확답을 발송하지 않은 때에는 경우를 나누어서 볼 필요가 있다. 만일 법정대리인이 특별한 절차를 밟지 않고서 단독으로 추인할 수 있는 경우에는 그 행위를 추인한 것으로 본다(15조 1항·2항). 그러나 단독으로 추인하지 못하고 특별절차를 밟아야 하는 경우에는, 유예기간 내에 그 특별한 절차를 밟은 확답을 발송하지 않으면, 그 행위를 취소한 것으로 본다(15조 3항). 여기서「특별한 절차」가 무엇을 의미하는지 문제된다. 제15조 제 3 항에서 말하는「특별한 절차」를 필요로 하는 행위라는 것은 법정대리인인 후견인이 제950조 제 1 항 1호 내지 4호에 든 법률행위에 관하여 추인하는 경우를 가리킨다는 데에 학설은 일치하고 있다(950조 참조). 따라서 이러한 경우에는 후견인이 후견감독인의 동의를 받도록 되어 있다.

[61] Ⅲ. 상대방의 철회권과 거절권

위에서 설명한 확답촉구는 1개월 이상의 유예기간을 두어야 하는 것이고, 또한 행위의 효력의 확정은 제한능력자 쪽에 의하여 좌우된다. 따라서 제한능력자의 상대방이 적극적으로 행위의 효력발생을 원하지 않는 경우에는 쓸모 있는 제도가 못된다. 여기서 민법은 상대방이 스스로 행위의 효력발생을 부인해서 그 구속으로부터 벗어날 수 있도록 하기 위하여 상대방에게 철회권과 거절권을 인정한 것이다. 철회권은 계약에 관한 것이고, 거절권은 단독행위에 관한 것이다.

1. 철 회 권   제한능력자와 계약을 체결한 경우에 제한능력자 쪽에서 추인을 하기 전까지 상대방이 그의 의사표시를 철회할 수 있다(16조 1항 본문). 그러나 상대방이 계약 당시에 제한능력자임을 알았을 때에는 철회권은 인정되지 않는다(16조 1항 단서). 이 경우에는 보호할 필요가 없기 때문이다. 철회의 의사표시는 법정대리인에 대해서뿐만 아니라, 수령능력이 없는 제한능력자에 대해서도 유효하게

할 수 있다(16조 3항. 이 경우 112조는 적용되지 않는다).

  2. 거 절 권   제한능력자의 단독행위에 대해서는 추인이 있기 이전에 상
대방이 거절할 수 있다(16조 2항). 즉, 제한능력자의 상대방이 거절권을 행사하면,
제한능력자의 단독행위는 무효가 된다. 여기서 말하는 단독행위는 그의 성질상
채무면제(506조)·상계(493조)와 같은 상대방 있는 단독행위를 가리키는 것이며, 유
언(1060조)·재단법인 설립행위(43조)와 같은 상대방 없는 단독행위는 문제가 되지
않는다. 거절의 의사표시를 법정대리인뿐만 아니라 제한능력자에게도 할 수 있는
점은 철회권 행사의 경우와 같다(16조 3항).

  거절권은 제한능력자의 상대방이 의사표시를 수령할 때에 표의자가 제한능력
자임을 알고 있었더라도 행사할 수 있는가? 이 점에 관하여 민법은 규정을 두고 있
지 않다. 계약의 철회권의 경우와 마찬가지로 해석하는 견해, 즉 그러한 경우에는
거절권을 행사하지 못한다는 견해(이영섭 132면), 이와 반대로 제한능력자임을 알고
있었더라도 거절할 수 있다는 견해가 있다(김상용 177면, 김증한·김학동 133면, 이영준
880면, 이은영 183면). 뒤의 견해가 타당하다. 쌍방의 의사표시의 합치로 성립하는 계
약에서는 제한능력자의 의사표시뿐만 아니라 상대방의 의사표시도 있으므로, 책임
이 있게 되어 그 철회를 금하는 것이지만, 단독행위의 경우에는 제한능력자의 의사
표시만이 있고 상대방은 다만 그 의사표시를 수령하는 데 지나지 않으므로, 제한능
력자임을 알고 있었다고 해서 책임을 물을 수는 없을 것이다. 따라서 철회권의 경
우와는 달리, 제한능력자의 상대방이 의사표시를 수령할 때에 표의자가 제한능력
자임을 알고 있었더라도 거절권을 행사할 수 있다고 해석하여야 한다.

[62] Ⅳ. 취소권의 배제

  제한능력자가 상대방으로 하여금 자기가 능력자인 것으로 잘못 믿게 하거나
또는 법정대리인의 동의가 있는 것으로 잘못 믿게 하기 위하여 속임수(민법 개정 전
에는 詐術이라는 용어를 사용하였는데, 이는 기망수단 또는 속임수를 말한다)를 쓴 경우에, 그
러한 제한능력자를 보호할 필요는 전혀 없다. 이러한 경우에 제한능력자의 상대방
은 사기를 이유로 자기의 의사표시를 취소하거나(110조) 불법행위를 이유로 손해배
상을 청구할 수 있을 것이다(750조). 그러나 이들 방법으로는 상대방의 보호에 충분

하지 않기 때문에, 민법은 그러한 제한능력자로부터 취소권을 빼앗아서 그 행위를 확정적으로 유효한 것으로 함으로써, 상대방이 처음에 예상한 대로의 효과를 발생케 하여 거래의 안전을 꾀하고 있다. 이것이 제17조의 입법이유이다.

1. 취소권 배제의 요건

(1) 능력자임을 믿게 하려고 하였거나(17조 1항), 또는 법정대리인의 동의가 있는 것으로 믿게 하려고 하였어야 한다(17조 2항). 가령 미성년자나 피한정후견인이 위조한 동의서를 상대방에게 제시하여 마치 법정대리인의 동의가 있었던 것과 같이 믿게 하는 것이 좋은 예이다. 법정대리인의 동의가 있는 것으로 믿게 한 때에 취소권을 잃게 되는 것은 미성년자와 피한정후견인뿐이고, 피성년후견인은 포함되지 않는다. 피성년후견인은 단독으로 법률행위를 할 수 있는 예외(위 [51] 참조)를 제외하고는 법정대리인의 동의가 있더라도 단독으로 유효한 법률행위를 하지 못하며, 그 행위는 역시 취소할 수 있는 것이 되기 때문이다. 그러나 제17조 제 1 항의 경우, 즉 제한능력자가 자기가 능력자임을 믿게 하는 경우에는 피성년후견인도 포함된다. 바꾸어 말하면, 피성년후견인이 속임수로 능력자로 믿게 한 때에는, 취소권을 잃는다. 예컨대, 피성년후견인이 자기는 미성년자 또는 피한정후견인이라고 말하면서 법정대리인의 동의서를 제시하여 법률행위를 한 때에는 제17조 제 1 항에 의하여 취소권을 잃게 된다.

(2) 속임수를 썼어야 한다(17조 1항·2항). 즉, 능력자로 믿게 하기 위하여, 또는 법정대리인의 동의가 있는 것으로 믿게 하기 위하여 속임수를 썼어야 한다. 종전에 사술이라는 용어를 사용하였는데 어떠한 기망수단을 사술이라고 볼 것인지에 관하여, 학설·판례는 대립하였다. 사술은 상대방에게 능력자라고 믿게 하기 위한 적극적 수단이라고 함으로써, 적극성을 요구하는 것이 판례이다(대판 1971. 12. 14, 71다 2045는 미성년자가 단순히 자기가 능력자라 사언(詐言)함은 민법 제17조에 이른바 사술을 쓴 것이라고 할 수 없다고 판결하였다). 이에 찬성하는 견해도 있다(이은영 184면). 그러나 적극성은 필요하지 않다는 것이 다수설이다(김상용 178면, 김용한 124면, 김증한·김학동 135면, 송덕수 216면, 이영섭 133면, 장경학 231면). 사술, 즉 속임수라는 개념을 넓게 해석하여 적극적으로 부정한 기망수단을 쓰는 경우는 물론이며, 타인을 잘못 믿게 할 목적으로 보통사람을 오신케 할 만한 방법으로 오신을 유발하거나 오신을 강하게 하

는 것도 속임수를 쓴 것이라고 한다. 따라서 단순히 자기는 능력자라고 일컫는 것
도 경우에 따라서는 속임수가 될 수 있다. 속임수를 좁게 해석하는 것은 제한능력
자 본인의 보호를 중요시하는 견해인 데 대하여, 속임수를 넓게 해석하는 것은 본
인의 보호보다도 상대방의 보호와 거래의 안전을 더 중요하게 보는 견해라고 할 수
있다. 다수설이 타당하다. 거래의 안전과 선의의 거래상대방의 보호를 위하여 속임
수의 범위를 넓게 새겨야 한다.

(3) 제한능력자의 속임수에 의하여 상대방이 능력자라고 믿었거나 또는 법정
대리인의 동의(또는 허락)가 있다고 믿었어야 한다.

(4) 상대방이 그러한 오신(誤信)에 의하여 제한능력자와 법률행위를 하였어야
한다.

2. 효   과   제한능력자 본인은 물론이고, 그의 법정대리인이나 그 밖
의 취소권자는 제한능력을 이유로 그 행위를 취소하지 못한다(17조 1항·2항). 즉, 제
한능력자 쪽의 취소권은 배제 또는 박탈된다.

제 3 절 주   소

[63] I. 서   설

1. 사람과 장소의 관계   모든 국민은 거주·이전의 자유가 있으며(헌법 14
조), 다만 국가안전보장·질서유지 또는 공공복리를 위하여 필요한 경우에 한하여
법률로써 제한된다(헌법 37조 2항 참조). 그러나 사람은 특정의 토지, 즉 장소를 중심
으로 사회적 활동을 하는 것이 보통이며, 법률생활의 안정을 위하여 일상생활에서
잇따라 생겨나는 법률관계에 관하여 어느 정도의 고정적인 장소적 중심을 정하는
것이 요청된다. 사람과 장소의 관계는 법률상 여러 가지 사항에 관하여 문제가 된
다(주요한 것으로는 본국·본적지·주민등록지·현재지·재산소재지·법률행위지·주소·거소·사무
소·영업소 등이 있다). 민법은 모든 사람에게 공통적으로 법률상 문제가 되는 주소와
거소에 관해서만 일반적 규정을 두는 데 그치고, 그 밖의 장소에 관해서는 각각의
경우에 개별적으로 규정하고 있다.

2. 형식주의와 실질주의   주소를 정하는 표준으로서 형식주의와 실질주의가 있다. 형식주의는 형식적 표준(예컨대, 가신의 제단이 있는 곳, 본적지 등)에 따라서 획일적으로 주소를 정하는 주의이고, 실질주의는 생활의 실질적 관계에 의하여 구체적으로 결정하는 주의이다. 형식주의는 법률관계를 명확하게 하는 장점이 있으나, 오늘날에는 사람이 여러 곳을 옮겨 가며 활동하고 각종의 생활관계가 이곳저곳 여러 군데에 흩어져 있어 도저히 유지할 수가 없다. 그러므로 주소를 결정하는 표준으로서는 실질주의가 타당하다. 각 나라의 법률도 이를 따르고 있다.

3. 의사주의와 객관주의   한편 주소결정에 관한 입법에서는 「정주(定住)의 사실」만을 요건으로 하는 객관주의와 정주의 사실과 그 밖에 「정주의 의사」도 필요하다고 하는 의사주의가 대립하고 있다. 의사주의는 주소의 설정·유지·변경에는 어떤 장소가 생활의 중심적 장소를 이루고 있다는 사실(정주의 사실) 외에, 그 곳을 주소로 하려는 의사(정주의 의사)도 필요로 한다는 것이다. 이에 대하여, 정주의 의사라는 주관적 요소를 필요로 하지 않고, 정주의 사실이라는 객관적 요소만을 표준으로 하여 순전히 객관적으로 주소를 결정하는 주의가 객관주의이다. 정주의 의사는 외부에서 인식할 수 없는 경우가 많고, 또한 그러한 의사가 반드시 존재하는 것도 아니므로, 이론적으로는 객관주의가 우수하다.

4. 주소의 개수   주소의 개수에 관해서도 입법례는 단일주의와 복수주의로 나누어진다. 의사주의에 의하면 단일주의에 따르게 된다. 오늘날 생활관계가 매우 다양하고 또한 복잡해져 가는 점에 비추어 복수주의가 타당하다.

[64] Ⅱ. 민법상 주소

1. 주소의 의의   민법은 「생활의 근거되는 곳」을 주소로 하고 있다. 위에서 본 형식주의와 실질주의 중 실질주의를 채용하였음이 분명하다. 한편, 의사주의를 취하였는지 또는 객관주의에 따랐는지에 관해서는 민법에 직접적인 규정이 없으나, 객관주의로 해석하는 데 이견이 없다. 주소에 관한 민법의 규정에는 의사주의로 해석할 근거가 될 만한 것이 없다. 또한 의사주의를 채용한다면 의사무능력자를 위한 법정주소를 정한다는 것이 필요하게 되나, 민법은 그러한 규정을 두고 있지 않다. 따라서 민법이 객관주의를 채택하였다고 해석하는 것이 옳다. 그리고

주소의 개수에 관해서는 "주소는 동시에 두 곳 이상 있을 수 있다."라는 규정(18조 2항)을 두고 있으므로, 복수주의를 취하였음이 명백하다.

2. 주소의 법률상의 효과　　민법 기타의 법률이 주소에 일정한 법률효과를 주고 있는 중요한 경우는 다음과 같다.

(1) 부재 및 실종의 표준(22조·27조)

(2) 변제의 장소(467조)

(3) 상속개시지(998조)

(4) 어음행위의 장소(어음 2조 2호·4조·21조·76조 2호, 수표 8조)

(5) 재판관할의 표준(민소 3조, 가소 13조·22조·26조·30조 등, 비송 33조·72조, 회생 파산 3조 등)

(6) 민사소송법상의 부가기간(민소 172조 2항)

(7) 국제사법상 준거법을 결정하는 표준(국제사법 3조 2항. 국제사법에서는 "상거소"라 한다)

(8) 귀화의 요건(국적 5조 내지 7조)

[65]　Ⅲ. 거소·현재지·가주소

1. 거　소

(1) 의　의　　사람이 다소의 기간 계속하여 거주하는 장소로서, 그 장소와 밀접한 정도가 주소만 못한 곳이「거소」이다. 사람에 따라서는 거소만 가지는 사람이 있을 수 있고, 또한 그 밖에 주소도 가지는 사람이 있을 수 있다.

(2) 효　과　　거소가 가지는 법률적 의의는 다음의 두 경우에는 거소를 주소로 보게 되고, 주소에 관하여 발생하는 법률효과가 거소에 관하여 일어나는 데에 있다. 즉, (ⅰ) 주소를 알 수 없을 때(19조), (ⅱ) 국내에 주소가 없는 사람에 대하여는 각각 거소를 주소로 본다(20조).

2. 현 재 지　　토지와의 관계가 거소보다도 더 엷은 곳을, 거소와 구별하여,「현재지」라고 부르는 수가 있다. 예컨대, 여행자가 일시 머물러 있는 호텔이나 여관과 같은 곳이 현재지이다. 그러나 현재지에 대하여 법률상 특별한 효과가 주어져 있지는 않다. 민법 제19조·제20조의 거소는 현재지를 포함하는 것으로 해석되

어 있다. 그러나 거소에는 언제나 현재지가 포함되는 것은 아니며, 그때그때 검토·결정하여야 한다(예컨대, 민소 제 3 조에서의 거소는 현재지를 포함하지 않는다).

　　3. 가 주 소　　민법은 거소 외에 「가주소(假住所)」라는 것을 인정하고 있다. 당사자는 어떤 거래에 관하여 일정한 장소를 정하여 가주소로 할 수 있으며, 이때에는 그 거래관계에 관해서는 가주소를 주소로 보고, 주소에 관하여 발생하는 효과가 가주소에 관하여 생기게 된다(21조). 즉, 가주소는 당사자의 의사에 의해서 거래의 편의상 설정되는 것으로서 생활의 실질과는 관계가 없으므로, 엄격한 의미에서는 주소의 일종이 아니다.

제 4 절　부재와 실종

제 1 관　서　　설

[66] 서　　설

　　1.　사람이 그의 주소를 떠나서 짧은 시일 내에 돌아올 가망이 없는 때, 바꾸어 말해서 부재자(不在者)가 생긴 경우에는, 그 부재자나 그의 배우자·상속인 그 밖의 이해관계인의 이익을 보호하기 위하여, 어떠한 조치를 강구한다는 것이 필요하다. 부재자의 남아 있는 재산을 관리하지 않고서 내버려 둔다면, 재산의 값어치는 줄어서 적어지고 도둑맞거나 흩어져서 없어지게 되어, 부재자 본인을 위하여 불이익할 뿐만 아니라, 부재자의 채권자도 손실을 받는 결과가 된다. 또한, 사람의 권리능력은 오직 사망에 의해서만 소멸한다는 원칙을 관철한다면, 부재자의 생사불명의 상태가 아무리 오랫동안 계속되더라도, 사망의 증명이 없는 한, 부재자를 중심으로 하는 법률관계는 언제까시나 확정되지 못한다. 특히 친족·상속관계에 중대한 영향을 미치게 된다. 예컨대, 살아남은 배우자는 재혼을 할 수 없고, 상속인은 상속을 할 수 없게 된다. 여기서 민법은 두 단계의 조치를 취하고 있다.

　　우선 첫 단계의 조치로서, 부재자가 아직 살아있는 것으로 추측하여, 그의 재산을 관리해 주면서 돌아오기를 기다리는, 부재자의 「재산관리제도」를 두고 있다. 이어서 두 번째 단계의 조치로서는, 부재자의 생사불명의 상태가 일정기간 계속하고 살아 있을 가능성이 적게 된 때에, 그 사람을 일응 사망한 것으로 보고, 그를 중심으로 하는 법률관계를 확정·종결케 하는 「실종선고제도」를 두고 있다.

2. 그 밖에 민법상의 제도는 아니지만, 현행법상 인정되는 제도가 하나 있다. 즉, 사망하였다는 것이 확실하나 그 사체(死體)를 확인할 수 없는 경우에, 사망을 인정해서 사망자로 처리하는 행정처분인 「인정사망」이라는 제도가 있다. 이에 관해서는 이미 설명하였다([43] 3 (2) 참조).

> 위와 같은 제도 외에 「부재선고에 관한 특별조치법」(1967년 법 1867호)에 의한 특별제도가 두 가지 있다. 하나는 미수복지구(1953. 7. 28 현재 행정구역으로서 아직 수복되지 아니한 함경남북도·평안남북도·황해도의 5개도와 경기도 및 강원도의 일부를 말한다)에서 이남지역으로 옮겨 새로이 취적한 사람(이른바 '가호적' 제도에 의하여) 중 미수복지구잔류자에 대한 「부재선고제도」이고, 다른 하나는 해방 후 6·25전쟁을 거쳐 휴전협정이 성립할 때까지의 사이에 행방불명된 사람에 대한 「특별실종선고제도」이다. 해방과 더불어 우리 민족에게 안겨진 국토분단이라는 불행한 사실과 전선이 몇 번이나 남북으로 심하게 이동하였던 6·25전쟁으로, 가족이 남북으로 헤어져서 생이별을 하고 생사의 소식조차 알 수 없게 되었다. 또한 해방 후의 사회적 혼란과 그 후에 있었던 큰 전쟁으로 행방불명된 자가 많아졌다. 그리하여 재혼·상속 등의 문제로 법률생활상의 불편이 발생하였다. 이들 제도는 이러한 문제를 해결하기 위하여 마련된 것이다. 그중 특별실종선고제도는 해방 후 휴전 성립까지 사이에 행방불명된 자에 대한 것으로서, 위 특별조치법의 시행일(1967. 1. 16)부터 2년 내에 청구하여야 하는 이른바 한시적인 제도이어서, 그 기간의 경과로 이미 효력을 잃은 상태이다. 아직도 시행되고 있는 것은 부재선고제도뿐이다. 그러나 이 제도도 실질적으로는 다분히 한시제도로서의 성격을 지니고 있다. 그러므로 이들 특별제도에 관한 설명은 생략하기로 한다.

제 2 관   부재자의 재산관리

[67]   Ⅰ. 부재자의 의의

종래의 주소나 거소를 떠나서, 당분간 돌아올 가망이 없는 자가 「부재자」이다. 이것이 부재자에 관한 종래의 통설의 설명이다. 그러나 부재자 재산관리제도의 취지와 오늘날의 발달된 교통·통신사정을 고려한다면, 「종래의 주소나 거소를 떠나서 당분간 돌아올 가망이 없어서, 종래의 주소나 거소에 있는 그의 재산이 관리되

지 못하고 내버려져 있는 상태에 있는 자」가 부재자라고 하는 것이 훨씬 정확하다
(예컨대, 서울에서 살고 있던 사람이 그 곳을 떠나 부산으로 옮겨 갔다고 하더라도, 서울에 있는
그의 재산을 관리하는 데 별로 곤란이 없음을 생각하라). 판례도 부재자를 이와 같이 새기
고 있다(대판 1960. 4. 21, 4292민상252 참조. 사안은 외국에 유학하고 있는 자에 관한 것이나,
"그 소유재산을 국내에 있는 사람을 통하여 직접 관리하고 있는 사실이 인정되는 때에는 부재자
라고 할 수 없다"고 판결하였다). 이러한 부재자에는 살아있는 것이 명백하여 돌아올 가
능성이 있는 사람과 생사가 불명이어서 돌아올 가능성이 없는 사람이 있다. 즉, 부
재자는 반드시 생사불명이어야 하는 것은 아니지만, 생사불명인 사람도 실종선고를
받을 때까지는 역시 부재자이다. 부재자는 그 성질상 자연인에 한하며, 법인에게는
부재자에 관한 규정이 적용될 수 없다(대결 1965. 2. 9, 64스9). 부재자의 재산관리는
가정법원의 심판사건으로 되어 있다(가소 2조 1항 2호 가. 2)·44조 2호 참조).

[68] Ⅱ. 잔류재산의 관리

민법이 부재자에 관하여 규정을 두고 있는 것은, 그의 남아 있는 재산을 관리
하기 위한 것이므로, 부재자가 제한능력자이어서 법률상 당연히 그 재산을 관리할
법정대리인이 있는 경우에는 부재자로서 특별한 조치를 강구할 필요가 없다. 또한
부재자가 스스로 재산관리인을 두고 있는 경우에도 국가가 부재자의 재산관리에
참견할 필요는 없다. 다만, 스스로 재산관리인을 둔 부재자의 생사가 분명하지 않
은 때에는 재산관리의 감독상 국가가 이에 참견할 필요가 있다. 여기서 민법은 부
재자가 스스로 관리인을 둔 경우와 그렇지 않은 경우를 구별하여, 앞의 경우에는
본인·관리인의 관계를 존중하는 견지에서 국가의 참견을 부득이한 범위에 그치게
하고 있다. 여기서도 두 경우를 나누어서 설명하기로 한다.

부재자의 재산관리에 관한 규정은 부재 이외의 이유로 재산을 관리할 자가 없어서
법원이 관리인을 선임한 때에도 널리 준용된다(918조·1023조·1047조·1053조 참조).

1. 부재자 자신이 관리인을 두지 않은 경우

(1) 가정법원은, 이해관계인 또는 검사의 청구에 의하여, 재산관리에 필요한
처분을 명하여야 한다(22조 1항 전단).

(가) 여기서 말하는 「이해관계인」은 부재자에게 재산을 관리할 자가 없다는 사실에 대하여 「법률상」의 이해관계를 가지는 자(상속인·배우자·채권자·보증인 등)를 가리키는 것이다(따라서 단순한 이웃 사람이나 친구 등은 이해관계인이 아니다). 검사를 청구권자로 한 것은 공익에 관한 사항이기 때문이다.

(나) 가정법원이 명할 수 있는 「재산관리에 필요한 처분」으로서는 재산관리인의 선임(가소규 41조)·경매(가소규 49조) 등이 있으나, 그중 가장 보통의 방법은 관리인의 선임이다. 그리하여 민법과 가사소송규칙은, 이에 관하여 자세한 규정들을 두고 있다(23조 내지 26조, 가소규 41조 내지 46조).

(2) 선임된 관리인

(가) 성질·권한　　관리인은 언제든지 사임할 수 있고, 또한 법원도 언제든지 관리인을 개임할 수 있다(가소규 41조·42조). 부재자 본인의 의사에 의하여 선임되는 것이 아니므로, 일종의 법정대리인이다. 그의 권한은, 부재자의 재산에 관하여, 민법 제118조가 정하는 관리행위를 하는 것이다([158] 2 (2) 참조). 그 이상의 행위(예컨대, 재산의 처분 등)를 하려고 할 때에는, 반드시 가정법원의 허가를 받아야 한다(25조 전단). 그러한 허가없이 한 처분은 당연히 무효이다(대판 1970. 1. 27, 69다1820).

(나) 의　　무　　관리인은 가정법원에 의하여 임명되는 것이고, 부재자와의 사이에 계약관계가 있는 것은 아니지만, 그 직무의 성질상 부재자와의 위임계약에 의하여 재산을 관리하는 경우와 동일한 의무를 부담하는 것으로 새겨야 한다(통설). 따라서 관리인은 선량한 관리자의 주의로써 직무를 처리하여야 하는 등(681조 참조), 그 직무집행에 관하여 수임인(위임을 받은 자)과 동일한 지위에 선다. 그 밖에도 관리인은 그가 관리할 재산의 목록작성(24조 1항, 가소규 47조·48조 참조), 재산의 보존을 위하여 가정법원이 명하는 처분의 수행(24조 2항, 가소규 44조 1항 참조), 담보의 제공(26조 1항, 가소규 45조·46조 참조) 등의 여러 의무를 부담한다.

(다) 권　　리　　가정법원은 관리인에게 상당한 보수를 부재자의 재산에서 지급할 수 있다(26조 2항). 즉, 관리인은 보수청구권이 있다. 또한 관리인은 재산관리를 위하여 지출한 필요비와 그 이자, 과실 없이 받은 손해의 배상 등을 청구할 수 있다(688조·24조 4항 참조).

(3) 관리의 종료　　부재자가 나중에 재산관리인을 정한 때(22조 2항), 부재

자 본인이 스스로 그의 재산을 관리할 수 있게 된 때, 또는 그 사망이 분명하게 되거나 실종선고가 있는 때(가소규 50조)에는 가정법원은 부재자 본인 또는 이해관계인의 청구에 의하여 그가 명한 처분명령을 취소하여야 한다. 이들 각 경우에는 부재자의 재산으로서 관리할 필요가 없어지기 때문이다.

가정법원이 그가 명한 처분명령을 취소하더라도, 보통의 취소에서처럼 소급효가 생기지는 않는다고 하여야 한다. 따라서 재산관리인의 선임결정이 나중에 취소되더라도, 그 취소의 효력은 장래에 향해서만 생기고, 취소 전에 관리인이 행한 그의 권한 내의 행위는 그대로 유효하다고 하여야 한다(판례는 재산관리인의 선임결정이 있기 이전에 부재자가 이미 사망하고 있는 사안에 관하여 이 점을 명백히 하고 있다. 대판 1970. 1. 27, 69다719; 대판 1971. 3. 23, 71다189 등 참조).

2. 부재자 자신이 관리인을 둔 경우

(1) 원   칙   부재자가 둔 관리인은 부재자의 수임인이고 또한 그의 임의대리인이므로, 그 권한·관리의 방법 등은 모두 부재자와 관리인 사이의 계약(680조 이하 참조)에 의하여 정해진다. 계약으로 정한 바가 없으면, 민법 제118조가 적용된다. 따라서 이 경우에는 가정법원이 참견할 필요는 없다.

(2) 특   칙   다음의 경우에 한하여 가정법원이 끼어들어 참견을 한다.

㈎ 재산관리인의 권한이 본인의 부재중에 소멸한 때에는, 이미 설명한 처음부터 관리인이 없었던 경우와 마찬가지의 조치를 취한다(22조 1항 후단).

㈏ 부재자의 생사가 분명하지 않게 된 때에는, 본인의 감독이 미치지 못하므로, 법원이 참견하게 된다. 즉, 가정법원은 재산관리인·이해관계인 또는 검사의 청구에 의하여 재산관리인을 개임(改任)할 수 있다(23조, 가소규 41조). 따라서 개임하지 않고서 감독만 할 수도 있다. 개임하는 경우 그 관리인의 권한·관리의 방법 등은 이미 설명한 본인이 관리인을 두지 않은 경우와 같다. 개임하지 않고서 유임시킨 채로 감독만 하는 때에는, 가정법원은 관리인에 대하여 재산목록 작성, 재산보존에 필요한 처분을 명하고(24조 3항, 가소규 47조·48조·44조), 관리인이 권한을 넘는 행위를 할 때에 허가를 하고(25조 후단), 상당한 담보를 제공하게 하거나, 부재자의 재산으로 상당한 보수를 지급할 수 있다(26조 3항).

제 3 관　실종선고

[69]　Ⅰ.　실종선고의 의의

　　이미 설명한 바와 같이([66] 참조), 부재자의 생사불명상태가 오랜 기간에 걸쳐 계속되어 사망의 개연성은 크지만 그렇다고 사망의 확증은 없는 경우에, 이를 내버려 둔다면, 부재자의 법률관계가 확정되지 않아 이해관계인에게 불이익을 준다. 여기서 일정한 요건이 갖추어진 때에는, 법원이 실종선고(失踪宣告)를 하고 일정시기를 표준으로 해서 사망과 동일한 법률효과가 생기게 하고 있다. 이 실종선고를 받은 사람이 「실종자」이다.

[70]　Ⅱ.　실종선고의 요건

　　실종선고의 요건은 다음 네 가지이다. 이들 요건이 갖추어진 경우에 법원은 반드시 선고를 하여야 한다(27조 1항 참조). 실종선고도 가정법원의 심판사건이다(가소 2소 1항 2호 가. 3) 참조).

　　1. 부재자의 생사 불분명　　　부재자의 생사가 분명하지 않아야 한다. 부재자의 의의에 관하여는 이미 설명하였다([67] 참조). 생사가 분명하지 않다는 것은 생존과 사망의 어느 것도 증명할 수 없는 상태를 말한다. 이 생사불명은 절대적(모든 사람에게 불명)이어야 하는 것은 아니며, 선고청구권자와 법원에 분명하지 않으면 된다.

　　2. 실종기간의 경과　　　생사불명이 일정기간 동안 계속하여야 한다. 이 기간을 「실종기간」이라고 하며, 그것은 보통실종인지 특별실종인지에 따라서 다르다. 「특별실종」은 사망의 확률이 특히 큰 사변으로 생사불명이 된 경우의 실종을 말하며, 이에 대하여 보통의 경우의 실종을 「보통실종」이라고 한다.

　　(1)　**보통실종**　　　보통실종의 실종기간은 5년이다(27조 1항). 5년의 실종기간의 기산점에 관하여 민법은 침묵을 지키고 있으나, 부재자가 살아있다는 것을 증명할 수 있는 최후의 시기(예컨대, 최후의 소식이 있었을 때)를 기산점으로 하여야 한다는 데 학설은 일치하고 있다.

　　(2)　**특별실종**

　　㈎　민법은 특별실종으로서 (ⅰ)「전지(戰地)에 임한 자」(전쟁실종), (ⅱ)「침몰

한 선박 중에 있던 자」(선박실종), (ⅲ)「추락한 항공기 중에 있던 자」(항공기실종), (ⅳ)「기타 사망의 원인이 될 위난(危難)을 당한 자」(위난실종)의 네 가지를 들고 있다(27조 2항). 이들 각종의 특별실종의 실종기간은 한결같이 모두 1년이다(27조 2항 참조).

(내) 위의 실종기간의 기산점에 관해서는 민법에 규정이 있다(27조 2항). 즉, 전쟁실종의 경우에는 전쟁이 종지(終止)한 때, 선박실종의 경우에는 선박이 침몰한 때이고, 항공기실종의 경우에는 항공기가 추락한 때, 그리고 위난실종의 경우에는 위난이 종료한 때를 각각 기산점으로 한다. 주의할 것은 전쟁실종의 기산점에 관한 것이다. 현대의 전쟁은 그 규모가 크고 오래 계속할 뿐만 아니라 정전 후 강화조약이 체결될 때까지는 상당히 긴 기간이 걸리므로, 전쟁이 끝나는 시기를 결정하기가 곤란하다. 여기서 국제법상 전쟁이 끝나는 시기는 강화를 체결한 때를 표준으로 하나, 학설은 사실상 전쟁이 끝나는 때, 즉 항복선언 또는 정전이나 휴전선언이 있는 때를 표준으로 한다. 민법이 제27조 제 2 항에서 전쟁「종료」라 하지 않고, 전쟁「종지」라고 하고 있는 것도 이러한 점을 고려한 표현이라고 생각된다. 한편, 선박의 침몰도 그 증명이 곤란한 경우가 많다. 선박의 침몰을 추정하는 규정을 두었어야 할 것이다.

3. 청구권자의 청구   이해관계인이나 검사의 청구가 있어야 한다(27조 1항·2항). 여기서의 이해관계인은, 배우자·상속인·채권자·법정대리인·재산관리인 등과 같이, 실종선고를 청구하는 데에 법률상의 이해관계를 가지는 자, 즉 실종선고에 의하여 권리를 얻거나 또는 의무를 벗어나게 될 자를 말한다. 단순히 사실상의 이해관계를 가지는 것만으로는 이해관계인에 포함되지 않는다(대결 1961. 12. 19, 4294 민재항649). 그러므로 예컨대, 제 1 순위의 상속인(피상속인의 직계비속. 1000조 1항 1호 참조)이 있는 경우에, 그보다 후순위의 상속인(직계존속·형제자매·4촌 이내의 방계혈족. 1000조 1항 참조)은 실종선고를 청구할 수 있는 이해관계인은 아니다(대결 1980. 9. 8, 80스27; 대결 1986. 10. 10, 86스20 참조). 검사를 청구권자로 하고 있는 것은 공익상 필요한 때에 공익의 대표자로서 선고를 청구하게 하려는 것이다.

4. 절차상의 요건   공시최고를 하여야 한다(가소규 53조). 즉, 위와 같은 세 요건을 갖춘 때에는, 법원은 6개월 이상의 기간을 정하여 그 기간 내에 부재자

본인이나 부재자의 생사를 아는 자에 대하여 신고하도록 공고하여야 한다(가소규 54조·55조·26조 참조). 공시최고기간이 지나도록 신고가 없을 때에 비로소 실종을 선고하게 된다. 선고는 임의적인 것이 아니라 필수적임은 이미 밝혔다.

[71]　Ⅲ.　실종선고의 효과

　실종선고의 심판이 확정되면, 그 선고를 받은 자, 즉 실종자는 실종기간이 만료한 때에 사망한 것으로 본다(28조).

　1. 실종자는 사망자로 「본다」　　　사망을 「추정」하는 데 그치는 입법례(독일실종법 9조, 스민 38조 등)도 있으나, 민법은 사망한 것으로 「본다」. 즉, 사망으로 의제한다. 따라서 본인의 생존이나 그 밖의 반증을 들어서 선고의 효과를 다투지 못하며, 이 효과를 뒤집으려면 실종선고를 취소하여야 한다(대판 1970. 3. 10, 69다2103; 대판 1995. 2. 17, 94다52751). 즉, 선고 자체가 취소되지 않는 한, 사망의 효과는 그대로 존속한다(추정주의의 입법 아래에서는 선고 자체를 취소하기 전이라도 반증을 들어 선고의 효과를 다툴 수 있다). 사람의 생사에 관한 법률관계를 획일적으로 다룬다는 점에서, 추정주의보다는 민법의 「본다주의」가 낫다고 할 것이다. 그리고 선고는 그 선고절차에 참가한 사람뿐만 아니라 제3자에 대해서도 절대적으로 효과가 생긴다.

　2. 사망의 효과가 생기는 시기　　　사망의 효과가 언제부터 발생하는 것으로 하는지에 관하여 대체로 네 가지의 주의가 있다. 즉, (ⅰ) 선고한 때를 표준으로 하는 것(이론적으로 타당하나, 선고신청시기나 법원의 절차의 늦고 빠름에 따라 사망시기가 달라진다는 결점이 있다), (ⅱ) 최후의 소식 또는 위난이 있었던 때에 사망한 것으로 인정하는 주의(여기서는 (ⅰ)에서와 같은 결점은 없으나, 최후의 소식이 있었던 때에 사망한 것으로 보는 것은 사실에 반하고, 선고 후 실종기간을 소급하여 그 전에 죽은 것이 되므로 법률관계가 복잡해지는 결점이 있다), (ⅲ) 실종기간의 중간시점을 표준으로 하는 것(이 주의도 상당한 기간을 소급하게 되어, (ⅱ)에서와 같은 결점이 있다), (ⅳ) 실종기간이 만료한 때에 사망한 것으로 인정하는 주의가 있다. (ⅳ)의 주의가 비교적 어려운 점이 적다. 민법이 이 주의를 채택하여 실종기간이 만료한 때에 사망한 것으로 보는 것은 타당하다(28조). 그러나 이 주의에 의하더라도, 사망시기는 선고의 시기보다 거슬러 올라가게 되므로, 부당한 경우가 생길 수 있다(예컨대, 부재자의 채권자가 잔류재산에 대하여 강

제집행을 하더라도, 후일의 실종선고의 결과 그 집행이 실종기간 만료 후에 한 것이 되면, 상속인의 재산에 관하여 집행한 것이 되고, 강제집행은 무효가 된다).

3. **사망으로 보는 범위**   실종선고는 실종자의 종래의 주소(또는 거소)를 중심으로 하는 사법적 법률관계만을 종료시킨다. 즉, (i) 종래의 주소를 중심으로 하는 법률관계만이 문제가 되므로, 돌아온 후의 법률관계나, 실종자의 다른 곳에서의 신주소를 중심으로 하는 법률관계에 관하여는 사망의 효과가 미치지 않는다. 바꾸어 말하면, 실종선고는 실종자의 권리능력을 빼앗는 제도가 아니다. (ii) 실종선고는 사법적 법률관계에 관한 것이므로, 공법상의 선거권·피선거권의 유무나, 실종자의 범죄 또는 그에 대한 범죄의 성부 등은 실종선고와는 관계없이 결정된다. 그러나 (iii) 사법적 법률관계이면 되고, 그것이 재산법적 관계인지 또는 가족법적 관계인지는 묻지 않는다.

4. **실종선고와 생존추정**

(1) 실종선고를 받은 경우에, 실종자는 그가 사망한 것으로 보게 되는 시기, 즉 실종기간이 만료할 때까지는 살아있었던 것으로 보는가? 제도의 취지에 비추어 긍정하여야 한다.

(2) 생사불명인 부재자가 실종선고를 받지 않고 있는 경우에도, 만일 그가 선고를 받는다면 사망한 것으로 보게 되는 시기(즉 실종기간이 만료한 때)까지는 살아있었던 것으로 추정된다고 할 수 있을까? 민법의 해석으로 이를 긍정하는 견해가 있다(김용한 139면, 김증한·김학동 148면, 김현태 137면, 이영준 895면, 이은영 200면). 그 근거로는 실종선고로 실종기간이 만료하는 때에 실종자를 사망한 것으로 본다는 것(28조)은, 일반적으로 생사불명의 부재자는 실종기간이 만료할 때까지는 살아있는 것이 보통이라는 취지를 포함하는 것이기 때문이라고 한다. 그러나 민법 제28조는 일정한 시기를 표준으로 해서 부재자의 사망을 의제한다는 것이지, 위와 같은 추정을 전제로 하거나 규정하는 것은 아니다. 따라서 그러한 추정은 생기지 않으며, 사실문제로서 해결된다고 하여야 한다(송덕수 566면).

[72] Ⅳ. 실종선고의 취소

실종선고에 의하여 실종자는 사망한 것으로 보게 되므로, 실종자의 생존이나 그 밖의 반증이 있어도, 그것만으로는 사망이라는 선고의 효과를 뒤집지 못한다. 선고의 효과를 뒤집으려면 가정법원에 의한 실종선고 취소의 심판절차를 필요로 한다(29조, 가소 2조 1항 2호 가. 3)·44조 1호 나. 참조).

1. 실종선고 취소의 요건

(1) 실질적 요건으로 다음 세 가지 중의 어느 하나의 증명이 있어야만 한다.

(가) 실종자가 생존하고 있는 사실(29조 1항 본문).

(나) 실종기간이 만료한 때와 다른 시기에 사망한 사실(29조 1항 본문).

(다) 실종기간의 기산점 이후의 어떤 시기에 생존하고 있었던 사실. 제29조 제 1 항은 (다)의 사실을 선고취소의 원인으로서 규정하고 있지 않으나, 이 경우에는 실종선고를 하는 것은 옳은 일이지만, 실종기간의 기산점이 다르게 되기 때문에 사망으로 보게 되는 시기가 달라지므로, 역시 선고는 취소되어야 한다.

(2) 절차상의 요건으로 본인·이해관계인 또는 검사의 청구가 있어야 한다(29조 1항 본문).

(3) 공시최고는 이를 필요로 하지 않는다.

2. 절　차　　실종선고 취소의 절차는 가사소송법과 가사소송규칙의 규정에 정해져 있다(가소 2조 1항 2호 가. 3)·44조 1호 나. 11조, 가소규 57-59조 참조).

3. 실종선고 취소의 효과

(1) 원　칙　　선고취소의 심판이 확정되면, 처음부터 실종선고가 없었던 것과 마찬가지의 효과가 생긴다. 즉, 실종선고로 생긴 법률관계는 소급적으로 무효가 된다. 그러므로 (ⅰ) 실종자의 생존을 이유로 취소된 때에는 그의 가족관계와 재산관계는 선고 전의 상태로 돌아가고, (ⅱ) 선고에 의한 사망시기와 다른 시기에 사망하였음을 이유로 하는 경우에는, 그 시기를 표준으로 하여 다시 사망에 의한 법률관계가 확정된다. 그리고 (ⅲ) 실종기간 기산점 이후의 생존을 이유로 하는 경우에는 역시 일단 선고 전의 상태로 돌아가고, 이해관계인이 원하면 다시 새로운 실종선고를 청구하여야 하는 것이 된다.

(2) 예　외　　그러나 위의 원칙을 관철한다면, 선고를 믿고 행동한 배우자, 상속인 또는 그 밖의 이해관계인은 예측하지 못했던 불이익을 받는 경우가 있으므로, 민법은 원상회복에 대하여 다음과 같은 두 개의 예외를 두고 있다.

㉮ 「실종선고 후 그 취소 전에 선의로 한 행위」의 효력에 영향을 미치지 않는다(29조 1항 단서). 예컨대, 상속인의 상속재산 처분행위나, 살아남은 배우자의 재혼 등은 선고가 취소되더라도 그대로 유효하다.

① 이와 같이 효력에 영향을 미치지 않는 요건으로서는 (i) 그 법률행위가 「실종선고 후 그 취소 전에」 행해졌어야 한다. 따라서 「실종기간 만료 후 선고 전에」 한 행위에 관해서는 위 단서규정이 적용되지 않는다. (ii) 그 행위를 「선의로」 하였어야 한다. 여기서 선의라는 것은 실종선고가 사실에 반함을 알지 못하는 것이다. 단독행위에 관해서는 의문이 있을 수 없으나, 계약과 같이 행위에 두 당사자가 있는 때에는 그들 두 당사자의 선의를 필요로 하는지에 관하여 의문이 있을 수 있다. 통설은 두 당사자의 선의를 요구하며, 한쪽 당사자만이 선의이고 다른 쪽의 당사자가 악의인 때에는 행위에 영향을 미친다고 한다(김기선 124면, 김상용 199면, 김증한·김학동 152면, 송덕수 568면, 이영섭 154면, 이영준 792면, 장경학 262면). 이에 대하여 일부의 학설은 재산행위와 가족행위를 나누어서, 가족행위에서는 통설과 같이 쌍방 당사자의 선의를 요구하나, 재산행위에서는 계약의 한쪽 당사자만이 선의이더라도 상관없는 것으로 해석하자고 한다. 즉, 재산관계에 관해서는 일률적으로 효력을 결정할 필요는 없으며, 선의자에 대해서는 그 효력을 인정하고, 악의자에 대해서는 무효로 하여, 관계당사자에 따라 개별적·상대적으로 그 효력을 정하는 것이 타당하다고 한다(김용한 142면·143면, 김현태 140면·141면). 제29조 제 1 항 단서 규정의 외형상 어느 견해나 모두 주장될 여지는 있다. 두 견해를 비교할 때 소수설이 통설보다는 선의자를 두텁게 보호하는 해석인 것처럼 보이나, 실제로는 그렇지 않다. 즉, 선의로 취득한 자가 문제의 재산을 그대로 가지고 있는 동안은 좋으나, 그가 다시 악의자에게 양도하였다면, 그 악의의 양수인은 문제의 재산을 빼앗기게 된다. 이때에 그 양도인(선의자)은 담보책임(569조 이하 참조)을 지게 될 것이므로, 소수설의 선의자 보호라는 의미는 사라지고 만다. 또한 재산이 동산인 경우에는, 통설에 의하더라도, 취득자가 선의이면 선의취득(249조. 물권법강의에서 자세히 다룬다)을 하므로, 그 한도에서는 선의자가 보호된다. 결국 문제는 부동산 또는 그에 준하는 재산에 관한 것이나, 소수설에 의하더라도 문제는 있으며, 소수설이 반드시 통설보다 훨씬 선의자를 보호하는 것이라고는 말할 수 없을 것이다. 통설에 따르기로 한다.

구체적 사례를 가지고 학설을 설명하면, 다음과 같다.

실종선고를 받은 A의 부동산을 B가 상속한 후, 이를 C에게 양도하였고, C는 다시 D에게 양도하였는데, 그 후 A에 대한 실종선고가 취소되었다고 하자.

통설에 의하면, B·C·D 중의 누구든지 한 사람이 악의라면, C나 D는 그 부동산에 대한 권리를 잃게 되어, A에게 반환하여야 한다. 그러나 소수설에 의하면, B·C·D가 모두 선의인 때에는 A가 목적물의 반환을 요구하지 못함은 통설과 같으나, D가 악의이고 B·C가 선의라면, D에게 물건의 반환을 청구하거나 또는 B에게 현존이익의 반환을 청구할 수 있다. D에게 목적물의 반환을 청구하는 때에는, C는 D에게 담보책임을 져야 하므로, 선의자 C가 보호된다고 말하기는 어렵다. 한편, B나 D는 선의이고 C만이 악의라면, C에게 물건의 반환을 요구할 수 있으나, 위에서와 같은 문제가 생긴다.

② 선의로 한 행위는 그 효력에 영향을 받지 않게 되는 결과, 이것과 양립할 수 없는 종전의 관계는 부활하지 않는다고 해석하여야 한다. 예컨대, 배우자가 재혼한 경우에, 그 배우자와 실종자의 혼인관계와 같은 것은 부활하지 않는다(통설).

(나) 실종의 선고를 직접원인으로 하여 재산을 취득한 자가 선의인 경우에는 그 받은 이익이 현존하는 한도에서 반환할 의무가 있고, 악의인 경우에는 그 받은 이익에 이자를 붙여서 반환하고 손해가 있으면 이를 배상하여야 한다(29조 2항).

① 실종선고를 「직접원인」으로 하여 재산을 얻은 자라는 것은, 예컨대 상속인·유증의 수증자·생명보험수익자 등을 가리키며, 이들로부터 법률행위에 의하여 재산을 취득한 전득자는 포함되지 않는다.

② 본조의 반환의무는 성질상 부당이득의 반환이다. 따라서 그 반환범위는 부당이득에서 수익자의 반환범위와 같다(748조 참조).

③ 재산취득자에게 취득시효(245조·248조) 등의 다른 권리취득의 원인이 있을 때에는 실종선고의 취소가 있어도 아무런 영향을 미치지 않음은 물론이다.

제 3 장 법 인

제 1 절 서 설

[73] Ⅰ. 법인의 의의와 존재이유

1. 자연인 이외에 법인격(권리능력)이 인정된 것, 즉 권리·의무의 주체로 되는 것이「법인」이다. 현행법상 일정한 목적으로 조직을 갖추어 결합한 사람의 단체(사단 또는 조합)와 일정한 목적에 바쳐진 재산(재단)이라는 실체에 대하여 법인격이 주어지는 때에 각각 법인이 된다. 법인격 있는 사단은「사단법인」이라고 하고, 법인격 있는 재단은「재단법인」이라고 한다.

2. 민법은 위와 같은 사단법인·재단법인이라는 두 가지 법인을 인정하고, 그들의 설립·관리·소멸 및 벌칙 등에 관하여 자세한 규정을 두고 있다. 이와 같이 법인제도를 두는 이유는 무엇인가? 사람의 사회생활은 크고 작은 각종의 단체 속에서 영위되고 있으며, 이 사실은 때와 곳에 따라 정도의 차이는 있어도 예로부터 오늘날까지 모든 민족과 사회에 공통되는 사실이다. 개인만으로 성립하는 사회생활이란 역사상 없었다고 해도 지나친 말은 아니다. 개인보다도 부락이나 가족단체가 먼저 법률생활의 단위로 나타났다고 말할 수 있다. 즉, 권리주체로서는 법인이 자연인보다도 앞선다. 그러나 개인을 단위로 하는 오늘날의 이익사회에서는 자연인의 인격이 법체계의 중심을 이루며, 단체에 대해서는 일정한 한도에서 법인격을 인정할 뿐이다. 구체적으로 사단이나 재단이 어떠한 기능을 하는지 보기로 한다.

(1) 각종의 단체(국가·가(家)·동업자들의 조합단체·공익 또는 영리를 위한 단체 등)에 관하여 본다면, 단체는 이를 구성하는 개인의 증감이나 변동과는 관계없이 독립한 통일체로서 사회관계에 나타난다. 바꾸어 말하면, 대외적으로 단체의 대표자의 행동은 단체 자체의 행동이라고 생각되고, 단체원 전원이 단체로서 가지는 재산은 단체 자신의 재산으로 인정되며, 단체가 수행하는 목적은 단체 자체의 목적으로 보게 된다. 한편 대내적으로는 단체의 통일성을 유지하기 위하여 구성원의 자유활동을 어느 정도까지는 억압하고 통제한다. 그리하여 단체는 그것을 구성하는 개인이 가

지는 것보다도 훨씬 강하고 큰 힘으로 개인이 도저히 달성하지 못하는 목적을 달성하고, 인류사회·문화의 발전에 공헌하고 있다.

　　법이 사람의 사회생활관계의 규율을 그의 사명으로 한다면, 위와 같은 단체를 내버려 둘 수 없음은 자명한 이치이다. 즉, 각종의 단체가 자연발생적으로 형성된다고 하더라도, 법은 그의 이상에 비추어 단체들이 가지는 사회적 작용을 비판하고, 그의 생성에 대하여 억제·방임·조장·강제 등의 대책을 강구하는 것이 필요하다. 또한 단체의 내부조직의 통제력이 강하기 때문에, 지나치게 개인의 자유를 제한하거나 억제하는 것을 막기 위하여 법은 어느 정도 이에 간섭하는 것이 필요하다. 뿐만 아니라 단체와 교섭을 가지게 되는 자의 이해·거래의 안전 등을 고려하여, 성립시기·대표의 방식·재산귀속의 형식 등에 일정한 기준을 정해서 단체에 관한 법률관계를 명료하게 할 필요가 있다. 이것이 사단법인제도의 존재이유이다.

　　(2) 사회에는 일정한 비개인적 목적에 바쳐진 재산의 집합도 적지 않다. 국가 또는 공공단체가 만든 학교, 사인이 기부한 육영재산·병원 등이 그 예이다. 이들 재산은 그 목적을 위하여 독립한 존재가 되며, 그것에 의하여 이익을 받는 사람의 증감변동이나 이를 운영하는 개인의 변경과는 관계없이 독자적인 존재로서 유지된다. 즉, 하나의 독립한 주체로서 사회적 작용을 한다.

　　법은 이러한 재단에 대하여 무관심할 수 없으며, 사단과 마찬가지로 법적 규제를 필요로 한다. 특히 재단의 독자성과 관리의 영속성을 꾀할 필요가 생긴다.

　　　법인에 대한 입법정책은 역사적으로 큰 변천을 겪고 있으며, 또한 그 변천은 사단법인과 재단법인에서 반드시 동일하지 않다. 법인제도를 이해하는 데 필요한 한도에서, 근대법 이래의 입법정책의 변천을 개략적으로 살펴보기로 한다.

　　(ㄱ) **근대법의 입법태도**　　개인주의·자유주의에 관한 주장이 최고조에 이른 프랑스혁명 전후에는, 사단은 개인의 자유를 구속하는 것이라 하여 그 설립을 원칙적으로 부인하고, 개인 이외의 권리주체로서는 국가만을 인정하였다. 부득이 필요한 경우에는 입법 또는 특별한 면허에 의하여 그 설립을 허용하였다(특허주의).

　　위와 같은 태도는 사람의 사회생활을 개인과 국가라는 두 요소만으로 성립하는 것으로 보고, 각종의 단체가 자연발생적인 것이라는 사실을 무시한 하나의 반동적 태도이다. 19세기에 이러한 태도는 변경되었는데, 그 원동력은 회사설립의 필요성에 있다. 즉, 19세기 중엽에는 세계적 통상에 의한 상공업의 규모의 확대로 기업이 발흥하였고,

자본의 집중을 위하여 회사(사단) 설립의 자유가 요구되었다. 여기서 국가는 그의 사단에 대한 정책을 변경하여, 일정한 규칙에 따라 조직하면 자유로이 설립할 수 있다는 「준칙주의」를 인정하고, 아울러 일정한 경우에는 행정관청의 허가나 인가를 필요로 하는 「허가주의」나 「인가주의」를 채택하였다. 요컨대, 18세기에서 19세기에 걸쳐 사단을 부인하는 것에서 점차로 방임적 태도로 옮겨간 것이다.

다음에 재단에 관하여 본다면, 처음에는 역시 사단의 경우와 동일한 태도를 취하였으나, 개인의 사유재산 처분의 자유를 주장하게 되자, 개인이 자기 소유의 재산으로 재단법인을 설립하는 것도 자유이어야 한다고 생각하게 되었다. 즉, 재단 부인에서 방임으로 옮겨갔다. 그러나 사단에 대한 정책에서와 같은 심한 변천은 볼 수 없다. 재단은 주로 비영리 또는 공익을 위하여 설립되는 것이며, 이를 국가가 적극적으로 금지할이유가 없었기 때문이다.

(ㄴ) **현대법의 태도**   법인에는 개인의 힘으로는 도저히 달성하지 못하는 목적도 이룰 수 있다는 장점과 대내적으로 불가피하게 구성원의 자유가 제한된다는 단점이 있다. 20세기 이후의 현대법은 법인의 이러한 두 측면에 착안하여 이를 억제하기도 하고 방임하거나 조장하기도 하고 때로는 강제함으로써, 법의 이상에 접근시키려는 적극적 태도를 취하고 있다고 말할 수 있다.

[74] Ⅱ. 법인의 본질

법률상 독립한 권리주체로 인정되는 법인의 본질은 무엇인가? 바꾸어 말하면, 사단이나 재단이 그것을 구성하는 개인 또는 재산으로부터 떠나서, 단체로서의 독자의 실체를 가지는 것인지 아닌지라는 법인의 본질론 또는 법인이론이라는 것이, 국가의 법인에 대한 정책과 얽혀서, 19세기에 법학자들 사이에서 논쟁의 초점이 되어 있었다. 법인 학설로서 처음에 나타난 것은 「의제설」이었으며, 그에 대한 반박론으로서 「실재설」이 생겼다. 또한 의제설의 이론적 연장이라고 할 수 있는 「법인부인설」이 일부 학자에 의하여 주장되었다. 이들 여러 학설은 법인이론이 발달하고 확정되어 가는 과정에서, 큰 의의를 가지고 있었던 것이 사실이다. 그러나 입법과 학설·판례의 노력으로 법인이론이 확립되어 있는 오늘날에는 법인의 본질에 관한 여러 학설에 관한 논의는 별로 실익이 없다. 다만, 그것은 오늘날에도 법인제도를 이해하는 데 참고가 되므로, 간단히 살펴보기로 한다.

1. 법인의제설   권리·의무의 주체가 되는 것은 자연인인 개인뿐이며, 자

연인이 아니면서 권리·의무의 주체가 될 수 있는 것은 법률의 힘에 의하여 자연인에 의제된 것에 한한다고 주장하는 견해이다. 즉, 법인은 법률이 자연인에 의제한 것에 지나지 않는다고 한다. 이 이론에 의하면, 법인은 법률이 특히 인정하는 경우가 아니면 성립이 인정되지 않으므로, 19세기 전반의 반단체적 사상 또는 정책에 합치하는 것이었으며, 나중에 설명하는 특허주의·허가주의 등의 이론적 근거가 되었고, 당시의 학계를 휩쓸었다. 그러나 그 후의 사회사상이 법인 금지에서 법인 방임의 방향으로 변화하면서 대륙법계에서 이 견해는 과거의 학설이 되어 버렸다. 다만 영국이나 미국에서는 여전히 이 견해를 따르고 있다.

법인의 인격은 자연히 존재하는 것이 아니라, 법률이 창조하는 것이라고 보는 점에서, 일면의 정당성을 가지는 이론이나, 그의 대전제인 권리·의무의 주체는 자연인에 한한다는 것은 오늘날의 법사상과 부합하지 않는 것이다. 자연인도 법률을 떠나서 당연히 권리주체가 되는 것은 아니며, 역시 법률에 의하여 주어지는 것이다. 자연인이든 법인이든 모두 법률에 의하여 권리능력이 주어진다는 점은 같다. 따라서 그 대전제가 유지될 수 없는 이상, 이 견해는 받아들여지지 않고 있다.

2. 법인부인설 만일 의제설이 주장하는 바와 같이 법인은 법률에 의하여 자연인에 의제된 것이라고 한다면, 그것은 결국 법인은 독자의 사회적 실체를 가지지 않는다는 것이 된다. 여기서 그 본체를 법인을 구성하는 개인이나 재산에서 찾으려는 학설이 나타났는데, 이를 통틀어서 법인부인설이라고 한다. 이 부인설에는 여러 가지가 있으나, 일정한 목적에 바쳐진 주체가 없는 재산이 법인의 본체라는 목적재산설, 법인으로부터 이익을 얻고 있는 다수의 개인이 법인의 주체라는 향익자주체설(享益者主體說), 현실적으로 법인재산을 관리하고 있는 자가 법인의 본체라는 관리자주체설 등이 그 주요한 것이다.

이들 법인부인설은 주로 재단을 대상으로 하는 이론이며, 사단에 관한 설명으로는 무력하나. 또한 법인의 실체를 인정하여 이를 권리주체로 하고 있는 현재의 법률제도에 부합하지 않는다.

3. 법인실재설 의제설이 법인을 법률에 의하여 의제적으로 창조되는 것이라고 하는 데 대하여, 법인은 권리주체로서의 실질을 가지는 사회적 실체라고 보는 학설을 통틀어서 실재설이라고 한다. 그 사회적 실체가 무엇인지에 관하여 다시

견해가 나뉜다.

　　(1) **유기체설**　　　단체를 사회적 유기체라고 보는 견해이다. 즉, 단체는 유기체이며, 단체 고유의 생명과 의사(단체의사)를 가지는 사회적 실재체(實在體)이다. 그것은 고유의 의사주체이므로, 당연히 법인격을 가진다고 주장한다. 유기체설은 당시의 사단설립의 자유라는 시대적 요망과 준칙주의에 이론적 근거를 주었다. 그리하여 사단에 반대하는 사상이 시들어감에 따라서 유기체설은 의제설을 극복하고 지배적 견해가 되어 갔다. 종래의 개인적 자유주의사상을 비판함으로써 그 후의 단체이론에 큰 영향을 끼쳤으나, 역시 문제는 있다고 학자들은 지적한다. 즉, 사람의 결합체를 유기체로 볼 것인가, 또한 단체의사를 인정할 것인가는 사회학의 문제이며, 사회적 유기체에 대하여 법인격을 주는 이유를 밝히지 못하고 있기 때문에, 법률론은 해결되어 있지 않다는 비난이 있다. 특히, 사단의 구성원이 사단과는 별개의 사회적 존재를 가지는 동시에, 사단도 그 구성원을 떠나서 독자의 사회적 존재를 가지는 점을 유기체설은 설명하지 못한다. 유기체에서는 세포와 전체는 불가분의 관계에 선다. 결국 이 견해는 일종의 비유로서의 가치를 가질 뿐이다.

　　(2) **조직체설**　　　법인의 실체를 권리주체에 적합한 법률상의 조직체라고 보는 견해이다. 이 견해는 유기체설이 사회학적 이론에 그치고 법률이론이 되지 못한 점을 바로잡아 법률적 조직체라고 함으로써, 유기체설보다 한 걸음 앞선 것이라고 할 수 있다. 그러나 단체는 자연발생적으로 성립하며, 독자의 생명을 가지고 활동하는 것이어서, 법률의 힘으로써 함부로 금지하거나 의제할 수 없는 실체를 가진다고 주장한 유기체설의 장점을, 조직체설에서는 찾아볼 수 없다. 뿐만 아니라, 법인에게 인격이 부여되는 이유도 충분히 설명하지 못한다는 비판이 있다.

[75]　Ⅲ. 법인의 종류

　　법인은 법률의 규정에 의하지 않고서는 성립하지 못한다(31조). 법인의 성립을 인정하는 법률에는 민법뿐만 아니라, 그 밖에 많은 특별법이 있다. 따라서 법인의 종류도 매우 다양하며, 여러 가지 표준에 따라 분류된다. 그러나 여기서는 민법이 인정하는 각종의 법인을 중심으로 하여, 이를 이해하는 데 필요한 한도에서 설명하기로 한다.

   1. 공법인(公法人)·**사법인**(私法人)   이 구별은 공법·사법의 구별과 마찬가지로 가장 오래된 나눔일 뿐만 아니라, 기본적인 법인의 구별이다. 이 구별의 실익은 (ⅰ) 공법인에 관한 쟁송은 민사소송이 아니라 행정소송이고, (ⅱ) 공법인은 그의 구성원으로부터 각종의 부담을 징수하는 데 민사집행법의 강제집행절차에 의하지 않고 세법상의 특수절차에 의하여 집행할 수 있고, (ⅲ) 공법인은 민법상의 불법행위책임을 지지 않고, 국가배상법에 의한 손해배상책임을 부담하며, 형법상 (ⅳ) 공법인의 기관이나 피용자에 대하여는 직무에 관한 죄가 성립하고, (ⅴ) 공법인의 문서위조는 사문서위조가 아니라 공문서위조가 된다는 점 등에 있다. 위와 같은 구별의 실익이 있으므로, 공·사법인의 구별은 필요하다.

   공·사법인의 구별은 쉽지 않으며, 구별의 표준에 관해서도 정설은 없고, 많은 학설이 대립하고 있다. 즉, 법인의 준거법이 공법이냐 사법이냐, 법인의 설립방법이 강제적이냐 임의적이냐, 향유하는 권리가 공권이냐 사권이냐, 법인의 목적이 공익에 있느냐 사익에 있느냐, 또는 국가적 사무나 통치작용이냐 아니냐 등을 구별의 기준으로 하는 학설들이 있다. 종래의 지배적 견해는 법인의 설립이나 가입이 강제되는 것, 법인의 임원을 국가가 임명하거나 또는 임원이 국가공무원으로 되어 있는 것과 같이, 법인의 설립이나 관리에 국가의 공권력이 관여하는 것은 모두 공법인이라 하고, 그 밖의 법인이 사법인이라고 하였다. 그런데 오늘날에는 이상과 같은 구별의 표준에 관한 여러 학설은 모두 타당하다고 할 수 없게 되었다. 바꾸어 말하면, 어떤 획일적 기준을 가지고 공법인·사법인을 구별하는 것은 타당하지 않다는 것이다. 그 이유는 이들의 중간에 단계를 달리하는 많은 중간적 법인이 잇따라 나타나고 있기 때문이다. 오늘날 국가가 그의 경제정책·사회정책을 실행하기 위하여 많은 단체(법인)의 설립을 조장하거나 강제하고, 공권력에 의한 관여를 하게 되어, 다수의 법인이 그의 운영·관리 또는 조직에 관하여 정도의 차이는 있어도 공권력의 관여를 받는 중간석 법인이 나타나게 되었다. 한국은행·한국토지주택공사·농업협동조합 등은 그 좋은 예이다. 이들 중간적 법인을 일률적으로 공법인으로 보고, 이미 적은 바와 같은 여러 효과를 인정한다는 것은 적당하지 않게 되었다. 바꾸어 말하면, 중간적 법인이 계속 출현하여 모든 법인을 공법인·사법인의 두 가지 중의 어느 하나로 분류한다는 것이 불가능해졌으며, 따라서 이미 소개한 여러 학설과 같이 어떤 획일적 기준에 의하여 공법인·사법인을 구별하는 것은 타당하지 않게 되었다. 여기서 공법인·사법인의 구별은 불필요·부적당하다는 견해도 나오게 되었다(김증한·안이준 161면·162면 참조). 그러나 이미 본 바와 같이, 공·사법인의 구별은 실익이 있으며 또한 필요하다. 이 문제는 다음과 같이 해결하는 것이 좋을 것이다. 즉, 공법인이라는 것이 명백하지 않은 중간적 법인에 관하여는 이를 택일적으로 공법인이냐 아니냐를 구별하려고 할 것이 아니라, 그 법인에 관하여 문제가 되는 법률관계를 검토하여, 그것이 공법관계인지 사법관계인지를 결정하는 것이 타당하다(김상용, 212면, 김증한·김학동 161면, 이영섭 166면).

  2. 영리법인·비영리법인   사법인은 그 목적이 영리의 추구에 있느냐 아니냐에 따라서 영리법인과 비영리법인으로 나눌 수 있다. 이는 민법이 인정하는 분류의 하나이다.

  (1) 영리법인   영리를 목적으로 하는 사단법인이 영리법인이다. 즉, 주로 구성원의 사익을 꾀하고, 법인의 기업이익을 구성원 개인에게 분배하여 경제적 이익을 주는 것을 목적으로 하는 법인이다. 따라서 교통·통신·보도·출판 등의 공공사업을 목적으로 하는 것이더라도, 사원의 이익을 목적으로 하는 것은 영리법인이다. 영리법인은「사단법인」이다. 구성원인 사원이 없는 재단법인은 이론상 영리법인이 될 수 없다. 민법도 영리재단법인이라는 것을 인정하지 않는다(32조·39조 참조). 가장 전형적·일반적인 영리법인은 주식회사를 비롯한 상법상의 회사들이다.

  (2) 비영리법인   학술·종교·자선·기예(技藝)·사교 기타 영리 아닌 사업을 목적으로 하는 사단법인 또는 재단법인을 비영리법인이라고 한다(32조 참조). 영리 아닌 사업을 목적으로 하여야 하므로, 영리도 아울러 목적으로 하고 있는 경우에는 비영리법인이 아니라 영리법인이다. 그러나 비영리사업의 목적을 달성하는 데 필요하여 그의 본질에 반하지 않는 정도의 영리행위를 하는 것은 상관없다(예컨대, 입장료를 징수하는 전람회를 개최하는 경우, 입원료를 받고서 환자를 수용하는 경우 등). 비영리법인은 사단법인이거나 또는 재단법인이다. 민법의 법인에 관한 규정이 그 대상으로 하는 것은 비영리법인이다.

〈특별법상의 공익법인〉

　민법은 법인을 영리법인·비영리법인으로 나눌 뿐이고, 공익법인·영리법인으로 구별하지 않는다. 그런데 이러한 민법의 태도와는 다르게 비영리법인 중 일정한 사업을 목적으로 하는 법인을 특히 「공익법인」이라 하여 구별하고, 그에 관한 특별규정들을 두고 있는 특별법이 있다. 「공익법인의 설립·운영에 관한 법률」(1975년 법 2814호)이 그것이다. 동법 제 2 조에 의하면, 「재단법인이나 사단법인으로서 사회 일반의 이익에 이바지하기 위하여 학자금·장학금 또는 연구비의 보조나 지급, 학술·자선에 관한 사업을 목적으로 하는 법인」을 특히 「공익법인」이라 하고, 그러한 공익법인이 공익사업을 한다는 미명 아래 다른 목적달성을 위한 수단으로 법인제도를 이용하는 것을 막음으로써, 그 본래의 목적인 공익성을 유지하여 건전하게 활동할 수 있도록 하기 위한 여러 조치를 취하고 있다.

　3.　**사단법인·재단법인**　　민법은 비영리법인을 그 구성요소가 사단이냐 또는 재단이냐에 따라서 사단법인·재단법인의 둘로 나눈다. 사단법인은 일정한 목적을 위하여 결합한 사람의 단체 즉 사단을 그 실체로 하는 법인이고, 재단법인은 일정한 목적에 바쳐진 재산 즉 재단이 그 실체를 이루고 있는 법인이다. 사단법인은 단체의사에 의하여 자율적으로 활동하는 데 대하여, 재단법인은 설립자의 의사에 의하여 타율적으로 구속되는 점이 강하다는 본질적 차이가 있다. 이 차이로부터 둘 사이에는 설립행위·목적 또는 정관의 변경·의사결정기관·해산사유 등에서 차이가 있게 되나, 이에 관해서는 나중에 자세히 적기로 한다.

[76]　Ⅳ.　**법인의 실체와 법인격**(법인 아닌 사단과 재단)

　1.　**단체의 두 유형**　　사단법인의 기초가 되는 사회적 실체는 일정한 목적을 달성하기 위하여 결합한 사람의 단체이다. 이러한 단체에는 「사단」과 「조합」의 두 유형이 있다. 사단은 단체가 그 구성원의 개성을 초월한 존재가 되어, 개개의 구성원은 단체 속에 파묻혀 있는 것이나. 즉, 단체의 행동은 그의 기관에 의하여 행해지고, 그 법률효과는 단체 자체에 귀속하며 단체의 구성원에게 귀속하지 않는다. 구성원은 총회를 통하여 다수결원리에 따라 기관의 행동을 감독하고, 단체의 운영에 참여할 수 있을 뿐이다. 단체의 자산이나 부채도 모두 단체 자체에 귀속하고, 단체원은 자산으로부터 배당을 받거나 또는 그 설비를 이용할 수 있을 뿐이며, 단체

의 채무에 대하여 책임을 지지 않는다. 한편 조합도 구성원과는 독립한 존재이므로 역시 단체이긴 하지만, 단체로서의 단일성보다는 구성원의 개성이 강하게 표면에 나타나고 있는 것이다. 즉, 단체의 행동은 구성원 전원 또는 전원으로부터 대리권이 주어진 자에 의하여 행하여지고, 그 법률효과는 전원에게 귀속한다. 단체의 자산은 전원이 공동으로 소유하고, 단체의 부채는 전원이 공동으로 부담한다. 다만, 단체원은 공동목적에 의하여 결합되어 있으므로, 전원의 의견이 합치하지 않을 때에는 다수결로 결정해야 하는 경우도 있고, 또한 그 자산의 공동소유와 부채의 공동부담도 단체적 구속을 받는다. 민법은 이 조합을 법인으로 하지 않고, 구성원 사이의 일종의 계약관계로서 규정하고 있다(703조 이하).

　　위와 같은 사단과 조합은 그 단체성에 강약의 차가 있을 뿐이고 단체라는 점에서는 변함이 없으므로, 이론상은 두 가지 모두 법인의 실체가 될 수 있는 것이며, 논리 필수적으로 사단만이 법인이 될 수 있는 것은 아니다. 즉, 사단이냐 조합이냐라는 것은 단체의 실체에 관한 구별에 지나지 않으며, 법인으로 하느냐 않느냐는 궁극적으로는 입법정책의 문제이다. 따라서 실체에서는 조합이면서도 법인격이 주어지는 것이 있는가 하면(상법의 합명회사는 그 좋은 예이다), 그 실체가 사단이면서도 법인격이 주어지지 않는 것이 있다.

　　　주의할 것은, 특별법에 의하여 성립되는 법인 가운데에는 「조합」이라는 이름을 쓰는 것이 있으나, 그러한 이름을 쓰고 있다고 해서 모두 그 실체가 조합인 것은 아니며, 그 가운데에는 오히려 「사단」으로서의 실체를 가지는 것이 있다. 협동조합이나 노동조합은 그 좋은 예이다.

2. 법인 아닌 사단

　(1)　단체의 실질이 사단인데도 법인격(즉 권리능력)을 가지지 않는 것이 「법인 아닌 사단(비법인사단)」이며, 「인격 없는 사단」 또는 「권리능력 없는 사단」이라고도 한다. 원래 사단은 이미 본 바와 같이 법인으로서의 실체를 가질 수 있는 것이므로, 만일 입법상 법인의 자유설립주의를 채용한다면, 사단은 모두 법인이 될 수 있다. 그러나 현행법상 법인의 설립은 법률이 규정하는 특정의 경우에만 인정되므로(31조 참조), 경우에 따라서는 「권리능력 없는 사단」이 생기게 된다. 사단이 법인격을 취

득하는 것은 현행법상으로는 그렇게 어려운 것이 아니다. 그런데도 여전히 법인 아
닌 사단이 많이 존재하는 이유는 무엇일까? 그 이유의 하나는 민법이 사단법인의
설립에 관하여 허가주의를 취하고 있는 데 있다(32조). 즉, 주무관청의 허가가 사단
법인 설립의 절차적 요건의 하나이며, 그러한 허가를 얻지 못한 사단이나 그러한
허가를 얻기 전의 사단은 권리능력 없는 사단으로서 존재할 수 있을 뿐이다. 또 하
나의 이유는, 설립자가 행정관청의 사전의 허가나 사후의 감독 그 밖의 법적 규제
를 받는 것을 좋아하지 않을 경우에는, 법인 설립이 강제되어 있지 않은 이상, 법인
아닌 사단으로서 남아 있게 된다. 그리하여 민법상 권리능력 또는 법인격 없는 사
단의 존재는 불가피하며, 그 수가 상당히 많다.

　위에서 본 바와 같은 여러 사정으로, 우리나라에는 인격 없는 사단이 많이 있
으나, 그러한 법인 아닌 사단 가운데서 특히 자주 문제되는 것이 둘 있다. 「종중」
과 「교회」가 그것이다. 그 밖에 동(同)·리(里)나 부락도 간혹 문제가 되는 법인격 없
는 사단이다.

　　(ㄱ) **종　중**　　혈연으로 맺어진 자들이 모여서, 공동의 조상의 세사를 지내고
분묘를 지키며 또한 서로의 친목을 꾀하는 습속이 언제부터인지는 알 수 없으나 먼 옛
날부터 전해 오고 있으며, 이러한 습속은 지금도 많은 사람들에 의하여 지켜지고 있다.
이와 같이 조상봉사의 목적으로 공동선조에서 나온 자손들(즉, 「성(姓)」과 「본(本)」을
같이하는 자들)로 구성되는 종족단체 또는 혈연단체가 「종중」이다. 종전의 판례에서는,
「공동선조의 분묘수호·제사·종원 상호간의 친목을 목적으로 하는 공동선조의 후손 중
성년 이상의 남자를 종원으로 하여 구성되는 종족의 자연적 집단」을 종중이라고 정의
하고 있었다(대판 1972. 9. 12, 72다1090; 대판 1973. 7. 10, 72다1918; 대판 1980. 9. 24,
80다640; 대판 1992. 4. 14, 91다46533; 대판 1997. 10. 10, 95다44283 등 참조). 그러나
대판(전) 2005. 7. 21, 2002다1178은 종래의 판례를 변경하여 성년 여성도 종원이 된다
고 하였다. 이로써 종중 구성에 관해서는 양성평등이 실현되었다.

　　위와 같이 종중은 공동선조의 제사를 받드는 것을 주된 목적으로 하는 종족단체이
기 때문에, 봉사되는 선조마다 그 자손을 일단으로 하는 종중이 성립하게 된다. 어느
일족(一族) 중 어느 선조의 제사를 받드느냐에 관해서는 아무런 제한이 없다(따라서 예
컨대, 일족의 시조를 봉사하는 경우에는 그 일족에 속하는 모든 자손들을 종원으로 하
는 종중이 성립하고, 부나 조부 또는 증조부 등을 공동선조로 하는 규모가 작은 종중도
얼마든지 성립한다). 그러므로 일족마다 크고 작은 셀 수 없이 많은 수의 종중이 형성

될 수 있고, 그러한 경우에는 동일인이 그들 다수의 종중의 종원이 된다. 이와 같이 종중은 살아있는 자손들에 의하여 당연히 구성되기 때문에, 그 성립에는 어떤 특별한 조직행위를 따로 할 필요가 없다(대판 1997. 11. 14, 96다25715; 대판 1998. 7. 10, 96다488 참조). 말하자면, 그것은 관습상 공동선조의 사망과 함께 자연발생적으로 당연히 성립하는 것이다. 이를 자연발생적 단체설이라고 한다. 이에 대해서는 비판적인 견해가 많다(김재형, 민법론 Ⅲ, 19면).

종원(종중의 구성원)이 되는 것은 공동선조의 성년 후손이다. 위에서 본 바와 같이 성년 여성도 이제는 종원이 된다. 그러나 미성년자는 종원 자격이 없다. 성년의 후손은 그들의 의사와는 관계없이 종원이 되고, 또한 임의로 탈퇴하지도 못하며, 종원의 자격이 박탈되지도 않는다(대판 1978. 9. 26, 78다1435; 대판 1983. 2. 8, 80다1194). 종중의 대내·대외관계를 규율하는 성문의 정관이나 규약을 따로 정하지 않는 것이 보통이어서, 대부분의 종중은 보통 다음과 같이 운영되고 있다. 종중의 주된 목적인 제사는 종손(시조를 계승하는 적장자)이 담당하는 것이 관습이었다. 종래의 대법원은 특별한 사정이 있는 경우를 제외하고는 통상 종손이 제사주재자가 된다고 하였다. 그러나 위와 같은 관습은 더 이상 법적 효력이 없다는 것이 현재의 판례이다(대판(전) 2008. 11. 20, 2007다27670). 한편 종중의 대표기관이나 집행기관은 평소에는 없는 것이 보통이고, 다만 필요한 경우에 그때그때 선임될 뿐이다. 일반적으로 「종장(宗長)」이 종족 중의 성년의 후손을 소집해서(구두 또는 서면으로) 「종회」를 개최하여 출석자의 과반수로 종중의 대표기관을 선임하며(대판 1984. 5. 29, 83다119, 83다카341), 가부 동수인 때에는 종장에게 결정권을 인정하는 것이 상례라고 한다. 이와 같이 평소에는 종중의 대표자가 없는 것이 보통이나, 「종장」은 존재한다. 누구를 종장으로 하느냐의 결정은 관습에 의하나, 보통은 종족의 장자, 즉 「항렬」(行列)(혈족 사이의 상하의 세대수를 표시하는 것)과 연령이 가장 높은 자가 되는 것이 일반이다. 그러나 종장에게는 법적으로 종중을 대표할 권한이 없다(대판 1983. 12. 13, 83다카1463).

종중 가운데에는 일정한 재산 특히 부동산을 소유하고 있는 경우가 적지 않다. 종중이 그의 목적달성을 위하여 소유하는 재산을 한데 묶어서 종중재산이라고 한다. 이러한 종중은 어떤 법률적 성질을 가진 것일까? 이 점에 관해서는 종중을 「권리능력 없는 사단」으로 이해하고, 따라서 그 재산은 종중의 「총유」에 속하는 것으로 새기는 것이 판례·통설이다(대판 1966. 3. 15, 65다2465; 대판 1967. 7. 18, 66다1600; 대판 1972. 2. 22, 71다2476; 대판 1974. 4. 9, 73다1393; 대판 1977. 1. 25, 76다2199; 대판 1989. 2. 14, 88다카3113; 대판 1992. 10. 13, 92다27034 등). 종중은 정관 그 밖의 규약에 달리 정함이 없는 한 종중총회의 결의에 의하여 자율적으로 종중재산을 분배할 수 있다. 가

령 종원이 아닌 미성년의 후손에게 재산을 분배하는 것도 허용된다. 그러나 종중재산
의 분배에 관한 종중총회의 결의 내용이 현저하게 불공정하거나 선량한 풍속 기타 사
회질서에 반하는 경우 또는 종원의 고유하고 기본적인 권리의 본질적인 내용을 침해하
는 경우 그 결의는 무효이다. 종중재산의 분배에 관한 종중총회의 결의 내용이 현저하
게 불공정한 것인지 여부를 판단할 때 "종중재산의 조성 경위, 종중재산의 유지·관리
에 대한 기여도, 종중행사 참여도를 포함한 종중에 대한 기여도, 종중재산의 분배 경
위, 전체 종원의 수와 구성, 분배 비율과 그 차등의 정도, 과거의 재산분배 선례 등 제
반 사정"을 고려하여야 한다. 단순히 남녀 성별의 구분에 따라 종중재산의 분배에 차이
를 두는 것은 남녀평등의 원칙 등에 비추어 허용되지 않는다. 종중재산의 분배에 관한
종중총회의 결의가 무효인 경우, 종원이 곧바로 종중을 상대로 하여 스스로 공정하다
고 주장하는 분배금의 지급을 구할 수는 없고, 새로운 종중총회의 결의를 통해서만 중
중재산을 분배받을 수 있다(대판 2010. 9. 9, 2007다42310·42327; 대판 2010. 9. 30,
2007다74775).

(ㄴ) 교   회   기독교의 교인들이 교리의 연구·예배·선교 등의 목적으로 구
성한 단체가 「교회」이다. 교회는 교인들의 연보(捐補)·성금 그 밖의 수입과 교회건물
등으로 이루어지는 「교회재산」을 가시고 있다. 그리하여 교회는 교인들이 종교적 목적
을 가진 일종의 「권리능력 없는 사단」을 이루고 있다고 보고, 따라서 그 재산의 귀속형
태는 「총유」라고 새기는 것이 일반이다. 초기의 판례에서는 교인들의 「합유」라고 판단
하기도 하였으나, 지금은 교인들의 「총유」라고 새기는 것이 확고한 판례라고 할 수 있
다(대판 1988. 3. 22, 86다카1197; 대판 1990. 12. 7, 90다카23561; 대판(전) 1993. 1. 19,
91다1226 등 참조).

교회를 둘러싸고 일어나는 법률문제는 한 교회가 분열해서 두 교회로 나누어지는
경우에, 분열 당시의 교회재산의 귀속에 관한 것이다. 판례는 법인 아닌 사단인 교회의
분열을 인정하지 않는다. 즉, 법인 아닌 사단의 구성원들의 집단적 탈퇴로써 사단이 2
개로 분열되고 분열되기 전 사단의 재산이 분열된 각 사단들의 구성원들에게 각각 총
유적으로 귀속되는 결과를 초래하는 형태의 법인 아닌 사단의 분열은 허용되지 않는
다. 교인들은 교회재산을 총유의 형태로 소유하면서 사용·수익할 것인데, 일부 교인들
이 교회를 탈퇴하여 그 교회 교인으로서의 지위를 상실하게 되면 종전 교회의 총유 재
산의 관리처분에 관한 의결에 참가할 수 있는 지위나 그 재산에 대한 사용·수익권을
상실한다. 종전 교회는 잔존 교인들을 구성원으로 하여 실체의 동일성을 유지하면서
존속하며 종전 교회의 재산은 그 교회에 소속된 잔존 교인들의 총유로 귀속됨이 원칙
이다(대판(전) 2006. 4. 20, 2004다37775).

(ㄷ) 동(洞)·리(里)와 부락   「동」이나 「리」는 하나의 행정구역에 지나지 않으며, 그 자체가 법률상 독립한 인격을 갖는 것은 아니다. 그러므로 그 재산은 주민 전체의 총유에 속한다는 것이 판례이다(대판 1953. 4. 21, 4285민상162; 대판 1965. 2. 9, 64다1768 등). 즉, 동이나 리도 법인 아닌 사단이다. 「부락」도 경우에 따라서는 법인 아닌 사단이라고 새기는 것이 판례이다(대판 1980. 1. 15, 78다2364; 대판 1991. 7. 26, 90다카25765; 대판 1993. 3. 9, 92다39532 등 참조).

(2)   위와 같은 법인 아닌 사단이 현실적으로 활동함으로써 전개되는 법률관계에 대하여 어떠한 법규범을 적용할 것인가? 이에 관하여 민법은 재산귀속관계를 총유로 한다는 규정을 두고 있을 뿐이다(275조·278조 참조). 그 밖에는 아무런 실체법적 규정을 두고 있지 않으므로, 결국 이 문제는 학설·판례에 맡겨져 있다고 할 수 있다. 민법의 입법적 불비의 하나이다. 입법례로서는 법인 아닌 사단에 대하여 조합에 관한 규정을 준용하는 경우가 있다(독민 54조, 스민 62조 참조). 그러나 민법은 법인 아닌 사단에 대하여 조합의 규정을 준용한다는 규정을 두지 않았다. 오히려 그 소유관계를 총유라고 규정함으로써, 법인 아닌 사단이 조합과는 본질적으로 다르다는 것을 간접적으로 밝히고 있다(조합의 소유형태는 합유이다. 704조·271조 참조). 그러므로 법인 아닌 사단에 대하여는, 사단법인에 관한 규정 가운데서 법인격을 전제로 하는 것을 제외하고는 모두 이를 유추 적용하여야 하며, 조합에 관한 규정을 준용해서는 안 된다고 해석하여야 한다. 이것이 현재 우리나라의 다수설이자 판례이다(김중한·김학동 166면, 방순원 94면·95면, 송덕수 584면, 이영섭 175면, 이영준 908면, 이은영 247면, 대판 1992. 10. 9, 92다23087).

(3)   위와 같은 견지에서 법인 아닌 사단의 구체적인 법률관계를 비영리사단을 중심으로 하여 살펴보기로 한다.

(가)   법인 아닌 사단이라고 할 수 있으려면, 단체로서의 조직을 갖추고, 대표의 방법·총회의 운영·재산의 관리 그 밖에 사단으로서 주요한 점이 규칙(정관)에 의하여 확정되어 있어야 한다.

(나)   내부관계   최고의사결정기관인 총회에서 정관에 따라 내부관계를 처리한다. 총회의 다수결은 모든 사원을 구속하며, 그 다수결은 정관에서 특별히 정하고 있지 않으면 과반수로 성립한다고 해석하여야 한다. 그리고 총회에 의하여 선

임되는 업무집행기관은 총사원의 수임자로서, 모든 업무집행에 관하여 선량한 관리자의 주의의무를 부담한다(681조). 그 밖의 내부관계에 관해서는, 정관에서 특별히 정하고 있지 않는 한, 사단법인에 관한 규정을 적용하여야 한다.

⒟ **외부관계**

① 법인 아닌 사단도, 그 대표자가 정해져 있으면, 소송상의 당사자능력을 가진다(민소 52조). 따라서 제3자는 법인 아닌 사단에 대한 집행권원으로 사단의 재산에 대하여 강제집행을 할 수 있다. 그 결과 소송 및 강제집행에서 법인 아닌 사단과 사단법인 사이에 아무런 차이가 없게 된다.

② 사단의 권리능력·행위능력·대표기관의 권한과 그 대표의 형식·대표기관의 불법행위로 인한 사단의 배상책임(불법행위능력) 등에 관해서는 모두 사단법인에 관한 규정을 적용하여야 한다. 법인 아닌 사단의 경우에 대표자의 대표권 제한에 관하여 등기할 방법이 없다. 따라서 제60조가 준용되지 않는다(대판 2003. 7. 22, 2002다64780). 법인 아닌 사단의 정관에서 대표자의 대표권을 제한한 경우에 이를 위반한 행위의 효력이 문제된다. 판례는 거래상대방이 그와 같은 대표권 제한 및 그 위반 사실을 알았거나 과실로 인하여 이를 알지 못한 때에는 그 거래행위가 무효로 된다고 한다(대판(전) 2007. 4. 19, 2004다60072·60089).

⒠ **재산귀속관계**

① 재산귀속관계를 어떻게 하느냐는 매우 어려운 문제이나, 민법은 따로 규정을 두어서 해결하고 있다. 즉, "법인 아닌 사단의 사원이 집합체로서 물건을 소유할 때에는 총유로 한다."라고 정함으로써, 법인 아닌 사단에 대하여 「총유」라는 공동소유형태를 인정하고 있다(275조 1항. 총유에 관해서는 물권법에 관한 설명에서 자세히 다룬다). 한편, 소유권 이외의 재산권에 관해서도 총유에 관한 규정(275조 내지 277조 참조)이 준용된다(278조). 채권·채무를 비롯하여 각종의 재산권에 관해서는 「준총유(準總有)」라고 한다. 따라서 법인 아닌 사단의 구성원은 공유나 합유에서와 같은 지분권을 가지지 않는다. 사단법인의 소유형태가 그 법인의 단독소유인 데 대하여, 법인 아닌 사단의 재산소유형태는 총유 또는 준총유이므로, 이 점에서 둘 사이에는 큰 차이가 있다.

② 재산귀속관계의 공시방법에 관해서는 부동산등기법에 특별규정이 있다.

즉, 동법 제26조 제 1 항은 "종중·문중 그 밖에 대표자나 관리인이 있는 법인 아닌 사단이나 재단에 속하는 부동산의 등기에 관하여는 그 사단이나 재단을 등기권리자 또는 등기의무자로 한다."라고 규정하고, 이어서 제 2 항에서는 "제 1 항의 등기는 그 사단이나 재단의 명의로 그 대표자나 관리인이 신청한다."라고 규정한다. 따라서 법인 아닌 사단도 직접 사단의 명의로 등기를 할 수 있다(부등규 48조 참조). 그러나 예금채권 등의 경우에는 대표자의 성명에다가 사단의 대표자라는 것을 명시함으로써, 사단의 채권임을 표시하여야 할 것이다.

③ 소극재산 즉 채무의 귀속관계는 제 3 자에게 가장 큰 영향을 미치므로, 매우 중요하다. 이미 밝힌 바와 같이, 법인 아닌 사단의 채무는 그 구성원에게 총유적으로 귀속한다. 즉, 총사원이 채무에 대하여 준총유를 한다. 따라서 그 채무에 대하여 책임을 지는 것은 사단재산뿐이며, 각 구성원은 부담금만을 지급하면 그 밖에는 개인재산으로써 책임을 질 필요가 없다(유한책임).

3. 법인 아닌 재단   일정한 목적을 위하여 결합된 재산의 집단이 「재단」이다. 널리 재단이라고 할 때에는 두 가지를 생각할 수 있다. 하나는 어떤 사람의 사적 소유에 속하는 재산을 채권자 그 밖의 제 3 자의 권리를 보호하기 위하여 법률상 그 사람의 다른 재산과 구별해서 다루는 경우이며(이른바 「특별재산」 또는 광의의 「목적재산」), 파산재단(회생파산 382조 이하), 공장 및 광업재단 저당법에 따른 공장재단이나 광업재단(공저 2조 2호·3호, 10조 이하·53조·54조 참조)이 이에 속한다. 한정승인을 한 상속재산(1028조 이하), 상속인 없는 상속재산(1053조) 등도 이에 포함될 수 있다. 다른 하나는 일정한 사회적 목적을 위하여 출연된 재산(이른바 「목적재산」)이 그 목적을 위하여 통일적으로 관리되는 경우이며, 실질적으로는 개인의 사적 소유를 벗어난 재산이다. 그러나 그것은 무주의 재산은 아니며, 그 관리를 위한 형식적인 주체를 필요로 한다. 이것은 다시 다음의 세 경우로 구별된다. (i) 신탁의 방법에 의하는 것, (ii) 법인조직에 의하는 것, (iii) 권리능력 없는 재단으로서 관리되어 있는 것.

위와 같이 비영리적 목적을 위하여 재산을 출연하고 관리조직을 갖추어 그 목적을 위해서만 재산을 사용하도록 한 경우에는, 신탁이나 법인(재단법인)의 형식을 취하지 않더라도 사회적으로 독립한 존재를 가지므로, 법률상으로도 특별하게 다룰 필요가 있다. 이를 「권리능력 없는 재단」, 「법인격 없는 재단」 또는 「법인 아닌 재단」이라고 한다. 바꾸어 말하면, 재단법인의 실체가 되는 재단으로서의 실질을 가지고 있으면서 법인격을 취득하지 못하는 것을 가리키며, 설립 중의 재단은 그 좋은 예이다.

　　법인 아닌 재단을 법률상 어떻게 다룰 것인지도 법인 아닌 사단의 경우와 마찬가지로 문제된다. 대체로 이미 설명한 법인 아닌 사단에서와 같은 말을 할 수 있으나, 다만 재산귀속관계에 관해서는 특별한 이론을 필요로 한다.

　　(1) 민사소송법 제52조는, 법인 아닌 사단에서와 마찬가지로, 법인 아닌 재단에 대해서도 소송상의 당사자능력을 인정하고 있다. 따라서 소송과 강제집행의 관계에서는 재단법인과 법인 아닌 재단 사이에 아무런 차이가 없다.

　　(2) 부동산등기에 관해서도 법인 아닌 재단은 등기권리자 또는 등기의무자가 된다(부등 26조). 따라서 부동산등기는 재단명의로 이를 할 수 있고, 등기를 필요로 하는 부동산에 관한 권리는 직접 법인 아닌 재단의 단독소유에 귀속하는 것이 된다(부등규 48조 참조). 그러나 그 밖의 재산권의 귀속관계에 관해서는 아무런 규정이 없다. 재단은 사단과 달라서 구성원이 없으므로, 총유관계나 합유관계를 인정할 수 없다. 그렇다고 재단의 단독소유라고 하기에는 그 공시방법이 없으므로 곤란하다. 여기서 부동산물권 이외의 권리의 형식적인 귀속관계는 「신탁」의 법리로 설명하여야 할 것이다. 즉 재산은 관리자의 개인명의로 보유되며, 법률행위도 이 관리자의 개인명의로 하는 수밖에 없을 것이다.

　　(3) 그 밖의 점에 관해서는, 민법의 재단법인에 관한 규정 가운데서 법인격을 전제로 하는 것을 제외하고는, 이를 법인 아닌 재단에 준용하여야 한다.

제 2 절　법인의 설립

[77]　I. 법인 설립에 관한 입법주의

　　법인 설립에 대한 국가의 태도가 시대적으로 변해 오고 있으며, 오늘날에는 금지·방임의 어느 한 극단에 흐르지 않고서, 법인의 여러 특징에 착안하여 경우에 따라서 금지·방임·조장·강제의 여러 태도를 취하고 있음은 이미 밝혔다([73] 참조).

그리하여 법인 설립에 관해서는 다음과 같은 여러 입법주의가 있게 된다. 우리나라는 자유설립주의를 제외한 여러 입법주의를 모두 사용하고 있다.

　　1. 자유설립주의　　법인의 설립에 관하여 아무런 제한을 두지 않고, 법인으로서의 실질만 갖추면 법인격을 인정하는 주의이다. 민법은 "법인은 법률의 규정에 의함이 아니면 성립하지 못한다."라고 규정함으로써(31조), 자유설립주의가 배제된다는 것을 명확하게 정하고 있다.

　　2. 준칙주의　　법인 설립에 관한 요건을 미리 법률에 정해 놓고, 그 요건이 충족되는 때에 당연히 법인이 성립하는 것으로 하는 주의이다. 그 조직내용을 공시하기 위하여 등기를 성립요건으로 하는 것이 보통이다. 각종의 영리법인(상 172조)·노동조합(「노동조합 및 노동관계 조정법」 6조 참조) 등에는 이 주의가 채용되어 있다. 잠시 후에 설명하는 인가주의는 법인이 성립하기 전에 정관·규칙 등을 행정관청이 심사하는 것이므로, 준칙주의가 인가주의보다는 법인의 설립을 더 자유롭게 하는 것이다. 준칙주의를 취하더라도, 그 준칙을 간단하고 쉽게 한다면, 결국 자유설립주의에 가까운 것이 된다.

　　3. 허가주의　　법인의 설립에 관하여 행정관청의 자유재량에 의한 허가를 필요로 하는 주의이다. 따라서 허가주의에서는 법인 설립의 자유는 크게 제한된다. 민법은 비영리법인에 관하여 이 주의를 채용하고 있다(32조). 그 밖에 사립학교법(1963년 법 1362호)도 학교법인에 관하여 이 주의를 취하고 있다(동법 10조 참조).

　　4. 인가주의　　법률이 정한 요건을 갖추고 주무장관 그 밖의 관할 행정관청의 인가를 얻음으로써, 법인으로서 성립할 수 있게 하는 주의이다. 법무법인·지방변호사회·대한변호사협회(변호사법 41조·65조·79조 참조)·상공회의소(동법 6조)·농업협동조합(동법 15조)·중소기업협동조합(동법 32조)·수산업협동조합(동법 16조)·여객자동차운수사업조합(여객자동차 운수사업법 53조)·해운조합(한국해운조합법 9조) 등은 인가주의에 의하여 설립되는 법인의 예이다. 인가주의에서는 허가주의의 경우와는 달리, 법률이 정하고 있는 요건을 갖추고 있으면 인가권자는 반드시 이를 인가해야만 한다. 인가의 요건이 충족되어 있는데도 인가하지 않는 경우에는, 법원의 사법적 심사의 대상이 된다.

　　5. 특허주의　　각각의 법인을 설립할 때마다 특별한 법률의 제정을 필요

로 하는 주의이다. 이 주의는 재정·금융·산업 등에 관한 국가의 정책을 실현하기 위하여 통제를 강화할 필요가 있어서 국영기업에 형식적인 독립성을 주는 것이다. 따라서 이 법인은 사기업의 형태, 특히 주식회사의 모습을 취하는 경우가 있더라도, 그것은 반드시 출자자나 주주 개인만의 이익을 목적으로 하는 것은 아니다. 한국은행(동법)·한국산업은행(동법)·한국수출입은행(동법)·중소기업은행(동법)·대한석탄공사(동법)·한국토지주택공사(동법)·한국방송공사(방송법 43조)·한국과학기술원(동법)·한국전력공사(동법)·한국도로공사(동법) 등은 모두 특허주의에 의한 법인들이다.

  6. 강제주의   법인의 설립을 국가가 강제하는 주의이다. 의료인(의사·치과의사·한의사·조산사·간호사) 단체의 중앙회와 그 지부(의료법 28조)·약사회(약사법 11조) 등이 그 예이다. 한편, 일정한 지역 내의 일부 유자격자가 법인을 결성한 때에, 그 지역 내의 유자격자는 설립행위에 참여하지 않은 경우에도 당연히 그 회원이 되는 것으로 하는 가입강제도 일종의 강제주의이다. 예컨대, 일부의 상공회의소가 공동하여 대한상공회의소를 설립한 때에, 다른 상공회의소는 당연히 그 회원이 되는데, 이는 가입강제의 한 예이다(상공회의소법 34조·37조 참조). 위와 같은 법인의 설립 또는 법인에의 가입을 강제하는 강제주의는 사람의 자유를 크게 제한하는 것이므로, 사회 일반의 이해관계에 큰 영향이 있는 경우에 한하여 취하여야 한다.

[78] Ⅱ. 비영리 사단법인의 설립

  1. 요 건   비영리 사단법인의 설립에는 다음의 네 가지 요건이 필요하다.

  (1) 목적의 비영리성   「학술·종교·자선·기예·사교 기타의 영리 아닌 사업」을 목적으로 하여야 한다(32조). 영리 아닌 사업이라는 것은 개개의 구성원의 이익을 목적으로 하지 않는 사업을 말하며, 반드시 공익 즉 사회 일반의 이익을 목적으로 할 필요는 없다([75] 2 참조). 비영리사업과 아울러 영리행위를 하는 때에 그 목적은 영리성을 띠게 된다. 그러나 비영리사업의 목적을 달성하기 위하여 필요한 한도에서 그의 본질에 반하지 않는 정도의 영리행위를 하는 것은 상관없다([75] 2 (2) 참조). 그러한 영리행위를 하였을 경우에, 수익은 언제나 사업목적의 수행에 충당되어야 하며, 어떠한 형식으로든지 구성원에게 분배해서는 안 된다.

(2) **설립행위**(정관작성)

㈎ 사단법인을 설립하려면, 2인 이상의 설립자가 법인의 근본규칙을 정하여, 이를 서면에 기재하고 기명날인하여야 한다(40조). 이 서면을「정관」이라고 한다. 사단의 성질상 설립자(발기인)는 반드시 복수이어야 하나, 민법은 그 수를 정하고 있지 않으므로, 2인 이상이어야 한다. 정관에는 설립자들이 반드시 기명날인하여야 하며, 기명날인이 없는 정관은 효력이 없다. 이와 같이 2인 이상의 설립자가 사단법인의 근본규칙을 정하는 행위인「정관의 작성」이 곧 사단법인의「설립행위」이다. 이 설립행위의 성질에 관하여는 잠시 후에 설명한다(2 참조).

㈏ **정관의 기재사항**   정관에는 반드시 다음의 사항을 기재하여야 한다(40조 1호 내지 7호). 이것을「필요적 기재사항」이라고 하며, 그 하나라도 빠지면 정관으로서의 효력이 생기지 않는다.

① 목   적

② 명   칭   특별한 제한은 없다.

③ 사무소의 소재지   사무소가 둘 이상 있을 때에는, 이를 모두 기재하고, 주된 사무소를 정하여야 한다(36조 참조).

④ 자산에 관한 규정   자산의 종류·구성·관리·운용방법·회비 등에 관한 사항을 기재하여야 한다.

⑤ 이사의 임면에 관한 규정   임면의 방법을 정하면 된다. 그 방법에 관한 특별한 제한은 없으므로, 총회의 결의에 의하지 않는 선임방법을 정하거나, 또는 회원이 아닌 자를 이사에 임면할 것을 규정하여도 상관없다.

⑥ 사원자격의 득실에 관한 규정   입사·퇴사 및 제명 등에 관한 것을 정하면 된다.

⑦ 존립시기나 해산사유를 정하는 때에는 그 시기 또는 사유   이들 사항을 반드시 정해야 하는 것은 아니므로, 특히 정하고 있는 때에만 기재하면 된다.

정관에는, 위와 같은 필요적 기재사항 이외에도, 사단의 근본원칙을 기재할 수 있다. 이것을「임의적 기재사항」이라고 한다. 임의적 기재사항에 관한 특별한 제한은 없다. 민법의 규정에는 정관에서 특별히 규정하고 있지 않으면 효력이 없다든가, 또는 정관에서 특별히 정하고 있는 경우에는 민법의 규정을 적용하지 않는다는 규정이 매우 많다(41조·42조 1항·58조·59조·62조·66조·68조·70조 2항·71조·72조·73조 3항·75조 1항·78조·80조·82조 등). 그런 것이 모두 임의적 기재사항이다. 임의적 기재사항이더라도, 일단 정관에 기재되면, 필요적 기재사항과 효력상 아무런 차이가 없다. 따라서 그 변경도 역시 나중에 설명하는 정관 변경의 절차에 의해야 한다.

(3) **주무관청의 허가**　　주무관청의 허가가 있어야 한다(32조). 이 요건이 있기 때문에, 민법은 비영리 사단법인의 설립에 관하여 허가주의를 취하고 있는 것이 된다. 법인이 목적으로 하는 사업을 관리하는 행정관청이 주무관청이다.

허가 여부는 행정관청의 자유재량에 속하지만, 재량권의 한계를 넘거나 그것을 남용하는 때에는 이에 대하여 행정소송을 제기할 수 있다(대판 1996. 9. 10, 95누18437).

(4) **설립등기**　　주된 사무소의 소재지에서 설립등기를 하여야 하며, 이 설립등기를 함으로써 법인은 성립한다(33조). 즉, 설립등기는 사단법인의 「성립요건」이다(등기에 관해서는 [96] 참조).

2. 설립행위의 성질　　정관작성이라는 사단법인 설립행위는 서면작성이 필요한 요식행위이며, 그 실질은 장래에 성립할 사단에 법인격 취득의 효과를 발생시키려는 의사표시를 요소로 하는 법률행위이다. 법률행위로서의 사단법인 설립행위가 어떠한 성질을 가지는 것인지에 관하여 학설상 다툼이 있다.

사단법인의 설립행위는 2인 이상의 설립자를 필요로 하는 점에서, 계약과 비슷하다. 그러나 계약은 당사자 각자가 대립하여 서로 채권·채무를 발생케 하는 것을 목적으로 한다. 따라서 그것은 각 당사자에게 각각 다른 의의를 가진다. 그런데 설립행위는 설립자 전원이 법인 설립이라는 목적에 협력하는 것이므로, 서로 대립하는 채권·채무를 발생시키는 것을 목적으로 하는 것이 아니며, 각 설립자에게 동일한 의의를 가진다. 이 점에서 본다면, 사단법인의 설립행위는 협동한 단독행위와 비슷하나. 그러나 설립행위는 2인 이상의 설립자의 합동을 필요로 하며, 우연히 협동한 단독행위는 아니다.

여기에서 사단법인의 설립행위는 계약이나 단독행위가 아니라, 그 밖의 특수한 법률행위로 파악하여 이를 「합동행위」라고 하는 견해가 있다(고상룡 183면, 김상용 219면, 백태승 325면, 송덕수 169면). 그러나 합동행위를 부정하는 견해가 많아지고 있다(김증한·김학동 176면, 양창수·김재형 4면, 이영준 181면, 이은영 338면, 장경학 306면). 설립행위를 단체적 효과발생을 목적으로 하는 특수한 계약이라고 설명하거나, 공동으로 조직체를 창조하고 표의자는 스스로 그 조직체의 구성원으로 되는 것을 내용으로 하는 계약이라고 이해한다. 계약이나 단독행위와 구별되는 합동행위라는 관념을 인정한다면, 사단법인의 설립행위가 합동행위에 해당한다고 볼 수 있다. 그러나 이와 같은 행위를 계약의 범주에서 벗어난 것으로 볼 필요가 있는지 의문이다. 민법은 공동의 사업을 경영하기 위하여 조합체를 만드는 조합계약도 계약의 일종으로 규율하고 있다(703조). 이와 마찬가지로 사단법인 설립행위도 계약의 범주에 속한다고 보아야 할 것이다.

   물론 사단법인의 설립행위에는 일반적인 계약과는 다른 측면이 있다. 즉, 설립행위를 구성하는 의사표시의 일부가 의사의 흠결이나 흠으로 무효 또는 취소되더라도, 다른 의사표시의 효력에 당연히 영향을 미치지는 않는다. 다만, 민법 제108조가 설립행위에 적용되는지 여부에 관해서는 학설이 일치하지 않는다. 부정설(김용한 158면, 김현태 170면, 송덕수 601면, 이영섭 185면)과 긍정설(김증한·김학동 175면)이 대립하고 있다. 설립행위를 계약으로 보는 이상 제108조도 적용된다고 보아야 할 것이다. 또한 설립행위가 허위표시에 해당하는 경우도 있을 수 있고, 이 경우 선의의 제3자에 대하여 무효를 주장할 수 없다고 보아 제3자를 보호할 필요가 있으므로, 적용 긍정설이 타당하다.

   3. 설립 중의 사단법인   설립을 진행하고 있는 과정에 있는 법인의 성질을 어떻게 이해하느냐는 매우 어려운 문제이다. 이 문제는 특히 회사의 설립에 관하여 다투어지고, 회사법에서 많이 논의되며 또한 그 실익이 있다. 그러므로 자세한 것은 상법학에 미루고, 여기서는 간단히 적는 데 그치기로 한다.

   (1) 사단법인이 설립되는 과정을 살펴보면, 보통은 먼저 설립을 계획하는 자들이 법인의 설립이라는 공동의 목적을 달성할 것을 약속하여 결합하고, 이어서 법인 설립에 필요한 여러 행위를 하며, 주무관청의 허가와 설립등기를 갖추어 법인이 성립한다. 바꾸어 말하면, 첫 단계에서는 설립자(발기인) 상호간에 법인 설립을 목적으로 하는 법률관계가 성립하고, 둘째 단계에서 그 이행으로서 정관의 작성, 구성원의 결정 그 밖에 법인 설립을 위한 여러 요건을 충족하는 행위를 하며, 마지막

셋째 단계에서 법인이 성립한다. 이 첫 단계에 있는 것을 설립자(발기인)조합, 둘째
단계에 있는 것을 「설립 중의 법인」이라고 한다.

　(2)　발기인조합(또는 설립자조합이라고도 한다)은 이를 민법상의 조합으로 이해하
는 것이 통설이다. 이 조합은 공동의 목적인 법인 설립이라는 사업을 달성하기 위
하여 그에 필요한 여러 준비행위(정관의 원안작성, 중요한 서류의 작성, 사무소의 임차 등)
를 하게 된다. 이러한 설립 중의 법인이 성립하기 이전에 발기인조합이 행한 행위
는 준비행위에 지나지 않으며, 설립 중의 행위와 구별되고, 그 준비행위에 대하여
조합 자체가 책임을 진다고 해석하여야 한다.

　(3)　발기인조합이 그 조합계약의 이행행위로서, 정관을 작성하고 법인의 최초
의 구성원을 확정하면, 「설립 중의 법인」이 성립한다. 이 설립 중의 법인의 성질에
관해서는 「권리능력 없는 사단」 즉 「법인 아닌 사단」이라는 것이 통설이다. 설립
중의 법인은, 태아의 경우와 마찬가지로, 장차 성립할 법인의 전신으로서 법인격을
못 갖추었을 뿐이고 성립할 법인과 실질적으로는 동일한 것이라고 한다. 그리하여
이 설립 중의 법인의 행위는 당연히 성립 후의 법인에 귀속한다고 해석하는 것이 타
당하나(통설. 그러나 판례는 설립 중의 법인의 행위에 대하여 설립된 후의 법인이 책임을 지는
것은, 그 법인의 「설립 자체를 위한 행위」에 한한다고 한다. 대판 1965. 4. 13, 64다1940 참조).

[79]　Ⅲ.　비영리 재단법인의 설립

　1.　요　　건　　앞에서 설명한 비영리 사단법인의 설립과 마찬가지로, 역
시 네 가지 요건이 필요하다. 설립행위를 빼놓고는 크게 다른 점이 없다.

　(1)　**목적의 비영리성**　　사단법인에 관하여 설명한 것과 같다(32조. [78] 1 (1)
참조).

　(2)　**설립행위**　　재단법인의 설립자는 일정한 재산을 출연하고 정관을 작성
하여야 한다(43조). 정관을 작성하는 외에 재산을 출연하여야 하는 점에서, 재단법
인 설립행위는 사단법인의 설립행위와 근본적으로 다르다. 재단법인 설립행위는 생
전행위로써 할 수 있음은 물론이나, 유언으로도 할 수 있다. 설립행위에 관하여 설
명하면 다음과 같다.

⑺ **재산의 출연**

① 설립자는 일정한 재산을 출연(자기의 재산상의 손실로 상대방에게 이득을 얻도록 하는 것)하여야 한다. 재산의 종류는 이를 묻지 않으며, 확실한 것이면 채권이라도 좋다.

② 출연재산의 귀속시기   제48조가 규정하고 있다. 동조 제 1 항은 "생전처분으로 재단법인을 설립하는 때에는 출연재산은 법인이 성립된 때로부터 법인의 재산이 된다."라고 정하고, 제 2 항은 "유언으로 재단법인을 설립하는 때에는 출연재산은 유언의 효력이 발생한 때로부터 법인에 귀속한 것으로 본다."라고 정하고 있다. 법인이 성립하는 시기는 설립등기를 한 때이고(33조), 유언의 효력이 발생하는 시기는 유언자가 사망한 때이다(1073조 1항). 그러므로 생전처분으로 출연된 재산은 법인의 설립등기를 하였을 때부터 법인에 귀속하는 것이 되고, 유언으로 재단법인을 설립하는 때에는 유언자가 사망한 때에 소급하여 법인에게 귀속한 것으로 보는 것이 된다. 유언에 의한 설립의 경우에 소급해서 귀속한 것으로 보는 것은, 유언자의 사망 후 법인이 성립할 때까지 출연재산이 일응 상속재산으로서 상속인에게 상속됨으로써 발생하는 불합리한 결과를 막기 위한 것이다.

민법은 물권변동에 관한 성립요건주의의 원칙을 채택하고 있고(186조), 채권양도에 관한 원칙으로 지시채권의 양도에는 증서의 배서·교부(508조)를, 그리고 무기명채권에는 증서교부(523조)를 각각 효력발생요건으로 하고 있다. 위에서 본 바와 같은 출연재산의 귀속시기에 관한 제48조는 물권변동이나 채권양도에 관한 위와 같은 규정들과 합치되지 않아 곤란한 해석문제를 낳고 있다. 학설도 대립하고 있다. 출연재산이 물권인 경우와 채권인 경우를 나누어서 보기로 한다.

㈀ 설립자가 부동산 또는 동산에 관한 물권을 직접 법인에게 이전할 의사를 표시하는 경우에 출연행위는 법률행위(상대방 없는 단독행위)이다. 그런데 민법 제186조와 제188조는 물권변동에 관하여 성립요건주의를 채용하여, 부동산에 관해서는 등기, 동산에 관해서는 인도를 각각 그 효력발생요건으로 하고 있다. 여기서 재단법인의 설립자가 물권을 출연한 때에는, 법인이 설립한 때 또는 설립자가 사망한 때에 당연히 법인에게 귀속하지 않고, 등기나 인도를 갖춘 때에 비로소 법인에게 귀속한다고 해석하는 소수설이 있다(김증한·김학동 179-183면, 이영준 941면, 이은영

267-268면). 소수설은 출연재산이 재단법인에게 귀속하는 것은 등기나 인도를 갖춘 때이나, 제48조에 의하여 재단법인이 설립된 때에(즉 설립등기를 한 때에) 소급해서 귀속한 것으로 의제된다고 해석한다. 이 소수설에 의하면, 제48조는 물권변동에 관하여 민법이 채용하고 있는 성립요건주의에 배치되므로 제48조는 성립요건주의의 원칙을 규정하는 제186조·제188조와 조화되도록 위와 같이 해석하는 것이 타당하다고 한다. 이에 대하여 제48조를 전적으로 무시하는 소수설은 부당하며, 제48조를 제187조가 말하는 「기타의 법률의 규정」으로 보아서, 등기나 인도 없이 물권은 당연히 설립등기를 한 때 또는 설립자가 사망한 때에 법인에게 귀속한다고 해석하는 것이 다수설이다(고상룡 192면, 김기선 148면, 김상용 225-226면, 김현태 175면, 방순원 102면, 송덕수 608면, 이영섭 189면, 장경학 313면). 소수설의 주장은 물권변동에 관한 성립요건주의에 충실한 해석이기는 하나, 찬동하기 어려운 근본적인 결함을 가지고 있다고 비판한다. 즉, 소수설에 의하면, 재단법인이 설립등기를 갖추더라도 출연재산에 관한 이전등기를 할 때까지는 전혀 재산이 없는 재단법인이 있게 되는데, 이는 재단법인의 본질에 반한다는 것이다. 이 점에 관하여 소수설은 법인이 성립한 때 또는 설립자가 사망한 때에 법인에게 출연재산의 이전청구권이 생기므로 조금도 부당하지 않다고 한다.

설립자가 출연하겠다는 의사를 표시함으로써 일정한 재산을 법인에 이전할 채무를 부담한다고 볼 수 있다. 이 경우 그 이행행위로서 물권행위를 하여야 하는지 또는 이것이 필요 없다고 할 것인지는 입법정책의 문제이다. 제48조가 없다면 제186조와 제188조에 따른 등기나 인도가 필요하겠지만, 제48조가 있는 이상 그러한 등기나 인도가 없더라도 출연재산이 이 규정에서 정한 때에 법인에 귀속된다. 이 규정은 결국 제187조가 말하는 「법률의 규정」에 포함되므로, 부동산 물권변동에 관한 원칙에 반하지 않는다. 결국 출연재산은 법인이 설립된 때 또는 설립자가 사망한 때에 당연히 법인에게 귀속한다고 해석하는 다수설이 타당하다. 요컨대, 출연재산이 법인에게 귀속하는 것은 제48조가 정하는 시기이며, 등기나 인도는 이를 필요로 하지 않는다고 하여야 한다.

대법원은 처음에는 다수설에 따르고 있었으나(대판 1973. 2. 28, 72다2344·2345; 대판 1976. 5. 11, 75다1656 참조), 나중에 태도를 바꾸어, 특수한 법리를 전개하고 있다.

즉, 출연자와 법인 사이에서는 다수설과 같이 등기 없이도 출연부동산은 법인 설립과 동시에 법인에게 귀속한다고 하지만, 법인이 그가 취득한 부동산을 가지고 제3자에게 대항하기 위해서는 제186조의 원칙에 따라 등기를 필요로 한다고 한다(대판(전) 1979. 12. 11, 78다481·482; 대판 1981. 12. 22, 80다2762·2763; 대판 1994. 9. 14, 93다8054 등). 이러한 판례이론은 제48조가 규정하는 내용과는 너무나 거리가 먼 것으로 근거 없는 해석이며 부당하다.

  (ㄴ) 한편, 출연재산이 채권이라고 할 때에도 같은 문제가 생기고, 이에 관해서도 학설이 대립하고 있다. 그러나 지명채권의 경우에는 아무런 문제가 없고, 민법 제48조가 정하는 시기에 법인에게 귀속한다는 데 학설은 일치하고 있다(449조·450조 참조). 다툼이 있는 것은 지시채권과 무기명채권에 관해서이다. 소수설은 지시채권의 경우에는 제508조의 규정에 의하여 배서·교부를 하여야만 법인에게 귀속하고, 무기명채권은 제523조에 의하여 교부가 있어야만 법인에게 귀속한다고 한다. 이에 대하여 다수설은 지시채권이나 무기명채권이 출연재산인 경우에도 그 배서·교부나 교부는 필요하지 않으며, 제48조가 정하는 시기에 당연히 법인에게 귀속한다고 한다. 즉, 제48조를 제508조나 제523조의 예외규정 또는 특별규정으로 본다. 이에 관해서도 물권이 출연재산인 경우에 관하여 설명한 것과 같은 말을 할 수 있으며, 역시 다수설이 타당하다.

  ③ 재단법인의 설립에는 위와 같이 재산출연행위가 있어야 하며, 그 출연행위는 무상이므로, 증여 및 유증과 비슷하다. 여기서 민법은 출연행위에 대해서는 증여와 유증에 관한 규정을 준용하고 있다. 즉, 생전처분으로 재단법인을 설립하는 때에는 증여에 관한 규정이 준용된다(47조 1항). 제557조·제559조 등은 준용될 주요한 규정이다. 한편 유언으로 재단법인을 설립하는 때에는 유증에 관한 규정이 준용된다(47조 2항). 유언의 방식에 관한 규정(1060조·1065조 내지 1072조 참조)·유언의 효력에 관한 규정(1078조 내지 1085조·1087조·1090조 참조) 등이 준용될 주요한 규정들이다.

  (내) **정관의 작성**   설립자는 법인의 근본규칙을 정하여 이를 서면에 기재하고 기명날인하여야 한다(43조). 정관의 기재사항에는, 사단법인의 정관과 마찬가지로, 필요적 기재사항과 임의적 기재사항이 있다. 사단법인과 다른 점은 사원자격

의 득실에 관한 규정과 법인의 존립시기나 해산사유가 필요적 기재사항이 아니라
는 점이다. 재단법인에는 사원이 없으므로 사원자격의 득실에 관한 규정은 있을 수
없고, 법인의 존립시기나 해산사유는 임의적 기재사항으로 한 것이다. 한편, 유언으
로 설립행위를 하는 경우에는, 위에서 적은 것 이외에도 유언의 방식에 따라야 한
다는 점을 주의하여야 한다(47조 2항).

　(다)　**정관의 보충**　　정관은 필요적 기재사항을 모두 기재하고 있는 때에만
유효하며, 그중 어느 하나라도 빠지면 정관으로서 효력이 생기지 않는다. 설립자가
필요적 기재사항 중 가장 중요한 「목적과 자산」만을 정하고, 그 밖의 명칭·사무소
의 소재지·이사의 임면의 방법과 같은 비교적 가벼운 사항을 정하지 않고서 사망
한 경우에, 재단법인의 성립을 부인하는 것보다는 이를 보충해서 사망자의 의사를
실현케 하는 것이 바람직하다. 그리하여 민법은 이해관계인 또는 검사의 청구에 의
하여 법원이 이들 사항을 정하여 정관을 보충하고, 이로써 법인을 성립시키는 길을
열어 주고 있다(44조).

　(3)　**주무관청의 허가**　　비영리 사단법인에 관하여 설명한 것과 같다.

　(4)　**설립등기**　　역시 사단법인에 관하여 설명한 것과 같다.

　2. 재단법인 설립행위의 성질　　위에서 본 바와 같이, 재단법인 설립행위
는 일정한 재산을 출연하고 서면으로 정관을 작성하여야 하는 요식행위이며, 그 실
질은 재단에 법인격 취득의 효과를 발생시키려는 의사표시를 요소로 하는 법률행
위이다. 법률행위로서의 재단법인 설립행위가 어떠한 성질을 가지는지에 관해서는
경우를 나누어서 볼 필요가 있다. 재단법인의 설립자는 1인이라도 좋고, 2인 이상
의 여러 사람이라도 무방하다. 한 사람이 설립행위를 하는 경우에, 그것이 상대방
없는 「단독행위」라는 데 이견이 없다. 그러나 2인 이상의 여러 설립자가 있는 경우
에 관해서는, 단독행위의 경합이라고 보는 견해(김상용 223면, 김용한 161면, 김증한·김
학동 179면, 김현태 176면, 송덕수 606면, 이영섭 191면, 이영준 828면)와 이때에는 합동행위
가 된다고 하는 견해가 있다(방순원 101면, 김기선 138면). 합동행위로 보는 견해에 의
하면, 재단법인의 설립은 성질상 합동행위에 의해야 하는 것이 아니므로, 그것은
임의적 합동행위이며, 사단법인 설립행위가 필요적 합동행위인 것과 다르다고 한
다. 임의적 합동행위라고 하는 것도 결국 설립행위가 본질적으로는 단독행위라는

것을 의미하는 것이므로, 이를 특별히 합동행위라고 할 필요는 없다.

제 3 절　법인의 능력

[80]　I. 총　설

　　1.　법인은 법률에 의하여 법인격이 주어진 것이라고 한다면, 법인에게도 권리능력뿐만 아니라 일정한 범위의 활동능력이 인정되어야 할 것이다. 그러나 법인의 능력의 문제는 자연인의 그것과는 본질적으로 다르다. 자연인의 경우에는 모든 사람에게 권리능력이 당연히 인정되고, 행위능력과 불법행위능력에 관해서도 의사능력 또는 판단능력이 없거나 현저하게 부족한 경우에 법률행위 또는 불법행위에 의한 책임을 면제·경감하여 그를 보호하게 된다. 그러나 법인의 경우에는 법인에게 어떠한 범위의 권리·의무를 누리는 것을 인정할 것인가(권리능력)를 전제로 하여, 그것을 누리기 위하여 어떠한 종류의 행위를 누가 어떠한 형식으로 하여야 하는가(행위능력), 누구의 어떠한 불법행위에 대하여 법인 자신이 배상책임을 부담하는가(불법행위능력)라는 관점에서 문제된다. 이러한 법인의 능력의 문제는 법인에 관한 입법정책, 특히 법인본질론과 밀접한 관계가 있는 문제이다. 즉, 법인에 관한 학설이 의제설·부인설에서 실재설로 옮겨가고, 법인에 대한 입법주의가 제한적 태도에서 긍정적 태도로 변천하자, 그에 따라 법인의 권리능력이 넓어졌으며, 또한 그 활동능력에 관해서도 법인 자신의 행위능력이 인정되어, 역시 그 범위가 점차로 넓어졌다. 그리하여 오늘날에는 법인의 능력을 넓게 인정하는 것이 일반적 경향이다.

　　2.　법인의 능력의 문제는 민법상의 비영리법인에 한하는 것이 아니라, 모든 법인에 해당하는 문제이다. 법인의 능력에 관한 민법의 규정은 다른 법률에서 준용되거나, 또는 같은 취지의 규정을 두고 있는 것이 보통이지만, 그렇지 않은 경우에도 민법의 규정은 다른 법인에서도 타당함을 주의하여야 한다. 즉, 여기서 다루는 법인의 능력에 관한 이론은 모든 법인에게 적용되는 기본이론이다.

[81]　II. 법인의 권리능력과 그 제한

　　1.　민법은 법인의 권리능력에 관하여 "법인은 법률의 규정에 좇아 정관으로

정한 목적의 범위 내에서 권리와 의무의 주체가 된다."라고 규정하고 있다(34조). 법인의 권리능력의 범위에는 법률에 의한 제한과 목적에 의한 제한이 있음을 명백히 하고 있다. 그 밖에 법인은 자연인과 달라서 육체를 가지고 있지 않기 때문에, 자연의 성질상의 제한이 있다. 이를 특별히 정하고 있는 규정이 없어도 이는 당연한 것이다. 따라서 법인의 권리능력은 다음과 같이 성질·법률·목적에 의한 제한을 받는다.

　　(1)　**성질에 의한 제한**　　　법인이 사람의 천연의 성질을 전제로 하는 권리를 가질 수 없음은 명백하다. 따라서 법인은 생명권·친권·배우자의 권리·정조권·육체상의 자유권 등은 누릴 수 없다. 이에 반하여, 사람의 천연적 성질을 전제로 하지 않는 재산권·명예권·성명권·신용권·정신적 자유권 등은 법인도 가질 수 있다. 주의할 것은, 본래 재산상속권은 성질상 법인이 누릴 수 없는 것은 아니나, 민법은 상속인을 사람에 한정하고 있기 때문에(1000조 내지 1004조 참조), 법인에게는 상속권이 인정되지 않는다. 그러나 법인을 수증자로 하는 유증은 인정되므로, 포괄적 유증을 받음으로써 상속과 동일한 효과를 거둘 수 있다.

　　(2)　**법률에 의한 제한**　　　권리주체가 권리능력을 갖는 것은 법률의 규정에 의하는 것이므로, 당연히 법률로 능력의 범위를 제한할 수 있다. 이 점 자연인과 법인 사이에 아무런 차이가 없다. 법인의 권리능력을 제한하는 법률의 규정으로서는, 민법 제81조·상법 제173조와 같은 특별이유에 의한 개별적인 제한규정이 있을 뿐이고, 그 밖에 법인의 권리능력을 일반적으로 제한하는 법률은 없다. 「법률」에 의하여 제한할 수 있을 뿐이고, 「명령」으로는 제한하지 못함을 주의하여야 한다.

　　(3)　**목적에 의한 제한**　　　민법은 「정관으로 정한 목적의 범위 내」에서 법인의 권리능력을 인정한다고 규정한다(34조). 이 「목적의 범위 내」라는 것은 법인의 목적으로서 정관에 들고 있는 사항에 제한되는 것이 아니라는 데 학설은 일치하고 있다. 그러나 목적의 범위 내인지 아닌지를 결정하는 기준에 관하여 현재 두 가지 태도가 있다. 하나는, 적극적으로 목적을 달성하는 데 필요한 범위 내라고 해석하는 것이고(이영섭 198면), 다른 하나는, 좀 더 넓게 소극적으로 목적에 반하지 않는 범위 내라고 해석하는 태도이다(김기선 147면, 김상용 230면, 김증한·김학동 189면, 김현태 179면, 방순원 107면, 송덕수 614면, 장경학 319면). 법인에게 충분히 활동의 기회를 주고 또한 거래의 안전을 꾀한다는 견지에 선다면, 민법 제34조는 이를 법인의 권리능력

을 목적의 범위 내에 제한한 것이라고 보지 않고, 법인이 그의 목적 이외의 목적에 법인조직을 남용하는 것을 방지하려는 규정으로 보아서, 소극적으로 그의 목적에 반하지 않는 범위 내에서 모든 권리능력을 가진다고 해석하는 것이 타당하다. 그러나 판례는 소수설과 같은 견지에서 "목적사업을 수행하는 데 있어 직접 또는 간접으로 필요한 행위"가 법인(사안은 상사회사에 관한 것임)의 목적범위 내의 행위라고 새기고 있다(대판 1987. 12. 8, 86다카1230; 대판 1991. 11. 22, 91다8821 등).

2. 법인격의 남용 또는 부인   현실세계에서 어떤 단체가 하나의 단일체로서 활동하고 있다면 법의 세계에서도 이를 법적 주체로 인정하여야 한다. 실제로 법인과 그 구성원인 사원을 분리하여 별개의 인격체로 취급함으로써, 사람들은 더욱 다양하고 활발하게 활동을 할 수 있게 되었다. 그러나 법인이라는 형식을 갖추었으나, 법인이라고 볼 만한 실체가 없는 경우에 법인격 부인 또는 법인격 남용 문제가 발생한다. 특히 법인에 지배력을 행사하고 있는 주주나 사원 등에게 법인의 행위나 채무에 관한 책임을 지우기 위하여 법인격 부인 또는 남용의 법리가 발전되었다. 이 법리는 법인을 그 구성원으로부터 독립적인 주체로 취급하는 법적 형식을 개별적인 경우에 예외적으로 부인하거나 무시하고 법인과 그 구성원 등을 실질상 동일시하는 것에 불과하고, 법인을 아예 법인격이 없는 것으로 취급하는 것은 아니다.

법인격 부인 또는 남용 문제에 관해서는 종래 상법학에서 많이 다루어졌지만, 법인의 본질과 관련된 문제로서 민법학에서도 중요하게 다루어야 할 문제이다. 최근에 법인격의 남용에 관한 중요한 판례들이 나왔다.

법인격 남용 또는 부인에 관한 주요한 판례를 정리하면 다음과 같다.

(ㄱ) 회사가 외형상으로는 법인의 형식을 갖추고 있으나 이는 법인의 형태를 빌리고 있는 것에 지나지 아니하고 그 실질에서는 완전히 그 법인격의 배후에 있는 타인의 개인기업에 불과하거나 그것이 배후자에 대한 법률적용을 회피하기 위한 수단으로 함부로 쓰여지는 경우에는 비록 외견상으로는 회사의 행위라 할지라도 회사와 그 배후자가 별개의 인격체임을 내세워 회사에게만 그로 인한 법적 효과가 귀속됨을 주장하면서 배후자의 책임을 부정하는 것은 신의성실의 원칙에 위반되는 법인격의 남용으로서 심히 정의와 형평에 반하여 허용될 수 없다. 따라서 회사는 물론 그 배후자인 타인에 대하여도 회사의 행위에 관한 책임을 물을 수 있다(대판 2001. 1. 19, 97다21604).

(ㄴ) 기존회사가 채무를 면탈할 목적으로 기업의 형태·내용이 실질적으로 동일한 신설회사를 설립하였다면, 신설회사의 설립은 기존회사의 채무면탈이라는 위법한 목적 달성을 위하여 회사제도를 남용한 것이므로, 기존회사의 채권자에 대하여 위 두 회사가 별개의 법인격을 갖고 있음을 주장하는 것은 신의성실의 원칙상 허용될 수 없다 할 것이어서 기존회사의 채권자는 위 두 회사 어느 쪽에 대하여서도 채무의 이행을 청구할 수 있다(대판 2004. 11. 12, 2002다66892). 여기에서 기존회사의 채무를 면탈할 의도로 신설회사를 설립한 것인지 여부는 기존회사의 폐업 당시 경영상태나 자산상황, 신설회사의 설립시점, 기존회사에서 신설회사로 유용된 자산의 유무와 그 정도, 기존회사에서 신설회사로 이전된 자산이 있는 경우 그 정당한 대가가 지급되었는지 여부 등 제반 사정을 종합적으로 고려하여 판단하여야 한다(대판 2008. 8. 21, 2006다24438).

(ㄷ) 대판 2008. 9. 11, 2007다90982는 법인격 형해화와 남용을 구분하여 판단한다. ① 회사가 그 법인격의 배후에 있는 타인의 개인기업에 불과하다고 보려면, 원칙적으로 문제가 되고 있는 법률행위나 사실행위를 한 시점을 기준으로 하여, 회사와 배후자 사이에 재산과 업무가 구분이 어려울 정도로 혼용되었는지 여부, 주주총회나 이사회를 개최하지 않는 등 법률이나 정관에 규정된 의사결정절차를 밟지 않았는지 여부, 회사 자본의 부실 정도, 영업의 규모 및 직원의 수 등에 비추어 볼 때, 회사가 이름뿐이고 실질적으로는 개인 영업에 지나지 않는 상태로 될 성도로 형해화되어야 한다. ② 또한 위와 같이 법인격이 형해화될 정도에 이르지 않더라도 회사의 배후에 있는 자가 회사의 법인격을 남용한 경우, 회사는 물론 그 배후자인 타인에 대하여도 회사의 행위에 관한 책임을 물을 수 있으나, 이 경우 채무면탈 등의 남용행위를 한 시점을 기준으로 하여, 회사의 배후에 있는 자가 회사를 자기 마음대로 이용할 수 있는 지배적 지위에 있고, 그와 같은 지위를 이용하여 법인 제도를 남용하는 행위를 할 것이 요구되며, 위와 같이 배후자가 법인 제도를 남용하였는지 여부는 앞서 본 법인격 형해화의 정도 및 거래상대방의 인식이나 신뢰 등 제반 사정을 종합적으로 고려하여 개별적으로 판단하여야 한다.

법률에서 단체에 법인격을 인정하고 있는데도 법인의 행위나 채무에 대하여 법인의 사원 등 배후자에게 책임을 부과하는 것은 예외적으로만 인정되어야 한다. 그렇다면 어떠한 경우에 법인격을 부인하거나 그 남용을 인정할 수 있는지가 중요한 문제이다. 이 경우에 두 가지 상충하는 이익 또는 가치를 비교 형량하여야 한다. 하나는 회사 등 법인이 자유롭게 활동할 수 있도록 유한책임의 원칙을 유지할 사회적 필요성이다. 다른 하나는 정의와 형평의 관념에 비추어 법인의 배후자에게 책임을 인정하여야 한다는 요청이다. 개개의 사례에서 두 가지 이익 또는 가치 중에서 어느 쪽의 비중이 큰지를 개별적으로 고려하여야 한다.

판례에서 법인격 남용을 판단할 경우에 일반적으로 들고 있는 요소는 다음과 같다. ① 회사의 배후에 있는 자가 회사를 자기 마음대로 이용할 수 있는 지배적 지위에 있는지 여부, ② 법인과 배후자 사이에 재산과 업무가 구분이 어려울 정도로 혼용되었는지 여부, ③ 법인과 배후자 사이에 사무실을 공동으로 사용하거나 임직원이 공통적인지 여부, ④ 회사의 규모와 업무의 성질에 비추어 회사의 자본금이 불충분한지 여부, ⑤ 주주총회나 이사회를 개최하지 않는 등 법률이나 정관에 규정된 의사결정절차를 밟지 않았는지 여부, ⑥ 거래상대방이 법인과 그 배후자를 동일한 존재로 인식하거나 그와 같이 신뢰하였는지 여부, ⑦ 법인격을 법률 적용을 회피하기 위한 수단으로 함부로 사용하거나 채무면탈이라는 위법한 목적 달성을 위하여 회사제도를 남용하는 등의 주관적 의도가 있는지 여부. 나아가 판례는 기존회사를 폐업하고 회사를 신설한 경우에는 폐업 당시 경영상태나 자산상황, 신설회사의 설립시점, 기존회사에서 신설회사로 유용된 자산의 유무와 그 정도, 기존회사에서 신설회사로 이전된 자산이 있는 경우에는 그 정당한 대가가 지급되었는지 여부를 고려하고 있다.

위에서 들고 있는 사항들은 법인격 부인 또는 남용을 판단하는 데 중요한 고려요소이다. 위 요소 중 어느 하나만을 갖추었다고 해서 법인격 부인 또는 남용을 인정할 수는 없다. 그러나 위 고려요소 모두를 갖추어야 법인격 부인 또는 남용이 인정되는 것은 아니고, 위 사항 중 일부만을 갖추더라도 그 사유만으로 법인격 부인 또는 남용을 인정하기에 충분한 경우도 있을 수 있다. 법인격 부인 또는 남용을 판단하는 경우에 위에서 든 요소들이 상관적으로 작용하고 있다. 어느 한 요소가 강하게 충족된 경우, 가령 법인으로서의 실체가 있다고 보기 어려운 경우에는 다른 요소가 가볍게 충족되더라도 법인격 부인 또는 남용을 인정할 수 있다.

법인격 부인론은 미국에서 발달하였는데, 미국에서는 "disregard of the corporate entity(법인격의 무시)" 또는 "piercing the corporate veil(회사의 베일을 꿰뚫는 것)"이라는 용어를 사용한다. 이는 회사가 법인격이 있더라도 이를 무시하고 그 뒤에 있는 배후자에게 책임을 추궁한다는 의미이다. 따라서 법인격이 부인되더라도 법인이 법인격을 완전히 상실하는 것은 아니라는 것이 분명하다. 법인격 부인론은 법인의 본질론과 어떠한 관계가 있는지 문제된다. 법인의 본질론과 법인격 부인론은 직접적인 관계가 없다. 다만 법인격 부인 또는 남용에 관하여 설명하는 방식만이 달라질 뿐이다. 법인의제설을 따를 경우에는 법인격 부인론을 법인이라는 법적 의제를 무시하고 그 배후에 있는 자에게 책임을 추궁하는 것이라고 설명한다. 이와 달리 법인실재설을 따를 경우에는 법인의 실체를 파악하여 그 배후자에게 책임을 부과하는 방식으로 설명한다. 민법은 제 2 조에서 신의성실의 원칙과 권리남용 금지의 원칙을 규정하고 있는데, 이것이 법인격 부인 또는 남용에 관한 근거규정으로 작용한다. 법인의 배후자에게 책임을 부과해야 하는 사정이 있는 경우에는 법인이라는 형식을 거둬내고 그 실질에 맞게 책임을 인정해야 할 것이다. 법인격 부인 또는 남용의 법리를 예외적으로 인정해야 하지만, 이 법리를 무조건 배척하려는 태도는 바람직하지 않다(김재형, 민법론 Ⅳ, 1면 이하).

[82]　Ⅲ.　법인의 행위능력

1.　법인이 그의 권리능력의 범위 내에서 각종의 권리와 의무를 현실적으로 취득 또는 부담하는 주요원인이 법률행위라는 점은 자연인의 경우와 마찬가지이다. 여기서 관념적 존재에 지나지 않는 법인이 자연인과 같이 자유로운 의사활동에 의한 법률행위를 할 수 있는가, 즉「법인의 행위」라고 할 수 있는 것이 있는가? 만일에 있다면, 누가 어떠한 행위를 하였을 때에 이를 법인의 행위로서 인정할 것인지 문제된다. 이것이 법인의 행위능력 문제이다.

법인을 권리·의무의 주체로서 법에 의하여 자연인에 의제된 것이라고 보는 의제설에 의한다면, 법인은 권리능력은 있으나 행위능력은 없기 때문에, 법인의 행위라는 것이 있을 수 없다. 따라서 법인이 현실적으로 권리·의무를 취득하는 것은 외부의 내리인의 행위에 의존하는 수밖에 없다고 설명한다. 이에 반하여 실재설은 법인도 단체의사 또는 조직적 의사를 가지고 있고 이 의사에 따라서 행동하므로, 법인의 행위는 있다고 주장한다. 즉, 법인의 기관의 일정한 행위는 법인 자체의 행위라고 한다. 이와 같이 법인실재설을 취하는 때에 비로소 법인의 행위를 인정할 수 있게 된다. 이들 대립하는 두 가지의 법률구성의 어느 것에 의하더라도 설명은 가능하며, 실제상의 결과에서 크게 차이는 없다. 그러나 법인의 인격은 그의 실체를 이루는 사단 또는 재단이 하나의 사회적 활동단위이기 때문에 인정되는 것이므로, 법인 자신이 행위를 한다고 보는 것이 타당한 설명이다.

    2. 위와 같이 실재설의 견지에서 법인 자체의 행위를 인정한다고 하더라도, 관념상의 존재에 지나지 않는 법인이 현실적으로 행위를 하는 것은 불가능하다. 현실적으로는 일정한 자연인의 현실적 행위에 의하여야 한다. 그러한 자연인을 법인의 「대표기관」이라고 한다. 즉, 법인의 권리능력의 범위에 속하는 행위를 이 대표기관이 하였을 때에, 그것이 법인의 행위로 인정되는 것이다.

    (1) 누가 법인의 대표기관인지는 법인의 내부조직에 의하여 정해지며, 비영리법인에서는 이사·임시이사·특별대리인·청산인·직무대행자 등이다. 이들 대표기관 및 그의 대표권한에 관해서는 나중에 설명한다.

    (2) 법인의 대표기관과 법인의 관계는 대리인과 본인의 관계([156] 이하 참조)보다도 훨씬 밀접한 것이며, 이 관계를 표현하기 위하여 기관은 법인을 「대표」한다고 한다(59조 참조). 그러나 실질적으로는 대리관계와 비슷하므로, 민법은 "법인의 대표에 관하여는 대리에 관한 규정을 준용한다."라고 정하고 있다(59조 2항). 따라서 기관이 법인을 대표하는 형식은, 대리행위와 마찬가지로, 본인 즉 법인을 위한 것임을 표시하여서 하여야 한다(115조 참조. 보통은 A법인 이사 B라고 표시한다). 또한 무권대리·표현대리에 관한 규정도 예외적인 사정이 없는 한 준용된다.

    3. 민법은 자연인의 능력과 같이 적극적으로 법인의 행위능력을 규정하고 있지 않다. 한편, 자연인과 달라서 법인에서는 판단능력의 미성숙이라든가 또는 불완전이라는 문제가 발생하지 않기 때문에, 소극적으로 행위능력을 제한하는 것도 없다. 그렇다면, 법인의 대표기관은 어느 정도로 법인을 대표할 수 있는가? 즉, 법인이 할 수 있는 행위의 범위는 어떠한 것일까? 이미 밝힌 바와 같이, 법인은 그의 목적에 반하지 않는 범위 내에서 권리능력을 가지므로, 그의 권리능력의 범위에 속하는 권리·의무를 현실적으로 취득하기 위한 모든 행위를 할 수 있다고 하여야 한다. 즉, 법인의 행위능력의 범위는 그의 권리능력의 범위와 일치한다. 그러므로 이미 설명한 법인의 권리능력에 관한 설명은 동시에 행위능력에 관한 설명이 된다([81] 참조). 법인의 행위능력의 범위를 벗어난 대표기관의 행위는 법인의 행위로서 인정

되지 않으며, 그것은 대표기관 개인의 행위에 지나지 않는다.

[83] Ⅳ. 법인의 불법행위책임

1. 의   의   민법 제35조는 법인의 불법행위능력에 관하여 정하고 있는데, 제1항 1문은 "법인은 이사 기타 대표자가 그 직무에 관하여 타인에게 가한 손해를 배상할 책임이 있다."라고 규정하고 있다. 이는 법인의 대표자가 그 직무에 관하여 타인에게 손해를 입힌 경우에 법인이 불법행위에 기한 손해배상책임을 진다는 것이다. 따라서 법인의 불법행위능력은 법인의 불법행위책임을 인정하는 것이라고 할 수 있다.

법인의 행위능력을 부정하는 의제설은 당연히 불법행위능력도 인정하지 않는다. 따라서 민법 제35조 제1항이 일정한 경우에 법인의 배상책임을 인정하는 것은 법률정책상 타인의 행위에 대하여 책임을 지게 하는 것이라고 보게 된다. 그러나 법인의 행위능력을 인정하는 실재설에 의하면, 법인은 그 자체의 의사에 의하여 행위를 하기 때문에, 그의 행위에 의하여 타인에게 손해를 주는 경우도 있을 수 있다. 즉, 법인은 불법행위능력이 있으며, 제35조 제1항의 규정은 법인이 가지는 불법행위능력에 관한 당연한 규정이라고 보게 된다. 구체적으로 제35조 제1항의 해석에 관해서 의제설을 취한다면 동조를 엄격하게 해석하겠지만, 실재설은 너그럽게 해석한다.

2. 법인의 불법행위책임   법인의 불법행위가 성립하려면, 다음의 세 요건을 필요로 한다(35조 1항 1문).

(1) 대표기관의 행위일 것   법인의 행위로서 인정되는 것은 그 대표기관의 행위에 한하기 때문이다. 제35조 제1항은 「이사 기타 대표자」라고 하고 있지만, 결국 대표기관의 뜻이다. 이사 이외의 대표자, 즉 대표기관으로는 임시이사(63조. [85] 5 참조)·특별대리인(64조. [85] 6 참조)·직무대행자(52조의 2·60조의 2. [85] 2 (1)·7 참조)·청산인(82조·83조. [95] 3 (1) 참조)이 있다. 사원총회와 감사도 법인의 기관이지만, 이들은 외부에 대하여 법인을 「대표」하는 대표기관은 아니므로, 그들의 행위로 법인의 불법행위가 성립하지는 않는다. 그리고 이사는 특정의 법률행위를 「대리」하는 법인의 대리인을 선임할 수 있다(62조). 그러나 이들 이사에 의하여 선임되어 대

리권이 주어지는 대리인(지배인·개개의 행위의 임의대리인)은 법인의 기관은 아니며, 따라서 그의 행위에 의하여 법인의 불법행위가 성립하지는 않는다. 이때에는 법인은 사용자책임을 질 뿐이다(756조 참조).

(2) 대표기관이「직무에 관하여」타인에게 손해를 입혔을 것   대표기관은 그가 담당하는 직무행위의 범위 내에서만 법인을 대표한다. 따라서 기관의 직무행위만이 법인의 행위가 된다. 기관의 행위가 직무행위의 범위를 벗어나면, 그 행위는 기관의 행위가 되지 않으며, 따라서 법인의 행위가 아니다.「직무에 관하여」라는 것은 행위의 외형상 기관의 직무수행행위라고 볼 수 있는 행위 및 직무행위와 사회관념상 견련성을 가지는 행위를 포함하는 것으로 새기는 것이 일반적이다. 요컨대, 법인의 행위능력의 범위 내의 행위에 관한 대표기관의 불법행위가 법인의 불법행위로 된다.「직무에 관하여」의 범위를 좀 더 구체적으로 살펴보면, 다음과 같다.

㈎ 직무행위 그 자체, 즉 행위의 외형상 직무행위라고 인정되는 것은, 비록 그것이 부당하게 행해진 경우에도,「직무에 관하여」에 해당한다. 예컨대, 회사의 대표이사가 회사 소유의 자동차에 대한 집행관의 강제집행을 방해해서 압류를 할 수 없게 함으로써 채권자에게 손해를 입힌 경우에는, 그 대표이사의 행위는 회사의 재산관리라는 직무행위에 상당하는 것이고, 회사는 그 손해를 배상해야 한다(대판 1959. 8. 27, 4291민상395).

㈏ 직무행위와 적당한 견련관계에 서며, 외형상 법인이 담당하는 사회적 작용을 실현하기 위하여 행하는 행위라고 인정되는 행위도,「직무에 관하여」에 포함된다. 예컨대, 채권을 실행하기 위하여 소를 제기한 대표이사가 채무자의 반증을 뒤집기 위하여 위증을 하였다고 고소를 한 때(바꾸어 말해서, 채무자가 실제로는 위증을 하고 있지 않은데도 위증죄로 고소를 한 때)에는 그 채무자에 대한 법인의 불법행위책임이 인정된다.

㈐ 피해자가 대표자의 행위가 직무집행이 아니라는 것을 알았거나 이를 알지 못한 데 중대한 과실이 있다면 법인은 책임을 지지 않는다.

㈑ 법인의 대표기관이 자신의 개인적 이익을 꾀할 목적으로 권한을 남용하여 부정한 대표행위를 한 경우는 문제이다. 법인의 대표기관이 그 대표권의 범위 내에

서 한 행위는 법인의 행위로서 유효하지만, 일정한 경우에 그 행위의 효과가 부정될 수 있다(이에 관해서는 나중에 대표권 남용에서 다룬다). 이와 같이 법인의 대표기관의 행위가 법인의 행위로 인정되지 않는 경우에 민법 제35조를 적용하여 법인의 불법행위책임을 인정할 필요가 있다. 판례는 이러한 경우에 법인의 불법행위책임을 인정하고 있다(대판 1969. 8. 26, 68다2320; 대판 1975. 8. 19, 75다666 참조). 이러한 경우에 상대방으로서는 법인의 불법행위책임을 묻기 전에 그 행위의 효력이 법인에게 미친다거나 표현대리가 성립한다고 주장하는 것이 유리하지만, 그렇지 않은 경우에 법인의 불법행위책임이 인정될 수 있다.

(3) **불법행위에 관한 일반적 요건이 충족되어 있을 것**　　제35조 제 1 항은 일반불법행위에 관한 제750조의 특별규정이므로, 제750조가 요구하는 일반불법행위의 요건이 충족되어야 한다. 즉, 대표기관이 책임능력을 가지고 있을 것, 고의 또는 과실이 있을 것, 가해행위가 위법한 것일 것, 피해자가 손해를 입었을 것 등의 요건을 모두 갖추고 있어야 한다(김상용 235면, 송덕수 620면. 그러나 가해행위가 반드시 불법행위일 필요가 없다는 견해로는 김증한·김학동 194면이 있고, 대표기관의 책임능력은 요건이 아니라는 견해로는 이영준 951면, 이은영 289면이 있다).

이상의 요건이 갖추어질 때에 법인은 피해자에게 그 손해를 배상하여야 한다(35조 1항 1문).

3. 기관 개인의 책임

(1) **법인의 불법행위가 성립하는 경우**　　법인의 불법행위가 성립하면, 법인이 그 책임을 지게 됨은 위에서 본 바와 같다. 이때에 현실적으로 가해행위를 한 기관 개인도 피해자에 대하여 배상책임을 지는가? 법인의 불법행위능력을 부인하는 의제설에 의한다면, 비록 정책적인 특별규정(35조 1항과 같은)으로 법인이 책임을 지게 되더라도, 대표기관의 행위는 어디까지나 그 기관 자신의 행위이므로, 기관은 불법행위책임을 벗어나지 못한다. 이에 반하여 실재설에 의하면, 기관의 행위는 법인의 행위가 되어 버리므로, 기관 개인의 책임이란 있을 수 없다는 결과가 된다. 그러나 실재설을 따르는 학자들은 피해자를 두텁게 보호하기 위하여 기관 개인의 책임도 인정한다. 즉, 기관 개인의 현실의 행위는 법인의 행위이지만, 여전히 기관 개인의 행위로서의 성질을 잃지 않으므로, 앞의 관계에서 법인의 책임이 발생하고,

뒤의 관계에서 기관 개인의 책임이 생긴다고 설명하는 것이 보통이다. 민법은 법인의 배상책임으로 대표기관이 자기의 손해배상책임을 면하지 못한다고 규정함으로써 위의 이론에 따르고 있다(35조 1항 2문). 따라서 피해자는 그가 받은 손해의 충분한 전보를 받을 때까지 법인 또는 대표기관의 어느 쪽에 대해서도 배상을 청구할 수 있다.

위에서 본 바와 같이 법인 자신과 기관 개인이 경합하여 피해자에게 배상책임을 지는 것이나, 만일 법인이 피해자에게 배상하였다면, 법인은 기관 개인에 대하여 구상권을 행사할 수 있는가? 법인과 기관의 내부관계에서 기관은 선량한 관리자의 주의로 그 직무를 수행할 의무가 있다(61조. 동조는 특히 이사에 관해서만 규정하고, 이를 청산인에게 준용하고 있으나(96조), 그 밖의 대표자 즉 특별대리인과 임시이사에게도 적용되는 것임은 물론이다). 따라서 대표기관이 그의 직무에 관하여 타인에게 손해를 입혀 법인으로 하여금 배상책임을 지게 하는 것은 선량한 관리자의 주의를 다한 것이라고 할 수 없다. 즉, 임무를 게을리한 것이 되므로, 법인은 기관 개인에 대하여 구상권을 행사할 수 있다(65조).

(2) 법인의 불법행위가 성립하지 않는 경우   대표기관의 가해행위가 직무집행의 범위를 벗어난 것이어서 법인의 불법행위로 인정되지 않는 경우에는, 법인이 그에 대하여 책임을 지지 않음은 물론이다. 이때에는 그 대표기관만이 일반원칙에 따라 책임을 진다. 그러나 법인의 조직이나 신용을 직접 또는 간접으로 이용한 불법행위는 타인에게 주는 손해가 큰 경우가 적지 않으므로, 민법은 법인의 목적범위를 벗어난 행위로 타인에게 손해를 입힌 경우에 그 사항의 의결에 찬성한 사원과 이사, 그리고 그것을 집행한 이사 기타의 대표기관은, 공동불법행위(760조)의 성립 여부를 묻지 않고서, 언제나 「연대하여」 배상책임을 지는 것으로 규정하고 있다(35조 2항). 피해자를 두텁게 보호하기 위한 것이다.

대표자 이외의 사원도 불법행위책임을 질 수 있다. 사원도 대표자와 공동으로 불법행위를 저질렀거나 이에 가담하였다고 볼 만한 사정이 있으면 제 3 자에 대하여 위 대표자와 연대하여 손해배상책임을 진다. 나아가 사원총회, 대의원 총회, 이사회에서 불법행위에 해당하는 사항의 의결에 찬성한 사람(편의상 '의결참여자'라고 한다)도 불법행위책임을 지는지 문제되는데, 판례는 의결참여자가 대표자와 공동으로 불법행위를

저질렀거나 이에 가담하였다고 볼 수 있는지 여부는, ㉠ 그 의결에 참여한 법인의 기관
이 당해 사항에 관하여 의사결정권한이 있는지 여부 및 대표자의 집행을 견제할 위치
에 있는지 여부, ㉡ 그 사원이 의결과정에서 대표자의 불법적인 집행 행위를 적극적으
로 요구하거나 유도하였는지 여부, ㉢ 그 의결이 대표자의 업무 집행에 구체적으로 미
친 영향력의 정도, ㉣ 침해되는 권리의 내용, ㉤ 의결내용, ㉥ 의결행위의 태양을 비롯
한 위법성의 정도를 종합적으로 평가하여 법인 내부 행위를 벗어나 제 3 자에 대한 관
계에서 사회상규에 반하는 위법한 행위라고 인정될 수 있는 정도에 이르러야 한다고
하였다(대판 2009. 1. 30, 2006다37465).

제 4 절 법인의 기관

[84] Ⅰ. 총   설

1. 기관의 의의   법인은 사람과 같이 살아서 활동하는 자연의 생활체가
아니다. 따라서 법인이 독립한 인격자로서 사회적으로 활동하기 위해서는 법인의
의사를 결정하고, 그 의사에 따라서 외부에 대하여 행동하며, 내부의 사무를 처리
하는 일정한 조직을 필요로 한다. 이 조직을 이루는 것이 곧 법인의 「기관」이다.
대표기관·업무집행기관·의사결정기관·감독기관 등이 그것이다. 기관과 법인의 관
계에 관해서도 실재설과 의제설은 그 견해를 달리한다. 의제설 또는 법인부인설에
의하면, 기관은 법인의 외부에서 법인과 대립하는 별개의 인격이며, 그것은 의제인
(擬制人)인 법인의 대리인이라고 한다. 즉, 대리인과 구별되는 기관이라는 관념을 인
정하지 않는다. 이에 반하여 실재설에 의하면, 기관은 마치 자연인의 뇌나 손발과
같이 법인이라는 조직체의 구성부분이며, 법인의 의사를 결정하고 법인의 행위를
담당한다. 대리인과 구별되는 기관이라는 관념은, 법인실재설을 취하는 경우에 비
로소 인정되는 것이다.

2. 기관의 종류   법인의 기관으로서는 의사결정기관·의사집행기관·감
독기관의 세 종류가 있을 수 있으나, 법인의 종류에 따라 반드시 일정하지 않다. 기
관에는 법률상 반드시 두어야 하는 필요기관과 둘 수도 있는 임의기관이 있다. 대
표기관이자 집행기관인 「이사」는 모든 법인이 반드시 두어야 하는 필요기관이다.

그러나 이사의 감독기관인 「감사」는 민법상의 법인에서는 임의기관에 지나지 않는 다(그러나 「공익법인」에서는 필요기관임을 주의. 「공익법인의 설립·운영에 관한 법률」 3조·5조 참조). 법인의 최고의사결정기관인 「사원총회」는 사단법인에서는 필요기관이나, 사원이 없는 재단법인에는 있을 수가 없다.

[85] Ⅱ. 이사(집행기관)

1. 의   의   이사는 대외적으로 법인을 대표하고(대표기관), 대내적으로 는 법인의 업무를 집행하는(업무집행기관), 언제나 두고 있어야 하는(바꾸어 말해서 상설적인) 필요기관이다.

(1) 사단법인이든 또는 재단법인이든 법인에는 반드시 이사를 두어야 한다 (57조).

(2) 이사의 수에는 제한이 없으며(57조·58조 2항), 정관에서 임의로 정할 수 있다(40조·43조 참조).

(3) 이사가 될 수 있는 것은 자연인에 한한다(통설). 그러나 자격상실 또는 자격정지의 형을 받은 자는 이사가 될 수 없다(형 43조·44조).

2. 임   면   이사의 임면방법은 정관의 필요적 기재사항이며(40조 5호· 43조 참조), 따라서 정관에 의하여 정해진다.

(1) 선   임

(개) 이사 선임행위의 성질은 법인과 이사 사이의 위임과 비슷한 계약이다. 이계약에 의하여 이사가 법인의 기관이라는 지위를 취득한다. 경우에 따라서는 묵시적으로 선임행위를 한 것으로 인정하여야 할 때도 있다. 예컨대, 법인대표자의 유임이나 중임을 특히 금지하는 정관의 규정이 따로 없는 경우에는, 임기만료 후에 대표자의 개임이 없었다면, 그 대표자를 묵시적으로 다시 선임하였다고 볼 수 있다 (대판 1970. 9. 17, 70다1256).

(내) 이사의 선임행위가 정관에서 정한 방법에 의하지 않았거나 그 밖의 흠이 있는 때에는, 이해관계인은 그 선임행위의 무효 또는 취소의 소를 제기할 수 있음은 당연하다. 그러나 그 본안소송의 판결이 있기 전이더라도, 민사집행법 제300조 제 2 항의 요건을 갖춘 때에는, 이사의 직무집행정지 또는 직무대행자선임의 가처

분을 신청할 수 있다. 가처분으로 직무집행이 정지된 이사가 한 직무행위는 절대적으로 무효이다. 가처분을 명하는 결정이 있는 때 또는 그의 변경이나 취소가 있는 때에는 주사무소와 분사무소가 있는 곳의 등기소에서 이를 등기하여야 한다(52조의 2 참조).

　　(2)　해임·퇴임　　　이사의 해임과 퇴임은 정관에 따라서 해야 하나, 정관에 규정이 없거나 또는 규정이 있더라도 불충분한 경우에는 민법의 위임에 관한 규정을 준용하여야 한다(127조·689조). 그 결과 이사는 임기만료 또는 사임으로 그 직을 물러난 후에도, 후임자가 정하여질 때까지는 계속해서 직무를 수행할 권한을 가진다고 새겨야 한다(691조 참조. 대판 1963. 4. 18, 63다15; 대판 1972. 4. 11, 72누86; 대판 2003. 7. 8, 2002다74817; 대판 2007. 6. 15, 2007다6307 참조). 그러나 임기가 남아 있는 다른 이사가 있고, 그에 의하여 법인의 정상적인 활동을 계속할 수 있는 경우에는, 임기가 만료된 이사는 직무수행권이 없으며, 당연히 퇴임한다고 하여야 한다(대판 1983. 9. 27, 83다카938).

　　(3)　등　　기　　　이사의 성명·주소는 등기사항이며(49조 2항 참조), 이를 등기하지 않으면 이사의 선임·해임·퇴임을 가지고 제 3 자에게 대항할 수 없다(54조 1항).

　　3. 직무권한　　　앞에서 밝힌 바와 같이 이사 선임행위는 일종의 위임계약이므로, 법인과 이사의 관계도 특수한 위임관계라고 할 수 있다. 따라서 이사는 선량한 관리자의 주의로써 충실하게 그의 직무를 수행할 의무가 있다(681조 참조). 이사의 선관주의의무에 관한 제61조는 이러한 당연한 것을 규정하고 있는 데 지나지 않는다. 만일 이사가 이 의무를 위반하면, 당연히 법인에 대하여 채무불이행에 의한 손해배상책임을 진다. 그런데 민법은 특히 법인의 이익을 보호하려는 생각에서 "이사가 그 임무를 해태한 때에는 그 이사는 법인에 대하여 연대하여 손해배상의 책임이 있다."라는 규정을 두었다(65조). 따라서 어떤 직무를 수행하면서 선관주의의무를 다하지 않았기 때문에 법인에게 손해를 입힌 이사가 여러 명 있는 경우에는 그들은 연대하여 배상책임을 진다.

　　이사의 직무권한은 법인대표(대외관계)와 업무집행(대내관계)의 두 가지로 크게 나눌 수 있다.

(1) 법인의 대표(대외적 권한)

⑦ **대 표 권** 이사는 법인의 사무에 관하여 각자 법인을 대표한다(59조 1항). 즉, 대외적으로 법인의 행위로서 인정되는 행위를 한다. 대표하는 사무에는 제한이 없으며, 법인의 행위능력에 속하는 모든 사항에 관하여 대표권을 가지는 것이 원칙이다. 「각자 법인을 대표한다」고 하였으므로, 이사의 대표권은 단독대표가 원칙이다. 즉, 이사가 2인 이상 있어도, 각 이사는 단독으로 대표할 수 있는 것이 원칙이다. 대표의 형식에 관해서는 대리에 관한 규정이 준용된다는 점은 이미 설명하였다(59조 2항. [82] 2 (2) 참조).

㈏ **대표권의 제한** 위의 원칙에 대하여 다음과 같은 제한이 있다.

① **정관에 의한 제한** 이사의 대표권은 제한할 수 있다(59조 1항 단서). 예를 들면, 일정한 행위에 관하여 총회의 동의를 받아야 하는 것으로 하거나 이사 전원이 공동으로 대표해야 한다고 하는 경우를 들 수 있다. 또는 甲 이사에게 사고가 생긴 경우에만 乙 이사가 대표권을 가지는 것으로 하거나, 또는 회장 또는 부회장만이 대표한다고 정할 수도 있다. 이와 같은 대표권의 제한은 반드시 정관에 기재하여야 하며, 정관에 기재하지 않은 대표권의 제한은 무효이다(41조). 그리고 대표권의 제한을 등기하도록 하고 있고(49조 2항 9호), 이를 등기해야만 제3자에게 대항할 수 있다(60조). 제60조는 등기 없이 대항할 수 없는 제3자를 선의의 제3자에 한정하고 있지 않다. 이는 제3자의 보호와 거래의 안전보다는 법인의 보호에 중점을 둔 것이다(민법안심의록 상권 42면). 그러나 악의의 제3자에게 대항하기 위해서는 이사의 대표권에 대한 제한이 등기되어 있어야 한다는 견해가 소수설이다(김용한 184면, 이영섭 206면, 이영준 957면, 양창수, 민법연구 1권, 123면). 이에 대하여 악의의 제3자를 보호할 이유는 없으므로, 등기되어 있지 않더라도 악의의 제3자에게는 대항할 수 있다고 해석하는 것이 다수설이다(김상용 240면, 김증한·김학동 204면, 김현태 189면, 방순원 116면, 송덕수 630면, 이은영 279면). 판례는 소수설을 따르고 있다(대판 1975. 4. 22, 74다410; 대판 1992. 2. 14, 91다24564). 이사의 대표권 제한에 관하여 등기를 한 경우에 한하여 제3자에게 대항할 수 있다고 보는 것이 법규정의 문언에 합치된다고 볼 수 있다.

② **총회의 의결에 의한 제한** 제59조 제1항 단서는 이사가 사단법인을

대표하는 데에는 총회의 의결에 의하여야 한다고 규정하고 있다. 따라서 사단법인의 이사의 대표권은 사원총회의 의결로써 제한할 수 있다.

③ **이익상반의 경우**　　　법인과 이사의 이익이 상반하는 사항에 관해서는 이사에게 대표권이 없다(64조 전단). 그러한 이익상반의 경우에는 이해관계인 또는 검사의 청구에 의하여 법원이 선임하는 「특별대리인」이 법인을 대표한다(64조 후단, 비송 33조 참조). 특별대리인의 권한은 당해 사항(즉, 법인과 이사의 이익이 상반하는 사항)에 한하여 법인을 대표할 수 있을 뿐이나, 역시 법인의 대표기관임은 이사와 마찬가지이다. 이사가 여러 명 있고, 그중 일부 이사와 법인의 이익이 서로 배치되는 경우에도, 특별대리인을 선임하여야 하는가? 민법에는 규정이 없으나, 이때에는 다른 이사가 법인을 대표하고, 다른 이사가 없는 경우에만 특별대리인이 법인을 대표한다고 해석하여야 한다.

④ **복임권의 제한**　　　이사는 원칙적으로 자신이 스스로 대표권을 행사하여야 하며, 다만 정관 또는 총회의 결의로 금지하지 않은 사항에 한하여 타인으로 하여금 특정의 행위를 대리하게 할 수 있다(62조). 포괄적인 복임권은 인정되지 않는다. 이사는 이 대리인의 선임·감독에 관하여 책임을 진다(121조 1항 참조).

㈐ **대표권의 남용**　　　법인의 대표기관이 대표권을 남용하여 행위를 한 경우에 그 행위의 효력이 법인에게 미치는지 문제된다. 이것이 대표권의 남용 문제로 다루어지고 있다. 법인의 대표기관이 대표권의 범위 내에서 한 행위는 설령 대표기관이 자기 또는 제3자의 이익을 도모할 목적으로 그 권한을 남용한 것이라 할지라도 법인의 행위로서 유효하다. 그러나 상대방이 그와 같은 사정을 알았거나 알 수 있었던 경우에는 그 행위의 효과가 부정된다는 다수의 대법원 판결이 있다(대판 1997. 8. 29, 97다18059; 대판 2004. 3. 26, 2003다34045; 대판 2005. 7. 28, 2005다3649). 그러나 상대방이 대표권의 남용을 알았던 경우에 그 행위로 인하여 취득한 권리를 회사에 대하여 주장하는 것이 신의칙에 반하므로 회사는 상대방의 악의를 증명하여 그 행위의 효과를 부인할 수 있다는 판결도 있다(대판 1987. 10. 13, 86다카1522). 이에 관한 학설 중에는 상대방의 악의 또는 중과실이 있는 경우에 법인이 무효를 주장할 수 있다는 견해도 있고(김증한·김학동 197면), 상대방이 악의인 경우에 무효로 된다는 견해도 있다(김상용 233-235면). 대표권의 남용행위에 대하여 상대방이 알았거나 알지

못한 데 과실이 있으면 법인의 행위로서의 효력이 없다고 보아야 할 것이다. 이러한 경우에는 상대방을 보호할 필요성이 법인을 보호할 필요성보다 크지 않기 때문이다.

(2) 법인의 업무집행(대내적 권한)

(개) 이사는 법인의 모든 내부적 사무를 집행할 권한이 있다(58조 1항). 민법에 규정은 없으나, 사무집행에서도 대표에 관해서와 마찬가지로 정관의 규정 및 총회의 의결에 따라야 함은 물론이다. 이사가 여러 명 있는 경우에는, 정관에 다른 규정이 없으면, 법인의 사무집행은 이사의 과반수로써 결정한다(58조 2항).

(나) 이사가 집행하여야 할 사무의 주요한 것은 다음과 같다.

① 재산목록의 작성　　　법인의 적극·소극의 모든 재산의 명세서가 재산목록이다. 이사는 법인이 성립한 때에 기본재산목록을 작성하고, 또한 매년 연초의 3개월 이내에 작년 말 현재의 매년도 재산목록을 작성하여야 한다(55조 1항 전단). 사업연도를 정하고 있는 법인의 경우에는 그 성립한 때에 기본재산목록을 작성하고, 매년 사업연도 초의 3개월 이내에 작년도 사업연도 말 현재의 매년도 재산목록을 작성하여야 한다(55조 1항 후단). 이들 작성한 재산목록은 사무소에 비치하여 열람할 수 있도록 하여야 한다(55조 1항). 위와 같이 재산목록을 작성케 하는 것은, 법인의 재산상태를 명료하게 하여 법인의 자산상태를 일반 제 3 자에게 알리는 동시에, 이사 개인의 재산과 뒤섞이는 것을 막아 제 3 자를 보호하기 위한 것이다. 이사가 재산목록의 작성·비치의 의무를 게을리하거나 부정기재를 한 때에는 과태료의 처분을 받는다(97조 2호).

② 사원명부의 작성　　　사단법인의 이사는 사원명부를 작성하여 사무소에 비치하고, 사원의 변경이 있을 때마다 이를 고쳐 바로잡아야 한다(55조 2항). 이사가 이 의무를 위반하거나 부정기재를 하면 과태료의 처분을 받는다는 것은 재산목록의 경우와 같다(97조 2호).

③ 사원총회의 소집　　　사단법인의 이사는 매년 1회 이상 통상총회를 소집하여야 하고(69조), 필요하다고 인정하는 때에는 임시총회를 소집할 수 있다(70조 1항). 또한 이사는 일정수의 사원이 청구하는 때에는 임시총회를 소집하여야 한다(70조 2항).

④ **총회의사록의 작성**   사원총회의 의사에 관하여는 의사록을 작성하여야 하는데(76조 1항), 이에는 의사의 경과·요령 및 결과를 기재하고, 의장 및 출석한 이사가 기명날인하여야 한다(76조 2항). 그리고 이사는 의사록을 주된 사무소에 비치하여야 한다(76조 3항). 이사가 위와 같은 의사록의 작성·비치에 관한 업무를 하지 않은 때에는 과태료의 처분을 받는다(97조 5호).

⑤ **파산신청**   법인이 채무를 전부 변제하지 못하게 된 때에는, 이사는 지체없이 파산을 신청하여야 한다(79조). 이사가 파산선고의 신청을 게을리하는 때에도 과태료의 처분을 받는다(97조 6호). 그러나 이사는 회생절차개시신청(회생파산 34조)을 할 수도 있는데, 적법하게 그 신청을 한 경우에는 파산신청의무를 면한다고 보아야 한다.

⑥ **청산인이 되는 것**   법인이 해산한 때에는 원칙적으로 이사가 청산인이 된다(82조).

⑦ **등   기**   이사는 각종의 법인등기를 하여야 하며, 이를 게을리하면 역시 과태료의 처분을 받는다(97조 1호). 법인등기의 종류와 내용에 관해서는 아래에서 설명한다([96] 이하 참조).

4. 이 사 회   이사가 여러 명 있는 경우에는, 이미 밝힌 바와 같이, 정관에 다른 규정이 없으면 법인의 사무집행은 이사의 과반수로써 결정한다(58조 2항). 여기서 법인의 업무집행에 관한 의사를 결정하기 위하여 이사 전원으로써 이사회를 구성하는 것이 보통이다. 정관에서 이사회를 집행기관으로 할 수는 있으나, 민법은 이를 당연한 법인의 기관으로 하고 있지는 않다. 이사회의 소집과 결의 및 의사록의 작성 등에 관해서는, 정관에 특별한 규정이 없는 한, 사원총회에 관한 규정(71조 내지 76조 참조)을 준용하는 것이 적당할 것이다(김상용 243면, 김용한 187면, 김증한·김학동 208면, 이영준 960면, 이은영 271면).

5. 임시이사   이사는 법인의 필요기관이기는 하지만, 일단 법인이 성립한 후에 한때 이사가 없게 되거나 결원이 생겨도 법인의 존립에는 영향이 없다. 그러나 이사가 전혀 없게 되거나 또는 정관에서 정하고 있는 정원에 결원이 생긴 경우에, 그 선임·보충에 시일이 필요하여 법인 또는 타인에게 손해가 생길 염려가 있는 때에는, 법원은 이해관계인 또는 검사의 청구에 의하여 임시이사를 선임하여야

한다(63조). 임시이사는 정식의 이사가 선임될 때까지 일시적 기관이라는 점을 제외하고는, 이사와 동일한 권한을 가지는 법인의 기관이다. 정식 이사가 임명되면 임시이사의 권한은 당연히 소멸한다.

    6. 특별대리인　　　특별대리인은 법인과 이사의 이익이 상반하는 사항에 한하여 이사를 갈음하여 법인을 대표하는 임시적 기관으로, 이해관계인 또는 검사의 청구에 의하여 법원이 선임한다(64조·63조). 특별「대리인」이라고 하지만, 역시 법인의 기관이라는 점을 주의하여야 한다.

    7. 직무대행자　　　이사의 선임행위에 흠이 있는 경우에 이해관계인의 신청으로 법원이 가처분에 의하여 직무대행자를 선임한다. 직무대행자는 임시적 기관으로, 가처분명령에 다른 정함이 없는 한 법인의 통상사무에 속하는 행위만을 할 수 있다(60조의 2 1항 본문). 그러나 법원의 허가가 있으면, 통상사무가 아닌 행위도 할 수 있다(60조의 2 1항 단서).

[86] Ⅲ. 감사(감독기관)

    1. 의의와 임면　　　사단법인 또는 재단법인은, 정관 또는 총회의 결의로, 이사에 대한 감독기관인 감사를 1인 또는 여러 명 둘 수 있다(66조). 즉, 감사는 임의기관이지 필요기관은 아니다. 그 자격, 선임방법, 선임행위의 성질, 해임·퇴임 등은 모두 이사에 관하여 설명한 것과 같다. 감사의 성명·주소는 등기사항이 아니다. 감사는 외부에 대하여 법인을 대표하는 기관이 아니므로, 제 3 자의 이해에 영향을 미칠 염려가 없기 때문이다.

    2. 직무권한　　　감사의 직무권한은 법인의 내부에서 이사의 사무집행을 감독하는 것이며, 외부에 대하여 법인을 대표하는 권한은 없다. 감사가 그의 선관주의의무나 임무를 게을리한 경우의 법인에 대한 배상책임 등에 관해서는 따로 규정이 없으나, 그 선임행위의 성질상(특수한 위임) 이사에서와 마찬가지로 선량한 관리자의 주의로써 사무를 처리하여야 하며(681조 참조), 이 의무를 위반하면 채무불이행에 의한 손해배상의 책임을 져야 한다(390조 참조). 그러나 의무를 위반한 감사들이 연대하여 배상할 책임을 부담하지는 않는다(65조 참조). 감사가 여러 명 있는 경우에도 각자 단독으로 직무를 행하며, 공동으로 집행할 필요는 없다(통설).

감사의 주요한 직무권한은 (ⅰ) 법인의 재산상황의 감사, (ⅱ) 이사의 업무집행의 감사, (ⅲ) 재산상황 또는 업무집행에 관하여 부정·불비한 것이 있음을 발견한 때 총회 또는 주무관청에 보고하는 것, (ⅳ) 보고를 하기 위하여 필요한 때에는 총회를 소집하는 것 등이다(67조). 그러나 감사가 이사의 감독기관으로서 그의 직무를 다하기 위하여 필요한 경우에는 그 밖의 행위도 할 수 있다고 해석하여야 한다.

[87]　Ⅳ.　**사원총회**(의사결정기관)

1. 의　　의　　사단법인에는 최고의 의사결정기관인 사원총회가 있다. 사원총회는 사단법인을 구성하는 사원의 전원으로써 구성되는 의결기관이며, 또한 반드시 두어야 하는 필요기관이다. 사원이 없는 재단법인에는 사원총회가 있을 수 없다. 재단법인의 최고의사는 정관에 정해져 있다. 사원총회는 나중에 살피는 바와 같은 정관의 변경·법인의 해산 등을 비롯하여, 사단법인에 관한 모든 근본적 의사를 결정하는 기관이므로, 그것은 최고의 의사결정기관이다. 그리고 총회는 필요기관이므로, 정관의 규정에 의해서도 이를 폐지하지 못한다.

2. 총회의 종류　　사원총회에는 「통상총회」와 「임시총회」의 두 가지가 있다.

(1) 통상총회　　적어도 1년에 1회(따라서 1년에 1회 이상) 일정한 시기에 소집되는 사원총회를 말한다(69조). 소집되는 시기는 정관에서 정하는 것이 보통이나, 정관에 규정이 없으면 총회의 결의로 정할 수 있고, 총회의 결의도 없는 경우에는 이사가 임의로 결정할 수 있다.

(2) 임시총회　　이사가 필요하다고 인정하는 때(70조 1항), 감사가 필요하다고 인정하는 때(67조 4호) 또는 총사원의 5분의 1 이상으로부터 회의의 목적사항을 제시하여 청구하는 때(70조 2항 전단)에 열리는 사원총회가 임시총회이다. 위에서 5분의 1이라는 정수는 정관에서 늘리거나 줄일 수 있다(70조 2항 후단). 그러나 이 소수사원의 총회소집권을 빼앗지는 못한다. 이것을 「소수사원권」이라고 한다. 소수사원의 청구가 있는데도 이사가 총회를 소집하지 않는 경우에는 어떻게 하는가? 소수사원권의 확보방법에 관하여, 민법은 따로 규정을 두고 있다. 즉, 소수사원의 총회소집의 청구가 있은 후, 2주간 내에 이사가 총회소집의 절차를 밟지 않은 때에는,

청구한 사원은 법원의 허가를 얻어서 스스로 소집할 수 있다(70조 3항).

　　3. 소집의 절차　　　총회의 소집은 1주간 전에 그 회의의 목적사항(이른바 의사일정)을 기재한 통지를 발송하고 그 밖에 정관에 정한 방법에 의하여야 한다(71조). 위 1주간의 기간은 단축하지는 못하나, 정관에서 적당한 기간으로 연장하는 것은 상관없다. 통지의 방법은 개별적 통지·신문광고·기관잡지에의 기재 등으로 정하는 것이 보통이나, 정관에 아무런 규정이 없으면, 전 사원에게 알릴 수 있는 적절한 방법을 이사가 선택하여야 할 것이다. 소집의 절차가 법률 또는 정관의 규정을 위반한 경우의 효과에 관해서는 아무런 규정이 없다. 입법적 불비이다.

　　4. 총회의 권한　　　사원총회는 정관으로 이사 그 밖의 임원에게 위임한 사항을 제외하고는, 법인의 사무의 전부에 관하여 결정권을 가진다(68조). 그러나 강행법규를 위반하는 사항, 사회질서에 반하는 사항, 법인의 본질에 반하는 사항을 결의할 권한이 없음은 물론이다. 총회는 의결기관이지 집행기관은 아니므로, 대표기관 또는 집행기관이 총회의 의결사항을 집행한다. 즉, 총회는 대외적인 대표권이나 내부적인 업무집행권을 갖지 않는다. 정관의 변경(42조) 및 임의해산(77조 2항)은 총회의 전권사항이며, 정관에 의해서도 총회의 이 권한을 빼앗지 못한다.

　　총회의 권한으로서 가장 문제가 되는 것은 총회의 결의로써 사원의 권리를 빼앗거나 또는 제한할 수 있는지 여부로서,「사원의 고유권」문제로서 논의되고 있다. 사원이 사원자격에 의거하여 사단에 대하여 가지는 권리 가운데에서, 그 사원의 동의 없이는 정관의 규정 또는 총회의 결의에 의해서도 빼앗지 못하는 권리가「고유권」이다. 총회는 다수결의 원리에 의하여 활동하므로, 소수파는 다수파의 찬동으로 성립하는 의결에 따라야만 한다. 그러나 다수결의 원리에도 한계는 있다. 민법에 따로 규정은 없으나, 사원의 고유권은 사원의 동의가 없으면 이를 다수결로 빼앗지 못한다고 새기는 데에 학설은 일치하고 있다. 그러나 무엇이 고유권인지는 아직 뚜렷하다고 할 수 없으나, 앞에서 적은 소수사원권과 사원의 결의권이 이른바 고유권에 속함은 모두 의심 없이 인정한다.

　　5. 총회의 결의

　　(1) **총회의 성립**　　　총회의 결의가 성립하려면, 먼저 총회 자체가 성립하고 있어야 한다. 총회가 적법하게 성립하였다고 하기 위해서는, 정해진 절차에 따라

적법하게 소집되어야만 한다. 총회를 성립시키는 정족수에 관해서는 민법에 규정이 없으므로 정관에서 정하여야 한다. 정관에서도 그에 관하여 특별히 정한 바가 없으면, 2인 이상의 사원이 출석해야 하며, 그것으로 총회는 성립한다고 하여야 한다(김상용 248면, 김용한 191면, 김현태 194면, 송덕수 644면, 이영준 968면, 장경학 340면). 이에 대하여 제75조 제 1 항을 근거로 총사원의 과반수의 출석으로 총회는 성립한다는 소수설이 있다(김증한·김학동 211면, 이영섭 213면). 그러나 제75조 제 1 항은 의결 정족수를 정한 것이며, 의사 정족수를 정한 것은 아니다.

　　(2)　**결의사항**　　　총회에서 결의할 수 있는 사항은, 정관에 다른 규정이 없는 한, 그 총회를 소집할 때에 미리 통지한 사항에 한정된다(72조). 그 밖에 일반적으로 총회의 권한 내의 사항이어야 하고, 또한 사회질서나 강행법규를 위반하지 않는 것이어야 한다.

　　(3)　**결 의 권**　　　각 사원은 원칙적으로 평등한 결의권을 가진다(73조 1항). 이 결의권 평등의 원칙은 정관으로 변경할 수 있다(73조 3항). 그러나 결의권은 사원의 고유권이므로, 어떤 사원의 결의권을 완전히 빼앗지는 못하는 것으로 새겨야 한다. 그리고 법인과 어느 사원의 관계에 관하여 의결하는 경우에는 그 사원은 결의권이 없다(74조). 결의권은, 정관에 다른 규정이 없는 한, 서면에 의하여 행사하거나 또는 대리인에 의하여 행사할 수도 있다(73조 2항·3항).

　　(4)　**결의의 성립**　　　결의의 성립에 필요한 정수는, 정관에 다른 규정이 없으면, 사원 과반수의 출석과 출석사원의 결의권의 과반수이다(75조 1항). 그러나 정관변경과 임의해산에 관해서는, 정관에 다른 규정이 없는 한, 각각 총사원의 3분의 2, 4분의 3 이상의 다수를 필요로 한다(42조 1항·78조 참조). 서면 또는 대리인에 의하여 결의권을 행사하는 사원은 출석한 것으로 본다(75조 2항).

　　(5)　**의사록의 작성**　　　총회의 의사에 관해서는, 의사록을 작성하여 주된 사무소에 비치하여야 한다(76조). 이에 관해서는 이미 설명하였다([85] 3 (2) (나) ④ 참조).

[88]　Ⅴ. 사 원 권

　　1.　사단의 구성원이 「사원」이다(세속적으로는 회사의 피용자를 사원이라고 부르는 경우가 있으나, 법률적으로는 「사원」은 아니다). 사원은 사단법인의 존립의 기초를 이루

고, 사원총회라는 최고기관을 구성하는 구성분자이긴 하지만, 그 자신이 사단법인의 기관은 아니다. 사원은 사원이라는 자격에 의하여 사단법인에 대하여 여러 가지 권리를 가지고 의무를 부담한다. 사원이 사단에 대하여 가지는 권리는 크게 두 가지로 나누어진다. 하나는 「공익권」이라고 일컫는 것으로, 사단의 관리·운영에 참가하는 것을 내용으로 하는 권리이다. 결의권·소수사원권·업무집행권·감독권 등은 그 예이다. 다른 하나는 「자익권(自益權)」이라고 일컫는 권리로서, 사원 자신이 이익을 누리는 것을 내용으로 하는 권리이다. 예컨대, 사단의 설비를 이용하는 권리가 이에 속한다. 한편, 사원은 그의 사원이라는 자격에서 사단에 대하여 일정한 의무를 부담하며, 출자의무가 그 주요한 것이다.

　　2.　위와 같은 사원으로서 가지는 권리와 부담하는 의무를 통일적으로 파악하여, 이를 「사원권」이라고 일컫는 것이 통설이다. 그러나 그 개념의 구성방법은 학자에 따라 차이가 있으나, 사원의 권리·의무를 발생시키는 기초가 되는 사원과 사단의 법률관계, 바꾸어 말하면 사원의 사단에 대한 법적 지위 그 자체가 사원권이라고 하는 것이 적절할 것이다. 사원권은 재산권·가족권 또는 인격권의 그 어느 것에도 속하지 않는 특수한 권리로서 이해되고 있다. 사원권이 특히 문제되고 논의되는 것은 주식회사에 관해서이다. 그러므로 그 자세한 것은 상법학의 연구에 맡기기로 한다.

　　3.　사원권을 사원의 사단에 대한 지위로서 파악한다고 하더라도, 사원이라는 지위의 내용은 법인의 종류에 따라 다르며 일정하지 않다. 특히 영리법인과 비영리법인에서 그 차이는 현저하다. 영리법인에서는 자익권이 강하나, 비영리법인에서는 공익권이 강한 것이 보통이다. 따라서 영리법인에서는 사원권의 양도나 상속이 허용되지만(상 335조 참조), 공익권이 강한 비영리법인에서는 양도성과 상속성이 부인된다. 민법은 "사단법인의 사원의 지위는 양도 또는 상속할 수 없다."라고 규정하여 사원권의 양도성·상속성을 부정하고 있다(56조). 그러나 제56조는 강행규정이 아니라고 새겨야 하며, 정관으로 사원권의 양도나 상속을 인정하는 것은 상관없는 것으로 이해된다(동지 대판 1992. 4. 14, 91다26850; 대판 1997. 9. 26, 95다6205 참조).

제 5 절　법인의 주소

[89]　법인의 주소

　　법인의 경우에도, 자연인과 마찬가지로, 일정한 장소를 주소로 하여 법률관계
의 기준으로 할 필요가 있다. 민법은 「그 주된 사무소의 소재지」를 법인의 주소로
하고 있다(36조). 법인의 최고수뇌부가 존재하는 장소가 「주된 사무소」이며, 사무소
가 2개 이상 있는 때에는 중심이 되는 중요한 사무소가 그 주된 사무소이다.

　　주소의 효과는 자연인의 주소에 관하여 설명한 것과 마찬가지이다([64] 2 참조).
다만 주의할 것은, 이미 적은 바와 같이 법인 설립의 경우에 주된 사무소의 소재지
에서 등기를 하여야 하고(49조 1항), 사무소를 이전한 경우에는 이를 등기하여야만
제 3 자에게 대항할 수 있다(54조 1항). 등기에 관해서는 나중에 다시 적기로 한다
([96] 이하 참조).

제 6 절　정관의 변경

[90]　Ⅰ. 정관 변경의 의의

　　법인이 그의 동일성을 유지하면서 그 조직을 변경하는 것이 「정관의 변경」이
다. 정관의 변경이 허용되느냐 않느냐는 사단법인인지 재단법인인지에 따라 그 사
정이 다르다.

　　사단법인에서는 원칙적으로 정관을 변경할 수 있다. 사단법인은 인적 결합체
를 그 실체로 하며, 그 조직이나 활동은 모두 구성원의 자주적 의사결정에 의하여
성해신다. 그러므로 그의 실체가 되는 인적 결합 자체가 동일성을 잃지 않는 한, 정
관이 자주적으로 변경되더라도 법인의 동일성은 상실되지 않는다.

　　이에 반하여, 재단법인은 설립자가 결정한 근본규칙에 따라서 운영되는 타율
적 법인이며, 법인의 활동을 자주적으로 결정하는 기관을 가지고 있지 않다. 따라
서 재단법인의 경우에는 정관을 변경할 수 없는 것이 원칙이다. 이와 같이 타율성
과 고정성이 재단법인의 본질이기는 하지만, 그렇다고 정관의 변경을 전혀 인정하
지 않는다면, 재단법인에게 사회적 실정에 알맞은 활동을 기대할 수 없다. 이러한

점을 고려하여 민법은 일정한 제한을 하여 재단법인의 정관의 변경을 인정하고
있다.

결국 민법에서는 사단법인이든 재단법인이든 모두 정관을 변경할 수 있다고
정하고 있다. 이를 설명하면 다음과 같다.

[91] Ⅱ. 사단법인의 정관 변경

1. 요   건   다음의 두 요건이 필요하다.

(1) **사원총회의 결의**   정관의 변경에는 총사원의 3분의 2 이상의 동의가
있어야 한다(42조 1항 본문). 그러나 총사원의 3분의 2 이상이라는 특별결의의 정수
에 관해서는 정관에서 다르게 규정할 수 있다(42조 1항 단서). 정관 변경은 사원총회
의 전권사항이며, 정관에서 총회의 결의에 의하지 않고서 변경할 수 있다고 규정하
여도(예컨대, 이사회의 결의로 변경할 수 있다고 정하고 있는 경우), 그 규정은 무효이다.

(2) **주무관청의 허가**   정관의 변경은 주무관청의 허가를 얻지 않으면 그
효력이 없다(42조 2항). 허가할지 여부는 주무관청의 자유재량에 속하지만 재량권을
남용해서는 안 된다.

(3) 위의 두 요건, 즉 총회의 결의와 주무관청의 허가만 있으면, 정관 변경의
효력이 생긴다(대판(전) 1996. 5. 16, 95누4810). 정관이라는 서면의 변경은 반드시 필요
하지 않다. 다만, 변경사항이 등기사항인 경우에는(49조 2항 참조), 그 변경을 등기하
여야 제 3 자에게 대항할 수 있다(54조 참조).

2. 주의할 점   사단법인의 정관 변경에 관하여 문제되는 것이 둘 있다.

(1) 첫째, 정관에서 그 정관을 변경할 수 없다고 규정하고 있는 경우에 정관을
변경할 수 있는지 문제된다. 모든 사원의 동의가 있으면, 이 경우에도 정관을 변경
할 수 있다는 데 학자들의 견해는 일치하고 있다. 이 경우에 정관의 변경을 인정하
지 않는다면, 그것은 상황의 변화에 따라 자주적으로 활동하는 사단의 본질에 반하
기 때문이다. 따라서 비록 정관에서 정관 변경을 금지하고 있더라도, 모든 사원의
동의가 있으면 변경할 수 있다는 통설이 타당하다.

(2) 둘째, 정관에서 정하고 있는 목적을 다른 것으로 변경할 수 있는지 문제된
다. 민법은 목적의 변경에 관하여 규정하고 있지 않기 때문에 생기는 문제이다. 그

러나 이 점에 관해서도 제42조가 정하는 보통의 정관 변경의 절차에 따라서 목적을 변경할 수 있다는 데 학자들의 견해는 일치하고 있다. 사단이 자주적으로 그 목적을 변경하여도 그의 동일성을 잃지 않으며, 민법 제42조는 목적의 변경을 제외하고 있지 않으므로, 통설의 견해는 현행법상 무리가 없는 해석이다. 오히려 민법이, 잠시 후에 보는 바와 같이, 재단법인에 관해서도 목적의 변경을 인정하고 있는 점에 비추어, 사단법인이 자율적으로 목적을 변경할 수 있음은 의문의 여지가 없다고 할 수 있다. 이와 같이 목적의 변경을 인정하더라도 거기에는 한계가 있다. 즉, 민법의 비영리법인이 그의 목적을 변경하는 경우에는 변경된 목적도 역시 비영리성을 띠는 것이어야 한다. 비영리법인의 목적을 변경하여 영리법인으로 한다면, 법인의 동일성이 유지된다고 할 수 없기 때문이다.

[92]　Ⅲ. 재단법인의 정관 변경

1. 재단법인은 그 목적과 조직이 설립할 때에 확립되어 있는 타율적 법인이므로, 그 정관을 변경하지 못하는 것이 원칙이다. 그러나 이 원칙에 대해서는 다음과 같은 예외가 인정되어 있다.

설립자가 정관에서 그 정관의 변경방법을 정하고 있는 경우에는 그에 기한 변경이 가능하다(45조 1항). 그러나 주무관청의 허가를 받아야만 변경의 효력이 생긴다(45조 3항). 변경된 사항이 등기사항이면, 등기해야만 그 변경을 가지고 제3자에게 대항할 수 있다(54조).

정관에서 그 변경방법을 정하고 있지 않은 경우에도, 재단법인의 목적달성 또는 재산의 보전을 위하여 적당한 때에는, 명칭이나 사무소의 소재지와 같은 법인의 본질에 관계가 적은 사항은 이를 변경할 수 있다(45조 2항). 이때에도 주무관청의 허가가 있어야만 그 변경은 효력을 발생하고(45조 3항), 또한 등기해야만 제3자에게 대항할 수 있다(54조 1항·49조 2항 참고).

2. 그 밖에 민법은, 정관에서 변경방법을 정하고 있지 않더라도, 일정한 제한을 하여 법인의 목적을 포함하여 정관의 규정을 변경하는 것을 인정한다. 즉, "재단법인의 목적을 달성할 수 없는 때에는 설립자나 이사는 주무관청의 허가를 얻어 설립의 취지를 참작하여 그 목적 기타 정관의 규정을 변경할 수 있다."라고 규정하고

있다(46조). 재단법인의 목적을 달성할 수 없으면, 그 법인을 해산하는 수밖에 없다. 그러나 사회적으로는 법인을 해산시키는 것보다는 목적을 변경해서라도 존속·활동하도록 하는 것이 유리하고, 또한 설립자의 의사에도 맞는 경우가 많을 것이다. 제 46조에 의한 정관 변경의 요건은 다음과 같다.

(1) 목적을 달성할 수 없게 되었을 것.

(2) 주무관청의 허가를 얻을 것. 주무관청이 허가를 하는 데에는 법인의 설립 취지를 참작하여야 한다. 가급적 법인의 동일성을 유지하도록 하려는 데서 요구되는 요건이다.

(3) 변경사항은 목적을 비롯하여 정관의 모든 규정에 걸친다. 그러나 가장 중요한 것은 목적의 변경이다. 사단법인과 달라서, 타율적 고정성을 본질로 하는 재단법인이 목적을 변경하면, 그 동일성이 유지된다고 보기 어려울 것이다. 여기서 '설립의 취지를 참작'하여야 한다는 요건이 요구되는 것이다. 설립취지를 참작한다는 것은 반드시 전의 목적과 비슷한 목적으로 변경하여야 한다는 것을 의미하지는 않는 것으로 해석되어 있다(김상용 253면, 김증한·김학동 218면, 김현태 199면. 반대: 김기선 167면).

(4) 변경은 설립자나 이사가 할 수 있다.

(5) 변경은 등기하여야 제 3 자에게 대항할 수 있다(54조).

위에서 설명한 것과 같이, 민법 제45조 제 3 항과 제46조에서 재단법인의 정관 변경은 주무관청의 허가가 있어야 효력이 있다고 정하고 있다. 이들 규정에서의 「허가」는 "법률행위의 효력을 보충해 주는 것이지 일반적 금지를 해제하는 것이 아니므로," 그 법률적 성질은 「인가」라는 것이 판례이다(대판(전) 1996. 5. 16, 95누4810 참조). 이 판례에 의하면, 법률이 정하는 요건을 갖추고 있으면, 주무관청은 그의 자유재량으로 판단할 것이 아니라, 반드시 인가를 하여야 한다. 이 판례는 타당한가? 제45조 제 3 항의 경우는 판례와 같이 새겨도 상관없으나, 제46조의 정관 변경의 경우에도 「인가」로 새기는 것은 문제라고 생각한다. 목적을 변경하는 것은 새로운 재단법인을 설립하는 것과 다름없으며, 재단법인 설립에 관한 민법의 허가주의와 배치되기 때문이다. 제46조의 「허가」만을 「인가」로 보는 것은 옳지 않다. 제46조의 정관 변경에 인가가 필요한 것으로 하려면 민법의 허가주의를 개정하여 재단법인 설립과 정관의 변경을 일관성 있게 규율하여야 할 것이다.

3. 재단법인의 정관 변경과 관련하여 특히 문제가 되는 것이 있다. 그것은 재단법인의 기본재산을 처분할 수 있는지, 있다면 어떤 절차를 밟아야 하는지의 문제이다.

본래 재단법인은 일정한 목적에 바쳐진 재산이라는 실체에 대하여 법인격이 부여되는 것이므로, 그 출연된 재산 즉 재단법인의 기본재산은 바로 법인의 실체인 동시에 법인의 목적을 수행하기 위한 가장 기본적인 수단이다. 따라서 이를 처분한다는 것은 재단법인의 실체가 없어진다는 것을 의미하며, 나아가서는 재단법인이 그 목적을 수행할 수 없게 된다는 것을 뜻한다. 재단법인의 기본재산은 성질상 함부로 처분할 수 없다. 이와 같이 기본재산은 재단법인에서 가장 중요한 것이기 때문에, 정관에 그에 관한 사항을 기재하도록 하고 있다. 정관에서 정한 절차에 따른 것이면, 이사의 기본재산 처분행위는 유효한가? 이 점에 관하여 판례는 "재단법인의 기본재산의 처분은 결국 재단법인 정관의 변경을 초래하게 되므로 정관의 변경이 이루어지지 아니한다면 재단의 기본재산에 관한 처분행위는 그 효력을 발생할 수 없다고 할 것이고, 재단법인의 정관의 변경은 주무부장관의 허가를 얻지 아니하면 그 효력이 없는 것"이라고 한다(대판 1966. 11. 29, 66다1668). 이런 견지에서 "기본재산을 감소시키는 경우는 물론, 이를 증가시키는 경우에도, 반드시 그 정관의 기재사항에 변경을 초래한다 할 것이므로, 이 두 경우에는 모두 정관의 변경이라 할 것이고, 따라서 이러한 변경에는 …… 주무관청의 인가를 받아야만 그 효력이 발생한다"고 한다(대판 1969. 7. 22, 67다568; 대판 1978. 7. 25, 78다783). 따라서 기본재산의 처분에 관한 주무관청의 허가가 없으면, 그 처분행위는 무효라고 한다(대판 1965. 5. 18, 65다114; 대판 1974. 6. 11, 73다1975; 대판 1976. 11. 9, 76다486 등). 가령 정관에 기재되어 있는 기본재산의 소유권을 양도하는 경우에는 정관의 변경을 초래하기 때문에 정관 변경에 대한 주무관청의 허가가 필요하다. 그러나 기본재산에 관한 모든 법률행위에 대하여 정관의 변경이 필요한 것은 아니다. 기본재산에 관한 법률행위를 하더라도 정관의 변경을 필요로 하지 않는 경우에는 주무관청의 허가를 받지 않아도 될 것이다.

제 7 절   법인의 소멸

[93] Ⅰ. 법인 소멸의 의의

　　법인의 소멸은, 자연인의 경우 사망과 마찬가지로, 법인이 그의 권리능력을 잃는 것이다. 그런데 법인에는, 자연인의 사망의 경우와 달라서, 상속이라는 것이 없으므로, 법인의 소멸은 재산관계를 정리하기 위하여 일정한 절차를 거쳐 단계적으로 행해진다. 즉, 먼저 「해산」을 하고, 이어서 「청산」의 단계에 들어간다. 해산은 법인이 본래의 적극적 활동을 정지하고 청산절차(잔무의 처리·재산의 정리)에 들어가는 것을 말하며, 청산은 해산한 법인의 재산관계를 정리하는 절차이다. 따라서 해산으로 법인의 권리능력이 곧 소멸하는 것은 아니며, 청산에 필요한 한도로 제한될 뿐이다. 바꾸어 말하면, 해산 후 청산이 종결될 때까지 법인은 제한된 범위에서 권리능력을 가진다. 이 권리능력이 제한되는 법인, 즉 해산 후 청산종결까지 존속하는 법인을 「청산법인」이라고 일컫는다. 청산법인은 해산 전의 본래의 법인과는 다른 별개의 인격자가 아니라, 동일성을 갖는다. 청산의 종결로 법인은 완전히 소멸한다.

[94] Ⅱ. 해산사유

　　위에서 본 바와 같이, 법인이 그의 본래의 목적수행을 위한 적극적 활동을 정지하고 청산절차에 들어가는 것이 「해산」이며, 해산사유에는 다음과 같은 것이 있다.

1. 사단법인·재단법인에 공통한 해산사유(77조 1항)

　　(1) 존립기간의 만료 기타 정관에 정한 해산사유의 발생　　법인의 존립시기나 해산사유는, 사단법인에서는 정관의 필요적 기재사항이고(40조 7호), 재단법인에서는 임의적 기재사항이다(43조 참조).

　　(2) 법인의 목적의 달성 또는 달성 불가능　　법인이 목적을 달성했는지 또는 달성이 불가능한지는 사회관념에 따라서 결정하여야 한다. 이 점은 판단하기 어려운 것이기 때문에 입법론으로는 정관에 기재된 경우에 한하여 해산사유로 하는 것이 바람직할 것이다. 현행법에서는 정관에서 목적을 달성하였는지, 또는 목적의 달성이 불가능한지에 관하여 판단기준을 정하는 것이 좋을 것이다.

(3) 파　산　　法人이 채무를 완전히 변제할 수 없는 상태, 즉 채무초과(소극재산이 적극재산보다 많은 것)가 된 때에는, 이사는 지체없이 파산을 신청하여야 한다(79조). 법인의 파산원인은 단순한 채무초과로써 충분하며(회생파산 306조), 자연인의 경우와 같이 지급불능이어야 하는 것은 아니다(회생파산 305조). 유형 또는 무형의 재산, 노무와 신용의 세 가지로 구성되는 변제력에 의해서도 지급할 수 없는 상태가 지급불능이며, 단순히 소극재산이 적극재산을 초과하는 채무초과가 있다고 해서 곧 지급불능인 것은 아니다. 채무초과를 법인의 파산원인으로 하는 것은 법인의 자력이 재산의 전체를 합하여 모은 것에 그치는 것이 보통이고, 채무가 초과된 법인을 존속시키는 것은 제 3 자에게 손해를 끼칠 염려가 있기 때문이다. 민법 제79조는 파산신청의무자로서 이사를 들고 있으나, 「채무자 회생 및 파산에 관한 법률」 제294조에서는 채권자 또는 채무자를 신청권자로 정하고 있음을 주의하여야 한다. 이사가 파산의 신청을 게을리하면 과태료의 처분을 받는다(97조 6호). 이때 법인이 회생절차를 신청한 경우에는 파산신청의무를 이행한 것으로 보아야 한다.

(4) 설립허가의 취소　　法人이 목적 이외의 사업을 한 때, 설립허가의 조건에 위반한 때, 그 밖에 공익을 해치는 행위를 한 때에는 주무관청은 설립허가를 취소할 수 있다(38조). 이 설립허가의 취소는 장래에 향하여 법인의 존재를 부인하는 것이다. 즉, 그것은 소급효가 없다.

2. 사단법인에만 특유한 해산사유(77조 2항)

(1) 사원이 없게 된 때　　사원이 1명도 없게 된 경우를 말한다. 사단법인의 성질상 당연하다.

(2) 총회의 결의　　총회의 결의에 의한 해산은 이를 「임의해산」이라고 하며, 총회의 전권사항이다. 따라서 총회로부터 이 권한을 빼앗거나, 총회 이외의 다른 기관이 해산결의를 할 수 있는 것으로 하여도 그러한 정관의 규정은 무효이다. 해산결의는 종사원 4분의 3 이상의 동의를 필요로 하는 특별결의에 의하여야 한다. 그러나 이 정족수는 정관에서 다르게 규정할 수 있다.

[95] Ⅲ. 청 산

1. 의　의　　해산한 법인이 남아 있는 사무를 처리하고 재산을 정리하

여 완전히 소멸할 때까지의 절차가 「청산」이다. 청산절차에는 두 가지가 있다. 하나는, 파산으로 해산하는 경우이며, 이때에는 「채무자 회생 및 파산에 관한 법률」에서 정하고 있는 파산절차에 따라 청산을 한다. 다른 하나는, 그 밖의 원인에 의한 해산이며, 이 경우에는 민법이 규정하는 청산절차에 의한다. 청산절차는 그 어느 것이나 모두 제 3 자의 이해관계에 중대한 영향을 미치기 때문에, 이에 관한 규정은 강행규정이다(대판 1995. 2. 10, 94다13473). 따라서 정관에서 다른 규정을 하고 있더라도, 그것은 효력이 없다.

2. 청산법인의 능력　　　청산법인은 청산의 목적 범위 내에서만 권리가 있고 의무를 부담한다(81조). 즉, 해산한 법인은 그 능력이 「청산의 목적의 범위 내」에 한정된다. 이 범위는 본래의 법인의 능력에 관한 「목적의 범위 내」(34조)의 경우에 준하여 너그럽게 해석하여야 하며([81] 3 참조), 청산 목적과 직접 관련 있는 것에 엄격하게 한정할 것은 아니다. 그러나 청산이라는 목적을 변경하거나 해산 전의 본래의 적극적인 사업을 행하는 것은 청산법인의 권리능력의 범위를 벗어난다. 청산법인은 해산 전의 법인에 비하여 그 목적이 변하고, 또한 능력의 범위도 감축되지만, 그래도 해산 전의 법인과 동일성을 유지한다는 점은 이미 지적하였다([90] 참조).

3. 청산법인의 기관

(1) 청 산 인

(가) 법인이 해산하면, 이사를 갈음하여 청산인이 청산법인의 집행기관이 된다. 청산인은 청산법인의 능력의 범위 내에서 내부의 사무를 집행하고 외부에 대하여 청산법인을 대표한다(87조 2항). 따라서 이사의 사무집행방법(58조 2항), 대표권(59조), 대표권에 대한 제한의 대항력(60조), 주의의무(61조), 대리인 선임(62조), 특별대리인의 선임(64조), 임무해태(65조), 임시총회의 소집(70조) 등에 관한 규정은 모두 청산인에게 준용된다(96조).

(나) 청산인이 되는 자는 우선 정관에서 정한 사람이고, 정관에서 정하고 있지 않으면 총회의 결의로써 선임되나, 총회가 선임하지도 않은 경우에는 해산 당시의 이사가 당연히 청산인이 된다(82조). 그러나 법인이 해산한 때에 위에 해당하는 사람이 없으면, 법원이 직권으로 또는 이해관계인이나 검사의 청구에 의하여 청산인을 선임한다(83조). 그리고 청산인이 있더라도 나중에 결원이 생겨 손해가 생길 염

려가 있는 때에는, 법원이 직권으로 또는 이해관계인이나 검사의 청구에 의하여 청산인을 선임한다(83조).

(대) 중요한 사유가 있을 때에는, 법원은 직권으로 또는 이해관계인이나 검사의 청구에 의하여 청산인을 해임할 수 있다(84조). 청산이 제3자에게 미치는 영향이 크므로, 법원의 감독권을 강화한 것이다.

(라) 청산인의 직무권한에 관해서는 뒤에서 적기로 한다.

(2) 그 밖의 기관   법인을 해산하면 청산인이 이사에 갈음하여 법인의 기관으로 들어오지만, 그 밖의 기관은 아무런 변동 없이 계속하여 청산법인의 기관으로서 종전과 마찬가지의 권한을 갖는다. 즉, 감사는 계속하여 청산인의 직무를 감독하고, 총회도 그대로 최고의사결정기관으로서의 지위를 유지한다.

4. 청산사무(청산인의 직무권한)   민법은 청산인의 직무권한으로서 아래에서 설명하는 것들을 규정·열거하고 있으나, 반드시 이에 한정되는 것은 아니며, 청산의 본질상 필요한 사항은 모두 청산인의 직무권한에 포함된다. 또한 청산인의 직무권한의 범위는 그대로 청산사무의 내용 내지 범위이기도 하다. 민법이 규정하는 청산사무를 시간적 순서에 좇아서 설명하면, 다음과 같다.

(1) **해산의 등기와 신고**   청산인은 취임 후 3주간 내에 해산의 사유 및 연월일, 청산인의 성명과 주소, 그리고 청산인의 대표권을 제한한 때에는 그 제한을 주된 사무소와 분사무소의 소재지에서 등기하고(85조 1항), 같은 사항을 주무관청에 신고하여야 한다(86조 1항). 청산 중에 해산등기사항에 변경이 생기면, 3주간 내에 변경등기를 하여야 한다(85조 2항·52조 참조). 그리고 청산 중에 취임한 청산인은 그 성명과 주소를 주무관청에 신고하여야 한다(86조 2항). 청산인이 위에서 적은 등기를 게을리하고 주무관청에 대하여 사실 아닌 신고를 하거나 사실을 은폐하면, 과태료의 처분을 받는다(97조 1호·4호). 파산에 의한 청산에서는, 등기는 법원이 직권으로써 등기소에 촉탁하고(회생파산 23조), 역시 법원이 주무관청에 통지하므로(회생파산 314조), 청산인은 등기신청이나 신고를 할 필요가 없다.

(2) **현존사무의 종결**(87조 1항 1호)

(3) **채권의 추심**(87조 1항 2호)   조건 또는 기한이 있거나 반대의무의 이행과 관련되어 있거나 그 밖의 이유로 추심하기 곤란한 채권은 적당한 방법(양도 그 밖

의 환가처분 등)으로 환가하는 수밖에 없다(민집 241조).

(4) **채무의 변제**(87조 1항 2호)   절차의 신속한 종결과 제 3 자의 이익을 위하여 자세한 규정을 두고 있다.

(가) **채권신고의 독촉**   청산인은, 취임한 날로부터 2개월 내에, 3회 이상의 공고로, 일반채권자에 대하여 일정한 기간 내에 그의 채권을 신고할 것을 최고하여야 한다. 신고기간은 2개월 이상으로 정하여야 한다(88조 1항). 이 공고에는 채권자가 기간 내에 신고하지 않으면 청산으로부터 제외된다는 것을 표시하여야 한다(88조 2항). 그리고 공고는 법원의 등기사항의 공고와 동일한 방법으로 하여야 한다(88조 3항). 청산인이 이 공고를 게을리하거나 부정하게 공고를 하면, 과태료의 제재를 받는다(97조 7호). 위의 공고는 알지 못하는 일반채권자에게 채권신고를 독촉하기 위한 것이며, 청산인이 알고 있는 채권자에 대해서는 개별적으로 채권을 신고할 것을 최고하여야 한다(89조).

(나) **변   제**   앞에서 말한 채권신고기간 내에는 청산인이 채권자에게 변제하지 못한다(90조 본문). 그 결과 채권자는 변제기가 도래한 후에도 채권신고기간이 경과할 때까지는 채권의 만족을 얻지 못한다. 여기서 그러한 채권자에게는 지연손해배상을 하여야 하는 것으로 하고 있다(90조 단서).

청산 중의 법인은 아직 변제기가 도래하지 않은 채권도 변제할 수 있다(91조 1항). 즉, 청산법인은 기한의 이익을 포기해서 변제할 수 있다. 그리고 조건 있는 채권, 존속기간이 불확정한 채권, 그 밖에 가액이 불확정한 채권에 관해서는 법원이 선임한 감정인의 평가에 의하여 변제하여야 한다(91조 2항).

앞에서 밝힌 채권신고기간 내에 신고하지 않은 채권자는 청산에서 제외되나, 이와 같이 제외된 채권자는 법인의 채무를 모두 변제한 후 귀속권리자에게 인도하지 않은 재산에 대해서만 변제를 청구할 수 있다(92조). 따라서 잔여재산이 있더라도, 그 귀속권리자에게 인도한 후에는 청구하지 못한다. 그러므로 채권신고기간은 제척기간이다([198] 참조).

청산인이 알고 있는 채권자에 대해서는, 비록 그가 신고하지 않았더라도, 청산에서 제외하지 못하며, 꼭 변제하여야 한다(89조 단서). 만일에 채권자가 변제를 수령하지 않으면 공탁하여야 한다(487조 이하 참조).

(5) **잔여재산의 인도**(87조 1항 3호)　　　이상과 같은 절차를 밟은 후에 잔여재산이 있는 경우에는, 이를 귀속권리자에게 인도한다. 첫째, 잔여재산의 귀속권리자는 정관에서 지정한 자이다(80조 1항). 둘째, 정관으로 지정한 자가 없거나 또는 지정방법을 정관이 규정하고 있지 않은 때에는 이사 또는 청산인이 주무관청의 허가를 얻어서 그 법인의 목적과 비슷한 목적을 위하여 처분할 수 있다(80조 2항). 해산 전에는 이사가 처분할 수 있으나, 해산 후에는 청산인만이 처분할 수 있다. 그리고 사단법인에서는 주무관청의 허가 외에 총회의 결의가 있어야 한다(80조 2항 단서). 셋째, 위의 어느 방법으로도 처분할 수 없는 경우에는 잔여재산은 국고에 귀속한다(80조 3항).

(6) **파산신청**　　　청산절차를 밟고 있는 도중에 법인의 재산이 그 채무를 모두 변제하기에 부족하다는 것이 분명하게 된 때(즉, 「채무초과」임이 밝혀진 때)에는, 청산인은 지체없이 파산선고를 신청하고 이를 공고하여야 한다(93조 1항). 이 공고에는 법원의 등기사항의 공고방법이 준용된다(93조 3항). 청산인이 이 파산신청을 게을리하거나(97조 6호), 또는 공고해태·부정공고를 하면, 과태료의 처분을 받는다(97조 7호).

법인의 파산으로 파산관재인이 선임되면, 청산인은 파산관재인에게 사무를 인계하여야 하며, 인계함으로써 청산인의 임무는 종료한다(93조 2항). 청산인이 파산관재인에게 인계하는 것은 파산재단에 관한 사무이다. 따라서 청산인의 임무가 종료하는 것은 바로 이 파산재단에 속하는 권리·의무에 한하고, 그 밖의 사무에 관하여는 청산인의 임무는 존속한다. 바꾸어 말하면, 파산관재인의 직무 이외의 사항에 관해서는 여전히 청산인이 이를 집행하고 청산법인을 대표한다.

(7) **청산종결의 등기와 신고**　　　청산이 종결하면, 청산인은 3주간 내에 이를 등기하고 주무관청에 신고하여야 한다(94조).

제 8 절　법인의 등기

[96]　I. 법인등기의 의의와 효력

1. **의　　의**　　　자연인은 겉으로 드러난 명확한 모양을 갖고 있는 데 비하

여, 법인은 많은 경우에 일반 제3자로서는 그 존재나 내용을 알기가 쉽지만은 않
다. 그러므로 거래의 안전을 꾀하기 위해서는 법인의 조직이나 내용을 등기하게 함
으로써 일반에게 공시하는 것이 필요하다. 이것이 법인에 관한 등기제도, 즉 법인
등기이다.

　　2. 절　　차　　　법인등기의 절차는 비송사건절차법(60조 이하)에 규정되어
있다. 등기한 사항은 법원이 지체없이 공고하여야 한다(54조 2항).

　　3. 효　　력　　　민법은 법인등기의 종류에 따라 그 효력을 달리 정하고 있
다. 즉, 설립등기는 법인의 성립요건으로 하고, 그 밖의 등기는 모두 대항요건으로
하고 있다. 등기를 대항요건으로 하는 경우에는 등기사유가 생기면 바로 등기를 하
도록 하고 이를 강제하는 방법이 필요하다. 민법은 다음과 같은 수단을 강구하고
있다.

　　(1)　등기하지 않으면 제3자에게 대항하지 못하므로, 실체법상의 불이익을 입
는다.

　　(2)　등기의무 있는 이사·청산인 등이 등기를 게을리하면, 과태료의 처벌을 받
는다(97조 1호).

[97]　Ⅱ.　등기의 모습

　　민법이 법인에 관하여 요구하는 등기는 다음과 같다.

　　1. 설립등기　　　법인 설립의 허가가 있는 때에는, 3주간 내에 주된 사무소
의 소재지에서 설립등기를 하여야 한다(49조 1항). 3주간의 기간은 주무관청의 허가
서가 도착한 날로부터 이를 기산한다(53조·155조 이하 참조).

　　등기사항은 제49조 제2항에 열거되어 있다. 즉, (ⅰ) 목적, (ⅱ) 명칭, (ⅲ) 사
무소, (ⅳ) 설립허가의 연월일, (ⅴ) 존립시기나 해산사유를 정한 때에는 그 시기
또는 사유, (ⅵ) 자산의 총액, (ⅶ) 출자의 방법을 정한 때에는 그 방법, (ⅷ) 이
사의 성명·주소, (ⅸ) 이사의 대표권을 제한한 때에는 그 제한 등을 등기하여야
한다.

　　2. 분사무소 설치 및 사무소 이전의 등기

　　(1)　법인이 분사무소를 설치한 때에는, 주사무소 소재지에서는 3주간 내에 분

사무소 설치의 등기를 하고, 그 신설된 분사무소 소재지에서는 역시 3주간 내에 위에서 본 바와 같은 설립등기사항을 등기하여야 하며, 다른 기존의 분사무소 소재지에서는 그 신설하였음을 등기하여야 한다(50조 1항). 그러나 주사무소 또는 기존의 분사무소의 소재지를 관할하는 등기소의 관할구역 내에서 분사무소를 신설하는 경우에는 3주간 내에 그 분사무소 설치만을 등기하면 되고, 설립등기사항을 등기할 필요는 없다(50조 2항). 위의 3주간의 기간은, 등기사항이 관청의 허가를 필요로 하는 것이면, 그 허가서가 도착한 날로부터 기산한다(53조). 이 분사무소 설치의 등기는 제 3 자에 대한 대항요건이다(54조 1항). 따라서 등기하기 전에는 제 3 자에게 분사무소의 신설을 가지고 대항하지 못한다.

(2) 법인이 그 사무소를 이전하는 때에는, 구소재지에서는 3주간 내에 이전등기를 하고, 신소재지에서는 같은 기간 내에 설립등기사항을 등기하여야 한다(51조 1항). 동일한 등기소의 관할구역 내에서 사무소를 이전한 때에는, 그 이전한 것을 등기하면 된다(51조 2항). 등기기간의 기산과 등기의 효력은, 분사무소 설치에 관하여 설명한 것과 같다(53조·54조 1항).

3. 변경등기   설립등기의 등기사항에 변경이 있는 때에는, 3주간 내에 변경등기를 하여야 한다(52조). 3주간의 등기기간의 계산은, 등기사항이 관청의 허가를 요하는 것이면 허가서가 도착한 날로부터 기산한다(53조). 변경등기도 이를 등기하여야만 제 3 자에게 대항할 수 있는 대항요건이다(54조 1항).

4. 해산등기   청산인은, 파산의 경우를 제외하고는, 그 취임 후 3주간 내에 해산사유와 연월일, 청산인의 성명과 주소, 청산인의 대표권을 제한한 때에는 그 제한 등을 주된 사무소와 분사무소의 소재지에서 등기하여야 한다(85조 1항). 등기사항에 변경이 생긴 경우에도 3주간 내에 변경등기를 하여야 한다(85조 2항·52조 참조). 등기의 효력, 등기기간의 계산 등은 이미 설명하였다(53조·54조 1항).

제 9 절 법인의 감독

[98] Ⅰ. 법인의 감독
비영리법인은 설립에서 소멸에 이르기까지 각종의 국가적 감독을 받는다.

1. **업무감독**   설립허가를 한 주무관청이 법인의 업무를 감독하며, 법인의 목적에 따라 업무를 바르게 하도록 하고 있다. 감독의 내용은 법인의 사무 및 재산상황의 검사·설립허가의 취소 등이다(37조·38조. [94] 1 (4) 참조).

2. **해산과 청산의 감독**   법원이 법인의 해산과 청산을 감독하며, 이들 절차를 엄격·공정하게 하도록 한다. 감독권 행사의 내용은 필요한 검사, 청산인의 선임과 개임 등이다(95조·83조·84조).

3. 위와 같이 업무감독은 설립허가를 준 주무관청이 담당하고, 해산과 청산은 법원이 담당하여, 감독기관이 다르다. 법인의 업무는 법인의 목적에 따라서 다르기 때문에, 주무관청이 이를 담당하는 것이 적당할 것이다. 그러나 법인의 해산·청산은 법인의 목적과는 관계없이 다같이 재산의 정리에 관한 것이며, 제 3 자의 이해관계와 밀접한 관련이 있기 때문에, 법원이 이를 감독하도록 하였다.

[99] Ⅱ. 벌   칙

1. 법인의 감독을 완전하게 하기 위하여, 위에서 본 바와 같이 설립허가를 취소하고 청산인을 해임할 수 있는 권한을 감독기관에게 주고 있으나, 그 밖에도 벌칙을 두고 있다. 즉, 법인의 이사·감사 또는 청산인이 그의 직무를 충실하게 다하지 않는 경우에는 이들에게 과태료의 제재를 부과하기로 하였다(97조 참조).

과태료는 일종의 질서벌이며, 형사벌이 아니다. 따라서 과태료에 처하는 절차는, 형사소송법에 의하지 않고, 비송사건절차법(247조 이하)에 의한다. 과태료사건의 관할은 과태료에 처할 자의 주소지의 지방법원의 관할에 속한다. 그 절차는 당사자의 진술을 청취하고 검사의 의견을 들어 「결정」의 형식으로 재판한다. 이 결정에 대하여는 즉시항고를 할 수 있다. 과태료의 재판은 검사의 명령으로 이를 집행한다.

2. 과태료의 처분을 할 수 있는 사항은 제97조가 열거하고 있다. 이에 관하여는 각각 관계되는 곳에서 설명하였으므로, 다시 적지 않는다.

제10절   외국법인

[100] 외국법인의 의의와 그 능력

1. 의   의   내국법인(한국법인)이 아닌 법인이 외국법인이다. 자연인의 내외국인 여부를 결정하는 데는 국적법이 있으나, 법인의 내외국법인 여부를 결정하는 표준을 정하고 있는 법률은 없다. 이 점에 관한 학설도 일정하지 않다. 내외국법인의 구별의 표준에 관한 학설로서는 (i) 준거법설(준거법이 내국법인지 여부를 기준으로 하는 견해), (ii) 주소지설(주된 사무소가 국내에 있는지 여부를 기준으로 하는 견해), (iii) 설립자국적 기준설(설립자가 내국인인지 여부를 기준으로 하는 견해) 등이 있다. 우리나라에서는 준거법설을 주장하는 견해(김기선 131면, 김현태 211면, 송덕수 665면, 장경학 290면)와 준거법설과 주소지설의 합일주의를 취하는 견해(김용한 206면, 김증한·김학동 228면, 이영섭 231면)가 있다. 준거법설은 한국법에 준거하거나 의거하여 설립된 법인이 내국법인이고, 외국법에 의거하여 설립된 법인은 외국법인이라고 한다. 합일설은 한국법에 의거하여 설립되었을 뿐만 아니라, 그의 주된 주소가 또한 한국 내에 있는 것이 한국법인이라고 한다. 한국법에 의거하여 법인을 설립하는 경우에는, 국내의 주된 사무소의 소재지에서 등기를 하여야 하므로(33조 참조), 준거법설과 주소지설은 결과적으로 거의 차이가 없다. 따라서 합일설을 취할 필요는 없다고 생각하며, 준거법설로써 충분하다. 요컨대, 한국의 법률에 준거하거나 의거하여 설립한 것이 아닌 법인이 외국법인이다. 한국법에 의거하여 설립된 법인은 모두 내국법인이므로, 예컨대 일시적으로 우리나라에 머물러 있는 외국인이 한국법에 의거하여 설립한 법인도 한국법인이며, 외국법인이 아니다.

　　이상 설명한 바와 같이, 현행법상 외국법인이라고 하면, 그것은 원칙적으로 한국법에 의거하여 설립되지 않은 법인, 바꾸어 말해서 외국의 법령에 준거하거나 의거하여 설립된 법인을 일컫는다. 그러나 이 원칙에는 예외가 있다. 국가의 경제정책 특히 군사정책상 특별법에서 개별적으로 외국법인의 범위를 좀 더 넓게 정하여 일정한 제한을 하는 경우가 있다. 그 좋은 예를 외국인토지법에서 볼 수 있다(동법 2조 참조).

2. 능   력   외국법인을 어떻게 다룰 것인지에 관하여 민법은 아무런

규정을 두고 있지 않다. 여기서 민법은 내외국법인의 평등주의를 취하고 있는 것으로 해석되고 있다. 그러나 이는 어디까지나 원칙에 지나지 않으며, 이미 설명한 외국인의 권리능력에서와 마찬가지로, 불가피하게 법률 또는 조약에 의하여 제한되는 경우가 있다([42] 2 참조). 이러한 점을 고려할 때에, 민법이 외국법인에 관한 규정을 전혀 두지 않은 것이 과연 현명한 입법이었는지 의심스럽다. 민법의 입법적 불비의 하나이다.

제4편 권리의 객체

제1장 총   설

[101] 권리의 객체와 그 규정

1. 권리의 객체　　　권리는 일정한 이익을 누릴 수 있는 법적인 힘이다([22] 참조). 이 일정한 이익을 권리의 내용 또는 목적이라고 한다. 이 권리의 내용 또는 목적이 성립하기 위해서는 일정한 대상을 필요로 하며, 이를 권리의 객체라고 한다. 바꾸어 말하면, 권리는 이익을 누릴 수 있도록 법에 의하여 권리주체에게 주어진 법적인 힘이므로, 이 힘의 대상, 즉 이익 발생의 대상이 권리의 객체이다. 예컨대, 물권은 일정한 물건을 직접 지배하는 것이 그 목적 또는 내용이며, 일정한 물건은 그 객체이다. 또한 채권은 채권자가 채무자에게 특정의 행위(급부)를 할 것을 청구해서 그 행위에 따른 이익을 누릴 수 있는 권리이다. 따라서 채무자의 행위, 즉 급부가 채권의 객체이다.

위와 같은 의미에서 권리의 객체는 권리의 종류에 따라 다르다. 물권에서는 물건, 채권에서는 특정인(채무자)의 행위(급부·급여), 권리 위의 권리에서는 권리, 형성권에서는 법률관계, 지식재산권에서는 저작·발명 등의 정신적 산물, 인격권에서는 권리의 주체 자신, 친족권에서는 친족법상의 지위, 상속권에서는 상속재산 등이 각가 권리의 객체이다.

2. 민법의 규정　　　위와 같이 권리의 객체는 각종의 권리에 따라 여러 가지가 있으나, 민법은 그 가운데에서 「물건」에 관해서만 통칙적 규정을 두고 있다. 다양한 권리의 객체 전부에 걸치는 일반적 규정을 둔다는 것이 곤란하고, 물건은 물권의 객체일 뿐만 아니라 채권·형성권 그 밖의 권리에도 간접적으로는 관계되기 때문에, 권리의 객체 가운데서 특히 물건에 관해서만 규정한 것이다.

제 2 장 물 건

[102] Ⅰ. 물건의 의의

민법은 "본법에서 물건이라 함은 유체물 및 전기 기타 관리할 수 있는 자연력을 말한다."라고 물건을 정의하고 있다(98조). 민법상의 물건이기 위해서는 다음과 같은 요건이 필요하다.

1. 유체물이나 전기 또는 관리할 수 있는 자연력일 것

(1) 물건에는 유체물과 무체물이 있다. 유체물은 공간의 일부를 차지하고 사람의 오감에 의하여 그 존재를 알 수 있는 모습을 가지는 물질, 즉 고체·액체·기체를 말한다. 무체물은 전기·열·빛·음향·에너지 등의 자연력과 같이, 겉으로 나타나는 어떤 모습이 없어 눈에 보이지도 않고 만질 수도 없는 것을 가리킨다. 민법은 유체물뿐만 아니라 무체물도 물건에 포함시키고 있다. 그러나 모든 무체물이 물건은 아니며, 「관리할 수 있는 자연력」만이 법률상의 물건에 포함된다. 관리할 수 있다는 것은 결국 배타적 지배가 가능하다는 것을 의미하며, 이는 유체물에 관해서도 요구되는 요건이다. 따라서 민법상의 물건은 「법률상의 배타적 지배가 가능한 유체물과 무체물 중의 자연력」이라고 말할 수 있다.

(2) 물건의 개념을 유체물에 한정할지 아니면 무체물도 포함시킬지에 관하여 입법주의가 나누어져 있으나(로마법·프민(516조 이하)·스민(713조) 등은 무체물도 포함시키고 있으나, 독민(90조)은 물건을 유체물에 한정하고 있다), 과학이 발달함에 따라서 사람의 힘으로 관리할 수 있는 자연력이 거래의 객체가 되고 있음은 주지의 사실이다. 민법이 무체물을 물건에 포함시키고 있는 것은 이러한 재산거래상의 실제의 필요에 응할 수 있는 데서 타당하다.

2. 관리가 가능할 것

법률상의 물건은 사람이 관리할 수 있는 것에 한한다. 관리가 가능하다는 것은 바꾸어 말하면 지배가 가능하여야 한다는 것을 뜻한다. 지배하거나 관리할 수 없는 물건은 이를 법률상 사용·수익·처분할 수 없으므로, 권리의 객체가 될 수 없기 때문이다. 제98조는 무체물인 자연력에 관하여 이를 분명히 하고 있으나, 유체물에 관해서도 마찬가지이다. 따라서 해·달·별·공기·바다 등은 유체물이지만 법률상의 물건의 개념에서 제외된다(다만 「바다」는 인위적으로 일정한 범위를 구획함으로써 지배할 수 있는 것이 되며, 어업권 등의 객체가 된다). 또한 대기 속에 방송되어 있는 전파와 같이, 배타적 지배를 할 수 있는 한계를 벗어난 무체의 자연력도 물건은 아니다. 그러나 배타적 지배가능성·관리가능성이라는 것은 상대적이며, 시대에 따라 변천하고 있다.

3. 외계(外界)의 일부일 것(비인격성)

(1) 인격절대주의를 취하는 근대법에서는 인격을 가지는 사람에 대한 배타적 지배를 인정하지 않는다. 따라서 타인의 신체에 대한 물권을 인정하는 것은 노예를 인정하는 것이므로, 허용되지 않는다. 자기의 신체에 대해 인격권이 성립할 뿐이고 소유권은 성립하지 않는다.

(2) 인체 즉 사람의 몸이 법률상의 물건이 아닐 뿐만 아니라, 인체의 일부도 물건은 아니다. 인위적으로 인체에 부착된 의치·의안·의수·의족 등도 신체에 붙어있는 한 신체의 일부이며, 물건이 아니다.

(3) 그러나 인체의 일부이더라도 생체(즉 살아있는 몸)로부터 분리된 것, 예컨대 모발·치아·혈액 등은 물건이며, 분리당한 사람의 소유에 속한다. 인체의 일부를 분리시키는 채권계약(손이나 발을 절단수술하는 계약은 그 예)이나 또는 끊어 낸 물건의 처분행위(수술로 끊어 낸 것을 병원에 양도하는 경우)는 강행법규와 사회질서(103조 참조)에 반하지 않는 한 유효한 것으로 해석되어 있다. 그러나 「장기 등 이식에 관한 법률」 등 관련법률을 위반하는 경우에는 계약의 효력이 부정될 수 있다. 또한 분리된 인체의 일부도 인격적 요소를 갖고 있으므로 물건과 동일하게 취급할 수만은 없다 (양창수, 민법연구 9권, 97면).

(4) 시체가 물건으로서 소유권의 객체가 되는지에 관하여 학설이 대립하고 있다. 긍정설이 다수설이다(김기선 189면, 김증한·김학동 233면, 김현태 216면, 송덕수 669면, 이영섭 236면, 이은영 301면). 다만 그 소유권의 내용은 보통의 소유권과 같이 사용·수익·처분할 수 없고, 오로지 매장·제사 등을 할 수 있는 권능과 의무가 따르는 특수한 것이라고 한다. 이에 대하여 이를 부정하는 견해도 있다(김상용, 279-280면, 방순원 138면, 백태승 277면, 이영준 987면). 시체에 대한 권리는 소유권이라고 할 수 없고, 매장·제사를 하는 권리에 지나지 않으며, 양도·포기할 수도 없는 것이므로, 관습

법상의 관리권이라고 보는 것이 타당하다고 주장한다. 어느 견해를 취하거나 결과 적으로는 거의 차이가 없으며, 시체를 물건으로 보는 이상 특수소유권설을 취하더 라도 무방하다.

위와 같은 시체에 대한 권리는 누구에게 속하는가? 위의 소수설은 관습법상의 권리로 보기 때문에, 그에 대한 관리권은 관습상 상주에게 속한다고 한다. 그러나 판례는 사람의 유체·유골은 매장·관리·제사·공양의 대상이 될 수 있는 유체물로 서, 분묘에 안치되어 있는 선조의 유체·유골은 제사주재자에게 승계된다고 한다. 즉, 위와 같은 유체·유골은 민법 제1008조의 3에 정한 제사용 재산인 분묘와 함께 그 제사주재자에게 승계되고, 피상속인 자신의 유체·유골 역시 위 제사용 재산에 준하여 그 제사주재자에게 승계된다고 설명한다(대판(전) 2008. 11. 20, 2007다27670).

시체의 귀속권자는 시체의 처분행위(대학에 기부하는 것은 그 예)를 할 수 있는가? 귀속권자의 권리는 이를 소유권이라고 하든 또는 관리권이라고 하든 특수한 내용 의 것이므로, 그러한 처분행위는 사회질서에 반하는 것으로서 무효라고 하여야 한 다. 죽은 사람이 살아있는 동안에 자기의 죽은 몸을 처분하는 행위는 죽은 후의 귀 속권자에 대하여 법률상의 구속력이 없다고 해석하는 것이 좋을 것이다. 「장기 등 이식에 관한 법률」은 장기 등의 매매를 금지하고 있다(동법 7조). 시체의 취급에 관 해서는 경범죄 처벌법(동법 3조 5호·6호)과 형법(동법 159조 내지 161조 참조)에 의한 특 별제한이 있다.

위에서 설명한 것은 죽은 사람의 장기나 뼈와 머리털에 대해서도 적용된다고 보아야 한다.

4. 독립한 물건일 것   권리의 객체인 물건은 하나의 독립한 존재를 가지 는 것이어야 한다. 독립한 물건, 즉 하나의 물건인지 아닌지를 정하는 특별한 표준 은 없으며, 우선 물리적 형태에 따라서 결정된다고 생각할 수 있다. 그러나 이는 반 드시 물리적 관찰로만 결정할 것이 아니며, 거래의 실태를 고려하여 사회통념 또는 거래관념에 따라 결정하는 것이 타당하다.

어떠한 것을 하나의 물건으로 볼 것인지는 물권관계에서 매우 중요한 문제이 다. 물권의 객체는 하나의 물건으로 생각되는 독립물이어야 하며, 물건의 일부나 구성부분 또는 물건의 집단은 원칙적으로 하나의 물권의 객체가 되지 못한다. 이와

같이 하나의 물건에 관해서는 하나의 물권을 인정하는 원칙을 「일물일권주의(一物
一權主義)」라고 한다. 그 근거는 (ⅰ) 물건의 일부나 집단 위에 하나의 물권을 인정
해야 할 필요나 실익이 없다는 것과 (ⅱ) 물건의 일부나 집단 위에 하나의 물권을
인정한다면, 그 공시가 곤란하거나 또는 공시를 혼란케 한다는 데에 있다. 그런데
일물일권주의의 원칙에 대해서는 현행법상 상당한 범위의 예외가 인정되어 있다.
즉, 물건의 일부이더라도 권리의 객체가 되는 경우가 있고, 다수의 물건의 집단을
법률의 규정에 의하여 하나의 물건으로 보는 경우도 있다. 이에 관하여는 항을 바
꾸어서 설명하기로 한다.

[103] Ⅱ. 물건의 일부·단일물·합성물·집합물

1. 물건의 일부   위에서 설명한 일물일권주의의 원칙에 따르면, 물건의
일부는 원칙적으로 권리의 객체가 되지 못한다. 그러나 이미 밝힌 일물일권주의의
두 근거에 비추어 (ⅰ) 물건의 일부에 대한 물권을 인정해야 할 필요성이나 실익이
있고, (ⅱ) 공시가 가능하거나 또는 공시와는 관계가 없는 때에는, 그 범위 내에서
예외가 인정된다. 예컨대 부동산(토지와 건물)의 일부는 용익물권의 객체가 되며(부등
69조 6호·70조 5호·72조 6호), 미분리의 천연과실과 수목의 집단은 명인방법이라는 관
습법상의 공시방법을 갖춘 때에는 독립한 부동산으로서 소유권의 객체가 된다(자세
한 것은 물권법강의에서 설명한다).

민법이 규정하고 있는 용어는 아니지만,「구성부분」특히「본질적 구성부분」이라
는 개념은 많이 쓰는 것이어서, 간단히 설명하기로 한다. 몇 개의 요소가 짜 맞추어져
서 하나의 물건으로 만들어져 있는 경우에, 개개의 요소에 해당하는 부분이 구성부분
이다. 그리고 어느 부분을 파괴하거나 또는 그 본질이 변하지 않고서는 분리할 수 없는
것이 본질적 구성부분이다. 이 본질적 구성부분은 권리의 목적이 되지 않는다.

2. 단 일 물   겉으로 보기에 한 몸을 이루고 있고 각 구성부분이 개성을
잃고 있는 물건을 단일물이라고 한다(책 1권, 접시 1개 등). 이러한 단일물이 하나의
물건으로서 권리의 객체가 된다는 점은 의문이 없다.

3. 합 성 물   각 구성부분이 개성을 잃지 않고 그들이 결합하여 하나의
형체를 이루고 있는 물건을 합성물이라고 한다(건물·선박·차량·보석반지 등은 그 예).

합성물은 하나의 물건이며, 또한 법률상 하나의 물건으로 다루어진다. 소유자가 각각 다른 물건들이 결합하여 합성물이 되면, 각자의 소유권이 그대로 존속되지 않으며, 소유권이 변동하게 된다(256조 내지 261조 참조).

4. 집 합 물   하나하나가 단일물 또는 합성물인 다수의 물건이 집합하여, 경제적으로 하나의 가치를 가지고, 거래상으로도 하나로 다루어지는 것을 집합물이라고 한다(한 상점에 있는 상품 전체, 도서관의 장서, 공장의 시설이나 기계의 전부 등). 일물일권주의의 원칙에 의하면, 복수의 물건 위에 하나의 물권이 성립할 수 없는 것이 원칙이다. 그러나 복수의 물건을 법률상 하나의 물건으로 다루어야 할 사회적 요청이 강하고, 또한 적당한 공시방법을 갖출 수 있으면, 그 한도에서 복수의 물건 위에 하나의 물권의 성립을 인정하는 예외를 두는 것은 상관없다. 그리하여 특별법에서 복수의 물건에 대하여 특별한 공시방법을 인정하고 법률상 하나의 물건으로 다루는 경우가 있다(그러한 특별법으로서 「공장 및 광업재단 저당법」이 있다).

판례는 복수의 동산을 양도담보로 제공하는 집합동산양도담보를 유효라고 보고, 그 이론구성에 관하여 이른바 집합물론을 채택하고 있다. 즉, 일정한 점포 내의 상품과 같이 증감변동하는 상품 일체도 이른바 '집합물에 대한 양도담보권'으로서 그 목적물을 종류, 장소, 수량 지정 등의 방법에 의하여 특정할 수만 있다면 그 집합물 전체를 하나의 재산권으로 하는 담보의 설정이 가능하다고 한다(대판 1988. 10. 25, 85누941; 대판 2004. 12. 24, 2004다45943; 대판 2005. 2. 18, 2004다37430). 이와 같이 하나의 물건으로 취급되는 복수의 물건을 집합물이라고 부르고 있으나, 반드시 집합물이라는 개념을 사용하여야 하는 것은 아니다. 한편 「동산·채권 등의 담보에 관한 법률」은 여러 동산에 동산담보권을 설정할 수 있도록 하였는데, 이와 같은 동산을 집합동산이라고 한다. 자세한 것은 물권법강의에서 다룬다.

〈재산의 개념〉

「재산」이라는 용어는 민법의 조문에서 많이 쓰이고 있다. 그러나 그 의의나 내용은 경우에 따라 다르며, 반드시 일정하지 않다. 때로는 재산권과 같은 의미로 쓰인다. 예컨대, 미성년자에게 처분이 허락된 재산(6조)·증여의 목적인 재산(554조)·제 3 자가 무상으로 자녀에게 준 재산(918조)·자녀가 자기의 명의로 취득한 재산(916조) 등은 그 예이다. 이들 각 경우에는, 처분허락·증여 등의 목적물인 경제적 가치 있는 물건 또는 권리를 통틀어서 재산이라고 일컫고 있는 데 지나지 않는다. 이때에는 재산이라는 개념에 특유한 의의를 찾아볼 수 없다.

보통 「재산」이라고 하면, 어떤 주체를 중심으로 또는 일정한 목적으로 결합한 금전적 가치가 있는 물건 및 권리·의무의 전체를 일컫는 것이다. 이러한 전체가 어떤 법률관계에서 일체로 다루어질 때에, 법률상의 재산이라는 관념에 특유한 의의가 인정된다. 그런데 재산 가운데에서도 주체를 중심으로 하는 것은 그 독립성이나 일체성이 약하며, 그 의의가 적다. 예컨대, 부재자의 재산, 채무자의 총재산, 피상속인의 재산 등은 관리·담보·귀속·상속 등의 객체인 물건과 권리·의무를 통틀어서 일컫고 있을 뿐이고, 전체가 독립한 일체로서 하나의 권리나 거래의 목적물이 되는 것은 아니다. 그런데 일정한 목적으로 결합한 재산은 특정의 목적에 봉사하는 물건이나 권리·의무를 한데 모아 합친 것으로서, 다른 재산과 구별되는 것이므로, 주체를 중심으로 하는 재산의 경우보다 일체성과 독립성이 강하다. 재단법인의 출연재산·조합재산·신탁재산·파산재단·재단저당에서 말하는 재단 등은 그 예이다.

그러나 그 일체성·독립성의 정도는 경우에 따라 다르며, 재단법인의 출연재산과 같이 법인격이 부여되는 것이나, 또는 특별한 규정에 의하여 하나의 물건으로 다루어지는 재단저당에서 말하는 재단은 독립성·일체성이 현저하지만, 그 밖의 경우에는 재산에 속하는 개개의 물건이나 권리·의무가 법률상 특별히 다루어져 있을 뿐이고, 독립한 일체로서 권리의 객체 또는 거래의 목적이 되는 일은 없다. 요컨대, 특별한 규정이 없는 한, 재산에 대하여 독립성이나 일체성을 인정하지 않는 것이 원칙이라고 말할 수 있다.

[104] Ⅲ. 물건의 분류

물건은 여러 표준에 의하여 여러 가지로 나누어진다. 그 가운데에서 민법총칙이 규정하고 있는 것은 동산·부동산, 주물·종물, 원물·과실 등의 나눔이다. 그러나 그 밖에도 일반적으로 학자들이 의의가 있다고 하여 나누는 것이 있다. 민법총칙이 규정하는 물건의 분류에 관하여는 다음 장 이하에서 이를 설명하기로 하고, 여기서는 학자들이 강학상 드는 그 밖의 분류만을 보기로 한다(단일물·합성물·집합물의 분류노 그 하나이나, 이에 관해서는 이미 설명하였다. [103] 참조).

1. 융통물·불융통물   사법상 거래의 객체가 될 수 있는 물건을 「융통물」이라 하고, 그렇지 못한 물건을 「불융통물」이라고 한다. 불융통물에는 다음과 같은 것이 있다.

(1) 공 용 물   국가·공공단체의 소유에 속하며, 국가나 공공단체에 의하여 공적 목적에 사용되는 물건이 「공용물」이다. 관공서의 건물 등이 그 예이다. 공용물은 공공용물 등과 함께 국유재산법상의 「행정재산」을 구성하며(동법 6조), 국유재산법에서 특별히 정하거나 그 용도나 목적에 장애가 없는 한도에서 사용허가가 있는 예외적인 경우를 제외하고는, 사법상의 거래가 허용되지 않는다(동법 27조·30조 참조). 그러나 공용물이더라도 공용폐지 후에는 사법상의 거래의 객체, 즉 융통물이 된다.

(2) 공공용물   공중의 일반적 사용에 제공되는 물건이 「공공용물」이다. 도로·하천·공원·항만 등은 그 예이다. 공공용물은 공용물과 달라서, 반드시 국가·공공단체의 소유에 속하는 것이어야 하는 것은 아니다. 따라서 사인의 소유에 속하는 공공용물도 있을 수 있다. 예컨대, 도로부지는 사인의 소유에 속할 수 있다(도로 3조). 공공용물도 공용폐지가 있을 때까지는 사법상의 거래의 객체가 되지 않는다.

(3) 금제물(禁制物)   이는 법령의 규정에 의하여 거래가 금지되는 물건을 말한다. 이에는 소유 또는 소지 자체가 금지되는 물건과 거래만이 금지되거나 제한되는 물건이 있다. 아편·아편흡식기구(형 198조 이하 참조), 음란한 문서·도화 그 밖의 물건(형 243조·244조 참조), 위조·변조한 통화와 그 유사물(형 207조 이하 참조) 등은 소유 또는 소지가 금지되는 것이고, 국보·지정문화재(문화재보호법 39조·60조·66조·75조 등 참조) 등은 거래가 금지되는 것이다.

2. 가분물·불가분물   물건의 성질 또는 가격을 현저하게 손상하지 않고서 분할 즉 나누어 쪼갤 수 있는 물건이 「가분물」이며(금전·곡물·토지 등), 그렇지 못한 물건이 「불가분물」이다(소·말·건물 등). 보통은 물건의 객관적 성질에 의한 구별이나, 가분물은 당사자의 거래목적에 따라서 주관적으로 불가분물로서 다루어지는 경우도 있다(409조 참조). 이 구별의 실익은 공유물의 분할(269조 참조), 다수당사자의 채권관계(408조 이하 참조)에서 나타난다.

3. 대체물·부대체물   이는 거래상 물건의 개성이 중시되는지 아닌지에 따른 일반적·객관적인 구별이다. 「대체물」은 물건의 개성이 중요시되지 않고, 단순히 종류·품질·수량에 의하여 정해지며, 동종·동질·동량의 물건으로 바꾸어도

당사자에게 영향을 주지 않는 물건이다(금전·유가증권·서적·술·곡물 등). 「부대체물 (不代替物)」은 그러한 대체성이 없는 물건이다(서화·골동품·소·말·건물 등). 구별의 실 익은 소비대차(598조)·소비임치(702조) 등에서 나타난다.

　　4. **특정물·불특정물**　　　구체적인 거래에서 당사자가 물건의 개성을 중시 하여 동종의 다른 물건으로 바꾸지 못하게 한 물건이 「특정물」이고, 다른 물건으로 바꿀 수 있게 한 물건이 「불특정물」이다. 앞에서 설명한 대체물·부대체물이 객관 적인 구별인 데 대하여, 특정물·불특정물의 구별은 당사자의 의사에 의한 주관적 인 구별이므로, 엄격히 말한다면 물건의 구별이라기보다는 거래방법의 구별이다. 따라서 특정물과 부대체물, 불특정물과 대체물은 대체로 일치하는 것이 보통이나, 언제나 일치하지는 않는다. 예컨대, 금전·유가증권과 같은 대체물도 번호를 특정하 여 거래할 때에는 특정물이 되고, 소·말과 같은 부대체물도 특히 많은 분량으로 거 래하는 경우에는 불특정물로 다루는 일이 있을 수 있다. 특정물·불특정물의 구별 의 실익은 채권의 목적물의 보관의무(374조)·채무변제의 장소(467조)·매도인의 담보 책임(570조 이하) 등에서 생긴다.

　　5. **소비물·비소비물**　　　물건의 성질상 그의 용도에 따라 한 번 사용하면 다시 같은 용도에 사용할 수 없는 물건이 「소비물」이며(술·곡물 등), 물건의 용도에 따라 반복해서 사용·수익할 수 있는 물건은 「비소비물」이다(서적·건물·토지 등). 그 구별의 실익은 소비대차·사용대차·임대차에 관하여 생긴다. 즉, 소비물만이 소비 대차의 목적물이 될 수 있고(598조 이하), 한편 사용대차와 임대차의 목적물이 되는 것은 비소비물이다(609조 이하·618조 이하). 금전은 반복해서 사용할 수 있으나, 한번 사용하면 그 주체에 변경이 생기고, 종전의 사용자가 다시 사용할 수 없기 때문에, 소비물로 다루어진다. 따라서 금전은 소비대차의 목적물은 될 수 있어도, 사용대차 나 임대차의 목적물이 될 수는 없는 것이 원칙이다(598조 참조).

제 3 장 동산과 부동산

[105] Ⅰ. 동산과 부동산의 구별과 그 이유

1. 동산과 부동산은 법률상 여러 가지 점에서 다르게 다루어지기 때문에, 그 구별은 물건의 분류 가운데에서도 가장 기본적이고 또한 중요한 것이다. 두 가지를 구별하는 실익 또는 법률상 다르게 다루는 이유로 보통 다음의 두 가지를 든다.

(1) 일반적으로 부동산은 동산에 비하여 그 경제적 가치가 훨씬 크므로, 특별한 보호를 필요로 한다. 민법이 부동산에 관한 권리의 득실변경을 특히 엄격하게 다루는 경우가 있는데(950조 1항 4호), 그 이유는 이러한 동산·부동산의 재산적 가치의 큼과 작음의 차이에서 유래하는 것이다.

(2) 부동산은 움직일 수 있는 성질 즉 가동성이 없기 때문에, 용이하게 그 장소가 변하지 않으므로, 동일성을 확인하기가 쉽다. 그러나 가동성이 있는 동산은 얼마든지 그 장소가 바뀔 수 있다. 그러므로 부동산 위의 권리관계는 이를 공적 장부 등에 의하여 공시하는 데 적합하나, 동산의 경우에는 대부분 그와 같이 공시하는 것이 불가능하다. 근대법이 부동산에 관하여 등기부제도를 채용해서 등기를 부동산물권의 공시방법으로 하는 데 대하여, 동산에 관해서는 사실적 지배 즉 점유로 권리변동을 공시하는 것은 이 때문이다(186조·188조·329조·356조 참조).

2. 위와 같은 여러 이유를 검토해 본다면, 첫째의 것은 연혁적 이유에 지나지 않으며, 오늘날 그 의의를 거의 잃고 있고, 현대의 법세에서는 둘째의 이유가 중요함을 알 수 있다. 즉, 농업경제시대 특히 봉건시대에는 부동산의 가치가 동산의 그것을 월등히 능가하였으나, 상품생산사회인 현대사회에서는 동산 특히 화폐자본이 매우 중요해지고 있을 뿐만 아니라, 한편으로는 유가증권(재산적 가치 있는 사권을 표창하는 증권)과 같이 부동산이 아니면서 중요한 가치를 가지는 것이 출현·발달하게 되어, 부동산만을 중요한 가치가 있는 재산으로서 특히 보호한다는 것은 부적절하게 되었다. 그러나 둘째의 이유, 즉 공시방법의 차이는 오늘날에도 그대로 중요한 의의를 가지고 있으며, 현대법제에서 동산·부동산이 법률적으로 다르게 다루어지는 근본이유는 여기에 있다.

위와 같이 공시방법을 달리하는 점에서 동산과 부동산의 구별은 현대법에서도 의의가 있다고 하지만, 이것도 점차로 변해 가고 있다. 즉, 동산이면서도 등기 또는 등록이라는 공적 장부에 의한 공시방법이 늘어가고 있는 것이 오늘날의 현상이며, 이러한 현상은 동산·부동산을 구별하는 실익을 점차로 엷게 하고 있다. 우리 법제상 선박·자동차·항공기·건설기계(건설공사에 사용되는 일정한 기계. 건설기계관리법 2조 참조) 등의 동산은 등기·등록으로 그에 관한 권리관계를 공시하고(선박에 관하여는 상 743조, 자동차에 관하여는 자동차관리법 5조·6조, 항공기에 관하여는 항공법 5조, 건설기계에 관하여는 건설기계관리법 3조 이하 참조), 「자동차 등 특정동산 저당법」에 따라 저당권을 설정할 수 있도록 하였다. 또한 「동산·채권 등의 담보에 관한 법률」은 동산이나 채권에 담보권을 설정하고 이를 등기하도록 하고 있다.

[106] Ⅱ. 부 동 산

1. 민법은 토지와 그 정착물을 부동산으로 하고 있다(99조 1항). 무엇을 부동산으로 하느냐에 관하여는 입법례가 나누어져 있다. 서양에서는 "지상물은 토지에 따른다(superficies solo cedit)"는 법언이 보여주는 것처럼 토지만을 부동산으로 하고, 토지의 정착물이나 지상물은 이를 독립한 부동산으로 다루지 않는다. 그러나 우리 민법은 토지뿐만 아니라, 토지의 정착물도 독립한 부동산으로 하고 있다.

2. 토　　지

(1) 토지는 일정범위의 지면 또는 지표, 정당한 이익이 있는 범위 내에서의 그의 위·아래(즉 공중과 지하)를 포함하는 것이다(212조 참조). 따라서 토지의 구성물(암석·흙·모래·지하수 등)은 토지와는 별개의 독립한 물건이 아니며, 토지의 소유권은 당연히 그 구성물에도 미친다(예컨대, 「논둑」은 「논」의 구성부분이며, 「논둑」을 「논」에 포함시켜서 거래하는 것이 상례이다. 대판 1964. 6. 23, 64다120 참조). 그러나 광업법 제 3 조가 열거하는 미채굴의 광물은 국가가 이를 채굴·취득하는 권리(광업권)를 부여하는 권능을 가지고 있기 때문에(광업 2조 참조), 토지소유자의 소유권은 이에 미치지 못한다. 미채굴의 광물의 성질에 관해서는 이를 독립한 부동산으로 보지 않고, 국가의 배타적인 채굴취득허가권의 객체라고 해석하는 견해가 있다(김용한 223면, 김증한·김학동 240면, 김현태 225면, 백태승 285면, 이영섭 246면, 이영준 993면). 그러나 국유에 속하

는 독립한 부동산으로 보는 것이 좋을 것이다(헌법 120조 1항 참조. 김기선 196면, 김상용 288면, 방순원 144면, 송덕수 677면, 장경학 371면).

토지와 관련해서, 몇 가지 주의할 점을 들어 둔다.

(ㄱ) 바다에 관해서는 어업권(수산업 16조 이하) · 공유수면사용권(「공유수면 관리 및 매립에 관한 법률」 8조 이하) · 공유수면매립권(동법 28조 이하) 등의 이용권이 성립할 수는 있어도, 사적 소유권은 성립하지 않는다고 해석해야 한다. 바다와 토지를 나누는 경계, 즉 분계(分界)는 어떻게 결정되는가? 이에 관해서는 분명한 규정이 있다(동법 2조 1호 가목). 토지와 바다의 분계선은 해안선인데, 이는 해수면이 약최고고조면(略最高高潮面: 일정 기간 조석을 관측하여 분석한 결과 가장 높은 해수면)에 이르렀을 때의 육지와 해수면의 경계로 표시한다(「측량 · 수로 조사 및 지적에 관한 법률」 6조 1항 4호).

(ㄴ) 하천에 관해서 종전에는 국유로 되어 있었는데, 2007년 하천법 개정으로 하천 국유제가 폐지되었으나 하천을 구성하는 토지와 그 밖의 하천시설에 대해서는 원칙적으로 사권(私權)을 행사할 수 없도록 하였다. 다만, 소유권을 이전하는 경우, 저당권을 설정하는 경우, 법 제33조에 따른 하천점용허가(소유권자 외의 자는 소유권자의 동의를 얻은 경우에 한한다)를 받아 그 허가받은 목적대로 사용하는 경우에는 그러하지 아니하다(하천 4조 2항).

(ㄷ) 도로의 경우에도 사적 소유권이 인정되고 저당권의 설정도 가능하지만, 그 사권의 행사가 크게 제한된다(도로 3조 참조).

(2) 토지는 끊이지 않고 끝없이 이어져 있다. 그 지표에 인위적으로 선을 그어 경계로 삼아 토지를 구분하고 있으며, 지적공부(즉 토지대장 · 임야대장)에 이를 등록한다(「측량 · 수로 조사 및 지적에 관한 법률」 64조). 등록된 각 구역은 독립성이 인정되며, 지번으로 표시되고, 그 개수는 「필(筆)」로 계산한다. 1필의 토지를 여러 필지로 분할하거나 또는 여러 필지의 토지를 1필로 합병하려면, 분필 또는 합필의 절차를 밟아야 한다(「측량 · 수로 조사 및 지적에 관한 법률」 79조 이하, 부등 35조 이하, 부등규 75조 이하 참조).

1필의 토지의 일부만을 분필절차를 밟기 전에 물권거래의 객체로 할 수 있는가? 현행 민법에서는 분필절차를 밟기 전에는 토지의 일부를 양도하거나 저당권을 설정하거나 또는 시효취득하지 못한다고 새겨야 한다. 등기를 해야만 물권변동이 생기고, 토지의 일부에 대한 등기를 인정하지 않기 때문이다(186조·187조·245조 2항 참조). 그러나 용익물권은 분필절차를 밟지 않더라도 1필의 토지의 일부 위에 설정할 수 있는 예외가 인정되어 있다(부등 69조·70조·72조 참조).

　　3. 토지의 정착물　　「토지의 정착물」은 토지에 고정적으로 부착되어 용이하게 이동될 수 없는 물건으로서, 물건의 거래상의 성질에 비추어 위와 같이 토지에 부착된 상태로 사용된다고 인정된 것이다. 건물·수목·교량·돌담·도로의 포장 등이 그 예이다. 반면에, 판잣집, 가식(假植) 수목, 토지나 건물에 충분히 정착되어 있지 않은 기계 등은 정착물이 아니라 동산이다.

　　토지의 정착물은 모두 부동산이지만, 동일하게 취급되는 것은 아니다. 즉, 토지와는 별개의 독립한 부동산이 되는 것(건물은 그 예)과 그것이 정착되어 있는 토지의 일부에 지나지 않는 것(교량·돌담·도로의 포장·도랑 등)이 있다. 현행법상 토지와는 별개의 독립한 부동산으로 다루어지는 정착물에는 다음의 것이 있다.

　　(1) 건　　물　　이미 밝힌 바와 같이 서양의 여러 나라에서는 건물을 토지의 구성부분으로 하고 있으나, 우리나라에서는 건물은 토지로부터 완전히 독립한 별개의 부동산이다. 그리하여 건축물대장에 등록되고(건축 38조.「건축물대장의 기재 및 관리 등에 관한 규칙」참조), 또한 토지와는 따로 등기부(건물등기부)를 두고 있다(부등 14조 1항). 따라서 토지와는 따로이 권리의 객체가 되며, 그에 관한 물권의 득실변경은 원칙적으로 등기하여야 효력이 생긴다(186조·187조).

　　짓고 있는 건물은 언제부터 독립한 부동산이 되는지, 또는 헐고 있는 건물은 언제부터 건물이 아닌 것이 되는지는 양도·압류 등에 관하여 중요한 문제가 된다. 만일 양도할 때에 건물이라고 할 수 있는 것이면, 양수인은 등기하여야 소유권을 취득하나, 건물이 아니라면 동산의 집단에 지나지 않으므로, 등기는 필요 없고 인도가 있을 때에 소유권을 취득하는 것이 된다(188조 참조). 또한, 동산의 압류방법과 부동산의 압류방법도 다르다. 그러나 이에 관한 일정한 표준이 있는 것은 아니므로, 결국 사회통념에 따라서 결정하는 수밖에 없다(예컨대, 사람이 들어 사는 주택일 경우에는 비바람을 막을 수 있고 사람의 기거가 가능할 정도의 완성도를 갖추고 있어야 할 것이다). 한편, 건물의 개수도 역시 사회통념 또는 거래관념에 의하여 정해야 하며, 물리적 구조에 따라 정할 것은 아니다. 1동의 건물의 일부가 독립하여 소유권의 객체가 될

수 있음은 민법 자체가 「구분소유」로서 인정하고 있을 뿐만 아니라, 한편으로는 그
러한 건물의 구분소유관계를 합리적으로 규율할 목적으로 「집합건물의 소유 및 관
리에 관한 법률」(1984년 법 3725호)이 제정되어 있다.

　　(ㄱ) **건물의 구분소유**　　「집합건물의 소유 및 관리에 관한 법률」은 1동의 건물
중 구조상 구분된 여러 개의 부분이 독립한 건물로서 사용될 수 있을 때에는 그 각 부
분(이를 「전유부분」이라고 한다)은 각각 소유권(즉 구분소유권)의 목적이 되는 것으로
하고 있다(동법 1조 참조). 이 법에 의하여, 물리적 1동을 수직면에 의하여(바꾸어 말해
서, 세로(縱)로) 법률상 여러 개의 건물로 구분하거나, 수평면에 의하여(바꾸어 말해서,
가로(橫)로) 구분할 수 있을 뿐만 아니라, 수직면과 수평면의 쌍방을 함께 써서 구분하
는 것도 가능하다. 이와 같이 구분된 각 부분, 즉 구분건물(아파트·연립주택 등)은 동
법에 의하여 법률상 보통의 1동 1개의 건물과 똑같이 다루어진다. 한편 2010년 개정법
에서는 상가건물의 구분소유에 관한 규정을 두고 있는데, 1동의 건물이 여러 개의 건
물부분으로 이용된 경우 그 건물부분(구분점포)은 각각 소유권의 목적으로 될 수 있다
(동법 1조의 2).

　　구분소유권의 목적이 되는 것은 「전유부분」이다(동법 2조 3호). 「공용부분」(동법
2조 4호)은 여러 개의 전유부분으로 통하는 복도, 계단 기타 구조상 구분소유자의 전원
또는 그 일부의 공용에 제공되는 건물부분으로서, 구분소유권의 목적으로 할 수 없다
(동법 3조 1항). 대지와의 관계에서 특수한 규제를 하고 있다는 점을 주의해야 한다.
즉, 1동의 건물의 일부(구분건물)를 구분소유하는 자도 대지(구분건물들이 속하고 있는
1동 건물의 대지) 전체를 이용할 수밖에 없기 때문에, 구분소유자는 누구든지 대지 전
체를 이용할 권리(토지소유권의 공유 또는 지상권·임차권 등의 준공유)를 가지고 있어
야 하는 것으로 하고, 이를 「대지사용권」이라고 일컫는다(동법 2조 6호). 그리고 구분
소유권과 대지사용권의 일체화를 꾀하여, 둘의 분리 처분을 금지하고, 대지사용권은 전
유부분의 처분에 따르는 것으로 하고 있다(동법 20조 참조). 물권법강의에서 자세히 설
명한다.

　　(ㄴ) **주택의 종류**　　건물은 그 사용목적에 따라 여러 가지로 나눌 수 있다. 그
중에서 주택에 관하여 주택법(2003년 법(全改) 6916호)은 그 의의와 종류를 다음과 같
이 정하고 있다. 즉 '주택'이란 세대(世帶)의 구성원이 장기간 독립된 주거생활을 할 수
있는 구조로 된 건축물의 전부 또는 일부 및 그 부속 토지를 말하며, 이를 단독주택과
공동주택으로 구분한다(동법 2조 1호). '공동주택'이란 건축물의 벽·복도·계단이나 그
밖의 설비 등의 전부 또는 일부를 공동으로 사용하는 각 세대가 하나의 건축물 안에서
각각 독립된 주거생활을 할 수 있는 구조로 된 주택을 말한다(동법 2조 2호). 이에는

다음과 같은 종류가 있다(동법시행령 2조 1항, 「건축법 시행령」 별표 1 제 2 호 가목 내
지 다목 참조).

(ⅰ) 아파트: 5층 이상의 주택.

(ⅱ) 연립주택: 동당 건축연면적이 660m²를 초과하는 4층 이하의 주택.

(ⅲ) 다세대주택: 동당 건축연면적이 660m² 이하인 4층 이하의 주택.

이미 적은 1필의 토지 일부를 양도하는 경우와 마찬가지로, 1동의 건물로 등
기되어 있는 것의 일부를 구분 또는 분할의 등기를 하기 전에는 양도 그 밖의 처분
을 하지 못한다. 그리고 1동의 건물 일부에 대하여 전세권을 설정할 수 있는 예외
가 인정되는 것도 토지의 경우와 같다(부등 72조 1항 6호). 건물의 구성부분(차양·덧문
등)이 독립하여 물권의 객체가 될 수 없음은 물론이다.

(2) **수목의 집단**   수목 특히 산지에 나서 자라고 있는 수목들을 그 지반
과 분리해서 거래할 필요가 많지만, 민법은 이에 관하여 전혀 규율하고 있지 않다
(그러므로 수목의 집단을 그 지반인 토지와는 별개로 거래하려면, 토지 위에 지상권이나 전세권을
설정·등기하여야 한다). 그리하여 특수한 판례이론이 전개되었다. 즉, 수목의 집단은
「명인방법」이라는 관습법상의 공시방법을 갖춤으로써, 독립한 부동산으로서 거래
의 목적으로 할 수 있다는 것을 일찍이 의용민법시대부터 판례가 인정하고 있다.
그러나 판례가 인정하는 명인방법에 의한 거래는 여러 가지로 불완전한 것이어서,
거래계의 수요를 충족하지 못하였고, 또한 불편하였다. 여기서 산림에 대한 투자를
촉진하고 거래를 보호할 목적으로 「입목에 관한 법률」(1973년 법 2484호)(「입목법」이라
고 약칭한다)을 제정하였다. 그러므로 수목의 집단을 독립한 부동산으로서 거래하는
방법에는 현재 두 가지가 있는 셈이다. 하나는 입목법에 의하는 것이고, 다른 하나
는 판례에 의하여 인정되어 있는 명인방법에 의하는 것이다.

(가) **입목법에 의한 수목의 집단**   동법에 의하면, 「토지에 부착된 수목의
집단」으로서 그 소유자가 동법에 의하여 소유권보존등기를 받은 것을 「입목」이리
고 하며(동법 2조), 이 입목은 그 지반(바꾸어 말하면, 그가 생육(生育)하고 있는 토지)으로
부터 독립한 부동산으로 본다(동법 3조 1항). 따라서 입목을 토지와 분리하여 양도할
수 있고, 또한 저당권의 목적으로 하는 것이 인정된다(동법 3조 2항). 그리고 입목의
지반인 토지에 관한 소유권이나 지상권의 처분은 입목에 그 영향을 미치지 않는다

(동법 3조 3항). 이러한 입목이기 위해서는 등기를 갖추어야 하나(이 등기에 관한 자세한 것은 물권법강의에서 설명한다), 그 등기는 반드시 1필의 토지에 나서 자라고 있는 수목의 집단이어야 하는 것은 아니며, 1필의 토지의 일부에서 자라고 있는 수목의 집단이라도 상관없고, 또한 수종에 어떤 제한이 있지도 않다(동법시행령 1조 참조).

요컨대, 1필의 토지 또는 1필의 토지의 일부에 자라고 있는 모든 수종의 수목의 집단으로서 입목법에 의한 등기를 갖춘 것, 즉 「입목」은 토지로부터 완전히 독립한 부동산이 된다.

(나) 입목법의 적용을 받지 않는 수목의 집단   모든 수목의 집단이 입목법의 적용을 받는 것은 아니며, 또한 입목법의 적용을 받을 수 있는 수목의 집단이더라도, 다시 소유자가 원하는 경우에만 그 적용을 받을 뿐이다(동법 8조 참조). 따라서 입목법의 적용을 받지 않는 수목의 집단이 있는데, 이러한 수목의 집단도 어느 정도의 독립성을 가지는 것으로 판례에 의하여 인정되고 있음은 이미 적었다. 수목은 본래 그것이 자라고 있는 토지의 정착물로서 토지의 일부임을 원칙으로 하나, 수목의 집단이 특히 「명인방법」이라는 관습법상의 공시방법을 갖춘 때에는 독립한 부동산으로서 거래의 목적이 된다는 것이다. 그러나 그것은 오직 소유권의 객체가 될 뿐이고, 다른 권리의 목적으로 하지는 못한다(자세한 것은 물권법강의에서 다루기로 한다). 집단이 아닌 개개의 수목에 관해서도 거래상의 필요가 있으면 같은 이론을 인정하는 것이 좋을 것이다. 주의할 것은 토지로부터 분리된 수목은 어디까지나 동산에 지나지 않는다는 점이다.

〈명인방법〉

명인방법은 수목의 집단 또는 잠시 후에 설명하는 미분리의 과실의 소유권이 누구에게 귀속하고 있다는 것을 제3자가 명인(명백하게 인식)할 수 있도록 공시하는 방법을 말하며, 수목의 집단의 경우에는, 예컨대 수피(樹皮)를 깎아서 거기에 소유자의 성명을 묵서(墨書)한다든가, 또는 미분리의 과실의 경우에는 논·밭의 주위에 새끼를 둘러치고 소유자의 성명을 표시한 목찰(木札)을 세우는 등의 방법이 그것이다. 자세한 설명은 물권법강의에서 하기로 한다.

(3) 미분리의 과실   미분리의 과실(과수의 열매·담뱃잎·뽕잎·입도(立稻) 등은 그 예이다)은 수목의 일부에 지나지 않으나, 이에 관해서도 명인방법을 갖춘 때에는

독립한 물건으로서 거래의 목적으로 할 수 있다는 것이 판례에 의하여 인정되고 있
다. 그러나 그것은 부동산이 아니라 동산에 지나지 않는다(민집 189조 2항 2호 참조).

   (4) 농작물   토지에서 경작·재배되는 각종의 농작물은 토지의 정착물
이며, 그것은 토지의 본질적 구성부분이다. 따라서 그것은 토지의 일부에 지나지
않고, 독립한 물건으로 다루어지지는 않는다. 다만 정당한 권원(어떤 행위를 적법하고
정당하게 하는 법률상의 원인)에 의거하여 타인의 토지에서 경작·재배한 경우에 그 농
작물은 토지에 「부합」하지 않고, 토지로부터 독립한 별개의 물건으로 다루어지게
됨은 부합에 관한 민법 제256조 단서의 규정상 명백하다. 또한 동조 본문에 의하
면, 아무런 권원 없이 타인의 토지에서 경작·재배한 농작물은 토지와는 별개의 물
건으로 다루어지는 일이 없으며, 독립성 없는 단순한 정착물로서 부합에 의하여 토
지소유자에게 귀속한다는 것도 논리해석상 명백하다. 그런데 아무런 권원 없이 타
인의 토지에서 경작·재배한 경우에, 그 농작물의 소유권은 언제나, 그 경작자가 위
법하게 토지소유자나 점유자를 배제해서 경작한 경우조차도, 그 경작자에게 있다는
것이 대법원의 굳은 판례이다(대판 1963. 2. 21, 62다913; 대판 1965. 7. 20, 65다874; 대판
1967. 7. 11, 67다893; 대판 1968. 6. 4, 68다613·614; 대판 1969. 2. 18, 68도906 등. 이들 판례에
서 문제가 된 농작물은 묘판에서 성장하고 있는 모·입도·약초·양파·마늘·고추 등이다). 이 판
례는 부당하다. 그러나 판례에 의하면, 농작물은 비록 그것이 남의 땅에서 위법한
경작·재배행위에 의한 것이더라도 언제나 경작자에게 속하며, 따라서 그 한도에서
토지의 정착물 중 농작물만은 그가 부착하고 있는 토지와는 따로이 독립한 물건으
로 다루진다. 이 경우에는 미분리의 과실의 경우처럼 명인방법을 갖출 필요도 없다.

[107] Ⅲ. 동   산

   1. 의   의   부동산 이외의 물건은 모두 동산이다(99조 2항). 토지에 부
착되어 있는 물건이더라도, 정착물이 아니면 동산이다(가령 임시로 심어둔 수목). 또한,
전기 그 밖에 관리할 수 있는 자연력도 동산임은 물론이다. 그리고 선박·자동차·항
공기·일정한 건설기계 등은 모두 동산이나, 그 경제적 의의가 부동산과 비슷하므
로, 특히 법률상 부동산과 같이 다루어지고 있음은 이미 설명하였다([105] 2 참조).

   2. 특수한 동산(금전)   금전의 의의에 관하여 민법은 규정하고 있지 않

다. 그것은 재화의 교환을 매개하고 그 가치를 측정하는 일반적 기준이다. 금전의
취득은 그것에 의하여 표상되는 일정액의 가치를 취득하는 것이다. 따라서 금전은
동산의 일종이긴 하지만, 보통 물건이 가지는 개성을 갖고 있지 않으며(즉, 보통의 물
건처럼 물질적으로 사용하는 것은 아니며, 그 본래의 용법에 따른 사용이 양도에 있는 점에서 보
통의 동산과 다르다), 가치 그 자체라고 생각해야 하기 때문에, 동산에 관한 규정 중에
는 금전에는 적용되지 않는다고 새겨야 할 것이 적지 않다. 예컨대, 금전이나 화폐
에 관해서는 물권적 청구권을 인정할 여지가 없으며(213조·214조·204조 내지 206조 참
조), 타인의 점유에 돌아간 금전에 대해서는 단지 채권적 반환청구권이 있게 될 뿐
이다. 금전에는 개성이 없어서 어떤 특정의 금전의 반환을 청구한다는 것은 무의미
하기 때문이다. 이와 같이 금전소유권에는 물권적 반환청구권 등이 인정되지 않는
다는 것은 금전의 경우에는 소유와 점유가 일치한다는 것, 즉 금전의 점유가 언제
나 그 소유의 권원이 된다는 것을 뜻한다(250조 단서 참조).

제 4 장 주물과 종물

[108] Ⅰ. 주물·종물의 의의

1. 물건의 소유자가 「그 물건의 상용(常用)에 공하기 위하여」 자기 소유인 다른 물건을 이에 부속하게 한 때에는 그 물건을 「주물(主物)」이라고 하고, 주물에 부속된 다른 물건을 「종물(從物)」이라고 한다(100조 1항). 예컨대, 배(船)와 노(櫓), 자물쇠와 열쇠, 주택과 딴 채로 된 광, 시계와 시계줄 등의 관계는 주물과 종물의 관계에 있다.

2. 민법에서 물권법질서는 단일물에서 출발하고 있다. 이는 법적 명확성과 거래의 안전을 위한 것이다. 그러나 복수의 물건이 각각 경제적·독자적 존재를 가지고 있더라도, 객관적·경제적 관계에서 한쪽이 다른 쪽의 효용을 도와서 하나의 경제적 가치를 발휘하는 경우가 적지 않으며, 또한 그들은 서로 경제적 운명을 같이하는 것이 보통이다. 여기서 법률도 그들의 결합을 파괴함이 없이 사회경제적 의의를 다할 수 있도록 하기 위하여, 그러한 물건들은 법률석으로도 운명을 같이하는 것으로 하고 있다. 이것이 주물·종물의 이론이다.

[109] Ⅱ. 종물의 요건

종물의 요건은 다음과 같다(100조 1항).

1. 종물이 주물의 상용에 이바지하여야 한다. 「상용에 공」한다는 것은 사회관념상 계속해서 주물의 경제적 효용을 다하게 하는 작용을 하는 것을 말한다. 따라서 일시적으로 어떤 물건의 효용을 돕고 있는 것은 종물이 아니다. 또한, 주물의 소유자의 상용에 공여되고 있더라도, 주물 그 자체의 효용과는 직접 관계가 없는 물건, 예컨대, 식기·친구·난로·책상 등은 가옥의 종물이 아니다. 그리고 주물과 종물 사이에 경제적 효용에서 주종의 관계가 인정되려면, 장소적으로도 밀접한 위치에 있어야 한다. 제100조 제 1 항의 「부속하게 한 때」라는 것은 이를 의미한다.

2. 종물은 독립한 물건이어야 한다. 종물은 주물의 구성부분은 아니며, 주물의 경제적 효용을 돕기 위하여 경제적으로 부속되어 있는 물건에 지나지 않으므로,

법률상 독립한 물건이어야 한다. 독립한 물건이면 되고, 동산이어야 하는 것은 아니다. 따라서 주물·종물 모두 동산이든 부동산이든 상관없다(가방과 열쇠, 배와 노, 새와 새장 등은 둘이 모두 동산인 예이고, 주택과 딴 채의 광은 부동산의 예이다).

3. 주물·종물 모두 동일한 소유자에게 속하여야 한다. 다른 소유자에게 속하는 물건 사이에서 주물·종물의 관계를 인정한다면, 종물이 주물과 운명을 같이하게 되고, 그 결과 주물의 처분으로 제3자의 권리가 침해될 수 있다. 그리하여 주물과 종물의 소유자가 동일하여야 한다고 한 것이다. 그러므로 제3자의 권리를 해치지 않는 범위에서는 물건 상호간의 경제적 효용을 중요시하여 제100조 제1항의 취지를 확장해서, 다른 소유자에게 속하는 물건 사이에도 주물·종물의 관계를 인정하는 것이 타당하다.

[110] Ⅲ. 종물의 효과

종물은 주물의 처분에 따른다(100조 2항). 여기서 말하는 처분은 소유권의 양도나 제한물권의 설정과 같은 물권적 처분뿐만 아니라, 매매·대차와 같은 채권적 처분도 포함하는 넓은 의미이며, 결국 종물은 주물과 그 법률적 운명을 같이한다는 뜻이다. 주물인 부동산에 저당권이 설정된 경우에 그 저당권의 효력이 종물에도 미치는지에 관해서는 민법은 따로 규정을 두고 있다(358조). 그리하여 저당권 설정 당시의 종물은 물론이며, 설정 후의 종물에 대해서도 저당권의 효력이 미친다는 데에 학설은 일치하고 있다.

제100조 제2항은 강행규정인가? 강행규정이 아니며, 당사자가 반대의 특약을 하는 것은 무방하다고 해석하는 것이 타당하다. 즉, 주물·종물 모두 독립한 물건이므로, 당사자가 두 물건의 법률적 운명을 달리하려는 의사를 표시한 때에는 제100조 제2항은 배척된다. 종물만의 처분도 가능함은 물론이다.

[111] Ⅳ. 종물이론의 유추 적용

위에서 본 바와 같이 주물·종물의 이론은 물건 상호간의 관계에 관한 것이다. 그런데 그와 같은 결합관계는 권리 상호간에도 성립한다. 이때에 제100조의 규정

이 유추 적용되는지 문제되는데, 학설은 이를 긍정하고 있다. 예컨대, 건물이 양도
되면, 그 건물을 위한 대지의 임차권도 건물의 양수인에게 이전한다. 또한 원본채
권이 양도되면, 이자채권도 원본채권과 운명을 같이한다고 해석하여야 한다.

제 5 장　원물과 과실

[112]　Ⅰ. 원물·과실의 의의

　　1.　물건으로부터 생기는 경제적 수익을 「과실(果實)」이라고 하고, 과실을 생기게 하는 물건을 「원물(元物)」이라고 한다. 원래 수익은 수익권자에게 귀속하는 것이나, 수익권자의 변동이 생긴 경우에 과실의 분배 등에 관하여 다툼이 생길 염려가 있으므로, 민법은 그 뜻과 귀속의 범위를 정하고 있다.

　　과실에 관하여 민법은 「천연과실」과 「법정과실」의 두 가지를 인정하고 있다. 이들은 물건으로부터 생기는 경제적 수익이라는 점에서 공통할 뿐이고, 그 본질은 다르다. 그러므로 민법도 두 가지에 관하여 따로따로 규정하고 있다.

　　2.　민법은 「물건의 과실」을 인정할 뿐이고, 「권리의 과실」(예, 주식의 배당금, 특허권의 사용료 등)이라는 관념을 인정하지 않는다.

[113]　Ⅱ. 천연과실

　　1.　의　　의　　　　물건의 용법에 의하여 수취하는, 즉 거두어들이는 산출물이 「천연과실」이다(101조 1항). 「물건의 용법에 의하여」라는 것은 원물의 경제적 용도·사명에 따라서 거두어들이는 물건을 의미한다. 「산출물」은 자연적·유기적으로 생산되는 물건(과수의 열매·곡물·우유·양모·가축의 새끼 등)에 한하지 않으며, 인공적·무기적으로 거두어들이는 물건(광물·석재·토사 등)도 원물이 곧 소모되지 않고 경제적 견지에서 원물의 수익이라고 인정될 수 있는 한, 이를 모두 포함한다.

　　천연과실은 원물로부터 분리하기 전에는 원물의 구성부분이며, 분리와 더불어 독립한 물건이 된다. 천연과실의 관념은 원물로부터 분리하는 때에 누구의 권리에 속하는지를 결정하는 데에 그 실익이 있다.

　　2.　귀　　속　　　　천연과실이 원물로부터 분리하여 독립한 물건이 된 경우에, 그것이 누구에게 속하는지에 관해서는 게르만법의 생산주의(「씨를 뿌린 자가 거두어들인다」 Wer säet, der wähet)와 로마법의 분리주의 또는 원물주의의 대립이 있다. 민법은 뒤의 주의에 따르고 있다. 즉, 천연과실은 그 원물로부터 분리하는 때에, 이

를 거두어들일 수 있는 권리자에게 속한다(102조 1항). 수취권을 가지는 것은 원물의
소유자인 것이 보통이나(211조 참조), 예외적으로는 다음과 같은 자에게 수취권이 인
정된다. 선의의 점유자(201조)·지상권자(279조)·전세권자(303조)·유치권자(323조)·질
권자(343조)·저당권자(359조)·매도인(587조)·사용차주(609조)·임차인(618조)·친권자
(923조)·유증의 수증자(1079조) 등. 제102조는 강행규정이 아니라 임의규정이므로,
당사자가 이와 다른 약정을 할 수 있다.

　　농작물은, 비록 그것이 남의 땅에서의 위법한 경작행위에 의한 것이더라도, 언제
나 경작자의 소유에 돌아간다는 것이 대법원의 판례임을 앞에서 소개하였다([106] 3 (4)
참조). 그 판례이론은 게르만법의 생산주의에 따른 것이라고 할 수 있으며, 우리 민법
이 로마법의 분리주의 또는 원물주의에 따르고 있는 것에 반하는 것임을 알 수 있다.
　　여기서 한 가지 더 적어 둘 것은, 게르만법의 생산주의라는 것도, 경작할 권리가
있는 자 또는 그러한 권리가 있다고 선의로 믿었던 자만이 그 생산물을 취득할 수 있
었을 뿐이고, 고의로 또는 소제기 후에 타인의 토지에 노동력을 투하한 자는 그「파종
과 노력」을 잃었다. 즉, 위법하게 타인의 토지를 경작한 경우에도 그 생산물은 여전히
경작자에게 돌아간다는 것은, 소박한 고대법에서도 결코 이를 인정한 바 없다.

　3. 미분리의 천연과실　　그 자체가 독립한 물건은 아니므로, 일반적으로
독립한 물권의 객체가 되지 못하나, 일정한 경우(명인방법이라는 공시방법을 갖추는 때)
에는 독립성이 인정되고, 이에 관하여 타인의 물권의 성립이 인정됨은 이미 설명하
였다([106] 3 (3) 참조).

[114]　Ⅲ. 법정과실

　1. 의　　의　　물건의 사용대가로 빋는 금전 그 밖의 물선이「법정과실」
이다(101조 2항). 물건의 사용·대가는 타인에게 물건을 사용하게 하고, 사용 후에 원
물 자체 또는 동종·동질·동량의 것을 반환하여야 할 법률관계가 있는 경우에 인정
된다. 예컨대, 물건의 대차에서의 사용료(집세·지료 등), 금전대차에서의 이자 등이
법정과실이다. 원물과 과실은 모두 물건이어야 하므로, 노동의 대가, 권리사용의 대
가와 같은 것은 과실이 아니다. 또한 원물 사용의 대가를 받을 수 있는 권리도 과
실은 아니다.

   2. 귀   속   법정과실은 거두어들일 수 있는 권리의 존속기간 일수의
비율로 취득한다(102조 2항). 예컨대, 임대 중의 가옥이 매매된 때에는, 그 차임은 가
옥의 소유권이 이전한 날을 표준으로 하여, 임대인들 즉 가옥의 매도인과 매수인
사이에 나누어진다. 이 규정은 권리의 귀속을 정한 것이 아니라, 당사자 사이의 내
부관계를 정한 것에 지나지 않는다. 따라서 이 규정은 임의규정이라고 하여야 하
며, 당사자가 다른 약정을 하는 것은 상관없다.

제5편 권리의 변동

제1장 총 설

[115] Ⅰ. 법률관계의 변동

법률관계에 관해서는 이미 자세히 설명하였다([21] 참조). 사람의 사회생활관계 가운데에서 법률의 규율을 받는 것이 곧 법률관계이며, 모든 생활관계가 법률관계로 되는 것은 아니지만, 오늘날에는 사람의 생활관계는 대부분 법률관계이다. 법률관계의 내용은 여러 가지가 있을 수 있으나, 중요한 법률관계는 사람과 사람의 권리·의무 관계로서 나타나는 것이 보통이라는 것도 이미 적었다([21] 참조).

사람의 사회적 생활관계는 유동적이며, 끊임없이 변하고 달라진다. 근대사회에서는 모든 사람은 자기의 생활에 대하여 책임을 지고 있다. 바꾸어 말하면, 모든 사람이 그의 생활을 어떻게 유지해 나가는지는 전적으로 각자의 책임이다. 그러므로 모든 사람은 생활을 위한 활동을 하며, 다른 사람과 관계를 맺는다. 여기서 항상 새로운 생활관계가 발생하고, 이미 존재하고 있는 생활관계는 변경되거나 소멸해 간다. 즉, 사람의 생활관계는 발생·변경·소멸이라는 과정과 모습으로 끊임없이 변동하고 있다. 이 변동은 법의 세계에서는 법률관계의 발생·변경·소멸로서 나타난다. 법률관계가 변동한다는 것은 일정한 원인에 의하여 일정한 결과가 생기는 것이다. 이러한 법률관계의 변동의 원인이 되는 것을 「법률요건」이라고 하고, 그 결과가 되는 것을 「법률효과」라고 일컫는다. 바꾸어 말하면, 일정한 원인(법률요건)이 있을 때에 그 결과로서 생기는 법률관계의 변동(발생·변경·소멸)이 곧 법률효과이다. 그런데 법률관계는 결국 권리·의무의 관계이므로, 법률관계의 변동 즉 법률효과는 권리·의무의 변동이라는 것이 된다. 그리고 근대법, 따라서 우리 민법은 권리 본위로 되어 있으므로, 법률효과는 권리의 변동, 즉 권리의 발생·변경·소멸이라는 모습으로 나타난다.

위에서 우리는 「사람」 즉 「자연인」의 법률관계의 변동을 보았다. 이미 본 바와 같이, 권리주체에는 「자연인」 외에 「법인」이 있다. 따라서 위에서 설명한 법률관계의 변동은 「사람」(자연인)뿐만 아니라, 「법인」에 관해서도 똑같은 말을 할 수 있다. 그런데 우리 민법에서는, 자연인과 법인을 모두 포괄적으로 표현하는 적절한 말이 없다([37] 1 참조). 다만 「인」 또는 「자」라는 말로써, 자연인과 법인을 모두 포함시켜 사용하는 경우가 많으나, 위의 설명에서는 그러한 「인」을 가지고 설명하기가 적당하지 않아서, 「사람」 즉 자연인에 관하여 설명하였다. 요컨대, 위에서는 설명의 편의상 「사람」 즉 자연인에 관하여 적었으나, 여기서의 「사람」은 「인」으로 표현될 수 있는 「자연인」과 「법인」의 두 가지 모두를 뜻하는 것으로 생각해서 읽어야 한다.

[116] Ⅱ. 권리변동의 모습

앞에서 본 바와 같이, 「발생·변경·소멸」을 통틀어서 「변동」이라고 일컫는다. 그리하여 「권리의 발생·변경·소멸」은 이를 줄여서 간단히 「권리의 변동」이라고도 일컫는다. 이러한 권리의 변동, 즉 발생·변경·소멸은 이를 권리의 주체를 중심으로 해서 고쳐 말한다면 권리의 「득실변경(得失變更)」이 된다. 따라서 이때의 득실(취득·상실)은 권리의 상대적인 발생·소멸을 의미하는 것이다.

1. 권리의 발생   권리가 어떤 사람에 관하여 발생한다는 것은 그가 권리를 취득한다는 것이다. 이에는 다음과 같은 것이 있다.

(1) 원시취득(절대적 발생)   타인의 권리를 바탕으로 하지 않고서 원시적으로 취득하는 것이며, 말하자면 사회에 전에는 없었던 권리가 하나 새로 발생하는 것이다. 선점(252조)·습득(253조)·시효취득(245조 이하) 등이 이에 속한다. 그리고 인격권·가족권은 원시적·자연적으로 취득된다.

(2) 승계취득(상대적 발생)   타인의 권리를 바탕으로 하여 취득하는 것이 승계취득이며, 그것은 타인이 가지고 있는 이미 존재하고 있는 권리를 이어받음으로써 어떤 주체에게 권리가 발생하는 것이므로, 상대적 발생이라고도 한다. 매매·상속 등에 의한 취득이 그것이다. 이는 다시 이전적 승계와 설정적(창설적) 승계, 특정승계와 포괄승계로 나누어진다.

이전적 승계에서는 구권리자(전주 또는 피승계인)에게 속하고 있었던 권리가 그 동일성을 유지하면서 그대로 신권리자(후주 또는 승계인)에 의하여 취득되고, 권리의 주체에 변경이 생긴다. 이에 대하여 설정적 승계에서는 구권리자는 그의 권리를 그대로 가지면서, 다만 그 권리를 바탕으로 하여 성립·존속·내용에 관하여 제한된 새로운 권리를 발생케 하고, 신권리자는 이 새로운 권리만을 취득한다. 예컨대, 소유권을 제한하는 지상권·전세권·저당권 등이 설정되는 경우가 그것이다. 따라서 설정적 승계가 있으면, 구권리자가 가지는 기본적 권리는 신권리자가 취득한 권리에 의한 제한을 받게 된다.

승계취득은 다시 특정승계와 포괄승계로 나누어진다. 특정승계는 개개의 권리가 개개의 취득원인에 의하여 취득되는 것이고, 포괄승계는 하나의 취득원인에 의하여 다수의 권리가 한데 묶여서 취득되는 것이다. 상속·포괄적 유증 등은 포괄승계이다.

원시취득은 이미 존재하고 있는 권리를 바탕으로 하는 것이 아니어서, 취득한 권리가 취득하기 전의 권리상태에 의하여 영향을 받지 않는다. 그러나 승계취득에서는 신권리자는 구권리자가 가지고 있었던 권리 이상의 권리를 취득하지 못한다. 그러므로 구권리자가 무권리자이면, 신권리자는 권리를 취득하지 못한다. 또한, 구권리자의 권리에 제한이나 흠이 있으면, 신권리자의 권리도 같은 제한 또는 흠을 갖는다.

2. 권리의 소멸　　　권리가 어떤 자에 관하여 소멸한다는 것은 그 사람이 권리를 잃어버린다는 것이다. 즉, 권리주체로부터 권리가 떨어져 나가는 것이 권리의 소멸 또는 상실이며, 이에는 상대적 또는 주관적인 것과 절대적 또는 객관적인 것이 있다. 상대적 소멸(상실)은 권리의 이전을 구권리자의 주관적 처지에서 본 것이며, 권리 자체가 사회에서 소멸하지는 않는다. 이에 반하여, 절대적 소멸(상실)은 권리 자체가 이 사회에서 없어지는 것이다. 목적물이 멸실하여 권리가 소멸하는 경우가 이에 해당한다.

3. 권리의 변경　　　권리가 동일성을 잃지 않은 채 그 주체·내용·작용이 변경되는 것이다. 주체의 변경은 권리의 승계에 해당한다. 내용(객체)의 변경에는 (ⅰ) 물건의 인도를 목적으로 하는 채권이 손해배상채권으로 변하는 것과 같은 「성질적 변경」과 (ⅱ) 소유권의 객체에 제한물권(지상권·전세권·저당권 등)이 설정되거나 또는 이미 설정되어 있는 제한물권이 소멸하여 소유권이 원래의 완전한 상태로 회

복되는 것과 같은 「수량적 변경」이 있다. 작용의 변경은 저당권의 순위가 변경되는 경우와 같이 권리의 작용에 관한 변경이다.

[117]　Ⅲ. 권리변동의 원인(법률요건과 법률사실)

1. 법률요건　　일정한 법률효과를 발생케 하는 사실을 통틀어서 「법률요건」 또는 「구성요건」이라고 한다. 법규는 법률관계를 규정할 때 언제나 "이러 이러한 사실이 있으면 이러 이러한 효과가 생긴다"는 가언적 판단의 모습을 취한다. 이 때에 전건(前件)인 조건명제에서 요구되어 있는 요건의 전체가 법률요건이며, 후건(後件)인 귀결명제에서 주어지는 효력이 법률효과이다. 구체적인 생활관계가 추상적인 법률요건을 충족하면 구체적인 법률관계가 되고, 그에 대한 법률효과가 구체화되어서 법률관계의 변동, 즉 권리의 변동이 생긴다. 따라서 법률요건과 법률효과 사이에는 원인과 결과의 논리적 관계가 있는 것이다. 법률요건으로서 가장 주요한 것은 「법률행위」이나, 이에 한하는 것은 아니며, 예컨대 준법률행위나 불법행위·부당이득·사무관리 등도 법률요건이다.

법률요건은 원래 형법학에서의 범죄구성요건의 관념에서 출발한 것이며, 민법학에서 이를 받아들인 것이다. 민법학에서의 구성요건 즉 법률요건은 일정한 법률효과의 발생을 위하여 필요하고도 충분한 원인이 되는 사실의 전체를 말하는 것이다.

2. 법률사실　　법률요건을 구성하는 개개의 사실을 「법률사실」이라고 한다. 위에서 적은 바와 같이, 법률효과를 발생케 하는 원인으로서 필요하고도 충분한 사실의 전체가 법률요건이나, 그것은 단 하나의 사실로 성립되어 있는 경우도 있고, 다수의 사실이 합쳐져 있는 경우도 있다. 예컨대, 유언·동의·추인 등은 하나의 「의사표시」라는 하나의 법률사실이 법률요건으로 되어 있는 것이고, 계약은 청약이라는 「의사표시」와 승낙이라는 「의사표시」의 두 개의 법률사실이 합쳐져서 법률요건을 이루고 있다. 따라서 법률요건은 그것을 이루는 인자(因子)로 분석되는데, 이 인자가 되는 개개의 사실이 법률사실이다. 즉, 단독으로 또는 다른 사실과 합쳐져서 하나의 법률효과를 발생케 하는 사실이 법률사실이다.

법률요건을 구성하는 사실은 여러 가지이어서, 여러 표준에 따라 나누는 것이

가능하지만, 민법상 특히 가치 있는 분류는 사람의 정신작용에 의거하는 사실과 그렇지 않은 사실로 나누는 것이다. 앞의 것은 다시 어떠한 정신작용에 의거하는 사실이냐에 따라서 잘게 나누어진다.

(1) **사람의 정신작용에 의거한 법률사실**　　　이를 「용태(容態)」라고 한다. 바꾸어 말해서, 사람의 정신작용에 바탕을 둔 현상을 통틀어서 「용태」라고 일컫는다. 용태는 다시 작위·부작위의 행위를 뜻하는 「외부적 용태」와 행위로서 외부에 나타나지 않는 마음 속의 의식에 지나지 않는 「내부적 용태」로 나누어진다.

(개) **외부적 용태**　　　의사가 외부에 표현되는 용태로서, 「행위」를 말한다. 법률상의 행위는 자각 있는 적극적 행동, 즉 작위에 한하지 않는다. 자각 있는 적극적 행동이 요구되는 일정한 경우에는 소극적 행동, 즉 부작위도 행위로서 다루어진다. 법률상의 행위는 법률요건을 구성하는 법률사실이므로, 사람의 행위이더라도 법률사실로서의 가치가 인정되지 않는 행위(산책·사교적 담화 등)는 행위가 아니다. 법률상의 행위는 법적 평가에 따라 「적법행위」와 「위법행위」로 나누어진다.

① **적법행위**　　　법률이 가치 있는 것으로 인정하여 허용하는 행위이다. 그것은 법률질서에 적합한 것이기 때문에, 일정한 사법상의 효과를 생기게 하는 행위이다. 민법상의 행위는 대부분 적법행위이다. 적법행위도 여러 표준에 따라서 여러 가지로 나누어지며, 크게는 의사표시와 준법률행위(법률적 행위)로 나누어진다. 그리고 준법률행위는 다시 의식내용의 표현인 표현행위와 비표현행위(사실행위)로 잘게 나누어진다. 표현행위에는 의사의 통지·관념의 통지·감정의 표시 등이 있다. 적법행위를 설명하면 다음과 같다.

(ㄱ) **의사표시**　　　일정한 법률효과의 발생을 목적으로 하는 의사의 표시행위이며, 법률행위에서 없어서는 안 되는 꼭 필요한 요소이다. 의사표시에 관해서는 나중에 따로 자세히 설명한다([119] 참조).

(ㄴ) **의사의 통지**　　　의사를 외부에 표시하는 점에서는 의사표시와 같으나, 그 의사가 법률효과에 향하여진 효과의사가 아닌 점에서 의사표시와 다르다. 확답 촉구 또는 최고(15조·88조·131조·381조·387조·552조 등)·거절(16조·132조·487조 등) 등은 그 예이다. 의사의 통지에 대하여는, 행위자가 어떤 법률효과의 발생을 원하였는지 여부를 묻지 않고서, 법률은 직접 일정한 법률효과를 주고 있다.

(ㄷ) 관념의 통지　　표시된 의식의 내용이 그 무엇을 의욕하는 의사가 아니라, 어떤 객관적 사실에 관한 관념에 지나지 않는 것이다. 「사실의 통지」라고도 한다. 사원총회 소집의 통지(71조)·채무의 승인(168조·450조)·채권양도의 통지나 승낙(450조)·공탁의 통지(488조)·승낙 연착의 통지(528조) 등은 그 예이다.

(ㄹ) 감정의 표시　　표시된 의식의 내용이 용서(容恕)(556조 2항·841조 참조)와 같은 감정인 경우인데, 법률이 이를 법률사실로 하는 경우는 매우 드물다.

(ㅁ) 사실행위　　그 행위에 의하여 표시되는 의식의 내용이 무엇인지를 묻지 않고서, 다만 행위를 하였다는 것 또는 그 행위에 의하여 생긴 결과만이 법률에 의하여 일정한 의미가 있는 것으로 인정되는 행위를 말한다. 사실행위에는 외부적 결과의 발생만 있으면 법률이 일정한 효과를 주는 순수사실행위(주소의 설정·매장물의 발견·가공 등)와 그 밖에 어떤 의식과정이 따를 것을 요구하는 혼합사실행위(선점·물건의 인도·사무관리·부부의 동거 등)가 있다. 이들 사실행위는 행위자의 의식내용에 따라서 법률이 어떤 의미를 인정하는 것이 아니므로, 법률상으로는 잠시 후에 설명하는 「사건」과 마찬가지로 다루어진다.

위와 같이 사실행위 즉 비표현행위는 법률상 「사건」과 마찬가지로 다루어지나, 의사의 통지·관념의 통지·감정의 표시 등의 표현행위는 의사표시와 마찬가지로 의식내용의 표시라는 점에서 법률이 가치를 인정하는 것이므로, 이들에 관해서는 법률상 특별한 규정이 있지는 않지만, 그 성질이 허용하는 한 의사표시에 관한 규정을 적용하여야 하는 것으로 해석되고 있다.

② 위법행위　　법률이 허용할 수 없는 것으로 평가하여, 행위자에게 불이익한 효과를 발생케 하는 법률사실이다. 말하자면, 법률질서에 위반하는 것으로 평가되는 행위이다. 민법상의 위법행위에는 채무불이행(390조 이하)과 불법행위(750조 이하)가 있다.

(나) 내부적 용태　　마음속의 의식을 말한다. 법은 사람의 행위를 규율하는 규범이므로, 행위로서 외부에 나타나지 않는 마음속의 의식과정 또는 심리적 상태는 법률상 어떤 의미가 주어지지 않는 것이 원칙이다. 그러나 법률은 다른 법률사실과 관련하여 예외적으로 내부적 용태에 대해서도 법률상의 의미를 인정하여, 이를 법률사실로 하고 있는 경우가 있다. 그러한 것으로서 다음의 두 가지가 있다.

　① 관념적 용태　　　일정한 사실에 관한 관념 또는 인식이 있는지 없는지라는 마음속의 의식을 말하며, 선의(어떤 사실을 알지 못하는 것)·악의(어떤 사실을 알고 있는 것)·정당한 대리인이라는 신뢰(126조) 등은 그 예이다.

　② 의사적 용태　　　어떤 사람이 마음속에 일정한 의사를 가지고 있는지 아닌지라는 내심적 과정을 말한다. 점유의 경우 소유의 의사(197조)·제 3 자의 변제에서 채무자의 허용 또는 불허용의 의사(469조)·사무관리의 경우 본인의 의사(734조) 등은 그 예이다.

　(2)　**사람의 정신작용에 의거하지 않는 법률사실**　　　이를 「사건」이라고 일컫는다. 사람의 출생과 사망·실종·시간의 경과·물건의 자연적인 발생과 소멸 등과 같은 사람의 정신작용과는 관계없는 사실로서, 법률에 의하여 법률상의 의미가 인정되는 것이 사건이다. 그 밖에 학자들은 사람에 의한 천연과실의 분리·물건의 파괴·부합·혼화 등과 같이 사람의 정신작용에 의하는 것이더라도 사람의 행위에 의하지 않고서 생기는 물건의 파괴·과실의 분리의 경우와 동일한 효과가 생기는 경우에는, 그 효과는 사람의 정신작용이나 행위에 의하는 것이 아니고 물건의 파괴나 과실의 분리라는 결과에서 생기는 것이라 하여, 이를 사건에 포함시킨다.

　　이상 설명한 법률사실의 분류를 이해를 돕기 위하여 그려 보면, 다음과 같다.
　(1) 용　　태(사람의 정신작용에 의거하는 것)
　　㈎ 외부적 용태(행위)…작위와 부작위가 있다.
　　　① 적법행위
　　　　㈀ 의사표시
　　　　㈁ 준법률행위(법률적 행위)
　　　　　(a) 표현행위(의식내용의 표현)
　　　　　　(ⅰ) 의사의 통지
　　　　　　(ⅱ) 관념의 통지(사실의 통지)
　　　　　　(ⅲ) 감정의 표시
　　　　　(b) 비표현행위(사실행위)
　　　② 위법행위
　　　　㈀ 채무불이행
　　　　㈁ 불법행위

     (나) 내부적 용태

       ① 관념적 용태

       ② 의사적 용태

   (2) 사　　건(사람의 정신작용에 의거하지 않는 것)

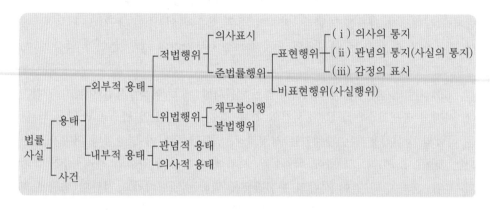

   3. 민법의 규정　　민법 총칙편은 권리의 변동 가운데서, 주로 재산법상의 권리의 변동에 관한 통칙적 규정을 두고 있을 뿐이다. 즉, 의사표시 또는 법률행위·기간·소멸시효라는 법률요건에 관하여 규정하고 있을 뿐이다. 그러므로 이하에서도 이들에 관하여 차례로 설명하기로 한다.

제 2 장 법률행위

제 1 절 서   설

[118] Ⅰ. 사적 자치와 법률행위 자유의 원칙

1. 현대의 사법제도는 자유주의와 개인주의의 기초 위에 세워져 있다. 개인 상호간의 법률관계는 원칙적으로 개인 스스로 그가 원하는 데 따라 결정하고 자유로이 형성하도록 하는 것이 합목적적이라는 것이다([13] 2 참조). 이를 「사적 자치(私的 自治)」라고 한다.

본래 근대사회는 개인의 자유를 최대한으로 보장하고 개인에 대한 국가의 후견을 일체 물리친다는 자유의 관념을 그 출발점으로 하고 있다. 뿐만 아니라 개인의 존엄을 인정하고 인격의 발전을 보장하려는 것이 근대사회의 이념이기도 하다. 이를 위해서는 개인의 「행동자유」를 법적으로 인정한다는 것이 필요하다. 우리 헌법도 제10조에서 "모든 국민은 인간으로서의 존엄과 가치를 가지며, 행복을 추구할 권리를 가진다."라고 규정함으로써, 모든 사람에게 일반적인 행동의 자유를 인정하고 있다. 즉, 행복은 누가 주는 것이 아니며, 각자가 노력해서 얻어야 한다. 행복추구의 주요수단이 되는 생활물자를 얻는 것도 예외는 아니며, 그러한 재화의 생산자 또는 소유자와의 법률관계를 통해서 이루어진다. 이를 현실적으로 가능하게 하려면, 각 개인에게 자유롭게 그의 의사에 따라 행동할 수 있는 권리, 즉 「일반적 행동 자유권」을 인정한다는 것이 필요하다. 그러므로 헌법 제10조가 개인의 행복추구권을 규정하고 있는 것은 행복추구의 수단이 되는 일반적 행동자유권도 당연히 인정하는 것이라고 해석하여야 한다.

그런데 행동의 자유는 예컨대 소유자가 그의 소유물을 마음대로 사용·소비한다든가, 또는 일자리나 직업, 거주지의 선택과 같은 방법으로 행사되기도 하지만, 가장 주요한 행사방법은 예컨대 계약이나 유언 등과 같은 법률행위에 의한 행사이다. 법률행위는 법률관계를 형성하는 주요수단인데, 법률관계에 관한 행동자유가 가장 중요하고 또한 주요한 것이라고 할 수 있다. 바로 이러한 종류의 행동자유를

가리켜「사적 자치」라고 일컫는다. 그것은 사적 생활 특히 거래에 관하여 국가권력
이 끼어들거나 참견해서는 안 되고, 사법상의 법률관계는 개인이 그의 의사에 의하
여 자유로이 결정하고 규율할 수 있다는 원칙이다. 바꾸어 말해서, 개인이 그의 의
사에 의하여 다른 사람과 자유로이 법률관계를 형성할 수 있다는 것이 사적 자치의
원칙이다. 따라서 그것은「법률관계 형성의 자유」라고도 일컬을 수 있다. 앞에서
지적한 바와 같이 헌법상 일반적인 행동자유가 인정되므로, 그러한 행동자유의 한
내용이 되는 사적 자치도 당연히 인정된다고 하여야 한다. 즉, 사적 자치는 우리의
사법에서도 인정되는 원칙이며, 그것은 기본원칙의 하나로서 작용하는 것이다([13]
내지 [15] 참조).

이러한 사적 자치 또는 법률관계 형성의 자유는 구체적으로 어떻게 실현되는
가? 개인이 자유롭게 의사를 표시하고 그 의사가 상대방의 의사와 합치함으로써 법
률행위가 성립한다. 이때 법률행위에 개인이 의욕하는 효과가 표시되는데, 이와 같
이 개인이 의욕한대로 법률효과가 발생하는 것을 인정함으로써 사적 자치가 달성
된다(의사표시와 법률행위에 관하여는 나중에 자세히 설명한다. [119] 이하 참조). 즉, 사적 자
치를 실현하는 법률적 수단은 법률행위이다. 여기서 사적 자치는 이를「법률행위
자유의 원칙」이라고도 부른다. 그런데 이 법률행위의 자유가 가장 뚜렷하게 나타나
는 것은 계약이다. 여기서 사적 자치의 원칙의 가장 중요한 내용은 법률행위 자유
의 원칙이고, 법률행위 가운데서 가장 중요하고 또한 보통의 것은 계약이기 때문
에, 법률행위 자유의 원칙은「계약자유의 원칙」이라고도 일컫는다.

사람이 다른 사람에 대한 관계에서 일정한 구속을 받거나 또는 의무를 부담하는
근거는 무엇인가? 바꾸어 말해서, 법률적 구속 또는 의무의 타당근거는 무엇인가? 이
문제에 대해서는 예로부터 여러 논의가 있었다. 과거에는 어떤 객관적 질서(신·하늘·
자연 등)에서 그러한 근거를 찾는 일이 많았으나, 근대서구에서는 그 근거를 사람의
「자유의사」에서 찾고 있다. 그리하여 사법상의 강제의 근거는 오직 합의의 구속력에
있다고 생각하였다. 그 결과 자기의 의사와 타인의 의사의 합치인 합의 즉 계약은 당연
히 당사자를 구속한다고 하게 되고, 계약의 효력이 미치는 범위도 계약의 당사자(및 포
괄승계인)에 한한다고 하였다(계약의 상대적 효력). 이로부터 다시 계약의 내용을 비롯
하여, 체결·상대방 선택·방식 등도 당사자의 자유로운 결정에 맡겨야 한다는 계약자
유의 관념이 인정되게 되어, 계약자유는 근대사법의 기본원칙이 되었다. 그런데 나중에

는 취소나 해제와 같은 계약이 아닌 일방적 행위로 권리·의무가 변동하게 되는 경우도 있음을 알게 되자, 계약 이외의 단독행위에 관해서도 역시 그 자유를 승인하여야 한다고 하였다. 여기서 법률행위 자유의 원칙이라는 보다 일반적인 명제가 승인되었다. 이러한 법률행위의 자유는 국가가 개인 사이의 직접적인 관계에는 끼어들지 않고서 사적인 자치에 맡긴다고 할 때에, 사적인 법률행위가 바로 그 수단이 된다는 데서, 법률학상 일반적으로 사적 자치의 원칙이라고도 불리고 있는 것이다.

2. 법률행위 자유의 원칙의 수정   법률행위 자유의 원칙의 의미나 내용은 위에서 본 바와 같으나, 이 원칙이 서 있는 사회적·경제적 기반이 크게 변화하는 때에는 이 원칙도 흔들리지 않을 수 없다. 개인주의와 자유주의를 기본으로 하는 근대사법은 소유권 절대의 원칙과 더불어 위와 같은 법률행위의 자유 또는 계약의 자유를 그의 기본원칙으로 하여 인류문화의 발달에 크게 기여하였다. 그러나 자유주의경제 또는 자본주의경제가 진보·발전하면서 빈부의 현격한 차가 발생하였고, 진정한 법률행위의 자유와 계약의 자유를 기대할 수 없게 되었다. 이것은 이 원칙이 본래의 모습 그대로 유지될 수 없게 되었다는 것을 뜻한다. 즉, 자본주의가 급속히 발전하고 고도화하자, 법 앞에서의 형식적 자유와 평등 또는 계약자유라는 미명 아래에, 실제 생활에서는 약육강식이 공연하게 행하여지고, 경제적 강자가 경제적 약자·사회적 열등자를 착취하게 되어, 각종의 경제적·사회적·정치사상적 문제가 제기되었다. 이를 계약에 관해서 본다면, 예컨대 노동관계에서는 모든 노동조건은 자본가가 일방적으로 정하고, 노동자는 그러한 노동조건으로 계약 체결의 자유조차도 가지지 않는 상태가 되어 버렸다. 말하자면 계약자유는 사회적 강자의 독재의 자유이고, 사회적 약자에게는 예속·복종의 자유에 지나지 않게 되었다. 이와 같이 자유주의적인 경제사상이 여러 가지의 폐단을 가져오자, 경제적 약자의 보호를 위하여 힘의 자유경쟁에 어떠한 간섭을 하는 것이 국가의 의무라는 새로운 사상이 세력을 얻게 되었다. 그에 따라 법의 영역에서두 약자가 계약이 자유를 실질저으로 확보할 수 있도록 강자의 계약의 자유를 제한하여야만 한다고 생각하게 되었다. 그리하여 법률행위 자유의 원칙은 적지 않은 수정을 받고 있는 것이 오늘날의 실정이다. 이러한 법률행위의 자유 또는 계약자유에 대한 수정은 각종의 경제정책적·사회정책적 입법에서 나타나고 있다([14]·[15] 참조).

[119] Ⅱ. 법률행위와 의사표시

  1. 법률행위의 의의   법률행위는 일정한 법률효과의 발생을 목적으로 하는 하나 또는 여러 개의 의사표시를 없어서는 안 되는 꼭 필요한 요소로 하는 법률요건이다. 그것은 이른바 적법행위이며, 법률요건 가운데서 가장 주요한 것이다. 법률행위는 다음과 같은 성질을 가진다.

  계약과 단독행위를 포괄하는 상위개념으로서 Rechtsgeschäft라는 용어가 19세기의 독일의 법학자에 의하여 만들어졌는데, 이 독일용어를 일본민법의 기초자들이 「법률행위」라고 옮겨서 쓰기 시작하였고, 그 영향으로 우리 민법에서도 이 용어를 사용하고 있다.

  (1) 법률행위는 사적 자치를 실현하기 위한 법률상의 수단이 되는 법률요건이다. 이미 밝힌 바와 같이, 근대사법은 개인의 존엄과 가치를 존중하여, 그가 원하는 바에 따라 법률관계를 형성하도록 한다. 여기서 법률은 개인의 일정한 사법상의 법률효과를 원하는 의사의 표시행위를 법률요건으로 하여 그가 원하는 대로 법률효과를 인정하는 것이다.

  (2) 법률행위는 의사표시를 없어서는 안 되는 꼭 필요한 요소로 한다. 의사표시가 법률행위의 유일한 요건은 아니며, 의사표시 이외에 일정한 법률사실을 필요로 하는 것도 있다. 예컨대, 물건의 인도와 같은 법률사실이 요구되는 법률행위도 있고, 관청의 협력(법인의 설립에 필요한 주무관청의 허가는 그 예)을 필요로 하는 법률행위도 있다. 그러나 법률행위라고 할 만한 것이 있기 위해서는 반드시 언제나 하나 또는 둘 이상의 의사표시가 있어야만 하며, 의사표시 없는 법률행위는 있을 수 없다. 이런 의미에서 법률행위는 의사표시를 없어서는 안 되는 꼭 필요한 요소로 한다.

  (3) 법률행위는 행위자(즉 표의자)가 원한 대로 일정한 사법상의 효과를 발생하게 한다. 행위자가 꾀한 행위의 사법상의 효과를 법률이 인정하고, 그의 달성에 조력, 즉 힘을 써서 도와주는 데에 법률행위의 본질이 있다. 그러므로 행위자가 원한 대로 효과가 생기지 않는 것은 법률행위가 아니다. 행위자가 원한 대로의 효과가 아니라 다른 법률효과가 생기는 적법행위는 「법률적 행위」 또는 「준법률행위」라고 한다는 점은 이미 설명하였다. 예컨대, 상대방의 이행을 원하여 이행청구(「의사의 통

지」로서 준법률행위의 일종이다. [117] 2 (1) ㈎ ① (ㄴ) 참조)를 하여도 당연히는 이행(변제)이라는 법률효과는 생기지 않으며, 시효의 중단이라는 법률효과가 생기는 것과 같다.

〈호의행위(친절행위)와의 구별〉

법률행위는 위와 같이 법률적 행위(준법률행위)와 구별되나, 한편으로는 「호의행위」(친절행위) 또는 「사교행위」와도 구별하여야 한다. 호의행위는 급부자에게 법률적 의무가 없는데도 무상으로 급부를 하는 데 특징이 있으며, 따라서 그러한 급부를 거절하여도 상대방의 이행청구권은 성립하지 않는다. 예컨대, 지나가는 차를 세워서 무료승차를 부탁하는 「히치하이커(hitchhiker)」를 동승시키는 행위(「호의동승」), 사교적 파티나 식사에 초대하는 것, 자기 아이와 놀고 있는 이웃아이를 그의 부모의 외출 중 돌보아주겠다는 약속 등은 그 예이다. 이러한 호의관계 또는 친절관계는 계약관계와 구별하는 것이 때로는 매우 어렵다. 보통 일반적으로는 「법률적 구속을 받으려는 의사」가 없을 때에는 호의관계에 지나지 않는다고 설명한다. 주의할 것은 무상성이 호의관계를 계약관계로부터 구별하는 기준은 아니라는 점이다(계약 중에도 증여·사용대차 등의 무상행위는 있기 때문이다). 호의행위로 불법행위책임이 문제되는 경우(예컨대, 호의동승의 경우에 운전자의 과실로 동승자에게 손해를 입힌 경우)에, 이를 어떻게 처리하느냐는 어려운 문제이다. 불법행위에서 다루게 된다.

2. 의사표시의 의의　　　의사표시는 일정한 법률효과의 발생을 원하는 내적 의사(이른바 효과의사)를 외부에 나타내어 보이는(바꾸어 말해서, 발표 또는 표명하는) 행위이며, 법률행위에 없어서는 안 되는 꼭 필요한 요소가 되는 법률사실이다. 이 의사표시가 단독으로 또는 다른 의사표시 그 밖의 법률사실과 결합하여 하나의 법률행위를 이루게 되면, 표의자가 원한 대로 법률효과가 발생하는 것을 법률이 인정하게 된다. 이와 같이 사람이 자기의 법률관계를 스스로 형성할 수 있다는 점에 의사표시의 중요성이 있다. 이 의사표시에 관한 좀 더 자세한 분석·설명은 잠시 후에 하기로 한다.

3. 법률행위와 의사표시의 관계　　　여러 번 언급한 바와 같이, 의사표시는 그것만으로 법률행위가 되는 경우도 있고, 다른 의사표시 그 밖의 법률사실과 합해서 법률행위를 이룰 경우도 있다. 하나의 의사표시로 되어 있는 법률행위가 단독행위이고, 다른 의사표시 등과 합해서 이루어진 대표적인 법률행위가 계약이다. 어떻든 의사표시는 그 자체로서는 표의자가 원한 대로 법률효과를 발생하게 하는 것은

아니며, 법률행위가 됨으로써 비로소 기대한 대로 효과가 발생한다. 예컨대, 甲 소유의 물건을 乙이 일정가격으로 사겠다는 의사표시를 하고, 甲이 그 가격으로 팔겠다는 의사표시를 하면, 매매라는 계약 즉 법률행위가 성립하여 일정한 법률효과(甲의 대금채권과 乙의 목적물소유권이전채권의 발생)가 발생한다. 이때 乙의 의사표시를 청약이라 하고, 甲의 의사표시를 승낙이라고 일컫는다. 그러므로 매매라는 법률행위는 청약과 승낙이라는 두 개의 의사표시의 합치로 성립하는 것이다. 그러나 이때의 甲·乙의 의사표시 하나하나는 법률행위가 아니다. 그것은 매매라는 법률행위의 요소를 이루는 의사표시일 뿐이다(바꾸어 말해서, 甲과 乙의 각 의사표시는 법률행위인 매매라는 법률요건의 요소를 이루는 법률사실에 지나지 않는다). 이와 같이 법률효과를 발생하게 하는 것은 어디까지나 법률행위이고, 그 법률행위를 이루는 의사표시로 법률효과가 생기는 것은 아니다. 그러나 법률행위에 의하여 생기는 효과는 실제로는 법률행위를 구성하는 의사표시에서 표의자가 발생시키기를 원하였던 법률효과에 지나지 않는다. 법률행위와 의사표시는 위와 같은 관계가 있기 때문에, 의사표시에 관하여 이를 무효로 하거나 또는 취소할 수 있는 사정이 있는 경우에는([140] 내지 [146] 참조), 당연히 법률행위 전체에 영향을 미친다. 바꾸어 말해서, 그러한 경우에는 법률행위도 법률상 당연히 무효가 된다(법률행위를 무효로 하는 것은 그 요소를 이루는 의사표시가 효력이 없게 되는 경우만은 아니다. 일정한 경우에는 의사표시는 완전히 유효하더라도, 법률행위의 목적(내용)에 문제가 있어서 법률행위가 무효로 되는 경우도 있다. 이에 관해서는 나중에 설명한다. [127] 내지 [132] 참조).

　　이상의 설명으로 알 수 있는 것과 같이, 법률행위에 대한 이해는 의사표시에 관한 이해 없이는 불가능하므로, 다음 항에서는 의사표시에 관하여 좀 더 깊이 있게 살피기로 한다.

　　　　법률행위는 언제나 의사표시를 그 요소로 한다. 그러므로 「법률행위」라고 하여야 할 때에 「의사표시」라고 한다면, 그 표현상 불일치가 있음은 부인할 수 없으나, 실질적으로는 다른 결과가 생기지는 않는다. 실제로 법률행위와 의사표시를 섞어서 쓰는 경우를 흔히 볼 수 있다. 뿐만 아니라, 민법의 규정에서도 법률행위 또는 행위라는 용어와 의사표시라는 용어를 여기저기서 섞어 쓰고 있다. 예컨대, 대리에 관한 민법 제114조·제115조·제116조 제 1 항에서는 의사표시라고 하고 있고, 제116조 제 2 항·제118조·제124조·제125조·제126조·제136조에서는 법률행위·행위·단독행위라고 하고 있다.

[120] Ⅲ. 의사표시의 구성요소

　　의사표시는 의사를 표시하는 것이다. 따라서 의사표시는 의사와 표시로 구성된다고 할 수 있다. 이와 같은 의사표시가 성립하는 심리적 과정을 분석·관찰한다면 보통 다음과 같다. 즉, 먼저 어떤 동기에 의하여 일정한 법률효과의 발생을 목적으로 하는 의사(효과의사)를 결정하고, 다음에 이 의사를 외부 즉 타인에게 알리기 위하여 발표하려는 의사(표시의사)에 매개되어서, 일정한 행위가 되어 외부에 나타난다(표시행위). 따라서 의사표시는 효과의사의 결정, 표시의사의 매개, 표시행위라는 심리적 3단계를 거쳐서 성립한다. 그런데 이 3단계 가운데에서 어느 것이 의사표시의 본체를 이룬다고 볼 것인지 문제된다. 종전에는 마음속의 효과의사를 그 본체로 보는 견해가 지배적이었으나, 오늘날에 와서는 표시행위를 의사표시의 본체로 보는 것이 일반적이다. 이들 둘 중 앞의 견해는 개인의사 절대라는 자연법적 사상을 배경으로 하는 것이나, 그러한 자연법적 관념을 버리고 있는 오늘날에는 표시행위를 의사표시의 본체라고 하는 견해가 다수설이다(김증한 267면, 김현태 249면, 이은영 449면, 장경학 407면). 이에 대하여 의사를 중시하는 반대견해가 있고(김상용 325면, 송덕수 151면, 이영준, 149면), 표시행위와 의사가 모두 의사표시의 본체라고 하는 견해도 있다(김증한·김학동 265면). 이들 견해는 의사를 중시할 것인지, 표시를 중시할 것인지에 따라 의사표시를 달리 보고 있다. 우리는 표시행위를 통해서, 행위자가 가지고 있는 일정한 효과의사의 존재 및 내용을 판단하여야만 한다. 따라서 표시행위에 나타난 의사에서 의사표시의 본체를 찾아야 한다.

　　　　위에서는 표시행위·표시의사·효과의사의 세 가지를 의사표시의 요소로 들었으나, 독일에서는 그 밖에 「행위의사」 하나를 더 드는 것이 전통적 태도이다. 행위의사는 어떤 외부적 용태 즉 행위를 하려고 하는 의식적 의사행위를 말한다. 그러나 종래 우리나라에서는 이를 따로 살필 필요가 없는 것으로 이해하고, 표시행위에서 함께 설명하는 것이 일반이다. 여기서도 이런 견지에서 설명하기로 한다.

　　의사표시의 3요소에 관하여 설명하면, 다음과 같다.

　　1. 표시행위　　　　사회생활에서 개인 사이의 교섭은 모두 겉으로 드러난 행위를 통해서 행하여진다. 사람의 마음속의 의식작용은 법의 세계에서 그 자체로서는 의미가 없다. 내심적 의식작용은 원칙적으로 외부에 표시되어야 비로소 의미를

가지게 된다. 외부에 표시된 행위에 의하여 어떤 의사표시로서의 표시가치가 인정되면, 그 행위는 일정한 효과의사를 표시하는 것으로 다루어진다. 이와 같이 의사표시로서의 가치(표시가치)를 가진 적극·소극의 모든 행위를 「표시행위」라고 한다. 말하자면, 그것은 효과의사를 외부에 표현하는 행위이다. 표시행위는 보통은 언어·문자 등으로 성립되지만, 일정한 거동(머리를 끄덕이거나 손을 들거나 신호를 보내는 등)으로 성립하는 경우도 있다. 의사표시를 「묵시」와 「명시」로 구별하는 일이 있다. 그것은 결국 표시행위가 가지는 표시가치의 크고 작음에 의한 구별에 지나지 않으며, 우리 민법에서는 차이가 거의 없다. 일정한 요식행위에서는 표시행위는 필요한 형식을 갖춘 명시적인 것이어야 한다. 그렇지 않은 경우에는 묵시의 의사표시와 명시의 의사표시 사이에 효력의 차이는 없다. 의사표시라고 할 수 있기 위해서는 의식 있는 거동이어야 하므로, 수면 중의 행위나 강제에 의한 거동은 표시행위로서의 가치가 없다.

　　2. 효과의사　　　표시행위는 「일정한 효과의 발생을 원하는 의사」를 추측·판단케 하는 것이어야 한다. 이 의사, 즉 일정한 법률효과를 원하는 의사가 「효과의사」이다. 예컨대, 물건을 매수하겠다는 청약에서는 매수인이 되려는 의사, 바꾸어 말하면 대금지급의무를 부담하는 대신에 목적물의 소유권을 취득하겠다는 의사가 효과의사이다. 효과의사의 내용은 법이 법률효과를 줄 가치가 있다고 인정하는 일정한 효과의 발생을 원하는 것이다. 따라서 도의적·종교적·사교적·의례적인 것을 내용으로 하는 의사는 효과의사가 되지 못한다(예컨대, 부자나 부부 사이의 사소한 물건의 대차라든가, 친구 사이의 의례적인 약속과 같은 것). 또한 일정한 의욕(무엇인가를 원하는 생각)을 내용으로 하지 않는 것도 효과의사가 되지 못한다. 이미 밝힌 바와 같이, 효과의사가 의사의 통지·관념의 통지·감정의 표시 등의 준법률행위와 다른 점은 행위자가 「의욕(또는 원)하였기 때문에」 법률이 그 달성에 조력 즉 힘을 써서 도와주는 데에 있다.

　　효과의사는 표시행위를 통해서 외부에서 추측·판단되는 의사이므로, 행위자가 착오 그 밖의 이유로 그의 표시행위에 상응하는 의사를 실제로는 가지고 있지 않은 경우가 있다. 이 구별을 하기 위하여 표시행위로부터 추측·판단되는 효과의사를 「표시상의 효과의사」라고 하고, 표의자가 가지고 있었던 실제의 의사 즉 진의·마음속의 의사 등을 「내심적 효과의사」라고 한다. 의사표시의 요소가 되는 것은, 앞에서 설명한 바와 같이, 표시상의 효과의사뿐이다. 그런데 표시상의 효과의사와 내심적 효과의사가 부합하지 않는 경우에도 언제나 표시상의 효과의사에 따른 효과를 발생시킨다면, 표의자에게 가혹한 경우가 있을 수 있다. 여기서 법률은 일정한 경우에는 의사표시로부터 효과가 발생하는 것을 부인하거나 또는 일단 발생하지만 취소할 수 있는 것으로 하고 있다. 이는 일반적으로 「의사와 표시의 불일치」로서 다루어지며, 그 자세한 것은 뒤에 설명하기로 한다([141] 이하 참조).

　　3. 표시의사　　효과의사를 외부에 대하여 발표하려는 의사, 즉 효과의사와 표시행위를 심리적으로 매개하는 의사를 가리켜 「표시의사」라고 한다. 이 표시의사도 의사표시의 요소라고 하여야 하는가? 만일 이를 긍정한다면, 표시의사가 없으면 의사표시는 성립하지 않는 것이 된다. 예컨대, 택시 운전사에게 손을 들어도, 승차의 의사를 표시하기 위하여 한 것이 아니면, 표시의사가 없는 것이 되고, 따라서 그것은 표시행위가 되지 않는다. 반대로, 표시의사는 의사표시의 요소가 아니라고 한다면, 일정한 효과의사의 표시라고 볼 수 있는 행위를 할 의사가 있으면, 일정한 효과의사의 표시로서 행한다는 인식이 없더라도 표시의사의 존재를 인정하고, 따라서 표시행위가 있다고 보게 된다. 위의 예에서 승차의 의사표시, 따라서 표시행위가 있다고 본다. 그 결과 법률행위의 성립을 방해하지는 않으나, 표시상의 착오가 있는 것으로서 이를 착오의 문제로 처리하게 된다. 학설은 표시의사를 의사표시의 요소로 보지 않는 견해가 다수설이다(고상룡 386면, 김증한·김학동 266-267면, 김현태 250면, 방순원 190면, 이영섭 272면, 이은영 453면). 이에 대하여 표시의사를 의사표시의 요소로 보는 견해도 있다(김상용 325-326면, 이영준 125면). 효과의사와 표시행위가 있으면 의사표시가 있는 것으로 보아야 한다. 표시의사를 의사표시의 구성요소로 보는 것은 지나치게 기교적인 설명이다. 따라서 부정설이 정당하다고 생각한다. 즉, 표시의사는 이를 의사표시의 요소라고 할 것은 아니다.

[121] Ⅳ. 법률행위의 요건

　　1. 법률행위가 법률요건으로서 완전히 그 법률효과를 발생하려면, 여러 가지 요건을 갖추어야 한다. 법률효과를 발생케 하는 데에 필요하고도 충분한 요건의 전

부를 충족한 때에, 비로소 유효한 법률행위가 될 수 있다. 그러나 이론적으로는, 법률행위는 먼저 법률행위로서 「성립」하고, 이어서 그것이 「유효」하다는 평가를 받게 된다. 바꾸어 말하면, 먼저 성립·불성립의 문제가 있고, 거기서 성립하였다고 인정되는 것에 관하여 유효·무효가 문제된다. 이와 같이 법률행위에 관해서는 그의 성립과 효력을 이론상 구별할 수 있는 데서 법률행위가 성립하기 위한 요건으로서의 「성립요건」, 그리고 그것이 유효하기 위한 요건으로서의 「효력요건」 또는 「유효요건」이라는 두 개의 개념이 구별된다.

위와 같이 성립요건과 효력요건(유효요건)이 구별된다고 하지만, 구체적으로 무엇이 성립요건이고 무엇이 효력요건인지, 즉 두 요건의 구별 표준이 무엇인지는 반드시 명확한 것은 아니다. 종래의 통설에 따라서 구별한다면, 다음과 같다.

2. 성립요건   법률행위라고 할 수 있을 만한 것이 있기 위하여 요구되는 최소한의 외형적·형식적인 요건이 성립요건이다. 성립요건은 다시 법률행위 일반에 공통하는 성립요건 즉 「일반적 성립요건」과 특수한 법률행위에 관하여 그 밖에 특별히 필요한 성립요건 즉 「특별성립요건」으로 나누어진다.

(1) 일반적 성립요건   모든 법률행위에 요구되는 요건이며, 다음의 세 가지를 드는 것이 보통이다.

⑺ 당 사 자

⑷ 목   적

⑸ 의사표시

(2) 특별성립요건   각개의 법률행위에 관하여 그의 성립에 필요한 요건을 말하며, 법률의 규정에 의하여 정해진다.

3. 효력요건(유효요건)   이미 성립한 법률행위가 법률상 효력을 발생하는 데에 필요한 요건을 말하며, 역시 일반적 효력요건과 특별효력요건으로 나누어진다.

(1) 일반적 효력요건   어떠한 법률행위도 이를 갖추지 않으면 그 효력이 생기지 않는 요건을 뜻하며, 다음의 것이 이에 속한다.

⑺ 당사자가 능력을 가지고 있어야 한다.

⑷ 법률행위의 목적이 확정할 수 있고, 가능하고, 적법하고, 사회적 타당성을 가지고 있어야 한다.

㈐ 의사표시에 관하여, 의사와 표시가 일치하고, 또한 의사표시가 타인의 부당한 간섭이 없는 자유로운 상태에서 행해져야 한다.

(2) 특별효력요건　　각개의 법률행위에 특유한 효력요건, 바꾸어 말해서 이를 갖추지 않으면 그 법률행위로서 효력이 생기지 않는 요건이다. 예컨대, 대리행위에서 대리권의 존재, 조건부·기한부 법률행위에서 조건의 성취·기한의 도래, 유언에서 유언자의 사망 등은 그 예이다.

4. 민법총칙은 법률행위가 유효하게 성립하기 위한 일반적 요건으로서 (i) 당사자에 관한 요건(권리능력과 행위능력), (ii) 법률행위의 목적에 관한 요건, (iii) 법률행위의 요소인 의사표시에 관한 요건에 관하여 규정하고, 다시 특수한 요건으로서 (i) 대리행위에서 대리권의 존재, (ii) 조건부·기한부 법률행위에서 조건의 성취·기한의 도래를 규정하고 있다. 위와 같은 여러 요건 가운데서, 당사자에 관한 요건은 이미 설명하였으며, 그 밖의 요건에 관하여는 본장 제 3 절 이하에서 각각 설명하기로 한다.

제 2 절　법률행위의 종류

[122]　I.　단독행위·계약·합동행위

이것은 법률행위의 요소인 의사표시의 모습에 따른 구별이며, 가장 기본적인 구별이다.

1.　단독행위　　한 개의 의사표시로 성립하는 법률행위이며, 「일방행위」 또는 「일방적 행위」라고도 일컫는다. 상대방이 있느냐 없느냐에 따라서 다시 다음과 같이 잘게 나누어진다.

(1)　상대방 있는 단독행위　　단독행위가 효력을 발생하려면, 의사표시가 상대방에게 도달하여야 하는 것이 「상대방 있는 단독행위」이다. 예를 들면, 동의·채무면제·상계·추인·취소·해제·해지 등이 그것이다.

(2)　상대방 없는 단독행위　　단독행위의 의사표시를 받을 자가 특정되어 있지 않고, 그 의사표시가 있으면 곧 효력을 발생하는 것이 「상대방 없는 단독행위」이다. 유언·재단법인의 설립행위·권리의 포기 등은 그 예이다. 상대방 있는 단독

행위보다는 훨씬 드물고, 또한 그 의사표시의 진실성·명백성 등을 확보하기 위하여 대부분이 요식행위로 되어 있다.

법률행위 자유의 원칙상 단독행위의 자유도 인정되어야 한다. 그러나 단독행위의 자유가 인정되는 범위는 계약보다 훨씬 좁다. 원칙적으로 법률의 규정에 의하여 인정되는 경우에만 단독행위는 그 효력을 발생한다. 그렇지 않으면 행위자 이외의 타인이 그의 의사와는 관계없이 의무를 부담하고 불이익을 받게 될 염려가 있기 때문이다.

2. 계   약   「넓은 의미의 계약」은 2인 이상의 당사자가 「청약」과 「승낙」이라는 서로 대립하는 의사표시를 하고, 그 합치로 성립하는 법률행위이다. 반드시 복수의 의사표시를 필요로 하는 점에서 단독행위와 다르다. 또한 복수의 의사표시의 방향은 통상 평행적·구심적이 아니라 대립적·교환적이다. 넓은 의미의 계약이 목적으로 하는 것은 널리 법률관계의 변동이며, 채권계약에 한하지 않는다. 그러나 「좁은 의미의 계약」은 채권관계의 발생을 목적으로 하는 것, 즉 채권계약을 가리킨다. 민법은 우리의 일상생활에서 가장 많이 또한 빈번히 이용된다고 생각되는 14가지의 전형적인 채권계약에 관하여 자세히 규정하고 있다(제 3 편 제 2 장). 그러나 법률행위의 자유 또는 계약의 자유가 인정되므로, 계약의 종류가 그와 같은 14가지에 한정되는 것은 아니다.

　　좁은 의미의 계약 즉 채권계약에 대하여, 넓은 의미의 계약에 포함되는 물권계약(직접 물권을 변동시키는 계약)·준물권계약(물권 이외의 권리의 변동을 목적으로 하는 것)·가족법상의 계약(혼인·협의이혼 등) 등은 「계약」이라는 용어 대신 「합의」라는 용어로 표현하기도 한다.

3. 이른바 합동행위   평행적·구심적으로 방향을 같이하는 두 개 이상의 의사표시가 합치하여 성립하는 법률행위를 계약과 구별하여 합동행위라고 부르기도 한다. 예컨대 사단법인 설립행위를 들 수 있다. 다수의 당사자의 의사표시가 있어야 하는 점에서 단독행위와 다르고, 그 다수의 당사자의 의사표시가 방향을 같이하며, 각 당사자에게 동일한 의의를 가지고, 또한 같은 법률효과를 가져오는 점에서 계약과 구별된다고 설명한다. 예컨대, 매매라는 계약에서는 계약당사자가 매도인과 매수인으로서 서로 대립하여 채권(매도인은 대금청구권, 그리고 매수인은 목적재산권

이전청구권)을 얻고 채무(매도인은 재산권이전채무, 매수인은 대금지급채무)를 부담한다. 그러나 사단법인 설립행위에서는 다수의 당사자가 하나가 되어서 법인 설립이라는 목적에 협력하며, 그 결과 사단법인이 설립되고, 각 당사자는 모두 똑같게 사원권을 취득하게 된다.

　　위와 같은 합동행위를 인정할 것인지에 관해서는 견해가 대립하고 있다([78] 참조). 이는 설명하는 방식의 문제라고 할 수 있다. 가령 단체설립행위를 계약으로 보아야 할지 아니면 합동행위로 보아야 할지 문제되는데, 합동행위라는 개념을 인정하든 그렇지 않든 실제 결론에서 차이가 생기지는 않는다. 단체를 설립하기 위한 여러 의사표시 중의 하나가 무효·취소 등으로 효력이 생기지 않는 경우에, 나머지의 의사표시만으로 기대한 법률효과를 발생케 한다고 볼 수도 있는데, 이를 설명하기 위하여 합동행위라는 개념을 끌어들일 수도 있고, 그렇지 않고 그와 같은 계약의 특수성을 고려하여 동일한 결론을 도출할 수도 있다. 단체설립행위에도 계약에 관한 대부분의 규정이 적용된다는 점에서는 차이가 없다. 그리하여 계약에 대응하는 개념으로 합동행위를 상정할 필요는 없다.

[123]　Ⅱ. 요식행위·불요식행위

　　의사표시를 일정한 방식에 따라서 하여야 한다는 것이 법률행위의 요건으로 되어 있는지 아닌지에 따른 구별이다. 계약자유의 원칙이 인정되는 오늘날의 법제에서 방식의 자유는 계약자유의 한 내용이다. 따라서 일반적으로 법률행위의 방식은 자유이며, 불요식을 원칙으로 한다. 그러나 당사자로 하여금 신중하게 행위를 하게 하기 위하여, 또는 법률관계를 명확하게 하기 위하여(법인설립행위·유언 등), 일정한 방식을 요구하는 경우가 있다. 특히 외형을 신뢰하여 민활하게 거래를 할 필요가 있는 행위(어음·수표 등의 유가증권에 관한 행위 등)에는 일정한 방식이 요구되어 있다. 또한 의사표시 그 자체에는 방식을 필요로 하지 않으나, 의사표시와 함께 일정한 방식(신고)을 갖추는 것이 요구되어 있는 행위(혼인·파양 등의 가족법상의 행위는 그 예), 또는 의사표시를 반드시 재판상 해야 하는 법률행위도 요식행위라고 한다(그러나 엄격하게 따진다면, 그것은 요식행위라고 볼 수 없다). 요식행위의 경우에 요구되는 방식을 갖추지 않은 때에는, 그 행위는 불성립 또는 무효로 된다.

방식의 종류에는 여러 가지가 있으나, 가장 많이 이용되는 것은 의사표시를 서면으로 표시할 것을 요구하는 것이다. 그러나 이보다 훨씬 강력한 법정방식으로서 각국이 이용하는 방식의 종류가 있다. 공증, 즉 「사서증서의 인증」과 「공정증서의 작성」이 그것이다. 우리나라에서는 법정방식으로서 이를 요구하는 일은 드무나(그러나 1068조 참조), 외국에서는 중요한 법률행위에 관하여 제법 사용되고 있다. 앞으로 물권법·채권법·상속법 등을 연구하는 데 이들 특별한 방식에 대하여 언급하게 되므로, 이 기회에 설명해 두기로 한다.

(ㄱ) **공증**(公證)   민법에서 사용되는 예는 볼 수 없으나(다만 부칙 제 3 조에는 「공증력」이라는 용어를 쓰고 있다), 흔히 쓰는 용어이다. 그것은 말하자면 「공적 증명」을 줄인 말이다. 즉, 어떤 사실이나 법률관계의 존부를 공적으로 증명하는 행위를 가리키는 것으로 이해된다. 여기서 「공적」이라는 것은 「관청 또는 공무원이 그의 직무권한 내에서」라는 뜻이므로, 공적 증명행위로서의 공증은 일종의 행정행위이다. 그러나 보통 일반적으로 「공증」이라고 할 때에는 그것은 「공증인에 의한 증명행위」를 일컫는다. 공증인의 증명행위란 구체적으로 어떤 것인가? 공증인법 제 2 조는 "공증인은 당사자나 그 밖의 관계인의 촉탁에 따라 법률행위 그 밖의 사권에 관한 사실에 대한 공정증서의 작성, 사서증서에 대한 인증과 이 법과 그 밖의 법령이 정하는 공증인의 사무를 처리함을 그 직무로 한다."라고 규정하고 있다. 그러므로 공증인의 주된 직무 또는 공증사무는 「공정증서의 작성」과 「사서증서의 인증」의 두 가지이다.

(ㄴ) **공정증서**(公正證書)   널리 공정증서라고 할 때에는, 공무원이 그의 권한 내에서 어떤 사실을 증명하기 위하여 작성한 문서를 뜻한다(형법 제228조의 공정증서는 이러한 넓은 의미의 공정증서를 뜻한다). 이러한 의미에서 공정증서는 공문서와 동의어이며, 사인이 작성한 문서인 사서증서(私書證書) 또는 사문서에 대응하는 개념이다. 그러나 보통 일반적으로는 공증인이 작성한 증서를 공정증서라고 한다. 좀 더 정확하게 적는다면 다음과 같다. 공증인법 제 3 조는 "공증인이 작성하는 문서는 이 법이나 그 밖의 법률에서 정하는 요건을 갖추지 아니하면 공증의 효력을 가지지 아니한다."라고 규정하고 있다. 따라서 공증인이 공증인법에 따라 작성한 증서는 「공증」의 효력을 가진 증서 또는 문서이며, 이것을 줄인 말이 공정증서이다. 요컨대, 공증인이 공증인법에 따라 작성한 문서가 일반적으로 말하는 공정증서이며, 그것은 공정력 또는 공증력을 가지고 있다. 공증인은 공증권한을 가진 공무원이라고 할 수 있으며, 따라서 공정증서는 당연히 공문서이다(공정증서의 작성방법에 관하여는 공증 25조 이하 참조).

(ㄷ) **사서증서**(私署證書)의 **인증**(認證)   이때 「인증」은 일정한 문서가 정당한 절차와 방식에 따라서 만들어졌음을 공적 기관이 증명한다는 뜻이다. 공증인법 제57조

제1항은 "사서증서의 인증은 촉탁인으로 하여금 공증인 앞에서 사서증서에 서명 또는 날인하게 하거나 사서증서의 서명 또는 날인을 본인이나 그 대리인으로 하여금 확인하게 한 후 그 사실을 증서에 적는 방법으로 한다."라고 인증방법을 규정하고 있다. 그러므로 인증은 사서증서의 작성자 본인의 서명이나 날인의 진정성립을 확인·증명함으로써, 그 사서증서의 성립을 증명하는 행위이다. 이러한 사서증서의 확인에는 원본의 인증(공증 57조 1항)과 등본의 인증(공증 57조 2항) 두 가지가 있다. 어느 경우에나 공증인은 그가 인증한 증서에 인증문을 기재하고 서명 날인하게 되는데(공증 58조), 이 인증을 위한 기재부분은 공문서가 된다. 바꾸어 말해서, 공증인의 인증이 있는 증서는 사문서와 공문서가 함께 있는 것이 된다.

　　(ㄹ) 공정증서와 인증의 효력　　공증인이 공증인법의 규정에 따라 작성한 공정증서는 진정한 공문서로 추정된다(민소 356조 1항). 즉, 형식적 증거력이 인정된다. 실질적 증거력도 인정되는가? 바꾸어 말해서, 증명되어야 할 사실을 실제로 증명할 만한 가치가 있는 것으로 인정되는가? 민사소송법에는 이를 인정하는 규정이 없다. 그러나 실제의 소송에서는 매우 높은 증거력이 인정될 것이다.

　　한편, 사서증서의 인증을 한 경우에는 공증인이 기재한 부분은 공문서로서 형식적 증거력을 갖게 되고, 또한 증서작성자의 서명이나 날인이 공증되어 있으므로, 그 사서증서는 진정의 추정을 받게 된디(민소 358조). 또한 실제에서도 사서증서의 성립이나 존재에 관하여 높은 증명력을 갖게 된다.

　　요컨대, 「사서증서의 인증」은 사서증서의 작성자의 서명이나 날인의 진정성립을 증명하는 것이고, 「공정증서의 작성」은 증서에 기재된 의사표시나 계약의 진정성립을 증명하는 것이다. 그러나 어느 경우에나 증서에 담겨져 있는 법률행위의 유효성이 확보되는 것은 아니다(예컨대, 표의자가 허위의 사실을 공증인에게 진술하고, 이에 의거하여 공정증서가 작성되었다면, 그 공정증서는 역시 무효일 뿐이다).

[124]　Ⅲ. 채권행위·물권행위·준물권행위

발생하는 법률효과의 종류에 의한 분류이다.

　　1. 채권행위　　채권을 발생시키는 법률행위이다. 증여·매매·대차 등은 모두 채권행위이다. 채권은 특정인(채권자)이 다른 특정인(채무자)에 대하여 일정한 행위 즉 급부를 요구할 수 있는 권리이다. 따라서 채권이 발생한다는 것은 한쪽 당사자(채권자)가 다른 쪽 당사자(채무자)에게 일정한 급부를 요구할 수 있게 되는 법률관계, 즉 채권채무관계(보통 줄여서 「채권관계」라고 함)가 성립한다는 것을 뜻한다. 그

러므로 채권행위가 행하여지는 경우에, 이를 채무자의 처지에서 본다면, 그는 언제나 일정한 채무 또는 의무를 부담하게 된다. 여기서 채권행위를 「의무부담행위」라고도 일컫는다. 이러한 의무부담행위인 채권행위에서는 채무자가 그의 채무를 이행하는 때에, 비로소 그 목적을 완전히 달성하게 되며, 여기에 채권행위 또는 의무부담행위의 특색이 있다. 이와 같이 채권행위는 언제나 「이행」이라는 문제를 남기게 되나, 다음에서 설명하는 물권행위나 준물권행위에서는 그러한 이행의 문제는 생기지 않으며, 이 점에서 크게 다르다. 채권행위를 의무부담행위라고 부르는 데 대하여, 물권행위나 준물권행위와 같은 법률행위는 「처분행위」라고 일컫는다.

2. **물권행위**　　　물권의 발생·변경·소멸, 즉 물권의 변동을 일어나게 하는 의사표시(물권적 의사표시)를 요소로 하여 성립하는 법률행위이며(소유권의 이전·지상권이나 저당권과 같은 제한물권의 설정행위 등), 물권변동을 일으키게 할 채무를 발생케 하는 법률행위인 채권행위와 구별된다. 직접 물권변동을 초래하고 이행이라는 문제를 남기지 않는 데에 그 특색이 있다. 물권행위에 관해서는 성립요건주의와 대항요건주의라는 두 입법주의가 대립하고 있다. 성립요건주의는 물권변동이 생기려면, 이를 목적으로 하는 법률행위 외에, 등기나 인도를 필요로 하는 주의이다(현행 민법이 취하고 있다. 186조·188조). 이에 대하여 대항요건주의는 당사자의 법률행위만 있으면 곧 물권변동의 효력이 생기고, 등기나 인도는 물권변동을 제 3 자에게 대항하기 위한 요건으로 하는 입법주의이다(의용민법이 취한 주의이다). 이러한 입법주의와 관련해서는 여러 가지 어려운 문제가 있다. 물권법강의에서 다룬다.

3. **준물권행위**　　　물권 이외의 권리(채권·지식재산권 등)를 변동시키고, 이행이라는 문제를 남기지 않는 법률행위이다. 채권양도·지식재산권의 양도·채무면제 등이 이에 속한다.

〈처분행위〉

　　일반적으로 처분행위라고 할 때에, 그것은 「관리행위」에 대한 관념이며, 사실적 처분행위와 법률적 처분행위를 포함한다. 사실적 처분행위는, 물건을 깨뜨려 버리거나 소비해 버리는 것과 같이, 재산을 손상·멸실케 하거나 그의 성질을 변하게 하는 사실적 행위를 말한다. 법률적 처분행위는 직접 재산권의 변동이라는 법률효과를 생기게 하는 법률행위를 말한다. 따라서 물권행위와 준물권행위는 법률적 처분행위이다. 그러나 처분행위는 이들에 한하지 않고, 형성권의 행사로 권리가 변동되는 경우에도 역시 처분행위가 된다. 또한 타인에게 처분의 동의 또는 허락을 하거나 처분권을 주는 것도 처분행위이다. 요컨대, 물권행위나 준물권행위는 처분행위이지만, 처분행위는 이에 한하지 않는다. 처분행위가 유효하기 위해서는 반드시 처분자에게 「처분의 권한」이 있어야 한다.

[125]　Ⅳ. 출연행위·비출연행위

재산행위는 재산관계의 변동을 목적으로 하는 법률행위를 말하며, 가족관계의 변동을 목적으로 하는 「가족법상의 법률행위」에 대립하는 개념인데, 이에는 출연행위(出捐行爲)와 비출연행위가 있다. 출연행위는 자기의 재산을 감소시키고 타인의 재산을 증가하도록 하는 효과를 발생시키는 행위(매매·대차·소유권의 양도 등의 보통의 재산행위)이다. 비출연행위는 타인의 재산을 증가시키지 않고 행위자의 재산만을 감소시키거나 또는 직접 재산의 증감을 일어나게 하지 않는 행위이다(소유권의 포기·대리권의 수여 등). 민법은 「출연」을 「출재(出財)」라고도 일컫고 있으므로(425조·426조 참조), 출연행위는 「출재행위」라고 말할 수도 있다. 출연행위 또는 출재행위는 다시 다음과 같이 나누어진다.

　　1.　유상행위와 무상행위　　출연행위에는 자기의 출연에 대하여 상대방으로부터도 그것에 대응하는 출연을 받는 것을 목적으로 하는 「유상행위」와 상대방으로부터는 출연을 받지 않는 「무상행위」가 있다. 유상행위에서는 자기의 출연과 상대방의 출연은 서로 교환조건적 또는 대가적 관계에 있게 된다. 유상행위와 무상행위의 구별은 전형적 재산행위인 계약에 관하여 하는 것이 보통이지만, 성질상 단독행위이더라도 대가적 출연을 조건으로 하는 것(부담부 유증. 1088조 참조)은 유상행위이다. 유상행위에는 매매에 관한 규정이 준용되며(567조), 여기에 유상·무상행위를 구별하는 실익이 있다.

　　2.　유인행위와 무인행위　　자기는 재산적 손실을 입으면서 타인에게 이익을 주기 위하여 출연행위를 하는 경우는 없으며, 반드시 출연을 하는 일정한 목적 또는 이유가 있다. 이 출연의 목적은 본래 개인적·주관적·심리적인 것이어서 가지가지이지만, 출연행위에는 반드시 따르게 마련이다. 예컨대, 금전을 교부하거나 가

옥의 소유권을 이전하는 행위에는 채무를 변제하기 위해서라든가, 채권을 취득하기 위해서라든가, 또는 상대방에게 이득을 주기 위해서라든가 등의 목적 또는 이유가 있다. 이러한 출연의 목적을 출연의 「원인」이라고 한다. 출연행위에는 이 원인이 반드시 있게 되는데, 이 원인이 출연행위의 조건 또는 내용으로 되어 있는지 아닌지에 따라서 「유인행위(有因行爲)」와 「무인행위(無因行爲)」로 나누어진다.

유인행위에서는 출연의 원인이 법률상 존재하지 않으면(예컨대, 출연행위가 물권행위이고, 그에 앞서서 행해진 채권행위가 출연의 원인이나, 그 원인행위가 무효·취소·해제 등으로 효력을 잃고 있다고 할 때), 출연행위는(비록 그것이 완전히 유효하게 행하여졌더라도) 효력이 생기지 않는다. 그러나 무인행위에서는 원인이 존재하지 않더라도(예컨대, 선행하는 원인행위가 무효·취소 또는 해제로 효력을 잃고 있더라도), 출연행위는 그대로 유효하다. 말하자면, 유인행위는 원인의 유무와 운명을 같이하나, 무인행위는 그의 원인과는 법률상 단절되어 있다. 출연행위를 언제나 유인행위로 한다면, 원인이 없게 되면 그 출연행위는 무효가 되므로, 거래의 신속과 안전을 해치는 것이 된다. 여기서 법률은 일정한 경우 법기술적으로 출연행위를 원인과 분리해서 원인이 어떠한지와는 관계없이 출연행위를 유효하게 하기 위하여 무인적으로 다룬다.

어떤 법률행위를 유인 또는 무인으로 할지는 논리의 문제가 아니라 법률정책의 문제이다. 무인행위의 전형적인 것은 어음행위이다. 예컨대, 채무를 변제하기 위하여 어음을 배서·교부한 경우에는 그 채무가 존재하지 않더라도 어음채권은 유효하게 이전된다(상대방은 부당이득에 의한 반환의무를 질 뿐이다). 우리 법제상 어음행위가 무인행위라는 점에는 이론이 없으나, 물권행위 그 밖의 처분행위가 그 원인이 되는 채권행위에 대하여 무인인지 유인인지에 관해서는 견해가 날카롭게 대립하고 있다. 물권법강의에서 자세히 다룬다.

3. 신탁행위 · 비신탁행위   현행법상 신탁행위에는 두 가지가 있다. 하나는 「신탁법」에서 말하는 「신탁」을 설정하는 법률행위이고, 다른 하나는 로마법의 신탁을 기초로 하여 독일법학이 만들어낸 관념인 신탁행위이다. 민법학에서는 양도담보나 명의신탁을 중심으로 신탁을 다루었으나, 최근 신탁법상의 신탁이 중요하게 다루어지고 있다.

(1) 신탁법상의 신탁행위   신탁법에서 신탁에 관하여 규정하고 있다(1961

년 법 900호로 제정. 2011년 7월 25일 법 10924호로 전면개정). 이것은 위탁자가 수탁자에게 특정의 재산을 이전하는 등의 행위를 하고 수익자의 이익 또는 특정의 목적을 위하여 그 재산의 관리·처분 등의 행위를 하는 법률관계를 말한다(동법 2조). 개정 신탁법에 의하면, 신탁은 위탁자와 수탁자 사이의 계약, 위탁자의 유언에 의하여 설정할 수도 있고, 나아가 신탁의 목적, 신탁재산, 수익자 등을 특정하고 자신을 수탁자로 정한 위탁자의 선언에 의해서도 신탁을 설정할 수 있다(동법 3조 1항). 신탁재산에 대하여는 강제집행 등을 할 수 없다(동법 22조). 수탁자는 신탁재산을 수탁자의 고유재산과 분별하여 관리하고 신탁재산임을 표시하여야 하며(동법 37조 1항), 신탁행위로 인하여 수익자에게 부담하는 채무에 대하여는 신탁재산만으로 책임을 진다(동법 38조). 수탁자는 선량한 관리자의 주의(注意)로 신탁사무를 처리하여야 하고(동법 32조 본문), 수익자의 이익을 위하여 신탁사무를 처리하여야 한다(동법 33조).

(2) 민법학상의 신탁행위   민법해석학에서 널리 신탁행위라고 할 때에는, 그것은 당사자가 어떤 경제적 목적(채권의 담보 또는 채권의 추심 등)을 달성하기 위하여 한쪽(신탁자)이 다른 쪽(수탁자)에 그 목적달성에 필요한 정도를 넘는 권리를 이전하면서(예컨대, 채권담보를 위하여 재산권을 양도하거나 또는 채권추심을 위하여 그 채권을 양도하는 등), 한편으로는 수탁자에게 그 이전받은 권리를 당사자가 달성하려고 하는 경제적 목적의 범위를 넘어서 행사해서는 안 될 의무를 부담케 하는 법률행위를 가리킨다. 이러한 의미의 신탁행위라는 관념은 민법해석학상의 문제(양도담보 등)를 설명하기 위한 이론으로서 19세기의 독일법학에 의하여 마련된 것이다. 우리나라에서도 동산 등의 양도담보(물권법강의에서 자세히 다룬다)·추심을 위한 채권양도(채권법강의에서 자세히 다룬다) 등을 신탁행위에 의거하여 이론적으로 설명하는 것이 일반적이다. 이 종류의 신탁행위는 어떤 경제적 수요를 충족하기 위한 법적 수단이 아직 마련되어 있지 않은 경우에 이용되나, 경우에 따라서는 기존의 제도에 따르는 불이익이나 제한을 회피하기 위한 탈법적 목적([130] 3 (2) 참조)에 이용되기도 한다.

[126] V. 그 밖의 분류

1. **생전행위·사후행위**   행위자의 사망으로 효력이 생기는 법률행위를 「사후행위」(또는 사인행위)라고 일컫고, 그 밖의 보통의 행위를 「생전행위」라고 한

다. 민법상 유언(1073조)과 사인증여(562조)가 사인행위이다.

　　2. 독립행위·보조행위　　법률행위가 법률관계의 변동을 직접 일어나게
하는 것인지 또는 단순히 다른 법률행위의 효과를 형식적으로 보충하거나 확정하
는 것을 목적으로 할 뿐이고 직접 법률관계를 변동케 하는 것이 아닌지에 따른 구
별이다. 보통의 법률행위는 독립행위이며, 보조행위에 속하는 것으로는 동의·추
인·대리권의 수여 등이 있다. 그러나 이 구별은 별로 실익이 없다.

　　3. 주된 행위·종된 행위　　법률행위가 유효하게 성립하기 위하여 다른
법률행위의 존재를 논리적 전제로 하는 법률행위를 「종된 행위」라고 하고(예컨대,
담보계약·부부재산계약 등), 그 전제가 되는 행위를 「주된 행위」라고 한다(예컨대, 채권
행위·혼인 등). 이 구별은 종된 행위는 주된 행위와 법률상의 운명을 공동으로 하는
것이 보통이라는 점에 그 실익이 있다.

제 3 절　법률행위의 내용

[127] Ⅰ. 서   설

　　1. 법률행위의 내용은 행위자가 법률행위에 의하여 발생시키려고 하는 법률
효과를 말한다. 이를 법률행위의 목적이라고도 한다(법률행위의 내용이라고 하는 것이
이해하기 쉽기 때문에 여기에서는 내용이라는 용어를 주로 사용하기로 한다). 그런데 행위자가
법률행위에 의하여 일정한 효과의 발생을 원한다는 것은, 정확하게 말한다면, 그
법률행위의 요소를 이루는 의사표시에 의하는 것이므로, 법률행위의 내용은 결국
의사표시의 내용 즉 효과의사의 내용에 의하여 정해진다. 예컨대, 매매의 경우에는
재산권의 이전과 대금의 지급이 매매라는 법률행위의 내용이다.

　　2. 여러 번 언급한 바와 같이, 법률행위는 사적 자치를 위하여 인정되는 법률
상의 수단이다. 그러므로 법률행위가 법적 효력을 가지려면 그것이 사적 자치가 허
용되는 사항에 관한 것이고 또한 그 범위에 속하는 것이어야만 한다. 따라서 법률
행위의 내용도 법에 의하여 승인되고 보호되는 것이어야 한다. 바꾸어 말하면, 법
률은 모든 법률행위를 옳다고 인정하여 그 내용의 실현을 돕는 것은 아니며, 일정
한 이상을 가지고 타당하다고 인정되는 것에 대해서만 행위자가 원한 대로의 효과

가 확실하게 발생하도록 힘을 써서 도와준다. 여기서 법률행위의 내용은 실현가능
하고, 확정할 수 있는 것이어야 하며, 그 내용이 오늘날의 법률사상에 비추어 판단
할 때에 허용될 수 있는 것이어야 한다. 즉, 법률행위의 내용에 관해서는, 확정성·실
현가능성·적법성·사회적 타당성이라는 여러 요건이 요청된다. 차례로 설명하기로
한다.

[128] Ⅱ. 내용의 확정성

법률행위의 내용은 확정(특정)되어 있거나 또는 확정할 수 있는 것이어야 한다.
내용을 도저히 확정할 수 없는 법률행위에 대해서는 법률이 그 법률효과가 발생하
도록 아무리 도우려고 하여도, 그것이 불가능하기 때문이다. 내용이 불확정한 법률
행위는 외형적으로는 법률행위의 모습을 갖추고 있더라도 불성립 또는 무효에 해
당한다. 예컨대, 甲과 乙이「甲이 소유하는 토지를 乙에게 매각한다」는 계약을 맺
은 경우에, 甲은 여러 곳에 토지를 가지고 있어서 어느 토지를 팔겠다는 것인지를
확정할 수 없는 때에는, 법률이 도울 수가 없게 되어 그 법률행위가 성립하였다고
볼 수 없다. 그러나 이것은 법률행위가 언제나 반드시 명확하게 확정되어 있어야
한다는 것을 의미하지는 않는다. 보통의 법률행위에서는 그 내용 또는 목적을 장차
확정할 수 있는 표준이 정하여져 있으면 된다. 이 확정의 표준은 보통 당사자에 의
하여 정해지나(예컨대, 이 시계나 책 가운데의 어느 것을 주겠다고 하는 경우에는 장차 선택에
의하여 확정할 수 있는 것이고, 따라서 법률행위는 유효하다), 경우에 따라서는 주위의 상황
특히 거래상의 관습에 의하여 정해지거나(106조 참조) 또는 법률의 규정에 의하여
그러한 표준이 직접 주어지는 경우도 있다(375조·376조 등은 그 예이다).

판례는 매매계약에서 매매목적물과 대금은 반드시 그 계약체결 당시에 구체적
으로 특정되어 있을 필요는 없고 이를 사후라도 구체적으로 특정할 수 있는 방법과
기준이 정하여져 있으면 충분하다고 한다(대판 1986. 2. 11, 84다카2454). 한편, 부동산
매매의 경우에 그 목적물의 표시가 너무 추상적이어서 매매계약 이후에 이를 구체
적으로 특정할 수 있는 방법과 기준이 정해져 있다고 볼 수 없으면 매매계약이 성
립되었다고 볼 수 없다고 한다(대판 1997. 1. 24, 96다26176). 매매계약에서 목적물과 대
금을 특정할 수 없는 경우에는 원칙적으로 매매계약이 성립되었다고 볼 수 없다.

당사자에게 그러한 계약에 구속되려는 의사가 있다고 인정하기 곤란하다. 그러나 매매대금이 특정되어 있지 않더라도 시가 등에 의하여 계약을 체결했다고 보는 것이 당사자의 의사에 합치되는 경우가 있다. 이러한 경우에는 매매계약을 유효로 보고 시가나 거래관행 등 일반적인 기준에 따라 매매대금을 결정하여야 할 것이다(김재형, 민법론 Ⅰ, 18면).

　　법률행위 내용의 확정성은 법률행위의 해석의 문제와 연결된다. 법률행위의 해석에 관해서는 나중에 설명하기로 한다([133] 이하 참조).

[129] Ⅲ. 내용의 실현가능성

　　1. 법률행위의 내용 또는 목적은 그 실현이 가능한 것이어야 한다. 확정된 내용의 실현이 처음부터 객관적으로 보아「불가능」한 경우에, 그 법률행위는「무효」이다. 민법은 제535조에서 계약을 체결할 때 그 이행이 불가능한 경우에는 계약의 무효를 전제로 계약체결상의 과실책임을 정하고 있다. 다만 법률행위가 무효로 되는 것은 객관적 원시적 불가능에 한정되고 주관적 불가능의 경우에는 법률행위가 무효인 것이 아니다(아래 3. 참조).

　　　　법률행위의 내용 자체는 그 실현이 가능하더라도, 그 효력발생을 정지시키고 있는 조건이 성취할 수 없는 것인 때, 바꾸어 말하면 정지조건부 법률행위에서 정지조건의 성취가 불가능한 경우에는, 결국 법률행위의 내용 전체의 실현이 불가능으로 되어서 무효가 된다. 민법은 이를「조건」의 절에서 규정하고 있으나(151조 3항), 이론상으로는 역시 내용의 실현이 불가능한 것에 지나지 않는다. 이에 관해서는 조건을 설명할 때에 다시 살피기로 한다([184] (4) ㈒ 참조).

　　2. 가능·불가능의 표준　　법률행위 내용의 실현이 가능한 것인지 또는 불가능한 것인지는 결국 사회관념에 의하여 결정된다. 즉, 물리적으로 실현이 절대 불가능한 것은 물론이며, 비록 물리적으로는 실현이 가능하더라도 사회관념상 실현 불가능이라고 볼 수 있는 것도 실현 불가능이다(예컨대, 한강에 가라앉은 보석 한 알을 찾아내는 계약, 죽은 사람을 되살리는 계약, 1시간에 100km를 뛴다는 계약을 체결하여도, 그러한 행위는 사회관념상 불가능하므로, 그 법률행위는 무효이다). 그리고 불가능은 확정적인 것이어야 하며, 일시적으로 불가능하더라도 가능하게 될 가망이 많은 것은 불가능이 아

니다.

3. 불가능의 분류 불가능은 다음과 같이 나눌 수 있다(「불가능」은 종래 이를 「불능」이라는 말로써 표현하는 것이 일반이다. 그러나 본서에서는 종래 관용적으로 사용되는 「불능」 대신 정확하게 「불가능」이라는 말을 쓰기로 한다).

(1) 원시적 불가능·후발적 불가능 예컨대, 가옥의 매매계약을 체결한 전날 밤에 가옥이 이미 불에 타서 없어져 버린 경우와 같이, 법률행위의 성립 당시에 이미 이행할 수 없는 경우를 「원시적 불가능」이라고 하고, 매매계약을 체결한 후 그 이행 전에 가옥이 불에 타서 없어진 때와 같이, 법률행위의 성립 당시에는 가능하였지만 그 이행 전에 불가능으로 된 것을 「후발적 불가능」이라고 한다. 법률행위를 당연히 무효로 하는 것은 원시적 불가능이다. 후발적 불가능은 계약의 이행불능의 문제(390조) 또는 위험부담의 문제를 발생시킬 뿐이고(537조·538조), 행위 자체는 무효로 되지 않는다(이행불능·위험부담에 관해서는 이를 채권법강의에서 다룬다).

원시적 불가능의 경우에는 아무런 효과도 생기지 않는가? 채무자가 그 불가능의 사실을 알았거나 또는 알 수 있었을 때에는, 그 상대방이 계약의 유효를 믿었기 때문에 받은 손해(신뢰이익)를 배상하여야 한다(535조 참조). 이때 상대방은 선의·무과실이어야 한다. 이것을 「계약체결상의 과실」의 문제라고 하며, 채권법강의에서 다룬다.

(2) 객관적 불가능·주관적 불가능 목적물이 없어진 경우와 같이 객관적으로 법률행위의 내용을 실현할 수 없는 것을 「객관적 불가능」이라고 하고, 채무자가 그 실현을 할 수 없는 것을 「주관적 불가능」이라고 한다. 법률행위를 무효로 하는 것은 객관적 불가능에 한한다. 처분 권한 없이 타인 소유의 물건을 매도하는 경우에는 주관적 불가능에 해당하지만, 이 경우에는 계약이 유효하고 매도인은 그 물건을 취득하여 매수인에게 재산권을 이전할 의무를 진다(569조). 결국 원시적이고 객관적인 불가능의 경우에 법률행위가 무효로 되고, 그 밖의 경우에는 법률행위가 유효하고 다만 채무불이행 또는 위험부담의 문제로 된다.

(3) 전부 불가능·일부 불가능 법률행위의 내용 전부를 실현할 수 없는 경우가 「전부 불가능」이고, 일부분만을 실현할 수 없는 경우가 「일부 불가능」이다. 전부 불가능의 법률행위는 무효이다. 일부 불가능의 경우에, 법률행위에서 불가능한 부분은 당연히 무효이다. 문제는 일부무효의 경우에 나머지 가능한 부분도 무효

로 되는지에 있다. 이 문제는 결국 다음과 같은 「일부무효의 법리」에 따라서 해결될 문제이다([174] 3 참조). 일부무효에 관하여 민법은 제137조를 두고 있다. 동조에 의하면, 법률행위의 일부무효는 원칙적으로 그 법률행위의 전부를 무효로 한다. 그러나 그 무효부분이 없더라도 법률행위를 하였으리라고 인정될 때에는, 무효부분을 제외한 나머지 부분만은 그대로 유효한 것으로 하고 있다. 민법은 그 밖에도 일부무효에 관하여 여러 곳에서 특별규정을 두고 있다. 즉, (i) 권리의 존속기간에 관하여 당사자가 법정기간 이상의 긴 기간을 약정한 때에는, 법정기간으로 단축되며(312조·591조·651조 등), (ii) 해제조건부 법률행위에서 해제조건만이 불가능인 때에는, 조건 없는 법률행위로 보아서, 법률행위 자체는 완전히 유효한 것으로 하고 있다([184] (4) (라) 참조).

　　(4) **법률적 불가능·사실적 불가능**　　불가능한 이유가 법률상 허용되지 않는 데에 있는 것을 「법률적 불가능」이라고 하고(예컨대, 현행법상 부동산질권이 인정되지 않는데도 그의 설정계약을 하였다면, 그 계약의 목적은 법률적으로 불가능한 것이다), 그 밖의 자연적·물리적 이유에 의한 불가능을 「사실적 불가능」이라고 한다. 그러나 이 구별은 특별한 실익이 없으며, 또한 법률적 불가능은 다음에서 설명하는 목적의 불법과 경합하는 경우가 많다.

[130] Ⅳ. 내용의 적법성 - 강행법규 위반 문제

　　1. 의　　의　　법률행위가 유효하기 위해서는 그 내용이 적법한 것이어야 한다. 즉, 강행법규(강행규정이라고도 한다)에 위반하는 내용의 법률행위는 부적법·위법한 것으로서 무효이다. 민법 제105조가 간접적으로 이것을 규정하고 있다. 뒤에서 보는 바와 같이, "법령 중의 선량한 풍속 기타 사회질서에 관한 규정"이 강행법규이며, 국가가 이를 유지하여야 한다는 것은 의문의 여지가 없다. 따라서 이를 위반하는 법률행위가 국가의 도움을 받을 수 없는 것도 당연하다. 여기서 법률행위의 적법성에 관해서는 강행법규의 내용과 강행법규 위반의 법률행위가 구체적으로 어떠한 것인지 문제된다.

　　2. 강행법규의 내용과 판단기준

　　(1) 의　　의　　법률규정은 사법상의 법률효과를 중심으로 강행법규와 임

의법규로 구별된다. 당사자의 의사로 그 규정의 적용을 물리칠 수 있는 규정이 임의규정 또는 임의법규이다. 민법 제105조나 제106조에서 "법령 중의 선량한 풍속 기타 사회질서에 관계없는 규정"이라고 하고 있는 것은 임의법규를 가리킨다. 이에 반하여, 당사자의 의사로 그 적용을 물리칠 수 없는 규정이 강행법규 또는 강행규정이다. 즉, 당사자의 의사와는 관계없이 언제나 적용되는 규정이 강행법규이다. 그것은 법령 중의 선량한 풍속 기타 사회질서에 관계있는 규정이다.

　　(2)　**단속법규와의 관계**　　강행법규에는 「효력규정」뿐만 아니라 「단속규정 (단속법규)」도 포함된다고 설명하기도 하지만, 단속규정은 강행법규와는 구별하여 사용하는 것이 편리하다. 이와 같이 볼 경우에 강행법규는 효력규정이라고 할 수 있다. 효력규정은 그 규정을 위반하는 행위의 사법상 효과가 부정되는 것이다. 그러나 단속규정은 국가가 일정한 행위를 단속할 목적으로 그것을 금지하거나 제한 (그 행위를 하려면 관청의 허가가 있어야 한다는 경우 등)하는 데 지나지 않기 때문에, 이를 위반하더라도 벌칙의 적용이 있을 뿐이고, 행위 자체의 사법상의 효과에는 영향이 없다. 따라서 효력규정을 위반한 법률행위는 무효이지만, 단속규정을 위반하는 데 지나지 않는 법률행위는 원칙적으로 유효하고, 다만 행위자가 행정적 또는 형사적 제재를 받을 뿐이다.

　　(3)　**강행법규의 판단기준**

　　⑺　어떤 규정이 효력규정인지 아니면 단속규정인지를 구별하는 것은 때로는 매우 어렵다. 예컨대, 교통단속법규와 같이, 법률행위가 아니라 단순히 「사실적 행위」를 금지하거나 제한하는 데 지나지 않는 것은 단속규정이라는 데 의심의 여지가 없으며, 행위의 유효·무효의 문제는 생기지 않는다. 그러나 일정한 법률행위를 금지하거나 제한하면서, 이를 위반한 경우에 행위자를 처벌하는 법규는 그 위반행위의 사법상의 효과도 부정하는 효력규정인지 또는 위반행위의 사법상의 효과에는 관심을 두지 않는 단순한 단속규정인지 문제된다.

　　법률에서 일정한 규정을 위반하는 법률행위의 효력을 정하고 있으면 그에 따른다. 가령 법률에서 법률행위를 무효라고 정하고 있으면 그 법률행위를 유효라고 할 수 없다. 또한 법률에서 강행규정이라고 명시하고 있는 경우에 이를 위반한 계약은 무효이다. 그러나 대부분의 경우에 그러한 사법상의 효과에 관하여 규정을 두고 있지 않기 때문에, 그 구별이 어렵다. 효력규정·단속규정의 구별의 표준에 관해서도 일반적 원칙은 없다. 행정법규(특히 경찰행정법규)에는 단순한 단속규정에 지나지 않는 것이 많겠지만, 개별 규정마다 개인의 의사에 의하여 적용을 물리치는 것을 허용하는 것인지 아닌지를 판단하는 수밖에 없다. 이 경우 구체적으로 고려하는 요소로는 규정의 종류·성질·입법목적이 무엇인지, 법률행위를 유효·무효로 함으로써 생기는 사회경제적 영향이 어떠한지, 법규의 입법취지가 법규의 규정 내용 그 자체의 실현을 금지하고 있는지 아니면 단순히 그러한 행위를 하는 것을 금지하고 있는지(법률효과의 금지여부), 위반행위에 대한 사회의 윤리적 비난이 어느 정도인지 등을 들 수 있다.

(나) 강행법규로 볼 수 있는 주요한 것으로는 다음을 들 수 있다(이는 어디까지나 예시에 지나지 않는다).

① 사회의 기본적 윤리관을 반영하는 규정(친족·상속편에 그 예가 많다. 그 밖에도 103조 참조)

② 가족관계질서의 유지에 관한 규정(친족편에 그 예가 많다)

③ 법률질서의 기본구조에 관한 규정(권리능력·행위능력·법인제도 등에 관한 규정 등)

④ 제 3 자, 나아가서는 사회 일반의 이해에 직접 중요한 영향을 미치는 것(물권편에 그 예가 많다)

⑤ 거래의 안전을 위한 규정(유가증권제도 등)

⑥ 경제적 약자를 보호하기 위한 사회정책적 규정(특별법에서 많이 볼 수 있고, 재산법에도 많다. 104조·289조·608조·652조 등. 임의법규가 이러한 견지에서 강행법규로 되는 경향이 있다)

(다) 판례에서 강행법규인지 여부를 어떻게 판단하고 있는지 살펴볼 필요가 있다. 민법 제185조는 물권법정주의를 정하고 있는데, 대법원은 "물권법의 강행법규성은 이를 중핵으로 하고 있으므로, 법률(성문법과 관습법)이 인정하지 않는 새로운 종류의 물권을 창설하는 것은 허용되지 아니한다"고 한다(대판 2002. 2. 26, 2001다 64165). 학교 교육에 사용되는 교지나 교사 등의 처분을 제한한 사립학교법 제28조 제 2 항, 제51조, 법시행령 제12조(대판 1997. 3. 14, 96다55693; 대결 1983. 11. 16, 83마138), 농지의 처분을 제한한 구 농지개혁법 제16조, 제19조 제 2 항, 제27조(대판 1965. 11. 30, 65다1837; 대판 1977. 11. 22, 77다1947; 대판 1980. 11. 11, 80다191; 대판 1984. 11. 13, 84다

75) 등은 강행규정이라고 하였다. 이와 달리 실명으로 금융거래를 하여야 한다는 금융실명거래 및 비밀보장에 관한 법률 제 3 조 제 1 항은 단속규정이라고 한다(대판 2001. 1. 5, 2000다49091; 대판 2001. 12. 28, 2001다17565).

　　주의할 점을 들어본다.

　　(ㄱ)　행정법규, 특히 경찰법규는 단순한 단속법규이며 이를 위반하는 행위는 원칙적으로 무효로 되지 않는다. 예컨대, 무허가 음식점의 유흥영업행위 또는 음식물을 파는 행위(식품위생법 37조·94조·97조 참조), 공무원의 영리행위(국가공무원법 64조 참조), 행정관청의 허가를 받지 않고서 하는 총포화약류의 거래행위(총포·도검·화약류 등 단속법 4조·6조·9조·21조·70조·71조 참조) 등은 유효하다.

　　(ㄴ)　법률이 특히 엄격한 표준을 정하여 일정한 자격을 갖춘 자에게만 일정한 기업을 허용하는 경우에는, 그 법규는 효력규정이라고 해석하는 것이 통설이다. 그리하여 그러한 허가나 면허를 받은 자가 그 명의를 빌려 주는 계약은 일반적으로 무효라고 해석되어 있다. 예컨대, 미채굴의 광물은 광업권의 설정 없이는 이를 채굴하지 못하고 또한 광업권은 이를 대차하지도 못하며(광업 4조·11조) 어업권의 임대차도 금지되어 있는데도(수산업 33조 참조) 광업권자나 어업권자가 그의 광업권이나 어업권의 대차로 그 명의를 타인에게 빌려 주는 계약은 무효이다(광업권의 대차계약, 이른바 넉대계약(德大契約)을 무효라고 한 판례로는 대판 1962. 2. 15, 4294민상986; 대판 1962. 2. 22, 4294민상168; 대판 1966. 7. 5, 66다423 등 참조. 어업권의 대차계약의 효력에 관해서는 대판 1964. 5. 26, 63다778 참조). 마찬가지로, 금융투자업자는 그의 명의를 타인에게 빌려 줌으로써 금융투자업을 경영하게 할 수 없으며(「자본시장과 금융투자업에 관한 법률」 39조 참조), 그 명의를 빌려 주는 계약도 역시 무효이다.

　　(ㄷ)　위에서 설명한 명의대여계약으로 명의를 빌린 자가 제 3 자와 맺는 계약, 예컨대 광업권자의 명의를 빌려서(조광권에 의하지 않고서) 채굴한 광물을 제 3 자에게 매각하는 행위 등은 유효하다고 해석해야 한다. 만일 그러한 계약까지도 무효라고 한다면 거래의 안전을 크게 해치기 때문이다.

강행법규를 판단하는 문제에 관하여 대법인 견인합의체 민결이 많이 나오고 있는데, 그 경향을 살펴볼 필요가 있다. 대판(전) 1975. 4. 22, 72다2161에서는 외국환관리법과 그 시행령에 있는 금지규정이 강행규정인지 문제되었는데, 대법원은 "외국환관리법에 의한 위의 규정들은 원래 자유로이 할 수 있었어야 할 대외거래를 국민경제의 발전을 도모하기 위하여 과도적으로 제한하는 규정들로서 단속법규라

고 해석함이 타당"하다고 하면서, 외국환관리법의 위 금지규정을 위반한 법률행위
를 무효라고 한다면, 거래의 안전을 심각하게 해치는 결과를 초래할 것이라는 점도
고려하고 있다.

　　대판(전) 1985. 11. 26, 85다카122에서는 당시 시행되던 상호신용금고법 제17조
에 위반한 차입행위의 효력이 문제되었다. 다수의견에서는 "이러한 차입 등 채무부
담의 제한규정은 단순한 단속법규가 아니라 효력법규로서 이에 위반한 채무부담행
위는 무효"라고 판단하면서, 상호신용금고법의 입법취지, 위와 같은 개별적 차입행
위의 거래상대방인 채권자의 이익보호보다도 일반서민 거래자의 이익보호가 우선
되어야 한다는 점을 그 이유로 들고 있다. 그러나 반대의견은 위 규정을 "상호신용
금고의 금융업무의 건실한 경영을 확보하고 계원 및 부금자등의 이익보호를 도모
하기 위한 내부적인 제약규정으로 단속규정"이라고 하고, 내부적인 절차위반에 대
하여는 금고임원에 대한 민사상의 책임과 벌칙에 의한 제재로서 그 실효를 거두어
야 할 것이고 그 차입행위 자체를 무효로 볼 수는 없다는 것은 거래의 안전성 보호
를 위하여도 당연한 해석이라고 하였다. 이 판결은 결국 효력규정에 해당하는지 여
부를 거래상대방인 채권자의 이익을 보호할지, 아니면 일반서민 거래자를 보호할지
를 형량하는 이익형량을 통하여 결정하고 있다는 점에서 주목할 필요가 있다.

　　대판(전) 2007. 12. 20, 2005다32159는 부동산중개업법 관련 법령에서 정한 한
도를 초과하여 부동산 중개수수료를 약정한 경우에 그 약정이 유효인지 문제되었
는데, 대법원은 "부동산중개업법 관련 법령에서 정한 한도를 초과하는 부동산 중개
수수료 약정은 그 한도를 초과하는 범위 내에서 무효"라고 판결하였다. 그 이유로
법률의 입법목적, 부동산 중개수수료에 대한 규제의 필요성, 경제적 이익의 귀속을
방지할 필요성을 들고 있다. 또한 대판(전) 2011. 4. 21, 2009다97079는 분양전환가
격 산정기준에 관한 구 임대주택법 등 관련 법령의 규정들을 강행법규에 해당한다
고 하였다. 최근 이와 같은 전원합의체 판결들에서 종전에 단속규정으로 본 규정을
강행법규라고 판단하는 경향이 있음을 알 수 있다.

　　법령에서 일정한 행위를 금지하고 이를 위반한 행위의 효력을 정하고 있으면
그에 따라야 한다. 그러나 법령에서 법령에 위반한 행위의 효력을 명확하게 정하고
있지 않은 경우에는 법규정의 목적, 보호법익, 위반의 중대성, 법규정을 위반하려는

의도가 있었는지 여부 등을 종합적으로 고려하여 법령에 위반한 법률행위의 효력을 결정하여야 한다. 강행법규를 판단하는 기준이 모호하기 때문에, 금지법규에 위반한 법률행위의 효력에 관하여 기본입장을 정하는 것이 중요하다. 종래 법령을 위반한 법률행위의 효력을 원칙적으로 유효라고 보는 견해가 많았다. 그러나 금지법규를 위반한 법률행위는 원칙적으로 무효라고 보아야 한다. 한 쪽에서는 규제하고 다른 쪽에서는 허용하는 모순은 억제되어야 하기 때문이다(김재형, 민법론 Ⅰ, 60-61면).

　　3. 강행법규 위반의 모습　　　직접적 위반과 간접적 위반(즉 탈법행위)을 생각할 수 있으며, 특히 문제가 되는 것은 간접적 위반인 탈법행위이다.

　　(1) 직접적 위반　　　강행법규 자체를 정면으로 위반하는 경우이며, 그 행위는 당연히 「무효」이다. 행위의 일부만이 강행법규를 위반하는 경우에, 전체로서의 행위의 효력은 어떻게 될까? 일부무효의 법리에 의하여 해결하여야 한다(137조. [174] 3 참조).

　　(2) 탈법행위(간접적 위반)

　　⑺　**의　　의**　　　직접 강행법규를 위반한 것은 아니지만, 강행법규가 금지하고 있는 것을 회피수단에 의하여 실질적으로 실현하는 행위가 「탈법행위」이다. 바꾸어 말하면, 강행법규가 금지하고 있는 사항을 형식적으로 직접 위반하지 않는 수단을 써서 회피하고, 실질적으로는 그 금지하고 있는 사항을 실현하는 행위가 탈법행위이다. 예컨대, 공무원 또는 군인의 연금을 받을 권리(연금수급권)는 대통령령으로 정하는 금융기관의 담보에 제공할 수는 있으나, 그 밖에는 이를 담보로 하는 것이 금지되어 있다(공무원연금법 32조, 군인연금법 7조 참조). 그런데 이 연금수급권의 담보금지규정을 직접 위반하는 것을 피하기 위하여, 공무원이 채권자에게 연금증서를 교부하고 대리권을 주어서 연금의 추심을 위임하고, 추심한 연금을 변제에 충당케 한다는 방법을 이용할 수 있을 것이다. 이때 원금과 이자를 모두 변제할 때까지 추심위임을 해제하지 않겠다는 특약을 하면, 그것은 연금수급권을 담보로 하는 것과 동일한 효과를 거둘 수 있게 되는 탈법행위가 된다.

　　⑻　**탈법행위의 금지**　　　위와 같은 탈법행위는 정면으로 강행법규를 위반하는 것은 아니지만, 그것은 법규의 정신에 반하고 법률이 인정하지 않는 결과의 발생을 목적으로 하기 때문에 무효이다. 법률에서 직접 탈법행위를 금지하는 분명한

규정을 두고 있는 경우도 있다(예컨대,「독점규제 및 공정거래에 관한 법률」15조,「하도급 거래 공정화에 관한 법률」20조 등 참조). 그러나 그러한 분명한 규정이 없더라도, 탈법행위는 무효이다. 그리고 행위의 일부만이 탈법행위가 되는 경우에, 그 행위의 전부를 무효로 할지 또는 일부만을 무효로 할지는 역시 일부무효의 법리에 의하여 해결하여야 한다(137조. [174] 3 참조). 예컨대, 앞에서 든 연금수급권의 담보의 경우에 해제하지 않겠다는 특약 또는 해제권 포기의 특약만이 무효이고, 채무자는 언제든지 위임을 해제하여 연금증서의 반환을 청구할 수 있다고 하여야 한다.

(다) **탈법행위의 한계**　　　강행법규가 금지하는 것을 회피하는 행위를 모두 탈법행위로서 무효라고 할 것인지는 문제가 있다. 탈법행위의 한계 또는 범위의 문제이다. 이미 밝힌 바와 같이, 강행법규가 그의 위반행위에 의하여 생기는 효과를 절대로 인정하지 않거나 금지하려는 것일 때에는, 다른 회피수단에 의하여 동일한 결과나 효과를 생기게 하는 것도 인정하지 않는다고 보아야 하기 때문에, 그러한 회피수단은 탈법행위로서 무효가 된다. 그러나 강행법규가 다만「특정의 수단·형식에 의하여」어떤 결과나 효과를 생기지 않게 하려는 것일 때, 바꾸어 말하면 그 결과나 효과를 발생케 하는 특정의 행위 자체를 금지하는 데에 있는 경우에는, 금지된 것과는 다른 수단으로 동일한 효과나 결과를 일어나게 하더라도, 탈법행위로서 무효라고 할 것은 아니며, 그 회피수단은 유효하다고 하여야 한다. 왜냐하면, 그 규정의 목적은 일정한 결과나 효과의 발생을 금지하는 데 있지 않고, 그 수단·형식 또는 행위를 금지하는 데 무게를 두고 있기 때문이다. 예컨대, 동산에는 질권을 설정할 수 있어도, 저당권의 목적으로 하지는 못한다. 여기서 다른 유력한 담보물을 가지고 있지 않은 기업주가 특정동산의 소유권을 채권자에게 양도하고 이를 빌려서 계속 사용하는 방법이 양도담보라는 이름으로 이용되고 있다. 이러한 행위는 형식적으로 본다면, 동산 위에 질권을 설정하려면 목적물을 질권자에게 인도하여야 한다는 민법 제332조와 채무불이행의 경우에 대비하여 유질계약을 하는 것을 금지하는 제339조의 강행법규를 회피하는 탈법행위로서 무효라고 생각할 수 있다. 그러나 민법 제정당시 동산담보제도가 거래계의 합리적인 요구를 만족시켜 줄만큼 잘 갖추어져 있지 않았다(현행 민법은 동산질권을 인정할 뿐이고, 이른바 동산저당제도를 인정하지 않았다. 다만 2010년 제정된「동산·채권 등의 담보에 관한 법률」에서 동산담보권과 채권

담보권에 관하여 담보등기를 할 수 있도록 하고 있다). 그리하여 동산양도담보를 위와 같이 탈법행위로 보는 태도는 정당하지 않다. 오히려 질권에 관한 위의 규정들은 담보수단으로서 질권을 설정하는 경우에 한하여 적용되는 것이며, 질권제도 이외의 동산담보의 길을 모두 금지하는 정도의 강한 의미를 가지는 것으로 해석할 것은 아니다. 그리하여 오늘날의 학설·판례는 양도담보의 유효성을 널리 인정하고 있다(자세한 것은 물권법강의에서 설명한다).

[131]　V. 내용의 사회적 타당성 - 사회질서 위반 문제

1. 제103조의 의의　　법률행위의 내용이 「선량한 풍속 기타 사회질서」를 위반하는 때, 즉 사회적으로 보아서 타당성을 잃고 있는 경우에, 그 법률행위는 「무효」이다. 민법 제103조가 이를 규정하고 있다.

선량한 풍속 기타 사회질서를 공서양속(public order)이라고도 하는데, 로마법 이래 각국의 민법이 공서양속을 위반하는 행위를 무효로 하고 있다(프민 1131조, 독민 138조, 스채 20조 등). 그 이유는 무엇일까? 이미 밝힌 바와 같이, 민법은 법률행위 자유의 원칙을 인정하고 있으며, 법률행위가 행해진 경우에는 그것이 실현되도록 힘을 써서 도와주려고 한다. 그러나 그것은 법률이 가지는 이상의 범위 안에서 그러한 것이다. 따라서 법률행위는 자유라고 하더라도 그것이 사회의 일반적 질서를 위반하는 것일 때에는 그 효력이 부정된다. 이것은 어느 시대의 법률에서든 당연한 일이다. 특히 성문법주의를 취하는 국가에서는 그렇게 할 필요성이 크다. 법률행위의 내용이 법질서 전체의 목적에 비추어 타당한지 아닌지를 개별적·구체적으로 모두 빠짐없이 미리 규정해 둔다는 것은 도저히 불가능하기 때문이다. 여기서 법률은 개별적인 강행규정 외에 일반적·포괄적인 법의 근본이념을 선언하여 밝히는 규정을 두어, 각개의 법률행위의 내용 또는 목적이 적법하고 타당한지 여부를 판단하는 기순으로 하고 있다.

법률행위의 내용이 사회질서를 위반한 것인지 판단할 때 헌법 규정은 중요한 의미가 있다. 헌법학에서 헌법상 기본권 규정이 사법관계에 적용되는지 논란이 많았다. 기본권 규정은 그 성질상 사법관계에 직접 적용될 수 있는 예외적인 것을 제외하고는 사법상의 일반원칙을 규정한 민법 제 2 조, 제103조, 제750조, 제751조 등의 내용을 형성하고 그 해석 기준이 되어 간접적으로 사법관계에 효력을 미친다(대판(전) 2010. 4. 22, 2008다38288). 특히 제103조는 기본권이 사법관계에 영향을 미치는 중요한 창구로 작용한다. 판례는 사적 단체의 구성원에 대한 성별에 따른 차별처우가 사회공동체의 건전한 상식과 법감정에 비추어 볼 때 도저히 용인될 수 있는 한계를 벗어난 경우에는 사회질서를 위반하는 행위로서 위법하다고 하였다(대판 2011. 1. 27, 2009다19864).

  2. 사회질서의 의의   민법 제103조는 "선량한 풍속 기타 사회질서에 위반한 사항을 내용으로 하는 법률행위는 무효로 한다."라고 규정하고 있다. 여기서 말하는 「선량한 풍속」은 사회의 일반적 도덕(윤리)관념, 바꾸어 말하면 모든 국민에게 지킬 것이 요구되는 최소한도의 도덕률을 가리킨다. 그리고 「사회질서」는 국가·사회의 공공적 질서 또는 일반적 이익을 뜻한다. 제103조는 선량한 풍속을 사회질서의 일종으로 들고 있다. 말하자면 사회질서가 상위개념이며, 그것이 제103조의 중심개념을 이루고 있는 것이다. 그렇다면, 선량한 풍속의 상위개념으로서의 사회질서란 좀 더 구체적으로 무엇을 가리키는 것일까? 그것은 우리 사회생활의 평화와 질서를 유지하는 데 일반국민이 반드시 지켜야 할 일반규범을 말하는 것이다. 사회질서를 이와 같이 이해한다면, 제103조가 선량한 풍속을 사회질서의 일종으로서 규정한 것은 정당하고 이론상 모순이 없다. 사회질서를 좀 더 현실적으로 표현하기 위하여, 일반적으로 「사회적 타당성」 또는 「사회성」이라는 용어가 사용되고 있다.

  사회적 타당성을 표현하는 용어는, 입법례에 따라서 일정하지 않다. 프랑스민법은 「선량한 풍속 또는 공공질서」라고 하고 있고(동법 1133조), 독일민법(138조)과 스위스 채무법(20조)은 「선량한 풍속」이라고 하고 있다. 이와 같이 표현이나 용어에 차이는 있어도, 어느 것이나 모두 같은 표준을 보여 주는 것이다.

  3. 사회질서 위반의 행위
  (1) 사회질서를 위반하는 법률행위의 내용을 구체적으로 일일이 든다는 것은 불가능하다. 윤리관이나 사회질서는 때와 곳에 따라서 또는 사회나 민족에 따라 다를 뿐만 아니라, 끊임없이 변천하기 때문이다. 따라서 법률행위의 내용을 이 변천하는 것에 들어맞게 하려는 규정은 그 내용이 구체적일 수 없다. 제103조는 추상적 규정일 수밖에 없으며, 또한 그것이 이 규정의 생명이기도 하다. 말하자면, 그것은

「법의 이념」의 일반적·추상적 내용을 규정하는 이른바 일반조항이다(「개괄조항」 또는 「백지규정」이라고도 한다).

　일반조항으로서의 제103조의 구체적 내용은 개개의 경우에 재판을 통하여 밝혀지는 것이지만, 그것은 법관의 개인적·주관적인 정의관이나 윤리관에 의하는 것은 아니다. 이성적이며 공정·타당한 것에 대한 국민 전체의 건전한 관념에 따라 결정하여야 한다. 법관은 일반조항의 운용을 통하여 법의 이념을 구체화하는 역할을 한다고 할 수 있으며, 그러한 법관의 활동·기능을 통해서 일반조항은 그 내용이 충실해지고 구체적인 모습이 드러날 것이다.

　(2) 종래의 판례에 나타난 사회질서 위반의 구체적 내용을 나누어 보기로 한다.

　㈎ **정의의 관념에 반하는 행위**　　범죄 그 밖의 부정행위를 권하거나 또는 이에 가담하는 계약은 무효이다. 예컨대, 밀수입을 위한 자금의 대차나 출자는 무효이다(대판 1956. 1. 26, 4288민상96).

　부동산의 이중양도도 이 유형에 속한다. 즉, 부동산의 매도인에게 이중매도를 적극 권유하여 이를 매수하는 것은, 그 매도인의 배임행위에 적극 가담하여 이루어진 이중매수로서 사회정의에 반하여 무효이다(대판 1970. 10. 23, 70다2038; 대판 1975. 11. 25, 75다1311; 대판 1977. 1. 11, 76다2083; 대판 1981. 12. 22, 81다카197; 대판 1994. 3. 11, 93다55289; 대판 1994. 11. 18, 94다37349 등). 또한 이미 매도된 부동산을 매도인으로부터 증여받아 소유권이전등기를 한 수증자는 매도인의 매수인에 대한 배임행위에 가담한 것으로서, 그 수증행위는 사회질서를 위반하여 무효라고 한다(대판 1982. 2. 9, 81다1134; 대판 1983. 4. 26, 83다카57). 위의 이중매매와 마찬가지로 부동산 소유자가 그의 부동산에 관하여 취득시효가 완성된 사실을 알고 있으면서 이를 제 3 자에게 처분함으로써 시효취득을 주장하는 자에게 불법행위를 한 경우에, 그 부동산을 취득한 제 3 자가 부동산 소유자의 위와 같은 불법행위에 적극 가담하였다면, 부동산 소유자와 제 3 자 사이의 부동산의 소유권이전에 관한 행위는 사회질서를 위반하는 것으로서 무효라고 한다(대판 1993. 2. 9, 92다47892; 대판 1995. 6. 30, 94다52416). 그리고 이미 매도된 부동산에 관하여, 그 매도인의 채권자가 매도인의 배임행위에 적극 가담하여 저당권설정계약을 맺었다면, 그 계약은 반사회적인 것이어서 무효이다(대판 1998. 2. 10, 97다26524).

대가를 주고서 나쁜 일을 하지 않게 하는 계약도, 사회관념상 당연한 일(나쁜 일을 하지 않는다는 것은 당연한 것이다)이 어떤 대가와 결합함으로써 정의의 관념에 반하게 되는 경우에는, 역시 무효가 된다고 하여야 한다(예컨대, 명예훼손의 범행을 하지 않는다는 것을 조건으로 금전을 주는 계약). 그러나 정당한 행위가 금전적 대가와 결합한다고 해서, 그것이 언제나 사회질서에 반하는 것으로 되지는 않는다. 즉, 어떤 정당한 행위를 하는 경우에, 그것에 의하여 특별한 이익을 얻은 사람이 감사의 뜻을 표시하기 위하여 금전적 대가를 주는 일은 사회에서 흔히 있는 일인 만큼, 그 정도가 지나친 것이 아니면 사회질서에 반한 것이 되지는 않는다고 하여야 한다(예컨대, 보증인이 되어 줄 것을 부탁한 사람이 사례로서 소액의 금전을 주기로 하는 계약). 그러나 어떤 지위를 금전적 대가를 받고서 줄 것을 약속하는 계약은 무효가 된다(대판 1959. 1. 15, 4291민상216은 귀속기업체의 관리인이 관리권을 양도하고 그 알선의 보수를 수수키로 약정한 사안에 관한 것이다).

어떠한 사실을 알고 있는 사람과의 사이에 소송에서 사실대로 증언하여 줄 것을 조건으로 어떠한 급부를 할 것을 약정하는 경우가 있다. 증인은 법률에 의하여 증언거부권이 인정되지 않는 한 진실을 진술할 의무가 있는데, 이러한 당연한 의무의 이행을 조건으로 상당한 정도의 급부를 받기로 하는 약정은 증인에게 부당하게 이익을 부여하는 것이다. 그러한 급부의 내용이 통상적으로 용인될 수 있는 수준을 넘어서, 어느 당사자가 그 증언이 필요함을 기화로 증언하여 주는 대가로 용인될 수 있는 정도를 초과하는 급부를 제공받기로 한 약정은 반사회질서적인 금전적 대가가 결부된 것으로서 반사회질서행위에 해당하여 무효이다(대판 1994. 3. 11, 93다40522; 대판 1999. 4. 13, 98다52483).

(내) **윤리적 질서에 반하는 행위**   첫째, 부모와 자녀 사이의 도의에 반하는 행위는 그것이 현저한 경우에는 사회질서에 반하는 것이 된다. 자녀가 부모에 대하여 불법행위에 의한 손해배상을 청구하는 행위, 자녀가 부모와 동거하지 않겠다고 하는 계약 등이 그 예이다. 둘째, 일부일처제를 해치는 것을 목적으로 하는 법률행위, 즉 혼인질서에 반하는 행위도 무효이다. 이른바 첩계약(처 있는 남자가 다른 여자와 정교를 맺고 이를 유지하는 계약)은 그 좋은 예이다. 판례도 이 첩계약을 처의 동의가 있고 없고를 묻지 않고서, 언제나 사회질서에 반하는 무효의 법률행위라고 한다(대

판 1960. 9. 29, 4293민상302; 대판 1967. 10. 6, 67다1134 등). 또한 법률상 처가 있는 남자
가 다른 여자와 맺은 이른바 씨받이 계약은 공서양속에 반하는 법률행위로서 무효
라고 한다(대구지판 1991. 9. 17, 91가합8269).

　　위와 같이 혼인질서에 반하는 행위는 무효이나, 문제는 그러한 불륜관계의 유
지와 재산적 이익의 제공이 결합하고 있는 경우에, 그 특약의 효력이 언제나 무효
인지 여부이다. 예컨대, 첩계약에서 생활비의 제공, 관계를 끊는 경우의 위약금, 출
생한 자녀의 양육비 등에 관한 약정의 효력이 문제된다. 불륜관계의 계속을 강요하
는 범위에서 계약은 무효라고 하여야 하겠으나, 그 밖에 첩의 생존을 유지하고 자
녀의 성장을 보장하는 범위에서는 특약이 유효하다고 새겨야 할 것이다(대판 1980.
6. 24, 80다458 참조).

　　㈐ **개인의 자유를 매우 심하게 제한하는 행위**　　　이에는 개인의 정신적 또는
신체적 자유를 현저하게 구속하는 것과 경제적 자유를 지나치게 구속하는 것을 목
적으로 하는 행위가 있다.

　　먼저, 개인의 정신적 또는 신체적 자유를 구속하는 예로서는 인신매매 또는 매
춘행위를 들 수 있고, 그것이 반사회적 행위로서 무효임은 말할 나위도 없다. 판례
에 나타난 것으로는, 어떠한 일이 있더라도 이혼하지 않겠다는 각서를 배우자의 한
쪽이 다른 쪽에 교부하였다고 하더라도, 그것은 가족행위의 의사결정을 구속하는
것으로서 사회질서에 위배되므로 무효라고 한 것이 있다(대판 1969. 8. 19, 69므18).

　　개인의 자유를 제한하는 행위로서 특히 중요하고 문제되는 것은 경제적 활동
의 자유를 지나치게 제한하는 것이다. 예컨대, 경업을 하지 않는다는 계약, 해고 후
일정한 영업을 해서는 안 된다는 고용주와 피용자 사이의 계약, 양도한 자가 일정
기간 동안 같은 종류의 영업을 하지 않기로 하는 계약 등이 그 주요한 예이다. 적
당한 범위 안에서 기간·구역·영업의 종류 등을 한정하고 있으면 유효하다고 하여
야 하겠지만, 영업의 자유나 그 밖의 거래활동을 현저히 제한하는 것은 무효이다.
그 판단은 사회적 견지에서 하여야 한다. 예컨대, 기업 사이의 계약에서는 그것이
시장을 독점하는 작용을 하는지 아닌지를 특히 고려하여야 하고, 고용주 사이의 계
약에서는 피용자의 이익을 고려하여야 한다(따라서 전고용주의 승낙이 없으면 고용할 수
없다는 고용주 사이의 협정은 무효라고 하여야 한다). 피용자 그 밖의 경제적 약자 사이의

계약에서는 그가 속하는 계급의 실질적 이익에 착안하여 판단하여야 한다. 판례에 의하면, 당사자의 한쪽이 그의 독점적 지위 또는 우월한 지위를 악용하여, 자기는 부당한 이득을 얻고 상대방에게는 과도한 반대급부 또는 그 밖의 부당한 부담을 과하는 법률행위는, 반사회적인 것으로서 무효라고 한다(대판 1996. 4. 26, 94다34432). 또한 이자제한법이 폐지되었을 당시에 판례는 지나치게 고율인 이자약정을 반사회적 행위로 무효라고 하였다. 즉, 양쪽 당사자 사이의 경제력의 차이로 인하여 그 이율이 당시의 경제적·사회적 여건에 비추어 사회통념상 허용되는 한도를 초과하여 현저하게 고율로 정해졌다면, 그와 같이 허용할 수 있는 한도를 초과하는 부분의 이자 약정은 대주가 그의 우월한 지위를 이용하여 부당한 이득을 얻고 차주에게는 과도한 반대급부 또는 그 밖의 부당한 부담을 지우는 것이므로 선량한 풍속 기타 사회질서에 위반한 사항을 내용으로 하는 법률행위로서 무효라고 하였다(대판(전) 2007. 2. 15, 2004다50426).

　(라) **생존의 기초가 되는 재산의 처분행위**　　예컨대, 자기가 장차 취득하게 될 모든 재산을 양도한다는 계약은 생존의 기초가 되는 재산을 잃게 하고, 따라서 생존을 거의 불가능하게 하므로 무효이다(독민 311b조 2항, 프민 943조 참조). 그러한 계약은 타인의 생존의 기초가 되는 재산을 잃게 하는 행위로서, 자유경쟁의 범위를 벗어나 사회질서에 반하기 때문이다. 판례도, 이런 견지에서, 사찰이 그 존립에 필요 불가결한 재산인 임야를 증여하는 행위는 사회질서에 반하여 무효라고 하였다(대판 1970. 3. 31, 69다2293).

　(마) **지나치게 사행적인 행위**　　사람에게는 사행성(요행을 노리는 것)이 있다. 따라서 사행계약이라고 해서 언제나 당연히 무효가 되는 것은 아니지만, 그 정도가 지나치면 사회질서에 반한다. 도박계약은 그 예이다. 그러나 법률에 기하여 허가를 받은 승마(勝馬)투표권(한국마사회법 6조 이하 참조), 복권(복권 및 복권기금법 4조 이하 참조), 경륜(競輪)과 경정(競艇)의 승자투표권(경륜·경정법 9조 이하 참조), 강원랜드 등의 카지노(관광진흥법 5조, 「폐광지역 개발 지원에 관한 특별법」 11조) 등은 반사회성이 없다.

　　어떤 행위가 도박과 관련됨으로써 무효로 되는 경우가 있다. 예컨대, 도박자금을 빌려 주는 행위(대판 1973. 5. 22, 72다2249), 도박으로 부담한 채무의 변제로서 토지를 양도하는 계약(대판 1959. 10. 15, 4291민상262), 도박에 진 빚을 토대로 하여 그 노름

빚을 변제하기로 한 계약(대판 1966. 2. 22, 65다2567) 등은 모두 무효이다. 이들이 무효로 되는 것은 계약 자체가 사행행위이기 때문이 아니라, 표시된 법률행위의 동기가 반사회적인 것이기 때문이다.

　(ᄇ) **불공정한 법률행위**　　궁박, 경솔, 무경험으로 인하여 현저하게 공정을 잃은 법률행위는 폭리행위 또는 불공정한 법률행위로서, 민법은 이를 무효로 하는 규정을 두고 있다(104조). 이에 관해서는 따로 항을 바꾸어 설명하기로 한다([132] 참조).

　(3) **사회질서 위반의 모습**　　선량한 풍속 기타 사회질서에 반하는 법률행위에는 사회질서를 위반하는 사항과 관련하여 여러 가지 모습이 있다. 판례는 반사회질서행위에는 법률행위의 목적인 권리의무내용이 선량한 풍속 기타 사회질서에 위반되는 경우, 그 내용 자체는 반사회질서적인 것이 아니라고 하여도 법률적으로 이를 강제하거나 그 법률행위에 반사회질서적인 조건 또는 금전적 대가가 결부됨으로써 반사회질서적 성질을 띠게 되는 경우, 표시되거나 상대방에게 알려진 법률행위의 동기가 반사회질서적인 경우가 포함된다고 한다(대판 1984. 12. 11, 84다카1402). 이를 구분하여 설명하면 다음과 같다.

　(ㄱ) **법률행위의 중심적 내용이 사회질서를 위반하는 것**　　바꾸어 말하면, 사회질서에 반하는 사항 자체가 법률행위의 중심적 내용을 이루고 있는 것으로서, 첩관계를 계속한다든가, 살인과 같은 범죄행위, 매음행위 등을 중심적 내용으로 하는 것이 그 예이다.

　(ㄴ) **어떤 사항 자체가 반사회성이 없지만 법률적으로 강제됨으로써 사회질서에 반하는 것**　　어떤 영업을 하지 않는다든가 또는 부당한 위약금을 지급하게 하는 계약 등이 그 예이다. 판례에 의하면, 약정한 위약벌이 그 이행을 강제함으로써 얻게 될 채권자의 이익에 비하여 지나치게 무거울 때에는, 그 일부 또는 전부가 사회질서에 반하여 무효라고 한다(대판 1993. 3. 23, 92다46905).

　(ㄷ) **어떤 사상 자체가 반사회성이 없지만, 금전적 이익과 관련됨으로써 사회질서에 반하는 것**　　예컨대, 공무원이 정당한 직무를 하면서 뇌물을 주고받는 계약, 또는 범죄행위를 하지 않는 대가로서 금전을 지급하는 계약(대판 1994. 3. 11, 93다40522 참조) 등이 이에 속한다.

　(ㄹ) **사회질서에 반하는 사항을 조건으로 하는 것**　　이에는 (i) 불법한 조건

을 붙였기 때문에 사회질서에 반하는 것(범죄를 범할 것을 조건으로 하는 증여계약은 그 예)과 (ii) 해서는 안 되는 것이 당연한 법률행위를 특히 하지 않는다는 것을 조건으로 하기 때문에 사회질서에 반하는 것(범죄행위를 하려던 생각을 버린다는 조건으로 증여하는 계약은 그 예)이 있다. 제151조 제 1 항은 바로 이러한 경우를 상정한 것이다. 다만, 예컨대 불륜관계를 끊을 것을 조건으로 금전을 지급하기로 하는 계약은 유효하다고 해석하고 있다(3 (2) (나) 참조).

　　(바) **동기(動機)의 불법**　　　　표의자가 의사표시를 하게 된 이유가 동기이다. 그것은 의사표시를 하기 전에 존재하는 사람의 심리적 과정에 지나지 않는다. 따라서 동기는 의사표시의 구성요소가 아니다. 그러나 이 동기가 사회질서에 위반하는 것일 때에, 법률행위의 효력에 어떠한 영향을 미치는지에 관해서는 학설이 나누어져 있다. 예컨대, 살인을 하기 위하여 무기를 매수하거나, 매음(매춘)을 하기 위하여 가옥을 임차하거나 또는 도박을 위하여 금전을 빌리는 경우에, 그 매매나 임대차 또는 소비대차라는 법률행위가 유효한지 또는 무효인지 문제된다. 현재의 다수설은 동기가 표시된 때에 한하여 그 표시된 동기는 법률행위의 내용을 이루고, 반사회성을 결정하는 표준이 된다고 한다. 즉, 표시된 동기가 사회질서에 반하는 것이면, 그 법률행위는 무효가 된다고 한다(이영섭 302면, 방순원 177면, 김증한 307면, 김현태 275면, 김기선 230면). 판례도 다수설을 따르고 있다(대판 1992. 11. 27, 92다7719; 대판 1994. 3. 11, 93다40522 등 참조). 이에 대하여 소수설은, 동기가 사회질서에 반하는 경우에, 그 동기가 표시된 때는 물론이고, 표시되지 않더라도 상대방이 그 동기를 알고 있거나 또는 알 수 있었을 때에도, 역시 동기의 불법으로 법률행위가 무효로 된다고 한다(김증한·김학동 312면, 김상용 392면, 김용한 267면, 이영준 255면, 장경학 450면. 상대방이 동기를 인식한 경우에 동기의 불법으로 무효로 될 수 있다는 견해로는 송덕수 234면 참조). 동기는 일반적으로 법률행위를 할 때에 표시되지 않는 경우가 많다. 표의자가 주관적·내심적으로 가지고 있는 데 지나지 않는 동기가 표시되지 않았는데도 그것이 사회질서에 반한다고 해서 법률행위를 언제나 무효라고 한다면, 거래의 안전을 해칠 수 있다. 여기에 동기의 불법으로 법률행위가 무효로 되는 것은 그 반사회적인 동기가 법률행위의 내용으로서 표시되거나 또는 발표된 경우에 한한다는 견해의 근거가 있다. 그러나 동기가 표시되지 않았더라도 상대방이 알았거나 알 수 있었을 때에는

이를 고려하여야 할 것이다. 결국 법률행위 동기의 불법성과 상대방의 인식가능성을 고려하여 사회질서 위반여부를 판단하여야 한다.

4. 사회질서 위반의 효과　　　선량한 풍속 기타 사회질서를 위반한 법률행위는 「무효」이다(103조). 즉, 그 법률행위에 의하여 발생시키려고 했던 법률효과의 발생은 부정된다. 법률행위가 채권행위인 경우에는, 이행 전과 이행 후로 나누어 효력을 따져야 한다. 원래 법률행위의 목적 또는 내용이 사회적 타당성을 가져야 한다는 것은, 그러한 타당성이 없는 것은 법률이 적극적으로 그 실현에 협력하지 않는다는 것이므로, 그 행위에 의거한 이행이 있기 이전의 문제이다. 즉, 이행 전에는 채권의 효력이 생기지 않고, 따라서 이행할 필요가 없다. 만일 사회질서를 위반하는 법률행위에 의거하여 당사자 사이에서 이미 이행을 하였다면, 어떻게 되는가? 이때에 그 이행된 급부에 관하여 급부자가 부당이득으로서 반환을 청구할 수 있을 것처럼 보인다(741조·748조·749조 참조. 그 밖에 [173] 2 참조. 여기에는 매우 어려운 문제가 얽혀 있는데, 그 자세한 것은 채권법강의에서 「부당이득의 효과」를 다룰 때에 보기로 한다). 그러나 민법에는 제103조와 같은 취지의 제746조의 규정이 있어서 그러한 급부는 불법원인급여로서 그 반환청구는 인정되지 않는 것이 원칙이다(대판(전) 1979. 11. 13, 79다483 참조. 불법원인급여에 관해서는 채권법강의에서 설명한다). 그리고 법률행위의 일부만이 사회질서를 위반하는 때에 전부무효가 되는지 또는 일부무효에 그치는지에 관해서는 역시 일부무효의 법리를 적용하여 해결한다(137조. [174] 3 참조).

[132] Ⅵ. 불공정한 법률행위(폭리행위)

1. 의　　의　　　법률행위의 공정성은 두 가지 측면에서 접근할 수 있다. 하나는 법률행위의 내용이 공정한지 여부이다. 이를 내용상의 공정성이라고 할 수 있다. 다른 하나는 법률행위가 절차적으로 공정하게 성립하였는지 여부이다. 이를 절차상의 공정성이라고 할 수 있다.

사적 자치의 원칙은 절차상의 정당성만을 문제삼고 내용상의 정당성은 문제삼지 않는다(김증한·김학동 318면). 당사자들이 자유로운 의사에 기하여 계약을 체결하였다면, 그 내용과 상관없이 계약은 유효하다. 그러나 제104조는 법률행위의 내용과 절차 두 측면에서 불공정한 경우에 한하여 불공정 법률행위로 무효화한 것으로,

내용에 관해서는 현저한 불균형을 요구하고, 절차에 관해서는 궁박, 경솔 또는 무경험을 요구하고 있다. 자기의 급부에 비하여 현저하게 균형을 잃은 반대급부를 상대방에게 하게 함으로써 부당한 재산적 이익을 얻는 행위를 「불공정한 법률행위」 또는 「폭리행위(暴利行爲)」로 규율하고 있다. 이것은 금전의 소비대차에 한하여 적용되는 것이 아니고 매매 등 여러 계약에서 문제된다.

2. 제103조와 제104조의 관계   제104조는 "당사자의 궁박·경솔 또는 무경험으로 인하여 현저하게 공정을 잃은 법률행위는 무효로 한다."라고 규정하고 있는데, 이 규정은 제103조와 어떠한 관계에 있을까? 민법은 불공정한 법률행위를 제103조와는 따로 제104조에서 독립적으로 규정하고 있다. 따라서 제104조의 불공정한 법률행위는 제103조의 사회질서 위반의 법률행위의 예시인지 여부가 문제된다. 불공정한 법률행위는 그 성질상 반사회질서의 법률행위의 하나이며, 또한 그렇게 해석하는 것이 통설·판례이다(대판 1964. 5. 19, 63다821 참조). 이와 같이 불공정한 행위는 반사회질서의 행위이므로, 비록 뒤에서 설명하는 바와 같은 제104조의 요건을 완전히 갖추고 있지 못한 경우에도, 그 행위는 제103조에 위반하는 반사회적 행위가 되는 경우도 있다고 보아야 한다(대판(전) 2007. 2. 15, 2004다50426 참조).

3. 요   건   불공정한 법률행위에 해당하기 위한 요건으로 통상 다음 세 가지를 들고 있다. (i) 급부와 반대급부 사이에 현저한 불균형이 있을 것, (ii) 법률행위 당사자의 일방이 궁박, 경솔 또는 무경험의 상태에 있을 것, (iii) 상대방이 위 사정을 인식하거나 또는 여기에서 나아가 이를 이용할 것. 이 요건을 모두 갖추어야 불공정한 법률행위로서 무효이지만, 이 요건들은 상관적(相關的)으로 작용한다(민법주해(Ⅱ) 250면). 즉, 급부간의 불균형이 심각한 경우에는 궁박 등의 요건이 쉽게 충족될 수 있고, 그렇지 않은 경우에는 궁박 등에 관하여 좀 더 엄격한 요건을 요구한다. 불공정한 법률행위의 요건을 객관적 요건과 주관적 요건으로 구분하여 살펴보고자 한다.

(1) 객관적 요건   불공정한 법률행위가 되려면, 급부와 반대급부 사이에 현저한 불균형이 있어야 한다. 어느 정도의 차이가 있을 때에 그러한 불균형이 있다고 볼지에 관하여 일정한 표준이 있을 수 없다. 가령 시가의 3분의 1에 미달하는 금액을 대금으로 하여 이루어진 건물의 매매를 불공정한 법률행위로 인정한 판결

이 있다(대판 1973. 5. 22, 73다231). 그러나 3, 4배의 차액이 있다고 해서 언제나 폭리가 된다고는 할 수 없을 것이고, 급부의 가액에 따라서는 배액이나 그 이하이더라도 폭리를 인정할 수 있을 것이다(대판 1964. 12. 29, 64다1188. 사안은 부동산을 시가의 2분의 1도 되지 않는 값으로 매매한 경우임). 결국 구체적인 경우에 법관의 재량으로 결정되겠지만, 역시 제103조의 선량한 풍속 기타 사회질서가 그 추상적 표준이 된다고 할 것이다. 그리고 현저한 불균형이 있는지 여부는 당사자의 주관적 가치에 의할 것이 아니라, 객관적 가치에 의하여 판단해야 한다.

불균형을 판정하는 시기에 관하여, 계약을 체결한 때인지 또는 이행기인지는 중요한 문제이다. 판례는 대물변제에 관한 사안에서 이행기를 기준으로 한 적이 있으나(대판 1965. 6. 15, 65다610), 계약을 체결한 시기를 표준으로 하여야 한다고 해석하여야 한다(김증한·김학동 320면, 김재형, 민법론 Ⅳ, 137면, 대판(전) 2013. 9. 26, 2011다53683).

급부와 반대급부 사이의 현저한 불균형은 유상계약 또는 쌍무계약에서 생길 수 있다. 예를 들면 매매계약이나 대물변제계약의 경우에는 급부와 반대급부가 명확하다. 화해계약, 가령 신체사고에 의한 손해배상을 청구한 경우 손해배상으로 받을 수 있는 금액보다 현저하게 낮은 금액을 손해배상액으로 합의한 때에도 제104조가 적용된다(대판 1999. 5. 28, 98다58825). 그리고 계속적 공급계약 등 계속적 계약에서 급부와 반대급부 사이에 현저한 불균형이 있으면 불공정한 법률행위가 될 수 있다. 가령 임대차에서 임대목적물의 이용가치에 비하여 임차료가 지나치게 높거나 낮은 경우, 전기·가스·수도 등의 공급계약에서 요금이 지나치게 높거나 낮은 경우를 들 수 있다. 또한 단체적 의사결정, 가령 총회의 결의로 현저하게 불공정한 결과가 나타나는 경우에도 제104조가 적용된다(대판 1997. 10. 28, 97다27619; 대판 2003. 6. 27, 2002다68034).

그런데 증여와 같은 무상계약에 제104조가 적용되는지 문제된다. 판례는 "대가" 또는 "대가적 의미의 재산관계의 출연"이 있는 경우에 한하여 이 규정이 적용될 수 있다고 한다(대판 1976. 4. 13, 75다704; 대판 1993. 3. 23, 92다52238; 대판 1997. 3. 11, 96다49650; 대판 2000. 2. 11, 99다56833). 따라서 증여나 기부행위와 같이 아무런 대가관계 없이 당사자 일방이 상대방에게 일방적인 급부를 하는 법률행위는 그 공정성 여부를 논의할 수 있는 성질의 법률행위가 아니라고 한다. 그러나 부담부 증여와 같은 무상행위에도 부담이 과도한 때에는 이 규정이 적용될 수 있다(김증한·김학동 320면, 이영준 270면, 이은영 410면). 제104조의 문언은 단순히 "현저하게 공정을 잃은 법률행위"를 무효로 정하고 있을 뿐이고, "대가" 또는 "대가적 의미의 재산관계의 출연"이 있어야만 이 규정이 적용된다고 볼 근거가 없다. 대가관계가 없는 경우에도 현저하게 공정을 잃은 경우가 있을 수 있다.「약관의 규제에 관한 법률」에서 신의성실의 원칙에 반하여 공정을 잃은 법률행위에 관하여 규정하고 있는데(동법 6조), 이 규정은 유상계약이나 쌍무계약이 아닌 경우에도 적용된다. 따라서 법체계의 통일성을 위해서도 쌍무계약이나 유상계약에 한하여 제104조가 적용된다고 볼 필요는 없다.

(2) 주관적 요건

㈎ 피해자의「궁박·경솔 또는 무경험」이 있어야 한다. 세 가지 모두를 갖추어야 하는 것은 아니며, 그중 어느 하나만 갖추고 있으면 된다(대판 1993. 10. 12, 93다19924; 대판 2008. 3. 14, 2007다11996).

「궁박」은 급박한 곤궁을 뜻하는 것으로, 벗어날 길이 없는 어려운 상태를 말한다. 궁박의 상태가 계속적인 것이든 또는 일시적인 것이든, 어느 것이나 무방하다. 궁박은 경제적 원인에 기인할 수도 있고 정신적 또는 심리적 원인에 기인할 수도 있다(대판 1974. 2. 26, 73다673; 대판 1981. 12. 22, 80다2012; 대판 1998. 3. 13, 97다51506; 대판 1999. 5. 28, 98다58825; 대판 2008. 3. 14, 2007다11996). 위급을 요하는 환자에게 의사가 부당한 보수를 약속하게 하는 것도 궁박이 될 것이다. 또한 일반인이 불법구금된 상태에서 구속을 면하고자 하는 상황에 처해 있는 경우에 궁박이 인정된다(대판 1996. 6. 14, 94다46374). 원고가 부동산을 공장으로 사용하기 위하여 취득하였고 많은 비용을 들였으므로 만일 전기공급을 받지 못하여 공장을 운영할 수 없게 된다면 커다란 손해를 입게 될 형편이어서 할 수 없이 한국전력공사의 요구대로 전 수용가의 체납전기요금을 지급하기로 약정한 경우 이는 원고의 궁박을 이용하여서 한 현저하게 공정을 잃은 법률행위에 해당한다(대판 1987. 2. 10, 86다카2094).

「경솔」은 신중하지 못한 것을 말한다. 의사를 결정할 때에 그 행위의 결과나 장래에 관하여 보통인이 베푸는 고려를 하지 않는 심리상태에 있으면 경솔에 해당한다. 독일 민법에서 종전에는 불공정한 법률행위에서 '경솔'이라는 용어를 사용하였으나(138조 2항), 1976년 민법을 개정하여 '판단능력의 결여 또는 현저한 의지 박약'이라는 표현으로 대체하였다. '현저한 의지 박약'에는 정신장애, 마약중독, 알코올중독, 도박벽으로 현저하게 의지가 박약하게 된 경우가 포함된다. 우리나라의 2004년 민법개정안에서는 제104조의 '경솔'을 '판단력의 부족'으로 수정할 것을 제안하였다. 경솔은 스스로 주의를 하지 않는 것인데, 이러한 경우를 법적으로 보호할 필요가 없고, 판단력이 부족한 경우만을 보호하는 것으로 충분하다는 것이다.

「무경험」은 일반적인 생활체험이 불충분한 것을 의미한다. 어느 특정영역에서의 경험부족이 아니라 거래일반에 대한 경험부족을 뜻한다(대판 2008. 3. 14, 2007다11996). 대법원은 농촌에서 농사만 짓다가 처음 사고를 당한 사람(대판 1979. 4. 10, 78다2457), 질병을 앓고 있는 무학문맹의 노인(대판 1979. 4. 10, 79다275), 사회적 경험이 부족한 가정부인(대판 1975. 5. 13, 75다92)을 무경험자로 보았다.

당사자가 궁박 또는 무경험의 상태에 있었는지 여부는 그의 나이와 직업, 교육 및 사회경험의 정도, 재산 상태 및 그가 처한 상황의 절박성의 정도 등 제반 사정을 종합하여 구체적으로 판단하여야 한다(대판 1996. 6. 14, 94다46374; 대판 2008. 3. 14, 2007다11996). 불공정한 법률행위의 법리가 적용되려면 이를 주장하는 측에서 궁박, 경솔 또는 무경험으로 인하여 법률행위를 하였음을 증명하여야 하며, 법률행위가 현저하게 공정을 잃었다 하여 곧 그것이 궁박, 경솔 또는 무경험으로 이루어진 것이라고 추정되는 것이 아니다(대판 1976. 4. 13, 75다704).

한편, 대리에 의한 법률행위에서는 본인과 대리인 중에서 누구를 기준으로 불공정한 법률행위를 판단하여야 하는지 문제된다. 대리인에 의하여 계약을 체결한 경우에 궁박은 본인을 기준으로 판단하여야 한다. 그러나 경솔이나 무경험은 대리인을 기준으로 판단하여야 한다. 가령 매도인의 대리인이 매매계약을 체결한 경우에 그 매매가 불공정한 법률행위인가를 판단함에는 매도인의 경솔, 무경험은 그 대리인을 기준으로 하여 판단하여야 하고 궁박 상태에 있었는지 여부는 매도인 본인의 입장에서 판단하여야 한다(대판 1972. 4. 25, 71다2255).

(ㄴ) **폭리자의 악의 또는 이용의도**　　　판례는 위 요건 이외에 상대방의 인식 또는 이용의도가 필요하다고 한다. 초기에는 궁박, 경솔, 무경험을 인식할 것을 요구하였으나(대판 1964. 8. 31, 63다681; 대판 1970. 11. 24, 70다2065), 최근에는 이용의도가

있어야 한다는 판결이 늘고 있다. 즉, 불공정한 법률행위는 객관적으로 급부와 반대급부 사이에 현저한 불균형이 존재하고 주관적으로 위와 같은 균형을 잃은 거래가 피해당사자의 궁박, 경솔 또는 무경험을 이용하여 이루어진 경우에 한하여 성립한다고 한다(대판 1992. 10. 23, 92다29337; 대판 2002. 9. 4, 2000다54406·54413; 대판 2009. 3. 16, 2008다1842. 이 판례를 지지하는 견해로는 백태승 358면, 송덕수 253면, 장경학 456면). 이에 대하여 상대방의 궁박 등을 인식하였을 것은 필요하지만 이용의도까지는 필요하지 않다는 견해도 있고(고상룡 355면, 이영준 276면), 상대방이 피해자에게 궁박과 같은 사정이 있었음을 알아야 한다는 요건도 필요 없다는 견해도 있다(김증한·김학동 322면, 이은영 415면). 제104조에서는 궁박 등으로 '인하여' 법률행위를 하였을 것을 요구한다. 따라서 폭리자의 악의나 이용의도를 요구하는 것은 법률의 문언에 합치되지 않는다. 우리 민법에서는 독일 민법이나 스위스 채무법과는 달리 폭리자의 이용의도를 요구하고 있지 않다. 따라서 폭리자의 이용의도가 반드시 필요하다고 보아야 할 것인지는 의문이고, 불공정한 법률행위를 판단하는 고려요소로 보는 것으로 충분하다.

4. 효 과   이상의 요건을 갖춘 폭리행위 또는 불공정한 법률행위는 「무효」이다(104조. 반드시 두 요건을 모두 갖추어야 하며, 한 가지 요건만을 갖춘 때에는 제104조 위반의 불공정한 법률행위로 인정되지 못한다. 대판 1967. 6. 20, 67다654; 대판 1963. 4. 4, 62다902 참조). 따라서 무효로 된 채권행위를 아직 이행하지 않고 있다면, 사회질서 위반의 경우와 마찬가지로, 채권의 효력이 생기지 않으며, 이행할 필요가 없다. 그러나 무효인 폭리행위에 의거하여 당사자 사이에 이미 이행이 되었다면, 이때에는 사회질서 위반의 경우와는 매우 다른 결과가 된다. 즉 이때에는 불법원인이 폭리자 쪽에만 있으므로, 민법 제746조 단서가 적용되어, 피해자는 급부한 것의 반환을 청구할 수 있다(그러나 폭리자는 반환청구권이 없으므로 피해자가 반사적으로 이득을 얻는 것이 된다).

제 4 절　법률행위의 해석

[133]　Ⅰ. **법률행위 해석의 의의와 방법**

1. 의　　의　　법률행위의 목적 또는 내용을 명확하게 하는 것이 「법률행위의 해석」이다. 어떤 행위가 법률행위로서 다루어지려면, 최소한 그 내용이 확정되어 있어야 한다. 법률행위로 인정할 수 있는 것이더라도, 그것에 대하여 법률적 보장을 줄 것인지 여부(이미 설명한 가능·적법·사회적 타당성 등의 문제) 또는 어떠한 법률적 보장을 줄 것인지를 결정하기 위해서는, 우선 그 전제로서 법률행위의 내용을 명확하게 하는 것이 필요하다([128] 참조). 당사자가 행한 그대로의 법률행위는 반드시 충분히 명확하다고 할 수 없다. 여기서 표시행위를 이루는 언어·동작 등에서 불완전·애매한 것을 완전·명확하게 하고, 비법률적인 것을 법률적으로 구성함으로써, 당사자가 꾀한 목적이 이루어지도록 법률이 도와줄 수 있는 기초를 마련하는 법률행위의 해석이 필요하다. 그런데 법률행위는 의사표시를 요소로 하는 것이므로, 법률행위의 해석이라고 하지만, 결국 그것은 「의사표시의 해석」과 같다.

예컨대, 당사자 甲·乙 사이에서 "甲은 乙에게 건물을 인도한다. 乙은 甲에게 매년 100만원씩 10년간 지급한다."라는 합의를 하였다고 하자. 이 합의를 검토해 볼 때, 그것이 건물의 할부매매인지, 임대차계약인지, 또는 乙 소유의 건물을 점유하고 있던 甲이 일정액의 금전의 정기지급과 상환으로 반환한다는 화해계약인지가 분명하지 않다. 이러한 경우에 법관은 당사자의 의사를 해석함으로써, 법률행위의 내용을 명확하게 하여야만 한다. 이것이 곧 법률행위의 해석이다.

2. 해석의 방법

(1) 객관적 해석　　법률행위든지 의사표시든지 모두 당사자가 원하는 대로 효과가 주어지는 것을 그 본질로 하므로, 법률행위(의사표시)의 해석은 당사자의 의사를 밝히는 것이다. 그러나 그것은 당사자의 숨은 진의 또는 내심적 효과의사를 찾아서 밝히는 것이 아니며, 당사자의 의사의 객관적인 표현이라고 볼 수 있는 것, 바꾸어 말하면 표시행위가 가지는 의미를 밝히는 것이다. 판례도 "당사자가 그 표시행위에 부여한 객관적 의미를 명백하게 확정하는 것"이 법률행위의 해석이라고 한다(대판 1988. 9. 27, 86다카2375·2376; 대판 1995. 8. 11, 94다26745·26752 등 참조). 특히 내

심적 효과의사와 표시행위가 일치하지 않는 경우에 상대방의 시각(Empfängerhorizont)
에서 표시행위의 객관적 의미에 따라 계약을 해석하여야 한다. 이 경우 의사표시의
상대방이 적절한 주의를 기울이면 이해되었어야 하는 내용이 해석의 기준이 된다.
예컨대 매매계약에서 청약자가 대금 65만원에 매도하려는 의사로 청약하려 했는데
청약서에 56만원으로 잘못 기재한 경우, 승낙자가 그것이 오기라는 것을 알 수 없었
던 때에는 승낙자가 청약자의 표시행위에 의하여 이해한 대로 매매대금이 56만원이
된다(이영준 296면, 민법주해(Ⅱ) 183면). 이와 같은 해석방법을 규범적 해석(normative
Auslegung)이라고 하는데, 표시행위의 객관적 의미에 따라 해석하는 것이기 때문에
객관적 해석이라고 할 수 있다. 표의자가 실제로 마음속에 가지고 있었던 의사는,
어떤 방법에 의하든 간에, 그것을 외부에서 인식할 수 있도록 표시되었거나 상대방
이 알 수 있었던 한도에서 고려된다고 볼 수 있다.

　　표시행위의 '객관적 의미'를 탐색하는 데에는 표시에 사용된 문자 등의 표현수
단으로부터 출발해야 한다. 이 경우 그 문언의 일반적인 의미가 아니라, 당사자들
이 모두 속하는 직업이나 지역 등의 언어관행이 기준이 된다. 문언해석이 가장 중
요하지만 문언만이 유일하고 절대적인 기준이 되는 것은 아니며, 표시행위에 이르
기까지의 제반사정을 고려해야 한다. 그러므로 계약당사자들의 계약체결교섭과정
에서의 모든 언동, 일방 또는 쌍방에 의하여 명시적으로 표시된 계약의 경제적·사
회적 목적, 계약체결에 이르기까지의 경위, 당사자들의 개인적인 관계, 표시행위의
장소와 시간 등 그 표현행위의 의미탐색에 관련될 수 있는 모든 사정을 종합적으로
고려해야 한다. 판례는 당사자가 표시한 문언에 의하여 그 객관적인 의미가 명확하
게 드러나지 않는 경우에는 그 문언의 내용과 그 법률행위가 이루어진 동기 및 경
위, 당사자가 그 법률행위에 의하여 달성하려고 하는 목적과 진정한 의사, 거래의
관행 등을 종합적으로 고찰하여 사회정의와 형평의 이념에 맞도록 논리와 경험의
법칙, 그리고 사회 일반의 상식과 거래의 통념에 따라 합리적으로 해석하여야 한다
고 하였다(대판 1996. 7. 30, 95다29130).

　　(2) **주관적 해석**　　　표의자가 표시를 잘못하였는데도(바꾸어 말해서, 의사에 부
합하지 않는 표시, 즉 오표시(誤表示)를 하였는데도), 상대방이 그 표시가 의사에 부합하지
않는 잘못된 것임을 알고, 또한 동시에 표의자의 진의(의사)가 무엇인지를 올바르게

알고 있었다면, 그 법률행위를 어떻게 해석할 것인지 문제된다. 본래 표시는 표의자가 실제로 원한 의사를 외부에 드러내어 명백히 하는 수단일 따름이다. 설령 표시를 잘못했더라도, 상대방이 그것을 올바르게 인식했다면, 표시의 본래의 목적은 달성되었다고 하여야 한다. 이때에는 상대방에게 표시된 의사가 어떤 것인지를 새삼스럽게 찾아서 밝히려는 해석을 할 필요가 없다. 하물며, 이때에 의사와 표시가 일치하지 않는다고 하여(즉, 착오를 이유로) 그 법률행위를 취소할 수도 없다([144] 1 참조). 바꾸어 말해서, 올바르게 이해되거나 인식된 표시는(비록 그것이 잘못된 표시, 즉 오표시이더라도) 실제로 원한 대로 효력이 발생한다고 하여야 한다. 왜냐하면, 그러한 경우에는 당사자 쌍방의 의사의 완전한 합치가 인정되기 때문이다. 위와 같은 해결의 바탕이 되는 하나의 원칙이 로마법 이래로 인정되어 있다. 그것은 이른바 오표시 무해의 원칙, 즉 falsa demonstratio non nocet('잘못된 표시는 해가 되지 않는다'는 뜻) 원칙이다. 대법원은 이 원칙을 적용하여 "일반적으로 계약의 해석에 있어서는 형식적인 문구에만 얽매여서는 아니 되고 쌍방 당사자의 진정한 의사가 무엇인가를 탐구하여야 하는 것이므로, 부동산의 매매계약에 있어 쌍방 당사자가 모두 특정의 甲 토지를 계약의 목적물로 삼았으나 그 목적물의 지번 등에 관하여 착오를 일으켜 계약을 체결함에 있어서는 계약서상 그 목적물을 甲 토지와는 별개인 乙 토지로 표시하였다 하여도 위 甲 토지에 관하여 이를 매매의 목적물로 한다는 쌍방 당사자의 의사합치가 있은 이상 위 매매계약은 甲 토지에 관하여 성립한 것으로 보아야 할 것이고 乙 토지에 관하여 매매계약이 체결된 것으로 보아서는 안 될 것이며, 만일에 乙 토지에 관하여 위 매매계약을 원인으로 하여 매수인 명의로 소유권이전등기가 경료되었다면 이는 원인이 없이 경료된 것으로서 무효라고 하지 않을 수 없다"고 하였다(대판 1993. 10. 26, 93다2629·2636). 이를 객관적 해석에 대비하여 주관적 해석이라고 할 수 있다.

⟨falsa demonstratio non nocet⟩
(오표시 무해의 원칙)

이것은 원래 falsa demonstratio non nocet cum de corpore (persona) constat(물건 또는 사람이 확정되어 있는 경우에는 잘못된 표시는 해가 되지 않는다)이나, 앞부분만으로 이 원칙을 표현하는 것이 보통이다. 그리고 이를 다시 줄여서 falsa demonstratio

(오표시)의 원칙이라고도 말한다. 우리말로는 「오표시 무해의 원칙」이라고 일컫는 것
이 적당할 것이다. 이 원칙은 표의자가 의사표시를 잘못하였더라도(바꾸어 말해서, 오
표시를 하였더라도), 표시의 진정한 의미를 확정할 수 있는 경우에는, 그 표의자에게
불리한 결과가 되어서는 안 된다는 것이다. 이 원칙은 의사주의든 표시주의든 어떤 입
장에 따른다고 하더라도([140] 참조), 받아들여야 한다. 그것은 의사의 전달이라는 표시
의 본래의 사명이 달성되었다는 데서 승인할 수 있다. 이 원칙을 규정하는 입법례도 있
으나(스채 18조 1항, 프민 1156조 등), 규정을 두고 있지 않더라도 학설·판례가 확고한
원칙으로서 인정하고 있는 나라도 있다. 이에 관한 전형적인 예로 고래고기사건에 관
한 독일제국법원 1920년 6월 8일 판결(RGZ 99, 147)을 들 수 있다. 매도인과 매수인
모두 고래고기를 매매하는 의사를 가지고 계약을 체결하였는데, 계약서에 목적물을 상
어고기를 의미하는 노르웨이어인 Haakjöringsköd라고 기재하였다. 이 판결에서 당사
자들의 의사대로 고래고기에 관하여 계약이 성립하였다고 판단하였다. 이와 같이 비교
법적으로도 널리 승인되어 있는 이 원칙은 우리나라에서도 해석상의 원칙으로서 인정
되어야 한다. 이러한 해석방법은 자연적 해석(natürliche Auslegung)에 속한다.

(3) **보충적 해석**   상대방이 알 수 없는 당사자의 내심적 효과의사는 법률
행위의 효력에 영향을 미치는 일은 있어도(의사와 표시의 불일치, 사기·강박에 의한 의사
표시의 문제로서 나중에 다룬다), 그것은 법률행위의 해석 문제가 아니라, 그 다음 단계
(법률의 적용, 법적 가치판단)의 문제이다. 그런데 이른바 보충적 해석(ergänzende Ausleg-
ung)을 법률행위 해석의 한 종류로 다루기도 한다. 이것은 계약에 흠결이나 공백이
있는 경우에 이른바 가정적인 당사자의 의사(hypothetischer Parteiwille)에 의하여 계
약을 보충하는 것이다. 여기에서 가정적인 당사자의 의사라 함은 당사자들이 만일
계약에 흠결이 있는 사항을 알았더라면 규정하였을 것이라고 추측되는 것을 말한
다. 다수설은 보충적 해석을 법률행위 해석의 일종으로 파악한다. 즉, 보충적 해석
은 양 당사자의 실제적 의사를 확정하는 것은 아니고 법률행위 당시 및 보충적 해
석을 할 당시의 사정, 신의성실의 원칙과 거래관행에 의하여 인정되는 양 당사자의
가정적 의사를 확정하는 것이지만, 가정적 의사는 당사자가 정한 법률행위의 내용
에 기초하여 양 당사자가 법률행위의 틈과 이에 관한 규정의 필요를 알았더라면 규
정하였을 내용을 확정하는 것이므로 역시 내심적 효과의사의 연장으로서 사적 자
치와 조화된다고 한다(이영준 307면, 민법주해(Ⅱ) 206면). 대법원은 보충적 해석을 인정

하고 있다. 가령 계약당사자 쌍방이 계약의 전제나 기초가 되는 사항에 관하여 같
은 내용으로 착오가 있고 이로 인하여 그에 관한 구체적 약정을 하지 아니하였다
면, 당사자가 그러한 착오가 없을 때에 약정하였을 것으로 보이는 내용으로 당사자
의 의사를 보충하여 계약을 해석할 수 있다고 한다. 여기서 보충되는 당사자의 의
사는 당사자의 실제 의사 또는 주관적 의사가 아니라 계약의 목적, 거래관행, 적용
법규, 신의칙 등에 비추어 객관적으로 추인되는 정당한 이익조정 의사를 말한다(대
판 2006. 11. 23, 2005다13288). 그러나 보충적 해석은 법률행위의 해석을 벗어난 것으
로 법의 적용이라고 보아야 할 것이다(엄동섭, "법률행위의 보충적 해석," 한국민법이론의
발전, 1999, 87-89면. 또한 윤진수, 민법논고 Ⅰ, 275면).

    3. 해석의 표준   입법례에 따라서는 법률행위 해석의 표준 또는 기준을
명백히 규정하고 있는 것도 있으나(프민 1156조 내지 1164조, 독민 133조·157조, 스채 18
조 등), 민법은 그러한 일반적 규정을 두고 있지 않으며, 다만 제106조의 규정이 있
을 뿐이다. 그러나 위에서 밝힌 바와 같은 해석의 본질에 비추어, 결국 외국의 여러
입법례에서 규정하고 있는 것과 같은 결과가 되며, (ⅰ) 당사자의 목적, (ⅱ) 관습,
(ⅲ) 임의법규, (ⅳ) 신의성실의 원칙이 그 중요한 기준이 된다. 그 밖에 의사표시
가 행하여진 당시의 사정도 표준으로 삼을 수 있을 것이다. 그러나 이것은 오히려
표시행위 자체를 이루는 요소로 보는 것이 옳을 것이다. 무릇 우리의 언동이나 거
동은, 정도의 차이는 있어도, 언제나 그것이 행하여졌을 그때그때의 사정에 따라서
일정한 의미를 가지는 것이기 때문이다. 위에서 든 해석의 여러 표준에 관하여 설
명하면, 다음과 같다.

[134] Ⅱ. 당사자가 꾀하는 목적

    법률행위는 본래 일정한 사회적·경제적 목적을 자치적으로 달성하기 위한 법
률상의 수단이나. 그러므로 법률행위의 해석은 무엇보다도 당사자가 달성하려는 목
적을 파악하는 것이 첫째 과제이다. 실제로 계약을 해석하는 데 계약의 문언이 가
장 중요하다(문언해석). 당사자들이 자신의 의도나 목적을 계약의 문언에 표현하려
고 하기 때문이다. 그러나 계약의 문언에 당사자가 꾀하는 의도나 목적이 표시되지
않은 경우가 적지 않다. 그리하여 표시행위의 표현이나 문자에만 구애되지 않고 당

사자가 꾀하는 취지를 알아내고, 그 취지를 적절하게 달성하는 데 노력하여야 한다. 한편, 당사자의 의도는 될 수 있는 대로 달성되도록 해석하여야 한다. 즉, 법률행위 가운데의 모순되는 부분은 되도록 통일적으로 해석하고, 행위의 내용 또는 목적은 될 수 있는 대로 가능·유효하도록 해석하여야 한다(예컨대, 계약이 유효·무효의 어느 쪽으로도 해석되는 경우에는 유효한 것으로 해석하여야 한다).

[135] Ⅲ. 관   습

1. 법령 중의 선량한 풍속 기타 사회질서에 관계없는 규정(임의규정)과 다른 관습이 있는 경우에, 당사자의 의사가 명확하지 않은 때에는, 그 관습에 의한다(106조). 즉, 강행법규에 위반하지 않고 또한 임의법규와 다른 관습이 있을 때에, 당사자가 특히 그 관습에 의하지 않는다는 것을 명백히 한 경우를 제외하고는, 그 관습은 임의법규에 우선하여 법률행위를 해석하는 표준이 된다.

우리의 생활은 구체적·역사적인 사회 속에서 영위되고 있다. 자연히 표시행위도 사회적인 경험 또는 관행에 따른 언어·문장·동작 등으로 표현된다. 또한 생활관계도 경험적·관행적으로 이루어진다. 따라서 표현행위나 법률행위의 내용도 그것이 행해지는 때와 곳에서의 관습 또는 거래관행에 따라서 행하여지는 것이 보통이라고 이해하여야만 한다. 그러므로 법률행위에 사용된 문자·언어·동작 등은 물론이고, 법률행위의 내용이 관습을 전제로 하는 것은 당연한 일이다. 제106조는 바로 이 원칙을 명백히 밝히고 있는 것이다.

2. 제106조 적용의 요건

(1) 강행법규를 위반하지 않고 또한 임의법규와는 다른 관습이 있을 것   법령 중의 선량한 풍속 기타 사회질서에 관계있는 규정, 즉 강행법규([130] 참조)에 위반하는 관습은 그 효력을 인정할 수 없다. 한편, 선량한 풍속 기타 사회질서에 관계없는 규정, 즉 임의규정은 잠시 후에 보는 바와 같이 법률행위 해석의 한 표준이 되지만([136] 참조), 이 임의법규와 다른 관습이 있는 때에는 이 규정에 의하여 관습이 우선하여 해석의 표준이 된다. 강행법규·임의법규의 어느 것도 없는 사항에 관하여 관습이 있는 경우에 관해서는 이 규정이 이를 밝히고 있지 않으나, 이때에도 역시 그 관습이 해석의 표준이 됨은 물론이다.

〈관습의 존부에 관한 주장·증명책임〉

법률행위의 해석에서 관습의 존부가 문제되는 경우에, 이를 당사자가 주장·증명하여야 하는가? 관습의 존부가 확실하지 않을 때에는, 법관은 당연히 직권으로 그 존부를 판단하여야 하므로, 당사자가 주장·증명할 필요는 없다. 판례도 그와 같이 새기고 있다(대판 1976. 7. 13, 76다988; 대판 1977. 4. 12, 76다1124 등 참조).

원칙론은 위와 같다고 하여도, 현실의 문제로서 관습에 의한 판결을 얻기 위해서는 당사자가 주장·증명하여야 할 경우가 많을 것이다(대판 1983. 6. 14, 80다3231 참조).

(2) **당사자의 의사가 명확하지 않을 것**   당사자가 위와 같은 관습에 의할 의사를 명확히 표시한 경우에는, 그 관습은 법률행위의 내용이 되므로, 제105조에 의하여 당연히 그 관습에 의하게 된다(따라서 제106조는 이때에는 적용될 여지가 없다). 한편 당사자가 관습에 의하지 않겠다는 의사를 명확히 표시한 때에, 그 관습에 의할 수 없음은 물론이다. 그러므로 제106조의 적용으로 관습이 해석의 표준이 되는 것은, 위의 어느 경우에도 속하지 않을 때, 즉 당사자가 관습에 따른다는 의사나 따르지 않는다는 의사를 명확하게 표시하지 않은 경우이다. 당사자가 그 관습의 존재를 알고 있어야 하는가? 그럴 필요는 없다는 데에 학설은 일치하고 있다. 또한 두 당사자 중의 한쪽이 속하는 직업·계층에서의 관습과 다른 쪽이 속하는 직업·계층에서의 관습이 공통되지 않고 서로 다를 경우에는, 어느 한편의 관습에 따를 수 없으므로, 결국 이때에는 제106조가 적용되지 않는다. 바꾸어 말하면, 제106조가 적용되는 관습은 두 당사자의 직업이나 계급 등에 공통하는 보편적인 것이어야 한다.

3. 사실인 관습과 관습법   제106조에 의하여 법률행위 해석의 기준이 되는 관습은, 이를 「사실인 관습」이라 하여, 제 1 조에서 말하는 관습법과 구별하는 것이 판례 및 다수설이다(이영섭 282면, 김기선 237면, 방순원 185면. 반대: 고상룡 375면). 즉, 제 1 조의 관습법은 사회의 법적 확신 또는 법적 인식에 의하여 지지되고 법으로서의 가치를 갖는 관습을 말하며([8] 1 참조), 이에 대하여 제106조의 「사실인 관습」은 아직 사회의 법적 확신에 의하여 지지될 정도에 이르지 않은 것을 가리킨다고 한다. 그리하여 둘은 다음과 같은 점에서 차이가 있다고 한다. 첫째, 사실인 관습은 당사자의 의사를 해석하는 표준이 됨으로써 의사표시의 내용이 되고, 이때에 비로소 효력을 가지게 되나, 관습법은 당사자의 의사와는 관계없이 당연히 법규로서의

효력을 갖는다. 둘째, 관습법은 보충적 효력을 가질 뿐이므로 법률에 규정이 있는 사항에 관해서는 존재할 수 없으나(1조), 사실인 관습은 법률행위의 해석을 통하여 임의법규를 개폐하는 효력을 갖는다.

그런데 법의 순위라는 점에서 관습법과 사실인 관습을 고찰한다면, 다음과 같은 모순이 있게 된다. 즉, 법원이 적용하여야 할 법규범을 적용하지 않거나 또는 그 순위를 잘못 적용하면 그 재판은 위법한 것이 되는데, 제 1 조와 제106조의 관계에는 다음과 같은 모순이 있다는 지적이 있다. 제 1 조에 의하면 법의 적용순위는 (i) 강행법규(효력규정), (ii) 임의법규, (iii) 관습법의 순서로 된다. 그러나 제106조에 의하면, (i) 강행법규, (ii) 사실인 관습, (iii) 임의법규의 순위가 된다. 그러므로 사실인 관습은 임의법규에 우선하나, 관습법은 임의법규보다 낮은 지위에 서는 것이 된다. 이러한 모순을 어떻게 풀 것인가? 법이 법으로서 존재하는 형식, 또는 법으로서 형성되는 형식이라는 점에서 본다면, 사실인 관습과 관습법은 다르다고 하겠지만, 법률행위를 해석하는 기준으로서 제106조의 사실인 관습은 임의법규에 우선하여 적용된다. 왜냐하면 당사자들이 관습을 토대로 법률행위를 하였을 것이므로 그 해석의 경우에 관습을 고려하여 당사자의 의사를 확정하여야 하기 때문이다. 이와 같이 법률행위의 해석을 하는 경우에 사실인 관습에는 관습법도 포함시켜 이해하여야 할 것이다. 바꾸어 말하면, 사적 자치가 인정되는 범위에서는 사실인 관습이나 관습법이나 모두 임의법규에 우선해서 해석의 기준이 되고, 따라서 이 한도에서는 관습법과 사실인 관습을 구별할 필요가 없다. 결국 둘은 성질상 같은 것이나, 법의 존재형식에서 보는 경우와 법률행위의 해석이라는 점에서 본 경우에 차이가 생기는 것이라고 이해하여야 할 것이다.

[136] Ⅳ. 임의법규(규정)

법률행위의 당사자가 법령 중의 선량한 풍속 기타 사회질서에 관계없는 규정(임의규정)과 다른 의사를 표시한 때에는, 그 의사에 의한다(105조). 즉, 의사표시의 내용이 임의법규와 다를 때에는, 임의법규는 그 적용이 배척된다. 이 규정은 사적 자치의 원칙을 규정하고 있는 것이라고 말할 수 있다. 그런데 이 규정을 반대해석한다면, 특별한 의사의 표시가 없는 경우 또는 의사표시가 불완전·불명료한 경우에는, 임의법규를 적용한다는 것이 된다. 그리고 당사자들이 임의법규에 따라 의사표시를 하였다고 보아야 할 경우가 있다. 이러한 경우에는 임의법규가 법률행위 해석의 표준이 된다.

[137]　Ⅴ. 신의성실의 원칙과 조리

　　법률행위의 해석은 표시행위가 가지는 객관적인 법률적 의미를 확정하는 것이므로, 앞에서 본 바와 같은 여러 표준 또는 기준에 의하여 확정할 수 없는 경우에, 법률상의 행동원리인 신의성실의 원칙 또는 법의 근본이념이 되는 조리에 따라야 한다. 법률행위의 해석에서, 당사자가 꾀하는 목적·관습·임의법규를 해석의 기준으로 삼는 것은, 사적 자치를 인정하는 것이 합목적적 또는 합리적이라는 법의 정신의 구체적 표현이다. 뿐만 아니라, 사적 자치는 표의자 개인의 이기적 이익만을 위하여 인정하고 있는 것은 아니며, 그것은 법의 정의관·합리성에 의하여 인정되는 것이다. 이러한 사실은 해석작용 그 자체가 법의 근본이념(조리)이나 행동원리(신의성실의 원칙)에 의하여야 함을 요구하며, 그것은 당연한 사리인 것이다.

　　법률행위의 해석에서 조리 또는 신의성실의 원칙을 기준으로 한 현저한 예로 이른바 「예문해석」을 들었다. 그러나 이 문제는 현재 약관의 해석과 약관에 대한 내용통제로 다루어지고 있다.

〈예문해석(例文解釋)〉

　　부동산의 임대차나 전세·금전소비대차·위임 등의 계약에는 일반적으로 사용되는 서식이 있는데, 이 서식에는 특히 경제적 강자에게 일방적으로 유리한 조항이 인쇄·삽입되어 있는 경우가 있다. 그런데 그러한 조항을 당사자의 합의내용으로 보는 것이 매우 부당한 때에는, 그것은 당사자를 구속하시 않는 단순한 「예문」(단순한 예로서 늘어놓은 문언)에 지나지 않는다는 것이 판례이다(대판 1989. 8. 8, 89다카5628; 대판 1992. 2. 11, 91다21954; 대판 1997. 5. 28, 96다9508; 대판 1997. 11. 28, 97다36231; 대판 1999. 3. 23, 98다64301 등 참조). 이것이 이른바 「예문해석」이다. 이는 예문이 조리 또는 신의성실의 원칙에 반한다는 이유로 구속력이 없다고 새기는 조리해석이라고 하였다. 그러나 이와 같은 예문은 약관에 해당하는 경우가 많은데, 이에 대해서는 약관의 규제에 관한 법률이 적용된다. 이 법에서 종래의 예문해석과 관련된 주요 규정으로는 개별약정 우선의 원칙을 정한 제 4 조, 약관의 해석을 정한 제 5 조와 약관의 내용통제에 관하여 정하고 있는 제6조에서 제16조까지의 규정을 들 수 있다.

[138] Ⅵ. 법률행위의 해석은 법률문제이다

　　법률행위를 해석할 필요성은 주로 다음과 같은 사정으로 생긴다. 첫째, 보통사람은 법률지식이 적기 때문에, 그의 표시행위는 매우 비법률적인 것이 일반적이다. 둘째, 위와 같은 사정이 있기 때문에 표시행위로서의 언어·문장·동작 등이 불명확하거나 불완전한 것이 많다. 그러므로 법률행위의 내용이나 효력에 관하여 다툼이 생긴 경우에 이 비법률적인 것을 법률적으로 구성하고 불명확하거나 불완전한 것을 완전하고 명확하게 하여 법률행위를 해석하는 것이 필요하다. 그런데 당사자의 내심의 의사는 하나의 객관적인 사실에 지나지 않으나, 해석은 위에서 적은 바와 같이 그것에 대한 법률적인 가치판단이므로, 법률행위의 해석은 「사실문제」에 지나지 않는 것이 아니라 「법률문제」에 해당할 수 있다(그러나 사실문제로 이해하는 견해도 있다. 이영준 357면). 법률행위의 해석이 사실문제인지 법률문제인지는 법률행위의 해석을 어떻게 파악할 것인지와 관련된 문제이다. 법률행위의 해석은 일반적으로 법률문제라고 볼 수 있다. 그러나 법률행위의 내용이 명확하여 굳이 해석이 필요하지 않는 경우에는 사실문제로 보아야 할 것이다.

　　　　대법원은 "당사자에 의하여 무엇이 표시되었는가 하는 점과 그것으로써 의도하려는 목적을 확정하는 것은 사실인정의 문제이고, 인정된 사실을 토대로 그것이 가지는 법률적 의미를 탐구 확정하는 것은 이른바 의사표시의 해석으로서, 이는 사실인정과는 구별되는 법률적 판단의 영역에 속하는 것이다. 그리고 어떤 목적을 위하여 한 당사자의 일련의 행위가 법률적으로 다듬어지지 아니한 탓으로 그것이 가지는 법률적 의미가 명확하지 아니한 경우에는 그것을 법률적인 관점에서 음미, 평가하여 그 법률적 의미가 무엇인가를 밝히는 것 역시 의사표시의 해석에 속한다."고 하였다(대판(전) 2001. 3. 15, 99다48948).

　　법률행위의 해석이 사실문제인지 법률문제인지는 소송상 매우 중요하다. 사실문제는 상고이유가 되지 못하나(민소 432조 참조), 법률문제는 상고이유가 되기 때문이다(민소 423조 참조).

제 5 절   의사표시

제 1 관   서   설

[139] Ⅰ. 의사표시에 관한 문제

의사표시에서는 무엇보다도 그 의의, 본질, 법률행위와의 관계가 중요한 문제
이다. 그런데 이들 일반적 문제에 관해서는 이미 설명하였으므로, 이 곳에서 되풀
이하지 않는다([119]·[120] 참조). 민법은 총칙편 제 5 장 제 2 절에서 의사표시라는 제
목 아래에 의사와 표시의 불일치, 사기·강박에 의한 의사표시, 의사표시의 효력발
생에 관하여 규정하고 있다. 이 장에서는 이들에 관하여 차례로 설명하기로 한다.

[140] Ⅱ. 의사표시에 관한 이론

이미 밝힌 바와 같이 사적 자치가 인정되는 곳에서는 법률행위가 있으면 일정
한 법률효과의 발생이 법에 의하여 인정된다. 그러나 법률행위에 의하여 생기는 효
과는 실제로는 법률행위를 구성하는 의사표시에서 표의자가 발생시키기를 원하였
던 효과의사에 지나지 않는다([119] 3 참조). 그런데 의사표시는 기본적으로는 의사(효
과의사·표시의사·행위의사)와 표시라는 두 요소로 구성되어 있다([120] 참조). 여기에서
그러한 의사표시에서의 의사적 요소가 존재하지 않거나, 또는 있다고 하더라도 어
떤 흠이 있는 경우에, 그 표시의 효력이 어떻게 되는가를 둘러싸고, 일찍부터 여러
이론이 주장되고 있다. 이것이 종래 「의사표시 이론」이라고 일컬어지는 것이다. 그
러한 이론으로서 다음과 같은 것이 있다.

1. 의사주의   법률행위(의사표시)는 개인의 의사에 따라서, 즉 그가 원하
는 것에 따라서 법률효과가 주어지는 것이므로, 행위자(표의자)의 진실한 「의사」가
현실적으로 있어야만 한다. 이러한 생각을 관철한다면, 비록 표시행위가 존재하고
있더라도, 그것에 대응하는 효과의사가 존재하지 않는 때에는, 그 의사표시는 모두
무효 또는 불성립으로 다루어져야 한다는 것이 된다. 의사표시를 법률상 어떻게 다
룰지에 관하여 위와 같이 표의자의 의사, 즉 내심적 효과의사를 최고·절대의 것으
로 보는 것이 「의사주의」이다. 바꾸어 말하면, 그것은 표시행위가 아니라 내심의

효과의사를 의사표시의 본체로 보는 생각이다([120] 참조).

  2. 표시주의   법률행위(의사표시)는 표의자의 의사를 바탕으로 하는 것이기는 하지만, 그것이 외부에 표현되지 않는다면, 즉 표시행위를 수반하지 않는다면, 법률적 의미를 갖지 않는다. 그리고 외부에 있는 사람이 표의자의 내심의 의사(효과의사)를 알려면, 표시행위에 나타난 것, 즉 표시행위로부터 추측되는 것(표시상의 효과의사)에 의하는 방법밖에 없다. 그러므로 표시행위에 대응하는 내심의 의사가 없는 경우에도, 표시행위로부터 추측·판단되는 의사가 존재하는 것으로 보아 표시행위대로의 법률효과를 생기게 하는 것이 합리적인 경우도 적지 않다. 이와 같이 의사표시를 법률상 다룰 때 표의자의 의사보다도 「표시행위」에 중점을 두는 이론이 「표시주의」이다. 바꾸어 말하면, 의사주의와는 반대로, 표시행위를 의사표시의 본체로 보는 생각이 곧 표시주의이다.

  3. 절충주의   내심의 의사와 표시의 어느 하나를 주로 하고 다른 하나를 적당히 덧붙이는 것이 「절충주의」이다. 바꾸어 말해서, 표의자를 보호할 필요가 있는 때에는 의사주의를, 그리고 상대방을 보호할 필요가 있는 때에는 표시주의를 각각 따르는 것이 타당하다는 이론이다.

  4. 각 이론의 비교   이제 각 이론을 비교해 볼 때, 의사주의는 근대법의 초기 이래의 대원칙인 개인의사의 자치·자유의 이념 그리고 개인주의적 사회관에 철저한 생각이며, 주로 개개의 표의자가 갖고 있는 이익을 보호하는 것을 중심으로 하는 이론이다. 이에 반하여 표시주의는 표의자 본인의 이익보다는 선의의 상대방이 갖고 있는 이익이나 거래의 안전과 신속을 더욱 중시하는 이론이다. 이들 의사주의나 표시주의는 각각 정당한 이유를 가지고 있지만, 두 주의를 모두 따르는 것은 현실적으로 용이한 일이 아니다. 그렇다고 그중 어느 한쪽만을 철저하게 관철한다는 것도 비현실적이기 때문에, 모든 입법례는, 정도의 차이는 있어도, 두 이론 사이의 절충주의를 취하고 있다. 문제는 절충주의를 취한다고 할 때에, 상대적으로 어느 쪽에 보다 더 무게를 두느냐에 있다.

  5. 민법의 태도   민법도 다른 입법례와 마찬가지로 절충주의를 취하고 있다. 다만 표시주의가 행위의 외형을 신뢰한 상대방을 보호하고 거래의 안전을 꾀하려는 것이므로, 그것은 주로 재산법관계에서 문제된다(그러나 이를 관철할 때에 표의

자에게 가혹한 경우가 있게 된다). 당사자의 진의, 즉 참된 의사가 절대적으로 존중되는
가족법관계에서는 표시주의 이론은 원칙적으로 적용될 여지가 없다.

제 2 관   의사와 표시의 불일치

[141] I. 의   의

1. 법률행위는 사적 자치를 달성하기 위한 수단으로서 인정되는 것이므로,
법률행위의 요소가 되는 의사표시에서 표의자의 마음 속의 의사가 표시행위를 통
하여 그대로 표현되는 때에, 바꾸어 말하면 의사와 표시가 일치하는 때에, 비로소
당사자가 원한 대로 법률효과가 발생하는 것은 당연한 일이다. 즉, 의사와 표시의
일치는 법률행위제도에서 가장 근본적인 요청이다. 그런데 거래의 실제에서는 여러
사정으로 표의자의 마음 속의 의사(내심적 효과의사·진의)가 표시행위로부터 추측·판
단되는 것(표시상의 효과의사)과 부합·합치하지 않는 경우가 있다. 이와 같이 의사와
표시, 즉 내심적 효과의사와 표시상의 효과의사가 일치하지 않는 경우를 통틀어서,
「의사와 표시의 불일치」 또는 「의사의 흠결」(표시행위에 대응하는 효과의사가 없다는 뜻)
이라고 한다.

이와 같이 의사와 표시가 불일치하는 경우에, 그 의사표시의 효력, 따라서 법
률행위의 효력을 어떻게 할 것인지 문제된다. 이에 관해서는 이미 밝힌 바와 같이
대립하는 이론이 있다([140] 참조). 의사주의 이론에 따른다면 그 효력을 인정할 수
없을 것이고, 반대로 표시주의 이론에 의한다면 표시된 대로 효력이 생길 것이다.
그러나 민법은 이들의 어느 극단에 흐르지 않고 이른바 절충주의를 취하여, 거래의
안전을 해치지 않는 한도에서 표의자의 진의를 존중하면서, 표의자의 이익과 사회
일반의 이익을 조화하려고 꾀하고 있다. 표시주의 이론에 의한 강한 제한을 받는
의사주의가 민법의 태도라고 할 수 있다.

2. 의사와 표시의 불일치는 표의자가 스스로 불일치를 알고 있는 경우(의사의
의식적 흠결)와 그러한 불일치를 알지 못하는 경우(의사의 무의식적 흠결)로 나누어진
다. 의사와 표시의 불일치를 표의자가 알고 있는 것은, 다시 상대방과 통정(통모)한
것(허위표시)과 그렇지 않은 것(진의 아닌 의사표시)으로 나누어진다. 의사와 표시의 불

일치를 표의자가 알지 못하는 것은 「착오」이다. 민법은 제107조에서 제109조까지 이들에 관하여 규정하고 있다. 차례로 설명한다.

[142] Ⅱ. 진의 아닌 의사표시

1. 의 의

(1) 표시행위에 대한 진의(眞意), 즉 참된 의사가 없다는 것, 즉 의사(내심적 효과의사)와 표시(표시상의 효과의사)가 일치하지 않는다는 것을 표의자 스스로 알면서 하는 의사표시를 진의 아닌 의사표시 또는 비진의표시(非眞意表示)라고 한다. 예컨대, 물건을 팔 생각이 없으면서 '팔겠다'고 하거나, 또는 그에 관한 계약서에 서명하는 것이 그 예이다. 판결에서는 사직할 의사가 없으면서 사직서를 제출하는 사례가 종종 등장한다(대판 1991. 7. 12, 90다11554; 대판 1992. 5. 26, 92다3670). 이 비진의표시는 표의자가 단독으로 하고 상대방이 있는 경우에도 그와 통정(통모)하는 일이 없다. 이 점에서 뒤에 설명하는 통정허위표시와 다르며([143] 참조), 그것에 대응하여 단독허위표시라고도 일컫는다(의용민법에서는 진의를 마음 속(심리)에 보류한 행위라는 의미에서, 심리유보(心裡留保)라고 일컬었다).

(2) 요 건

(가) 의사표시가 있어야 한다. 즉, 일정한 효과의사를 추측하여 판단할 만한 가치가 있는 행위가 있어야 한다. 그러나 명백히 사교적인 농담, 배우가 무대 위에서 하는 대사, 교수가 교실에서 학생에게 표본으로서 보여 준 어음이나 수표 등과 같이, 법률관계의 발생을 원하고 있지 않다는 것이 명백한 경우에는 의사표시가 있는 것이 아니므로, 비진의표시의 문제는 생기지 않는다.

(나) 표시와 진의가 일치하지 않아야 한다. 즉, 내심적 효과의사가 표시상의 효과의사와 객관적으로 부합하지 않아야 한다. 여기에서 '진의'는 특정한 내용의 의사표시를 하려는 표의자의 생각을 말하는 것이지 표의자가 진정으로 마음 속에서 바라는 사항을 뜻하는 것은 아니다(대판 1996. 12. 20, 95누16059; 대판 2000. 4. 25, 99다34475). 효과의사가 표의자가 궁극적으로 실현을 희망하는 사실상 결과를 그대로 반영하지 않는다거나 효과의사에 통상적으로 결합되는 실제적 목적이 추구되지 않았다는 것으로는 비진의표시가 되지 않는다(양창수·김재형, 645면). 한편 강박에 의한

의사표시라도 표의자에게 남아 있는 의사형성의 자유에 기한 것이라면 이를 비진
의표시라고 할 수 없다(대판 1993. 7. 16, 92다41528).

　㈐　표의자가 스스로 위와 같은 불일치를 알고 있어야 한다.

　㈑　표의자가 그러한 행위를 하는 이유나 동기는 이를 묻지 않는다. 즉, 상대
방이나 제3자를 속이려고 하는 경우이든, 또는 그들이 표의자의 진의를 당연히 이
해하리라고 생각하여 한 것이든, 그 의사표시를 하게 된 이유 또는 동기는 이를 묻
지 않는다.

2. 효　　과

　(1)　원　　칙　　　비진의표시는 원칙적으로 의사표시의 효력에 영향을 미치
지 않는다(107조 1항 본문). 즉, 표의자의 진의가 무엇인지를 묻지 않고서, 표시된 대
로 효력이 생긴다. 이와 같이 표시주의 이론에 따른 것은 이 경우에는 표의자를 보
호할 필요가 없기 때문이다.

　(2)　예　　외　　　상대방이 표의자의 진의 아님을 알았거나 이를 알 수 있었
을 경우에는 그 비진의표시는 무효이다(107조 1항 단서). 「알 수 있었을 경우」라는
것은 과실로 알지 못한 경우를 말한다. 즉, 보통사람의 주의를 베풀었다면 알았을
경우를 뜻한다. 악의(진의 아님을 알고 있는 것)이거나 과실 있는 상대방을 보호할 필
요가 없으므로, 그러한 경우에는 오히려 표의자 본인의 진의를 존중하여 비진의표
시를 무효로 한 것이다. 비진의라는 사실을 알았는지 여부 또는 과실이 있었는지
여부는 모두 행위의 당시, 즉 상대방이 표시를 깨달아 안 때를 표준으로 하여 결정
하여야 한다. 그리고 상대방의 악의 또는 과실의 유무는 무효를 주장하는 자가 이
를 증명하여야 한다(대판 1992. 5. 22, 92다2295).

　　비진의표시가 무효로 되는 경우에, 표의자는 불법행위책임을 지는가? 상대방
이 악의인 때에는 문제가 되지 않지만, 선의이나 그 선의인 데 과실이 있는 때에는
표의자에게 신뢰이익의 배상을 인정하여야 한다는 견해가 있다(그러나 이때에 과실상
계(763조·396조)를 하게 됨은 물론이다. 김용한 284면, 이영준 377면). 그러나 민법은 비진의
표시가 무효로 되기 위해서는 상대방이 「알았거나 알 수 있었을」 것이 필요하므로,
이와 같은 사유가 있는 경우에는 손해배상청구권이 부정된다고 새겨야 한다.

　(3)　비진의표시가 예외적으로 무효로 되는 경우에, 그 무효는 「선의의 제3자」

에게 대항하지 못한다(107조 2항). 거래의 안전을 위하여 둔 규정이다. 「제 3 자」·「선의」·「대항할 수 없다」 등의 의미에 관하여는, 제108조 제 2 항이 허위표시의 무효는 선의의 제 3 자에게 대항할 수 없다고 하고 있는 것과 대체로 같으므로, 편의상 그 설명에 미룬다([143] 3 (2) 참조).

3. 적용범위

(1) 제107조가 적용되는 것은 상대방 있는 의사표시에 한하지 않으며, 상대방 없는 의사표시에도 적용된다. 그러나 상대방 없는 의사표시의 경우에는 동조 제 1 항 단서는 적용될 여지가 없으며, 이러한 경우 비진의표시는 항상 유효하다(김증한·김학동 331면, 송덕수 264면. 반대: 김상용 444면, 백태승 389면).

(2) 가족법상의 행위는 당사자의 진의를 절대적으로 필요로 하는 것이므로, 제107조는 적용되지 않는다. 혼인과 입양에 관해서는 "당사자 간에 그 합의가 없는 때"에는 무효로 한다고 함으로써(815조 1호·883조 1호 참조), 이 뜻을 특히 분명하게 밝히고 있다. 여기에서 합의는 진의에 기한 합의를 의미한다. 또한 상법은 주식인수의 청약에는 제107조 제 1 항 단서가 적용되지 않는다고 규정하고 있다(상 302조 3항).

(3) 비진의표시가 대리관계와 얽혀서 문제되는 경우가 있다. 예컨대, 甲의 대리인 乙이 본인을 위하여 할 의사는 없이 오로지 대리권을 남용해서 자기나 제 3 자의 이익을 꾀할 목적으로, 丙과 대리권한 내의 법률행위를 하고, 丙은 乙의 진의를 알 수 있는 사정이 있었다고 할 경우에, 그 행위의 효과는 甲·丙 사이에 발생하는지 문제된다. 제107조 제 1 항 단서를 유추 적용해서, 乙·丙 사이의 대리행위는 대리행위로서 성립하지 않는다고 새겨야 한다(대판 1987. 7. 7, 86다카1004; 대판 1987. 11. 10, 86다카371; 대판 1999. 1. 15, 98다39602 참조).

[143] Ⅲ. 허위표시

1. 의 의
상대방과 짜고 하는 진의 아닌 거짓의 의사표시를 허위표시(虛僞表示)라고 한다. 즉, 표의자가 진의가 아닌 거짓의 의사표시를 하는 데 관하여 상대방과 합의를 한 경우이다. 채무자가 자기 소유의 부동산에 대한 채권의 집행을 벗어나기 위하여 타인과 서로 짜고서 그에게 매도한 것으로 하고 등기명의를

옮기는 경우, 세금대책을 위하여 매매대금을 실제의 금액보다 적게 표시하기로 상
대방과 합의하여 계약서를 만드는 경우, 또는 은행이 진실로는 甲이 한 대출인데도
표면상 乙 명의로 해 두는 경우 등은 그 좋은 예이다. 전항에서 설명한 비진의표시
가 단독의 허위표시인 데 반하여, 허위표시는 상대방과 통하고 있다는 점에서 「통
정(통모)허위표시」라고도 부른다. 그리고 허위표시를 요소로 하는 법률행위(위의 사
례에서의 매매나 예금계약)를 가리켜 「가장행위」라고 일컫는다.

2. 요　건

(1) 의사표시가 있어야 한다. 좀 더 정확하게는 유효한 의사표시가 있는 것과
같은 외관이 있어야 한다. 제3자가 보아서 의사표시가 있다고 생각할 만한 외관
또는 외형이 있는 것으로 충분하나, 실제에서는 증서의 작성·등기 또는 등록과 같
은 외형, 즉 겉모양을 갖추는 것이 보통이다. 원래 허위표시는 표의자가 그의 진의
를 제3자에 대한 관계에서 감추려는 것이 실질적 목적이기 때문에, 표의자는 법률
행위의 성립을 제3자가 믿을 만한 겉모양을 갖추려고 하는 것이다.

(2) 표시로부터 추측·판단되는 의사(표시상의 효과의사)와 진의(내심적 효과의사)
가 일치하지 않아야 한다. 바꾸어 말하면, 표시 즉 앞에서 적은 의사표시의 외관으
로부터 추측·판단되는 효과의사가 당사자 사이에 존재하지 않아야 한다. 물론 의
사표시의 법률적 효과와 그것에 의하여 달성하려고 하는 경제적 목적이 모순되어
있다고 해서, 그것이 곧 허위표시는 아니다. 바꾸어 말하면, 이른바 신탁행위는 허
위표시가 아니다. 이에 관해서는 뒤에서 다시 살펴보기로 한다(5 (2) 참조).

(3) 위와 같은 표시와 진의의 불일치를 표의자가 스스로 알고 있어야 한다.

(4) 진의와는 다른 표시를 하는 데 관하여, 표의자와 상대방이 합의하여야 한
다. 즉, 표의자가 상대방과 짜고 하여야 하는데, 민법은 이를 상대방과의 통정(通情)
이라고 한다(108조 1항 참조). 이 점에서 비진의표시와 다름은 이미 밝혔다.

　　　위와 같이 허위표시에서의 「통정」은 표의자와 상대방 사이의 「합의」이나, 그 합의
　　는 여러 개가 합쳐져 있는 복합적인 것이다. 즉, 이 합의에는, 첫째 표의자가 일정한 진
　　의를 가지고 있고, 둘째 표의자가 그것과는 다른 외형상의 의사표시를 하며, 셋째 외형
　　상의 의사표시에 의하여 진의를 감춘다는 세 가지 점에서 상대방과 합의를 하는 것이
　　다. 그중 둘째의 합의의 내용이 외형상의 「허위의 의사표시」이다. 그리고 셋째의 합의

는, 둘째의 합의의 전제로서 어떤 외형으로 진의를 감추는가에 관한 합의와 둘째의 합의에 대한 뒷처리로서 장차 어떻게 외형을 소멸시킬지에 관한 합의이다. 민법은 이들 복합적 합의 가운데서, 둘째의 합의내용만을 가지고 「허위표시」라고 하고 있다.

(5) 허위표시는 제 3 자를 속이려는 목적으로 하는 경우가 많으나, 반드시 그러한 목적이나 동기를 필요로 하는 것은 아니다.

3. 효   과

(1) **원   칙**   허위표시는 당사자 사이에서는 언제나 무효이다(108조 1항). 그러한 행위에 법률적 효과를 인정할 이유가 없기 때문이다. 따라서 이행을 하고 있지 않으면 이행할 필요가 없고, 이행한 후이면 허위표시로 이익을 얻은 자는 부당이득반환의무를 지게 된다(741조 이하 참조). 이때 제746조가 적용되지 않는다. 허위표시 그 자체가 불법은 아니기 때문이다.

(2) **예   외**   제 3 자에 대한 관계에서는 허위표시의 "무효는 선의의 제 3 자에게 대항하지 못한다"(108조 2항). 허위행위(가장행위)의 외형을 신뢰한 제 3 자의 이익을 보호하기 위한 것이다. 예컨대, 甲과 乙이 가장행위를 하여 甲의 부동산을 乙에게 이전한 경우에, 선의의 丙이 乙로부터 그 부동산을 취득하면, 丙은 유효하게 부동산소유권을 취득한다(그러나 甲과 乙 사이에서는 이때에도 그 허위표시가 무효임에는 변함이 없다. 따라서 甲은 乙에게 그 부동산의 반환불능에 의한 손해배상을 청구할 수 있다). 독일민법과 같이 등기에 공신력을 인정함으로써, 동산뿐만 아니라, 부동산에 관해서도 선의취득을 인정하여 거래의 외형을 신뢰한 자를 보호하고 있는 법제에서는 제108조 제 2 항과 같은 규정을 둘 필요가 없다(독민 117조 참조). 그러나 우리 민법과 같이, 동산의 선의취득을 인정할 뿐이고 등기의 공신력을 인정하지 않는 법제에서는, 이 규정은 동산 이외의 거래, 특히 부동산의 거래에서 사실상 등기에 공신력을 인정하는 것과 같은 결과가 되어 매우 중요한 의의가 있다(자세한 것은 물권법 강의에서 다룬다).

(개) 일반적으로 「제 3 자」라고 하면, 당사자와 그의 포괄승계인 이외의 자를 모두 포함한다. 그러나 제108조 제 2 항에서 말하는 제 3 자는 위와 같은 제 3 자 가운데서 허위표시행위를 기초로 하여 새로운 법률적 이해관계를 맺은 자를 한정해서 가리킨다. 제 3 자의 범위는 권리관계에 기초하여 형식적으로만 파악할 것이 아

니라 허위표시행위를 기초로 하여 새로운 법률상 이해관계를 맺었는지 여부에 따라 실질적으로 파악하여야 한다(대판 2000. 7. 6, 99다51258).

허위표시의 외형을 신뢰하여 새로운 이해관계를 가지게 된 자가 아니면 이 조항으로 보호할 필요가 없기 때문이다. 그러한 제 3 자에 해당하는 자로서는, 예컨대 가장매매의 매수인으로부터 그 목적부동산을 다시 매수한 자, 가장매매의 매수인으로부터 저당권을 설정받은 자, 가장매매에 의한 대금채권의 양수인, 가장소비대차에 의한 채권의 양수인, 가장매매의 매수인에 대한 압류채권자 등이 그 예이다. 그러나 채권을 가장양도한 경우 채무자(대판 1983. 1. 18, 82다594)는 제 3 자에 속하지 않는다. 그가 허위표시의 당사자로부터 독립한 이익을 갖는 법률관계에 들어간 자가 아니기 때문이다. 다만 가장의 채무에 대한 보증인이 보증채무를 이행한 경우에 그 보증인은 제 3 자에 속한다(대판 2000. 7. 6, 99다51258).

(내) 「선의」는 그 의사표시가 허위표시임을 알지 못하는 것이다. 선의·악의를 결정하는 표준이 되는 시기는 법률상의 이해관계가 생겼을 때이다. 선의의 제 3 자로부터 다시 전득한 자에 대하여는, 그가 전득할 때에 악의라고 하더라도, 허위표시의 무효를 가지고 대항하지 못한다. 이때의 전득자는 선의의 제 3 자가 취득한 권리를 승계하고 있기 때문이다. 선의인데 무과실이어야 하는가? 제108조 제 2 항은 선의자의 무과실을 요구하고 있지 않으므로, 선의이면 되고 무과실은 요건이 아니라고 새겨야 한다(김증한·김학동 335면, 이영준 387면). 제 3 자의 악의는 그 악의를 주장하는 자가 이를 증명하여야 한다(대판 1970. 9. 29, 70다466).

(대) 「대항하지 못한다」는 것, 즉 대항불능은 허위표시의 무효를 주장할 수 없다는 것이다. 따라서 선의의 제 3 자에 대한 관계에서는 표시된 대로 효력이 생긴다. 이때에 무효를 주장할 수 없는 것은 허위표시의 당사자뿐만 아니라 표의자의 채권자도 마찬가지이다. 그러나 선의의 제 3 자가 허위표시의 무효를 주장하는 것은 상관없다(이에 반대하는 견해로는 김증한·김학동 336면, 이영준 389면).

(3) 허위표시는 당사자 사이에서 이를 철회할 수 있는가? 여기서 말하는 철회는 통정의 허위표시를 한 당사자가 합의에 의하여 외형상의 법률행위를 소멸시키고, 진정한 권리자에게 증서·등기 등의 권리명의를 회복하도록 하는 것이다. 이를 인정하여도 무방하다. 그러나 이때에도 선의의 제 3 자를 보호하여야 함은 물론이

다. 따라서 철회를 하더라도, 선의의 제 3 자에 대하여 그것을 가지고 대항하지 못한다고 새겨야 한다.

4. 적용범위

(1) 제108조는 계약에 한하지 않고 「상대방 있는 단독행위」(예, 채무의 면제)에도 적용된다. 그러나 상대방 없는 단독행위에는 적용되지 않는다(김증한·김학동 337면). 그리고 계약인 경우에 그것이 채권계약이든 또는 물권적 합의(물권계약)이든 이를 묻지 않으며, 어느 경우에나 적용된다.

(2) 본인의 진의를 절대적으로 존중하는 가족법상의 행위에서 허위표시는 언제나 무효이다. 선의의 제 3 자에 대하여 유효한 것으로 하는 것도 가족관계의 본질에 비추어 부당하다. 따라서 제108조 제 2 항도 그 적용이 없다. 바꾸어 말해서, 허위표시의 무효를 선의의 제 3 자에 대해서도 주장할 수 있다.

5. 허위표시와 구별하여야 할 행위

(1) 은닉행위   예컨대, 증여의 의사를 감추고 매매를 가장하는 경우와 같이 진실로 다른 행위를 할 의사가 감추어져 있는 경우가 있다. 이때에 그 감추어진 행위를 「은닉행위」라고 한다. 은닉행위의 효력에 관하여 민법은 따로 규정을 두고 있지 않다. 그 숨겨진 행위는 그에 요구되는 요건을 갖추고 있는지 여부(위 사례에서 증여의 요건을 갖추고 있는지 여부)에 따라서 그 효력이 정해지며, 특별히 문제삼을 필요가 없다. 즉, 은닉행위라는 것만으로 당연히 무효로 되는 것은 아니다. 물론 은닉행위도 일종의 허위표시이지만, 진실로 다른 행위를 할 의사가 있기 때문에, 보통의 허위표시로 다룰 것이 아니라, 이와 같이 감추어진 행위로서의 요건이 갖추어져 있는지 여부에 따라서 그 효력을 결정하면 된다.

(2) 신탁행위   예컨대, 추심을 위한 채권양도, 담보의 목적으로 하는 동산 소유권양도와 같이, 상대방에게 그 행위의 경제적 목적을 넘는 권리를 주고 상대방으로 하여금 그 목적의 범위 안에서만 그 권리를 행사케 하려는 행위를 「신탁행위」(민법학상의)라고 일컫는다는 점은 이미 설명하였다([125] 3 참조). 이 신탁행위에서는 권리를 이전하려는 진의가 있기 때문에, 그것은 결코 허위표시가 아니다. 예컨대, 동산양도담보에서는 채권담보라는 경제적 목적을 소유권양도라는 법률적 수단으로 달성하려는 것일 뿐, 소유권양도라는 의사표시 그 자체는 진의이기 때문에, 그것은

허위표시가 아니다.

[144]　Ⅳ.　착오에 의한 의사표시

1. 의　　의

일반적으로 널리 「착오」라고 할 때에는, 그것은 어떤 객관적 사실에 대한 인식에 잘못이 있는 것, 바꾸어 말해서, 사실과 관념이 일치하지 않는 것을 뜻한다. 이러한 착오에 빠진 상태에서 한 의사표시가 「착오에 의한 의사표시」이다.

이 착오에 의한 의사표시의 정의에 관하여는 견해가 일치하지 않는다. 다수설은 표시로부터 추측·판단되는 의사(표시상의 효과의사)와 진의(내심적 효과의사)가 일치하지 않는 의사표시로서, 그 불일치를 표의자 자신이 알지 못하는 것이 「착오에 의한 의사표시」라고 한다. 그리고 표의자가 표시와 진의의 불일치를 알지 못하는 점에서, 비진의표시나 허위표시와는 다르다고 설명한다(김기선 255면, 김증한·김학동 339면, 김현태 298면, 방순원 206면, 이영섭 312면, 이은영 512면). 그런데 이 다수설의 정의에는 문제가 있다. 그것은 잠시 후에 설명하는 착오의 세 모습 중 표시상의 착오와 내용의 착오에 의한 의사표시를 설명하는 데는 부족함이 없으나, 그 정의로는 동기의 착오에 의한 의사표시를 설명하지 못한다. 왜냐하면 동기의 착오의 경우에는 표시상의 효과의사와 내심적 효과의사가 형식적으로든 실질적으로든 부합하며 불일치가 없고, 다만 거기에는 내심적 효과의사를 결정하게 된 동기가 다를 뿐이기 때문이다. 따라서 표시상의 효과의사와 내심적 효과의사가 일치하지 않는 것이라고 설명하는 것은 적당하지 않다. 여기서 동기의 착오까지도 포함해서 착오에 의한 의사표시를 설명해 주는 정의로서는 「진의와 표시의 불일치」라고 하는 것이 가장 적당하다고 생각한다. 여기서 「진의」라는 것은 표의자가 진정으로 꾀하였던 의사, 즉 「착오가 없었더라면 가졌을 것으로 생각되는 의사」를 말한다.

요컨대, 표의사의 착오, 즉 잘못된 인식이 원인이 되어 표시행위로부터 추측되는 효과의사와 진의가 일치하지 않고 어긋나 있는 것이 「착오에 의한 의사표시」이다. 예컨대, 친구의 약혼이 해제된 것을 모르고 결혼을 축하할 생각으로 선물을 산 경우 또는 서울의 본사로 전근되는 줄 알고 서울에서 아파트의 임대차계약을 체결하였는데 지방의 다른 지사로 전근된 경우에, 매매나 임대차에서 표의자는 착오에 의한 의사표시를 한 것이 된다.

2. 요 건

법률행위의 내용의 중요부분에 착오가 있는 때에는, 그 의사표시는 이를 취소할 수 있다(109조 1항 본문). 따라서 법률행위의 내용의 중요부분에 착오가 있는지 여부가 중요한 문제이다. 그러나 표의자의 중대한 과실로 착오에 빠진 때에는 취소하지 못한다(109조 1항 단서).

(1) 착오가 있을 것   착오는 크게 행위착오와 동기착오로 구분할 수 있고, 행위착오는 다시 표시의 착오와 내용의 착오로 구분할 수 있다. 그리하여 착오를 다음의 세 가지 모습으로 나누는 것이 일반적이다. 이곳에서도 위에서 설명한 착오의 관념을 명백히 하기 위하여, 이들 세 모습에 관하여 설명하기로 한다.

(가) **표시의 착오**   표시행위 자체를 잘못하여 내심적 효과의사와 표시상의 의사가 일치하지 않는 경우로서 표시상의 착오라고도 한다. 오기·오담(誤談)이 이에 속한다(2만원이라고 적을 생각이었으나, 잘못하여 3만원이라고 적는 것은 그 예이다). 이 경우에 착오의 문제가 생기는가? 이 문제는 결국 의사표시를 어떻게 이해하느냐라는 문제로 돌아간다. 표시의사를 의사표시의 요소로 본다면, 표시상의 착오에서는 그러한 표시의사가 없으므로, 무조건 의사표시는 성립하지 않는 것으로 이해하게 된다. 즉, 착오의 문제는 일어나지 않는 것이 된다. 그런데 이 견해를 취하더라도, 표시의사를 어떤 효과의사를 발표하는 것이면 된다고 한다면, 오기나 오담도 의사표시로서는 성립하고, 보통의 착오가 된다고 하게 될 것이다. 그러나 표시의사를 의사표시의 요소로 하지 않는다면, 이른바 표시상의 착오는 다음의 내용의 착오와 구별할 필요가 없게 될 것이다([120] 3 참조).

(나) **내용의 착오**   표시행위 자체에는 착오가 없으나, 표시행위가 가지는 의미를 잘못 이해하는 것이다. 예컨대, 유럽연합의 통화인 유로(euro)와 미국의 통화인 달러(dollar)를 같은 가치의 것으로 잘못 믿고, 100달러라고 적을 생각으로 100유로라고 적는 것과 같다. 가장 보통의 착오의 모습이다.

(다) **동기의 착오**   의사표시를 하게 된 동기에 착오가 있는 경우이다. 예컨대, 모조품을 진품이라고 믿고 매수하였다든가, 또는 고속도로가 신설된다고 믿고서 토지를 비싼 가격으로 매수하는 것과 같은 경우이다. 동기의 착오는 착오가 되

는가? 학설은 대립하고 있다. 다수설은 이미 설명한「동기의 불법」([131] 3 (3) ㈐ 참조)과 같은 이론으로 해석하고 있다. 즉, 동기가 표시되고 상대방이 알고 있는 경우에는 그 동기는 의사표시의 내용이 되므로, 그 범위 안에서 동기의 착오는 표시행위의 내용의 착오의 문제가 되지만, 동기가 표시되지 않은 경우에는, 착오의 문제가 생기지 않는다고 한다(김기선 256면, 김증한 325면, 김현태 299면, 이영섭 313면). 판례도 같은 태도이며, 표의자가 동기를 상대방에게 표시하여 의사표시의 내용으로 삼았을 때에 한하여 착오가 문제된다고 한다(대판 1984. 10. 23, 83다카1187; 대판 1989. 1. 17, 87다카1271; 대결 1990. 5. 22, 90다카7026; 대판 1995. 5. 23, 94다60318 등). 이에 대하여 동기의 착오도 그것이 표시되었는지 또는 표시되지 않았는지를 묻지 않고서, 다른 모습의 착오와 마찬가지로 제109조를 적용 또는 유추 적용하여야 한다는 견해가 있다(고상룡 416면, 김상용 464면, 김용한 297면, 양창수·김재형 668면, 이영준 407면, 이은영 519면, 장경학 488면). 즉, 동기의 착오에만 그것이 표시될 것을 요구하고, 다른 착오에 관하여는 그러한 표시를 요구하지 않는 것은 부당하다는 것이다. 한편 동기의 착오는 비록 동기가 표시되어 상대방이 알고 있다고 하더라도 제109조에 의해서는 고려되지 않는다는 견해도 있다(송덕수 288면).

　　동기는 의사표시에 앞서서 있게 되는 표의자의 심리적 과정에 지나지 않으며, 그것은 의사표시의 구성요소는 아니다. 따라서 동기가 표시되었다고 해서 법률행위의 내용이 된다는 설명은 매우 어색하다. 동기의 착오가 있는 경우에 상대방이 알았거나 알 수 있는 경우에는 그 취소를 인정할 필요가 있다. 대법원 판결 중에는 동기의 착오가 상대방에 의하여 유발된 경우에 착오를 이유로 취소를 인정한 사례들이 있다(대판 1978. 7. 11, 78다719; 대판 1990. 7. 10, 90다카7460).

　　한편 공통의 동기 착오가 있는 경우에 착오를 이유로 취소할 수 있다(대판 1994. 6. 10, 93다24810). 만일 계약당사자 쌍방이 계약의 전제나 기초가 되는 사항에 관하여 같은 내용으로 착오를 하고 이로 인하여 그에 관한 구체적 약정을 하지 않았다면, 당사자가 그러한 착오가 없을 때에 약정하였을 것으로 보이는 내용으로 당사자의 의사를 보충하여 계약을 해석할 수도 있다(대판 2006. 11. 23, 2005다13288).

〈법률의 착오와 표시기관의 착오〉

　(ㄱ) **법률의 착오**　　　법률의 규정 또는 그 의미에 관하여 잘못 인식하는 것이다.

형법은 법률의 착오를 책임조각사유로 하고 있다(형 16조). 민법상 법률의 착오는 착오의 문제가 되는가? 예컨대, 매도인이 하자담보에 관한 책임(580조)이 없는 줄로 믿고 매매를 한 경우에, 그 법률행위를 착오를 이유로 취소할 수 있겠는지라는 문제이다. 민법 제109조는 법률의 착오를 제외하고 있지 않으므로, 역시 일반이론에 따라 해결된다고 보아야 한다(대판 1981. 11. 10, 80다2475; 김기선 257면, 김상용 460면, 이영섭 317면, 이영준 411면, 이은영 519면. 반대: 김증한·김학동 352면).

(ㄴ) **표시기관의 착오**   표시상의 착오와 관련하여 표시기관의 착오가 문제된다. 즉, 중개자를 통하여 의사표시를 하는 경우에, 그 중개적 표시기관이 잘못하여 표의자의 표시와는 다른 의사표시를 한 때에, 착오에 의한 의사표시가 되는지 문제된다. 민법에 따로 규정은 없으나, 착오에 의한 의사표시가 된다고 해석하는 데 이견이 없다. 즉, 이때에는 중개적 표시기관에 의하여 전해지는 것이 표시행위가 되며, 표의자가 스스로 표시를 잘못한 것으로 보는 것이다. 예컨대, 사자(使者)에게 말을 전하게 하였는데 그 말을 잘못 전하였다든가, 또는 전신기사에게 100원에 매도한다는 뜻을 타전케 했는데 잘못하여 10원에 매도한다고 타전·배달된 경우에는, 표시행위 자체를 잘못한 표시상의 착오로서 다루어진다.

한편 이미 완성하고 있는 의사표시를 전달기관이 잘못 전달한 경우, 예컨대 서신을 다른 주소에 잘못 배달한 때에는, 의사표시가 도달하지 않는 문제([148] 이하 참조)가 생길 뿐이고, 착오에 관한 문제가 아니다.

(2) 법률행위의 중요부분에 착오가 있을 것   법률행위의 내용의 중요부분에 착오가 있는 때에는, 그 의사표시는 이를 취소할 수 있다(109조 1항 본문). 따라서 법률행위의 중요하지 않은 부분에 착오가 있으면 취소하지 못하며, 그 법률행위는 유효하다. 여기서 「법률행위의 내용의 중요부분의 착오」가 무엇인지가 문제된다.

(가) **의   의**   법률행위의 내용의 중요부분에 착오가 있다는 것은 의사표시에 의하여 달성하려고 한 사실적 효과(즉 의사표시의 내용)의 중요한 부분에 착오가 있는 것을 말한다. 그러한 착오가 있기 위해서는, 첫째 표의자가 그러한 착오가 없었더라면 그 의사표시를 하지 않았으리라고 생각될 정도로 중요한 것이어야 하고 (주관적 요건), 둘째 보통 일반인도 표의자의 처지에 있었더라면 그러한 의사표시를 하지 않았으리라고 생각될 정도로 중요한 것이어야 한다(객관적 요건). 표의자의 주관적인 의사만을 표준으로 한다면, 어떠한 경미한 사항에 관한 착오라고 하더라도 의사표시를 취소할 수 있게 되어 거래의 안전을 해치게 된다. 따라서 위와 같이 주

관적·객관적 표준에 모두 부합하는 착오가 있을 때에만 법률행위의 효력에 영향을 줄 수 있다고 보아야 한다(대판 1996. 3. 26, 93다55487. 반대하는 견해로는 이은영 521면). 한편 착오로 인하여 표의자가 경제적인 불이익을 입지 않았다면 법률행위 내용의 중요부분의 착오가 아니라는 대법원판결이 있다(대판 2006. 12. 7, 2006다41457).

　　(나) **중요부분의 착오의 모습**　　　　법률행위의 내용의 중요부분에 착오가 있는 지 여부는 추상적·획일적으로 이를 정할 수 없고, 개별적인 법률행위에 관하여 위에서 적은 바와 같은 주관적 및 객관적인 두 표준에 비추어 구체적으로 판정하여야 한다. 중요부분의 착오를 몇 가지 유형으로 분류하여 소개하고자 한다.

　　① 　당사자인 사람에 관한 착오　　　　(i) 사람의 동일성에 관한 착오는 그 사람이 누구인지를 중요시하는 법률행위, 예컨대 증여·신용매매·대차·위임·고용 등에서는 중요부분의 착오가 된다. 가령 임대인이 다른 사람 소유의 물건을 자기의 소유인 것처럼 임대한 경우 법률행위의 내용의 중요부분에 착오가 된다(대판 1975. 1. 28, 74다2069). 또한 채무자란이 백지로 되어 있는 근저당권설정계약서를 제시받은 甲이 채무자는 乙이라고 생각하여 서명날인하였는데, 실제로는 丙을 채무자로 하는 근저당권설정등기가 경료되었다면, 이는 채무자의 동일성에 관한 착오로서, 중요부분의 착오에 해당한다고 한다(대판 1995. 12. 22, 95다37087). 그러나 현실매매와 같이 상대방이 누구인지를 중요하게 보지 않는 경우에는 사람의 동일성의 착오는 중요부분의 착오가 아니다. (ii) 사람의 직업·신분·경력·자산상태 등에 관한 착오는 그러한 것이 중요한 의미를 가지는 행위에 관해서는 중요부분의 착오가 된다.

　　② 　목적물에 관한 착오　　　　(i) 목적물의 동일성에 관한 착오는 일반적으로 중요부분에 관한 착오가 된다. 소에 관한 매매계약을 체결하면서 다른 소로 알고 그 계약을 체결한 경우, 甲의 채무를 보증할 의사로 계약을 맺었는데 乙의 채무를 보증하는 계약으로 되어 있는 경우 등은 그 예이다. (ii) 물건의 성상·내력 등에 관한 착오는 일반적으로는 동기의 착오이다. 가축매매에서의 연령·수태능력, 기계의 성능, 광구의 품질 등은 그 예이다. (iii) 물건의 수량·가격 등에 관한 착오는 일반적으로 중요부분의 착오가 되지 않는다. 그러나 물건의 객관적인 가격이나, 예기된 수량과 상당히 큰 차가 있는 경우에는 중요부분의 착오가 된다. 판례는 토지의 현황·경계에 관한 착오가 매매계약의 중요부분에 관한 착오가 된다고 한다(대판

1968. 3. 26, 67다2160; 대판 1974. 4. 23, 74다54). 고려청자로 알고 매수한 도자기가 진품이 아닌 것으로 밝혀진 경우에도, 중요부분의 착오로 인정된다(대판 1997. 8. 22, 96다26657). 그러나 토지매매에서 시가에 관한 착오는 동기의 착오에 불과하고 중요부분의 착오가 아니라고 한다(대판 1985. 4. 23, 84다카890). 토지현황을 알지 못하여 시가보다 싼 값으로 이를 매도한 경우에도 동기의 착오는 중요부분의 착오가 아니라고 한다(대판 1984. 4. 10, 81다239). (iv) 법률상태에 관한 착오는 물건의 성상·내력에 관한 착오와 마찬가지로 생각하여야 한다. 예컨대, 제 2 심에서의 승소판결을 알지 못하여 화해를 한 때에는 중요부분의 착오가 된다. 귀속재산이 아닌 토지를 귀속재산인 줄 알고 국가에 증여한 것도 중요부분의 착오에 속한다(대판 1978. 7. 11, 78다719).

　③　법률행위의 성질에 관한 착오　　매매를 증여로 안 경우, 임대차를 사용대차인 줄 안 경우, 연대보증을 보통의 보증으로 잘못 안 경우 등에는 중요부분의 착오가 된다.

　(3) 착오자에게 중대한 과실이 없을 것　　착오가 표의자의 중대한 과실로 생긴 때에는, 비록 중요부분의 착오가 있더라도, 표의자는 그의 의사표시를 착오를 이유로 취소하지 못한다(109조 1항 단서).

　㈎ 「중대한 과실」은 표의자가 그의 직업·행위의 종류·목적 등에 대응하여 보통 베풀어야 할 주의를 현저하게 기울이지 않은 것을 말한다(대판 1995. 12. 12, 94다22453; 대판 1996. 7. 26, 94다25964 등). 예컨대, 공장을 경영하는 자가 새로운 공장을 설립할 목적으로 토지를 매수하면서 공장을 건축할 수 있는 토지인지 여부를 관할 관청에 알아보지 아니한 것은 중대한 과실에 해당한다(대판 1992. 11. 24, 92다25830·25847; 대판 1993. 6. 29, 92다38881 참조). 예를 하나 더 든다면, 주식의 매매를 영업으로 하는 자가 주식양도의 제한이 있는지에 관하여 정관을 조사하지 않는 것(상 335조 참조)은 중대한 과실이 된다. 그러나 도자기를 매수하면서 그 진품 여부에 대한 감정인의 감정을 하지 않은 경우에는 중대한 과실이 부정된다(대판 1997. 8. 22, 96다26657).

　이와 같이 중대한 과실의 유무를 표의자의 직업·지식·경험 등에 비추어 판정한다는 것은 이른바 구체적 과실이 문제된다는 것은 아니며, 일반적으로 그 직업·지식·경험을 가지는 자로서 보통 베풀어야 할 주의를 게을리하였다는 추상적 과실의 유무가 문제되는 것임을 주의하여야 한다(이른바 추상적 중과실. [13] 1 (3) 참조).

㈜ 중대한 과실이 있다는 증명책임은 표의자로 하여금 그 의사표시를 취소하지 못하게 하려는 상대방이 부담한다.

3. 효   과

(1) 원   칙   위와 같은 요건을 갖춘 착오의 경우에 착오자는 의사표시를 취소할 수 있다(109조 1항). 취소를 하기 전에는 법률행위가 효력을 발생하고 있지만, 적법하게 법률행위를 취소하면 법률행위가 소급적으로 무효로 된다(141조 본문).

(2) 예   외   착오에 의한 의사표시의 취소는 선의의 제3자에게 대항하지 못한다(109조 2항). 「제3자」·「선의」·「대항할 수 없다」 등은 모두 허위표시에 관하여 설명한 것과 같다([143] 3 (2) 참조). 따라서 「제3자」는 당사자와 그의 포괄승계인 이외의 자로서, 착오에 의한 의사표시로 생긴 법률관계에 기하여 「새로운 이해관계」를 가지게 된 자를 의미한다. 「선의」는 착오에 의한 의사표시임을 알지 못하는 것이다. 선의인지 악의인지는 새로운 이해관계가 생겼을 때를 표준으로 하여 결정한다. 「대항할 수 없다」는 것은 착오에 의한 취소를 주장할 수 없다는 것이다. 따라서 선의의 제3자에 대한 관계에서 착오에 의한 의사표시는 표시된 대로 효력이 생기게 된다.

제109조 제2항은 거래의 안전을 위하여 둔 조항이다. 거래의 외형을 신뢰한 자를 보호하고 있는 법제, 특히 등기에 공신력을 인정하는 곳에서는, 제107조 제2항, 제108조 제2항이나 제109조 제2항과 같은 규정을 둘 필요가 없다. 그러나 그러한 제도를 인정하지 않는 우리의 법제에서는 이들 조항은 매우 중요한 의의를 가지는 것이다. 그 상세한 것은 물권법의 설명에 미룬다.

(3) **표의자의 배상책임**   착오를 이유로 표의자가 취소를 하면, 그 취소된 법률행위의 유효를 믿었던 상대방의 신뢰를 깨뜨리는 결과가 되고, 상대방은 취소로 이제는 필요없게 된 계약체결비용(공증비용·교통비 등)·계약이행비용(포장비·운송비·대가지급을 위하여 차금을 한 경우의 이자 등) 등을 지출한 것이 된다. 경우에 따라서는 취소된 행위에 대한 신뢰가 없었더라면 맺었을 다른 거래행위를 하지 못한 불이익도 발생한다. 착오자에게 경과실이 있는 경우 계약체결상의 과실책임을 인정해야 한다는 견해가 있다(김상용 480면, 백태승 419면, 송덕수 305면). 그러나 민법은 취소한 표의자에게 이러한 신뢰이익의 배상책임을 인정하는 규정이 없다. 착오를 이유로

취소를 한 것이 불법행위가 되는지가 문제된 사안에서 판례는 제109조에서 중과실이 없는 착오자의 착오를 이유로 한 의사표시의 취소를 허용하고 있는 이상, 불법행위의 위법성이 인정되지 않는다고 하였다(대판 1997. 8. 22, 97다13023). 착오에 빠진 사람에게 손해배상책임을 지우지 않는 것은 표의자의 보호에 치우친 것으로서, 대립하는 이해를 조화하기 위하여 배상책임을 인정하는 입법을 검토할 필요가 있다.

　　4. 적용범위　　　　착오는 의사표시 일반에 관하여 생길 수 있는 것이다. 따라서 모든 분야의 법률행위에서 그 의사표시가 착오에 의한 것일 때에는 언제나 그 효력이 문제된다. 그러나 가족법상의 행위에 관해서도 민법 제109조가 적용되는지는 문제이다. 다수설은 이를 부정하고 있다(김상용 481면, 이영준 428면). 가족법상의 행위에서는 당사자의 의사가 절대적 의의를 가지므로, 당사자의 의사를 존중하여야 하며, 따라서 제109조는 적용되지 않는다고 보아야 한다. 특히 착오에 의한 혼인행위와 입양행위가 무효임은 따로 규정이 있다(815조·883조 참조). 제109조 제 1 항 단서와 제 2 항도 가족법상의 행위에는 적용되지 않는다.

　　　　제109조의 적용에 관하여 밝혀 둘 것이 있다. 그것은 제109조가 적용될 경우에, 동시에 적용될 다른 규정이 또 있게 되어, 두 규정이 경합하는 경우에 관한 것이다. 이러한 경우에는 어느 하나만이 선택적으로 적용되는 때와 한쪽이 다른 쪽을 배제하는 경우가 있다. 예컨대, 착오가 타인의 기망행위에 의한 때에는 착오와 사기가 경합하나, 이때에는 그 어느 쪽이든 요건을 증명하여 주장할 수 있다(대판 1969. 6. 24, 68다1749 참조). 한편, 매매의 목적물에 흠이 있는 것이 중요부분의 착오가 되는 경우에도 착오와 하자담보책임(580조)의 경합이 문제된다. 다수설은 매도인의 담보책임이 성립하는 범위에서 제109조가 적용되지 않는다고 한다. 제109조와 제733조의 관계에서도 같은 문제가 일어난다. 자세한 것은 채권법의 각각 관계되는 곳에서 살피기로 한다.

제 3 관　사기·강박에 의한 의사표시

[145] Ⅰ. 의　　의

　　1. 의사표시가 완전히 유효하기 위해서는 그것이 자유로이 결정된 의사에 의한 것이어야 한다. 이와 같이 자유로워야 할 의사가 타인의 위법한 간섭이나 참견으로 방해를 받아 자유롭지 못한 상태에서 한 의사표시를 그대로 효력을 발생하는

것으로 한다면, 표의자에게 가혹하고, 또한 그러한 위법한 간섭을 한 자가 그 의사표시에 의한 효과를 그대로 발생하게 하여 매우 부당하다. 여기서 민법은 타인의 부당한 간섭에 의하여 자유롭지 못한 의사결정을 하고, 그에 따라 의사표시를 한 사람에게 그의 의사표시를 취소할 수 있는 것으로 하였다. 표의자의 자유로운 의사결정을 방해하는 부당한 간섭으로서 민법이 인정하는 것은 「사기」와 「강박」의 두 가지이다. 사기나 강박에 의한 의사표시에서는 표시에 해당하는 내심의 효과의사가 있으나(대판 2002. 12. 27, 2000다47361), 자유롭게 의사결정을 한 것이 아니어서, 의사표시의 성립에 문제가 있는 것이다. 이를 하자 있는 의사표시라고도 하는데, 결국 의사결정의 자유를 보장하기 위한 것이다. 그러므로 사기·강박에 의한 의사표시는 원칙적으로 「의사와 표시의 불일치」 또는 「의사의 흠결」이 존재하지 않는다(양창수·김재형 686면).

  2. 「사기」는 고의로 사람을 기망, 즉 속여서 착오에 빠지게 하는 위법행위이고, 「강박」은 고의로 해악을 주겠다고 위협하여 공포심을 일으키게 하는 위법행위이다. 이들 사기나 강박이라는 위법행위에 의한 피해자를 구제하는 법적 수단에는 형법적 구제와 민법적 구제의 두 가지가 있다. 형법은 사기·강박을 하는 자를 벌함으로써, 피해자를 구제하고 사회의 해악을 제거하려고 한다(형 347조·283조·350조 참조). 한편 민법은 사기나 강박이 불법행위의 요건을 갖춘 때에 피해자에게 손해배상청구권을 주어서 구제하고(750조), 또한 피해자에게 사기나 강박에 의한 의사표시의 취소권을 주어서 그 의사표시에 의한 법률적 구속을 벗어날 수 있도록 하고 있다(110조). 그런데 이들 구제방법은 각각 고유의 목적을 가지고 있으므로, 하나의 사기나 강박행위가 언제나 이들 세 가지의 효과를 생기게 하지는 않는다. 민법총칙에서 연구하는 것은 위의 세 가지 구제수단 가운데서 의사표시의 취소에 관한 것이다. 즉, 제110조가 여기서의 연구의 대상이다.

  3. 제110조는 사기나 강박으로 자유롭지 못한 상태에서 한 의사표시는 표의자가 이를 취소할 수 있는 것으로 하고 있다. 그런데 제110조는 두 가지를 똑같게 다루고 있으므로, 이를 따로따로 설명하는 것은 불필요하게 번거로운 일이다. 민법이 두 가지를 똑같게 다루고 있는 것과 마찬가지로, 그 설명도 함께 하는 것이 적당하다. 그렇게 함으로써 불필요하게 설명을 되풀이하는 번거로움도 피할 수 있다

(다만 둘의 요건에 관한 설명만은 이해를 돕기 위하여 따로 적는다).

[146]　Ⅱ. 사기·강박에 의한 의사표시의 요건

1.　사기에 의한 의사표시

(1) 의　　의　　　표의자가 타인(상대방 또는 제3자)의 기망행위로 말미암아 착오에 빠지고, 그러한 상태에서 한 의사표시가 「사기에 의한 의사표시」이다. 착오에 의한 의사표시라는 점에서는 앞에서 설명한 보통의 착오의 경우와 다르지 않다. 다만 사기에 의한 의사표시는 타인의 기망행위로 말미암아 착오에 빠지게 된 결과 어떠한 의사표시를 하게 되는 경우이므로 거기에는 의사와 표시의 불일치가 있을 수 없고, 다만 의사의 형성과정, 즉 의사표시의 동기에 착오가 있는 것에 불과하다. 이 점에서 고유한 의미의 착오에 의한 의사표시와 구분된다(대판 2005. 5. 27, 2004다43824).

사기에 의한 의사표시는 타인의 사기행위에 의하여 착오에 빠지고 있으므로, 법률행위의 내용의 중요부분에 착오가 없더라도 사기에 의한 의사표시로서 표의자는 보호된다(대판 1969. 6. 24, 68다1749). 그러므로 사기에 의하여 법률행위의 중요부분에 착오가 생긴 때에는 제109조도 적용된다는 점은 이미 밝혔다([144] 4 참조).

따라서 표의자는, 어느 쪽이든 그 요건을 증명해서, 이를 주장할 수 있다. 실제에서는 착오를 주장하려면 내용의 중요부분의 착오임을 증명하기가 곤란하고, 사기를 주장하려면 잠시 후에 살피는 사기자의 고의를 증명하기가 곤란할 것이다.

표의자는 그의 의사표시가 위와 같이 양쪽의 요건을 갖추고 있는 경우에는, 둘 중 하나를 선택적으로 주장할 수 있으나, 상대방은 표의자가 주장하지 않는 쪽을 주장하여 반대하지는 못한다. 즉, 표의자가 착오를 주장할 때에 상대방은 사기를 주장하거나, 또는 표의자가 사기를 주장할 때에 상대방이 착오를 주장하여 반대하지는 못한다. 착오나 사기나 모두 표의자를 보호하기 위한 제도이므로, 어느 쪽을 주장할 것인지는 표의자에게 선택의 자유가 인정되어야 하기 때문이다.

(2) 요　　건　　　사기에 의한 의사표시의 요건은 다음과 같다.

㈎　사기자에게 고의가 있어야 한다. 이중, 즉 두 겹의 고의가 있어야 하는 점을 주의하여야 한다. 즉, 표의자를 속여서 착오에 빠지게 하려는 고의와 다시 그 착오를 바탕으로 하여 표의자로 하여금 일정한 의사표시를 하게 하려는 고의라는 두

겹의 고의가 있어야 한다. 따라서 고의의 증명에서는 상대방이 예컨대 거짓의 진술을 한 사실을 증명하는 것만으로는 충분하지 않으며, 그 밖에 그 진술을 표의자의 의사표시의 수단으로 한 사실도 증명할 책임이 있다. 사기자에는 표의자의 상대방인 경우와 그 밖의 제3자인 경우가 있다.

(내) 기망행위(사기)가 있어야 한다. 표의자에게 그릇된 관념이나 판단을 가지게 하거나, 그러한 관념을 강화하거나 유지하려는 모든 용태(容態)가 기망행위이다. 적극적으로 거짓의 사실을 사실처럼 꾸미는 것뿐만 아니라, 소극적으로 진실한 사실을 숨기는 것도 기망행위이다.

(대) 사기가 위법한 것이어야 한다. 사회생활에서는 타인의 부지나 착오를 이용하는 것이 어느 정도까지는 허용된다고 하여야 하므로, 기망행위가 거래상 요구되는 신의성실의 원칙에 반하는 것일 때에 위법한 기망행위가 있다고 할 수 있다. 예컨대, 전문점의 상품선전과 노점이나 고물상의 진술은 신의칙상의 평가가 다르다 (판례도 상품의 선전·광고에서 다소의 과장이나 허위는, 신의칙상 시인될 수 있는 한, 기망성이 없다고 한다. 대판 1993. 8. 13, 92다52665; 대판 1995. 9. 29, 95다7031 참조).

(래) 표의자가 착오에 빠지고 그 착오에 기하여 의사표시를 하였어야 한다. 즉, 착오와 의사표시 사이에는 인과관계가 있어야 한다. 이 인과관계는 표의자의 주관적인 것에 지나지 않아도 무방하다. 따라서 그러한 착오가 없었다면 보통 일반인도 그 의사표시를 하지 않았으리라고 인정될 객관적인 것일 필요는 없다. 또한 다른 사실과 공동원인으로 되어 있어도 좋다. 그리고 착오는 내심적 효과의사를 결정하는 동기에 관한 것으로 충분하다. 법률행위의 「내용의 중요부분」에 관한 것인 때에는 제109조의 착오도 성립하게 된다는 점은 이미 여러 번 언급하였다.

2. 강박에 의한 의사표시

(1) 표의자가 타인(상대방 또는 제3자)의 강박행위에 의하여 공포심을 가지게 되고, 그 해악을 피하기 위하여 마음에 없이 한 진의 아닌 의사표시가 「강박에 의한 의사표시」이다. 의사와 표시가 일치하지 않는다는 것을 표의자가 스스로 깨닫고 있는 점에서, 착오나 사기의 경우와 다르고, 비진의표시 또는 허위표시에 가깝다.

(2) 그 요건은 사기에 의한 의사표시의 경우와 비슷하다.

(개) 강박자에게 고의가 있어야 한다. 표의자에게 공포심을 일으키려는 고의와

그 공포심에 의하여 의사표시를 하게 하려는 고의라는 이중의 고의가 있어야 한다는 점은 사기의 경우와 같다. 강박자는 표의자의 상대방이든 또는 그 밖의 제 3 자이든 상관없다.

　　(내) 강박행위가 있어야 한다. 강박행위의 방법이나 해악의 종류는, 그것이 공포심을 생기게 하는 것이면 무엇이든 이를 묻지 않으며, 아무런 제한이 없다. 무서워하고 두려워하는 공포의 정도는, 표의자가 자유를 완전히 잃을 정도로 강한 것이어야 하는 것은 아니다. 만일 강박의 정도가 극심하여 표의자의 의사결정의 자유가 완전히 박탈되는 정도라면, 그 강박에 의한 의사표시는 효과의사에 대응하는 내심의 의사가 없는 것이 되므로, 불성립, 즉 무효라고 하여야 한다(대판 1984. 12. 11, 84다카1402; 대판 1997. 3. 11, 96다49353).

　　(다) 강박행위가 위법한 것이어야 한다. 사기의 경우에도 위법성이 요구되지만, 특히 강박의 경우에 위법성이 중요한 문제로 된다. 정당한 권리의 행사는, 비록 표의자에게 공포심을 생기게 하더라도, 강박이 되지 않는다. 실제로 가장 문제가 되는 것은, 불법행위를 한 자를 고발하거나 고소하여 형사상의 소추를 하겠다고 하는 경우이다. 단순히 소추를 하겠다고 할 뿐이고 그것이 부정한 이익을 목적으로 하지 않을 때에는 강박이 되지 않으나, 어떤 부정한 이익의 취득을 목적으로 하는 때에는 위법한 강박이 된다. 결국 강박행위의 위법성은 강박의 목적과 수단을 상관적으로 고찰하여 판단할 문제이다.

　　(라) 표의자가 강박의 결과 공포심을 가지게 되고, 그 공포심으로 말미암아 의사표시를 하였어야 한다. 즉, 공포심과 의사표시 사이에 인과관계가 있어야 하며, 사기의 경우와 마찬가지로 그것이 주관적으로 존재하는 것으로 충분하다.

[147] Ⅲ. 사기·강박에 의한 의사표시의 효과 및 적용범위

　　1. 제110조는 사기·강박에 의한 의사표시의 효과를 동일하게 규정하고 있다.

　　(1) 상대방의 사기·강박의 경우　　　　표의자가 상대방의 사기나 강박으로 의사표시를 한 때에는, 표의자는 그 의사표시를 취소할 수 있다(110조 1항). 따라서 표의자가 취소하지 않는 한, 비록 그 사기나 강박이 범죄가 되는 경우이더라도, 사기나 강박에 의한 의사표시는 유효하다.

(2) **제 3 자의 사기·강박의 경우**   표의자의 상대방이 아니라 그 밖의 제 3 자의 사기·강박으로 의사표시를 한 때에는 경우에 따라서 다르다.

(가) 제 3 자의 사기나 강박으로 「상대방 없는 의사표시」를 한 때에는, 표의자는 언제든지 그 의사표시를 취소할 수 있다(110조 1항·2항 참조).

(나) 제 3 자의 사기나 강박으로 「상대방 있는 의사표시」를 한 경우에는(예컨대, 甲이 乙의 사기나 강박으로 물건을 丙에게 싸게 판 때), 그 의사표시의 상대방(위 사안에서 丙)이 제 3 자(위 사례에서 乙)에 의한 사기나 강박의 사실을 알고 있거나(즉 악의) 또는 알 수 있었을 경우에 한하여, 표의자는 그 의사표시를 취소할 수 있다(110조 2항). 「알 수 있었을 경우」라는 것은 과실로 알지 못하는 것이다. 바꾸어 말해서, 보통사람의 주의를 베풀었다면 알았을 경우에, 그러한 주의를 게을리하여 알지 못하는 경우를 말한다. 선의·악의나 과실의 유무는 행위의 당시를 표준으로 하여서 결정하여야 한다. 의사표시의 상대방이나 그 대리인은 여기에서 말하는 제 3 자에 해당하지 않는다. 판례는 상대방의 대리인 등 상대방과 동일시할 수 있는 자는 제110조 제 2 항의 제 3 자가 아니라고 한다(대판 1999. 2. 23, 98다60828).

(3) **제 3 자에 대한 관계**   위에서 설명한 사기·강박에 의한 의사표시의 취소는 「선의의 제 3 자」에게 대항하지 못한다(110조 3항). 제110조 제 3 항이 가지는 의미라든가, 이 조항에서 「제 3 자」·「선의」·「대항할 수 없다」 등은 모두 허위표시나 착오에 관하여 설명한 것과 같으므로 되풀이하지 않는다([143] 3 (2), [144] 3 (2) 참조).

2. 사기·강박에 의한 의사표시제도의 적용범위   가족법상의 행위에 관해서는 총칙의 사기·강박에 관한 제110조가 적용되지 않으며, 독자적으로 특칙(816조·823조·838조·854조·861조 등 참조)을 두고 있다.

제 4 관 의사표시의 효력발생

[148] Ⅰ. 총   설

1. 의사표시는 그 요건을 모두 갖춘 때에 효력이 발생한다([121] 참조). 의사표시 가운데에서도 「상대방 없는 의사표시」는 원칙적으로 표시행위가 완료된 때에 효력을 발생하며, 특별한 문제가 없다([149] 참조). 이 경우에는 의사표시를 깨달아

알아야 할 특정의 상대방이 없기 때문이다. 따라서 민법도 일반적 규정을 두고 있지 않으며, 다만 일정한 법률행위 또는 의사표시의 효력발생시기에 관하여 개별적인 규정을 두고 있을 뿐이다(1042조·1073조 참조).

　　2. 그러나 「상대방 있는 의사표시」는 단독행위이든 또는 계약이든 언제나 상대방에게 알린다는 것을 목적으로 하기 때문에, 상대방 없는 의사표시와 동일하게 다룰 수 없고, 상대방의 처지에서 특히 고려해야 할 문제가 있다. 그 하나는 의사표시의 효력발생시기의 문제이고, 다른 하나는 의사표시의 수령능력의 문제이다. 그리고 의사표시의 효력발생시기에는 상대방이 누구인지를 알지 못하거나 또는 그가 있는 곳을 알지 못하는 경우에 어떻게 할 것인지라는 문제도 있다. 민법총칙은 이들 세 가지 점에 관하여 규정을 두고 있다(111조 내지 113조). 차례로 설명하기로 한다.

[149] Ⅱ. 의사표시의 효력발생시기

　　1. **입법주의**　　　상대방 있는 의사표시에서는 표의자로부터 상대방에게 의사를 전달함으로써 의사표시를 하게 된다. 그런데 직접 대화하는 관계에 있는 자(대화자) 사이에서는 전달의 과정이 문제되지 않으나, 장소적으로 떨어져 있어서 서면 등으로 의사표시를 하는 경우(격지자 사이의 의사표시)에서는 그 전달과정을 분석해 볼 필요가 있다. 다음과 같은 네 단계를 거치는 것이 보통이다. 즉, 우선 표의자가 의사를 표백(表白)하고(예컨대, 서면의 작성과 같은 방법으로 의사표시를 드러내어 밝히는 것), 이어서 이를 발신하고(예컨대, 서면을 우체통에 투입하는 것과 같은 방법으로 의사표시를 보내는 것), 상대방이 이를 수령하며(바꾸어 말해서, 상대방에게 「도달」. 예컨대, 우편물의 배달 등으로 의사표시를 받는 것), 마지막에 상대방이 이를 요지(了知)한다(예컨대, 서면을 읽고 그 내용을 이해하는 것)는 순서나 단계를 거친다. 그리하여 의사표시의 효력발생시기에 관해서는 다음과 같은 입법주의가 있다.

　　(1) **표백(表白)주의**　　　의사표시가 성립한 때, 즉 외형적 존재를 가지게 된 때에 효력이 생긴다고 하는 주의이다. 예컨대, 표의자가 의사표시를 서면으로 하는 경우에, 그 서면의 작성이 끝난 때에 효력이 생긴다고 하는 주의이다. 그러나 상대방은 그 서면의 작성에 관하여 전혀 알지 못하는데 곧 효력이 생긴다는 것은 표의

자의 입장에 지나치게 기울어진 것으로서 타당하다고 할 수 없다.

　(2)　**발신주의**　　　　의사표시가 외형적 존재를 갖추고 표의자의 지배를 떠나서 상대방에게 보내게 된 때에 효력이 생긴다는 주의이다. 예컨대, 서면이 우편함에 투입되거나 우체국의 창구에서 발송이 부탁된 때에 효력이 생긴다고 하는 주의이다. 이는 민활·신속을 필요로 하는 거래에 적합하며, 특히 여러 사람에게 동일한 통지를 하여야 할 경우에 의사표시의 효력발생시기를 획일적으로 정할 수 있는 장점이 있다. 그러나 그 시기가 발신자의 자유의사에 의하여 좌우되고, 상대방은 아직 알지 못하는데 의사표시의 효과를 강제당하게 되어, 역시 표의자에게 치중한 입법주의이다. 이러한 단점이 있기는 하나, 그 장점에 착안하여, 민법은 특별한 경우에 이 주의를 취하고 있다(15조·131조·455조·531조 등).

　(3)　**도달주의**　　　　의사표시가 상대방에게 도달한 때, 즉 상대방의 지배권 내에 들어간 때에 효력이 생긴다고 하는 주의이며, 「수신주의」·「수령주의」라고도 한다. 예컨대, 서면이 상대방에게 배달된 때에 효력이 생기는 것으로 하는 것이며, 이는 쌍방 당사자의 이익을 가장 잘 조화하는 주의라고 할 수 있다. 민법은, 잠시 후에 보는 바와 같이, 이 주의를 일반원칙으로서 채택하고 있다(111조).

　(4)　**요지(了知)주의**　　　　상대방이 의사표시의 내용을 알게 된 때에, 그 의사표시가 효력을 발생한다고 하는 것이다. 예컨대, 도달한 서면을 읽고 그 내용을 깨달아 안 때를 효력발생시기로 하는 주의이다. 이는 상대방의 보호에 치우친 것이며, 또한 상대방이 알게 된 시기를 증명하기가 곤란한 단점이 있다. 민법에서 이 주의를 취하는 경우는 없다.

　2.　도달주의의 원칙　　　　민법은 도달주의를 원칙으로서 채용하고 있다. 제111조 1항은 "상대방이 있는 의사표시는 상대방에게 도달한 때에 그 효력이 생긴다."라고 규정함으로써, 도달주의의 원칙을 명백히 하고 있다.

　(1)　**도달의 의의**　　　　의사표시가 상대방의 지배영역 내에 들어가서 그 내용을 알 수 있는 상태가 생겼다고 인정되는 것이 「도달」이다. 예를 들면, 우편이 수신함에 투입된 때, 또는 동거하는 친족·가족이나 피용자가 수령한 때에는, 비록 상대방이 여러 가지 이유나 사정으로 우편물을 헤쳐 보지 않아 그 내용을 알지 못하더라도 도달한 것으로 효력이 생긴다. 수령을 거절한 때에는 어떻게 될까? 이때에

도, 정당한 이유가 없는 한, 도달이 있었던 것이 된다고 보아야 한다. 도달의 경로
는 표의자의 예상과 달라도 무방하며, 다만 표의자의 의사에 의하여 상대방을 향하
여 발신되었어야 한다. 따라서 이미 이사를 하였으면 도달이 되지 않으나, 종전 주
소의 거주자를 통하여 수령하면 도달이 된다. 그리고 도달은 상대방이 알 수 있는
상태가 생겼어야 하므로, 슬그머니 서면을 수령자의 주머니 속에 넣거나, 서신을
상품 속에 끼워 넣어서 쉽게 발견될 수 없는 상태로 보낸 경우에도 도달이 있다고
할 수 없다. 끝으로, 수령자가 수령능력을 가지고 있지 않으면 도달이 되지 않으나,
이에 관해서는 나중에 설명한다([151] 참조).

　(2)　**격지자**(隔地者)**와 대화자**(對話者)**의 구별**　　민법 제111조는 단순히 「상대
방 있는 의사표시」에 관하여 규정할 뿐이고, 상대방이 격지자인지 대화자인지를 구
별하지 않는다. 따라서 격지자 사이에서든 대화자 사이에서든 언제나 도달주의의
원칙에 따른다. 다만 대화자 사이에서는, 표백·발신·도달·요지가 모두 동시에 성
립하는 것이 보통이다. 그렇지 않은 경우도 있을 수 있겠으나(예컨대, 상대방이 귀를
가리고 고의로 들으려고 하지 않을 때에는, 도달은 있으나 알지는 못하는 상태에 있다), 이때에
도 역시 도달에 의하여 효력이 생긴다고 하여야 한다.

　　여기에서 격지자·대화자의 구별은 거리적·장소적 관념이 아니라 시간적 관념
에 따른 것이다. 따라서 전화나 신호에 의한 의사표시는, 두 사람 사이의 거리가 아
무리 떨어져 있어도, 대화자 사이의 것에 지나지 않는다. 그러므로 상대방이 수화
기를 귀에 대고 들을 태세를 취한 이상, 고의로 표의자의 말을 듣지 않아도, 의사표
시는 도달한 것이 되어 효력이 발생한다.

　3.　공시에 의한 의사표시　　이에 관해서는 항을 바꾸어서 따로 적기로 한
다([150] 참조).

　4.　도달주의의 효과　　도달주의를 취하는 결과 다음과 같은 효과가 생긴
다. 여기서 문제삼는 것은 주로 발신 후 도달 전의 의사표시의 효력에 관한 것이다.

　(1)　**의사표시의 철회**　　의사표시는 상대방에 도달한 때에 그 효력이 생기
므로, 발신 후라고 하더라도 도달하기 전에는 그 의사표시를 철회할 수 있다. 그러
나 철회의 의사표시는 늦어도 먼저 발신한 의사표시와 동시에 도달하여야 한다. 요
컨대, 의사표시가 도달해 버리면, 비록 상대방이 아직 알기 전이더라도, 이제는 의

사표시자가 이를 철회하지 못한다. 그러나 계약의 청약의 의사표시에 관해서는 특별한 구속력이 인정되며(527조·529조 참조), 연착한 승낙에 관하여 특별한 효력을 정하고 있음을 주의하여야 한다(528조 참조).

　　(2) **의사표시의 불착·연착**　　　도달주의를 취하는 결과, 의사표시가 도착하지 않거나 늦게 도착하는 것은 모두 표의자의 불이익에 돌아간다. 최고기간 등의 계산도 도달한 때부터 셈하여 정한다(따라서 연착은 최고자에게 불리한 것으로 최고기간이 부족하게 된다).

　　(3) **발신 후의 사정의 변화**　　　의사표시의 도달은 이미 성립한 의사표시의 객관적인 효력발생요건이므로, 도달하고 있는 한, 발신 후에 의사표시자가 사망하거나 또는 제한능력자가 되더라도 그 의사표시의 효력에는 아무런 영향을 미치지 않는다(111조 2항).

[150] Ⅲ. 의사표시의 공시송달

　　1. 의사표시는 도달에 의하여 효력을 발생하므로, 표의자가 상대방이 누구인지를 알 수 없거나 또는 그가 있는 곳을 알 수 없는 경우에는 의사표시의 효력을 발생하게 할 수 없다. 이러한 불편을 제거하기 위하여 공시의 방법에 의한 의사표시, 즉 공시송달의 방법이 인정되고 있다(113조).

　　2. 의사표시의 공시송달을 하려면, 다음의 두 요건이 있어야 한다.

　　(1) 상대방을 알지 못하거나 또는 상대방의 소재를 알지 못하여야 한다. 예컨대, 상대방이 사망하여 상속인이 누구인지를 알지 못하거나, 또는 백지위임장을 준 경우에 수임인이 누구인지를 알지 못하는 것은 상대방을 알지 못하는 경우이다. 그리고 상대방의 소재를 알지 못한다는 것은 상대방이 누구인지는 알고 있으나, 그가 현재 있는 곳을 알 수 없는 것을 말하며, 행방불명의 경우가 그 예이다.

　　(2) 상대방 또는 그의 소재를 알지 못하는 데 대하여 표의자에게 과실이 없어야 한다. 즉, 일반인으로서의 주의(선량한 관리자의 주의)를 베풀었는데도 알지 못하여야 한다. 선의·무과실에 관한 증명책임은 제113조의 문언의 구조상 표의자에게 있다고 보는 것이 타당하다(김상용 501면, 김증한·김학동 378면, 송덕수 330면, 이영준 482면).

　　(3) 공시의 방법은 민사소송법이 정하는 공시송달의 규정에 의한다. 민사소송

법 제195조가 이를 정하고 있다. 즉, 법원사무관 등이 송달할 서류를 보관하고, 그 사유를 법원게시판에 게시하거나, 그 밖에 대법원규칙이 정하는 방법에 따라서 하여야 한다(민소규 54조 1항은 공시방법으로 법원게시판 게시, 관보·공보 또는 신문 게재, 전자통신매체를 이용한 공시를 들고 있다).

그런데 민법 제113조는 공시송달절차의 관할과 공시비용의 예납에 관하여 침묵을 지키고 있기 때문에, 이들에 관하여 의문이 있게 된다. 민법이 이를 보아 넘기고 있는 것은 입법적 불비이다. 관할과 비용예납은 결국 해석에 맡겨져 있다고 할 수 있으나, 다음과 같이 해석하는 것이 타당하다. 즉, (i) 그 관할에 관해서는 상대방을 알지 못하는 경우에는 표의자의 주소지를, 그리고 상대방의 소재를 알 수 없는 경우에는 상대방의 최후의 주소지를, 각각 관할하는 지방법원(단독판사)의 관할에 속하며, (ii) 법원은 표의자로 하여금 공시에 관한 비용을 예납케 하여야 한다(김증한·김학동 378면, 이영섭 329면·330면).

(4) 공시송달에 의한 의사표시는 게시한 날부터 2주일이 경과한 때에 상대방에게 도달한 것이 되어 효력을 발생한다(민소 196조 1항 본문). 그러나 이미 밝힌 바와 같이 표의자가 상대방 또는 그의 소재를 알지 못하는 데 과실이 없어야만 도달의 효력이 생기고, 과실이 있거나 악의인 때(즉 알고 있는 경우)에는 도달의 효력은 생기지 않는다. 그리고 과실의 유무 등의 증명책임은 표의자가 부담한다고 새겨야 한다는 점은 이미 밝혔다.

[151] Ⅳ. 의사표시의 수령능력

1. 의사표시의 수령은 도달을 표의자의 상대방 쪽에서 본 것이다. 도달은 상대방의 지배영역 내에 들어가는 것뿐만 아니라 사회통념상 알 수 있는 상태가 성립하는 것이므로, 의사표시의 수령자에게 그 내용을 알 만한 능력이 없다면 도달이 되지 않는다. 이와 같이 타인의 의사표시의 내용을 이해할 수 있는 능력이 의사표시의 수령능력이다.

2. 위와 같이 수령능력은 타인의 의사표시의 내용을 이해할 수 있는 능력이므로, 스스로 의사를 결정하고 발표할 수 있는 능력인 행위능력보다는 그 정도가 낮아도 좋다고 말할 수 있다. 이렇게 새긴다면, 제한능력자를 모두 수령에 관한 행

위능력이 없다고 할 필요는 없다고 할 수 있다. 그러나 의사표시가 효력을 발생하면 일정한 법률효과가 생기므로, 제한능력자를 보호하려면, 수령에도 행위능력을 필요로 한다고 하여야 한다. 여기서 민법은 모든 제한능력자를 의사표시의 수령에 관한 제한능력자로 하고 있다(112조).

3. 제한능력자에 대한 의사표시의 효력

(1) 상대방이 의사표시를 수령할 때에 제한능력자이면, 의사표시자는 그의 의사표시로써 제한능력자에게 대항할 수 없다(112조 본문). 표의자가 그의 의사표시의 도달, 즉 효력의 발생을 주장할 수 없을 뿐이므로, 제한능력자가 도달을 주장하는 것은 상관없다.

(2) 상대방이 제한능력자이더라도, 그의 법정대리인이 의사표시의 도달을 안 후에는 표의자도 그 의사표시로써 대항할 수 있다(112조 단서). 즉 이때에는 의사표시의 도달 또는 효력발생을 주장할 수 있다.

(3) 제한능력자제도에 관하여 이미 설명한 바와 같이, 미성년자는 일정한 경우에 행위능력이 인정되나, 그러한 경우에는 수령능력도 가진다고 할 것인가? 위에서 적은 바와 같이 수령능력은 행위능력보다 그 정도가 낮아도 무방하므로 긍정적으로 해석하는 것이 옳다(고상룡 462면, 김상용 504면, 김증한·김학동 380면, 백태승 442면, 송덕수 331면, 이영섭 331면, 이영준 485면, 이은영 562면).

(4) 수령에 관한 제한능력은 특정의 상대방에 의한 수령 또는 도달이 되는지 여부를 판단할 때 필요한 것이다. 따라서 상대방이 없는 의사표시, 발신주의에 의한 의사표시, 공시송달에 의한 의사표시에는 이것이 적용되지 않는다.

제 6 절　법률행위의 대리

제 1 관　서　　설

[152]　Ⅰ. 대리제도의 의의와 사회적 작용

1. 의　　의　　대리는 타인(대리인)이 본인의 이름으로 법률행위(의사표시)를 하거나 또는 의사표시를 받음으로써, 그 법률효과가 직접 본인에게 생기는 제도

이다. 「직접대리」라고도 부른다. 본래 의사표시의 효과는 그것을 하는 표의자 자신에게 생기는 것이 원칙이다. 그런데 이 「법률효과의 표의자 귀속」이라는 원칙에 대한 예외가 되는 것이 대리이며, 그것은 대리인의 의사표시의 효과가 본인에게 귀속하는 점에서, 「법률효과의 표의자 이외의 자에의 귀속」을 일어나게 하는 제도이다.

위와 같은 대리제도는 전적으로 근대사회가 만들어 낸 것이다. 즉, 로마법계수후의 독일에서 「제 3 자를 위한 계약」이론을 발전·확장함으로써, 17세기경부터 직접대리가 독립한 제도로서 인정되었고, 19세기 이후에 각국의 법전에서 이를 채용하였다.

2. 작 용   위와 같이 근대사법이 만들어 낸 대리제도는 다음과 같은 중요한 작용을 한다.

(1) 사적 자치의 확장   근대법에서 사적 자치의 원칙([118] 참조)은 각 개인이 그의 자유의사에 의거하여 법률관계를 형성하는 것을 인정하며, 그 수단으로서 법률행위제도를 두고 있다. 그러나 자본주의경제가 크게 발전함에 따라서 거래관계는 기술화·전문화하고, 또한 전국적·세계적 규모로 확대해 가고 있다. 개인이 자기의 자유의사에 따라서만 거래를 하는 데는 한계가 있고 모든 거래를 혼자서 한다는 것은 거의 불가능하다. 여기서 타인을 대리인으로 하고 그 대리인의 의사에 의하여 직접 자기의 법률관계를 처리하게 하는 것을 인정한다면, 개인의 활동범위는 그의 활동능력 이상으로 확대된다. 이러한 의미에서 대리제도는 사적 자치의 범위를 확대해 주는 것이라고 말할 수 있다.

(2) 사적 자치의 보충   근대법에서는 모든 사람에게 권리능력이 인정되어 있는 결과, 각자 스스로의 법률행위에 의하여 권리·의무를 자기에게 귀속하게 할 수 있다. 그러나 의사무능력자는 전혀 법률행위를 할 수 없기 때문에, 스스로 활동하지 못한다. 또한 제한능력자는 행위능력이 제한되어 있다. 이들 제한능력자가 권리를 취득하고 의무를 부담하려면, 법정대리인의 대리나 동의가 있어야만 한다. 바꾸어 말하면, 제한능력자가 권리·의무의 주체가 될 수 있는 것은 대리제도가 인정되어 있기 때문이다. 이 경우의 대리는 제한능력자에 대한 행위능력의 보충이며, 그것은 말하자면 사적 자치의 보충이라는 기능을 하고 있는 것이다.

위에서 적은 (1)과 (2)의 경우에 대리관계는 앞의 것이 거래를 중심으로 하여

전적으로 계약에 의하여 발생하는 대리관계(임의대리)인 데 대하여, 뒤의 것은 일정한 가족관계에 의거하여 법률상 당연히 생기는 대리관계(법정대리)이다. 이 두 가지는 서로 대조적인 모습을 띠고 있다. 그러나 대리의 본질적 작용은 어디까지나 (1)의 경우, 즉 사적 자치의 확장이라는 기능이며, (2)의 경우, 즉 사적 자치의 보충이라는 기능은 대리제도의 부차적인 작용에 지나지 않는다.

[153] Ⅱ. 대리의 법적 성질

1. 대리의 본질   이미 밝힌 바와 같이 민법상의 대리는 대리인이 본인의 이름으로 하거나 받은 의사표시에 의하여, 본인에게 직접 법률효과가 생기는 것이다(114조 1항·2항 참조). 그러므로 대리제도에서는 법률행위 또는 의사표시를 하는 자와 그 법률효과를 받는 자가 분리되는 현상이 일어난다. 이와 같이 법률행위를 한 자가 법률효과를 받지 않고서, 법률행위를 하지 않는 본인에게 법률효과만이 귀속한다는 변칙적·예외적인 법현상은 법이론적으로 허용되는가? 만일 허용된다면 그 이론적 근거는 무엇인지가 이른바 대리의 본질론이다. 대체로 다음의 세 견해가 대립하고 있다.

(1) **본인행위설**   본인과 상대방을 본래의 행위당사자로 보고, 대리인은 본인의 「기관」에 지나지 않는다고 한다. 즉, 대리인의 행위를 본인의 행위로 의제하는 견해이며, 이 의제된 행위에 의하여 본인이 효과를 받는 것이라고 설명한다. 따라서 법률행위의 여러 요건(행위능력, 의사의 흠결, 착오나 사기·강박의 유무 등)은 현실의 행위자인 대리인을 표준으로 할 것이 아니라, 본인을 표준으로 하여 결정해야 한다고 한다.

(2) **대리인행위설**(대표설)   이 견해는 위의 견해와는 반대로, 본인이 아니라 현실의 행위자인 대리인을 행위당사자로 본다. 그러나 그 행위의 효과는 법률의 규정에 의하여 본인에게 귀속하는 것이라는 이론구성을 한다. 따라서 그 행위의 여러 요건도 본인이 아니라 대리인을 표준으로 하여서 결정해야 한다고 한다.

(3) **공동행위설**   이것은 본인과 대리인이 공동으로 법률행위를 하는 것으로부터 법률효과가 생긴다고 하는 견해이다. 이 견해는 본인의 대리인에 대한 의사와 대리인의 상대방에 대한 의사가 결합하여 효력을 발생시킨다고 설명하기도 한

다. 따라서 법률행위의 요건은 본인과 대리인이 그에 관련된 정도에 따라서 일부분은 본인을, 그리고 다른 일부분은 대리인을 각각 표준으로 하여 결정해야 한다고 한다.

　이상과 같은 세 견해를 검토해 본다면, 본인행위설과 공동행위설은 본인의 행위나 의사에 의하지 않고서는 본인에게 법률효과가 발생할 수 없다는 사적 자치의 원칙을 이론적 전제로 하고 있는 데 대하여, 대리인행위설 또는 대표설은 행위자와 효과의 귀속자가 분리되는 대리의 특질을 바로 본 타당한 견해라고 말할 수 있다. 그렇다고 해서 대표설이 사법의 기본원리인 사적 자치의 원칙에 반하는 것은 아니다. 즉, 대리에서 본인에게 직접 효과가 생기는 것은 본인을 위해서 하려고 하는 대리인의 효과의사(이른바 대리의사)에 대하여, 그에 따른 효과가 주어지는 것에 지나지 않으며, 대리는 결국 의사표시의 내용이 되는 효과의사가 특수한 것에 지나지 않는다. 그런데 계약의 자유, 따라서 사적 자치가 인정되는 이상, 그러한 효과의사도 유효한 것이다. 다만 문제는 그러한 효과의사도 이를 옳다고 인정하여 법률효과를 줄 것인지 아닌지, 바꾸어 말하면 법의 이상에 비추어 법률효과를 인정하는 것이 타당한지에 있다. 그것을 인정할 것인지 여부는 결국은 입법정책의 문제이다.

　민법은 어떠한 태도를 취하고 있는가? 제116조 1항은 대리행위의 흠의 유무는 대리인을 표준으로 결정한다고 규정함으로써, 대리인행위설 또는 대표설을 그 바탕으로 하고 있음을 보여 주고 있다.

2. 대리가 인정되는 범위

　(1) 대리는 대리인이 스스로 법률행위를 하고 그 법률효과를 직접 본인에게 귀속시키려고 하는 대리인의 효과의사에 대하여, 법률이 그것을 인정하여 그에 따른 법률효과가 발생하도록 하는 것이다. 따라서 대리가 인정되는 범위는 법률행위 또는 의사표시를 하거나(능동대리) 의사표시를 받는 것(수동대리)에 한한다(114조 참조). 법률행위 이외의 행위, 즉 사실행위나 불법행위에 관해서는 대리가 인정되지 않는다. 다음의 점을 주의하여야 한다.

　㈎ 제35조 1항은 "법인은 이사 기타 대표자가 그 직무에 관하여 타인에게 가한 손해를 배상할 책임이 있다."라고 규정하고 있다. 이사 기타의 법인의 대표자는 법인의 대리인이 아니라 이른바 대표「기관」이므로, 동조는 결코 불법행위의 대리

를 인정하는 것이 아니다(「대리」와 「대표」의 구별에 관해서는 아래 4.(3)에서 설명한다).

   (나) 사실행위([117] 2 (1) (가) ① (ㅁ) 참조)에 관하여 제 3 자가 협력하더라도, 그것은
대리가 아니라 「보조행위」에 지나지 않는다. 점유의 이전, 즉 인도도 사실행위이고
의사표시가 아니므로 역시 대리가 있을 수 없다(김증한·김학동 386면, 백태승 446면, 송
덕수, 334면). 이에 대하여 사실행위 또는 점유의 이전에 대리가 인정된다는 견해들
이 있다(고상룡 475면, 김상용 509면, 김현태 328면, 방순원 226면, 이영섭 337면, 이영준 488면,
이은영 567면). 이 견해들은 다소 차이가 있지만, 원칙적으로 사실행위에는 대리가
있을 수 없는 것이지만, 사실행위가 의사표시와 결합하여 법률행위를 이룰 때에는,
법률행위의 대리를 허용하는 의미에서 사실행위의 대리도 가능하게 되는 경우가
있다는 주장이 있으며, 그 예로 동산양도계약(188조 내지 190조 참조)이나 질권설정계
약(330조·332조·355조 참조) 등의 대리에서는 사실행위인 동산의 인도에 관해서도 대
리가 가능하다고 설명하기도 한다. 그러나 이때에도 점유의 취득이라는 사실행위의
대리가 가능하다고 할 것은 아니다. 대리인은 단순한 점유보조자(이에 관해서는 물권
법강의에서 자세히 설명한다) 또는 점유매개자(즉 직접점유자, 역시 물권법강의에서 자세히 설
명한다)에 지나지 않으며, 본인은 이들을 통해서 점유를 취득하거나 이전하는 것으
로 해석하는 것이 타당하다. 요컨대, 사실행위에 관하여 대리를 인정하는 예외를
인정할 필요는 없다.

   (다) 준법률행위는 의사표시가 아니므로, 역시 대리는 인정되지 않는다는 결과
가 된다. 그러나 준법률행위 가운데 의사의 통지와 관념의 통지에 관해서는 대리를
유추 적용하는 것이 좋을 것이다.

   (2) 대리는 위에서 적은 바와 같이 법률행위 또는 의사표시에 한하여 인정되
는 것이나, 모든 의사표시에 대리가 인정되지는 않는다. 바꾸어 말하면, 법률행위
가운데에는 「대리에 친하지 않는 행위」 또는 「대리를 가까이 하지 않는 행위」가
있다. 즉, 재산상의 법률행위에 관해서는 일반적으로 대리가 허용되지만, 혼인·인
지·유언과 같이 본인의 의사결정을 절대적으로 필요로 하는 법률행위나 의사표시
에 관해서는 대리가 허용되지 않는다. 위의 예로부터 알 수 있는 바와 같이, 대리에
친하지 않는 행위는 상속법상의 행위에 많다(그러나 부양청구권의 행사와 같이 가족법상
의 행위이더라도 재산행위로서의 성질도 아울러 가지는 행위에 관해서는 원칙적으로 대리가 허용

된다).

  3. 대리와 기초적 내부관계   대리는 대리인의 행위에 의하여 직접 본인
에게 그 행위의 효과를 귀속시키는 제도이므로, 이 대리인의 지위는 대리인이 본인
에 대하여 일정한 법률행위를 하여야 할 의무를 부담하는 경우에 그 의무를 이행하
는 수단으로서 주어지는 경우가 많다. 예컨대, 가옥의 매매를 위임받아 그 수임의
무의 이행으로서 본인을 대리하여 가옥매매계약을 맺는 것과 같다.

  여기서 과거에는 본인·대리인 사이의 「기초적 관계인 내부관계」와 대리관계
를 혼동하여 대리관계는 기초적 내부관계의 외부관계라고 생각한 때도 있었다. 특
히 위임관계에는 일반적으로 대리관계가 붙어 따라다니는 데에서, 대리는 위임의 대
외관계로 이해·파악되었다. 또한 이러한 견해에 따른 입법도 있다(프민 1984조 참조).

  그러나 기초적 내부관계와 대리관계는 이론상 전혀 별개의 것이며, 또한 위임
관계에는 대리관계가 따르는 것이 보통이긴 하지만, 위임과 대리가 반드시 결합하
는 것도 아니다. 예컨대, 중개업(상 93조)·위탁매매업(상 101조) 등과 같이, 위임이면
서도 대리가 따르지 않는 것이 있는가 하면, 한편 위임이 아닌 고용계약(655조)·도
급계약(664조)·조합계약(703조) 등에서도 대리권이 주어지기도 한다. 그러므로 대리
를 위임의 대외관계로 보는 것은 옳지 않으며, 대리관계와 그 기초적 내부관계는
전혀 별개의 것이다. 즉, 내부관계와 동시에 대외적 대리관계가 본인에 의하여 만
들어지는 경우에도, 대리는 단순히 본인이 대리인이 될 자가 하는 행위의 효과가
자기에게 귀속하는 것을 허용하고, 대리인이 될 자에게 그와 같이 자기에 갈음하여
행동할 수 있는 지위 또는 자격을 주는 것에 지나지 않는다. 대리관계는 본인·대리
인 사이의 내부관계, 예컨대 대리인이 수임인으로서 본인인 위임인을 위하여 여러
의무를 이행하여야 하는 관계와는 따로 떼어서 생각해야 한다. 위임과 대리 또는
기초적 내부관계와 대리관계를 이론상 명확히 구별하는 데에 현재 학설은 일치하
고 있다. 민법도 위임 기타의 기초적 내부관계를 「대리의 원인된 법률관계」라고 하
고, 임의대리는 그러한 원인된 법률관계와는 따로 법률행위에 의하여 대리권이 주
어지는 것이라고 함으로써, 대리는 원인된 법률관계로부터 독립한 별개의 제도임을
명백히 하고 있다(128조 참조).

그러나 대리가 그 본질상 독립한 제도라는 것은 대내관계와는 무관하게 존재·존속할 수 있다는 것을 의미할 뿐이고, 실제에서 대내관계의 존부에 수반하는지 아닌지, 또한 대내관계를 발생시키는 법률행위가 대리권까지도 발생시키는지 아닌지 등은 별개의 문제이다. 이것은 법률행위 해석의 문제에 지나지 않는다. 이에 관해서는 나중에 다시 적기로 한다([157] 2 참조).

4. 대리와 구별하여야 할 제도 여러 번 언급한 바와 같이, 대리는 (i) 본인과는 별개의 독립한 법률적 지위를 가지는, (ii) 대리인 자신이 하거나 또는 받는, (iii) 의사표시에 의하여, (iv) 본인을 위하여 한다는 대리적 효과의사에 따라, (v) 그 행위의 법률적 효과가 직접 본인에게 돌아가는 것이다. 이러한 대리의 의의와 특질을 명백히 하기 위하여, 언뜻 보기에는 대리와 비슷하지만 그것과는 다른 제도들을 들어 보면, 다음과 같다.

(1) **간접대리** 위탁매매업(상 101조)과 같이, 타인의 계산으로, 그러나 자기의 이름으로 법률행위를 하고, 그 효과는 행위자 자신에 관하여 생기며, 나중에 그가 취득한 권리를 타인에게 이전하는 관계가 간접대리이다. 그 경제적 작용은 본래의 대리, 즉 직접대리와 비슷하지만, 앞에서 적은 (iv)와 (v)의 점에서 대리와 다르다. 간접대리인이 권리를 취득한 때에는 곧 본인에게 이전한다는 특약을 하는 경우도 있으나, 이때에도 본래의 의미에서의 대리와는 다름을 주의하여야 한다 (권리이전의 경로가 다르다).

(2) **사자(使者)** 본인이 결정한 내심적 효과의사를 그대로 상대방에게 표시하거나 또는 전달함으로써, 표시행위의 완성에 협력하는 자가 「사자」이다. 본인이 완성한 의사표시를 그대로 전달하는 것(전달기관으로서의 사자)과 본인이 결정한 의사를 상대방에게 표시하여 그 의사표시를 완성하는 것(표시기관으로서의 사자)이 있으나, 그 가운데에서 대리와 비슷한 것은 뒤의 것이다. 그러나 이때에도 효과의사는 본인이 결정하는 것이므로, 본인이 아니라 대리인 자신이 효과의사를 결정하는 대리와는 다르다. 즉, (ii)의 점에서 대리와는 구별된다. 그러므로 사자의 경우에는 본인이 행위능력을 가지고 있어야 하고, 또한 의사표시의 착오 등에 관해서는 사자의 표시와 본인의 의사를 비교하여 결정하게 된다.

(3) **대 표** 법인의 대표기관의 행위에 의하여 법인이 직접 권리·의무

를 취득하는 점에서, 대표는 대리와 비슷하다. 그러나 대표기관은 법인과 서로 대립하는 지위에 서는 것이 아니고, 그의 행위는 법률이론상 그대로 법인의 행위로 보는 관계에 있다. 따라서 (ⅰ)의 점에서 대리와는 다르다. 또한 대표는 사실행위나 불법행위에 관해서도 성립한다는 점에서, 대리와는 다르다.

[154] Ⅲ. 대리의 종류

대리는 여러 표준에 따라서 다음과 같이 나누어 볼 수 있다.

1. 임의대리·법정대리   민법은 대리에 임의대리와 법정대리의 두 가지가 있는 것을 예정하고 있다(120조·122조·128조 등 참조).

임의대리와 법정대리는 대리권이 법률에 의하여 주어진 것인지 여부를 구별의 표준으로 삼는다. 법정대리와 임의대리를 구별하는 실익은, 뒤에서 밝히는 바와 같이, 복임권(復任權)에 차이가 있다는 점이다. 이러한 점에서도 대리권의 발생근거가 법률인지 여부를 기준으로 임의대리와 법정대리를 구분하는 것이 타당하다. 결국 본인의 신임을 받아서 대리인이 되는 것이 임의대리이고, 그렇지 않은 것이 법정대리라고 하는 것이 좋을 것이다. 이를 바꾸어 말하면, 대리권이 본인의 신임을 바탕으로 하여 그의 의사에 의하여 주어지는 것일 때에는 그 대리는 임의대리이고, 대리권이 법률의 규정에 의하여 주어지는 것이면 그것은 법정대리이다.

2. 능동대리·수동대리   대리행위의 모습에 의한 분류이다. 본인을 위하여 제3자에게 의사표시를 하는 대리가 능동대리이며, 적극대리라고도 일컫는다(114조 1항 참조). 한편 본인을 위하여 제3자의 의사표시를 받는 대리가 수동대리이고, 소극대리라고도 부른다(114조 2항 참조). 특별한 사정이 없는 한, 대리인은 이들 두 가지의 대리를 모두 할 수 있는 대리권을 가진다(예컨대, 대리인에 의한 계약에서는 보통 두 대리가 모두 있게 된다).

3. 유권대리·무권대리   대리인이라고 일컬으면서 행동하는 자가 정당한 대리권을 가지고 있는지 여부에 의한 분류이며, 앞의 것, 즉 정당한 대리권을 가지는 유권대리가 정상적인 대리임은 물론이다. 무권대리에는 다시 협의의 무권대리와 표현대리의 두 경우가 있으며, 이에 관해서는 나중에 자세히 보기로 한다.

[155]　Ⅳ.　대리의 3면관계

　　대리관계에는 본인과 대리인, 대리인과 상대방, 상대방과 본인의 관계라는 3면 관계가 있게 된다. 즉, 대리인이 본인의 정당한 대리인이라는 관계(대리권의 관계), 이러한 대리인이 본인을 위하여 상대방과의 사이에서 법률행위를 하는 관계(대리행위의 관계), 그리고 그 결과 상대방과 본인 사이에서 권리변동이 생기는 관계(대리에 의한 법률효과의 관계)가 대리에서 생기게 된다. 이들 세 관계를 본인의 처지에서 본다면, 대리관계의 본체를 이루는 것은 본인과 대리인의 관계(대리권)라고 하여야 한다. 대리행위의 결과 상대방·본인 사이에 권리변동이 생기는 것은 본인·대리인 사이에 대리권이 있기 때문이다. 그 밖의 관계는 대리권의 실현과정(대리인·상대방 사이의 관계) 및 결과(상대방·본인 사이의 관계)에 지나지 않는다.

　　아래에서는 항을 나누어서, 먼저 이들 3면관계를 각각 다루기로 하고, 이어서 대리의 특수한 경우, 즉 복대리와 무권대리에 관하여 설명하기로 한다.

제 2 관　대리권(본인·대리인 사이의 관계)

[156]　Ⅰ.　대리권의 의의와 성질

　　대리권은 그 용어상으로는 마치 권리의 일종인 것처럼 보인다. 그러나 그것은, 권리가 아니라 행위능력과 같이, 법률상 일정한 법률효과를 발생케 하는 능력 또는 자격이라는 것이 통설이다(김기선 279면, 김증한·김학동 390면, 송덕수 337면, 이영섭 333면, 이은영 596면).

　　자격설 또는 능력설이라고 일컬을 수 있는 위와 같은 견지에서 대리권을 정의한다면, "본인을 위하여 의사표시를 하거나 또는 받음으로써, 본인에 관하여 법률효과를 발생케 하는 법률상의 자격"이 대리권이다. 대리인은 이러한 능력 또는 자격을 바탕으로 그의 의사표시의 효과를 본인에게 귀속하게 할 수 있는 법적 가능성 또는 법적 힘을 가지는 것이 되는데, 바로 그러한 법적 가능성을 종래 권리로서 관념하고, 이를 「대리권」이라고 부르고 있는 것이다. 용어로서는 「대리권한」이라고 하는 것이 보다 정확하다.

[157] Ⅱ. 대리권의 발생원인

1. 법정대리권의 발생원인   법정대리가 성립하는 경우는 다음의 세 가지가 있다. (ⅰ) 본인에 대하여 일정한 지위에 있는 자가 당연히 대리인이 되는 경우. 친권자(911조·920조)·후견인(938조) 등이 이에 속한다. (ⅱ) 본인 이외의 일정한 지정권자의 지정으로 대리인이 되는 경우. 지정후견인(931조)·지정유언집행자(1093조·1094조) 등이 이에 속한다. (ⅲ) 법원(가정법원)의 선임에 의하여 대리인이 되는 경우. 부재자재산관리인(23조·24조)·상속재산관리인(1023조·1040조·1044조·1047조·1053조 등 참조)·유언집행자(1096조 참조) 등이 이에 속한다.

이들 법정대리가 성립하는 각각의 경우에 법정대리권의 발생원인은 (ⅰ)의 경우에는 법률의 규정, (ⅱ)의 경우에는 지정권자의 지정행위, 그리고 (ⅲ)의 경우에는 법원의 선임행위이다.

2. 임의대리권의 발생원인(수권행위)

(1) 임의대리권은, 그것을 수여하는 본인의 행위, 즉 본인의 의사에 의한 「대리권수여행위」에 의하여 발생한다. 대리권수여행위는 이를 줄여서 수권행위(授權行爲)라고도 일컫는다. 아래에서는 주로 이 용어를 쓰기로 한다. 수권행위는 기초적 내부관계를 발생케 하는 행위(예컨대, 위임·고용·도급·조합 등)와는 구별하여야 한다. 바꾸어 말하면, 수권행위는 본인과 대리인 사이의 내부관계를 발생케 하는 행위 그 자체는 아니며, 그것과는 독립하여 대리권의 발생만을 목적으로 하는 행위이다.

(2) **수권행위의 법률적 성질**   이에 관해서는 다음에서 다루는 것처럼 몇 가지 문제가 있다.

(가) 우선 수권행위가 계약인지 아니면 단독행위인지가 문제이며, 학설은 대립하고 있다. 소수설은 수권행위를 본인·대리인 사이의 무명계약으로 이해하고, 그 근거로서 수권행위가 단독행위라는 것을 분명히 하고 있는 규정이 현행법상 없다는 것을 든다(김기선 280면). 이에 대하여 다수설은 수권행위를 상대방(바꾸어 말해서, 대리인이 될 자)의 수령을 필요로 하는 단독행위로 파악한다(고상룡 482면, 김상용 531면, 김증한·김학동 393면, 방순원 233면, 백태승 452면, 송덕수 339면, 이영섭 342면, 이영준 525면, 이은영 601면, 장경학 535면).

수권행위가 계약인지 단독행위인지를 논하는 실익은, 대리권의 발생에 관하여 대리인이 될 자의 의사표시(보통은 대리권수여의 청약에 대한 승낙)를 필요로 하는지 아닌지, 따라서 또한 수권과 관련하여 대리인의 의사표시에 어떤 흠이 있을 때, 예컨대, 제한능력, 의사의 흠결, 사기 또는 강박 등이 있을 때에, 그것이 수권행위의 효력을 좌우하는지를 결정하는 전제가 되는 데에 있다. 계약설을 취한다면, 위의 사유가 있을 때에 수권행위는 그 효력을 잃게 되고 대리인의 대리행위는 무권대리가 될 것이다. 이에 반하여 단독행위설을 취한다면, 대리행위는 아무런 영향을 받지 않으며 유권대리로서 존속하게 된다.

대리권을 주는 것은 대리인에게 하나의 대외적인 지위 또는 자격을 줄 뿐이고, 어떤 권리나 의무를 취득시키거나 부담시키는 것이 아니므로, 대리인이 될 자의 승낙을 필요로 할 이유가 없다. 뿐만 아니라, 본인·대리인 사이의 내부적 사정으로 대리행위의 상대방인 제3자에게 영향을 미치는 것을 되도록 피하여 거래의 안전을 꾀하여야 한다는 견지에서 본다면, 단독행위설을 취하여야 한다. 민법은 수권행위가 단독행위임을 밝히는 규정을 두고 있지는 않지만, 제117조는 단독행위설의 결과를 바라고 있는 것이라고 볼 수 있고, 또한 제128조 후단도 수권행위가 단독행위임을 전제로 한 것이라고 할 수 있다([159]3 (2) 참조). 요컨대, 수권행위는 「상대방 있는 단독행위」라고 하는 다수설이 타당하다. 이와 같이 수권행위를 단독행위로 이해하는 것은 대리인에게 의사표시의 흠이 있더라도 수권행위에 영향을 미치지 않는다는 것을 의미하는 데 지나지 않으며, 본인에게 의사표시(즉 수권행위)의 흠이 있다면 수권행위에 영향을 주고, 그 효력을 좌우하게 됨은 물론이다.

(ㄴ) 이미 밝힌 바와 같이, 수권행위는 본인·대리인 사이의 기초적 내부관계를 발생케 하는 행위와는 구별된다. 그러나 이것은 수권행위와 기초적 행위가 언제나 독립한 별개의 행위라는 것, 또는 별개의 행위로 행해져야 한다는 것을 의미하지는 않으며, 두 행위가 합쳐 한 덩어리가 되어서 외형상 하나의 행위로 행해지는 것은 무방하다. 오히려 그러한 것이 보통이라고 할 수 있다. 왜냐하면, 수권행위는 단독행위이지만, 그것은 불요식행위([123] 참조)이어서 민법상 특별한 방식이 요구되지 않으므로(대리하는 법률행위가 요식행위인 때도 같다), 기초적 행위와 합쳐져서 하나의 행위로 행해지는 것이 보통이다. 그러나 이 경우에도 기초적 행위와 수권행위는 관념상으로는 전혀 별개의 것이며(대판 1962. 5. 24, 4294민상251·252), 기초적 행위가 있

더라도 수권행위는 없는 경우가 있는가 하면, 한편 수권행위만이 독립하여 행해지는 경우도 있다. 그러므로 구체적인 경우에 과연 수권행위가 있는지 여부가 문제되는데, 이는 그때그때에 계약내용을 해석하여 판단·결정하는 수밖에 없다. 즉, 구체적인 경우에 대리권이 주어져 있는지 여부는 법률행위의 해석 문제이다.

위와 같이 수권행위는 그 원인이 되는 계약관계와는 별개의 법률행위라고 한다면, 그 다음으로 수권행위는 유인행위(有因行爲)인지 또는 무인행위(無因行爲)인지가 문제된다. 바꾸어 말하면, 본인·대리인 사이의 기초적 법률관계, 예컨대 위임·고용·도급·조합계약 등이 무효이거나 또는 취소 기타의 사유로 실효한 경우에, 수권행위도 그 영향을 받아 소급하여 그 효력을 잃게 되는지가 문제이다([125] 2 참조). 학설은 역시 대립하고 있다. 유인설이 다수설이 되었고(고상룡 485면, 김기선 281면, 김상용 535면, 송덕수 340면, 양창수·김재형 175면, 이영섭 343면, 이은영 602면), 무인설은 소수설이 되었다(김현태 333면, 김증한·김학동 393면, 방순원 235면, 장경학 537면). 유인설은 제128조를 그 근거로 삼고 있으며, 무인설은 수권행위가 그 원인이 되는 기초적 행위와는 관념상 별개의 행위라는 것을 강조한다.

무인설에 따를 경우에 유인설을 따르는 경우보다 상대방을 두텁게 보호하고 거래의 안전을 확보하게 된다. 그러나 그것은 지나치게 추상적인 개념논리이고, 당사자의 통상의 의사해석과는 거리가 멀다. 유인설이 당사자의 의사를 존중하는 타당한 해석론이다. 그리하여 수권행위가 독립한 별개의 행위가 아니라 그 원인이 되는 행위와 한몸을 이루고 있는 경우에는, 그 원인행위의 무효·취소 또는 해제는 그대로 수권행위의 무효·취소·해제의 효력을 생기게 한다고 하여야 한다. 한편, 수권행위가 독립한 별개의 의사표시에 의하여 이루어지는 경우에도 수권행위를 원인관계로부터 분리해서 독립한 법률행위(무인행위)로서 다루어야 한다는 특별규정이 없는 한, 당사자의 통상의 의사해석상 수권행위와 원인관계는 유인관계에 서는 것으로 새겨야 한다. 즉, 원인관계의 무효는 수권행위의 무효를 가져오고, 또한 원인관계의 취소나 해제가 있는 때에는 당연히 수권행위도 효력을 잃는다고 새겨야 한다.

(대) 수권행위는 민법상 불요식행위(不要式行爲)이다. 따라서 그것은 묵시적으로도 할 수 있다(대판 1972. 1. 31, 71다2429). 그러나 실제에서는 대리인에게 「위임장」을

주는 것이 관례로 되어 있다. 이 경우 위임장은 통상 위임계약 또는 수권행위의 증서가 아니며, 그것은 대리권을 주었다는 증거에 지나지 않는다. 위임장 없이도 대리권을 주는 것은 가능하며, 반대로 위임장이 있다고 해서 언제나 정당한 수권행위가 있다고 할 수 없다(다만 이 경우에는 상대방은 제125조의 보호를 받게 될 것이다. [170] 2 참조).

　　위임장의 특수한 것으로 백지위임장(白紙委任狀)이 있다. 백지위임장은 수임인이되는 자를 특정하지 않고서, 위임장이 이리저리 유통된 후에, 최후에 이를 소지한 사람이 수임인으로서 자기의 이름을 적어 넣는 것이다. 백지위임장의 작성자는 장래에 정당하게 백지위임장을 취득하는 모든 사람에 대하여 대리권 수여의 의사표시를 하고 최후의 취득자가 백지로 되어 있는 부분에 자기의 이름을 적어 넣음으로써 두 사람 사이에 대리권수여행위가 있었다고 보아야 한다. 결국 백지위임장은 신속을 존중하는 거래계의 필요에서 발생한 수권행위의 한 방법이라고 볼 수 있다.

[158]　Ⅲ. 대리권의 범위와 그 제한

1. 법정대리권의 범위　　　각종의 법정대리인에 관하여 법정대리권의 범위를 정하는 개별 규정이 있으므로, 이들 법규의 해석으로 그 범위가 결정된다(25조·913조 이하·941조 이하·1040조 2항·1047조 2항·1053조 2항·1101조 등 참조).

2. 임의대리권의 범위

(1) 임의대리권의 범위는 수권행위로 정해진다. 본인은 일정한 사항을 한정하거나 일정범위의 사항에 관하여 포괄적으로, 또는 특정의 상대방을 한정하거나 그러한 제한 없이(즉 불특정인에 대해서도) 대리권을 줄 수 있다. 그러므로 대리권의 범위는 결국 수권행위의 해석에 의하여 결정된다 대리권의 범위는 상대방과 일반 제 3 자에게 미치는 영향이 크므로, 수권행위의 해석은 특히 신중하여야 한다.

　　종래의 판례에 나타난 주요한 예를 들어 보면, 다음과 같다
　　임의대리권은 그 권한에 부수하여 필요한 한도에서 상대방의 의사표시를 수령하는 수령대리권을 포함한다(대판 1994. 2. 8, 93다39379). 매매계약을 체결할 대리권은 매매계약에서 약정한 중도금이나 잔금을 수령할 권한이 있고(대판 1994. 2. 8, 93다39379), 또한 약정한 매매대금 지급기일을 연기해 줄 권한도 가진다(대판 1992. 4. 14, 91다43107). 소비대차계약을 체결하는 대리권은 그 계약 내용을 이루는 기한을 연기하고 이자와 대

금을 수령할 권한이 있다(대판 1948. 2. 17, 4280민상236). 금전소비대차와 그 담보를 위한 담보권설정계약을 체결할 대리권은 그들 계약관계를 해제할 권한은 없다(대판 1993. 1. 15, 92다39365; 대판 1997. 9. 30, 97다23372 등). 어떠한 계약의 체결에 관한 대리권을 수여받은 대리인은 그 계약의 해제 등 일체의 처분권과 상대방의 의사를 수령할 권한까지 가지고 있다고 볼 수 없다(대판 1987. 4. 28, 85다카971; 대판 2008. 6. 12, 2008다11276). 부동산처분에 관한 소요서류를 교부하는 것은 그 부동산의 처분에 관한 대리권을 준 것이 되나(대판 1959. 7. 2, 4291민상329), 은행으로부터의 융자를 위하여 부동산의 등기부등본과 인감증명서를 주었다고 해서 그 부동산을 처분할 대리권을 주었다고는 할 수 없다(대판 1962. 10. 11, 62다436). 채권담보의 목적으로 채무불이행이 있는 때에 대물변제에 충당하기 위하여 부동산의 매도증서를 채권자에게 교부하였더라도, 대물변제에 충당되기 이전에는 그 채권자에게 부동산을 매도할 수 있는 대리권을 준 것은 아니다(대판 1963. 2. 28, 62다910). 대여금의 영수대리인이 대여금채무의 일부를 면제하려면, 그에 관한 특별수권이 있어야 한다(대판 1981. 6. 23, 80다3221). 경매입찰대리인의 대리권범위에는 경락허가결정이 있은 후 채권자에 의한 강제경매신청 취하에 동의할 권한까지 포함하는 것으로 볼 수 없다(대결 1983. 12. 2, 83마201).

(2) 민법은 수권행위의 해석에 의하여 대리권의 범위를 명백히 할 수 없는 경우를 위하여 보충적 규정을 두고 있다. 즉, 대리권이 있다는 것은 명백하나 그 범위가 불분명한 경우에 대리인은 보존행위, 이용행위, 개량행위, 기한이 도래한 채무의 변제, 부패하기 쉬운 물건의 처분 등의 관리행위만을 할 수 있고, 처분행위는 이를 하지 못하는 것으로 규정하고 있다(118조).

⑺ **보존행위**　　　재산의 가치를 현재의 상태 그대로 유지하는 것을 목적으로 하는 행위를 말한다. 예컨대, 가옥의 수선, 소멸시효의 중단, 미등기 부동산의 등기 등은 그 예이다. 대리인은 이 보존행위를 무제한으로 할 수 있다(118조 1호).

⑻ **이용행위·개량행위**　　　물건을 임대하거나 금전을 이자부로 대여하는 것과 같이 재산의 수익을 꾀하는 행위가 이용행위이다. 한편 개량행위는 사용가치 또는 교환가치를 늘어나게 하는 행위이다. 예컨대, 무이자의 금전대여를 이자부로 하는 행위는 그 예이다. 대리인은 이들 두 행위를 할 수 있으나, 보존행위의 경우와 같이 무제한으로 하지는 못하며, 대리의 목적인 물건이나 권리의 성질을 변하지 않게 하는 범위에서만 할 수 있다(118조 2호). 객체의 성질을 변경하였는지 여부를 결

정하는 표준은 사회의 거래관념이다. 가령 예금을 주식으로 바꾼다든가, 은행예금을 개인에게 대여하는 것은 객체의 성질을 변하게 하는 것이다.

위와 같은 범위는 추상적으로 행위의 종류에 의하여 정해진다. 따라서 위의 범위에 속하는 어떤 행위가 실제에서 본인의 불이익으로 돌아가는 일이 있어도 그 행위는 역시 대리권의 범위 내에 속한다. 이때에 대리인이 본인에 대하여 책임을 지는 일이 있더라도 그것은 본인과 대리인 사이의 내부관계이고, 대리관계는 아니다. 반대로 객체의 성질을 변하게 하는 이용행위나 개량행위를 함으로써 본인의 이익이 되었다고 하더라도 그것은 역시 대리권의 범위를 벗어나는 행위이며, 당연히 대리행위로서 성립하지 못한다(본인이 그 결과를 바라는 경우에는 나중에 설명하는 무권대리의 추인을 하여야 한다. [171] 2 (1) 참조).

3. 대리권의 제한

(1) 자기계약·쌍방대리의 금지

(개) 대리인이 한편으로는 본인을 대리하고, 다른 한편으로는 자기 자신의 자격으로, 자기 혼자서 본인·대리인 사이의 계약을 맺는 것이 「자기계약」(자기대리)이다. 예컨대, 甲의 대리인 乙이 본인인 甲과 자기 사이의, 즉 甲·乙 사이의 계약을 맺는 것과 같다. 한편 「쌍방대리」는 대리인이 한편으로는 본인을 대리하고, 다른 한편으로는 상대방을 대리하여 자기만으로써 쌍방의 계약을 맺는 것이다. 예컨대, 甲의 대리인 乙이 한편으로는 丙의 대리인으로서, 甲·丙 사이의 계약을 맺는 것이 쌍방대리이다. 위와 같은 자기계약과 쌍방대리는 원칙적으로 금지된다(124조). 그 이유는 본인의 이익을 보호하기 위한 것이다. 따라서 그 금지는 대리권의 범위에 관한 특수한 제한이다.

대리에서 3면관계가 생긴다는 것은 현실적으로 세 인격자를 필요로 한다는 의미가 아니라, 법률상의 세 주체를 필요로 한다는 것을 의미할 뿐이다. 그러므로 이론상으로는 자기계약과 쌍방대리도 대리로서 성립할 수 있다. 그러나 본래 대리인은 다소 자기의 자유재량에 의하여 본인의 권리·의무를 좌우하는 것이므로, 위의 두 모습은 대리인이 마음먹기에 따라서 본인(자기계약의 경우) 또는 한쪽의 본인(쌍방대리에는 본인이 2인 있게 되므로)의 이익을 해칠 위험이 있기 때문에 원칙적으로 금지하는 것이다.

(나) 위와 같이 자기계약과 쌍방대리를 금지하는 이유는 그것을 무제한으로 인정한다면, 본인의 이익을 해치는 경우가 발생하기 때문이다. 따라서 만일 그러한 염려가 없다면 이를 특별히 금지할 이유가 없다. 즉, 자기계약·쌍방대리이더라도, 당사자 사이에 이해의 충돌이 없는 경우에는 본인의 이익을 해칠 염려가 없다. 여기서 다음과 같은 예외가 인정된다.

① 본인이 미리 자기계약·쌍방대리를 허락하거나 또는 대리권을 주어서 인정한 경우에는 그러한 대리는 유효하다(124조 본문 참조).

② 채무의 이행에 관해서도 자기계약·쌍방대리는 허용된다(124조 단서). 채무의 이행은 그것에 의하여 새로운 이해관계가 생기게 되는 것이 아니고, 이미 성립하고 있는 채무를 이행하는 데 지나지 않기 때문이다. 채무의 이행과 같은 것으로 볼 수 있는 경우에도 예외적으로 허용된다고 하여야 한다. 예컨대, 금전출납권이 있는 대리인이 본인에 대하여 채권을 가지고 있는 경우에, 그 기한이 도래하여 본인의 예금으로부터 찾아내어 변제에 충당하거나, 본인에 대한 의사표시는 아니지만 주식명의개서나 부동산의 이전등기신청 등도, 이해의 충돌이 없는 한, 예외가 된다. 그러나 다툼이 있는 채무의 이행이나 대물변제(466조) 등은 성질상 이를 하지 못한다.

(다) 제124조에 위반하는 행위는 무효가 아니라 무권대리행위이다. 따라서 본인에 대하여 당연히 효력을 발생하지는 않지만, 본인이 이를 나중에 추인하면 완전히 유효하게 된다([171] 2 (1) 참조).

(라) 자기계약·쌍방대리의 금지에 관한 제124조는 법정대리·임의대리의 모두에 적용된다. 법정대리에 관해서는 본조와 같이 행위의 두 당사자를 대리하는 경우뿐만 아니라, 그 밖에 법정대리인과 본인의 이익이 상반하는 경우에도 대리권이 없다고 규정하는 경우가 많다(921조·951조 등. 그리고 64조도 같은 취지이다).

(2) 공동대리

(가) 둘 이상의 복수의 대리인이 공동으로만 대리할 수 있는 대리가 공동대리이다. 따라서 공동대리의 경우에 대리인의 한 사람이 대리행위에 참여하지 않거나 또는 한 사람의 대리인의 의사표시에 흠이 있는 때에는 그 대리행위는 유효하지 않거나 또는 대리행위 자체에 흠이 있는 것이 된다. 그러므로 공동대리는 각 대리인

에게는 대리권의 제한이 된다.

(내) 수동대리의 경우에도 상대방의 의사표시를 공동으로만 받아야 하는지 문제된다. 수동대리에서는 상대방의 보호와 거래상의 편리를 위하여 각 대리인이 단독으로 수령할 권한이 있다고 해석하여야 할 것이다(김상용 551면, 김용한 351면, 김증한·김학동 403면, 김현태 339면, 백태승 462면, 송덕수 349면, 이영섭 345면, 이영준 567면, 이은영 618면).

(대) 복수의 대리인이 있는 경우에, 그것이 공동대리인지 단독대리인지는 결국 법률의 규정 또는 수권행위의 해석에 의하여 정해지지만, 공동대리로 한다는 것이 법률의 규정이나 수권행위에서 특별히 정하고 있지 않은 한, 원칙적으로 단독대리이며, 대리인 각자가 혼자서 본인을 대리한다(119조).

(래) 공동대리의 제한을 위반하여, 복수의 대리인 중의 한 사람이 혼자서, 즉 단독으로 대리행위를 한 때에는 뒤에서 설명하는 권한을 넘은 무권대리행위가 된다.

4. 대리권의 남용 대리인이 대리권의 범위에서 대리행위를 하더라도 그것이 본인의 이익이 아니라 자신의 사리나 제 3 자의 이익을 추구하기 위한 것이라면 대리권 남용이 될 수 있다. 이것은 대리권 자체의 제한에 해당하지 않지만, 대리행위의 효과가 본인에게 귀속되지 않게 될 수 있다.

이 경우에 표현대리 규정을 적용할 수 있는지 문제되나, 대리권을 남용하는 경우에는 대리인이 대리권의 범위를 넘어 대리행위를 한 것으로 볼 수 없으므로 표현대리에 해당하지 않는다. 이와 같은 대리권 남용은 신의칙 위반 또는 권리남용에 해당하는 것으로 볼 수도 있으나, 판례는 이 문제를 제107조 제 1 항 단서를 유추 적용하여 해결한다(위 [142] 3 참조). 대리인의 진의는 대리행위의 법률효과를 본인에게 귀속시키려는 것이므로 비진의표시에 해당하지 않는다. 그러나 사실적으로 보면 그 진의는 대리인 또는 제 3 자가 대리행위의 경제적 효과를 얻으려는 것인데도 이를 숨기고 본인에게 그 효과가 돌아가는 것으로 표시하였으므로, 비진의표시에 관한 규정을 유추 적용할 수 있다는 것이다.

〈대리권 남용에 관한 판례〉

원고는 피고은행 지점 창구에서 금전을 제공하고 예금을 하였는데, 위 지점의 지점장대리가 위 금전을 횡령하였다. 대법원은 제107조 제 1 항을 인용한 다음, "이 규정의 뜻은 표의자의 내심의 의사와 표시된 의사가 일치하지 아니한 경우에는 표의자의 진의가 어떠한 것이든 표시된 대로의 효력을 생기게 하여 거짓의 표의자를 보호하지 아니하는 반면에 만약 그 표의자의 상대방이 표의자의 진의 아님에 대하여 악의 또는 과실이 있는 경우라면 이때에는 그 상대방을 보호할 필요가 없이 표의자의 진의를 존중하여 그 진의 아닌 의사표시를 무효로 돌려버리려는 데 있는 것이고, 나아가 진의 아닌 의사표시가 대리인에 의하여 이루어지고 그 대리인의 진의가 본인의 이익이나 의사에 반하여 자기 또는 제 3 자의 이익을 위한 배임적인 것임을 그 상대방이 알거나 알수 있었을 경우에는 위 법 제107조 제 1 항 단서의 유추해석상 그 대리인의 행위는 본인의 대리행위로 성립할 수 없다 하겠으므로 본인은 대리인의 행위에 대하여 아무런 책임이 없다 할 것이며 이때 그 상대방이 대리인의 표시의사가 진의 아님을 알거나 알수 있었는가의 여부는 표의자인 대리인과 상대방 사이에 있었던 의사표시의 형성과정과 그 내용 및 그로 인하여 나타나는 효과 등을 객관적인 사정에 따라 합리적으로 판단하여야 할 것"이라고 한 다음, A가 한 대리행위가 본인인 피고은행의 의사나 이익에 반하여 예금의 형식을 빌어 사채를 끌어 모아 B의 사업자금을 마련함으로써 자기와 B의 이익을 도모하려 한 것이고 원고가 A의 예금계약의사가 진의 아님을 알았거나 이를 알 수 있었다면 A가 한 이 사건 예금계약은 피고은행의 대리행위로 성립할 수 없으므로 피고은행은 이에 대하여 아무런 책임이 없게 된다고 판결하였다(대판 1987. 7. 7, 86다카1004).

[159] Ⅳ. 대리권의 소멸

1. 대리권의 소멸원인에는 임의대리와 법정대리에 공통되는 것과 이들의 각각에 특유한 것이 있다. 법정대리에 특유한 소멸원인은 각개의 법정대리에서 개별적으로 규정하고 있다(22조 2항·23조·924조·925조·927조·937조·939조·957조 등). 그리하여 총칙에서는 법정대리·임의대리의 두 가지 모두에 공통한 소멸원인과 임의대리만에 특유한 소멸원인을 규정하고 있다. 차례로 설명하기로 한다.

2. 공통적인 소멸원인(127조)

(1) 본인의 사망   법정대리에서는 본인이 사망하는 경우 더 이상 대리의 필요가 없게 된다. 임의대리에서는 본인과 대리인 사이의 특별한 신임관계가 그 기초를 이루고 있기 때문에, 본인이 신임하는 대리인을 그대로 본인의 상속인의 대리인으로 하는 것은 적절하지 않다. 따라서 법정대리든 임의대리든 본인이 사망하면

대리권도 소멸된다. 이와 같이 본인의 사망으로 대리권이 소멸한다는 원칙에는 다음과 같은 예외가 있다.

　(개) 임의대리에서 그 기초가 되는 대내관계가 본인의 사망 후에도 존속하는 때에는(691조 참조), 그 범위에서 대리권도 존속한다고 해석해야 한다.

　(내) 상법 제50조에서는 상행위의 위임에 의한 대리권은 본인의 사망으로 소멸하지 않는다고 규정하고 있다. 즉, 상사대리권에서는 민법의 원칙이 적용되지 않는다. 이는 상행위의 대리는 본인·대리인 사이의 개인적 신임관계를 기초로 한다기보다는 기업중심의 신임관계이며, 본인의 기업을 상속하는 상속인을 위하여 그대로 대리인이 된다고 하는 것이 적당하고, 또한 그것이 거래의 안전을 위해서도 적절하기 때문이다.

　(2) **대리인의 사망**　　법정대리든지 임의대리든지 어느 경우에나 대리인이 사망한 때에 그의 상속인을 대리인으로 하는 것이 부당함은 명백하며, 특별한 설명을 필요로 하지 않는다. 다만, 대리인의 사망 후에도 대내관계의 존속을 인정하는 특수한 경우에는 본인이 사망한 경우와 마찬가지로 다루어야 한다(691조 참조).

　(3) **대리인의 성년후견의 개시 또는 파산**　　뒤에 적는 바와 같이 피성년후견인도 의사능력만 있으면 임의대리인이 될 수 있다(117조. [162] 참조). 파산선고를 받은 자도 마찬가지로 임의대리인이 될 수 있다. 그러나 대리인인 자가 나중에(바꾸어 말해서, 대리인이 된 다음에) 성년후견이 개시되거나 파산선고를 받았을 때에는, 대리권이 발생하는 기초가 되는 본인·대리인 사이의 신임관계와 대리인의 경제적 신용이 사라진다고 하여야 하며, 따라서 대리권도 소멸한다고 하는 것이 적당하기 때문에, 민법은 이를 대리권의 공통소멸원인으로 한 것이다.

　3. **임의대리에 특유한 소멸원인**

　(1) **원인된 법률관계의 종료**　　임의대리권은 그 원인된 법률관계(기초적 내부관계)의 종료에 의하여 소멸한다(128조 전단). 본래 수권행위는 그 원인된 법률관계의 수단으로서 행해지는 것이 보통이므로(유인성), 내부관계, 예컨대 위임이 종료하면, 대리권도 철회되는 것이 보통이라고 해석해야 하며, 이 취지를 규정한 것이 바로 제128조 전단이다([157] 2 참조). 그러므로 이 조항은 임의규정이며, 본인은 원인된 법률관계가 종료한 후에도 대리권만은 그대로 존속시킬 수 있다.

(2) **수권행위의 철회**   원인된 법률관계가 아직 존속하고 있더라도, 본인은 수권행위를 철회하여 대리권을 소멸시킬 수 있다(128조 후단). 이 조항은 수권행위를 계약이 아니라 단독행위로서 이해하는 이론의 유력한 밑받침이 됨을 기억하여야 한다. 왜냐하면, 본래 「철회」라는 것은 표의자가 그 의사표시의 효과를 장래에 향하여 소멸시켜 버리는 수령을 필요로 하는 상대방 있는 단독행위를 뜻하는 것이지만, 제128조 후단은 「수권행위의 철회」라고 규정하고 있다. 이는 수권행위가 단독행위임을 전제로 한 것이라고 보아야 하기 때문이다.

철회의 상대방에 관해서는 정하고 있지 않으나, 대리인 또는 대리행위의 상대방인 제3자라고 해석하는 것이 정당하다. 그리고 제128조 후단은 임의규정이다. 따라서 원인된 법률관계의 종료 전에는 수권행위를 철회하지 않겠다는 특약은 원칙적으로 유효하다고 보아야 한다.

⟨본인의 파산⟩

민법이 임의대리권에 특유한 소멸원인으로 규정하는 것은 앞에서 설명한 것에 한하며, 수권자인 본인이 파산한 경우에 어떻게 되는지에 관해서는 규정하고 있지 않다. 이 경우 본인의 파산으로 임의대리권은 소멸한다는 견해가 있다. 그 이유로 본인·대리인 사이의 신임관계를 기초로 한다는 점에서 수권행위는 위임계약과 비슷하므로, 위임관계의 종료원인이 되는 파산(690조 참조)은 임의대리권 소멸의 원인이 된다고 보아야 한다는 것을 들고 있다(김상용 557면, 김용한 362면, 김증한 380면, 백태승 467면, 이영섭 350면, 이영준 571면, 이은영 612면). 그러나 이 견해에는 찬성할 수 없다. 이미 밝힌 바와 같이, 제128조 전단은 원인된 법률관계의 종료로 대리권은 소멸한다고 규정하고 있으므로, 파산으로 원인된 법률관계가 종료하면 대리권도 소멸하게 된다. 특별히 본인의 파산으로 당연히 대리권이 소멸한다고 할 필요가 없고, 일반원칙에 따라 해결된다고 하여야 한다. 따라서 본인의 파산으로 원인된 법률관계가 종료된 후에도 대리권은 그대로 존속시킬 수도 있는 것이다(김증한·김학동 412면, 송덕수 360면).

제 3 관   대리행위(대리인·상대방 사이의 관계)

[160]   Ⅰ. 대리의사의 표시(현명주의)

1. 현명주의   대리에서 행위의 당사자는 대리인과 상대방이다. 대리인의

행위가 대리행위로서 성립하려면, 「본인을 위한 것임을 표시」하여, 바꾸어 말하면 대리의사를 표시하여 의사표시를 하여야 한다(114조). 민법이 취하고 있는 이 주의를 「현명주의(顯名主義)」라고 일컫는다. 이를 설명하면 다음과 같다.

(1) 「본인을 위한 것」임을 표시하여야 한다는 것은 그 행위의 법률적 효과를 본인에게 귀속시키려고 하는 의사, 즉 대리의사를 표시하여야 한다는 것이다. 위와 같이 본인을 위한다는 것은 어디까지나 본인에게 효과를 귀속시키려는 의사, 즉 대리적 효과의사라는 뜻이지, 「본인의 이익을 위하여」라는 뜻은 아니다. 따라서 대리인이 본인의 이익을 위한 것이 아니라, 자기의 이익을 꾀하기 위하여 대리행위를 하는 때, 바꾸어 말하면 대리인이 사리(私利)를 얻고자 권한을 남용해서 배임(背任) 행위를 한 경우(예컨대, 가지고 도피할 생각으로 본인의 채권을 추심하여 금전을 대리수령하거나, 또는 A로부터 금전을 속여서 빼앗기 위하여 B가 C의 대리인으로서 A와 소비대차를 한 경우)에도 대리의사는 있는 것이 되며, 그 행위는 유효한 대리행위가 된다. 다만, 대리인의 그러한 배임적 의사를 상대방이 알았거나 또는 알 수 있었을 때에는 제107조 1항 단서의 취지를 유추하여 대리행위의 효력을 부정하는 것이 타당하다(대판 1987. 7. 7, 86다카1004; 대판 1997. 12. 26, 97다39421 참조). 이때에는 상대방의 처지를 고려할 것 없이 본인의 이익을 꾀하는 것이 적절하기 때문이다([158]4 참조).

(2) 위와 같은 「본인을 위한 것」이라는 의사, 즉 대리의사는 표시되어야 한다. 법률효과가 직접 본인에게 귀속한다는 대리의 효과는 대리인의 대리적 효과의사, 즉 대리인의 의사표시에 따라 주어지는 것이기 때문이다. 그러한 대리의사의 표시가 있는지 없는지는 의사표시 해석의 일반원칙([133] 이하 참조)에 의하게 되며, 모든 사정으로부터 판단하여 그 취지가 밝혀지면 된다. 대리의사의 가장 보통의 표시방법은 「甲의 대리인 乙」이라고 하는 것이나, 반드시 그러한 형식으로 본인의 성명을 분명하게 밝혀야 하는 것은 아니다. 본인의 이름이 분명히 밝혀져 있지 않더라도, 수위의 사정으로부터 본인이 누구인지를 알 수 있으면 된다. 예컨대, 회사명·직명 등을 적는다든가(대판 1968. 3. 5, 67다2297), 일정한 영업소 내에서의 피용자의 행위 등은 당해 회사나 영업주를 위하여 행한 것으로 보아야만 한다. 제115조 단서는 바로 이러한 취지를 나타내고 있는 것으로 해석된다.

(3) 앞에서 적은 바와 같이, 가장 보통의 대리인의 현명방법은 「甲의 대리인

乙」이라고 표시하는 것이나, 대리인이 그와 같이 자기의 이름을 표시하지 않고서, 마치 본인 자신이 하는 것과 같은 외관으로 행위를 하는 경우가 많다. 즉, 계약서 등의 서면에 본인의 이름만을 적고 본인의 인장을 찍는 방법으로 대리행위를 하는 경우가 있다. 이 현명방법은 서양제국에서는 그 예를 볼 수 없는 것이나, 서명보다도 날인을 중시하는 관행이 있는 우리나라에서는 흔히 볼 수 있는 현상이다. 이러한 경우에도 대리행위가 있다고 인정할 것인가? 대리인에게 대리의사가 있는 것으로 인정되는 한, 유효한 대리행위로 보아야 한다(대판 1963. 5. 9, 63다67 참조). 다만 서면에 본인의 이름을 적고 인장을 찍는다고 해서, 그것이 언제나 위와 같은 대리행위라고 할 것은 아니다. 경우에 따라서는 본인의 의사표시를 완성하기 위한 표시기관으로서의 사자(使者)의 행위라고 해야 할 경우도 있으며, 이때에는 대리의 문제가 생기지 않는다.

(4) 수동대리에서는 상대방 쪽에서 본인에 대한 의사표시임을 표시해야 한다. 이때에도 대리인이 현명하여 수령하는 것은 불가능하고, 또한 불필요하기 때문이다. 제114조 제2항은 이러한 뜻을 규정하는 것이다.

2. 현명하지 않은 행위

(1) 대리인이 본인을 위한 것임을 표시하지 않고서 한 의사표시, 바꾸어 말하면 대리의사가 표시되지 않은 대리인의 의사표시는 그 대리인 자신을 위하여 한 것으로 본다(115조 본문). 따라서 대리인은 그의 의사와 표시가 일치하지 않음을 이유로 착오를 주장하지 못한다. 이 규정은 대리인이 착오를 주장하지 못하게 함으로써, 상대방이 받게 될 예측하지 못한 손해를 방지하고 거래의 안전을 꾀하려는 것이다. 그러므로 상대방이 대리인으로서 한 것임을 알았거나 알 수 있었을 때에는 그 의사표시는 대리행위로서 효력을 발생한다(115조 단서).

(2) 제115조는 수동대리에는 적용이 없으므로, 상대방이 본인에게 효과를 미칠 의사로써, 그러나 이를 표시하지 않고서, 대리인에게 의사표시를 한 때에는 의사표시의 해석 문제가 된다. 일반적으로는 효력을 발생하지 않을 것이다.

3. 현명주의의 예외

(1) 상행위에 관해서는 현명주의의 원칙이 채용되어 있지 않다(상 48조). 기업활동의 비개인성이라는 특수성을 이유로 한다.

(2) 민법상의 법률행위에서도 대리인 개인을 중요하게 보지 않는 거래, 예컨대 특정의 영업주를 상대로 하는 거래나, 행위의 상대방이 누구이든지 그 개별성에 중점을 두지 않는 거래 등에서는 현명주의의 예외를 인정하는 것이 타당하다는 주장이 있다(김증한·안이준 342면, 장경학 560면 참조). 요컨대, 상행위에 관하여 현명주의를 취하지 않는 것과 같은 이유가 있는 때에는 민법상의 거래행위에 관해서도 같은 예외를 인정하자는 것이다. 이를 명백히 규정하는 입법례도 있으나(스채 32조 3항), 그러한 규정이 없는 민법에서는 그러한 예외를 인정하는 것은 무리라고 생각한다(그러한 경우에는 이미 밝힌 바와 같이 대리의사의 표시가 있다고 할 수 있는 경우가 많을 것이다. 1 (2) 참조).

[161] Ⅱ. 대리행위의 흠

1. 대리에서 실제로 법률행위를 하는 사람은 어디까지나 대리인이므로, 의사표시에 관한 요건은 본인이 아니라, 대리인에 관하여 정하여야 한다는 것은 당연하다. 여기서 제116조도 "의사표시의 효력이 의사의 흠결, 사기, 강박 또는 어느 사정을 알았거나 과실로 알지 못한 것으로 인하여 영향을 받을 경우에 그 사실의 유무는 대리인을 표준하여 결정한다."라고 규정하고 있다. 그러나 그러한 대리행위의 흠에서 생기는 효과(취소권·무효 주장권 등)는 역시 본인에게 귀속한다고 보아야 한다(이때 대리인이 취소권 등을 다시 대리할 수 있는지는 수권행위의 해석에 의한다).

2. 대리에서는 본인이 법률행위를 한 것은 아니지만, 법률효과는 직접 본인에게 귀속한다. 선의·악의가 법률행위의 효력에 영향을 미치는 경우에 본인과 대리인 가운데 누구를 기준으로 선의 또는 악의를 판단해야 하는지 문제된다. 대리인은 선의이더라도 본인이 악의인 경우에 그 본인은 선의자로서 보호를 받을 자격이 없게 된다. 여기서 제116조 제 2 항은 "특정한 법률행위를 위임한 경우에 대리인이 본인의 지시에 좇아 그 행위를 한 때에는 본인은 자기가 안 사정 또는 과실로 인하여 알지 못한 사정에 관하여 대리인의 부지를 주장하지 못한다."라고 규정하고 있다. 예컨대, 본인이 지정한 물건을 매수하는 때에, 본인이 그 물건에 흠이 있음을 알고 있었으면, 비록 대리인이 그 사실을 알지 못하더라도, 본인은 매도인에 대하여 하자담보책임(580조)을 물을 수 없다. 제116조 제 2 항에서 말하는 본인의 「지시」

는 엄격하게 특별한 지시를 필요로 한다는 의미가 아니라, 문제의 부분이 본인의 의사에 의하여 결정된다는 것을 의미할 뿐이라고 해석하고 있다.

[162] Ⅲ. 대리인의 능력

1. 대리행위를 위한 능력

(1) 대리인으로서 대리행위를 하는 데에는 대리인이 "행위능력자임을 요하지 않는다"(117조). 본래 법률행위의 주체는 행위능력을 가지고 있어야 하지만, 대리행위에서는 법률효과가 모두 본인에게 귀속하고, 대리인에게 대리행위의 법률효과가 귀속되는 것은 아니기 때문이다. 본인이 적당하다고 인정하여 대리인으로 정한 이상, 제한능력자를 대리인으로 한 데서 생기는 불이익은 본인이 이를 감수하여야 한다. 이와 같이 대리인은 제한능력자이더라도 상관없으나, 「의사능력」만은 반드시 가지고 있어야 한다. 의사능력 없는 자의 행위는 법률행위로서 효력이 인정되지 않기 때문이다.

(2) 제117조는 임의대리뿐만 아니라, 법정대리에도 적용된다. 그러나 법정대리인은 본인이 스스로 선임하는 것이 아니므로, 임의대리의 경우와는 사정이 크게 다르다. 여기서 민법은 본인의 이익을 보호하기 위하여 제한능력자가 법정대리인이 되는 것을 금지하는 규정을 두는 경우가 있다(937조 등). 이러한 제한이 없는 경우에는 제한능력자도 법정대리인이 될 수 있다고 하는 데 학설이 일치하고 있음은 이미 밝혔다. 다만 법정대리인은 행위능력자이어야 한다는 견해가 있다(고상룡 520면, 김상용 565면, 백태승 475면). 그러나 법정대리인의 자격을 제한하는 규정이 없는 경우에는 제한능력자를 법정대리인에서 배제할 필요가 없다(김증한·김학동 422면, 송덕수 379면, 이영준 590면, 이은영 594면).

2. 제한능력자인 대리인과 본인의 관계   위에서 설명한 제117조는 대리인이 제한능력자라는 것을 이유로 그의 대리행위를 취소하지 못한다는 것뿐이며, 본인·대리인 사이의 내부관계인 대리권수여행위가 대리인의 제한능력으로 그 영향을 받아 효력을 잃게 되는지 여부, 따라서 그 대리행위가 무권대리행위가 되는지 여부에 관한 것은 아니다. 이 뒤의 문제에 관해서는 수권행위의 성질을 어떻게 파악할 것인지에 따라서 차이가 있다.

(1) 수권행위 자체의 효력에 관하여, 그것을 일종의 무명계약으로 보는 소수설은, 그 수권계약이 대리인에게 아무런 구속이나 불이익도 주는 것이 아니라는 것을 이유로, 미성년자는 이를 취소하지 못한다고 함으로써 타당한 결과를 얻으려고 한다(5조 참조). 그러나 피성년후견인에 관해서는 그러한 이론을 취할 수 없으므로(10조 참조), 대리행위는 소급적으로 무권대리가 되고, 상대방 등의 보호는 표현대리의 법리에 의한다고 한다(종전에 금치산자에 관해서는 김기선 289면 참조). 그러나 단독행위설을 취하는 다수설에 의하면, 피성년후견인도 취소하지 못하므로, 가장 타당한 결과를 얻을 수 있게 된다.

(2) 본인·대리인 사이의 기초적 내부관계(위임·고용 등)는, 어느 견해를 취하든, 같은 결론에 도달한다. 즉, 그것은 능력에 관한 일반원칙이 적용되므로, 무능력을 이유로 취소되어 소급적으로 효력을 잃는 경우가 있다.

(3) 수권행위와 원인된 법률관계(기초적 내부관계)의 관계에 관하여 무인설을 취한다면, 기초적 내부관계가 대리인의 제한능력을 이유로 효력을 잃더라도, 수권행위 자체의 효력에는 영향이 없다. 다만, 보통은 기초적 내부관계가 종료하면 수권행위의 철회가 있는 것으로 보게 된다. 따라서 기초적 관계가 취소되더라도 수권행위가 소급적으로 효력을 잃지는 않고 장래에 향해서만 대리권이 소멸되는 효과가 발생할 수 있을 뿐이다. 그러나 유인설을 취한다면, 기초적 관계가 효력을 잃으면 당연히 수권행위도 효력을 잃게 되기 때문에, 기초적 관계가 취소되면 수권행위도 소급적으로 효력을 잃게 됨은 당연한 논리적 결론이다. 만일 이 논리적 결론을 그대로 인정한다면, 취소 전에 이미 행해진 대리행위는 무권대리가 되고, 상대방의 보호나 거래의 안전을 위협하게 된다. 이러한 결과를 막기 위하여 유인설에서는 수권행위가 효력을 잃는 경우에, 거래의 안전 또는 제117조를 주장·인용하여, 대리권은 소급해서 소멸하는 것이 아니라 다만 장래에 향하여 소멸할 뿐이라고 하고, 이미 행해진 대리행위의 효력에는 영향이 없다고 새긴다(김기선 289면, 김상용 566면, 이영섭 356면 참조). 부득이한 해석이다.

제 4 관   대리의 효과(본인·상대방 사이의 관계)

[163] Ⅰ. 법률효과의 본인에의 귀속

1. 대리인이 행한 의사표시의 효과는 모두「직접」본인에게 귀속한다(114조). 즉, 일단 대리인에게 대리행위의 효과가 귀속하였다가 그것이 다시 본인에게 귀속하는 것이 아니라, 마치 본인 자신이 그 행위를 한 것과 같이 곧바로 본인에 관하여 효과가 생긴다(이 점에서 간접대리와 다름은 이미 설명하였다. [153] 4 (1) 참조). 이와 같이 직접 본인에게 귀속하게 되는 효과는 대리인이 행한 당해 의사표시의 법률효과(예컨대, 대리인이 가옥을 매수한 경우에, 가옥소유권의 이전청구권·등기청구권 등)는 물론이며, 그 밖에 그 의사표시에 따르는 비법률행위적 효과(예컨대, 위 사례에서 가옥에 흠이 있을 때의 하자담보책임, 대리인이 사기나 강박을 당한 경우의 취소권 등), 즉 의사표시제도의 목적을 완전히 달성하기 위하여 법률이 인정하고 있는 여러 가지 효과도 역시 본인에게 귀속한다.

2. 그러나 대리인이 불법행위를 한 경우에, 그 책임은 적법행위인 의사표시의 효과가 아니므로, 본인에게 귀속하지 않는다. 대리인의 불법행위의 효과는 대리인에 관하여 생긴다. 다만, 본인·대리인 사이의 기초적 내부관계가 사용자·피용자의 관계에 있는 때에는, 그 내부관계에 의하여 본인이 사용자로서 불법행위책임을 지는 경우가 있을 뿐이다(756조 참조).

[164] Ⅱ. 본인의 능력

1. 본인은 스스로 법률행위 또는 의사표시를 하는 것이 아니므로, 의사능력과 행위능력을 가지고 있어야 할 필요는 없다. 그러나 대리행위의 효과는 직접 본인에게 귀속하기 때문에, 권리능력은 반드시 가지고 있어야 한다.

2. 본인이 수권행위를 하기 위하여 어떠한 능력을 필요로 하는지는 별개의 문제이다. 이에 관해서는 아무런 특별한 이론이 없다. 수권행위가 취소되면, 대리권은 소급적으로 소멸하며, 이 결과는 단독행위설을 취하든 또는 계약설을 취하든 어느 경우에나 같다.

제 5 관   복 대 리

[165]   I. 복대리인의 의의

  1.   복대리인(復代理人)은 대리인이 그의 권한 내의 행위를 행하게 하기 위하여 대리인 자신의 이름으로 선임한 본인의 대리인이다. 복대리인을 선임할 수 있는 권한을 「복임권(復任權)」이라고 하고, 복대리인의 선임행위를 「복임행위」라고 한다.

  2.   복대리인의 법률적 성질은 다음과 같다.

  (1)   복대리인도 역시 대리인이다. 즉, 복대리인은 스스로 의사를 결정하여 표시하는 것이며, 대리인의 단순한 사자나 기타의 보조자가 아니다. 물론 대리인도 사자나 그 밖의 보조자를 사용할 수는 있으나, 그 관계는 일반원칙에 의하여 규율되는 것이고, 제120조 이하의 규정이 적용되지는 않는다.

  (2)   복대리인은 대리인이 자기의 이름으로 선임한 자이다. 바꾸어 말하면, 대리인이 본인의 이름으로 하는 대리행위로써 선임한 자가 복대리인은 아니다. 즉, 대리인의 복대리인 선임행위는 대리행위가 아니다. 복대리인은 본인의 수권행위를 대리인이 대리해서 선임하는 것이 아니라, 어디까지나 대리인이 그의 책임으로 선임하는 자라는 것은 민법이 명백히 규정하고 있다(121조·122조). 따라서 대리인이 대리권에 의거하여 선임한 자는 복대리인이 아니라 단순한 본인의 대리인이다.

  (3)   복대리인은 「본인의 대리인」이지, 대리인의 대리인은 아니다. 제123조 제 1 항은 "복대리인은 …… 본인을 대리한다."라고 규정함으로써, 복대리인이 본인의 대리인임을 명백히 하고 있다.

  (4)   복대리인을 선임한 뒤에도 대리인은 여전히 대리권을 가진다(123조 2항 참조). 여기서 복임행위(복대리인 선임행위)의 성질이 무엇인지 문제된다. 위와 같이 복대리인을 선임한 후에도 대리인은 대리권을 그대로 가지고 있기 때문에, 복임행위는 대리권의 양도가 아니라는 견해가 있다(방순원 239면, 이영섭 358면). 그러나 이 견해는 적극적으로 복임행위의 성질을 밝혀 주고 있지는 않다. 이에 대하여, 복임행위는 이론상 대리권의 「설정적 양도」 또는 「병존적 설정행위」라는 견해가 있다(김상용 575면, 송덕수 381면, 백태승 478면, 이영준 603면, 이은영 624면, 장경학 572면). 공동대리의 경우에 원칙적으로 대리인이 각자 단독대리권을 갖는다는 점, 대리인의 복대

리인에 대한 감독권과 해임권 등을 고려한다면, 복임행위는 대리권의 설정적 양도
행위라고 하여도 좋을 것이다.

[166] Ⅱ. 대리인의 복임권과 책임

1. 대리인이 복대리인을 선임할 수 있는 권리가「복임권」이다. 이것은 본인·
대리인 사이의 내부관계에서 발생하는 것으로, 대리인이 가지는 법률상의 권능의
일종이라고 할 수 있을 것이다. 이 복임권의 유무와 범위는 임의대리와 법정대리의
경우에 크게 다르다(법정대리·임의대리를 구별·결정하는 실익이 주로 여기에 있음은 이미 적
은 바와 같다. [154] 1 참조).

2. 임의대리인의 복임권

(1) 임의대리인은 (ⅰ) 본인의 승낙이 있거나 또는 (ⅱ) 부득이한 사유가 있는
때에 한하여 예외적으로 복임권을 가질 뿐이다(120조). 따라서 임의대리인에게는 원
칙적으로 복임권이 없다고 할 수 있다. 본래 임의대리인은 본인의 신임을 받는 자
이며, 언제든지 사임할 수 있기 때문이다. 그러므로「부득이한 사유」라는 것은 예
컨대 본인의 소재불명 등으로 본인의 승낙을 얻을 수 없거나 또는 사임할 수 없는
사정이 있는 것을 의미하는 것으로 해석되고 있다.

(2) 임의대리인이 위와 같은 경우에 인정되는 복임권에 의하여 복대리인을 선
임한 때에는 본인에 대하여 그 선임 및 감독에 관하여 책임을 져야 한다(121조 1항).
즉, 적절하지 못한 자를 복대리인으로 선임하거나 또는 그 감독을 게을리하여 본인
에게 손해를 끼친 때에는 이를 배상할 책임이 있다. 그러나 대리인이 본인의 지명
에 따라서 복대리인을 선임한 경우에는 그 책임이 가벼워진다. 이때에는 본인이 지
명한 자가 부적임 또는 불성실함을 알고 본인에 대한 통지나 그 해임을 게을리한
때에 한하여 임의대리인은 책임을 진다(121조 2항).

3. 법정대리인의 복임권

(1) 법정대리인은 언제든지 복임권이 있다(122조 본문). 법정대리인의 권한은
매우 넓고 사임을 하는 것도 쉽지 않을 뿐만 아니라 본래 법정대리인은 본인의 신
임을 받아서 대리인이 된 것도 아니기 때문에, 그와 같이 원칙적으로 복임권을 인
정하고 있다.

(2) 법정대리인은 위와 같이 언제든지 복임권을 가지는 반면에, 복대리인의 행위에 관해서는 선임·감독에 과실이 있었는지 없었는지를 묻지 않고서 모든 책임을 진다(122조 본문). 다만, 「부득이한 사유」로 복대리인을 선임한 경우에는 그 책임이 가벼워진다. 경감되는 책임은 앞에서 적은 임의대리인의 책임과 같다(122조 단서·121조 1항).

[167] Ⅲ. 복대리인의 지위

복대리인은 대리인·상대방·본인에 대하여 다음과 같은 법률관계를 가진다.

1. 대리인에 대한 관계 복대리인은 대리인의 복임권에 의하여 선임된 자이므로 대리인의 감독을 받는다. 뿐만 아니라, 복대리인의 대리권은 대리인의 대리권에 바탕을 두고 있으므로 대리인의 대리권의 존재와 범위에 의존한다. 따라서 대리인의 대리권보다 그 범위가 넓을 수 없고, 대리인의 대리권이 소멸하면 복대리인의 복대리권도 소멸한다. 그러나 복대리인을 선임하였다고 해서 대리인의 대리권이 소멸하지는 않으며, 대리인·복대리인 모두 본인을 대리한다.

2. 상대방에 대한 관계 복대리인은 본인의 대리인이므로, 직접 본인의 이름으로 대리하고(123조 1항), 제115조·제116조 등이 적용되며, 제3자에 대해서는 대리인과 동일한 권리·의무가 있다(123조 2항).

3. 본인에 대한 관계 복대리인은 대리인에 의하여 선임된 자이므로, 본인과의 사이에는 대리인이라는 것 이외에는 이론상 아무런 내부관계도 생길 까닭이 없다. 그러나 그와 같이 해서는 복대리제도의 운용이 크게 불편하므로, 편의상 본인과 복대리인 사이의 내부관계에도 본인·대리인 사이와 동일한 내부관계가 생기는 것으로 하고 있다(123조 2항). 따라서 예컨대, 대리인이 수임인인 경우에는 복대리인도 본인에 대하여 수임인으로서의 권리·의무(선관주의의무(681조), 보수청구권(686조), 비용상환청구권(688조) 등)가 있다.

4. 복대리인의 복임권 복대리인의 복임권에 관해서는 적극적으로 해석하는 것이 현재의 통설이다(김기선 293면, 김상용 576면, 김증한·김학동 430면, 방순원 243면, 이영섭 360면, 이영준 605면). 즉, 복대리인은 임의대리인과 동일한 조건으로 복임권을 갖는다고 해석하고 있다. 이론적으로는 통설에 찬동하기 어려운 점이 있으

나, 실제에서는 복대리인이 다시 복대리인을 선임하여야 할 필요가 있다는 점을
고려하여 통설에 따르는 것이 좋을 것이다.

[168] Ⅳ. 복대리권의 소멸

복대리권은 직접 본인에 대한 대리권이므로, 대리권 일반의 소멸원인에 의하
여 소멸하게 된다(127조. [159] 참조). 또한 대리인·복대리인 사이의 수권관계가 소멸
하는 경우에도 복대리권이 소멸한다. 그 밖에 복대리권은 대리인의 대리권을 전제
로 하고 그에 의존하기 때문에, 대리인의 대리권이 소멸하면 복대리권 역시 소멸하
게 된다.

제 6 관   무권대리

[169] Ⅰ. 서   설

1. 대리권 없이 한 대리행위, 즉 대리행위의 다른 요건을 모두 갖추고 있으나
대리권만이 없는 행위가 「무권대리(無權代理)」이다. 따라서 무권대리는 대리권이 전
혀 없는 경우와 대리권의 범위를 넘은 경우 두 가지로 나누어 볼 수 있다. 그리고
대리권이 전혀 없는 경우에는 처음부터 전혀 대리권이 없었던 경우와 일단 주어졌
던 대리권이 소멸해 버리고 없는 경우가 포함되어 있다.

2. 무권대리는 대리권 없이 한 대리행위이므로, 그 행위의 법률효과를 본인
에게 귀속시킬 수 없다. 한편, 그것은 대리의사를 가지고 한 것이기 때문에, 행위의
법률효과를 대리인에게 생기게 할 수도 없다. 결국 무권대리행위는 법률효과를 발
생시킬 수 없는 것이고, 다만 무권대리인과 그의 상대방 사이에 불법행위의 문제를
남길 뿐이다. 이론적으로는 위와 같은 결과가 되지만, 만일 이 이론을 관철한다면
대리거래는 위험한 것이 되고 만다. 대리권은 본래가 관념적인 것이어서, 어떤 외
형적 존재를 가지는 것은 아니다. 뿐만 아니라, 대리권의 유무나 그 범위는 본인과
대리인 사이의 내부관계이어서, 상대방이 이를 쉽게 또한 명확하게 알 수 있는 것
도 아니다. 그러므로 대리제도는 본인을 위해서는 쓸모있는 편리한 것이지만, 그
반면에 상대방 또는 제 3 자에게는 아주 위험이 큰 것이라고 할 수 있다. 대리제도

가 사회적으로 쓸모있고 또한 필요하다고 하더라도, 그에 따르는 위험이 크면 대리거래는 원활할 수 없고 대리제도는 사회적 신용을 잃게 될 것이다. 그렇다고 해서 모든 무권대리행위를 당연히 본인에게 효력이 생기는 것으로 하는 것은 본인의 이익을 부당하게 침해하는 것이 되어 취할 바가 못 된다. 여기서 본인의 이익을 부당하게 침해하지 않으면서 대리제도에 따르는 위험을 최소한도로 미리 막을 수 있는 대책을 마련한다는 것이 입법정책으로서 요구된다. 이러한 목적을 위하여 민법은 다음과 같은 태도를 취하고 있다.

(1) 대리인이 무권대리행위를 한 데에 본인에게도 책임의 일부가 있다고 생각될 만한 특별한 사정이 있는 경우에는 본인에게 책임을 지게 함으로써 본인의 이익을 희생하는 대신 상대방을 보호하고 거래의 안전을 꾀하려고 한다.

(2) 무권대리행위를 당연히 무효라고 하지 않고서 본인에 의한 추인(追認)의 여지를 인정하여 그러한 추인이 없는 경우에 대리인에게 특별한 책임을 묻기로 하였다.

3. 위와 같이 민법은 대리제도의 신용을 유지하고 거래의 안전을 꾀하며, 아울러 본인의 이익을 침해하는 것을 피하기 위한 대책으로 두 가지 특별규정을 두고 있다. 그 가운데에서 앞의 것, 즉 (1)의 경우는 이를 「표현대리(表見代理)」(일반적으로 표「견」대리가 아니라, 표「현」대리라고 읽는다. 이때 「見」자는 「볼 견」이 아니라 「나타날 현」이다. 이와 달리 이를 표견대리로 읽어야 한다는 견해도 있다. 여기에서는 통례에 따라 표현대리로 쓰고자 한다)라고 한다. 뒤의 것, 즉 (2)의 경우는 이를 「협의의 무권대리」라고 하여 구별하는 것이 통설이다. 먼저 표현대리를 설명하고, 이어서 협의의 무권대리를 보기로 한다.

[170] Ⅱ. 표현대리

1. 의　　의

(1) 대리인에게 대리권이 없는데도 마치 그것이 있는 것과 같은 외관이 있고, 또한 그러한 외관의 발생에 관하여 본인이 어느 정도 원인을 주고 있는 경우에, 그 무권대리행위에 대하여 본인이 책임을 지게 하는 것이 표현대리제도이다. 이로써 그러한 외관을 신뢰한 선의·무과실의 제 3 자를 보호하고 거래의 안전을 보장하며, 나

아가서는 대리제도의 신용을 유지하고자 한 것이다. 그러므로 표현대리가 성립하려면, 무엇보다도 마치 대리인에게 대리권이 있는 것과 같이 보이는 특별한 사정 또는 외관이 있어야 한다(그리하여 외관대리라는 표현을 사용할 수도 있다). 민법은 그러한 특별한 사정이 인정되는 경우로 세 가지를 규정하고 있는데, 이는 (i) 대리권을 주었다는 뜻을 본인이 상대방에게 표시하였으나 실제로는 대리권을 주고 있지 않은 때(125조), (ii) 대리인이 권한 밖의 대리행위를 한 때(126조), (iii) 대리권이 소멸한 후에 대리행위를 한 때(129조)이다.

(2) 위의 세 경우에 표현대리에 관한 선의의 제 3 자(즉 상대방)는 본인에게 그 법률효과의 발생을 주장할 수 있다. 그러나 표현대리는 어디까지나 상대방의 보호·거래의 안전이라는 목적을 위하여 본인을 구속하는 제도에 지나지 않으며, 그 밖의 점에서는 역시「무권대리」로서의 성질을 가진다. 따라서 상대방은 철회권을 가지며(134조), 본인은 적극적으로 추인해서 상대방의 철회권을 소멸시킬 수 있는(130조·134조) 등 협의의 무권대리행위로서의 효과도 생긴다.

(3) 본인은 표현대리에 의하여 마음에 없는 법률효과를 받게 되며, 그로 말미암아 불이익 또는 손해를 입을 수 있다. 이때에 본인은 표현대리인에게 기초적 내부관계에 의하여 부담하는 의무의 위반 또는 불법행위를 이유로 손해배상을 청구할 수 있다.

2. 제125조의 표현대리

(1) 의   의   제125조의 표현대리는 대리권을 수여하지 않았지만 이를 수여한다는 표시를 하여 상대방이 대리권 수여의 표시를 믿고 거래를 한 경우에 그와 같이 표시한 것에 따른 대리행위에 대하여 책임을 부여하는 것이다. 이 규정에 의한 표현대리를 대리권 수여에 의한 표현대리라고 한다.

(2) 요   건

㈎ 대리권 수여의 표시   본인이 제 3 자에 대하여 어떤 자에게 대리권을 준다는 것을 표시(통지)하여야 한다. 여기서 말하는 제 3 자는 대리행위의 상대방이 될 자를 가리킨다.

① 표시의 방법은 위임장에 의하는 것이 보통이지만, 그러한 서면에 의하지 않고 구두로 해도 무방하다. 또한 표시는, 특정의 제 3 자에게 하든지 또는 신문광

고에 의하는 경우와 같이 불특정의 일반 제 3 자에게 하든지 이를 묻지 않으며, 본인이 직접 하지 않고 대리인이 될 자를 통해서 하더라도 좋다. 예컨대, 백지위임장을 교부하는 것은 일반적으로 그 소지자에게 대리권을 준 뜻을 표시하는 것이 된다.

위와 같이 대리권을 주었다는 뜻을 표시하는 데는 반드시 「대리권」·「대리인」 등의 말이나 문자를 사용하여야 하는 것은 아니다. 예컨대, 사용자가 어떤 범위의 대리권을 가지고 있는 것으로 제 3 자가 믿을 만한 직명(職名)을 그의 피용자로 하여금 대외적으로 사용하게 하거나, 또는 피용자가 그와 같이 스스로 일컫고 있음을 사용자가 알고 있으면서 묵인하고 있는 경우에도 대리권을 주는 「표시」가 있다고 할 수 있다. 뿐만 아니라, 타인에게 자기 명의를 사용하는 것을 허락하거나 묵인하는 것(명의대여관계)도 대리권을 주는 표시에 해당한다(대판 1964. 4. 7, 63다638; 대판 1961. 12. 28, 4294민상204 참조).

② 여기서 말하는 표시, 즉 통지는 수권행위가 아니라 수권행위가 있었다는 뜻의 「관념의 통지」이다. 그것은 의사표시가 아니라 준법률행위이지만, 이에 관해서도 능력 및 의사표시에 관한 규정을 적용하여야 한다([117] 2 (1) (가) 참조).

③ 이 표시(통지)는 대리인이 대리행위를 하기 전에는 언제든지 철회할 수 있다. 그러나 그 철회는 표시와 동일한 방법으로 상대방에게 알려야 한다. 따라서 예컨대, 위임장 그 밖의 수권증서를 준 후에 수권행위를 소급적으로 철회한 때에는, 법률적으로는 대리권이 전혀 없는 것으로 되지만, 그 증서는 대리권을 주었다는 뜻을 표시하는 것이기 때문에, 이 증서를 제 3 자에게 보여준 경우에는, 제125조의 요건을 충족한다.

(나) **표시된 대리권의 범위 내의 대리행위** 위의 통지에서 대리인으로 표시된 자, 즉 무권대리인이 그 통지에서 수여한 것으로 표시된 대리권의 범위 내의 대리행위를 하였어야 한다. 만일 이 범위를 넘는 행위를 한 때에는 나중에 설명하는 권한을 넘은 표현대리가 된다(3 (2) (가) ③ 참조).

(다) **통지를 받은 상대방과의 대리행위** 대리행위는 통지를 받은 상대방과의 사이에서 한 것이어야 한다. 통지를 불특정인에게 한 경우에는 문제가 없으나, 특정인에게 한 때에는 그 특정인만이 이 규정에 의한 보호를 받는 상대방이 된다

(따라서 그 통지를 옆에서 보았다든가, 기타 그러한 통지가 있음을 우연히 알게 된 제3자와의 사이에 대리행위를 하더라도 그것은 이 규정의 표현대리는 아니다).

(라) **상대방의 선의·무과실**   상대방은 선의·무과실이어야 한다(125조 단서). 선의는 대리권 없음을 알지 못하는 것, 바꾸어 말하면 대리권이 있는 것으로 오신(誤信)하는 것이다. 무과실은 선의인 데 과실이 없는 것, 즉 일반 보통인의 주의를 기울였는데도 대리권이 없음을 알지 못하는 것이다(예컨대, 정당하게 작성된 부동산등기 신청에 필요한 서류를 소지하고 있으면, 대리권이 있다고 믿을 만한 정당한 사유가 있다고(즉 무과실이라고) 할 수 있다. 대판 1962. 10. 18, 62다535 참조). 상대방의 악의·과실의 증명책임은 본인에게 있다.

(마) **적용범위: 임의대리**   이 규정은 「임의대리」에 한하여 적용되고, 법정대리에는 적용되지 않는다. 왜냐하면, 법정대리인은 본인이 선임하는 것이 아니므로, 본인이 어떤 자에게 법정대리권을 주었다는 뜻을 통지한다는 것은 있을 수 없기 때문이다(고상룡 562면, 김증한·김학동 441면, 백태승 486면, 송덕수 393면. 반대: 김상용 595면).

(3) 효   과

(가) **대리행위에 대한 책임**   본인은 무권대리인의 대리행위에 대하여 "책임이 있다"(125조 본문). 바꾸어 말하면, 본인은 무권대리행위라는 것을 이유로 그 효과가 자기에게 미치는 것을 거부하지 못한다. 따라서 무권대리행위는 진정한 대리인의 행위와 마찬가지로 다루어지고, 그 무권대리행위의 효과는 본인에게 귀속한다.

(나) **상대방의 주장**   위와 같은 표현대리는 상대방(또는 그의 권리를 전제로 하여 권리·의무를 취득한 자)이 이를 주장하는 때에 비로소 문제가 되는 것이고, 상대방이 주장하지 않는 한 본인 쪽에서 표현대리를 주장하지는 못한다. 만일 본인이 그 표현대리행위를 유효한 대리행위로서 효력을 발생하게 하기를 원한다면, 협의의 무권대리의 경우와 마찬가지로 상대방이 무권대리행위를 철회하기 전에 먼저 추인하는 수밖에 없다(130조·134조 참조). 반대로, 본인이 무권대리행위의 추인을 거절하여도, 상대방에 의한 표현대리의 주장을 막지는 못한다.

(다) **무권대리로서의 효과**   표현대리는 어디까지나 상대방의 보호와 거래의 안전을 위하여 본인을 구속하는 제도에 지나지 않으며, 그 밖의 점에서는 「무권

대리」로서의 성질을 가진다(고상룡 563면, 김상용 588면, 김증한·김학동 436면, 백태승 512면, 송덕수 386면. 이에 반하여 유권대리의 일종으로 파악하는 견해로는 이영준 617면). 즉, 본조의 요건을 충족하는 표현대리가 곧 유권대리행위로 되어 버리는 것은 아니며, 그것은 여전히 무권대리로서의 성질을 지니는 것이다. 따라서 상대방은 이를 무권대리행위로서 철회할 수 있고(134조), 이에 대응하여 본인은 추인함으로써 상대방의 철회권을 소멸시킬 수도 있으며(130조), 이들 철회와 추인 중 어느 것이 먼저 있었는지에 따라서 문제의 표현대리행위의 운명은 확정된다. 또한, 상대방은 본인에 대하여 추인 여부의 확답을 최고할 수도 있다(131조).

만일 상대방이 표현대리를 주장하지 않고, 그렇다고 무권대리행위로서 철회하지도 않으면서 제135조에 의한 무권대리인의 책임을 물을 수 있는지 문제된다. 이에 관해서는 무권대리인의 책임에 관한 부분([171] 2 (2) (나) 참조)에서 다룬다.

㈑ **표현대리인의 손해배상책임**   표현대리가 성립하여 본인에게 손해가 생긴 경우에는 본인이 표현대리인에 대하여 손해배상을 청구할 수 있음은 앞에서 이미 밝혔다.

3. 제126조의 표현대리

(1) 의   의   제126조의 표현대리는 대리인이 대리권의 범위를 넘어 대리행위를 하였고 상대방에게 이를 믿을 정당한 사유가 있는 경우에 본인에게 대리행위에 대한 책임을 인정하는 것이다. 이 규정에 의한 표현대리를 권한을 넘은 표현대리 또는 월권대리라고 한다.

(2) 요   건

㈎ **기본대리권**   이 규정에 의한 표현대리가 성립하려면 대리인이 권한 밖의 법률행위를 하였어야 한다. 따라서 그 전제로서 대리인에게 대리권이 있어야 하는데, 이를 기본대리권이라 한다.

① 대리인의 권한의 범위를 벗어난 행위에 관해서는 대리권이 없지만, 그 밖에 일정한 범위의 대리권은 반드시 가지고 있어야 한다. 따라서 대리권이 전혀 없는 자의 행위에 관해서는 이 규정의 표현대리는 성립하지 않는다. 예컨대, 대리권 없는 자가 위임장 또는 인감을 함부로 사용하여 대리행위를 한 경우에는, 상대방이 그것이 참된 것인지 또는 거짓인지를 판단할 수 없는 때에도 이 규정이 적용되지

않는다. 전혀 아무런 권한도 없는 경우에도 제3자의 신뢰를 보호하는 것은 본인의 이익을 지나치게 해치므로, 본인의 보호를 위한 최소한도의 요건으로서 위와 같이 새겨야 하며, 판례도 되풀이하여 이를 명백히 하고 있다(대판 1962. 3. 22, 4294민상483; 대판 1963. 9. 19, 63다383). 그러나 구체적인 경우에 과연 아무런 대리권도 주어져 있지 않은지 여부를 결정하는 것은 그렇게 간단한 일은 아니다. 개별적인 경우에 신중하게 결정할 문제이다.

　　　판례에 나타난 사례를 중심으로 몇 개의 표준적인 사례를 들어 보면 다음과 같다.
　　　(ㄱ) 본인의 영업 또는 가산(家産)·가사의 관리에 관여하고 있는 자가 본인의 도장이나 서류를 몰래 사용하는 사례를 많이 볼 수 있다. 그러한 경우에 그가 단순한 보조자에 지나지 않는 때에는 대리권이 없었던 것으로 인정되는 경우가 많다(대판 1954. 3. 16, 4286민상215; 대판 1965. 8. 24, 65다981; 대판 1969. 10. 14, 69다1384 등 참조). 그러나 본인의 영업의 일부를 주책임자로서 담당하고 있거나(대판 1971. 5. 31, 71다847), 또는 본인인 남편이 거주하고 있지 않은 주소에서 남편의 도장 등을 보관하고 가사의 관리를 맡고 있는 때(대판 1968. 8. 30, 68다1051)에는 일정한 범위의 대리권을 가지는 것으로 인정되는 경우가 많다.
　　　(ㄴ) 인장을 보관하도록 하고 있는 것이 대리권을 준 것이 되는지도 자주 문제가 된다. 단순히 사실상의 보관을 위탁하였다는 것만으로는 대리권을 수반하는 것으로 볼 수 없다. 가족관계등록부상의 여러 신고를 하기 위하여 인장을 교부하는 것도 거래행위와는 아무런 관계가 없으므로 마찬가지로 새겨야 한다. 그러나 특정의 거래행위와 관련하여 도장을 교부하는 것은 일반적으로 대리권의 수여가 된다(이에 관한 판례는 매우 많다. 대판 1968. 11. 26, 68다999; 대판 1963. 11. 7, 63다610; 대판 1969. 10. 11, 69다1213; 대판 1969. 11. 25, 69다905; 대판 1998. 7. 10, 98다16586 등 참조). 인감증명을 신청할 것을 위탁하여 인장을 교부하는 때에도 공법상의 대리권의 수여이긴 하지만, 인감증명서가 사법상의 거래에서 가지는 의의와 작용에 비추어, 역시 대리권의 수여가 된다고 새겨야 할 것이다. 그러나 인장이 아니라 인감증명서만 교부하는 것은 어떤 대리권의 수여행위가 되지 않는다(대판 1978. 10. 10, 78다75).

　　② 위와 같이 대리인은 반드시 어떤 대리권한을 가진다는 것이 필요하지만, 그러나 그 권한을 벗어난 행위와 같은 종류의 또는 비슷한 대리권이어야 하는 것은 아니다(대판 1963. 8. 31, 63다326; 대판 1969. 7. 22, 69다548). 전혀 별개의 행위를 한 경우에도 본조는 적용된다. 예컨대, 동업계약을 맺을 대리권을 수여받은 자가 본인 소

유의 부동산을 매도한 경우(대판 1963. 11. 21, 63다418), 또는 등기신청에 관한 대리권을 갖고 있는 자가 대물변제를 한 경우(대판 1978. 3. 28, 78다282·283)에도 이 규정에 의한 표현대리가 성립한다.

③ 대리권의 수여를 통지한 때에 그 통지된 범위를 넘는 행위를 한 경우와 이전에 존재하였으나 이미 소멸해 버린 대리권의 범위를 넘는 행위를 한 경우, 즉 이미 설명한 제125조와 나중에 설명하는 제129조의 표현대리가 성립하는 범위를 넘는 경우에도 권한 밖의 대리행위를 하는 표현대리가 되는가? 부정하는 소수설이 있으나(김기선 300면), 긍정하는 것이 다수설이다(김상용 609면, 김용한 377면, 김증한·안이준 359면, 김현태 371면·377면, 백태승 488면, 송덕수 397면, 이영섭 365면, 이영준 631면, 이은영 639면, 장경학 592면). 이러한 경우에는 현실적으로 대리권은 존재하지 않는다. 소수설은 이 점을 그 논거로 한다. 그러나 제125조와 제129조가 적용됨으로써 상대방에 대한 관계에서는 법률상 대리권의 수여가 있었던 것으로 다루어지기 때문에, 그러한 범위를 다시 넘는 경우에도 이 규정이 적용된다고 해석하는 다수설이 표현대리제도의 취지에 비추어 타당하다. 판례도 이러한 다수설에 따르고 있다. 즉, 제125조의 표현대리의 권한을 넘은 경우에 관한 판례는 찾기 어려우나, 제129조에 의하여 표현대리로 인정되는 경우에 그 표현대리의 권한을 넘는 대리행위가 있을 때에도 제126조는 적용된다는 것이 판례이다(대판 1970. 2. 10, 69다2149; 대판 1979. 3. 27, 79다234).

(나) 정당한 사유   제 3 자가 대리인에게 대리행위를 할 권한이 있다고 믿을 만한 정당한 사유가 있어야 한다. 그 의미를 종전에는 선의·무과실과 동일하게 이해하였다(고상룡 557면, 김증한·김학동 445면). 즉, 제 3 자가 문제의 월권행위에 관하여 대리인에게 대리권이 있는 것으로 믿고, 또한 그와 같이 믿는 데 과실이 없어야 한다는 것이다. 그러나 정당한 사유를 선의·무과실로 보는 것은 그 문언에 합치되지 않는다(김상용 601면, 백태승 488면, 송덕수 400면, 이영준 559면, 이은영 641면). 정당한 사유에는 선의·무과실과 달리 객관적인 의미가 내포되어 있다. 정당한 사유는 불확정개념으로서 법관에 의한 합리적 판단이 중요하다. 대리인에게 그와 같은 대리권이 있다고 믿을 만한 객관적인 자료가 있는지, 대리행위의 내용과 성질, 당사자들의 직업이나 사회적 지위, 그들 사이의 인적 관계, 거래의 경과, 기본대리권과 대리행위의 관계, 그 밖에 대리행위 이후의 사정 등 여러 사정을 고려하여 정당한 사

유의 존부를 판단하여야 한다(양창수·김재형 220면). 개별사안에서 정당한 사유가 있는지가 이 규정에 의한 표현대리의 성부에서 중요한 관건이 되고 있다. 가령 권한을 넘은 대리행위가 기본대리권과 동종·유사의 행위인 경우에는 정당한 사유가 쉽게 인정될 수 있을 것이다. 인감도장과 인감증명서를 가지고 있는지도 정당한 사유를 긍정할 수 있는 중요한 요소이다. 그러나 기본대리권과는 동떨어진 대리행위나 중요한 거래에서 막도장을 사용하여 대리행위를 하는 경우에는 정당한 사유가 부정될 가능성이 높을 것이다.

이와 같은 정당한 사유에 대한 증명책임은 제126조의 표현대리의 효력을 주장하는 상대방에게 있다. 왜냐하면 정당한 사유도 기본대리권과 함께 표현대리의 적극적 요건으로 규정하고 있기 때문이다(고상룡 578면, 김상용 604면, 백태승 492면, 송덕수 402면, 이영준 639면, 이은영 642면).

(다) 적용범위: 임의대리와 법정대리   임의대리에 관하여 제126조의 표현대리가 성립함은 의문이 없다. 법정대리에도 적용되는가? 법정대리에서는 누가 어떤 범위의 대리권을 갖는지가 법률의 규정으로 정해져 있다. 그 대리권의 범위를 벗어난 행위를 상대방이 권한 내의 것이라고 믿은 경우에, 그 신뢰를 보호할 필요가 있는지 문제된다. 이때에도 상대방을 보호하는 것이 타당하다(김상용 606면, 백태승 492면. 반대: 김증한·김학동 451면, 이영준 640면, 이은영 642면). 종전에 법정대리인의 권한이 친족회의 동의를 필요로 하는 경우(950조)에, 법정대리인이 그 동의 없이 대리행위를 한 때에도 제126조의 표현대리가 된다고 하고(대판 1997. 6. 27, 97다3828 참조), 또한 부부 사이의 가사대리권에 관해서도 제126조의 표현대리를 인정하는 것이 판례이다(대판 1967. 3. 28, 64다1798; 대판 1968. 11. 26, 68다1727·1728; 대판 1970. 3. 10, 69다2218; 대판 1971. 1. 29, 70다2738 등 참조). 임의대리·법정대리 모두에 관하여 제126조의 표현대리는 성립한다고 하여야 한다. 상대방의 입장에서 법정대리인의 권한이 항상 명확한 것도 아니고 법정대리의 경우에도 거래상대방을 보호할 필요가 있기 때문이다.

(3) 효   과   본인은 대리인의 권한 밖의 행위에 대하여 책임이 있다. 이 점에 관해서는 제125조의 표현대리에 관하여 설명한 것과 같으며, 그 밖에 특별히 적을 것은 없다. 권한을 넘은 표현대리의 경우에는 그 대리행위가 형법상 범죄를 구성하는 경우가 많다. 그러나 그것과 표현대리로서 본인이 책임을 지는 것이 서로

모순되는 것은 아니다.

4. 제129조의 표현대리

(1) 의   의   제129조의 표현대리는 대리권이 소멸한 후에 종전의 대리인이 대리행위를 한 경우에 본인에게 그 책임을 인정하는 것이다. 이 규정에 의한 표현대리를 대리권 소멸 후의 표현대리라고 한다.

(2) 요   건

㈎ 대리권 소멸 후의 대리행위   대리인이 이전에는 대리권을 가지고 있었으나, 대리행위를 할 때에는 그 대리권이 소멸하였어야 한다. 종전에 존재하던 대리권의 범위에서 대리행위를 한 경우에 이 규정이 적용된다. 그 범위를 넘는 경우에 대해서는 위에서 본 바와 같이 제126조의 표현대리가 인정된다.

㈏ 상대방의 선의·무과실   상대방은 선의·무과실이어야 한다. 즉, 대리인이 이전에는 대리권을 가지고 있었기 때문에, 지금도 그 대리권이 계속 존재하는 것으로 상대방이 믿고, 또한 그와 같이 믿는 데 과실이 없어야 한다. 선의에 관해서는 상대방에게 증명책임이 있고, 과실에 관해서는 이를 부인하는 본인에게 증명책임이 있다고 보는 것이 제129조 본문과 단서의 규정방식에 합치된다(김상용 612면, 김증한·김학동 453면, 송덕수 407면, 이영준 643면, 이은영 645면).

㈐ 적용범위: 임의대리와 법정대리   이 규정은 임의대리·법정대리의 쌍방에 적용된다(대판 1975. 1. 28, 74다1199). 임의대리든 법정대리든 대리권 소멸 후에 거래상대방의 신뢰를 보호할 필요가 있기 때문이다.

(3) 효   과   본인은 대리인의 대리권이 소멸한 후의 대리행위에 대하여 책임이 있다(129조 본문). 대리권이 소멸하기 전의 대리권의 범위를 넘는 대리행위를 한 경우에는 제126조에 따라 표현대리가 성립한다.

[171] Ⅲ. 협의의 무권대리

1. 의   의   대리인이 대리권 없이 대리행위를 한 경우를 무권대리라고

하는데, 그중에서 표현대리라고 볼 수 있는 특별한 사정이 없는 경우에 「협의의 무권대리」라고 한다. 바꾸어 말하면, 광의의 무권대리에서 앞에서 설명한 표현대리의 경우를 뺀 것이 협의의 무권대리이다. 그러나 표현대리에 해당하는 경우에도 상대

방이 이를 주장하지 않을 수 있기 때문에([170] 1 (2) 참조), 이러한 경우에도 협의의
무권대리가 된다.

　협의의 무권대리의 특징은 상대방이 대리의 효과를 주장하지 못하는 데 있다.
그리고 협의의 무권대리는 그 대리행위가 계약인지 아니면 단독행위인지에 따라서
그 효과에 차이가 있다. 그러므로 이들 두 경우를 나누어서 보기로 한다.

　2. 계약의 무권대리　　　대리관계에는 본인과 상대방, 상대방과 대리인, 대
리인과 본인의 3면관계가 있으므로([155] 참조), 계약의 무권대리의 효과에 관해서도
이 3면관계로 나누어서 생각해야 한다.

　(1) **본인과 상대방 사이의 효과**

　㈎ **본인에 대한 효과**　　　협의의 무권대리에 대해서도 본인은 표현대리의
경우와 같이 구속된다고 하는 것은 본인에게 너무 큰 희생을 강요하는 것이 된다.
그리하여 민법은 무권대리는 본인에게 효과가 당연히 발생하지는 않는 것으로 하
였다(130조). 그러나 무권대리행위라고 하더라도 본인에게 유리한 경우가 있고, 또
한 상대방을 위해서도 그대로 효력을 인정하는 것이 처음의 기대에 부합하기 때문
에, 본인이 원한다면 그의 추인으로 효과를 발생할 수 있는 것으로 하였다. 즉, 본
인에게 추인권을 인정하고 있다(130조). 따라서 협의의 무권대리가 완전히 무효인
것은 아니며, 그 유효·무효가 확정되지 않은 상태에 놓이게 된다. 이를 유동적 무
효(流動的 無效)라고 할 수 있는데, 무권대리에 의한 계약이 본인에게 효력이 발생할
지 여부는 본인이 추인을 할지 여부에 의하여 좌우된다.

　① **본인의 추인권**

　㈀ **추인의 성질**　　　본인은 무권대리행위로서 행해진 계약을 추인함으로써,
대리권이 있었던 것과 동일한 효과를 발생하게 할 수 있다(130조). '취소할 수 있는
행위'를 추인하는 것은 일단 효력이 생긴 행위에 관하여 이를 확정적으로 유효하게
하는 것이지만([179] 참조), 여기에서 말하는 '무권대리행위에 대한 추인'은 효력이 생
길지 여부가 확정되지 않은 행위에 관하여 그 행위의 효과를 자기에게 직접 발생하
게 하는 것을 목적으로 하는 의사표시이다. 그것은 상대방·무권대리인 등의 동의
나 승낙을 필요로 하지 않는 단독행위이다. 또한 추인은 대리행위 이후에 대리권을
수여하는 것이 아니며, 그 권리의 성질은 형성권에 속한다.

(ㄴ) 추인의 방법　　　추인은 단독행위이므로, 의사표시의 요건을 갖추어야 한다. 따라서 본인이 무권대리행위의 사실을 알고 있으면서 이의를 제출하지 않고 있다는 것만으로는 추인이 되지 않는다(대판 1967. 12. 18, 67다2294·2295; 대판 1990. 3. 27, 88다카181 등). 그러나 추인에는 특별한 방식이 요구되지 않으므로, 명시적으로 하여야 하는 것은 아니며, 묵시적으로도 할 수 있다(대판 1967. 12. 26, 67다2448·2449; 대판 1990. 4. 27, 89다카2100 등). 이 경우 무권대리행위가 있음을 알고 추인하여야 할 것이다(송덕수 409면).

추인의 의사표시는 무권대리인에게 해도 좋고 무권대리행위의 상대방에게 해도 좋다(대판 1969. 10. 23, 69다1175; 대판 1981. 4. 14, 80다2314 등). 그러나 상대방에게 추인을 하는 경우에는 추인으로서 효력이 완전히 생기지만, 무권대리인에게 추인을 하는 경우에는 상대방이 추인이 있었음을 알지 못하는 때에는 이에 대하여 추인의 효과를 주장하지 못한다(132조). 따라서 그때까지는 상대방이 제134조에 따라 철회를 할 수 있다. 그러나 상대방이 추인이 있었음을 주장하는 것은 상관없다.

(ㄷ) 추인의 효과　　　추인이 있으면, 무권대리행위는 처음부터(소급적으로) 유권대리행위였던 것과 동일한 법률효과를 발생한다(133조 본문). 무권대리행위의 추인의 이와 같은 효과는 나중에 살피는 취소할 수 있는 행위의 추인([179] 참조)과는 달라서, 효력이 없는 행위에 효력을 생기게 하는 것임을 주의하여야 한다(따라서 뒤에서 설명하는 「무효행위의 소급적 추인」과 유사하다. [175] 참조). 그러나 이와 같은 추인의 소급효 원칙에는 다음과 같은 두 예외가 있다.

(i) 다른 의사표시가 있으면, 추인은 소급효가 없다(133조 본문). 여기서 말하는 「다른 의사표시」는 본인의 의사표시만으로 충분한지 또는 상대방의 동의도 있어야 하는지 문제된다. 본래 상대방은 계약이 처음부터 효력을 가지는 것으로 예상하여(즉 처음부터 유권대리라는 것을 기대하여) 법률행위를 하고 있는 것이므로, 본인의 의사만으로 장래에 향하여 효력 있는 것으로 할 수 있다면, 그것은 상대방의 의사에 반할 것이다. 이 점을 고려하여 「다른 의사표시」는 본인과 상대방 사이의 계약이어야 한다고 해석하는 데 학설은 일치하고 있다.

(ii) 추인의 소급효는 제 3 자의 권리를 해치지 못한다(133조 단서). 즉, 제 3 자의 권리를 해치는 범위에서는 소급효가 제한된다. 이 규정의 취지는 무권대리행위

후 추인이 있을 때까지의 사이에 행해진 행위(본인과 제3자 사이에서)가 추인의 소급
효로 무효가 되고, 제3자가 정당하게 취득한 권리를 잃게 되는 것을 막으려는 것이
다. 여기에서 제3자의 권리는 무권대리행위 시부터 추인 시까지 사이에 제3자
가 취득한 권리 그 밖의 법적 지위로서 계약상대방의 법적 지위와 양립할 수 없는
것을 말한다.

　이 단서의 적용범위에 관하여 주의해야 할 사항이 있다. 즉, 무권대리행위의
상대방이 취득한 권리는 배타적 효력을 가지지 않는 데 대하여, 제3자가 취득한
권리는 배타적 효력을 가진다면, 추인으로 제3자의 권리를 해칠 수 없음은 이 단
서를 기다릴 필요 없이 당연한 일이다. 예컨대, 甲의 무권대리인 乙이 甲의 부동산
을 丙에게 판 후, 甲 자신이 이를 丁에게 팔고 이전등기를 하였다면, 甲이 乙의 무
권대리행위를 추인하더라도 丁의 권리가 침해되는 일은 없다. 그러나 제3자가 취
득한 권리도 역시 배타적 효력이 없는 것이면, 상대방의 권리와 제3자의 권리 가
운데서 어느 것이 우선하는지 문제된다. 이는 그와 같이 취득한 권리를 배타적인
것으로 하는 요건, 즉 물권변동의 경우에는 등기(186조)나 인도(188조 내지 190조), 그
리고 채권양도의 경우에는 통지나 승낙(450조)을 갖추는 시기의 선후(先後)에 따라
결정된다. 위 사례에서 丁도 아직 이전등기를 하고 있지 않으면, 丙과 丁은 모두 소
유권이전청구권이라는 채권을 가질 뿐이고 우열의 차가 없으며, 먼저 이전등기를
갖춘 자가 우선한다. 한편 무권대리인이 무권대리행위에 의하여 상대방에게 소유권
등 물권을 양도한 후 본인이 제3자에게 임대하여 주택임대차보호법에 따라 대항
력을 갖춘 후에 본인이 무권대리행위를 추인하더라도 그 추인의 소급효는 위 임차
권의 효력에 영향을 미치지 못한다(양창수·김재형 233면).

　② **본인의 추인거절**　　추인을 하느냐 않느냐는 본인의 자유이다. 그러나
본인은 적극적으로 추인할 의사가 없음을 표시하여 무권대리행위를 확정적으로 무
효로 할 수 있다. 즉, 본인은 추인거절권이 있다. 추인거절의 상대방과 방법은 추인
의 경우와 같다(132조). 본래 무권대리행위는 본인이 이를 내버려 두더라도 본인에
게 아무런 효력도 생기지 않지만, 본인이 추인을 거절하면 그 후에는 본인에게 효
력이 생길 수 없는 것으로 확정된다. 따라서 추인거절은 본인을 위해서는 아무런
실익이 없으며, 다만 상대방의 이익을 위한 제도이다.

③　무권대리인의 지위와 본인의 지위가 동일인에게 귀속하게 되는 경우에, 그 무권대리행위는 지위의 혼동으로 당연히 유효하게 되는가? 바꾸어 말하면, 이때에는 추인의 거절이 부정되는지 문제된다. 이러한 경우는 예컨대 무권대리인에 의하여 체결된 임대차의 목적물을 그 후에 무권대리인이 취득하는 때에 생기게 되나, 무엇보다도 상속에 의하여 자주 일어난다. 즉, 상속인인 자녀가 부·모의 무권대리인으로서 부·모의 재산을 처분하고, 부·모의 사망 후에 그 지위를 상속하는 예가 많다.

무권대리인이 본인을 상속한 경우에는, 그 무권대리행위는 당연히 유효하게 되고, 본인으로서의 지위에서 추인을 거절하지는 못한다고 새기는 것이 타당하다 (김증한·김학동 460면, 송덕수 415면. 무권대리인이 본인을 단독 상속한 사안에 관해서는 대판 1994. 9. 27, 94다20617). 무권대리인이 제135조에 따른 책임을 지는 경우에는 무권대리인이 본인의 승계인으로서 추인을 거절할 수 있다고 하더라도 별다른 의미가 없다. 이 경우에는 무권대리인이 제135조에 따라 이행 또는 손해배상의 책임을 지기 때문에, 처음부터 대리권 있는 자가 대리행위를 한 것과 마찬가지로 보는 것이 알기 쉬운 해결이라고 볼 수 있다. 그러나 무권대리행위의 경우에 상대방이 선의·무과실 요건(135조 2항)을 충족하지 못하여 무권대리인의 책임이 발생하지 않는 경우에는 위와 같이 설명할 수 없다. 이 경우까지 포괄하여 설명하려면 무권대리인이 나중에 본인의 지위에서 추인을 거절하는 것은 선행행위에 반하는 행태로서 신의칙상 허용되지 않는다고 보는 것이 타당할 것이다(양창수·김재형 242면).

이와 반대로 본인이 무권대리인을 상속하였다면 어떻게 새겨야 할까? 예컨대, 무권대리인 甲이 乙의 부동산을 처분한 후 사망하여 乙이 甲을 상속하였다면, 그 무권대리행위도 유효하게 된다고 해석할 것인지 문제된다. 이때에 무권대리인의 상속인이 본인으로서의 지위에서 추인을 거절하더라도, 그것이 신의칙에 반한다고는 할 수 없을 것이다. 다만 이 경우에도 제135조에 따라 무권대리인의 책임이 발생하였다면(만일 제135조 제 2 항에서 정한 상대방의 선의·무과실 등의 요건이 충족되지 않는 경우에는 무권대리인의 책임이 발생하지 않는다), 본인이 그 책임을 상속할 것이다(양창수·김재형 244면).

　⒞　**상대방에 대한 효과**　　　무권대리행위는 본인의 의사에 의하여 그 효력이

좌우되므로, 상대방의 지위는 불확정한 것이 된다. 여기서 민법은 그러한 상대방을 보호하기 위하여 상대방에게 「최고권」과 「철회권」을 인정하고 있다.

① 최고권(131조)　　　최고는 본인에 대하여 무권대리행위를 추인할지 여부의 확답을 독촉하는 행위이며, 이미 설명한 제한능력자의 상대방이 가지는 확답촉구권과 동일한 성질의 것이다([60] 참조). 무권대리행위의 상대방이 하는 최고는 (ⅰ) 상당한 기간을 정하여, (ⅱ) 문제의 무권대리행위를 추인하는지 여부를 확실하게 대답하라는 뜻을 표시하여, (ⅲ) 본인에게 이를 한다. 만일 본인이 그 기간 내에 확실한 대답을 「발하지 아니한 때」에는 추인을 거절한 것으로 본다. 상대방을 보호하기 위하여 특히 「발신주의」를 취하고 있다.

② 철회권(134조)　　　철회는 무권대리행위의 상대방이 무권대리인과 맺은 계약을 확정적으로 무효로 하는 행위이며, 이 철회가 있으면, 그 후 본인은 문제의 무권대리행위를 추인하지 못한다. 이 철회는 (ⅰ) 본인의 추인이 있기 전에, (ⅱ) 본인이나 그 무권대리인에게 해야 한다. 그리고 이 철회권은 선의의 상대방에게만 인정된다. 여기서 선의라는 것은 대리인에게 대리권 없음을 알지 못하는 것이며, 선의·악의를 결정하는 표준이 되는 시기는 「계약 당시」이다. 증명책임은 본인에게 있다. 선의의 상대방에게만 인정하는 이유는 악의의 상대방은 불확정한 상태에 놓이는 것을 각오한 자라고 할 수 있으며, 이를 보호할 필요가 없기 때문이다.

(2) 상대방과 대리인 사이의 효과

⑺ 무권대리인의 책임　　　무권대리가 표현대리로서 인정되는 때, 또는 표현대리가 되지 않는 협의의 무권대리이더라도 이미 적은 바와 같이 본인이 추인을 하거나 상대방이 철회한 때에는, 상대방은 그가 원한 대로의 목적을 달성하거나 또는 손해를 입지 않을 수 있다. 그러나 위의 어느 경우에도 해당하지 않는 때에는 상대방이 손해를 입는 경우가 적지 않다. 여기서 민법은 제135조에서 상대방의 보호와 거래의 안전을 꾀하고 나아가서는 대리제도의 신용을 유지하기 위하여 무권대리인에게 특히 무거운 책임을 지우고 있다. 이 책임은 무권대리인의 과실을 요건으로 하지 않는 무과실책임이다.

⑷ 책임발생의 요건

① 대리인이 대리권을 증명할 수 없어야 한다(135조 1항). 그러나 그 증명책임

은 상대방이 이를 부담하지 않으며, 무권대리인이 책임을 벗어나려면 자기에게 대리권이 있었음을 증명하여야 한다.

②　본인의 추인을 받지 못해야 한다(135조 1항). 본인이 추인한 경우에는 상대방은 기대한 대로의 효과를 거둘 수 있게 되어 무권대리인에게 책임을 물을 필요가 없기 때문이다.

그런데 표현대리가 성립하는 경우에 무권대리인의 책임을 부정해야 하는지 문제된다. 이에 관해서는 견해가 대립하고 있다. 우선 표현대리가 성립하는 경우에는 무권대리인의 책임이 인정되지 않는다는 견해가 있다(김상용 587면, 김증한·김학동 455면, 백태승 504면, 송덕수 419면, 이영준 672면, 이은영 651면). 이에 대하여 상대방이 표현대리를 주장하지 않고 무권대리인의 책임을 주장할 수 있다는 견해가 있다(고상룡 534면, 김기선 296면, 김용한 385면). 표현대리는 무권대리의 일종이기 때문에 표현대리가 성립하는 경우에 무권대리인의 책임이 발생한다고 보더라도 논리적으로 문제가 되지 않는다. 제135조의 문언을 보면 표현대리의 성립을 무권대리인의 책임이 배제되는 요건으로 정하고 있지 않다. 또한 상대방은 표현대리의 성립요건을 주장하고 증명하는 것이 쉽지 않기 때문에 표현대리가 성립하는 경우에도 무권대리인의 책임을 인정할 필요성이 있다. 따라서 상대방은 선택적으로 표현대리를 주장하여 본인에게 책임을 추궁하거나 무권대리인에게 제135조의 책임을 추궁할 수 있다고 보아야 할 것이다.

③　상대방이 아직 철회권(134조)을 행사하고 있지 않아야 한다. 상대방이 철회하면 무권대리행위는 확정적으로 무효가 되고 본인이 더 이상 무권대리행위를 추인할 수 없기 때문이다.

④　상대방이 무권대리인에게 대리권 없음을 알지 못하고, 또한 알지 못하는데 과실이 없어야 한다(135조 2항). 즉, 상대방은 선의·무과실이어야 한다. 그 증명책임이 책임을 벗어나려는 대리인에게 있음은 규정상 명백하다(대판 1962. 1. 11, 4294민상202).

⑤　무권대리인이 행위능력자이어야 한다(135조 2항). 제한능력자에게 무거운 책임을 지게 하는 것은 적당하지 않고, 또한 제117조의 취지에도 반하기 때문이다. 그러나 제한능력자가 법정대리인의 동의를 받아 무권대리행위를 한 때에는 능력자

와 마찬가지의 책임을 지게 하여도 무방할 것이다.

⑥ 무권대리인의 과실은 필요 없으며, 무과실책임이다(대판 1962. 4. 12, 4294민상 1021; 대판 2014. 2. 27, 2013다213038).

⑷ **책임의 내용**   상대방의 선택에 따라 계약을 이행할 책임 또는 손해를 배상할 책임이 있다(135조 1항).

① **계약의 이행**   계약을 이행할 책임이 있다는 것은 만일 그 무권대리행위가 본인에게 효력을 발생하였더라면 본인이 상대방에 대하여 부담하였을 것과 같은 내용의 채무를 이행할 책임이 있다는 뜻이다.

② **손해배상**   배상의 범위에 관해서는 이행이익(이는 적극적 계약이익이라고도 하는데, 계약이 유권대리로서 효력을 발생하였으나, 그것이 이행되지 않았기 때문에 생긴 손해)의 배상인지, 신뢰이익(이는 소극적 계약이익이라고도 하는데, 계약이 효력을 발생하지 않으나, 그것이 효력을 발생하는 유권대리라고 믿었기 때문에 받은 손해)의 배상인지, 또는 쌍방을 포함하는 것인지 문제된다. 이 규정에서 계약의 이행 또는 손해배상을 선택하도록 하고 있으므로, 이행을 갈음하는 손해의 배상, 즉 이행이익의 배상을 해야 한다고 해석해야 할 것이다.

③ 위의 두 책임은 상대방의 선택에 따라 그 하나만이 생긴다. 선택의 방법은 선택채무의 규정(380조 이하)에 의해야 하는 것으로 해석되어 있다(김상용 624면, 김증한·김학동 463면, 송덕수 419면, 이영섭 373면, 이영준 673면, 이은영 662면).

(3) 본인과 대리인 사이의 효과   협의의 무권대리행위는 본인이 추인하지 않으면 본인에 대하여 효력이 생기지 않으므로, 본인과 대리인 사이에는 법률관계가 생기지 않는다. 본인이 추인하면 사무관리(734조 이하)가 성립할 것이다. 또한 그 행위로 본인의 이익이 침해되면 불법행위(750조 이하)가 성립할 수 있고, 그 밖에 대리인에게 부당한 이득이 생긴 때에는 부당이득(741조 이하)이 문제될 것이다. 그러나 이들은 다른 일반원칙에 의하여 인정되는 것이고, 특히 무권대리에서 생기는 관계는 아니다.

3. 단독행위의 무권대리

(1) 단독행위는 상대방이 있는지 여부에 따라 두 경우로 나누어볼 수 있다. 「상대방이 있는 단독행위」의 경우에는 그것이 능동대리이든 수동대리이든 상대방

이 무권대리인에게 대리권이 있다고 믿은 때에는 이를 보호할 필요가 있다(따라서 131조·134조·135조 등의 준용을 생각할 수 있다). 또한 본인은 무권대리행위의 효력이 자기에 대하여 발생하는 것이 편리할 수도 있다(따라서 130조·132조의 준용을 생각할 수 있다). 그러므로 상대방 있는 단독행위의 경우에는 이미 설명한 계약의 경우와 구별해야 할 이유가 없다. 그러나 민법은 계약의 경우와는 구별하여 단독행위의 무권대리를 그의 능동·수동을 묻지 않고서 모두 절대 무효가 되는 것을 원칙으로 하고, 다만 이 원칙에 대하여 넓은 예외를 인정하고 있다(136조).

　　이에 반하여 「상대방 없는 단독행위」(재단법인 설립행위, 상속의 승인 또는 포기 등)에 관해서는 특정의 상대방이라는 것이 없으므로 상대방을 보호하는 규정을 두어야 할 필요가 전혀 없다. 이 경우에 본인의 추인권을 인정한다면, 본인은 그 행사·불행사에 관하여 아무런 제한을 받지 않고 자유로이 무권대리행위의 효과를 좌우할 수 있어, 본인의 이익에 지나치게 치우치는 것이 될 것이다. 그러므로 이 경우의 무권대리는 절대 무효로 하여야 하며, 민법도 그러한 태도를 취하고 있다.

　(2) 민법의 규정

　⑺　상대방 없는 단독행위는 언제나 절대 무효이며, 본인이 추인을 하더라도 아무런 효력이 생기지 않는다.

　⑷　상대방 있는 단독행위는 원칙적으로 무효이다. 그러나 예외적으로 (i) 능동대리에서는 상대방이 대리권 없이 행위를 하는 데 동의하거나, 또는 그 대리권을 다투지 아니한 때에는 계약의 경우와 마찬가지의 효과가 발생한다(136조 전단). 여기서 「대리권을 다투지 아니한 때」라는 것은 대리권 없음을 알면서 다투지 않았든 또는 알지 못하면서 다투지 않았든, 이를 묻지 않는 것으로 해석된다. 그리고 단독행위가 있은 후에 지체없이 이의를 제출하면 다툰 것이 된다. (ii) 수동대리에서는 무권대리인의 「동의를 얻어」 행위를 한 때에 한하여 계약과 마찬가지의 효과가 생긴다(136조 후단).

제 7 절   법률행위의 무효와 취소

제 1 관 서   설

[172] 서   설

　　1.　민법은 법률행위의 성립요건이나 유효요건을 규정하면서 그들 요건을 갖추지 못하는 법률행위를 무효라고 정하기도 하고 취소할 수 있는 것으로 정하기도 한다. 예컨대, 이미 본 바와 같이, 의사무능력자의 법률행위([44] 참조), 강행규정을 위반하는 법률행위([130] 참조), 반사회질서의 법률행위([131] 참조), 불공정한 법률행위([132] 참조), 비진의표시([142] 참조), 허위표시([143] 참조) 등은 모두 무효이고, 제한능력자의 행위([46]·[48]·[51]·[55] 참조), 착오에 의한 의사표시([144] 참조), 사기·강박에 의한 의사표시([147] 참조) 등은 취소할 수 있다.

　　법률행위 또는 의사표시가 무효라든가 취소할 수 있다는 것은 의사표시 또는 법률행위로서의 효과가 완전히 발생하지 않는다는 것이다. 그런데 법률행위나 의사표시에 관하여 그 법률효과의 발생이 불완전한 경우는 무효와 취소에 한하지 않으며, 그 밖에도 조건(해제조건, 법정조건)과 기한(종기), 해제(법정해제, 약정해제)와 해지 등이 있다. 민법은 그 가운데서 가장 중요한 법률행위 또는 의사표시의 무효와 취소에 관하여 제137조에서 제146조까지 일반적 통칙을 두고 있다. 그리고 조건과 기한은 법률행위의 부관으로서 제147조 이하에서 따로 규정하고(이에 관해서는 나중에 자세히 다룬다. [183] 이하 참조), 해제와 해지에 관하여는 채권편 제543조 이하에서 규정하고 있다(따라서 자세한 것은 채권법강의에서 다룬다).

　　2.　무효와 취소는 어떻게 다른가? 가장 근본적인 차이는, 취소에서는 특정인이 그 효력을 잃게 하기 위한 주장 또는 행위를 하는 때에 비로소 효력이 없는 것으로 되는 데 반하여, 무효에서는 누구의 주장이나 행위를 기다리지 않고서 당연히 처음부터 효력이 없는 것으로 되는 점에 있다. 무효·취소의 근본적 차이점을 맞대어 비교하면, 다음과 같다.

무 효	취 소
특정인의 주장을 필요로 하지 않으며, 당연히 효력이 없다.	특정인(취소권자)의 주장(취소)이 있어야 비로소 효력이 없게 된다.
처음부터 효력이 없으므로, 누구든지 효력이 없는 것으로서 다루게 된다.	취소를 하기 전에는 일단은 효력이 있는 것으로 다루어진다.
시간의 경과에 의하여 효력에 변동이 생기지 않는다.	일정한 시간이 지나면 취소권은 소멸하고, 따라서 유효한 것이 되지만, 취소되면 처음부터 효력이 없었던 것으로 된다.

3.   위와 같은 근본적 차이가 있기는 하나, 어떠한 경우에 법률행위 또는 의사표시를 무효 또는 취소할 수 있는 것으로 할 것인지는 입법정책의 문제이며, 어떤 절대적인 원칙이 있는 것은 아니다. 그렇기 때문에, 시대의 변천에 따라 또는 사회에 따라서는 취소할 수 있는 데 지나지 않았던 것을 무효로 하는 경우가 있는가 하면, 때로는 종래 무효였던 것을 취소할 수 있는 것으로 하는 데 그치는 경우도 있다(예컨대, 착오에 의한 의사표시에 관하여, 의용민법 제95조는 이를 「무효」라고 하였으나, 민법 제109조는 「취소할 수 있다」고 규정한다). 이와 같이 그것은 궁극적으로는 입법정책의 문제에 지나지 않으나, 대체적인 경향은 다음과 같다.

(1)   법질서 전체의 이상에 비추어 보아서, 개개인의 의사를 묻지 않고서 당연히 효력을 인정할 수 없다고 할 만한 객관적 이유가 있는 때에는, 대체로 무효로 한다(위법한 행위 또는 반사회질서의 행위를 무효로 하는 것은 그 좋은 예이다).

(2)   한편, 효력의 부인을 특정인의 의사에 의하여 좌우하게 하여도 무방하다고 할 수 있는 경우(특정인의 보호를 목적으로 하는 경우, 비교적 가벼운 절차상의 흠이 있는 경우 등)에는 취소할 수 있는 것으로 하는 경향이 있다.

4.   무효와 취소에는 위와 같은 차이점이 있다고 하지만, 취소의 효과는 나중에 보는 바와 같이((178) 4 참조) 소급효가 있기 때문에, 결과적으로는 무효와 취소는 공통점을 가지고 있다. 그러므로 어떤 구체적 법률행위가 무효와 취소 쌍방의 원인을 모두 포함하는 경우도 있는데(예컨대, 미성년자가 어떤 법률행위를 할 때에 전혀 의사능력을 가지고 있지 않았다면, 그 법률행위는 무효인 동시에 취소할 수 있는 것이 된다), 그러한

때에는 당사자는 각각 그 요건을 증명함으로써, 무효를 주장하거나 또는 취소를 주장할 수 있는 자유가 인정된다. 그러므로 어떤 행위가 무효인 동시에 취소할 수 있는 것이더라도, 그것은 결코 모순되는 것은 아니다.

  5. 민법총칙의 무효·취소는 법률행위 또는 의사표시로서의 효과가 전혀 또는 완전히 생기지 않는 것이다. 그 밖의 부수적인 효과가 생기는 경우가 있다고 하더라도, 그것은 별개의 문제이다. 특히 무효인 행위 또는 취소된 행위에 의하여 이미 현실적으로 어떤 결과가 일어나고 있을 때(예컨대, 무효 또는 취소할 수 있는 행위를 유효한 것으로 알고서 그에 의하여 이행행위도 끝낸 경우)에는, 그 뒷처리로서 언제나 부당이득반환의무가 생기고(741조 이하), 또한 취소의 원인이 동시에 불법행위의 요건도 갖출 때(사기·강박에 그 예가 많다)에는, 손해배상책임이 생긴다(750조 이하).

제 2 관 법률행위의 무효

[173] Ⅰ. 무효의 의의와 일반적 효과

  1. 무효의 의의 법률행위가 성립한 당초부터 법률상 당연히 그 효력이 발생하지 않는 것이 확정되어 있는 것이 법률행위의 「무효」이다. 그러나 이것은 어디까지나 원칙적으로 그렇다는 것이다. 무효의 모습에 따라서는 위와 같은 원칙적인 무효와는 다른 것도 적지 않다. 이에 관해서는 나중에 다시 살피기로 한다([174] 참조). 무효가 취소와 어떻게 다른지는 이미 보았다.

  법률행위의 「무효」는 법률행위의 「불성립」과 구별하여야 한다. 법률행위를 법률요건이라고 한다면, 법률행위로서 성립하고 있으면서 법률효과가 발생하지 않는 경우는, 정지조건부 또는 기한부 법률행위의 경우를 제외하고는, 이론적으로 있을 수 없다. 바꾸어 말하면, 논리적으로는 법률효과가 생기지 않는 법률행위는 법률행위가 아니며, 따라서 법률행위는 존재하지 않는 것이고, 무효와 불성립의 구별은 있을 수 없다. 그러나 우리의 경험적인 사회생활에서는 법률행위가 법률요건으로서 완전히 그 효과가 발생하기 전에 그것이 법률행위로서의 외형적 존재를 가지는 때에는 이를 법률행위로서 다루고, 그것이 법률요건으로서 필요한 모든 요건을 갖추어 법률효과를 발생시키고 있는지 여부를 판단하고 있다. 여기서 법률행위로서의 외형적 존재가 인정되는 경우에 법률행위의 성립을 인정하고, 이를 불성립(부존재)으로부터 구별해서 다루며, 그 다음에 이와 같이 성립한 법률행위에 관하여 다시 그것이 법률요건으로서의 실질을 갖추고 있는지, 즉 유효·무효를 문제삼는다. 따라서 유효·무효는 법률행위의 성립을 전제로 하고, 불성립의 경우에는 처음부터 유효·무효는 문제되지 않는다. 이와 같이 법률행위의 불성립과 무효는 구별되며, 법률행위가 위와 같은 의미에서 성립하기 위하여 필요한 요건이 법률행위의 성립요건이고, 일단 성립한 법률행위가 목적으로 하고 있는 법률효과를 발생시키는 데 요구되는 요건이 효력요건 또는 유효요건이다. 무엇이 성립요건이고 효력요건인지는 이미 설명하였다([121] 참조).

2. 무효의 일반적 효과　　　　법률행위가 무효이면, 그 법률행위의 내용에 따른 법률효과는 생기지 않는다. 법률행위의 내용에 따른 법률효과가 생기지 않는다는 것의 구체적 의미는, 표시된 효과의사의 내용이 되는 권리관계 및 그것에 관하여 법률이 규정하는 권리관계를 법원이 승인해서 재판해서는 안 된다는 것이다. 또한 그 당연한 결과로서, 무효인 법률행위에 의거하여 현상의 변경을 요구하는 것(청구권)은 부인되고, 또한 무효인 법률행위에 의거하여 현상의 유지를 주장하는 것(항변)도 부인된다. 따라서 당사자 사이에서는 무효인 행위가 물권행위이면 물권의 변동은 일어나지 않고, 채권행위이면 채권은 발생하지 않는다. 문제가 되는 것은 무효인 행위에 의거하여 사실상 이미 이행한 때에 생기는 원상회복의 문제이다. 일반적으로는 이를 제741조에서 정하고 있는 부당이득으로 규율하고 있다. 다만 이때에 불법원인급여에 관한 제746조의 제한이 있음을 유의해야 한다.

　　　무효인 법률행위에 의거하여 사실상 이행이 있었던 때에는, 그 급부는 급부자에게 반환되어야 하나, 이때의 반환청구권의 성질이나 내용에 관해서는 매우 어려운 문제가 있다. 특히, 상대방이 급부받은 물건을 점유하고 있어서, 그 물건을 그대로 반환하여야 할 원물반환의 경우에 반환청구권과 관련하여 복잡한 문제가 생긴다. 이 문제를 이곳에서 다루는 것은 여러 모로 적당하지 않다. 무엇보다도 민법총칙을 공부하는 학생으로서는 알기 어려운 문제이다. 우선 이러한 문제가 있다는 것을 알아두고, 그에 관한 자세한 것은 채권각론강의에서 부당이득을 설명할 때에 다루기로 한다.

　　한편, 무효는 제 3 자에 대한 관계에서도 주장할 수 있는 것이 원칙이다. 그 결과 무효행위에 의하여 외형상 생긴 물권이나 채권 그 밖의 권리를 양수한 자에게도 무효를 주장할 수 있고, 무효인 법률행위에 따라 이행할 필요가 없다. 또한 사실상 이행한 물건을 전득한 제 3 자에 대해서도 권리를 취득한 것이 아니라는 주장을 할 수 있다. 그러나 위에서 설명한 것은 어디까지나 일반적·원칙적인 무효의 효과이며, 그 예외적인 경우가 있다. 다음 항에서 보기로 한다.

[174] Ⅱ. 무효의 종류

1. 절대적 무효·상대적 무효   무효는 원칙적으로 누구에게나 또한 누구에 의해서도 이를 주장할 수 있다. 이를 「절대적 무효」라고 한다. 의사무능력자의 행위, 반사회질서의 행위 등은 그 예이다(그러나 이때에도 제 3 자가 공신의 원칙(동산의 선의취득에 관한 249조 참조)에 의하여 보호되는 경우가 있다). 무효는 이러한 절대적 무효가 원칙이지만, 이에는 예외가 있다. 즉, 특정인에 대해서는 행위의 무효를 주장할 수 없는 경우가 있으며, 이를 「상대적 무효」라고 한다. 예컨대, 비진의표시가 무효인 때 또는 허위표시로서 무효인 때에는 이를 선의의 제 3 자에게 주장하지 못한다(107조 2항·108조 2항). 법률이 이와 같이 무효를 선의의 제3 자에게 주장할 수 없는 것으로 제한한 이유는 거래의 안전을 보호하기 위한 것이다.

한편 법률행위가 처음부터 무효이지만 나중에 추인이 있거나 관할관청의 허가가 있는 경우에 유효로 되는 경우가 있다. 이러한 경우를 유동적 무효(流動的 無效)라고 한다. 판례는 토지거래허가를 얻어 토지거래를 하여야 하는데도 이를 얻지 않고 토지거래를 한 경우 그 계약은 유동적 무효라고 하였다. 이 경우 허가를 받기 전에는 그 계약이 무효이지만, 나중에 허가를 받으면 소급적으로 유효로 된다. 그러나 허가를 받지 못하는 것으로 확정되면 무효로 확정된다(대판(전) 1991. 12. 24, 90다12243).

2. 당연무효·재판상의 무효   무효는 원칙적으로 법률상 당연히 그러한 것이고, 법률행위를 무효로 하기 위하여 어떤 특별한 행위나 절차를 필요로 하지 않는다. 이를 「당연무효」라고 한다. 그러나 무효의 결과가 일반 제 3 자에게 중대한 영향을 미치는 때에는 재판에 의한 무효선고를 기다려서 비로소 효력이 없게 되는 것으로 하는 경우가 있다. 예컨대, 회사설립의 무효(상 184조)·회사합병의 무효(상

236조)는 소에 의해서만 이를 주장할 수 있고, 또한 원고적격과 출소기한이 제한되어 있다. 이러한 무효는 당연무효에 대하여 이를 「재판상의 무효」라고 일컫는다. 재판상의 무효는 무효라고 정하고 있기는 하나, 그 효력은 취소의 경우와 유사하다.

3. 전부 무효·일부 무효　　　법률행위의 내용의 전부에 관하여 무효의 원인이 있을 때에, 그 법률행위의 전부를 무효라고 하게 됨은 당연하며, 이를 「전부 무효」라고 한다.

그런데 무효의 원인이 법률행위의 내용의 일부에만 존재하는 경우에, 전부 무효가 되는지 또는 「일부 무효」를 생기게 할 뿐인지가 문제된다. 이에 관하여 민법은 제137조를 두고 있다. 이 규정에 의하면, 법률행위의 일부분이 무효인 때에는, 원칙적으로 그 전부를 무효로 한다(137조 본문). 그러나 그 무효부분이 없더라도 법률행위를 하였으리라고 인정될 때에는, 나머지 부분은 법률행위로서 유효하다(137조 단서). 전부 무효가 원칙이고 예외적으로 일부 무효를 인정한 것이다. 이러한 처리방법을 가리켜 「일부 무효의 법리」라고 일컫는다.

이 규정에 따라 일부 무효를 인정하려면 법률행위의 내용을 분할할 수 있어야 한다. 법률행위의 내용이 불가분인 경우에는 그 일부분이 무효일 때에도 일부 무효의 문제는 생기지 않는다. 법률행위의 내용을 분할할 수 있는 경우에는 제137조의 규정에 따라 그 전부가 무효로 될 때도 있고, 그 일부만 무효로 될 때도 있다(대판 1994. 5. 24, 93다58332). 그리고 제137조 단서에서 '그 무효부분이 없더라도 법률행위를 하였을 것이라고 인정될 때'라는 것은 당사자의 실재하는 의사가 아니라 법률행위의 일부분이 무효임을 법률행위 당시에 알았다면 당사자 쌍방이 이에 대비하여 의욕하였을 가정적 의사(假定的 意思)를 기준으로 판단하여야 한다(대판 1996. 2. 27, 95다38875).

이 규정은 전부 무효를 원칙으로 정하고 있으나, 실제에서는 법률행위의 일부에 무효사유가 있는 경우에 그 일부만 무효로 보는 것이 원칙이고, 나머지 부분만으로는 법률행위를 하였을 것이라고 인정되지 않는 경우에 전부 무효를 인정하고 있다.

한편 일정한 일부 무효의 경우에는 법률이 그 무효부분만을 무효로 한다는 것을 특히 명백히 하고 있는 경우가 있다(385조·591조 1항·651조 1항, 이자 2조 3항 등 참조). 그러한 경우에는 그 규정에 따라서 해결하여야 함은 물론이다. 또한 「약관의 규제에 관한 법률」 제16조는 약관조항이 동법에 의하여 무효가 되더라도 원칙적으로 나머지 부분으로 유효하게 존속한다고 정하고 있는데, 이는 일부 무효에 관한 제137조와 정반대로 규정한 것이다. 입법론으로서는 제137조를 개정하여 일부 무효를 원칙으로 하고 예외적으로 전부 무효를 인정해야 할 것이다.

[175] Ⅲ. 무효행위의 추인

무효행위는 법률행위의 효과가 발생하지 않는 것으로 확정되어 있는 것이므로, 나중에 그 행위를 유효하게 하는 의사표시(추인)를 하더라도 유효로 되지 않는다. 그러나 민법은 당사자의 의사를 추측하여 비소급적(非遡及的) 추인을 인정하고 있다. 한편 민법에 규정은 없지만, 무권리자의 처분의 소급적 추인을 인정하여야 한다는 데 반대하는 견해는 없다. 이들에 관하여 보기로 한다.

1. **무효행위의 비소급적 추인**   무효행위에 대하여 당사자가 추인을 하더라도 효력이 생기지 않는다(139조 본문). 법률에 의하여 무효라는 평가를 받고 있는 행위는 당사자의 의사에 의하여 처음부터 유효였던 것으로 하지 못한다는 것이다. 그러나 법률행위를 무효로 하는 것에는 공익적 이유가 있는 것과 단순히 당사자의 한쪽을 보호하기 위한 것이 있다. 그중 뒤의 것에서는, 제3자의 이익을 해치지 않는 한, 추인을 인정하더라도 상관없다. 여기서 민법은 제139조 단서에서 "당사자가 그 무효임을 알고 추인한 때에는 새로운 법률행위로 본다."라고 규정하고 있다. 이 때에는 당사자가 다시 동일한 행위를 되풀이하여야 한다고 할 필요가 없으므로, 편의상 새로운 행위를 한 것으로 보려는 것이다. 예컨대, 허위표시로서 무효인 가장매매를 당사자가 추인을 하면 그때부터, 즉 비소급적으로 유효한 매매가 된다. 그러나 이러한 추인이 인정되는 것은 당사자의 한쪽을 보호하기 위한 무효의 경우(107조·108조에 의한 무효의 경우와 의사무능력을 이유로 하는 무효의 경우 등)에 한한다. 강행법규 위반의 행위, 반사회질서의 행위 또는 불공정한 행위 등과 같이 공익적 이유로 무효로 하고 있는 법률행위가 추인에 의하여 새로운 행위로서의 요건을 갖추더라도, 그 행위는 유효로 될 수 없고, 추인을 몇 번 되풀이하여도 유효한 것으로 되지 않는다. 바꾸어 말해서, 그러한 무효행위는 위반의 상태가 계속되는 한 추인을 하

여도 유효로 되지 않는다(불공정한 법률행위에 관한 대판 1994. 6. 24, 94다10900 참조).

2. 무권리자에 의한 처분행위의 소급적 추인　　처분행위가 유효하기 위해서는 처분자에게 처분의 권한 또는 처분권이 반드시 있어야 하며, 처분권 없는 자의 처분행위는 무효이다. 권리자는 자기의 권리에 대한 처분권을 갖는 것이 원칙이다. 그러나 권리자이더라도 처분이 금지되어 처분권한이 없는 경우가 있는가 하면(예컨대, 부양청구권의 처분금지(979조)), 법률의 규정에 의하여 권리자 이외의 자(부재자재산관리인·후견인·유언집행자·상속재산관리인·파산관재인·관리인 등)에게 처분권이 인정되는 때도 있다. 이들 처분권이 있는 권리자나 법률에 의하여 처분권한이 인정되는 자는 그의 처분권한을 다른 사람에게 줄 수도 있음은 물론이다. 이를 처분수권(處分授權)이라고 한다. 따라서 권리자 또는 처분권한이 있는 자가 미리 동의(즉, 처분을 하기 전에 처분권한을 주는 의사표시)를 한 때에는 무권리자의 처분은 당연히 유효하다.

그러한 사전의 동의 없이 한 처분행위는 사후의 동의(처분행위가 있은 후에 처분권한을 주는 의사표시), 즉 추인을 함으로써 유효하게 되는가? 무효행위의 추인을 인정하는 민법에서는 이를 부정할 이유가 없다. 이때에는 그 추인에 의하여 소급하여(무권리자의 처분이 마치 그 처분을 할 때부터 처분권한을 가지고 한 것과 같이) 효력이 있다고 하여야 한다. 예컨대, 甲의 소유물을 乙이 자기의 이름으로 처분한 경우에, 甲이 이를 추인하면, 乙의 처분행위는 그 행위를 한 때로부터 유효한 것으로 된다고 새겨야 한다(만일 乙이 甲의 대리인으로서 처분행위를 하면, 무권대리로서 추인으로 유효하게 된다. [171] 참조). 이는 당연한 일이며, 마땅히 인정되어야 한다(독민 185조 2항은 이를 규정하고 있다). 판례도 이때에는 소급하여 유효하게 된다고 한다(대판 1964. 6. 2, 63다880; 대판 1966. 10. 21, 66다1596; 대판 1981. 1. 13, 79다2151; 대판 1992. 9. 8, 92다15550 등).

[176] Ⅳ. 무효행위의 전환

1. 의　　의　　甲이라는 행위로서는 무효인 법률행위가 乙이라는 행위로서의 요건을 갖추고 있는 경우에, 무효인 甲 행위를 乙 행위로서 효력을 인정하는 것이 「무효행위의 전환」이다. 예컨대, 지상권설정계약으로서는 무효인 계약(279조가 정하는 「건물 기타 공작물이나 수목의 소유」를 목적으로 하는 것이 아니기 때문에)을 토지임대차계약으로서 유효한 것으로 인정하거나, 또는 방식의 흠결로 약속어음의 발행으로

서는 무효이더라도, 그것에 의하여 당사자 사이에 준소비대차가 유효하게 성립한
것으로 인정하는 것과 같다. 민법은 이러한 무효행위의 전환에 관한 규정을 두고
있다(138조). 그 요건은 다음과 같다.

2. 요　건

(1)　무효인 제 1 의 행위가 다른 법률행위의 요건을 갖추고 있고, 당사자가 제
1 의 행위의 무효를 알았더라면 제 2 의 행위를 하는 것을 의욕하였을 것이라고 인
정되어야 한다(138조). 이 경우 당사자의 의사는 매매계약이 무효임을 계약 당시에
알았다면 의욕하였을 가정적(假定的) 효과의사로서, 당사자 본인이 계약 체결시와
같은 구체적 사정 아래 있다고 상정하는 경우에 거래관행을 고려하여 신의성실의
원칙에 비추어 결단하였을 바를 의미한다. 따라서 제 2 의 행위는 어디까지나 상상
적·가정적인 것이며, 현실적으로 표시되어서 존재해야 하는 것은 아니다. 이 점에
서 은닉행위와 다르다([143] 참조). 한편 제138조는 무효인 법률행위와 전환되는 법
률행위가 다른 종류의 법률행위이어야 한다고 정하고 있지 않다. 따라서 무효인 법
률행위를 동종의 다른 법률행위로 전환하는 것도 가능하다(대판 2010. 7. 15, 2009다
50308 참조. 이 판결은 매매계약이 약정된 매매대금의 과다로 말미암아 104조에서 정하는 '불공정한
법률행위'에 해당하여 무효인 경우에도 무효행위의 전환에 관한 138조가 적용될 수 있다고 한다).

(2)　제 2 의 행위가 요식행위인 때에는 주의할 점이 있다.

⑦　요식행위인 제 1 의 행위로서는 무효인 경우에, 불요식행위인 제 2 의 행위
로 전환할 수 있다는 것은 의문이 없다.

⑭　제 1 의 행위는 불요식행위이나 제 2 의 행위가 요식행위이면, 이때에는 전
환을 인정하기 어려울 것이다.

⑭　무효인 제 1 의 행위가 요식행위일 뿐만 아니라 전환되는 제 2 의 행위도
요식행위이면, 어떻게 되는가? 이것이 가장 문제되는 점이다. 일반론으로서는 일정
한 형식 그 자체를 필요로 하는 것으로 전환하는 것은 인정할 수 없겠으나, 확정적
인 의사를 서면으로 나타내는 것이 요구되는 것으로 전환하는 것은 인정할 수 있을
것이다. 이러한 취지에서 민법은 비밀증서에 의한 유언이 그 방식에 흠결이 있는
경우에, 그 증서가 자필증서의 방식에 적합한 때에는 이를 자필증서에 의한 유언으
로서 그 효력을 인정하고 있다(1071조 참조). 또한 혼인외의 출생자를 혼인중의 친생

자로 신고한 때에는, 인지로서의 효력이 있다는 것이 판례이다(대판 1976. 10. 26, 76다 2189 참조). 한편 「가족관계의 등록 등에 관한 법률」 제57조는 "부가 혼인 외의 자녀에 대하여 친생자출생의 신고를 한 때에는 그 신고는 인지의 효력이 있다."라고 정하고 있다.

(3) 단독행위에 관하여 전환을 인정할 수 있는가? 단독행위의 성질상, 부정하여야 한다. 다만 민법은 연착한 승낙(530조)과 청약을 변경한 승낙(534조)을 각각 새로운 청약으로 본다.

제3관 법률행위의 취소

[177] Ⅰ. 취소의 의의

1. 법률행위의 성립 당시 취소사유가 있는 경우에 일단 유효하게 성립한 법률행위의 효력을 행위시로 소급하여 소멸시키는 의사표시가 「취소」이다. 그리고 취소할 수 있는 상태에 있는 법률행위는 「취소할 수 있는 법률행위」라고 하는데, 제한능력자에 의한 법률행위, 의사표시에 착오·사기·강박이 있는 법률행위가 이에 해당한다. 따라서 그것은 특정인(취소권자)의 취소의 의사표시가 있을 때에 비로소 그 법률적 효과가 소멸하고, 그때까지는 일응 법률효과를 가지고 있는 것으로 다루어지는 법률행위이다. 한편 그것은 추인(취소권의 포기)이 있거나 또는 취소권이 소멸하면, 처음부터 유효였던 것으로 확정된다.

2. 위에서 적은 바와 같이, 취소라고 하면 그것은 「원칙적으로」 제한능력 또는 착오나 사기·강박에 의한 의사표시에 대한 것만을 가리키는 것이다. 즉, 민법은 총칙편의 제140조 이하에서 취소에 관한 일반적 규정을 두고 있으나, 이 규정들은 위의 원칙적 취소, 바꾸어 말하면 당사자의 제한능력 및 착오·사기·강박에 의한 의사표시임을 이유로 하는 취소에 한하여 적용된다. 그런데 민법은 그 밖에도 여러 곳에서 취소라는 용어를 쓰고 있는 경우가 적지 않으나, 그들은 위의 이른바 원칙적·일반적 취소와는 다르며, 제140조 이하의 규정은 적용되지 않는다. 이해를 돕기 위하여, 취소라는 용어가 사용되는 여러 경우를 들어 보면 다음과 같다.

(1) 민법에서는 법률행위의 취소가 아니라, 재판 또는 행정처분의 취소도 이

를 취소라고 하는 경우가 많다. 실종선고의 취소(29조), 부재자재산관리에 관한 명령의 취소(22조), 법인 설립허가의 취소(38조) 등은 그 예이다. 이들은 모두가 공법상의 취소이며, 제140조 이하의 규정은 적용되지 않는다.

(2) 법률행위이지만 착오나 사기·강박이 없는 완전히 유효한 법률행위의 취소에도 취소라는 용어가 사용되고 있다. 영업허락의 취소(8조 2항), 사해행위의 취소(406조), 부담부 유증의 취소(1111조) 등이 그 예이다. 이들 여러 경우의 취소에도 제140조 이하의 규정은 적용되지 않으며, 따라서 추인이라는 문제도 생기지 않는다.

(3) 가족법상의 법률행위의 취소에 관해서도 취소라는 용어를 사용하고 있다. 혼인의 취소(816조 이하), 이혼의 취소(838조), 친생자승인의 취소(854조), 입양의 취소(884조), 인지취소(861조), 부양관계의 취소(978조) 등이 그것이다. 그러나 이들에 대해서도 역시 제140조 이하의 규정은 적용되지 않는다([11] 2 (2) 참조).

요컨대, 민법 제140조에서 제146조까지 규정하는 취소는 당사자의 제한능력 및 의사표시의 착오·사기·강박에 의한 취소, 즉 일반적 또는 원칙적 취소에 한한다. 여기서 설명하는 것도 바로 이 원칙적 취소이다.

3. 취소는 다음의 개념과는 구별된다.

(1) **철   회**   법률행위 또는 의사표시의 효과가 확정적으로 생기기 전에 행위자 자신이 그 효과의 발생을 원하지 않음을 이유로 그 법률행위나 의사표시가 없었던 것으로 하는 일방적 행위가 「철회」이다. 그것은 일단 효력을 발생하고 있는 법률행위의 효력을 소멸시키는 취소와는 다르다.

(2) **해   제**   일단 유효하게 「계약」이 성립한 후에 당사자 중 한쪽의 의사표시로 그 계약이 처음부터 없었던 것과 같은 상태로 돌아가게 하는 것이 「해제」이다. 그것이 취소와 다름은 명백하다.

[178] Ⅱ. 취 소 권

1. 의의와 성질   법률행위의 취소는 취소권자가 상대방에 대하여 취소의 의사표시를 하면, 이미 발생하고 있는 법률행위의 효력이 처음부터 무효였던 것으로 다루는 것이다. 그러므로 취소를 할 수 있는 지위는 하나의 권리라고 할 수 있는 것이고, 이를 「취소권」이라고 일컫는다. 이 취소권은 권리자의 일방적 의사표시

에 의하여 당사자 사이의 법률관계를 변동케 하는 효력이 생기므로, 그것은 형성권에 속한다.

2. 취소권자 제140조는 "취소할 수 있는 법률행위는 제한능력자, 착오로 인하거나 사기·강박에 의하여 의사표시를 한 자, 그의 대리인 또는 승계인만이 취소할 수 있다."라고 규정하고 있다. 이 규정이 정하는 취소권자에 관하여 설명하면, 다음과 같다.

(1) 제한능력자 제한능력자는 자기가 한 것으로서 취소할 수 있는 행위를 스스로 단독으로 취소할 수 있으며, 그것은 확정적으로 효력을 발생한다. 즉, 제한능력자의 취소는 그것이 다시 취소할 수 있는 법률행위가 되지는 않는다. 이러한 의미에서 제한능력자의 취소는 제한능력자의 법률행위의 효력에 관한 일반원칙의 예외가 된다. 만일 제한능력자의 취소도 하나의 의사표시이므로 이를 「취소할 수 있는 취소」라고 한다면, 법률관계를 복잡하게 하고, 상대방을 매우 불리한 지위에 빠지게 할 뿐만 아니라, 제140조가 대리인을 들고 있는 점에 미루어 보아 이 규정은 단독으로 취소할 수 있는 취소권자를 들고 있는 것이라고 해석하여야 한다.

(2) 착오로 인하거나 사기·강박에 의하여 의사표시를 한 자 제140조는 「취소할 수 있는 법률행위」의 취소권자를 정하는 규정이고, 현행법상 제한능력자의 행위를 제외한 그 밖의 취소할 수 있는 법률행위는 착오 또는 사기나 강박에 의한 법률행위 또는 의사표시이다. 민법 개정 전에는 하자 있는 의사표시를 한 자라고 규정하였었다. 그러나 일반적으로 하자 있는 의사표시는 사기 또는 강박에 의한 의사표시를 가리키는 것이므로, 제140조를 개정하여 착오에 의한 의사표시를 한 자와 사기·강박에 의한 의사표시를 한 자를 열거하였다.

(3) 대 리 인 대리인은 앞에서 적은 제한능력자와 착오·사기·강박에 의한 의사표시를 한 자의 임의대리인과 법정대리인을 가리킨다. 취소도 하나의 의사표시이므로, 대리인이 이를 할 수 있음은 당연하며, 특별한 설명을 필요로 하지 않는다. 임의대리에서 대리인이 한 행위에 취소원인이 있으면, 그 취소권은 직접 본인에게 귀속한다([163] 참조). 따라서 임의대리인이 취소를 하려면, 본인으로부터 그에 관한 대리권이 주어져 있어야 하며, 취소에 관한 대리권 없이 당연히 취소할 수 있는 것은 아니다. 그리고 이미 밝힌 바와 같이([49] 1 (1) 참조), 친권을 공동으로 행

사하는 부모는 각자가 단독으로 취소권을 행사할 수 있다고 해석하여야 한다.

　(4) 승 계 인 　　　제한능력자나 또는 착오·사기·강박으로 의사표시를 한 자로부터 취소권을 승계한 자이다. 승계인에는 포괄승계인과 특정승계인이 있는데, 취소권자로서의 승계인은 이들 모두를 포함하는 것으로 새겨야 한다.

　(개) 포괄승계인 　　　예컨대, 상속인이나 또는 합병된 회사가 피승계인의 취소권을 승계하여 행사하는 것과 같이 포괄승계인이 취소권자라는 데 의심이 없다.

　(내) 특정승계인 　　　위에서 적은 바와 같이, 특정승계인도 취소권을 승계한다는 데 학설은 일치하고 있다. 그러나 이에 관하여는 주의할 점이 있다. 즉, 취소권만의 승계는 인정되지 않으며, 취소할 수 있는 행위에 의하여 취득한 권리의 승계가 있는 경우에만 특정승계인은 취소권자가 된다(예컨대, 토지소유자가 사기를 당하여 지상권을 설정한 후에, 그 토지를 양도하였다면, 그 토지의 양수인은 승계인으로서 지상권설정행위를 취소할 수 있다). 취소권은 취소에 의하여 보호하려는 법률상의 지위를 떠나서 독립하여 존재할 수는 없는 것이기 때문이다.

　3. 취소의 방법

　(1) 취소권은 형성권이므로, 그의 행사방법은 권리자의 단독의 의사표시에 의한다. 그리고 이 취소의 의사표시는 특별한 방식에 의해야 하는 것은 아니며, 따라서 재판상 행사 또는 소를 제기하는 방법으로 행사해야 하는 것도 아니다(그러나 소에 의하여 취소할 수도 있음은 물론이다). 또한, 명시적으로 해야 하는 것도 아니다. 의사표시의 해석에 의하여, 취소라고 인정할 수 있는 행위이면 된다. 따라서 예컨대, 등기의 말소청구, 증서의 반환청구, 손해배상의 청구 등과 같이 「취소의 효과」를 주장하는 경우에는, 보통 묵시적인 취소의 의사표시가 있는 것으로 인정할 수 있다. 그 밖에 법률행위의 취소를 당연한 전제로 하는 소송상의 이행행위나 이행거절권에는 취소의 의사표시가 포함되어 있다고 보아야 한다(대판 1993. 9. 14, 93다13162 참조).

　(2) 법률행위의 일부만을 취소할 수 있는가? 민법은 「일부 무효」에 관하여 제137조를 두어 인정하고 있으나, 「일부 취소」에 관한 규정은 두고 있지 않은 데서 생기는 문제이다. 이를 인정해도 부당한 결과는 전혀 생기지 않으므로, 비록 규정은 없지만, 법률행위의 일부 취소도 인정된다고 새기는 것이 타당하다. 판례도 이를 인정한다. 하나의 법률행위이더라도, 가분성이 있거나 또는 그 목적물의 일부를

특정할 수 있는 경우에는 그 일부만을 취소할 수 있다(대판 1992. 2. 14, 91다36062; 대판 1999. 3. 26, 98다56607 참조).

　(3)　취소의 상대방이 확정되어 있는 경우에 그 취소는 상대방에 대한 의사표시에 의한다(142조). 이와 같이 취소할 수 있는 법률행위의 상대방에게 취소를 해야 하므로, 그 법률행위에 의하여 취득된 권리가 이전되어 있더라도, 원래의 상대방에게 취소를 해야 하고, 전득자에게 취소를 할 것은 아니다. 한편, 상대방이 확정되어 있지 않은 경우에는 취소는 특정인에 대하여 할 필요는 없고, 취소의 의사를 적당한 방법으로 외부에 객관화하면 된다. 그러나 실제에서는 곤란한 경우가 많을 것이다.

　4.　취소의 효과

　(1)　취소된 법률행위는 처음부터 무효인 것으로 본다(141조 본문). 즉, 일단 발생한 효과는 소급해서 처음부터 무효였던 것과 마찬가지로 소멸한다. 이를 「취소의 소급효」라고 한다. 그런데 이 취소의 효과는 당사자의 제한능력을 이유로 하는 취소에서는 절대적이지만, 그 밖의 이유에 의한 원칙적 취소의 효과는 상대적이다. 즉, 민법은 거래의 안전을 고려하여 착오·사기·강박에 의한 의사표시의 취소는 이를 선의의 제3자에게 대항할 수 없는 것으로 하고 있다(109조 2항·110조 3항).

　(2)　취소된 법률행위는 처음부터 효력이 없으므로, 그 행위의 내용을 실현하는 행위를 하고 있지 않은 경우에는 아무런 문제가 없다. 이때에는 일단 발생한 채무를 이행할 필요가 없게 될 뿐이다. 그러나 그 취소된 행위에 의거하여 이미 그 실현행위를 한 후에는 이를 원상태로 회복하여야 한다. 이때에 당사자들이 부담하는 의무의 내용은 원상회복의무(548조 참조)가 아니라, 부당이득반환의무(741조 이하)이다.

　　　그러나 그 반환범위에 관해서는, 무효의 경우와 마찬가지로, 매우 어려운 문제가 있다([173] 2 참조). 다만 민법은 취소의 경우에 관하여 다음에서 설명하는 제141조 단서의 특별규정을 두고 있다. 따라서 취소의 경우에 문제가 되는 것은 제한능력자 이외의 자의 반환의무의 범위이며, 그것은 무효의 경우와 다를 것이 없다. 무효를 설명하면서 지적한 바와 같이, 이 문제를 민법총칙에서 다루는 것은 적당하지 않으므로, 그 자세한 것은 채권법강의에서 부당이득을 설명할 때에 보기로 한다.

위와 같이 당사자 사이에는 부당이득반환의 문제가 있는데, 민법은 이에 관하여 일반적 규정을 두고 있지 않기 때문에, 통설은 부당이득의 일반원리에 따라 해결해야 하는 것으로 해석한다. 다만 민법은 취소의 효과에 부수하여 제한능력자의 반환범위에 관한 특칙을 두고 있다.

제한능력자는 그의 행위에 의하여 「받은 이익이 현존하는 한도」에서 상환할 책임이 있다(141조 단서). 이 반환범위에 관한 특칙은 제한능력자를 보호하기 위한 것이다. 「받은 이익이 현존하는 한도」라는 것은 취소되는 행위에 의하여 사실상 얻은 이득이 그대로 있거나 또는 그것이 형태를 바꾸어서 남아 있는 한, 그것만을 반환하면 된다는 것이다. 따라서 받은 이익을 소비해 버린 경우에는 이익이 현존하지 않으나, 필요한 비용에 충당한 때에는 다른 재산의 소비를 면한 것이 되므로 그 한도에서 이득은 남아 있는 것이 된다. 이익이 현존하고 있는지에 관한 증명책임은 누구에게 있는가? 제한능력자 쪽에서 현존 이익이 없음을 증명하여야 하며, 따라서 제한능력자가 취득한 이득은 현존하는 것으로 추정된다.

[179] Ⅲ. 취소할 수 있는 행위의 추인

1. 의   의   취소할 수 있는 법률행위를 취소하지 않겠다는 의사표시가 「추인」이며, 추인에 의하여 취소할 수 있는 행위는 확정적으로 유효하게 된다. 그 것은 말하자면 「취소권의 포기」이다.

> 추인은 일반적으로 「사후의 동의」를 말하며, 민법이 규정하는 것으로는 (ⅰ) 무권대리행위의 추인, (ⅱ) 무효행위의 추인, (ⅲ) 무권리자의 처분의 추인, 그리고 (ⅳ) 취소할 수 있는 행위의 추인 네 가지가 있다. 그 가운데서 (ⅰ), (ⅱ), (ⅲ)의 추인에 관해서는 이미 설명하였다([171] 2 (1), [175] 참조).

2. 추인의 요건

(1) 추인권자가 이를 하여야 한다. 취소할 수 있는 행위의 추인권자는 취소권자이다(143조. [178] 2 참조).

(2) 추인은 「취소의 원인이 소멸된 후」에 해야만 한다(144조 1항). 따라서 취소원인이 소멸되기 전에 추인을 해도 그것은 추인으로서의 효력이 없다(대판 1982. 6. 8,

81다107). 즉, 행위능력이 제한된 경우에는 행위능력이 있게 된 뒤에 추인하여야 하고, 착오·사기·강박으로 의사표시를 한 자는 착오·사기·강박의 상태를 벗어난 뒤에 추인하여야 한다. 그러나 법정대리인 또는 후견인의 경우에는 이 제한이 없다(144조 2항). 그리고 제한능력자이더라도 미성년자와 피한정후견인은 법정대리인의 동의를 얻어 유효한 법률행위를 할 수 있으므로(5조·13조), 이들은 능력자가 되기 전이더라도 법정대리인의 동의를 얻어서 유효하게 추인할 수 있다.

(3) 그 행위가 취소할 수 있는 것임을 알고서 하여야 한다. 추인은 취소권의 포기이므로, 취소권을 갖고 있다는 것, 즉 그 행위가 취소할 수 있는 것임을 알고서 하여야 한다. 이에 관한 명문의 규정은 없지만 당연한 요건이다. 그러므로 취소할 수 있는 행위에 의하여 성립한 채무를 승인한다든가 또는 그 채무에 관한 화해청약을 하더라도, 그 승인이나 청약이 당연히 추인으로 되지 않는다.

3. 추인방법   취소의 경우와 같다(143조 2항·142조. [178] 3 참조).

4. 추인의 효과   추인이 있으면 이제는 취소할 수 없고, 법률행위는 유효한 것으로 확정된다(143조 1항).

[180] Ⅳ. 법정추인

1. 의   의   추인은 반드시 명시적으로 하여야 하는 것은 아니며, 묵시적으로도 할 수 있다. 그러므로 실제로 추인이 있었는지 없었는지가 명백하지 않은 경우가 있다. 여기서 민법은 취소할 수 있는 행위에 관하여 일반적으로 추인이라고 인정할 수 있는 일정한 사실이 있는 때에는, 취소권자에게 추인의사가 있는지 여부를 묻지 않고 법률상 당연히 추인이 있었던 것으로 보고 있다. 이것을 「법정추인」이라고 한다(145조).

〈취소할 수 있는 행위의 상대방의 보호〉

취소할 수 있는 법률행위에서 표의자 쪽이 취소권을 행사할지 여부, 또한 이를 행사한다면 언제 행사할지 등은 전적으로 취소권자가 단독으로 또한 자유로이 결정할 수 있다. 그 결과 상대방은 매우 불안정한 지위에 놓인다. 여기서 취소할 수 있는 행위의 상대방을 보호하는 것이 필요하다. 법정추인은 바로 이러한 제도이다. 그런데 민법은 그 밖에도 취소권의 단기소멸이라는 제도를 두고 있으며, 이에 관해서는 잠시 후에 적기로 한다([181] 참조). 또한, 제한능력을 이유로 취소할 수 있는 행위의 상대방에 대해서는 그 밖에도 다시 특별한 보호를 주고 있음은 이미 설명하였다([59] 이하 참조).

2. 법정추인의 요건

(1) 취소할 수 있는 법률행위에 관하여 다음의 사실 가운데 하나가 있어야 한다(145조).

㈎ **전부나 일부의 이행**   취소할 수 있는 행위로부터 생긴 채권에 관하여, 취소권자가 상대방에게 이행한 경우와 상대방의 이행을 수령한 경우를 포함한다.

㈏ **이행의 청구**   취소권자가 청구하는 경우에 한한다. 즉, 취소권자가 상대방에게 채무를 이행할 것을 청구하는 것이다.

㈐ **경개(更改)**   취소할 수 있는 행위에 의하여 생긴 채권 또는 채무를 소멸시키고, 그에 갈음하여 다른 채권이나 채무를 발생케 하는 계약이 「경개」이다(500조 이하). 취소권자가 채권자이든 또는 채무자이든 상관없다.

㈑ **담보의 제공**   취소권자가 채무자로서 담보를 제공하는 경우뿐만 아니라, 채권자로서 담보를 제공받는 경우도 포함한다. 제공하는 담보는 물적 담보(질권, 저당권 등)에 한하지 않으며, 인적 담보(보증인을 세우는 경우)라도 좋다.

㈒ **취소할 수 있는 행위로 취득한 권리의 전부나 일부의 양도**   취소권자가 권리를 양도하는 경우가 이에 해당한다. 취소할 수 있는 행위로 취득한 권리 위에 제한적 권리(제한물권·임차권 등)를 설정하는 것도 포함된다. 그러나 취소함으로써 발생하게 될 장래의 채권(장차 취소한다면 발생하게 될 손해배상청구권 등)의 양도는 포함되지 않는다(이때에는 추인의 의사가 없을 뿐만 아니라, 오히려 취소권이 발생하면 그것을 행사할 것으로 예기되는 사실이 있게 되기 때문이다).

㈓ **강제집행**   취소권자가 채권자로서 집행을 한 경우에는 의문이 없다. 취소권자가 채무자로서 집행을 받은 경우도 포함되는가? 학설은 이러한 경우에 취소권자가 채무자로서 이의를 제기할 수 있는데도 이를 하지 않았으므로, 역시 법정추인이 있다고 한다(김상용 658면, 김증한·김학동 485면, 백태승 525면, 송덕수 450면, 이영준 736면). 그러나 강제집행에 대하여 이의를 제기하지 않았다고 해서 법정추인이 있다고 볼 수는 없다(고상룡 621면, 양창수·김재형 719면). 강제집행에 대한 이의를 제기하지 않고 취소권을 행사하려는 경우도 있기 때문이다. 따라서 이에 관한 명문의 규

정이 없는 한 법정추인을 쉽게 인정해서는 안 된다.

(2) 위에 든 여러 행위가 「추인할 수 있은 후에」, 즉 취소의 원인이 종료한 후에 있어야 한다(145조 본문). 그러나 제한능력자가 법정대리인의 동의를 받아 이들 행위를 한 경우와 법정대리인이 스스로 이들 행위를 한 경우에는, 그것이 취소의 원인이 종료하기 전에 하였더라도 법정추인이 된다고 해석해야 한다.

(3) 취소권자가 위와 같은 행위를 하면서 「이의를 보류」하지 않았어야 한다 (145조 단서). 「이의를 보류」한다는 것은, 예컨대 추인하는 것이 아니라는 것을 밝히고서 변제하는 경우와 같이, 법률상 주어지는 법률효과(즉 추인으로 보게 되는 효과)를 물리치려는 목적으로 하는 의사표시를 말한다.

(4) 법정추인이 되기 위해서는 취소권자에게 추인의 의사가 있어야 할 필요가 없고, 또한 취소권의 존재를 알고 있을 필요도 없다고 해석해야 한다.

3. 효　　과　　추인한 것으로 보게 되므로, 추인을 한 경우와 동일한 효과가 생긴다([179] 4 참조).

[181] V. 취소권의 단기소멸

1. 취소권의 소멸원인　　취소할 수 있는 법률행위는 취소에 의하여 효력을 잃는다. 한편 취소권이 소멸하면 취소할 수 있는 행위는 확정적으로 유효하게 된다. 그런데 이 취소권은 취소권의 행사와 취소권의 포기에 의하여 소멸하지만, 그 밖에도 추인·법정추인과 기간의 경과로 소멸한다. 그 가운데서 추인과 법정추인에 관해서는 이미 설명하였으므로, 이곳에서는 기간경과에 의한 소멸만을 보기로 한다.

2. 취소권의 단기소멸

(1) 민법은 취소할 수 있는 법률행위에 관하여 될 수 있는 대로 법률관계를 빨리 확정하고, 또한 상대방을 불안정한 지위에서 벗어날 수 있도록 하기 위하여 취소권의 단기 존속기간을 정하고 있다.

(2) 취소권은 「추인할 수 있는 날로부터 3년 내」에, 또는 「법률행위를 한 날로부터 10년 내」에 행사하여야 한다(146조). 「추인할 수 있는 날로부터」라는 것은 「취소의 원인이 종료한 때로부터」라는 뜻이다(144조 참조). 이에 관하여는 이미 설명

하였다([179] 2 (2) 참조).

(3) 위의 기간이 만료하면 취소권은 소멸한다. 즉, 두 기간 가운데서 어느 것이든지 먼저 만료하는 것이 있으면, 취소권은 소멸한다. 제146조는 기간 내에 「행사하여야 한다」고 규정할 뿐이고, 그 기간 내에 행사하지 않을 경우 어떠한 효과가 생기는지에 관하여 분명하게 규정하고 있지 않으나, 위와 같이 소멸하는 것으로 해석하는 데 학설은 일치하고 있다.

(4) **기간의 성질**   제146조가 규정하는 기간은 시효기간인지 아니면 제척기간인지 문제된다. 학설은 제척기간이라고 새기는 데 일치되어 있다. 이 규정에서 시효라는 표현을 사용하고 있지 않기 때문이다. 또한 취소권은 형성권인데, 이와 같이 형성권에 대해서는 시효기간이 아니라 제척기간을 정하고 있는 것으로 이해하고 있다([198] 참조).

(5) 앞에서 본 바와 같은 기간 내에 취소권을 행사하면 원상회복청구권이나 현존이익의 반환청구권이 생기게 되는데([178] 4 참조), 그 청구권은 언제까지 존속하는지 문제된다. 이들 청구권의 행사기간을 취소권의 행사기간과는 떼어서 이들 청구권은 취소한 때로부터 다시 소멸시효기간이 만료할 때까지(즉 10년. 162조 2항) 존속한다고 보아야 할지, 취소권을 빨리 소멸시키고 법률관계를 조속히 확정시키기 위하여 제146조가 위의 청구권의 행사기간도 규정한 것인지 문제된다. 이는 소멸시효와 제척기간의 관계에 관한 것으로 나중에 살펴볼 것이다([201] 2 (2) (나) ③ 참조).

제 8 절   법률행위의 부관(조건과 기한)

제 1 관   서   설

[182] 법률행위의 부관(附款)의 의의와 종류

1. 「법률행위의 부관」이라는 말은 두 가지의 뜻으로 쓰이고 있다. 넓은 의미로는 법률행위에 따르는 「약관」(원래 「約款」은 법령이나 계약 등에서 정해진 약정 하나하나의 조항을 일컫는 말이다)이라는 의미에서, 이자약관·담보약관·환매약관·면책약관 등을 가리키는 경우가 있다. 그러나 좁은 의미로는 법률행위에 따르는 독립한 약관이

아니라, 법률행위의 효과의 발생 또는 소멸을 제한하기 위하여 법률행위의 내용으로서 덧붙여지는 약관을 가리킨다. 일반적으로 법률행위의 부관이라고 하면, 뒤의 것, 즉 좁은 의미로 이해한다.

　2.　법률행위를 하면서 그 효과를 곧바로 발생시키지 않고 장차 일정한 사실관계가 성립하는 때에 발생시키기를 원하는 경우가 있는가 하면, 한편 일단 효과가 발생하기를 원하지만 장차 일정한 사실관계가 성립하는 때에는 그 효과를 소멸시키기를 원하는 경우도 있다. 이러한 경우에 그러한 의사는 효과의사의 내용의 일부를 이루는 것이므로, 사적 자치 또는 계약자유의 원칙에서 본다면, 이를 인정하여 당사자가 원한 대로의 효과가 발생하도록 도와주는 것이 당연하다. 여기서 법률효과의 발생과 소멸에 관한 법률행위의 부관이 일찍부터 인정되고 있다.

　3.　위와 같은 법률행위의 부관에는 조건·기한·부담의 세 가지가 있다. 민법은 이들 세 가지 가운데서, 조건과 기한에 관해서만 일반적 규정을 두고 있다. 민법은 부담부 증여와 부담부 유증에 관한 특별규정을 두고 있지만(561조·1088조), 부담을 법률행위의 부관이라는 생각에서 규정하고 있지는 않다. 또한 부담이 법률행위의 부관이라는 점에서는 조건·기한과 공통된 점이 있으나, 그 밖에 이들에 공통하는 원칙은 없다. 그러므로 여기서도 조건과 기한에 관하여 설명하는 데 그치기로 한다.

　4.　조건과 기한은 효과의사의 내용을 이루는 것이므로, 구체적인 경우에 어떠한 사실이 조건 또는 기한으로 되어 있는지, 또는 그것은 효력이 있는지 여부 등은 모두 법률행위 해석의 문제이다. 다만 민법은 조건과 기한에 관하여 합리적인 기준을 정하고 있다.

제 2 관　조　건

[183]　I. 조건의 의의

　조건은 법률행위의 효력의 발생 또는 소멸을「장래의 불확실한 사실의 성부」에 의존하게 하는 법률행위의 부관이다.

예컨대, "사법시험에 합격하면 생활비를 지급한다."라는 계약이나, "취직을 할 때까지 생활비를 준다."라는 계약을 체결하였다고 하자. 이러한 계약은 어느 것이나 청약과 승낙의 합치가 있으면 곧 성립한다. 그러나 그 효력에는 다음과 같은 차이가 있다. 즉, 앞의 계약에서는 계약에서 정하고 있는 「사법시험의 합격」이라는, 장차 그것이 일어날지 여부가 불확실한 사실의 발생이 있을 때까지는 그 효력이 생기지 않는다(즉, 합격한 때에 생활비의 지급이 시작된다). 한편 뒤의 계약에서는 계약의 효력은 곧바로 생기지만, 「취직」을 하게 되면 아무런 조치를 기다리지 않고서 그 효력이 당연히 소멸한다(즉, 생활비의 지급은 끝난다). 이러한 경우에 「사법시험의 합격」이나 「취직」이 조건이다.

(1) 조건은 「법률효과의 발생 또는 소멸」에 관한 것이며, 법률행위의 성립에 관한 것은 아니다.

(2) 조건이 되는 사실은 객관적으로 불확실한 장래의 사실이어야 한다. 장래의 사실이더라도 그것이 장래 반드시 실현되는 사실이면(실현되는 시기는 불확정하지만), 그것은 나중에 설명하는 「기한」이지 조건은 아니다. 따라서 과거의 사실은, 비록 당사자가 주관적으로 모르고 있더라도, 객관적으로는 이미 일어난 사실이므로, 조건은 아니다(예컨대, 「어제 런던에 비가 왔다면」이라는 경우). 한편, 장래의 사실이더라도 닥쳐온다는 것이 확실한 것은 기한이지 조건은 아니다(「내년 1월 1일」, 또는 「내가 죽으면」이라는 것과 같다). 이 경우 장래의 불확실한 사실이라고 할 때에 그 「불확실」은 당사자의 주관에 따른 판단이 아니라, 객관적으로 불확실한 것이어야 한다. 그러나 구체적인 경우에 객관적으로 확정되어 있는 사실인지 여부가 매우 의심스러운 경우도 있다. 그러나 그것은 결국 법률행위의 해석에 의하여 결정하는 수밖에 없다.

예컨대, "내가 성공하면 지급한다."라는 경우에, 그것이 "성공하지 않으면 지급하지 않는다."라는 뜻이라면 조건이 된다. 그러나 성공하든 또는 성공하지 못하든 지급은 하지만, 다만 그 지급시기를 「성공 또는 성공 불가능이 확정되는 때」로 한다는 뜻이라면 그것은 기한이 된다. 따라서 법률행위 해석이 문제되는 것이다.

(3) 조건은 법률행위의 내용의 일부이므로, 당사자가 「임의로」(바꾸어 말해서, 그의 의사에 의하여) 정한 것이어야 한다. 따라서 법률행위의 효력발생을 위하여 필요

한 것으로 법률이 정하고 있는 요건인 「법정조건」은 조건이 아니다.

[184]　Ⅱ. 조건의 종류

　　(1)　**정지조건·해제조건**　　　조건의 가장 기본적인 구별이다. 「법률행위의 효력의 발생」을 장래의 불확실한 사실에 의존하게 하는 조건이 「정지조건」이고, 이에 대하여 「법률행위의 효력의 소멸」을 이에 의존하게 하는 조건이 「해제조건」이다.

　　(2)　**적극조건·소극조건**　　　조건이 되는 사실이 현재의 상태의 변경에 있는 경우(내가 결혼한다면, 내일 비가 온다면 등)를 적극조건이라 하고, 현재의 상태의 불변경에 있는 경우(내가 결혼하지 않는다면, 내일 비가 오지 않는다면 등)를 소극조건이라고 한다. 그러나 이 구별은 법률상 특별한 실익이 없다.

　　(3)　**수의조건·비수의조건**　　　조건이 되는 사실이 당사자의 의사와 어떤 관계에 있는지에 따른 구별이다.

　　㈎　**수의조건(隨意條件)**　　　조건이 이루어질 것인지 여부가 당사자의 일방적 의사에 의존하는 조건이다. 이에는 다시 두 가지가 있다.

　　①　순수수의조건　　　예컨대, "내 마음이 움직이면 이것을 주겠다."라는 것과 같이, 당사자 한쪽의 의사에만 의존하는 조건을 가리킨다. 이러한 조건은 당사자에게 법적 구속력을 생기게 하려는 의사가 있다고 할 수 없으므로, 언제나 무효이다.

　　②　단순수의조건　　　예컨대, "내가 독일에 여행하면 이 사진기를 주겠다."라는 것과 같이, 결국 당사자 한쪽의 의사로 결정되지만, 다만 조건을 성취시키려는 의사뿐만 아니라, 그 밖에 의사결정에 의한 사실상태(독일 여행)의 성립도 있어야만 하는 조건이다. 이것은 유효한 조건이 된다.

　　㈏　**비수의조건(非隨意條件)**　　　조건이 이루어질 것인지 여부가 당사자의 일방적 의사에만 의존하지 않는 조건이다. 이에는 다시 두 가지가 있다.

　　①　우성조건(偶性條件)　　　예컨대, 「내일 비가 온다면」이라는 것과 같이, 조건이 이루어질 것인지 여부가 당사자의 의사와는 관계가 없는 경우, 즉 자연의 사실, 제 3 자의 의사나 행위에 의하여 그것이 이루어질 것인지 여부가 결정되는 조건

이다.

② **혼성조건**   예컨대, 「네가 甲과 결혼한다면」이라는 것과 같이, 조건의
성부가 당사자 한쪽의 의사뿐만 아니라, 그 밖에 제3자의 의사에 의해서도 결정되
는 경우이다.

(4) 가장조건(假裝條件)   겉보기에 형식적으로는 조건이지만, 실질적으로는
조건으로서의 효력이 인정되지 못하는 것을 널리 가장조건이라 한다. 이에는 다음
과 같은 것이 있다(위에서 설명한 순수수의조건도 역시 가장조건이다).

(개) **법정조건**   법률행위가 효력을 발생하려면, 법률에 의하여 요구되는
여러 가지의 요건 또는 사실을 갖추어야 하는 경우가 있다. 이를 조건의 개념을 유
추하여 「법정조건」이라고 한다. 예컨대, 법인 설립행위의 경우 주무관청의 허가,
유언의 경우 유언자의 사망, 유증의 경우 수증자의 생존 등이 그 예이다. 이러한 법
정조건을 법률행위의 조건으로 한 경우에, 그것은 법률상 당연한 것이며, 조건으로
서는 법률상 아무런 의미가 없다.

　　위와 같은 법정조건에는 민법의 조건에 관한 규정은 적용되지 않는가? 만일 그 법
　　정조건이 법률행위의 성립 당시에 갖추어져 있을 것이 요구되는 경우에는 조건에 관한
　　규정의 적용은 전혀 문제되지 않는다. 그러나 법정조건이 법률행위의 효력요건인 때에
　　는, 그 법률행위의 효력이 확정되지 않은 동안의 법률관계에는 조건규정이 유추 적용
　　된다고 하여야 할 것이다.

(내) **기성조건**(既成條件)   조건은 그것이 성립할 것인지 여부가 객관적으로
불확실한 장래의 사실을 내용으로 하여야 하나, 조건의 이 성질에 반하는 것, 즉 조
건이 법률행위 당시에 이미 성립하고 있는 경우에, 이를 기성조건이라고 한다. 이
러한 기성조건이 정지조건이면 조건 없는 법률행위가 되고, 해제조건이면 그 법률
행위는 무효이다(151조 2항).

(대) **불법조건**   조건이 선량한 풍속 기타 사회질서를 위반하는 것일 때에
이를 불법조건이라고 한다. 불법행위를 하지 않을 것을 조건으로 하는 것도 역시
불법조건이다. 불법조건이 붙어 있는 법률행위는 무효이다(151조 1항). 불법조건만이
무효로 되는 것이 아니라, 법률행위 자체가 무효로 되는 점을 주의하여야 한다(대판
1966. 6. 21, 66다530 참조).

㈘　**불가능조건**　　　객관적으로 실현이 불가능한 사실을 그 내용으로 하는 조건이 불가능조건이다. 불가능조건이 정지조건으로 되어 있는 법률행위는 무효이고, 불가능조건이 해제조건인 때에는 조건 없는 법률행위가 된다(151조 3항).

[185]　Ⅲ.　조건을 붙일 수 없는 법률행위

조건이 법률행위의 부관으로서 그 효력이 인정된다는 것은, 법률행위 일반에서와 마찬가지로, 사적 자치가 인정된다는 데에 그 근거가 있다. 그러나 사적 자치는 무제한으로 인정되는 것이 아니며, 사회질서에 의한 제한이 있는가 하면, 그 밖에도 거래의 안전 또는 법적 안정의 요청에 반해서도 안 된다. 그렇기 때문에 조건에 관해서도 이를 붙이는 것이 허용되지 않는 경우가 있다. 즉, 조건부 법률행위는 그 효력의 발생이나 존속이 불안정한 상태에 놓이는 것이기 때문에, 그러한 불안정을 싫어하는 법률행위에는 조건을 붙이지 못한다. 그러한 종류의 행위를 「조건에 친하지 않는 행위」 또는 「조건을 가까이 하지 않는 행위」라고 일컬을 수 있다. 조건을 붙이는 것이 허용되지 않는 이유로는 다음의 두 가지를 드는 것이 보통이다.

(1)　**공익상의 불허가**　　　조건을 붙이는 것이 강행법규 또는 사회질서에 반하는 결과가 되는 경우, 바꾸어 말해서 행위의 성질상 그 효과가 곧 확정적으로 발생하는 것이 요구되는 경우에는 조건을 붙이는 것이 절대로 허용되지 않는다. 특히, 혼인·인지·이혼·입양·파양·상속의 포기와 승인 등 가족법·상속법상의 행위와 어음행위·수표행위 등에 조건을 붙이는 것은 허용되지 않는다. 이들 행위에 조건을 붙이는 것을 인정한다면, 사회의 거래질서를 혼란하게 하거나(어음행위·수표행위나, 상속의 승인·포기 등의 경우), 가족질서를 불안정하게 하기 때문(혼인·입양·인지 등의 경우)이다. 어느 것이나 행위의 직접적인 당사자뿐만 아니라, 넓은 범위의 사람들의 이해를 불안정하게 할 염려가 있다는 데서 「공익상」의 이유에 의한 불허가라고 일컬어지는 것이다.

(2)　**사익상의 불허가**　　　조건을 붙임으로써 상대방의 지위를 현저하게 불리하게 하는 경우가 이에 속한다. 단독행위에는 원칙적으로 조건을 붙이지 못하는 것으로 해석되는 이유는 여기에 있다. 그런데 단독행위에 조건을 붙이지 못하는 것은 어디까지나 상대방의 의사에 의하지 않고서 그를 일방적으로 불안정한 지위에 서

게 하는 것이 부당하다는 데에 그 이유가 있으므로, 상대방의 동의가 있다든가 또는 상대방을 특별히 불리하게 하지 않을 때에는 이를 금지할 이유가 없다. 따라서 상대방에게 이익을 줄 뿐인 단독행위(채무의 면제나 유증은 그 예)에는 조건을 붙이더라도 상관없다.

[186]　Ⅳ. 조건의 성취와 불성취

　　1. 조건부 법률행위의 효력은 장래의 불확정한 사실이 이루어지는지 여부에 의존한다. 적극조건에서는 사실의 발생이, 그리고 소극조건에서는 사실의 불발생이 각각 확정되는 것을 「조건의 성취」라고 한다. 반대로, 적극조건에서는 그 사실의 불발생이, 그리고 소극조건에서는 그 사실의 발생이 각각 확정되는 것이 「조건의 불성취」이다.

　　2. 위와 같이 조건부 법률행위의 효력은 조건이 이루어지는지 여부에 달려 있으므로, 조건의 성취로 불이익을 받게 될 자가 부정·부당하게 조건의 성취를 방해하여 조건을 불성취하게 한다거나, 또는 조건의 성취로 이익을 얻게 될 자가 부정·부당하게 조건을 성취하게 한 경우에 이를 조건의 불성취 또는 성취로서 그 효력을 인정할 것인지 문제된다. 민법 제150조가 규정하고 있다.

　　(1)　조건의 성취로 의제되는 경우　　　조건의 성취로 불이익을 받게 될 당사자가 신의성실에 반하여 조건의 성취를 방해한 때에는, 상대방은 그 조건이 성취한 것으로 주장할 수 있다(150조 1항). 그 요건과 효과는 다음과 같다.

　　⑺　요　　건

　　① 조건의 성취로 불이익을 받게 될 당사자의 행위여야 한다. 여기서 말하는 「당사자」는 조건성취로 직접 불이익을 받게 되는 자에 한한다. 그러므로 예컨대, 해제조건부 행위로 권리를 취득한 자에 대한 채권자는 여기에서의 당사자에 포함되지 않는다. 그러나 해제조건부의 제3자를 위한 계약에 의하여 권리를 취득한 자는 여기에서 말하는 당사자에 포함된다.

　　② 방해로 조건이 불성취로 되었어야 한다. 방해행위는 작위에 한하지 않으며, 부작위이더라도 좋다.

　　③ 방해행위가 신의성실에 반하는 것이어야 한다. 신의칙에 반하지 않는 한,

조건의 불성취가 있어도 성취로 의제되지 않는다. 상대방이 동의를 하였거나, 또는 수의조건인 때에는 신의칙 위반이라고 할 수 없을 것이다.

　(내)　효　　과　　상대방은 조건이 성취된 것으로 주장할 수 있다. 이 권리는 일종의 형성권으로 이해되어 있다. 따라서 이 권리는 상대방에 대한 의사표시로 이를 행사한다.

　위와 같이 조건성취의 방해가 있으면, 상대방은 조건성취를 주장하여 보호받을 수 있으나, 한편 그러한 방해행위는, 잠시 후에 보는 바와 같이, 법률이 인정하는 조건부 권리에 대한 침해로 되는 수가 많다([187] 1 참조). 뒤의 경우에는, 조건성취로 이익을 받게 되는 자는 불법행위에 의한 손해배상청구권도 가지게 된다. 따라서 그러한 자는 조건성취를 주장하거나 또는 손해배상을 청구할 수 있다. 즉, 둘 중 어느 하나를 선택적으로 행사할 수 있다.

　판례는 조건의 성취로 인하여 불이익을 받을 당사자가 신의성실에 반하여 조건의 성취를 방해한 경우, 조건이 성취된 것으로 의제되는 시점은 이러한 신의성실에 반하는 행위가 없었더라면 조건이 성취되었으리라고 추산되는 시점이라고 한다 (대판 1998. 12. 22, 98다42356).

　(2)　조건 불성취로 의제되는 경우　　조건의 성취로 이익을 받을 당사자가 신의성실에 반하여 조건을 성취시킨 때에는, 상대방은 그 조건이 성취되지 않은 것으로 주장할 수 있다(150조 2항). 그 요건이나 효과는 조건성취로 의제되는 경우에 준하여 생각하면 된다.

[187]　V. 조건부 법률행위의 효력

1. 조건의 성부 확정 전의 효력

　(1)　조건의 성부가 확정되기 전에는, 당사자의 한쪽은 조건의 성취로 일정한 이익을 얻게 될 「기대」를 가지게 된다. 예컨대, 정지조건부 증여의 수증자 또는 해제조건부 증여의 증여자는 각각 조건의 성취로 증여의 목적물을 취득하게 될 기대 또는 가능성을 가진다. 민법은 이 기대 또는 희망을 일종의 권리로서 보호하는 규정을 두고 있다. 이 권리를 「조건부 권리」라고 하며, 「기대권」의 일종이다 ([27] 4 참조).

(2)　조건부 권리의 보호

㈎　**침해의 금지**(소극적 보호)　　　조건부 권리의 의무자는 "조건의 성부가 미정한 동안에 조건의 성취로 인하여 생길 상대방의 이익을 해하지 못한다"(148조). 예컨대, 정지조건부 매매계약의 목적물인 가옥을 매도인이 고의·과실로 무너뜨리거나 없애 버린 때 또는 다른 사람에게 매각한 때에는, 매수인의 조건부 권리를 침해하는 것이 된다. 이 침해의 효과로서 불법행위에 기한 손해배상책임이 생기는 점에는 의문이 없다.

문제가 되는 것은 의무자가 조건부 권리를 침해하는 처분행위를 한 때에, 그 처분행위의 효력이 어떻게 되는지이다. 민법에는 아무런 규정이 없다. 그러나 그러한 처분행위는 무효라고 해석하는 것이 통설이다(김기선 344면, 김상용 674면, 김증한·김학동 497면, 방순원 302면, 백태승 533면, 송덕수 466면, 이영섭 404면, 이영준 773면, 장경학 675면. 반대: 고상용 638면, 이은영 732면). 그렇게 새겨도 제 3 자를 부당하게 침해할 염려가 없기 때문이다. 즉, 제 3 자에 대한 관계에서는 조건부 권리를 등기(가등기)하여야 하므로(조건부 권리의 목적물이 부동산인 때. 부등법 3조 참조), 제 3 자에게는 영향이 없다(조건부 권리의 목적물이 동산인 때에는 이른바 선의취득(249조)이 인정되므로, 역시 제 3 자에게는 영향이 없다. 가등기와 선의취득에 관해서는 물권법강의에서 다룬다). 조건부 권리의 침해가 있으면 위와 같은 효과가 발생하지만, 조건부 권리가 침해되었는지 여부는 조건의 성취 여부가 결정되어 있지 않은 동안은 아직 미확정이므로, 위의 효과도 조건부로 발생한다고 해석하는 수밖에 없을 것이다.

㈏　**적극적 보호**　　　조건부 권리·의무는 일반규정에 따라 이를 처분·상속·보존·담보로 할 수 있다(149조).

2.　조건의 성부 확정 후의 효력

(1)　정지조건부 법률행위에서는 조건이 성취되면 법률행위는 그 효력을 발생하고, 불성취로 확정되면 무효로 된다. 한편, 해제조건부 법률행위에서는 조건이 성취되면 법률행위의 효력은 소멸하고, 불성취로 확정되면 효력은 소멸하지 않는 것으로 확정된다(147조 1항·2항).

(2)　위와 같은 효과가 발생하는 시기는 언제인가?

㈎　조건성취의 효력은 원칙적으로 소급하지 않는다. 즉, 정지조건이 성취되면

법률효과는 그 성취된 때부터 발생하고(147조 1항), 해제조건인 경우에는 조건이 성취된 때부터 법률효과는 소멸한다(147조 2항).

(나) 그러나 당사자의 의사표시로 소급효를 인정하는 것은 상관없다. 즉, 당사자가 조건성취의 효력을 그 성취 전에 소급하게 할 의사를 표시한 때에는 그 의사에 의한다(147조 3항). 어느 시기까지 소급시킬 수 있는지에 관해서는 규정이 없으나, 조건이 성취된 때로부터 법률행위가 성립한 때까지 사이의 어느 시점까지든지 소급시킬 수 있다고 해석해야 할 것이다. 이와 같이 소급효를 인정하는 경우에, 그것으로 말미암아 제3자의 권리를 해치지 못함은 물론이다.

제 3 관 기   한

[188] Ⅰ. 기한의 의의와 종류

1. 의   의   법률행위의 당사자가 그 효력의 발생·소멸여부 또는 채무의 이행여부를 「장래에 발생하는 것이 확실한 사실」에 의존하게 하는 부관이 「기한」이다. 기한이 되는 사실은 장래의 사실이라는 점에서는 조건이 되는 사실과 같으나, 그 발생이 확정되어 있는 점에서 이루어질 것인지 여부 자체가 불확정한 조건이 되는 사실과는 다르다.

2. 종   류

(1) **시기·종기**   「법률행위의 효력 발생」 또는 「채무의 이행 시기」를 장래의 확정적 사실의 발생에 의존하게 하는 기한이 「시기(始期)」이다. 이에 대하여, 「법률행위의 효력 소멸」을 의존하게 하는 기한이 「종기(終期)」이다. 예컨대, 임대차에서 "내년 1월 1일부터 임대한다."라고 하면, 시기가 있는 법률행위가 되고, "내년 6월 30일까지 임대한다."라고 하면, 종기부 임대차이다.

(2) **확정기한·불확정기한**   기한의 내용이 되는 사실은 장래에 발생하는 것이 확실한 사실이어야 하지만, 그 발생하는 시기는 반드시 언제라고 확정되어 있을 필요는 없다. 발생하는 시기가 확정되어 있는 기한(「내년 1월 1일부터」라고 하는 것과 같다)을 「확정기한」이라고 하고, 발생시기가 확정되어 있지 않은 기한을 「불확정기한」이라고 한다. 예컨대, 甲이 사망하였을 때, 비가 왔을 때, 태풍이 왔을 때 등

은 불확정기한이다.

그런데 위에 든 예들은 기한이 되는 사실이 장래에 발생할 것이 객관적으로 명백하여 문제가 없으나, 경우에 따라서는 불확정기한인지 또는 조건인지를 판단하는 것이 곤란한 경우도 있다. 예를 들면, 출세하면 지급한다는 약속, 상경하였을 때에 지급한다는 약속, 채무자가 혼인 또는 이혼을 한 때에 반환한다는 차용금, 가옥을 매각하면 지급한다는 채무, 사업에서 이익이 생긴 때에 지급한다는 채무 등이 그것이다. 이러한 경우에 그것이 조건인지 또는 불확정기한인지는 당사자 사이에 장래 반드시 지급할 의사, 즉 법률행위의 효력이 발생하거나 또는 이행기가 도래하는 것으로 하려는 의사가 있다는 것이 법률행위의 해석으로부터 인정할 수 있는지 없는지에 달려 있다. 가령 이미 부담하고 있는 채무에 관하여 그 발생이 불확실한 사실을 부관으로 붙인 경우에는 통상 기한을 정한 것으로 보아야 한다(대판 2003. 8. 19, 2003다24215). 그러므로 불확정한 사실이 발생한 때를 기한으로 정한 경우에는 그 사실이 발생한 때 또는 발생하지 않는 것으로 확정된 때에 기한이 도래한 것으로 해석하게 된다(대판 1989. 6. 27, 88다카10579).

[189] Ⅱ. 기한을 붙일 수 없는 법률행위

기한을 붙이는 것이 허용되지 않는 법률행위의 범위는 대체로「조건에 친하지 않는 법률행위」의 경우와 같다([185] 참조).

(1) 법률행위에 시기가 붙게 되면, 그 효과가 곧 발생하지 않게 되므로, 효과가 곧 발생하게 할 필요가 있는 법률행위에 시기를 붙이는 것은 허용되지 않는다. 혼인·협의상의 이혼·입양·파양·상속의 승인과 포기 등 가족법·상속법상의 행위에 시기를 붙이지 못하는 것은 이 때문이다. 한편, 어음행위나 수표행위는 조건에 친하지 않으나, 시기(이행기)를 붙이는 것은 무방하다. 이때에는 시기를 붙여도 법률관계를 불확실하게 하지 않기 때문이다.

(2) 소급효 있는 법률행위에 시기를 붙이는 것은 무의미하다는 점을 주의해야 한다. 상계에 기한을 허용하지 않는 것은 이 때문이다(493조 참조).

(3) 종기를 붙일 수 없는 법률행위의 범위는 해제조건에서와 대체로 같다.

[190] Ⅲ. 기한의 도래

기한의 내용이 되는 사실은 장래 발생할 것이 확실한 사실이므로, 기한은 반드시 도래한다. 기한이 기일 또는 기간에 의하여 정해져 있는 때에는 그 기일의 도래 또는 기간의 경과로 기한은 도래하며, 특별한 문제가 없다. 그러나 일정한 사실의 발생을 기한으로 한 경우에, 그 사실이 불발생으로 확정된 때에는 언제 기한이 도래한 것으로 할지 문제된다. 기한은 반드시 도래해야 하는 것이므로, 그 사실이 불발생으로 확정된 때에, 기한은 도래하는 것으로 해석해야 한다([188] 2 (2) 참조).

「기한의 이익」은, 나중에 설명하는 바와 같이, 이를 포기할 수 있고, 또한 일정한 경우에는 잃게 된다([192] 참조). 이러한 「기한의 이익」의 포기나 상실이 있으면, 기한은 도래한 것으로 된다.

[191] Ⅳ. 기한부 법률행위의 효력

1. 기한도래 전의 효력   불확정한 조건부 기대를 조건부 권리·의무로서 법이 보호한다면, 확정적인 기한부 기대는 당연히 더욱 강한 법의 보호를 받아야 한다([187] 1 참조). 여기서 민법은 조건부 권리의 침해 금지에 관한 제148조와 조건부 권리의 처분 등에 관한 제149조를 기한부 법률행위에 준용하고 있다(154조). 다만, 채무의 이행에 기한이 붙은 경우에는, 채권·채무가 이미 발생하고 있으므로, 기한부 권리·의무를 문제삼을 필요가 없다. 그것은 말하자면 변제기 전의 채권의 효력 문제이다.

2. 기한도래 후의 효력   법률행위에 시기를 붙인 경우에는, 그 법률행위는 기한이 도래한 때부터 효력을 발생한다(152조 1항). 종기 있는 법률행위는 기한이 도래한 때부터 그 효력을 잃는다(152조 2항). 그리고 기한의 효력에는 소급효가 없다. 이것은 절대적이며, 당사자의 특약에 의해서도 이를 인정할 수 없다. 기한에 소급효를 인정하는 것은 기한을 붙이는 것과 모순되기 때문이다.

[192] Ⅴ. 기한의 이익

1. 의   의   「기한의 이익」은 기한이 존재하는 것, 즉 기한이 도래하지 않고 있음으로써 그동안 당사자가 받는 이익을 말한다. 시기부인 때에는 법률행위

의 효력이 아직 발생하지 않고 있는 데서 받는 이익 또는 이행기가 아직 도래하지 않음으로써 받는 이익이, 그리고 종기부의 경우에는 법률행위의 효력이 아직 소멸하지 않는 데서 얻는 이익이 각각 「기한의 이익」이다.

　　이러한 기한의 이익이 당사자 중의 누구에게 있는지는 각각의 경우에 다르다. 즉, 채권자만이 이를 가지는 경우가 있는가 하면(예, 무상임치), 채무자만이 이를 누리는 경우도 있고(예, 무이자 소비대차), 또는 채권자·채무자의 쌍방이 기한의 이익을 가지는 경우도 있다(예, 이자 있는 정기예금). 그러나 가장 많은 것은 채무자만이 기한의 이익을 가지는 경우이다. 여기서 민법은, 당사자의 특약이나 법률행위의 성질상 반대의 취지가 인정되는 경우를 제외하고는 「기한은 채무자의 이익을 위한 것으로 추정」하고 있다(153조 1항). 따라서 기한의 이익이 채권자를 위하여 정해져 있다는 것은 채권자 쪽에서 이를 증명해야만 한다.

　　2. 기한의 이익의 포기　　기한의 이익은 포기할 수 있다. 그러나 상대방의 이익을 해하지 못한다(153조 2항).

　　(1) 기한의 이익이 당사자의 한쪽만을 위하여 존재하는 경우에, 그가 상대방에 대한 단독의 의사표시에 의하여 임의로 이를 포기할 수 있음은 의문이 없다. 예컨대, 무이자의 차주는 언제든지 반환할 수 있고, 무상임치인은 언제든지 반환을 청구할 수 있다. 만일 이자부 소비대차에서 기한이 채무자만의 이익을 위한 것이면, 기한까지가 아니라 변제할 때까지의 이자만을 붙여서 반환하면 된다. 그러나 이 경우에도 상대방이 손해를 입을 때에는 그것을 배상하여야 하는 것으로 해석되고 있다.

　　(2) 기한의 이익이 상대방을 위해서도 존재하는 경우에는 상대방의 손해를 배상하고 포기할 수 있다고 해석하는 데 학설은 일치하고 있다(김증한·김학동 502면, 방순원 307면, 이영섭 412면, 이영준 779면). 따라서 이자부 소비대차의 채무자는 이행기까지의(변제할 때까지가 아니다) 이자를 지급하여 기한 전에 변제할 수 있다.

　　3. 기한의 이익의 상실　　기한의 이익을 채무자에게 주는 것은, 채무자를 신용하여 그에게 기한만큼 이행을 늦춰 주는 것이다. 그러므로 채무자가 그의 경제적 신용을 잃었다고 할 수 있는 사유가 발생한 때에는 기한의 이익을 상실하게 하여 곧 변제하도록 하는 것은 부득이하다. 즉, 일정한 경우에는 채무자는 기한의 이

익을 상실하며, 채권자의 기한 전의 이행청구를 거절하지 못한다. 그러한 사유로
법률은 다음의 세 가지를 들고 있다(그 상세한 것은 채권법강의에서 다루므로, 이곳에서는
이를 언급하는 데 그치기로 한다).

(1) 채무자가 담보를 손상하거나, 감소 또는 멸실하게 한 때(388조 1호).

(2) 채무자가 담보제공의 의무를 이행하지 않은 때(388조 2호).

(3) 채무자의 파산(회생파산 425조).

제 3 장 기   간

[193] I. 기간의 의의

1. 어느 한 시점에서 다른 시점까지 계속된 시간을 「기간」이라고 일컫는다. 바꾸어 말하면, 두 시점 사이의 시간의 흐름을 계속적으로 본 것이 곧 기간이다. 이 기간은 「기일」과는 구별하여야 한다. 기일은 시간의 경과에서의 어느 특정의 시점을 가리키는 것이며, 거기에는 계속의 관념이 없다. 그러나 기일이 반드시 순간을 의미하는 것은 아니다. 보통은 「일(日)」로서 표시된다. 이때의 1일은 시간의 계속으로서가 아니라, 통일된 불가분의 한 단위로서 생각하는 것이다.

법률사실로서의 시간은 「사건」에 속한다. 그런데 시간만이 법률요건이 되는 경우는 없지만, 다른 법률사실과 결합해서 법률요건의 중요한 법률사실이 되는 경우는 많다. 예컨대, 성년·최고기간·실종기간·기한·시효 등은 그 예이다.

2. 기간을 정하는 법령이나, 재판상의 처분, 또는 법률행위에 의하여 기간의 계산방법까지도 정하고 있으면, 물론 그것에 따르게 되나, 이를 정하고 있지 않은 경우를 위하여 민법은 보충적으로 계산방법을 규정하고 있다(155조). 민법의 이에 관한 규정은 사법관계뿐만 아니라, 공법관계에도 적용된다.

[194] II. 기간의 계산방법

1. 기간의 계산방법에는 「자연적 계산방법」과 「역법적(曆法的) 계산방법」 두 가지가 있다. 앞의 것은 자연의 시간의 흐름을 순간에서 순간까지 계산하는 것이고, 뒤의 것은 역(曆)에 따라서 계산하는 방법이다. 앞의 것은 정확하지만 불편하며, 뒤의 것은 부정확하지만 편리하다. 모두 장점과 단점이 있다. 이러한 점을 고려하여, 민법은 단기간에 관해서는 자연적 계산방법을, 그리고 장기간에 관해서는 역법적 계산방법을 각각 채용하고 있다.

2. 시·분·초를 단위로 하는 기간(3시간·1시간 30분·30초 등)의 계산은 자연적 계산방법에 의한다. 즉, 즉시를 기산점으로 하여 계산한다(156조). 따라서 기간의 만료점은 그 정해진 시·분·초가 끝난 때이다.

3. 일·주·월·년을 단위로 하는 기간의 계산법

(1) **기 산 점** 기간의 초일(初日)은 이를 산입하지 않는 것이 원칙이다 (157조 본문). 그러나 예외가 있다. 첫째, 기간이 오전 영시로부터 시작하는 때에는 초일을 산입한다(157조 단서). 둘째, 연령계산에서는 출생일을 산입한다(158조).

(2) **만 료 점** 기간 말일의 종료로 기간은 만료한다(159조). 기간을 주·월·년으로 정한 때에는 이를 일로 환산하지 않고서, 역(曆)에 의하여 계산한다(160조 1항. 이 조항에는 「주(週)」를 포함시키고 있으나, 그것은 무의미하다). 따라서 월이나 년(年)의 일수의 장단은 문제삼지 않는다. 월·년의 처음부터 계산하는 때(1일, 1월 1일이 기산점인 때)에는 아무런 문제가 없다. 그러나 그와 같이 처음부터 계산하지 않을 때에는, 최후의 월·년에서 기산일에 해당하는 날의 전일로 기간은 만료한다(160조 2항). 예컨대, 6월 15일에 앞으로 1개월(또는 1년)이라고 한 때에는, 기산일은 6월 16일이므로, 7월 16일(또는 다음 해의 6월 16일)의 전일, 즉 7월 15일(또는 다음 해의 6월 15일)이 말일이 된다. 그런데 위와 같은 계산법에 의하면, 최후의 월에 해당일이 없는 경우가 있다(윤년이 있고, 또한 31일이 없는 월이 있으므로). 예컨대, 평년의 1월 30일부터 3개월 또는 윤년 2월 28일부터 1년이라고 하는 경우에는, 기산일이 각각 1월 31일 또는 2월 29일이 되므로, 기간의 최종의 월에는 해당일이 없다. 이러한 경우에는 최종의 월의 말일로써(위의 예에서 4월 30일과 2월 28일) 기간의 말일로 한다(160조 3항). 그리고 기간의 말일이 토요일 또는 공휴일(「국경일에 관한 법률」(2005. 12. 29, 법 7771호) 및 「관공서의 공휴일에 관한 규정」(2012. 12. 28. 대통령령 24273호) 참조)에 해당하는 때에는 기간은 그 익일 즉 다음날로 만료한다(161조).

[195] Ⅲ. 기간의 역산방법

민법의 계산방법은 일정한 기산일부터 과거에 소급하여 계산되는 기간에도 준용되어야 한다고 해석하는 것이 일반이다. 민법 그 밖의 법령에는 이 역산이 필요한 경우가 있다. 예컨대, 사단법인의 사원총회를 1주일 전에 통지한다고 할 때에(71조 참조), 총회일이 10월 19일이라고 한다면, 그 전일인 18일을 기산일로 하여 거꾸로 계산해서 12일이 말일이 되고, 그 날의 오전 영시에 기간이 만료한다. 따라서 늦어도 10월 11일 자정까지는 사원에게 총회소집통지를 발신하여야 한다. 이는 발신주의의 경우이나, 도달주의의 원칙이 적용된다면, 그때까지 통지가 상대방에게 도달하여야 한다.

제 4 장 소멸시효

제 1 절 총   설

[196] Ⅰ. 시효(時效)의 의의

1. 일정한 사실상태가 오랫동안 계속한 경우에, 그 상태가 진실한 권리관계에 합치하는지 아닌지를 묻지 않고서, 그 사실상태를 그대로 존중하여 이로써 권리관계를 인정하려는 제도가 「시효」이다. 바꾸어 말하면, 일정한 사실상태가 일정한 기간 동안 계속됨으로써, 법률상 일정한 효과, 즉 권리의 취득 또는 권리의 소멸이라는 일정한 법률효과를 일어나게 하는 법률요건이 시효이다.

2. 시효에는 취득시효와 소멸시효가 있다.

(1) 취득시효(取得時效)는 어떤 사람이 마치 그가 권리자인 것과 같이 권리를 행사하고 있는 사실상태가 일정한 기간(시효기간) 동안 계속한 경우에, 그와 같은 권리 행사라는 외관의 사실상태를 근거로 하여, 그 사람이 과연 진실로 권리자인지 아닌지를 묻지 않고서, 처음부터 그가 권리자였던 것으로 인정해 버리는 제도이다. 예컨대, 어떤 사람이 소유자인 것과 같은 사실상태가 오랫동안 계속한 경우에 그가 실제로 소유자인지 여부를 묻지 않고 소유자로 인정하는 것이 취득시효이다. 이 경우에 진정한 소유자가 따로 있다고 하더라도, 그 소유권을 인정하지 않게 된다.

(2) 소멸시효(消滅時效)는 권리자가 그의 권리를 행사할 수 있는데도 일정한 기간(시효기간) 동안 그 권리를 행사하지 않는 상태, 즉 권리 불행사의 상태가 계속된 경우에, 그의 권리를 소멸시켜 버리는 시효이다. 예컨대 어떤 당사자 사이에 채권·채무가 존재하지 않는 것과 같은 사실상태가 계속된 경우에 실제로 채권·채무가 있는지 여부를 묻지 않고서 그 채권·채무가 소멸된 것처럼 취급하는 것이 이에 해당한다. 이 경우에 소멸시효의 효력을 어떻게 이해하는지에 따라서 소멸시효에 대한 이해가 달라진다. 소멸시효의 효력에 관해서는, 나중에 자세히 적는 바와 같이, 학설이 크게 나누어져 있다. 다수설은 시효기간의 완성으로 권리는 당연히 소멸하는 것으로 해석하지만, 소수설은 권리의 소멸을 주장할 수 있는 권리가 생길

뿐이라고 한다. 그리고 취득시효의 반사작용으로 권리 소멸이 있게 되나, 그것은 소멸시효가 아님을 유의하여야 한다.

(3) 민법은 총칙편에서는 소멸시효에 관해서만 규정하고, 취득시효는 물권의 취득원인으로서 물권편에서 규정하고 있다(245조 이하). 이러한 민법의 체계에 따라서 이 절에서는 소멸시효에 관해서만 설명하고, 취득시효는 물권법강의에서 다루기로 한다.

[197] Ⅱ. 시효제도의 존재이유

1. 앞에서 본 바와 같이, 시효에 의하여 무권리자가 권리를 취득하는 경우가 있는가 하면, 권리자이면서 그 권리를 잃게 되는 경우가 있다. 그런데 법률은 원래가 정당한 권리관계와 어긋나는 사실상태가 존재하는 경우에는, 그 사실상태를 뒤집어서 정당한 권리관계를 유지하려고 힘쓰는 것이다. 따라서 시효제도는 이러한 법의 본래의 목적과는 부합하지 않는 제도라는 결과가 된다. 그런데도 이와 같이 정당한 권리관계보다도 오래 계속된 사실상태를 존중하여, 이를 권리관계로 높이는 시효제도의 존재이유 또는 목적은 무엇일까? 학설은 모두 다음과 같이 다원적으로 이를 설명하고 있다.

(1) 첫째, 일정한 사실상태가 오랫동안 계속되면, 사회는 이것을 진실한 권리관계에 부합하는 것으로 믿게 되고, 그것을 기초로 하여 다수의 새로운 법률관계가 맺어지며 사회질서가 이루어진다. 그런데 그 사실상태가 정당하지 못하다고 하여 정당한 권리관계로 되돌아간다면, 그 진정한 권리관계에 부합하지 않는 사실상태 위에 이루어진 사회의 법률관계는 모두 뒤집어지는 결과가 되어 법적 안정성과 거래의 안전이 위협받고 사회질서가 문란하게 된다. 여기서 법률은, 실제의 법률상태와는 다른 사실상태이더라도 그것이 일정한 기간 계속되는 때에는 그 사실상태를 그대로 인정해서 법률생활의 안정과 평화를 달성하려는 것이며, 이것이 시효제도의 존재이유라고 한다.

(2) 둘째, 사실상태가 오래 계속되면 그 동안에 정당한 권리관계에 관한 증거가 없어지기 쉽다. 즉, 오랫동안 계속한 사실상태가 있고 아무도 그것이 진실한 권리관계와 다르다는 것을 다투지 않고 경과한 때에는, 법원이 진실한 권리관계가 어

떠한지를 앞의 오랜 기간의 처음에 거슬러 올라가서 확정한다는 것은 거의 불가능에 가깝다. 오랜 세월이 흐르는 동안에 증서의 전부나 일부가 흩어져서 없어지고 증인은 사망하거나 또는 그의 기억이 어렴풋해지거나 완전히 잃어버리게 된다. 따라서 한쪽 당사자가 낡은 증서를 찾아내고 그것을 뒷받침할 수 있는 증인도 있어서 소를 제기하는 경우에, 상대방은 증거나 증인을 찾기 어려운 상황에 있을 수 있다. 만일 증거로 될 만한 것이 흩어져 없어졌고 증인은 이미 사망했다면, 법원이 남아 있는 증거만으로 증거를 조사하는 것으로는 결코 진상을 파악할 수 없을 것이다. 이러한 경우에 증거를 잃고 있는 쪽에 증명책임에 의한 불이익을 주는 것은 타당하지 않다. 오히려 어떤 사실상태가 오랫동안 계속되고 그동안에 누구도 그것과 부합하지 않는 권리를 주장하지 않았다면, 그와 같은 사실 상태가 그것에 상당하는 권리관계에 의하여 유지되어 왔을 확률 또는 개연성이 대단히 높다는 것을 보여 주는 증거라고 할 수 있다. 여기서 증거보전의 곤란을 구제하고 민사소송제도의 적정과 소송경제의 이념에 비추어 사실상태를 그대로 정당한 권리관계로 보자는 것이 시효제도를 두는 목적이다.

(3) 셋째, 오랜 기간 동안 자기의 권리를 주장하지 않은 자는 이른바 「권리 위에 잠자고 있었던 자」로서 시효제도에 의한 희생을 감수해야 하며, 법률의 보호를 받을 가치가 없다는 점을 든다. 그러나 권리를 장기간 행사하지 않고 있다고 해서 그 자체로 권리를 소멸시켜야 하는 근거가 될 수 없다(김증한·김학동 508면, 이영준 783면). 따라서 이 점을 시효제도의 존재이유로 드는 것은 부적절할 수 있다. 다만 권리자가 권리를 행사하지 않고 있다면, 그 권리를 보호할 필요성이 적다고 볼 수 있는 반면에 법적 안정성이 그와 같은 권리 행사로 위협받을 가능성이 높아진다. "권리 위에 잠자는 자는 보호하지 않는다."라는 법언은 이를 비유적으로 표현한 것이라고 볼 수 있다.

2. 이들 세 가지의 존재이유 가운데에서 (1)의 이유는 주로 취득시효에, 그리고 (2)와 (3)은 주로 소멸시효에 대한 근거라고 말할 수 있다. 대법원은 시효제도의 존재이유가 영속된 사실상태를 존중하고 권리 위에 잠자는 자를 보호하지 않는다는 데에 있고 특히 소멸시효에서는 후자의 의미가 강하다고 한다(대판(전) 1992. 3. 31, 91다32053). 또한 소멸시효는 시간의 흐름에 좇아 성질상 당연히 더욱 커져가는 법

률관계의 불명확성에 대처하려는 목적으로 마련된 제도로서 법적 안정성이 무겁게
고려되어야 하는 영역이라고 한다(대판 2010. 5. 27, 2009다44327). 법적 안정성은 시효
제도를 뒷받침하는 중요한 근거로 작용하고 있다고 볼 수 있다. 민법은 구체적 타
당성을 희생하는 경우가 발생하더라도 법적 안정성을 유지하기 위하여 시효제도를
두고 있는 것이다.

〈시효에 관한 입법례〉

시효제도는 로마법 이래로 모든 입법례가 인정하고 있다. 그러나 그 내용은 반드
시 같지 않다. 이미 밝힌 바와 같이, 시효에는 취득시효와 소멸시효가 있는데, 이들은
그 발생의 연혁을 달리할 뿐만 아니라 그 근거도 다르기 때문에, 입법례도 나누어져 있
다. 민법의 시효제도의 특징을 이해하기 위하여 여러 외국의 입법례를 간단히 살펴보
기로 한다.

(ㄱ) **프랑스민법의 시효제도**   프랑스민법에서 시효제도는 취득시효와 소멸시
효를 통일적으로 규정하고, 이들 두 가지를 같은 원리에 따르게 하고 있다(2219조 이
하). 이 점에서 현행 일본민법(즉, 우리의 의용민법)도 프랑스민법과 그 태도가 같다.
그러나 일본민법의 시효는 권리 그 자체의 취득 또는 소멸의 효과가 발생하는 것인 데
대하여, 프랑스민법은 권리득실의 강력한 추정을 생기게 하고, 일정한 증거에 의해서만
이를 깨뜨릴 수 있는 것으로 하고 있으며, 권리 그 자체에는 손을 대지 않고서 소권만
이 소멸하는 것으로 하고 있다. 또한 프랑스민법은 시효의 주장이 없으면 시효의 효과
가 생기지 않는 것으로 하여, 「시효 원용」의 법리를 확립하고 있다(동법 2223조). 이
점은 일본민법도 같으며, 말하자면 일본민법은 프랑스민법을 본받은 입법이라고 말할
수 있다. 참고로, 스위스채무법도 "판사는 소멸시효를 직권으로 고려하지 못한다."라고
규정함으로써(142조 참조), 시효 원용의 이론을 채용하고 있다.

(ㄴ) **독일민법의 시효제도**   독일민법은 소멸시효만을 총칙편에 규정하고(194
조 이하), 취득시효는 물권취득의 원인으로서 물권편에 규정하고 있다(990조·937조 이
하). 즉, 소멸시효에 관해서는 권리 그 자체의 소멸이라는 효과를 발생시키지 않고, 권
리로부터 흘러나오는 청구권의 소멸로서 파악하고 있으며, 그 결과 채무자에게 영구적
항변권을 생기게 할 뿐이다. 한편 취득시효에 관해서는 권리 그 자체를 취득하게 하는
것으로 하고 있다. 스위스민법도 대체로 독일민법과 같은 제도라고 할 수 있다(소멸시
효는 채무법 127조 이하, 그리고 취득시효는 민법 661조 이하·728조가 규정하고 있다).
그리고 독일민법에서는 시효의 완성으로 의무자가 단순히 항변권을 취득하는 데 지나
지 않으므로, 프랑스민법이나 일본민법에서와 같은 「시효 원용」은 문제되지 않는다.

[198] Ⅲ. 제척기간과 소멸시효

일정한 기간의 경과로 권리가 소멸·실효하는 점에서는 소멸시효와 비슷하나, 제도의 취지와 성질에 비추어 볼 때에 소멸시효와는 별개의 것으로 보아야 하는 제도가 두 가지 있다. 하나는 「제척기간(除斥期間)」의 제도이고, 다른 하나는 「실효(失效)의 원칙」이다. 실효의 원칙에 관해서는 이미 설명하였으므로([31] 3 (1) ㈐ ② 참조), 이곳에서는 제척기간에 관하여 소멸시효와 비교하면서 설명한다.

1. 권리의 「제척기간」(「예정기간」이라고도 일컫는다)은 일정한 권리에 관하여 법률이 예정하는 존속기간이다. 따라서 권리의 존속기간인 제척기간이 지나가면, 그 권리는 당연히 소멸한다. 이러한 제척기간을 두는 이유는 권리자로 하여금 권리를 신속하게 행사하도록 함으로써 그 권리를 중심으로 하는 법률관계를 조속하게 확정하려는 데에 있다. 그리고 제척기간을 둘 필요성은 특히 형성권의 경우에 강하다.

2. 제척기간이 정해져 있는 권리는 그 제척기간 내에 어떠한 행위가 있을 때에 보전되는 것일까? 다음과 같은 세 가지 견해를 생각할 수 있다. 첫째, 제척기간 내에 어떠한 권리 행사가 있었는지 또는 없었는지를 묻지 않고서, 기간의 경과로 언제나 권리는 소멸한다고 새기는 견해를 생각할 수 있다. 이 견해에 따른다면, 그 권리를 재판상 행사하고 있더라도, 소송 중에 기간이 경과하면, 그때에 권리는 소멸한다. 그러나 그렇게 된다면 권리자에게 너무나 불리할 뿐만 아니라, 특히 소송 절차의 지연으로 그렇게 되는 경우에 권리자에게 지나치게 불리하게 된다. 둘째, 제척기간 내에 재판 밖에서의 행사가 있으면 권리가 보전된다고 하는 견해가 있다 (김증한·김학동 515면, 송덕수 485면, 이은영 787면). 셋째, 제척기간을 출소기간으로 보는 견해가 있다(고상룡 661면, 김상용 689면, 백태승 543면, 이영준 786면). 즉, 그 기간 내에 재판상의 행사(소의 제기)가 있어야 한다는 것이다.

판례는 제척기간을 일반적으로 재판상 또는 재판 외에서 권리를 행사해야 하는 기간으로 보고 있다(대판 1993. 7. 27, 92다52795. 다만 점유보호청구권의 행사기간은 출소기간이라고 본 판례가 있다. 대판 2002. 4. 26, 2001다8097·8103). 이 경우 재판 외에서 권리행사를 하는 것은 특별한 형식이 필요한 것이 아니므로 적당한 방법으로 손해배상 등을 청구하는 등 권리 행사를 한다는 뜻을 표시함으로써 충분하다(대판 2003. 6. 27, 2003다20190). 그러나 채권양도의 통지는 그 양도인이 채권이 양도되었다는 사실을 채무자에게 알리는 것에 그치는 행위이므로, 그것만으로 제척기간의 준수에 필요한 권리의 재판 외 행사에 해당하지 않는다(대판(전) 2012. 3. 22, 2010다28840). 제척기간 준수사유인 권리 행사로 인정받으려면 채권양도의 통지에 이행을 청구하는 뜻을 별도로 덧붙이는 등의 특별한 사정이 있어야 한다.

　재판 외에서 권리를 행사하는 것으로 충분하다면 권리자가 그 권리를 행사하는 결과 생기게 되는 권리에 관해서는 일반의 소멸시효에 따르게 되므로, 권리관계를 조속하게 확정하려는 취지를 살리지 못하게 될 수 있다. 그러나 법률에서 정하고 있는 권리 행사를 반드시 재판으로 해야 한다고 볼 수는 없다. 물론 법률에서 일정한 기간 내에 소로써 권리를 행사해야 한다고 정하고 있는 경우에는 그 기간 내에 소를 제기하여야 하는데(채권자취소권에 관한 406조 2항, 친생부인의 소에 관한 847조, 상속회복청구권에 관한 999조), 이러한 경우에는 그 기간이 제소기간으로서의 의미를 갖는다. 그러나 법률에서 권리의 행사방법을 정하고 있지 않는 경우에는 재판 외에서도 권리를 행사할 수 있다고 보아야 할 것이다.

3. 소멸시효와의 비교

　(1)　소멸시효의 완성으로 권리 소멸의 효과가 생긴다는 다수설에 의하면, 그 점에서 소멸시효와 제척기간은 같다. 그러나 소멸시효의 완성으로 권리의 소멸을 주장할 수 있는 권리가 생길 뿐이라는 소수설에 의하면, 소멸시효와 제척기간 사이에는 차이가 있게 된다.

　(2)　제척기간과 소멸시효는 다음과 같은 점에서 다르다.

　(가)　제척기간에 의한 권리의 소멸은 기간이 경과한 때부터 장래에 향하여 소멸할 뿐이다. 즉, 권리 소멸의 효과는 소급하지 않는다. 그러나 소멸시효에 의한 권리 소멸은 소급적 소멸이다(167조 참조).

　(나)　소멸시효는 일정한 기간의 경과와 권리의 불행사라는 사정에 의하여 권리 소멸의 효과를 가져온다. 이에 반하여 제척기간은 그 기간의 경과 자체만으로 곧 권리 소멸의 효과를 가져오게 하는 것이다. 따라서 소멸시효의 기산점은 권리를 행사할 수 있는 때(166조)임에 반하여, 제척기간의 경우에는 그 기산점은 원칙적으로 권리가 발생한 때이다(대판 1995. 11. 10, 94다22682·22699).

　(다)　제척기간은 조속하게 권리관계를 확정시키려는 것이므로, 소멸시효의 경

우와는 다르게 중단은 인정되지 않는다. 따라서 제척기간 내에 권리자의 권리의 주
장 또는 의무자의 승인이 있어도, 기간은 갱신되지 않는다.

　　(라)　다수설이 주장하는 바와 같이 소멸시효의 완성으로 권리는 당연히 소멸한
다고 하더라도, 민사소송의 변론주의로 말미암아 시효이익을 받을 자가 그 이익을
소송에서 공격·방어방법으로 제출하지 않으면 그 이익은 무시된다. 그러나 제척기
간의 이익은 당사자가 공격·방어방법으로 제출하지 않더라도 법원은 당연히 고려
해야 한다(대판 1996. 9. 20, 96다25371). 이 한도에서 둘 사이에는 차이가 있다. 만일
소멸시효의 효과에 관한 소수설과 같이 소멸시효의 원용(바꾸어 말해서, 주장·인용)
이 없으면 재판의 기초로 하지 못한다고 한다면, 그러한 원용을 필요로 하지 않
는 제척기간과 원용을 필요로 하는 소멸시효 사이에는 이 점에서도 차이가 있게
된다.

　　(마)　소멸시효에는, 나중에 보는 바와 같이, 시효 완성 후의 소멸시효 이익의
포기라는 제도가 있으나, 제척기간에는 그러한 제도가 없다.

　　(3)　「시효의 정지」에 관한 규정은 제척기간에도 준용되는가? 학설은 일치하지
않는다. 이를 부정하는 견해(방순원 316면, 백태승 543면, 송덕수 486면, 이영섭 422면)와
긍정하는 견해(김상용 691면, 이은영 788면)가 있다. 또한 시효의 정지에 관한 규정 가
운데서 제182조만은 제척기간에도 준용 또는 유추 적용하는 것이 좋다는 견해도
있다(고상룡 663면, 김증한·김학동 513면, 김현태 444면). 우리 민법에는 제182조의 규정
을 제척기간에 준용할지 여부에 관한 명문의 규정이 없기 때문에(준용을 인정하는 입
법례로는 독민 124조 참조), 어느 쪽으로 해석하는 것이 정당한지 문제된다. 제182조의
경우, 즉 천재 기타 피할 수 없는 사변으로 권리를 행사할 수 없었을 경우에도 유
예기간을 인정하지 않는 것은 권리자에게 지나치게 가혹하다. 이 규정을 제척기간
에 유추 적용하더라도 제척기간의 취지에 크게 어긋난다고 볼 수 없다. 따라서 제
182조의 규정을 제척기간에 유추 적용하여야 한다는 견해를 지지한다.

　　4.　제척기간·소멸시효기간의 판별　　　제척기간과 소멸시효 사이에는 앞에
서 본 바와 같은 차이가 있기 때문에, 어떤 기간이 소멸시효기간인지 또는 제척기
간인지를 결정하는 것은 중요하다. 두 가지를 판단·구별하는 표준을 어디에 둘 것
인가에 관하여, 학설은 현재 대체로 일치하고 있다. 즉, 조문의 구절에 의하여 결정

하는 것이 옳다(김기선 370면, 김증한·안이준 408면, 방순원 316면, 이영섭 422면). 바꾸어 말하면, 조문에 「시효로 인하여」라고 되어 있는 경우에는 그것은 언제나 소멸시효기간이라고 하고, 조문에 그러한 구절을 쓰고 있지 않으면 제척기간으로 해석해야 한다. 다만 조문의 표현이 명확하지 않은 예외적인 경우에는 법규정의 체계와 취지, 권리의 성질 등을 고려해야 할 것이다(김증한·김학동 514면, 백태승 544면, 송덕수 486면 참조).

민법은 어떤 기간이 제척기간인지 소멸시효기간인지에 관하여 매우 신중하게 규정하고 있어서 별로 문제되는 것은 없다. 그러나 문제가 전혀 없는 것은 아니다. 이미 본 바와 같이, 민법은 취소권의 단기소멸에 관하여 「시효로 인하여」라는 표현을 쓰지 않고 「행사하여야 한다」라고만 적고 있다(146조 참조). 여기서 제146조가 규정하는 취소권의 소멸에 관한 기간은 제척기간이라는 데에 이견이 없다([181] 2 (4) 참조). 그런데 민법은 다른 곳에서, 즉 제146조의 특별규정이라고 할 수 있는 제1024조 제 2 항에서 「시효로 인하여 소멸한다」고 하고, 다시 제1075조 제 2 항은 이 규정을 준용하고 있다. 여기서 제1024조 제 2 항과 제1075조 제 2 항의 기간은 소멸시효기간인지 제척기간인지가 문제된다. 학설은 대립하고 있으며, 조문에 충실하게 소멸시효기간으로 새기는 견해(이영섭 396면)와 제146조의 특별규정이라는 점을 들어 제척기간이라고 보는 견해가 있다(고상룡 664면, 김상용 691면, 김증한·김학동 514면, 이영준 787면). 형성권의 경우에도 소멸시효기간을 정할 것인지 여부는 입법정책의 문제이다. 따라서 법조문에서 「시효로 인하여」라는 표현을 사용하고 있다면 소멸시효기간을 정한 것으로 보아야 할 것이다. 그런데 제1024조 제 2 항은 제 1 항의 규정이 총칙편의 규정에 의한 취소에 영향을 미치지 않는다고 하였는데, 총칙편의 규정에서 취소권을 제척기간으로 정하고 있기 때문에, 법규정의 취지와 권리의 성질에 비추어 위 규정에서 정한 기간을 제척기간으로 보는 견해에 찬동한다.

[199] Ⅳ. 시효의 성질

시효의 특질에 관해서는, 위의 여러 곳에서 설명하였으나, 이해를 돕기 위하여 이곳에서 다시 정리해 보기로 한다.

(1) 시효는 법정기간의 계속을 요소로 한다. 즉, 그것은 시간의 경과를 요건으로 한다.

(2) 시효는 법률요건이다. 즉, 시효가 완성되면, 법률상 당연히 권리를 취득하

거나(취득시효의 경우) 또는 권리가 소멸하게 된다(소멸시효의 경우). 다만 소멸시효에 관해서는 법률상 당연히 권리가 소멸되지 않고, 시효의 완성으로 권리의 소멸을 주장할 수 있는 권리가 생길 뿐이며, 당사자의 그러한 주장(원용)이 있어야만 비로소 권리가 소멸하게 된다는 소수설이 있다(나중에 자세히 설명한다).

(3) 시효는 재산권에 관한 것이다. 즉, 시효제도는 전적으로 재산법 특히 거래법에서 문제가 되는 제도이며, 가족관계에 관한 것은 아니다. 본래 가족관계는 진실을 바탕으로 하여 판단해야 할 법률관계이므로, 사실상태에 의거하여 법률관계를 변경하는 것은 적당하지 않기 때문이다. 바꾸어 말하면, 가족관계는「시효에 친하지 않은(또는 시효를 가까이 하지 않는) 법률관계」이다. 또한 인격권도 소멸시효의 대상이 되지 않는다.

(4) 시효에 관한 규정은 강행법규이다. 시효가 인정되는 근거는, 이미 밝힌 바와 같이, 법적 안정성·채증상의 곤란 등의 사회적·공익적인 이유에 있으므로([197] 참조), 그에 관한 규정은 강행법규라고 해석하여야 한다. 따라서 당사자가 어떤 권리가 시효에 걸리지 않는 것으로 특약을 하거나, 또는 시효완성의 요건을 법정요건보다 곤란한 요건으로 정하는 것은 허용되지 않는다. 민법은 소멸시효에 관하여 이를 명백히 규정하고 있다. 즉, "소멸시효는 법률행위에 의하여 이를 배제·연장 또는 가중할 수 없다"(184조 2항). 그러나 소멸시효의 기간을 단축하거나 또는 그 요건을 가볍게 하는 것은 상관없다(184조 2항).

(5) 시효는 제척기간과 다르다. 이에 관하여는 이미 설명하였다([198] 참조).

제 2 절   소멸시효의 요건

[200] Ⅰ. 개   관

소멸시효는 권리를 행사할 수 있는데도 권리 불행사의 상태가 일정한 기간 동안 계속함으로써 권리 소멸의 효과가 생기는 시효이다. 따라서 시효로 권리가 소멸하려면, 다음과 같은 요건이 필요하다.

(1) 권리가 소멸시효의 목적이 될 수 있는 것이어야 한다.

(2) 권리자가 법률상 권리를 행사할 수 있는데도 이를 행사하지 않아야 한다.

(3) 위의 권리 불행사의 상태가 일정한 기간 동안 계속하여야 한다. 이 기간이 「소멸시효기간」이다. 권리의 불행사라는 사실상태가 이 소멸시효기간의 기산점으로부터 완성을 향하여 경과하는 과정을 「소멸시효의 진행」이라고 한다.

위와 같은 여러 요건을 갖추면 권리는 시효로 소멸하게 되나, 일정한 경우에는 시효의 완성 또는 진행이 방해된다. 그와 같이 시효의 완성 또는 진행을 방해하는 것으로서 「시효의 중단」과 「시효의 정지」가 있다. 이들은 시효기간에 관한 것이어서, 시효기간을 설명할 때에 함께 설명하여야 하겠지만, 편의상 절을 바꾸어 제 3 절, 제 4 절에서 따로 설명하기로 한다. 그러므로 이 절에서는 위의 (1)·(2)·(3)의 요건에 관해서만 적기로 한다.

[201] Ⅱ. 소멸시효에 걸리는 권리

1. 어떠한 권리를 소멸시효에 걸리는 것으로 할지는 입법례에 따라 차이가 있으며, 반드시 같지는 않다. 즉, 소권(訴權)이 시효로 소멸하는 것으로 하는 입법례, 청구권 또는 채권만을 소멸시효의 목적으로 하는 입법례 등이 있으나, 대체로 말해서 채권에 관해서만 소멸시효를 인정하는 것이 보통이다. 그러나 민법은 채권뿐만 아니라, 소유권을 제외한 그 밖의 「재산권」에 관해서도 소멸시효를 인정하고 있으며, 이는 우리 민법의 하나의 특징이라고 할 수 있다.

2. 소멸시효의 목적이 되는 권리는 「재산권」에 한한다. 가족권·인격권과 같은 비재산권은 소멸시효의 목적이 되지 않는다. 이를 설명하면 다음과 같다.

(1) **채   권**   채권이 소멸시효에 걸린다는 점에 관해서는 아무런 의문이 없으며(162조 1항), 민법은 각종의 채권에 관하여 자세한 규정을 두고 있다.

(2) **소유권 이외의 재산권**   소유권을 제외한 그 밖의 재산권도 소멸시효에 걸린다(162조 2항).

㈎ **소 유 권**   제162조 제 2 항은 소유권이 소멸시효의 목적이 되지 않음을 밝히고 있다. 따라서 소유자가 아무리 오랫동안 소유권을 행사함이 없이 방치하여도 시효로 소멸하는 일은 없다. 본래 소유권은 그 본질상 「항구성(恒久性)」이 있으며(소유권 자체의 존립에 관해서는 존속기간의 제한이 없고 변함없이 오래가는 성질. 소유권의 성질에 관해서는 물권법강의에서 자세히 다룬다), 소유권이 소멸시효에 걸리지 않는 것은

바로 이 「항구성」이 있기 때문이다.

　(나) 그 밖의 재산권　　　위에서 본 바와 같이 시효로 소멸하는 채권과 소멸시효에 걸리지 않는 소유권을 제외한 그 밖의 재산권, 바꾸어 말하면 「채권」 및 「소유권 이외의 재산권」은 원칙적으로 소멸시효의 목적이 된다. 그러나 그러한 재산권 가운데에는 문제되는 것이 있고, 또한 성질상 소멸시효에 걸리지 않는 것도 있다.

　① 채권적 청구권　　　채권이 소멸시효에 걸리는 이상, 그 채권의 본질적 요소를 이루는 청구권, 즉 채권적 청구권이 소멸시효에 걸리게 됨은 당연하며, 의문의 여지가 없다. 그러나 판례는 채권적 청구권 중에는 시효로 소멸하지 않는 것이 있다고 한다. 즉, 부동산의 매수인이 매도인에 대하여 가지는 등기청구권은 채권적 청구권이지만, 만일 매수인이 목적물을 인도받고 있으면 그 등기청구권은 소멸시효에 걸리지 않는다고 한다(대판(전) 1976. 11. 6, 76다148). 이 경우 매수인이 등기청구권을 행사하고 있지 않으므로 등기청구권이 소멸시효에 걸린다고 보는 것이 논리적이다. 그렇지만 판례는 부동산에 관하여 인도와 등기 중 어느 한 쪽에 대해서라도 권리를 행사하는 자는 전체적으로 보아 그 부동산에 관하여 권리 위에 잠자는 자라고 할 수 없다는 것이다. 나아가 부동산의 매수인이 그 부동산을 인도받은 이상 이를 사용·수익하다가 그 부동산에 대한 보다 적극적인 권리 행사의 일환으로 다른 사람에게 그 부동산을 처분하고 그 점유를 승계하여 준 경우에도 이전등기청구권의 소멸시효는 진행되지 않는다고 한다(대판(전) 1999. 3. 18, 98다32175). 이와 같이 부동산을 처분한 경우에 매수인이 그 이전등기청구권의 행사 여부에 관하여 그가 부동산을 스스로 계속 사용·수익만 하고 있는 경우와 특별히 다르지 않기 때문이다.

　② 물권적 청구권　　　물권의 내용의 실현이 방해당하고 있거나 또는 방해당할 염려가 있는 경우에, 물권자가 방해자에 대하여 그 방해의 제거 또는 예방에 필요한 일정한 행위(작위 또는 부작위)를 청구할 수 있는 권리가 물권적 청구권이다(자세한 것은 물권법강의에서 다룬다). 이 물권적 청구권 가운데에서도, 소유권에 기한 물권적 청구권은 소멸시효에 걸리지 않는다고 보아야 한다. 소유권은 앞에서 밝힌 바와 같이 소멸시효에 걸리지 않는데, 만일 그 소유권에서 흘러나오는 물권적 청구권만은 시효로 소멸한다면, 소유권은 있어도 그에 대한 방해의 제거나 예방에 필요

한 행위를 방해자에게 청구할 수 없다는 결과가 되어 부당하다. 따라서 소유권이 존재하는 한, 그에 의거한 물권적 청구권은 시효로 소멸하지 않는다는 해석이 타당하다. 소유권 이외의 다른 물권에 의한 물권적 청구권은 어떠한가? 학설은, 소유권에 의한 물권적 청구권뿐만 아니라, 기타의 물권에 의한 물권적 청구권도 시효로 소멸하지 않는다고 해석하는 것이 다수설이다(김상용 697면, 김증한·김학동 519면, 방순원, 물권법, 8면, 송덕수 490면, 이영섭 463면, 이은영 756면, 장경학, 물권법, 127면). 그러나 소유권 이외의 물권은 소멸시효에 걸리기 때문에, 그로부터 흘러나오는 물권적 청구권도 시효로 소멸한다고 하는 것이 타당하다고 생각한다(고상룡 672면. 자세한 것은 물권법 강의에서 다룬다).

③ 형 성 권   형성권은 소멸시효에 걸리는가? 학설은 대립하고 있다. 형성권에 관하여 그 존속기간이 정해져 있는 경우에, 그것은 언제나 제척기간으로 해석해야 한다는 견해(고상룡 672면, 김상용 696면, 김증한·김학동 514면, 백태승 547면, 송덕수 490면, 이영준 787면, 이은영 757면)와 법규정 속에 「시효로 인하여」라는 구절이 있는 때에는 시효기간이지만, 그렇지 않은 경우는 제척기간이라고 해석하는 견해가 있다(이영섭 461면. 그리하여 제1024조 제2항과 제1075조 제2항이 규정하는 취소권의 행사기간은 시효기간이라고 한다). 민법에서 형성권에 대해서는 대체로 제척기간을 정하고 있지만, 그렇지 않은 경우들이 있을 수 있는데, 이와 같이 형성권에 관하여 소멸시효기간을 정하고 있는 경우(가령 유류분반환청구권에 관한 제1117조)에는 예외적으로 형성권이라고 하더라도 소멸시효에 걸린다고 보아야 한다(1024조 2항에 관해서는 [198] 4 참조).

형성권과 소멸시효의 관계에 관해서는 그 밖에도 다음과 같은 문제가 있다.

(ㄱ) 형성권에 관하여 그 존속기간이 따로 정해져 있지 않은 경우에, 그 기간을 어떻게 정할 것인지 문제된다. 예컨대, 학설상 형성권으로 해석되고 있는 공유물분할청구권(268조)·지상권자의 매수청구권(283조)과 지료증감청구권(286조)·전세권자의 매수청구권(316조 2항)·유치권소멸청구권(324조·327조)·동산질권소멸청구권(343조·324조)·계약의 해지권과 해제권(543조 이하)·매매예약완결권(564조)·임차인의 매수청구권(643조·645조) 등의 형성권에 관해서는 그 행사기간이 정해져 있지 않다. 만일 형성권도 소멸시효에 걸리는 권리라고 한다면, 그 기간은 제162조 제2항에 의하여 20년이라고 해석하여야 한다. 그러나 이들 형성권을 행사하면, 그 결과로서 채권적 권리(원상회복청구권·부당이득반환청구권·손해배상청구권 등)가 생기게 되는데, 이들 채권은 10

년으로 소멸시효가 완성한다(162조 1항). 이러한 결과는 균형을 잃은 것이며, 타당하지 않다. 이를 좀 더 자세히 설명하면, 예컨대 계약해제권을 행사하면, 그 결과 발생하는 원상회복청구권이나 손해배상청구권은 10년의 소멸시효에 걸리게 되는데, 이러한 법률관계를 생기게 하는 해제권 그 자체는 20년의 소멸시효에 걸린다고 한다면, 계약을 체결한 후 얼마 안 가서 해제하면 10년으로 청산할 권리가 없어지게 되나, 해제하지 않고 내버려 둔다면 20년 동안은 청산할 수 있다는 결과가 되어 균형을 잃게 된다. 따라서 형성권은 원칙적으로 10년의 기간 내에 행사하여야 한다고 해석하는 것이 타당하다(고상룡 673면, 김상용 696면, 백태승 544면, 이영섭 462면). 물론 법률에서 존속기간이 정해져 있는 경우에는 그 규정에 따라야 할 것이다. 또한 문제가 된 형성권과 유사한 권리에 관하여 법률에 존속기간이 정해져 있는 경우에는 그 규정을 유추 적용할 수 있을 것이다.

　　(ㄴ) 또 하나의 문제는, 형성권에 관하여 제척기간이 정해져 있는 경우에 형성권을 행사하여 발생하는 채권적 권리에 대해서 소멸시효가 적용되는지 여부이다. 즉, 형성권에 관한 권리 행사기간 내에 형성권을 행사하면, 앞에서 지적한 바와 같이 그 효과로서 채권적 권리가 생긴다. 이때에 이들 채권에 관하여 그때부터 다시 소멸시효가 진행하는 것으로 해석할 것인가, 또는 형성권의 제척기간은 그 형성권의 행사로 생기는 권리관계를 처리하여야 할 기간도 그 속에 포함하고 있는 것으로 해석할 것인가가 문제된다. 원래 제척기간을 정한 취지가 법률관계를 조속히 확정시키려는 데 있음을 고려할 때에, 형성권의 제척기간에는 그 형성권의 행사로 생기는 권리관계를 처리하여야 할 기간도 포함되어 있다는 견해가 있다(김상용 696면, 김증한·김학동 516면, 백태승 544면, 이영섭 461면). 그러나 형성권 행사에 의하여 발생한 청구권에 관해서는 그 형성권을 행사한 때부터 소멸시효기간이 진행되는 것으로 보아야 할 것이다(송덕수 492면, 이은영 786면). 판례는 환매권의 행사로 발생한 소유권이전등기청구권에 관하여 환매권을 행사한 때부터 10년의 소멸시효기간이 진행된다(대판 1991. 2. 22, 90다13420)고 하고, 명의신탁계약의 해제로 인한 소유권이전등기 청구권은 신탁계약을 해제하였을 때부터 소멸시효기간이 진행된다(대판 1975. 8. 19, 75다273)고 한다.

　　한편 하자담보에 기한 매수인의 손해배상청구권에 관하여 제척기간에 관한 규정이 있는데도 이와 별도로 채권의 소멸시효에 관한 규정이 적용되고, 매수인이 매매의 목적물을 인도받은 때부터 그 소멸시효가 진행된다(대판 2011. 10. 13, 2011다10266)고 한다. 이것은 제척기간에 관한 규정이 있다고 해서 소멸시효 규정의 적용이 배제되는 것은 아니라고 한 점에서 중요한 의미가 있다. 우리 민법에는 소멸시효와 제척기간의 관계에 관한 규정이 없다. 따라서 제척기간에 관한 규정이 소멸시효의 적용을 배제한다고 볼 수는 없다. 특히 하자담보책임에 기한 손해배상청구권은 소멸시효에 걸리는 채권에 해당한다고 보는 것이 문언해석에 부합한다.

④ 소멸시효에 걸리지 않는 재산권   다음의 권리는 그 성질상 소멸시효에 걸리지 않는다.

(ㄱ) 점 유 권   점유권은 일정한 사실상태가 있으면 언제나 존재하고 그 사실상태가 소멸하면 당연히 소멸하는 권리이므로, 소멸시효의 문제가 생길 여지는 전혀 없다. 유치권도 점유를 요건으로 하고 있는 권리로서 소멸시효에 걸리지 않는다.

(ㄴ) 일정한 법률관계에 의존하는 권리   예컨대, 상린권(215조 이하)과 같이, 일정한 법률관계가 존재하는 경우에 반드시 그에 수반하여 존재하는 권리는 그 기초가 되는 권리관계가 계속 존재하는 동안에는 독립하여 소멸시효에 걸리지 않는다. 또한 공유물 분할청구권은 공유관계에 수반되는 형성권이므로 공유관계가 존속하는 한 그 분할청구권만이 독립하여 시효로 소멸되지 않는다(대판 1981. 3. 24, 80다1888·1889).

(ㄷ) 담보물권   피담보채권이 존속하는 한, 담보물권만이 소멸시효에 걸리는 일은 없다. 그러나 피담보채권이 소멸시효의 완성으로 소멸하면 담보물권도 소멸하는데, 이를 담보물권의 부종성이라고 한다(저당권에 관해서는 369조. 물권법강의에서 자세히 다룬다).

(ㄹ) 비재산권   가족권이나 인격권 등 비재산권은 소멸시효에 걸리지 않음은 이미 밝혔다([201] 2 참조).

[202] Ⅲ. 권리의 불행사(소멸시효의 기산점)

1. 소멸시효가 완성하려면, 앞에서 본 바와 같은 권리를 일정기간(소멸시효기간) 동안 행사하지 않고 있어야 한다(162조 1항·2항). 즉, 권리의 불행사가 있어야 한다. 권리를 행사하는 데에 장애가 없는데도 이를 행사하지 않는 것이 권리의 불행사이다. 따라서 문제는 언제부터 그러한 불행사가 있다고 볼 것인지에 있다. 이는 소멸시효가 진행하는 시기, 즉 소멸시효의 기산점을 어디에 둘 것인지라는 문제로 바꾸어 놓을 수 있다.

2. 소멸시효는 권리를 행사할 수 있는 때부터 진행한다(166조 1항). 그러므로

권리를 행사할 수 없는 상태에 있는 동안은, 비록 권리가 이미 발생하고 있더라도, 소멸시효가 진행하지 않는다. 그러나 객관적으로는 권리가 발생하고 또한 행사할 수 있는 상태에 있더라도, 구체적으로는 권리 행사가 사실상 곤란하거나 불가능하다고 볼 수 있는 경우가 있다. 특히 권리자 자신이 의무자를 아직 알지 못하거나, 또는 권리의 존재 자체를 알지 못하는 경우도 있을 수 있다. 시효에 관한 규정 가운데에는, 권리자의 일정한 주관적 용태, 특히 그가 권리의 존재를 안 때부터 시효기간을 기산하는 것으로 규정하고 있는 것이 있으며(766조 등), 이때에는 문제가 없다. 그런데 그러한 특별한 규정이 없는 경우에, 제166조 1항의 「권리를 행사할 수 있는 때」를 어떻게 해석할 것인지 문제된다.

　일반적으로 권리 행사에 관한 장애를 「법률상의 장애」와 「사실상의 장애」로 나누고, 앞의 것은 시효의 기산점에 영향을 주지만, 뒤의 것은 영향을 주지 않는다고 한다(고상룡 673면, 김상용 699면, 김증한·김학동 520면, 백태승 551면, 송덕수 493면, 이영섭, 452면, 이영준 804면, 이은영 758면. 판례도 소멸시효의 기산점은 권리를 행사하는 데 법률상의 장애가 없는 경우를 말하고, 사실상 장애로 권리를 행사하지 못하였다고 하더라도 시효가 진행한다고 한다. 대판 1982. 1. 19, 80다2626; 대판(전) 1984. 12. 26, 84누572; 대판(전) 1992. 3. 31, 91다32053 등 참조). 이를 「법률상 장애·사실상 장애 이분론」이라고 한다. 따라서 권리자가 그 권리의 존재나 행사가능성을 알지 못하는 것(특히 법률의 규정에 의하여 생기는 권리의 경우에 문제된다), 알지 못하는 데 과실이 있는지 여부 등은 원칙적으로 시효의 진행을 방해하지 않는다. 또한 권리 행사가 의무자나 제 3 자의 행동으로 방해받고 있는 경우에도, 기산점은 영향을 받지 않는다.

　다만 이에 대해서는 예외적인 판결들이 있다. 가령 보험금청구권의 소멸시효에 관하여 원칙적으로 보험사고가 발생한 때부터 진행하지만, 객관적으로 보아 보험사고가 발생한 사실을 확인할 수 없는 사정이 있는 경우에는 보험금액청구권자가 보험사고의 발생을 알았거나 알 수 있었던 때부터 보험금액청구권의 소멸시효가 진행한다고 한다(대판 1993. 7. 13, 92다39822). 또한 법인의 이사회결의가 부존재함에 따라 발생하는 제 3 자의 부당이득반환청구권처럼 법인이나 회사의 내부적인 법률관계가 개입되어 있어 청구권자가 권리의 발생 여부를 객관적으로 알기 어려운 상황에 있고 청구권자가 과실 없이 이를 알지 못한 경우에는 이사회결의 부존재 확

인판결의 확정과 같이 객관적으로 청구권의 발생을 알 수 있게 된 때부터 소멸시효
가 진행된다고 한다(대판 2003. 4. 8, 2002다64957·64964).

　　권리 행사에 관한 장애사유에 관해서는 다음에서 각종의 권리에 관하여 보기
로 한다.

　　3.　각종의 권리에서 소멸시효의 기산점은 다음과 같다.

　　(1)　시기부 권리의 경우　　기한이 도래한 때부터 소멸시효는 진행을 시작한
다. 동시이행관계에 있는지 여부는 문제되지 않는다. 가령 부동산 매매대금 채권이
소유권이전등기청구권과 동시이행의 관계에 있다고 할지라도 매도인은 매매대금의
지급기일 이후 언제라도 그 대금의 지급을 청구할 수 있는 것이며, 다만 매수인은
이행의 제공을 받기까지 그 지급을 거절할 수 있는 데 지나지 않으므로 매매대금
청구권은 그 지급기일 이후 시효의 진행에 걸린다(대판 1991. 3. 22, 90다9797).

　　⑺　**확정기한부인 때**　　가장 전형적인 경우이며, 그 기한이 도래한 때부터
소멸시효가 진행하기 시작한다.

　　⑼　**불확정기한부인 때**　　불확정기한부 권리, 특히 채권에서 채무자가 지체
에 빠지는 것은 그가 기한 도래를 안 때부터이다(387조 1항 후단). 그러나 그 채권의
소멸시효의 기산점은 기한이 객관적으로 도래한 때이며, 채권자가 기한도래를 알았
는지 여부나 과실의 유무를 묻지 않는다. 예컨대, 눈이 오면 변제한다고 한 경우에
는 실제로 눈이 온 때부터 시효는 진행을 개시한다.

　　(2)　기한을 정하고 있지 않은 권리

　　⑺　채무의 이행에 관하여 기한을 정하지 않은 채권에 관해서는 채무자는 원
칙적으로 이행의 청구를 받은 때부터 지체의 책임을 진다(387조 2항). 채권의 소멸시
효도 청구가 있은 때부터 진행을 개시한다고 할 것인가? 만일 그와 같이 해석한다
면, 채권자가 청구하지 않고 내버려 둘 경우에 소멸시효가 영원히 진행하지 않는
것이 되어, 시효제도의 취지에 비추어 보아 부당하다. 채권자는 언제든지 청구(즉
현실의 권리 행사)를 할 수 있으므로, 소멸시효의 기산점은 채권이 발생한 때라고 하
여야 한다.

　　한편 채무불이행에 의한 손해배상청구권의 소멸시효는 언제부터 진행하는지
문제된다. 이와 같은 손해배상청구권은 본래의 채권과 별개의 채권이 아니라, 본래

의 채권의 변형물에 지나지 않으므로, 본래의 채권을 행사할 수 있는 때부터 시효
는 진행을 시작한다고 볼 수도 있다(김증한·김학동 521면 참조). 그러나 채무불이행에
의한 손해배상청구권은 본래의 채권과는 별개의 요건에 기하여 발생하는 별도의
권리이므로 그 발생시부터 시효가 진행하기 시작한다고 보아야 한다(고상룡 677면,
백태승 552면, 송덕수 496면, 양창수·김재형 469면, 이영준 806면, 이은영 759면). 판례도 채무
불이행에 의한 손해배상청구권은 채무불이행이 일어난 때에 생기는 것이라는 이유
로 채무불이행이 있었던 때부터 그 소멸시효는 진행한다고 한다(대판 1973. 10. 10, 72
다2600; 대판 1977. 12. 13, 77다1048; 대판 1990. 11. 9, 90다카22674; 대판 1995. 6. 30, 94다
54269 등).

　(나) 채권 이외의 권리에 관해서도 위의 채권의 경우와 이론상 차이가 없다. 그
러므로 물권과 같이 시기부 권리라는 것이 있을 수 없는 것, 즉 권리의 발생과 행
사할 수 있는 최초의 시기 사이에 간격을 둘 수 없는 경우에 소멸시효의 기산점은
일반적으로 권리가 발생한 때이다.

　(3) **청구 또는 해지통고를 한 후 일정기간이나 상당한 기간이 지난 후에 청구할 수
있는 권리**　　이러한 채권(603조 2항·635조·659조·660조 등)에서는 청구나 해지통
고가 있으면, 그로부터 상당한 기간 또는 일정한 기간이 지난 때부터 현실적으로
청구할 수 있고, 채무자는 지체에 빠지게 된다. 그렇다면 그 전제가 되는 청구나 해
지통고는 시효 진행 개시의 절대적 조건인가? 만일 이를 긍정한다면, 청구나 해지
통고를 한 권리자보다도 그것을 하지 않고서 방치한 권리자가 이득을 보는 기묘한
결과가 된다(아무리 오랫동안 청구나 해지통고를 하지 않고서 내버려 두어도 시효는 진행하지
않으므로). 그렇다고 해서 전제가 되는 청구나 해지통고를 할 수 있는 때부터 시효가
진행한다면, 시효기간이 만료할 때까지 권리자가 실제로 권리 행사를 할 수 있는
기간은 〈시효기간 - 소정의 유예기간〉이 되어, 일반의 경우보다도 권리자에게 불리
하다. 여기서 시효의 진행에 관한 한, 전제가 되는 청구나 해지통고를 할 수 있는
때부터 정해진 유예기간이 지난 시점부터 시효는 진행한다고 해석하는 것이 합리
적이다(고상룡 676면, 김상용 700면, 김증한·김학동 521면, 이영준 809면).

　(4) **할부급 채권의 경우**　　할부급 채무(월부·연부채무 등)에서는 1회라도 변
제를 게을리하면 잔금 전액을 일시에 변제할 것을 청구당하더라도 이의가 없다든

가 또는 할부변제의 이익을 잃는다든가 등의 계약조항이 끼워 넣어져 있는 경우가 많다. 이러한 경우에 채무자가 어느 회의 변제를 게을리하고, 채권자도 특별한 조치를 취하지 않고서 시일이 경과하여 시효가 문제된 때에, 다음의 두 가지 해석 중의 어느 것에 따를 것인지 문제된다.

　　　(개) 1회의 불이행이 있더라도, 잔액 전부에 관하여 당연히 시효의 진행이 개시하지 않고, 채권자가 특히 잔액 전부의 변제를 청구하는 등의 의사를 표시한 때에, 비로소 잔액 전부의 시효가 진행하기 시작한다는 해석.

　　　(내) 1회의 불이행으로 잔액 전부에 관한 시효는 당연히 그때(1회의 불이행이 있는 때)부터 진행을 개시한다는 해석.

　　　만일 (개)의 해석에 따른다면, 위의 (3)의 경우와 마찬가지의 부당한 결과가 된다(즉, 아무리 오랫동안 내버려 두어도 각 기(期)의 분할분이 오래된 것부터 차례로 시효에 걸리는 경우는 있어도, 전액이 시효에 걸리는 일은 없게 될 것이다). 그러므로 (내)의 해석에 따라야 할 것이다(고상룡 676면, 김상용 701면, 김증한·김학동 522면, 이영준 809면). 그러나 판례는 기한이익 상실의 특약을 정지조건부 기한이익 상실의 특약과 형성권적 기한이익 상실의 특약을 구분하여 소멸시효의 기산점을 다르게 보고 있다. 정지조건부 기한이익 상실의 특약은 일정한 사유가 발생하면 채권자의 청구 등이 없어도 당연히 기한의 이익이 상실되어 이행기가 도래하기 때문에, 그때부터 소멸시효가 진행된다. 그러나 형성권적 기한이익 상실의 특약은 채권자의 이익을 위한 것으로서 기한이익의 상실 사유가 발생하였다고 하더라도 채권자가 나머지 전액을 일시에 청구할 것인가 또는 종래대로 할부변제를 청구할 것인가를 자유로이 선택할 수 있으므로, 이런 채무에서 1회의 불이행이 있더라도 각 할부금에 대해 그 각 변제기의 도래시마다 그때부터 순차로 소멸시효가 진행하고 채권자가 특히 잔존 채무 전액의 변제를 구하는 취지의 의사를 표시한 경우에 한하여 전액에 대하여 그때부터 소멸시효가 진행한다고 한다(대판 1997. 8. 29, 97다12990).

　　　위에서는 할부급 채권에 관하여 보았으나, 위의 해석론은 비단 할부급 채권뿐만 아니라, 기한의 이익의 상실에 관한 약관이 붙은 채권에 일반적으로 타당하다.

　　　(5)　**정지조건부 권리의 경우**　　　조건이 성취한 때부터 시효의 진행은 시작한다.

(6) **부작위채권**　　일정기간 동안 일정장소에 건물을 짓지 않는다는 것과 같은 부작위채권에서 그 소멸시효의 기산점은 언제인가? 형식적으로 부작위채권이 성립하고 이행기가 도래한 때부터 기산한다면, 예컨대 20년간 건축하지 않는다는 채무에서는 처음 10년간 약속대로 건축하지 않았다면, 그 불건축의 채무는 시효소멸하므로, 그 후로는 건축을 하고 안 하고는 자유라는 결과가 된다. 여기서 민법은 "부작위를 목적으로 하는 채권의 소멸시효는 위반행위를 한 때로부터 진행한다."라고 규정하고 있다(166조 2항).

[203]　Ⅳ. 소멸시효기간

1. 채권의 소멸시효기간　　각종의 채권에 따라 다르지만, 다른 재산권의 시효기간보다는 짧다. 채권은 그 행사가 용이한 권리인데다가 또한 일상에서 빈번히 생기는 것이므로, 다툼을 막고 법률관계를 신속히 확정한다는 실제 거래상의 필요를 고려하여 짧은 기간으로 시효소멸하게 한 것이다.

(1) **보통의 채권**　　보통의 채권의 소멸시효기간은 10년이다(162조 1항). 상행위로 생긴 채권은 상법상 5년의 소멸시효가 인정되어 있다(상 64조).

(2) **3년의 시효에 걸리는 채권**(163조)

(가) 이자·부양료·급료·사용료 그 밖의 1년 이내의 기간으로 정한 금전 또는 물건의 지급을 목적으로 하는 채권. 여기서 「1년 이내의 기간으로 정한」 채권이라는 것은 1년 이내의 정기로 지급되는 채권(정기급부 채권)이라는 뜻이며, 변제기가 1년 이내의 채권이라는 의미가 아니다(대판 1965. 2. 16, 64다1731; 대판 1980. 2. 12, 79다2169; 대판 1996. 9. 20, 96다25302 등). 근로기준법의 적용을 받는 임금채권의 시효기간은 3년이다(동법 49조). 그러나 변제기 이후에 지급하는 지연이자는 금전채무의 이행을 지체함으로 인한 손해배상금이지 이자가 아니므로 단기소멸시효의 대상이 되지 않는다(대판 1989. 2. 28, 88다카214).

(나) 의사·조산사·간호사 및 약사의 치료·근로 및 조제에 관한 채권. 몇 가지 주의할 점을 적어 보면, 다음과 같다. 여기서 말하는 의사는 의료법(2007년 법 8366호)·수의사법(1974년 법 2739호)에서 말하는 자격 있는 의사·치과의사·한의사·수의사를 가리킴은 물론이고, 또한 이들의 「치료」에 관한 채권은 진료뿐만 아니라 수술

에 관한 채권을 포함하는 것임은 의문이 없다. 의료법이나 수의사법의 자격자가 아닌 무자격자가 한 치료에 관한 채권에는 제163조 2호가 적용되지 않는가? 그러한 무자격자의 치료행위가 사회질서에 반하는 것은 아니므로, 그 채권을 무효라고 할 수 없다. 그런데 그 채권에는 제163조 2호가 적용되지 않는다면, 그 소멸시효기간은 제162조 1항에 의하여 10년이라고 새기게 되겠는데, 이러한 해석은 무자격자의 채권이 유자격자의 채권보다도 두터운 법적 보호를 받는 결과가 되어 마땅치 않다. 따라서 무자격자의 채권도 마찬가지로 다루어야 한다. 개인이 개설한 병원이지만 그 규모가 큰 경우(예, 종합병원)에는 치료를 담당한 의사와 환자 사이에 의료관계가 성립하지 않고, 그 병원과 환자 사이에 의료관계가 성립하며, 따라서 치료에 의한 채권도 그 병원에 속하게 되는데, 이때에 제163조 2호의 적용이 있는가? 규정상 명백하지 않으나, 긍정하는 것이 타당하다. 한편 병원이 의료법인(의료법 48조 이하)인 때에는, 치료로 생긴 채권은 그 법인에게 속한다. 이때에도 제163조 2호에 의하여 3년의 시효에 걸리는가? 역시 긍정하여야 한다. 다음에 약사의 조제는 의약품을 정해진 분량대로 한데 섞어서 약제를 만드는 것을 의미한다. 따라서 약품을 단순히 판매하여 생긴 채권에 관해서는 제163조 2호가 적용되지 않는다고 하여야 한다. 또한, 약사의 면허 없는 사람의 조제로 생긴 채권에 관해서도 자격 없는 의사의 경우와 마찬가지로 새겨야 한다. 끝으로, 장기의 질병의 경우에, 의사의 채권의 시효기간의 기산점을 어디에 둘 것인지 문제된다. 특약 또는 특별한 관습이 없는 한, 그 질병에 관한 의사와 환자의 의료관계가 끝난 때부터 계산하여야 할 것이다.

(다) 도급받은 자·기사(技師)·기타 공사의 설계 또는 감독에 종사하는 자의 공사에 관한 채권. 이때의 채권은, 공사의 완성을 맡은 계약에 의한 보수청구권(공사대금채권) 또는 비용상환청구권(공사에 부수되는 채권)이다(대판 1994. 10. 14, 94다17185). 기산점이 문제되나, 특약이 없으면, 공사가 완료한 때부터 시효는 진행한다고 하여야 한다.

(라) 변호사·변리사·공증인·공인회계사 및 법무사에 대한 직무상 보관한 서류의 반환을 청구하는 채권.

(마) 변호사·변리사·공증인·공인회계사 및 법무사의 직무에 관한 채권.

(바) 생산자 및 상인이 판매한 생산물 및 상품의 대가. 이것이 상사시효에 관하

여 규정하고 있는 상법 제64조와 어떤 관계에 있는지 문제된다. 여기서 말하는 생산자·상인은 모두 상법상의 상인이다. 따라서 이들이 판매한 생산물과 상품의 대가는 모두 상행위로 생긴 것이므로, 본래는 상법 제64조에 의하여 5년의 시효에 걸려야 한다. 그러나 상법 제64조 단서의 「다른 법령」인 민법 제163조 6호에 의하여 「이보다 단기의 시효의 규정」이 있기 때문에, 이에 의하게 되는 것이다(대판 1966. 6. 28, 66다790 참조).

(사) 수공업자 및 제조자의 업무에 관한 채권. 여기서 말하는 수공업자·제조자가 위에서 본 생산자와 어떻게 다른지 문제된다. 「수공업자」는 「자기의 일터에서 주문을 받아 주문자와 고용관계를 맺지 않고 타인을 위하여 일하는 자」이며, 예컨대 재봉사·이발사·세탁업자 등을 가리키는 것이다. 한편 「제조자」는 주문을 받아 물건에 가공하여 다른 물건을 제조하는 것을 업으로 하는 자이며, 표구사·구두제작자·가구제작자 등은 그 예이다.

(3) 1년의 시효에 걸리는 채권(164조)

(가) 여관·음식점·대석(貸席)·오락장의 숙박료·음식료·대석료·입장료·소비물의 대가 및 체당금(替當金)의 채권.

(나) 의복·침구·장구 기타 동산의 사용료의 채권.

(다) 노역인·연예인의 임금 및 그에 공급한 물건의 대금채권. 여기서의 「노역인」이 어떤 자를 의미하느냐가 문제이다. 사용자와 고용관계에 서지 않고서 주로 육체적 노동을 제공하는 자가 노역인이라고 이해하면 될 것이다. 예컨대, 목수·미장이·정원사 등이다.

(라) 학생 및 수업자의 교육·의식(衣食) 및 유숙(留宿)에 관한 교주(校主)·숙주(塾主)·교사의 채권. 교주·교사 등의 개인이 가지는 채권에 관해서만 정하고 있으나, 법인인 학교·권리능력 없는 사단이나 재단인 교육시설 등의 채권에도 적용하여야 할 것이다. 국립학교·공립학교에 관해서는 적용되지 않는가? 국가재정법 제96조와 지방재정법 제82조는 국가의 채권과 지방자치단체의 채권에 관하여 5년의 시효를 규정하고 있다. 그러나 국·공립학교와 학생의 관계에서 학생의 징계처분은 공법관계라고 하더라도, 그 밖의 점은 사법상의 관계로 보아도 무방할 것이다. 그렇다면, 국·공립학교의 학생에 대한 청구권에 관해서도 민법 제164조 4호가 적용된다고 하

여야 한다.

   (4) **판결 등으로 확정된 권리**   소멸시효가 완성하기 전에 소를 제기하면 시효의 진행은 중단된다(168조 1호 참조). 그러나 확정판결을 받고도 그대로 내버려 두면, 그때부터 소멸시효는 다시 진행을 개시한다(178조 2항). 이 경우에 그 권리가 이미 적은 바와 같은 단기소멸시효에 걸리는 것이라고 할 때에, 그 확정판결 후의 시효기간은 역시 전과 마찬가지의 단기라고 할 것인가? 일단 확정판결에 의하여 권리관계가 확정된 이상, 이제는 단기시효에 걸리는 것으로 할 필요는 없다. 뿐만 아니라, 이때에도 역시 단기시효에 걸리는 것으로 한다면, 권리의 보존을 위하여 여러 번 중단의 절차를 밟아야 한다는 불편이 따르게 된다. 여기서 민법은 "판결에 의하여 확정된 채권은 단기의 소멸시효에 해당한 것이라도 그 소멸시효는 10년으로" 하고 있다(165조. 대판 1981. 3. 24, 80다1888·1889 참조). 한편, 파산절차 등 도산절차에 의하여 확정된 채권 및 재판상의 화해·조정 기타 판결과 동일한 효력이 있는 것(청구의 인낙조서(민소 220조)·확정된 지급명령(민소 474조) 등)에 의하여 확정된 채권도, 역시 10년의 시효에 걸린다(165조 2항). 그러나 기한부 채권에 관하여 기한이 도래하기 전에 확정판결을 받은 경우와 같이, 확정될 당시에 아직 변제기가 도래하지 않은 채권에는 위의 규정은 적용되지 않는다(165조 3항). 한편 이 규정은 당해 판결 등의 당사자 사이에 한하여 발생하는 효력에 관한 것이고, 채권자와 주채무자 사이의 판결 등에 의해 채권이 확정되어 그 소멸시효가 10년으로 되었다고 할지라도 채권자의 연대보증인의 연대보증채권의 소멸시효기간은 여전히 종전의 소멸시효기간에 따른다는 것이 판례이다(대판 1986. 11. 25, 86다카1569).

   2. 그 밖의 재산권의 소멸시효기간   채권과 소유권을 제외한 재산권도 소멸시효에 걸리게 되나, 그 시효기간이 20년이라는 점은 이미 밝혔다(162조 2항).

제 3 절   소멸시효의 중단

[204] I. 소멸시효 중단의 의의

   1. 소멸시효가 완성되기 위해서는 권리의 불행사라는 사실상태가 일정한 시효기간 동안 계속하여야 한다. 그런데 소멸시효의 기초가 되는 권리의 불행사라는

사실상태와 부딪치는 사실이 생기면, 소멸시효의 진행은 도중에 끊기고 이미 경과한 시효기간의 효력은 소멸하고 만다. 이와 같이 소멸시효의 진행을 방해하는 것이 「소멸시효의 중단」이다. 소멸시효가 중단되면, 그때부터 소멸시효는 새로이 다시 진행하게 된다(178조).

2. 위와 같은 시효의 중단은 소멸시효에 한하지 않으며, 취득시효에서도 동일한 문제가 생긴다. 민법은 제168조 이하에서 소멸시효의 중단을 자세히 규정하고, 이를 다시 취득시효에 준용하고 있다(247조 2항).

3. 시효의 중단은, 나중에 설명하는 시효의 정지와 더불어, 「시효의 장해」라고 일컫는다.

[205] Ⅱ. 시효중단의 사유

시효중단의 효력을 생기게 하는 사유를 중단사유라고 한다. 민법이 시효의 중단사유로서 드는 것은 (ⅰ) 청구, (ⅱ) 압류·가압류·가처분, (ⅲ) 승인의 세 가지이다(168조). 앞의 두 가지는 권리자가 자기의 권리를 주장하는 것이고, 뒤의 것은 의무자가 상대방의 권리를 인정하는 것이다. 이들 3가지는 어느 것이나 모두 시효의 기초가 되는 사실상태를 뒤집는 것이기 때문에, 이를 중단사유로 하고 있는 것이다. 이를 설명하면 다음과 같다.

1. **청구**(168조 1호)　　　권리를 행사하는 것, 즉 권리자가 시효의 완성으로 이익을 얻게 될 자에 대하여 그의 권리내용을 주장하는 것이 청구이며, 재판상의 것이든 재판 밖의 것이든 이를 묻지 않는다. 그러나 시효중단의 효력이 발생하는 청구로서 인정되는 경우는 다음과 같다.

(1) **재판상의 청구**(170조)

(개) 재판상의 청구는 소를 제기하는 것을 말한다. 즉, 시효기간이 경과하고 있는 권리의 주체가 원고가 되어 법원에서의 소송절차를 개시하는 때에 재판상의 청구 또는 소의 제기가 있게 된다. 이때에 제기되는 소의 종류는 이를 묻지 않으며, 이행(급부)의 소, 확인의 소, 형성의 소의 어느 것이라도 좋다. 채권자의 채무자에 대한 이행청구의 소 또는 소유권자의 불법점유자에 대한 소유물반환청구의 소 등과 같은 이행의 소가 가장 일반적인 것이지만, 권리자가 그의 권리를 행사할 수는

없어도 권리의 확인을 요구할 수 있는 경우에, 확인의 소를 제기하면 역시 시효중단의 효과가 생긴다(채권 위에 질권을 설정한 때에는, 그 채권자는 채무자에게 청구하지는 못하나, 확인의 소는 제기할 수 있다). 또한 형성의 소에 의해서도 시효가 중단된다. 한편 소는 본소이든 또는 반소(민소 269조)이든, 이를 묻지 않는다.

상대방이 제기한 소에 응소하여 승소하는 것도「재판상의 청구」가 되는가? 이때에도「재판상의 청구」가 된다는 것이 판례이다(대판(전) 1993. 12. 21, 92다47861; 대판 1996. 9. 24, 96다11334; 대판 1997. 2. 28, 96다26190 등). 그리고 재심의 소의 제기도 시효중단사유인 재판상의 청구에 해당하며, 소를 제기한 때부터 재심판결의 확정일까지 중단된다는 것이 판례이다(대판 1998. 6. 12, 96다26961 참조).

형사소송은 피고인에 대한 국가형벌권의 행사를 그 목적으로 하는 것이므로 단지 고소하거나 형사재판이 개시되어도 소멸시효의 중단사유인 재판상의 청구로 볼 수 없다(대판 1999. 3. 12, 98다18124).

행정소송은 행정청 또는 그 소속기관의 위법한 행정처분의 취소나 변경을 구하는 것을 목적으로 하는 것이고 사권을 행사하는 것이 아니므로, 중단사유가 되지 않는다(대판 1979. 2. 13, 78다1500·1501). 다만 과세처분의 취소 또는 무효확인의 소는 비록 행정소송이라고 할지라도 조세환급을 구하는 부당이득반환청구권의 소멸시효 중단사유인 재판상 청구에 해당한다. 과세처분의 취소 또는 무효확인청구의 소는 그 소송물이 객관적인 조세채무의 존부확인으로서 실질적으로 민사소송인 채무부존재확인의 소와 유사할 뿐 아니라, 과세처분의 유효 여부는 그 과세처분으로 납부한 조세에 대한 환급청구권의 존부와 표리관계에 있어 실질적으로 동일당사자 사이의 양면적 법률관계라고 볼 수 있기 때문이다(대판(전) 1992. 3. 31, 91다32053).

기존 채권의 지급확보의 방법으로 어음이나 수표가 수수되었을 경우에는 어음금 또는 수표금 채권과 기존채권은 표리의 관계에 있어 어음이나 수표에 관한 권리에 기한 소송상 청구는 기존 채권의 소멸시효의 중단의 효력이 있다(대판 1961. 11. 9, 4293민상748). 그러나 원인채권에 관하여 소를 제기한 것만으로는 어음상의 채권 그 자체를 행사한 것으로 볼 수 없어 이는 어음채권에 관한 소멸시효의 중단사유인 재판상 청구에 해당하지 않는다(대판 1994. 12. 2, 93다59922).

권리의 일부만을 청구하는 소를 제기한 때에, 청구되지 않은 나머지 부분의 권리의 시효는 중단되는가? 판례는 불법행위로 인한 손해의 일부에 대한 재판상의 배상청구는 그 손해의 다른 부분에 대하여는 제168조 1호에 정한 청구로서의 효력을 가지지 않는다고 한다(대판 1967. 5. 23, 67다529). 이는 청구에 의한 시효중단의 경우에 그 「청구가 있었던 범위」에서만 중단의 효력이 생긴다는 생각을 토대로 한 것이라고 볼 수 있다. 그러나 비록 일부만을 청구한 경우에도 그 취지로 보아 채권 전부에 관하여 판결을 구하는 것으로 해석된다면 그 채권의 동일성의 범위 내에서 그 전부에 관하여 시효중단의 효력이 발생한다(대판 1992. 4. 10, 91다43695). 또한 원고의 청구가 장차 신체감정결과에 따라 청구금액을 확장할 것을 전제로 우선 재산상 및 정신상 손해금 중 일부를 청구한다는 뜻이라면 채권의 일부에 대해서만 판결을 구하는 취지의 일부청구는 아님이 분명하여 소제기로 인한 시효중단의 효력은 소장에서 주장한 손해배상채권의 동일성의 범위 내에서 채권 전부에 대하여 미친다(대판 1992. 12. 8, 92다29924).

(나) 위와 같은 재판상의 청구가 중단의 효력을 발생하는 시기는 소를 제기한 때이다(민소 265조).

(다) 재판상의 청구가 있더라도, 소의 각하·기각 또는 취하가 있으면, 시효 중단의 효력은 없다(170조 1항). 그러나 이와 같이 소의 각하·기각 또는 취하가 있더라도, 6개월 내에 재판상의 청구·파산절차참가·압류 또는 가압류·가처분을 한 때에는, 시효는 최초의 재판상의 청구로 중단된 것으로 본다(170조 2항). 이것은 각하·기각·취하된 소의 제기에 대하여, 후에 설명하는 재판 밖의 청구인 최고로서의 효력을 인정한다는 것이다(174조).

(2) **파산절차 등 도산절차 참가**(171조, 회생파산 32조)

(가) 채권자가 파산재단의 배당에 참가하기 위하여, 그의 채권을 신고하는 것이 파산절차참가이다(회생파산 447조). 이 참가신고가 있으면, 시효중단의 효력이 생긴다(회생파산 32소 2호). 그러나 채권사가 위의 신고를 취소(취하)하거나, 또는 그 청구(신고)가 각하된 때에는 중단의 효력이 없다(171조).

(나) 파산선고 신청이 중단사유가 되는지에 관하여 민법에 아무런 규정이 없다. 그러나 파산절차참가가 중단사유가 된다면, 그보다도 강력한 권리의 실행방법인 파산선고 신청은 당연히 시효중단의 사유가 된다고 하여야 한다.

㈐ 또한, 강제집행절차에서 배당요구를 하는 것도 파산절차참가와 같은 것으로 보아야 하므로, 이때에도 역시 시효중단의 효력이 있다고 하여야 한다.

㈑ 회생절차참가나 개인회생절차참가가 시효중단사유인지에 관하여 민법에 규정이 없지만, 채무자 회생 및 파산에 관한 법률에서 파산절차와 동일하게 시효중단 사유로 규정하고 있다(회생파산 32조 1호·2호·3호는 각각 회생·파산·개인회생절차의 참가를 시효중단사유로 정하고 있다). 회생절차 또는 개인회생절차의 개시신청도 파산선고신청과 마찬가지로 시효중단사유이다.

(3) **지급명령**(172조)

㈎ 지급명령은 독촉절차이며, 보통의 소송절차에 의하지 않고서 간이·신속하게 채권자로 하여금 그의 권리를 행사하게 하기 위하여 인정된 간이절차이다(민소 462조 이하 참조). 지급명령이 시효중단의 효력을 발생하는 시기는 지급명령신청서를 관할법원에 제출하였을 때이다.

㈏ 채무자는 지급명령이 자기에게 송달된 날부터 2주일 이내에 이의신청을 할 수 있으며(민소 468조), 적법한 이의신청이 있는 때에는 지급명령을 신청한 때에 소를 제기한 것으로 본다(민소 472조 2항). 따라서 지급명령은 소의 제기로서 시효중단의 효력을 계속 가지게 된다. 그러나 적법한 이의신청이 없거나 또는 이의신청의 취하나 각하결정이 확정된 때에는 지급명령은 확정되고(민소 474조), 강제집행으로 실현할 수 있는 집행력이 생긴다(민집 56조 3호 참조).

(4) **화해를 위한 소환**(173조)

㈎ 화해(민소 385조)를 신청하면, 소멸시효는 중단된다. 그러나 이 신청을 받은 법원이 화해를 권고하기 위하여 상대방을 소환하였으나, 상대방이 출석하지 않거나 또는 출석하더라도 화해가 성립하지 않을 경우에, 화해신청인이 1개월 내에 소를 제기하지 않으면, 중단의 효력은 생기지 않는다(173조 전단). 소를 제기하면, 화해를 신청한 시점을 기준으로 시효중단의 효력이 생긴다.

㈏ 조정은 재판상의 화해와 같은 효력이 있으므로, 조정신청도, 화해신청과 마찬가지로, 시효중단의 효력이 있다고 하여야 한다.

(5) **임의출석**(173조)   제173조 후단은 "임의출석의 경우에 화해가 성립하지 아니한 때에도 그러하다."라고 규정하고 있다. 즉, 임의출석에 의해서도, 화해를

위한 소환처럼, 시효는 중단된다. 그러나 화해가 성립하지 않을 경우에는 시효중단의 효과는 부정되고, 1개월 내에 소를 제기하여야 출석한 시점을 기준으로 하여 시효중단의 효력이 인정된다.

　　임의출석은, 미리 소를 제기하지 않고, 따라서 기일의 지정을 받지도 않고서, 당사자 쌍방이 임의로 법원에 출석하여 소송에 관한 변론을 함으로써 소를 제기하는 방식이다. 민사소송법은 이러한 소의 제기방식을 정하고 있지 않으나, 소액사건심판법은 임의출석에 의한 소의 제기를 인정하고 있다(동법 5조). 한편, 법원조직법 제34조 1항 2호는 시·군법원에 화해사건에 관한 심판권을 주고 있기 때문에, 임의출석으로 화해기일의 개시를 구할 수 있다.

(6) 최고(174조)

　(개) 최고는 일반적으로 채무자에 대하여 이행을 청구하는 채권자의 「의사의 통지」를 의미한다([116] 2 (1) (개) ① (ㄴ) 참조). 그것은 아무런 특별한 형식을 필요로 하지 않는 재판 밖에서의 행위이다. 위에서 설명한 다섯 가지의 중단사유도 그 모두가 최고의 효력을 포함하는 것이나, 민법은 그 밖에 재판 밖에서의 최고를 시효중단의 사유로 하고 있는 것이다. 이러한 최고를 중단사유로 하는 입법례는 대단히 드물다. 그러므로 아무런 특별한 형식을 필요로 하지 않는(따라서 구두로도 할 수 있다) 재판 밖에서의 행위에 지나지 않는 최고를 중단사유로 하는 것은 민법의 하나의 특징이라고 할 수 있다. 그러나 그 중단의 효력은 이미 설명한 다른 다섯 가지의 청구에 비하여 매우 약하다. 즉, 최고 후 6개월 이내에 앞에서 설명한 다섯 가지의 재판상의 청구 중의 어느 방법 또는 나중에 설명하는 압류·가압류·가처분과 같은 보다 더 강력한 방법을 취하지 않으면, 시효중단의 효력은 생기지 않는다(174조). 또한 최고를 한 후 6개월 이내에, 다시 최고를 되풀이하는 것과 같이 최고를 계속하여도, 결정적인 중단의 효력은 생기지 않는 것으로 해석되고 있다(대판 1970. 3. 10, 69다1151·1152). 따라서 이 최고는 시효기간이 끝날 때가 가까워져서 강력한 다른 중단방법을 취하려고 할 때에, 그 예비적 행동으로서 실익이 있을 뿐이다.

　(나) 어떠한 경우에 최고로 인정할 수 있는가? 그것은 결국 통지(최고)의 해석문제이다. 학설로서는 넓게 해석하는 것이 타당하다는 견해가 있다(고상룡 691면, 김상용 711면, 김증한·김학동 533면, 방순원 333면, 송덕수 516면). 그리하여 일부의 청구나

일부의 상계가 있는 때에도, 이를 전부에 대한 최고로 보아야 한다고 한다. 이러한 경우에도 권리 행사의 주장이 있음은 명백하므로, 위의 견해는 타당하다고 생각한다. 그 밖에 재판상의 청구를 하였으나, 그 소의 취하로 본안판결에 이르지 못하고 끝난 경우에도, 최고의 효력이 있다는 것이 판례이다(대판 1987. 12. 22, 87다카2337). 따라서 소의 취하 후 6개월 이내에 제174조가 정하는 보강수단을 취함으로써, 시효를 중단할 수 있다. 그러나 채권양도의 통지는 채권양도사실을 채무자에게 알리는 것에 그치는 것이므로 시효중단의 효력이 인정되지 않는다. 그 이유는 제척기간의 준수사유와 마찬가지로 보아야 한다([198] 2 참조).

2. 압류 · 가압류 · 가처분(168조 2호)

(1) 압류는 확정판결 그 밖의 집행권원에 의거하여 행하는 강제집행이며(민집 24조 · 56조 · 188조 이하), 가장 강력한 권리의 실행행위이다. 한편, 가압류와 가처분은 강제집행을 보전하는 수단이므로, 역시 권리의 실행행위이다(민집 276조 이하 · 300조 이하 참조). 압류 · 가압류 · 가처분은 반드시 재판상의 청구를 전제로 하지 않을 뿐만 아니라, 판결이 있는 경우라도 다시 새로이 시효는 진행하므로([206] 2 참조), 이들을 따로 중단사유로 할 필요가 있는 것이다. 그러나 재산관계명시절차는 집행 목적물을 탐지하여 강제집행을 용이하게 하기 위한 강제집행의 보조절차 또는 강제집행의 준비행위와 강제집행 사이의 중간적 단계의 절차에 불과하므로, 압류 또는 가압류, 가처분에 준하는 효력까지 인정될 수는 없다(대판 2001. 5. 29, 2000다32161).

(2) 압류 · 가압류 · 가처분이 중단의 효력을 발생하는 시기에 관해서는, 학설이 나누어져 있으며, 집행행위를 하였을 때라고 하는 견해(방순원 334면)와 명령을 신청한 때에 생긴다고 보는 견해(고상룡 693면, 김상용 712면, 김증한 · 김학동 534면, 백태승 562면, 송덕수 518면, 이영섭 438면, 이영준 826면)가 있다. 소의 제기나 지급명령이 송달을 필요로 하는데도 신청을 한 때에 중단의 효력이 생긴다고 해석하기 때문에(1 (1) (나) · (3) (가) 참조), 압류 · 가압류 · 가처분도 그 명령을 신청하는 때(즉 집행행위가 있으면 신청한 때에 소급하여)에 중단의 효력이 생긴다고 하는 견해가 옳다.

(3) 압류 · 가압류 · 가처분의 명령이 권리자의 청구에 의하여 또는 법률의 규정에 따르지 않았기 때문에 취소된 때에는, 시효중단의 효력이 없다(175조). 이 경우에 채무자의 주소불명 등으로 압류 등의 절차를 개시하지 않은 경우에는 중단의 효력

이 생기지 않는다. 그러나 압류절차를 시작한 경우에는 비록 압류할 물건이 없기 때문에 집행불가능으로 그치더라도 중단의 효력은 생기는 것으로 해석되어 있다(고상룡 694면, 김상용 712면, 김증한·김학동 534면, 방순원 334면, 이영섭 439면, 이영준 827면).

(4) 압류·가압류·가처분의 집행행위가 시효의 이익을 받을 자에 대하여 하지 않은 때에는, 이를 그에게 통지한 후가 아니면 중단의 효력이 없다(176조). 예컨대, 물상보증인이 제공한 부동산 위에 저당권을 설정한 경우에, 채권자가 저당물을 압류하였다면, 이 사실을 채무자에게 통지한 때에 피담보채권에 관하여 시효중단의 효력이 생긴다.

3. 승인(168조 3호)

(1) 승인은 시효의 이익을 받을 당사자가 시효로 말미암아 권리를 잃는 자에게 상대방의 권리를 인정한다고 표시하는 것이다. 그 성질은 「관념의 통지」이다([117] 2 (1) (가) ① (ㄷ)). 따라서 중단하려는 효과의사는 필요하지 않다. 그러나 승인을 하려면 행위능력이 있어야 한다(김상용 713면, 송덕수 521면, 이영준 827면). 또한 채권자의 대리인에 대해서도 승인을 할 수 있는 것으로 해석되어 있다(김증한·안이준 426면, 이영섭 439면; 대판 1995. 9. 29, 95다30178). 즉, 이 범위에서는 비록 승인이 의사표시는 아니더라도 제114조 제 2 항이 준용 또는 유추 적용되는 것으로 새기는 것이다.

위와 같은 승인을 중단사유로 하는 이유는 승인이 있을 때에 권리자가 곧 권리를 행사하지 않더라도 권리 행사를 게을리하고 있다고 할 수 없을 뿐만 아니라, 권리관계의 존재가 명백하기 때문이다.

(2) 승인에는 특별한 방식을 필요로 하지 않는다. 따라서 명시적으로 하는 것은 물론이며, 묵시적인 승인도 중단의 효력이 있다(대판 1992. 4. 14, 92다947; 대판 1995. 9. 29, 95다30178; 대판 2000. 4. 25, 98다63193 등). 예컨대, 증서를 다시 작성한다든가 또는 이자를 지급하는 것, 일부변제(대판 1980. 5. 13, 78다1790), 담보의 제공 등은 모두 묵시적 승인이 된다. 다만 분쟁해결의 뜻으로 대금이라고 할 수 없는 아주 헐값으로 매수하겠다는 의사를 비친 사실만으로는 시효중단이나 시효이익의 포기가 있었다고 할 수 없다(대판 1979. 11. 27, 78다2081).

승인은 반드시 상대방에 대하여 하여야 한다. 그리고 승인으로 인한 시효중단의 효력은 그 승인의 통지가 상대방에게 도달하는 때에 발생한다(대판 1995. 9. 29, 95

다30178). 그러므로 예컨대 채무자가 2번저당권을 설정하여도, 그것이 1번저당권자에 대한 승인은 되지 않는다. 또한 피의자의 진술은 어디까지나 검사를 상대로 이루어지는 것이어서 그 진술기재 가운데 채무의 일부를 승인하는 의사가 표시되어 있다고 하더라도 그 기재 부분만으로 곧바로 소멸시효의 중단사유로서 승인의 의사표시가 있다고 볼 수 없다(대판 1999. 3. 12, 98다18124). 이와 같이 중단의 효력을 발생하는 승인은 반드시 상대방에 대하여 하여야 하는 것으로 하는 이유로 두 가지를 들 수 있다. 하나는 그렇게 함으로써 비로소 진정한 권리상태가 객관화된다고 할 수 있고, 다른 하나는 만일에 그렇게 하지 않는다면 악의의 채무자는 시효의 이익을 받지 못하게 될 염려가 있다는 점이다.

(3) 시효중단의 효력이 있는 승인에는 상대방의 권리에 관한 처분의 능력이나 권한이 있음을 필요로 하지 않는다(177조). 이 뜻은 상대방의 중단되는 권리를 승인자 자신이 가지고 있다고 가정할 때에, 이를 처분하는 권한이나 능력이 없는 자의 승인도 중단의 효력이 있다는 것이다. 원래 승인은 권리의 존재를 인정하는 것에 지나지 않기 때문이다. 이 제177조의 반대해석으로, 관리의 능력이나 권한이 없는 자는 승인도 할 수 없는 것으로 해석되어 있다(고상룡 696면, 김상용 713면, 김증한·김학동 536면, 백태승 562면, 송덕수 522면, 이영섭 441면).

(4) 시효중단이 되는 승인은 시효의 완성 전에만 가능하다. 시효가 완성한 후에는, 나중에 설명하는 바와 같이, 시효이익의 포기의 문제가 될 뿐이다.

한편 소멸시효의 중단사유로서의 승인은 소멸시효의 진행이 개시된 이후에만 가능하고 그 이전에 승인을 하더라도 시효가 중단되지는 않는다. 또한 현존하지 않는 장래의 채권을 미리 승인하는 것은 채무자가 그 권리의 존재를 인식하고서 한 것이라고 볼 수 없어 허용되지 않는다(대판 2001. 11. 9, 2001다52568).

[206] Ⅲ. 시효중단의 효력

1. 시효가 중단되면, 그때까지 경과한 시효기간은 이를 산입하지 않는다(178조 1항 전단). 이 시효중단의 효력은 당사자 및 승계인 사이에만 효력이 있다(169조). 여기서 말하는 당사자는 시효중단행위에 관여한 자를 뜻하는 것이고, 승계인에는 포괄승계인과 특정승계인이 모두 포함된다(대판 1997. 4. 25, 96다46484). 이와 같이 중

단의 효력은 당사자 및 승계인에게만 있게 되므로, 제 3 자에게는 그 효력이 미치지 못하는 것이 원칙이다. 예컨대, 甲의 소유지를 乙·丙이 공동으로 점유하여 시효로 취득하려고 할 때에, 그중의 한 사람(예컨대, 乙)에 대하여 중단을 하여도, 다른 사람 (즉 丙)에 대해서는 중단의 효력이 미치지 않는다. 그런데 이 원칙에는 예외가 있음을 주의하여야 한다. 즉, 지역권(295조 2항·296조)·연대채무(416조·421조)·보증채무 (440조) 등에서는 그 법률관계의 특수성을 고려하여 예외를 정하고 있다.

2. 중단 후의 시효진행

(1) 시효가 중단된 후에, 그 시효의 기초가 되는 사실상태가 다시 계속하면, 그때부터 「새로이」 시효기간은 진행한다(178조 1항 후단). 따라서 새로 진행하게 된 때부터 원래 정해진 시효기간이 지나야만 시효가 완성한다.

(2) 중단된 시효가 다시 진행하기 시작하는 시기는 다음과 같다.

㈎ **청구로 중단된 때**　　재판이 확정된 때부터이다(178조 2항). 따라서 10년· 20년의 소멸시효기간도 이때부터 계산하게 된다.

㈏ **압류·가압류·가처분으로 중단된 때**　　이들 절차가 끝났을 때부터 다시 시효가 진행하기 시작한다. 가압류에 의한 집행보전의 효력이 존속하는 동안은 가압 류채권자가 권리 행사를 하고 있다고 볼 수 있어 시효중단의 효력이 계속된다는 것 이 판례이다(대판 2000. 4. 25, 2000다11102. 이에 대한 비판으로는 양창수, 민법연구 6권, 499면).

㈐ **승인으로 중단된 때**　　승인이 상대방에게 도달한 때부터 새로운 시효기 간을 계산하게 된다.

제 4 절　소멸시효의 정지

[207]　I. 소멸시효 정지의 의의

소멸시효의 정지는 시효기간이 거의 완성할 무렵에, 권리자가 중단행위를 하는 것이 불가능하거나 또는 대단히 곤란한 사정이 있는 경우에, 그 시효기간의 진행을 일시적으로 멈추게 하고, 그러한 사정이 없어졌을 때에 다시 나머지 기간을 진행시키는 것을 말한다. 이와 같이 시효의 정지는 이미 설명한 시효의 중단과 더불어 권리자를 보호하려는 제도이지만, 정지의 경우에는 정지사유가 그친 뒤에 일정한 유예기간이 경과하면 시효는 완성하는 것이며, 이미 경과한 기간이 없었던 것으로 되지 않는 점에서 중단과 다르다.

[208] Ⅱ. 시효의 정지사유

민법이 정하는 정지사유는 다음과 같다.

1. 제한능력자를 위한 정지

(1) 소멸시효의 기간만료 전 6개월 내에 제한능력자에게 법정대리인이 없는 경우에는, 그가 능력자가 되거나 법정대리인이 취임한 때부터 6개월 내에는 시효가 완성되지 않는다(179조).

(2) 재산을 관리하는 아버지, 어머니 또는 후견인에 대한 제한능력자의 권리는, 그가 능력자가 되거나 또는 후임의 법정대리인이 취임한 때부터 6개월 내에는 소멸시효가 완성되지 않는다(180조 1항).

2. 혼인관계의 종료에 의한 정지   부부 중 한쪽의 다른 쪽에 대한 권리는 혼인관계가 종료한 때부터 6개월 내에는 소멸시효가 완성하지 않는다(180조 2항). 혼인관계가 계속하고 있는 동안에는 시효중단의 절차를 밟는다는 것이 곤란하다는 데서 인정하는 정지사유이다. 혼인관계의 종료는 이혼은 물론이고, 한쪽 배우자의 사망이나 혼인의 취소 등을 말하는 것이다.

3. 상속재산에 관한 정지   상속재산에 속하는 권리나 상속재산에 대한 권리는 상속인의 확정·관리인의 선임 또는 파산선고가 있는 때부터 6개월 내에는 소멸시효가 완성하지 않는다(181조).

4. 사변(事變)에 의한 정지   천재(天災) 기타 사변으로 소멸시효를 중단할 수 없을 때에는, 그 사유가 종료한 때부터 1개월 내에는 시효가 완성하지 않는다(182조). 여기서 말하는 사변은 천재에 견줄 수 있는 전쟁·폭동·교통두절 등의 객관적인 것을 말하며, 권리자의 여행·병과 같은 주관적인 것을 가리키는 것이 아니다.

제 5 절 소멸시효의 효력

[209] I. 소멸시효 완성의 효과

1. 총칙편의 소멸시효에 관한 규정을 살펴본다면, 제162조를 비롯하여 제163조·제164조 등은 모두 "……소멸시효가 완성한다"고 하고 있을 뿐이고, 그 밖에 '완성한다'는 것이 무엇을 의미하는지에 관해서는 규정하고 있지 않다. 바꾸어 말하면, 민법은 소멸시효 완성의 효과에 관하여 규정하고 있지 않다. 따라서 그것은 해석에 의하여 결정하는 수밖에 없다. 그런데 이에 관한 학자들의 해석론은 그 결론을 같이하고 있지 않으며, 선명하게 대립하고 있다. 즉, 소멸시효의 완성으로 권리가 당연히 소멸한다고 해석하는 다수설(김기선 369면, 방순원 321면, 송덕수 531면, 이영섭 420면, 이영준 834면, 이은영 778면, 장경학 735면)과 권리가 당연히 소멸하지는 않고 다만 시효의 이익을 받을 자에게 「권리의 소멸을 주장할 권리가 생길 뿐」이라고 해석하는 소수설(김상용 722면, 김용한 489면, 김증한·김학동 544면, 김현태 478면, 백태승 567면, 민법주해(Ⅲ) 483면)이 있다. 다수설은 「절대적 소멸설」이라고 하고, 소수설은 「상대적 소멸설」이라고 부른다. 판례는 절대적 소멸설을 따르고 있다(대판 1966. 1. 31, 65다2445; 대판 1978. 10. 10, 78다910). 어느 견해가 타당할까? 두 견해의 근거를 먼저 보기로 한다.

2. **절대적 소멸설**   다수설인 이 견해의 근거로서 학자들이 드는 것은 대체로 다음의 두 가지이다.

(1) 민법은 의용민법과 달리 시효의 원용에 관한 규정을 두고 있지 않다(김기선 369면, 이영섭 420면, 이영준 834면, 장경학 582면).

(2) 부칙 제8조 1항은 "……본법에 의하여……소멸한 것으로 본다."고 정하고 있는데, 이는 민법에서 「소멸시효가 완성한다」는 것은 결국 「소멸한다」는 것을 의미하는 것으로 해석된다. 그 밖에도 제369조·제766조 1항 등도 같은 표현을 쓰고 있다(이영섭 420면).

3. **상대적 소멸설**   위의 절대적 소멸설의 근거를 비판하면서, 아울러 다음과 같은 근거를 내세우고 있다(김증한·김학동 541-544면에 자세히 나와 있다).

(1) 절대적 소멸설을 취하면, 당사자의 원용이 없어도(바꾸어 말하면, 당사자가 원

하든 또는 원하지 않든 이를 묻지 않고서) 권리는 소멸한 것으로 보고 재판하여야 한다. 그러나 이것은 당사자가 소멸시효의 이익을 받기를 원하지 않고서, 정당한 권리관계를 그대로 실현하기를 원하는 경우에, 그 의사를 존중하지 않는 것이 되어 부당하다.

(2) 소멸시효가 완성된 후에 채무자가 시효가 완성한 사실을 모르고 변제한 때에는, 절대적 소멸설에 의하면 비채변제(744조)가 되므로, 그 반환을 청구할 수 있는 것으로 된다. 그러나 이것은 사회관념에 적합하지 않다.

(3) 절대적 소멸설에 의하면, 시효이익의 포기의 법률적 성질을 설명하기가 곤란하다.

(4) 절대적 소멸설을 취하면, 채무자가 간사한 꾀를 써서 신의성실에 반하는 방법으로 채권자의 시효중단을 방해한 경우에도, 그러한 채무자에게 시효의 이익을 귀속시키지 않을 수 없게 되는데, 이는 사회 일반의 정의관념에 반한다.

(5) 민법에서는 등기된 부동산물권도 소멸시효에 걸리게 되는데, 등기가 존재하는데도 단순한 기간의 경과만으로 등기된 물권이 소멸한다는 것은 타당하지 않다.

4. 소멸시효 완성의 효과에 관한 위와 같은 학설의 대립을 가져온 근본원인은 두말할 것도 없이 입법의 불비에 있다. 어느 견해를 취할 때에 이 입법적 불비를 가장 합리적으로 해결할 수 있을까? 어느 견해를 따르거나 곤란한 점은 있으며, 모든 문제가 깨끗이 해결되는 것은 아니지만, 다수설에 따르기로 한다. 판례도 현행 민법상 당사자의 원용이 없어도 소멸시효가 완성되면 채무가 당연히 소멸한다고 한다(대판 1979. 2. 13, 78다2157). 이 다수설의 견지에서 문제점을 검토해 보면 다음과 같다.

두 견해 중 어느 견해를 취하느냐에 따라서 생기는 차이는, 가장 근본적으로는, 소멸시효의 완성으로 권리가 당연히 소멸한다고 볼 것인지 또는 권리의 소멸을 주장할 수 있는 권리, 즉 소멸시효 완성을 원용할 수 있는 권리가 생길 뿐이라고 해석할 것인지에 있다. 현행법은 시효의 원용에 관하여 아무런 규정을 두고 있지 않다. 그런데도 여전히 원용제도를 전제로 하는 상대적 소멸설을 취하기에는 어려운 점이 있다. 다수설에 따르는 이유가 여기에 있다. 이 근본적인 차이로부터 다시 다음과 같은 세 가지 점이 문제된다.

(1) 당사자의 원용이 없어도 법원은 직권으로 소멸시효를 고려할 수 있는가? 소수설은, 당사자의 원용이 없는 한, 법원은 직권으로써 시효를 고려하지 못한다고 한다. 소멸시효의 완성으로 생기는 효과는 권리의 소멸이 아니라, 그 소멸을 주장할 수 있는 권리, 바꾸어 말하면 원용권이 생길 뿐이라고 해석하기 때문이다. 그런데 다수설도 당사자의 원용이 없으면 법원은 직권으로써 소멸시효의 완성을 고려하지 못한다고 하므로, 두 견해는 이 점에서 차이가 없다. 즉 다수설은 민사소송법이 변론주의를 취하고 있으므로, 소멸시효의 이익을 받을 자가 시효의 완성으로 권리가 소멸하였음을 소송에서 공격·방어방법으로서 제출하지 않으면, 그 이익은 고려되지 않는다고 한다(판례도 같은 태도이다. 대판 1968. 8. 30, 68다1089; 대판 1979. 2. 13, 78다2157; 대판 1980. 1. 29, 79다1863; 대판 1991. 3. 27, 90다17552 등). 그러므로 소수설이나 다수설의 어느 쪽을 따르더라도, 법원은 당사자의 원용이 없으면 직권으로 소멸시효를 고려하지는 못한다는 결과가 된다. 다만 다수설에 의하면, 실체관계와 재판 사이에 모순이 생기게 된다. 이는 변론주의에서 오는 부득이한 것이라고 하는 수밖에 없다.

(2) 채무자가 소멸시효 완성 후에 변제하면 어떻게 되는가? 특히 채무자가 소멸시효가 완성되었다는 사실을 알지 못하고 변제한 경우가 문제이다. 상대적 소멸설에 의하면, 채무자가 시효완성의 사실을 알았든 또는 알지 못하였든 어느 경우에나 원용이 없는 동안은 채권이 소멸하지 않은 것이 되므로, 유효한 채무의 변제가 된다고 한다. 그런데 절대적 소멸설에 의하면, 소멸시효가 완성된 사실을 알고 있으면서 변제를 하면, 그것은 나중에 설명하는 시효이익의 포기가 되며, 또한 부당이득법상으로도 비채변제가 되어, 결국 그 반환을 청구하지는 못한다. 이 점에서 결과적으로는 상대적 소멸설과 차이가 없다. 그러나 소멸시효가 완성된 사실을 알지 못하고서 변제한 경우에 관하여, 절대적 소멸설에서는 이 경우의 변제를 「도의관념에 적합한 비채변제」(744조)가 되어 반환을 청구하지 못한다고 해석하는 것이 보통이다(방순원 327면, 이영섭 429면, 이영준 834면, 이은영 778면). 따라서 채무자가 소멸시효가 완성된 후에 변제한 경우에 관해서도, 어느 견해를 취하든 차이는 없다.

(3) 소멸시효 이익의 포기를 이론상 어떻게 설명할 것인가? 상대적 소멸설에

의하면, 소멸시효 이익의 포기는 원용권의 포기라고 한다. 따라서 이 포기가 있으면, 권리는 시효로 소멸하지 않는 것으로 확정된다. 절대적 소멸설에서는 이 문제에 관하여 견해가 일치하지 않는다. 절대적 소멸설을 취할 때의 가장 곤란한 점은 바로 이 소멸시효 이익의 포기를 어떻게 이해할지에 있다. 이에 관하여는 나중에 다루기로 한다([211] 참조).

〈소멸시효의 남용〉

　　판례는 소멸시효의 남용 법리를 발전시켜 왔다. 이것은 삼청교육대 사건에 대한 대판(전) 1996. 12. 19, 94다22927의 반대의견에서 대법원 판결로는 처음으로 주장되기 시작하였는데, 채무자가 소멸시효의 완성을 주장하는 것이 특별한 사정이 있는 경우에는 신의성실의 원칙에 반하여 권리남용으로서 허용할 수 없다고 한다. 즉, 대법원은 "채무자의 소멸시효에 기한 항변권의 행사도 우리 민법의 대원칙인 신의성실의 원칙과 권리남용금지의 원칙의 지배를 받는 것"이라고 전제한 다음, 소멸시효 완성의 주장이 허용되지 않는 경우를 다음과 같이 열거한다. ① 채무자가 시효완성 전에 채권자의 권리행사나 시효중단을 불가능 또는 현저히 곤란하게 하였거나, 그러한 조치가 불필요하다고 믿게 하는 행동을 한 경우, ② 객관적으로 채권자가 권리를 행사할 수 없는 장애사유가 있는 경우, ③ 일단 시효완성 후에 채무자가 시효를 원용하지 아니할 것 같은 태도를 보여 권리자로 하여금 그와 같이 신뢰하게 한 경우, ④ 채권자보호의 필요성이 크고, 같은 조건의 다른 채권자가 채무의 변제를 수령하는 등의 사정이 있어 채무이행의 거절을 인정함이 현저히 부당하거나 불공평하게 되는 등의 특별한 사정이 있는 경우 등이다(대판 1997. 12. 12, 95다29895; 대판 2002. 10. 25, 2002다32332 등 참조).

　　그러나 이 법리는 주로 국가에 의한 불법행위에 기한 손해배상책임에서 인정되었는데, 그 경우에도 대법원은 이 법리를 넓게 인정해서는 안 된다는 점을 강조한다. 그 내용은 다음과 같다. 국가에게 국민을 보호할 의무가 있다는 사유만으로 국가가 소멸시효의 완성을 주장하는 것 자체가 신의성실의 원칙에 반하여 권리남용에 해당한다고 할 수는 없다(대판 1999. 9. 17, 99다21257; 대판 2001. 7. 10, 98다38364 등 참조). 국가의 소멸시효 완성 주장이 신의칙에 반하고 권리남용에 해당한다고 하려면 앞서 본 바와 같은 특별한 사정이 인정되어야 할 것이고, 또한 위와 같은 일반적 원칙을 적용하여 법이 두고 있는 구체적인 제도의 운용을 배제하는 것은 법해석에 있어 또 하나의 대원칙인 법적 안정성을 해할 위험이 있으므로 그 적용에는 신중을 기해야 한다(대판 2005. 5. 13, 2004다71881; 대판 2008. 5. 29, 2004다33469 등 참조). 나아가 채권자에게 객관적으로 자신의 권리를 행사할 수 없는 장애사유가 있었다는 것을 들어 그 채권에 관한 소멸시효 완성의 주장이 신의성실의 원칙에 반하여 허용되지 아니한다고 평가하는 것에는 주의를 요하고 이를 신중하게 하여야 한다(대판 2011. 10. 27, 2011다54709). 채권자에게 객관적으로 자신의 권리를 행사할 수 없는 사실상의 장애사유가 있었다는 것만을 들어 그 채권에 관한 소멸시효 완성의 주장이 신의칙에 반한다고 쉽사리 인정하게 되면, 소멸시효의 기산점에 관한 위와 같은 법규칙(위 [202] 2 참조)은 많은 부분 그 의미를 상실하게 되기 쉽다(대판 2010. 5. 27, 2009다44327 등 참조).

[210] Ⅱ. 소멸시효의 소급효

소멸시효는 그 기산일에 소급하여 효력이 생긴다(167조). 즉, 소멸시효의 완성으로 권리가 소멸하는 시기는 시효기간이 끝난 때이지만, 그 효과는 시효기간이 개시한 때에 거슬러 올라간다. 본래 소멸시효는 그 시효기간 동안 계속한 사실상태를 보호하려는 제도이므로, 이와 같이 소급효를 인정하는 것은 당연하다.

위와 같이 소급효가 인정되나, 다음과 같은 점을 주의하여야 한다.

(1) 소멸시효로 채무를 벗어나게 되는 자는 기산일 이후의 이자를 지급할 필요가 없다.

(2) 소멸시효가 완성된 채권이 소멸시효가 완성하기 전에 상계할 수 있었던 것이면, 채권자는 상계를 할 수 있다(495조). 대립하는 채권을 가지고 있는 두 채권의 당사자는 그 대립하는 채권이 상계적상에 있게 된 때에는, 당연히 상계된 것으로 생각하는 것이 보통이므로, 이 신뢰를 보호하기 위한 특별규정이다.

[211] Ⅲ. 소멸시효의 이익의 포기

1. 시효기간 완성 전의 포기

(1) 소멸시효가 완성하기 전에 시효이익을 포기한다는 것은 소멸시효로 생기는 법률상의 이익을 받지 않겠다는 일방적 의사표시이다. 그 성질에 관하여 견해가 대립한다. 절대적 소멸설에 의하면, 실체법적으로는 이를 시효이익을 받을 것을 미리 포기하는 것이고, 소송법적으로는 방어방법으로서 주장하는 것을 미리 포기하는 것이 된다. 그러나 상대적 소멸설에 의하면, 그것은 시효의 효과를 주장할 수 있는 권리(원용권)를 미리 포기하는 것이 된다.

(2) 소멸시효의 이익은 시효가 완성하기 전에 미리 포기하지 못한다(184조 1

항). 본래 시효제도는 오랫동안 계속된 사실상태를 존중하려는 공익적 제도이므로, 개인의 의사에 의하여 미리 배척할 수 있게 하는 것은 부당하기 때문이다. 또한 채권자가 채무자의 궁박을 이용하여 미리 소멸시효의 이익을 포기하게 할 염려가 있기 때문에, 시효가 완성하기 전의 포기를 금지한 것이다. 이와 동일한 이유로, 소멸시효의 완성을 곤란하게 하는 특약은 무효라고 하여야 한다. 그러나 반대로, 시효기간을 단축하거나 시효요건을 경감하는 특약은 유효하다(184조 2항). 이때에는 시효제도의 공익성에 부딪치지 않을 뿐만 아니라, 오히려 채무자에게 이익이 되기 때문이다.

2. 시효기간 완성 후의 포기

(1) 소멸시효의 완성으로 생기는 법률상의 이익을 받지 않는다는 일방적 의사표시이다. 그 성질을 어떻게 이해할지는 절대적 소멸설과 상대적 소멸설에 따라 다르다. 상대적 소멸설은 이를 원용권의 포기라고 본다. 즉, 시효의 완성으로 일단 생긴 원용권(권리부인권)을 포기하는 의사표시라고 한다. 한편 절대적 소멸설에서는 그 견해가 일치하지 않는다. 그러나 이를 대체로 소멸시효 완성의 이익을 받지 않겠다는 의사표시이며, 이 의사표시에 의하여 이익이 생기지 않았던 것으로 된다고 한다(이영섭 427면, 이영준 834면). 확실히 절대적 소멸설에 의하면 시효이익 포기의 효력이 소멸시효의 완성 전에 소급하는 까닭을 충분히 설명할 수가 없게 되며, 여기에 이 견해의 곤란한 점이 있음은 이미 지적하였다. 앞으로 연구되어야 할 문제라고 생각한다. 이러한 결점이 있지만 절대적 소멸설을 취하는 이유는 현행법이 원용제도를 두고 있지 않은 데에 있음은 이미 밝혔다.

(2) 소멸시효 완성 후에 시효이익을 포기하는 것은 유효하다(제184조 1항의 반대해석). 시효 완성 후에는 완성 전에 시효이익을 포기하는 것과 같은 폐단이 없을 뿐만 아니라, 이를 인정하는 것이 시효제도를 개인의 의사와 조화시킬 수 있어 타당하기 때문이다.

(3) 포기는 상대방 있는 단독행위이다. 그것은 처분행위이므로, 처분능력과 처분권한이 있어야만 한다(김상용 724면, 백태승 569면, 송덕수 532면. 반대: 이은영 781면). 포기는 명시적으로 하여야 하는 것은 아니다. 예컨대, 소멸시효가 완성된 후의 채무의 일부의 변제(대판 1993. 10. 26, 93다14936)나 채무의 승인(대판 1965. 11. 30, 65다1996;

대판 1967. 2. 7, 66다2173 등) 또는 기한의 유예의 요청(대판 1965. 12. 28, 65다2133) 등은 모두 시효이익을 포기한 것으로 보아야 한다. 그리고 포기를 하면, 처음부터 시효의 이익은 생기지 않았던 것이 된다. 한편 소멸시효의 이익을 포기한 경우에는 그 때부터 새로이 소멸시효가 진행한다(대판 2009. 7. 9, 2009다14340).

포기할 수 있는 사람이 여럿인 때에 그중의 한 사람의 포기가 다른 사람에게 영향을 주는지 문제된다. 포기의 효과는 상대적이며, 다른 사람에게는 영향을 미치지 않는다고 보아야 한다. 판례도 시효이익의 포기는 상대적 효과가 있음에 지나지 않으므로 채무자가 시효이익을 포기하더라도 채무자 이외의 이해관계자는 여전히 독자적으로 소멸시효를 원용할 수 있다고 한다(대판 1995. 7. 11, 95다12446).

[212] Ⅳ. 종속된 권리에 대한 소멸시효의 효력

주된 권리의 소멸시효가 완성한 때에는, 종속된 권리에 그 효력이 미친다(183조). 예컨대, 원본채권이 시효소멸하면, 이자채권도 역시 시효로 소멸하게 된다. 이 조항이 실익이 있는 것은 주된 권리의 소멸시효가 완성하였으나, 종된 권리의 시효는 아직 완성하지 않은 경우이다.

조문색인

판례색인

(대법원 판결·결정)

사항색인

사항색인

공저자 약력

곽윤직(1925~2018)
- 서울대학교 법과대학 졸업
- 법학박사(서울대학교)
- 서울대학교 법과대학 교수(1991년 정년퇴임)
- 서울대학교 명예교수

주요 저서

독일민법개설(신구문화사)
대륙법(박영사)
물권법[민법강의 Ⅱ](제8판 보정)(공저)(박영사)
채권총론[민법강의 Ⅲ](제7판 전면개정)(공저)
　(박영사)
채권각론[민법강의 Ⅳ](제6판)(박영사)
상속법[민법강의 Ⅵ](개정판)(박영사)
민법개설(개정수정판)(박영사)
부동산등기법(신정수정판)(박영사)
부동산물권변동의 연구(박영사)
후암 민법논집(박영사)
판례교재 물권법(법문사)
韓國の契約法 — 日本法との比較(アジア經濟
　研究所, 日本 東京)
Credit and Security in Korea〔The Legal Pro-
　blems of Development Finance〕(University
　of Queensland Press St. Lucia: Crane,
　Russak & Company Inc., New York)

김재형
- 서울대학교 법과대학 졸업
- 법학박사(서울대학교)
- 서울지방법원 등 판사
- 독일 뮌헨대학교와 미국 콜럼비아 로스쿨에서
　법학연구
- 서울대학교 법과대학 · 법학전문대학원 교수
- 대법관
- 현 : 서울대학교 법학전문대학원 교수

주요 저서

민법론Ⅰ, Ⅱ, Ⅲ, Ⅳ, Ⅴ(박영사)
근저당권연구(박영사)
언론과 인격권(박영사)
민법판례분석(박영사)
계약법(제3판)(공저)(박영사)
물권법[민법강의 Ⅱ](제8판 보정)(공저)(박영사)
채권총론[민법강의 Ⅲ](제7판 전면개정)(공저)
　(박영사)
민법주해 제16권(분담집필)(박영사)
주석 민법－물권(4)(분담집필)(한국사법행정학회)
주석 민법－채권각칙(6)(분담집필)(한국사법행정
　학회)
기업회생을 위한 제도개선방향(대한상공회의소)
채무불이행과 부당이득의 최근 동향(공편)(박영사)
금융거래법강의Ⅱ(공편)(법문사)
도산법강의(공편)(법문사)
통합도산법(공편)(법문사)
한국법과 세계화(공편)(법문사)
민법개정안연구(공편)(박영사)
판례민법전(편)(박영사)
유럽계약법원칙 제1 · 2부(번역)(박영사)

제 9 판
민법총칙(민법강의 Ⅰ)

초판발행	1963년 11월 30일
전정판발행	1973년 12월 20일
전정증보판발행	1979년 12월 26일
재전정판발행	1985년 12월 25일
신정판발행	1989년 6월 10일
신정수정판발행	1998년 12월 30일
제 7 판발행	2002년 8월 10일
제 8 판(전면개정) 발행	2012년 3월 5일
제 9 판발행	2013년 9월 5일
중판 발행	2024년 1월 30일

지은이	곽윤직 · 김재형
펴낸이	안종만 · 안상준
편 집	김선민 · 이승현
기획/마케팅	조성호
표지디자인	김문정
제 작	우인도 · 고철민

펴낸곳　　　(주) **박영사**
　　　　　　서울특별시 금천구 가산디지털2로 53, 210호(가산동, 한라시그마밸리)
　　　　　　등록 1959. 3. 11. 제300-1959-1호(倫)

전 화	02)733-6771
f a x	02)736-4818
e-mail	pys@pybook.co.kr
homepage	www.pybook.co.kr
ISBN	979-11-303-2519-4 93360

정 가　　　29,000원